Der Rechtsschutz und die Mitteilungspflichten
bei heimlichen strafprozessualen Zwangsmaßnahmen

Criminalia

Herausgegeben von Klaus Volk

Band 27

Peter Lang

Frankfurt am Main · Berlin · Bern · Bruxelles · New York · Oxford · Wien

Christiane Hölscher

Der Rechtsschutz und die Mitteilungspflichten bei heimlichen strafprozessualen Zwangsmaßnahmen

Peter Lang
Europäischer Verlag der Wissenschaften

Die Deutsche Bibliothek - CIP-Einheitsaufnahme

Hölscher, Christiane:

Der Rechtsschutz und die Mitteilungspflichten bei heimlichen strafprozessualen Zwangsmaßnahmen / Christiane Hölscher. - Frankfurt am Main ; Berlin ; Bern ; Bruxelles ; New York ; Oxford ; Wien : Lang, 2001
(Criminalia ; Bd. 27)
Zugl.: Münster (Westfalen), Univ., Diss., 2000
ISBN 3-631-37412-7

Gedruckt mit Unterstützung
der Franz-Marie-Christinen-Stiftung.

Dissertation der Rechtswissenschaftlichen Fakultät
der Westfälischen Wilhelms-Universität Münster
Erster Berichterstatter: Prof. Dr. Jürgen Welp
Zweiter Berichterstatter: Prof. Dr. Ulrich Stein
Dekan: Prof. Dr. Peter Schüren
Tag der mündlichen Prüfung: 11.07.2000

D 6
ISSN 0945-1811
ISBN 3-631-37412-7

Criminalia

Abhandlungen aus den gesamten Strafrechtswissenschaften

Der Herausgeber der Reihe ist Vorstand des "Instituts für die gesamten Strafrechtswissenschaften" der Universität München. Das Programm der Reihe ist im Untertitel genannt. In ihr werden veröffentlicht Schriften zum Strafrecht und Strafverfahrensrecht, zu Kriminologie und Kriminalpolitik, zu den rechtstheoretischen und rechtssoziologischen Grundlagen des Strafrechts und zu seiner Geschichte. Die Reihe läßt deutsche und ausländische Wissenschaftler zu Wort kommen und will dazu einladen, an der Fortentwicklung aller Bereiche des Strafrechts über die Grenzen hinaus mitzuwirken.

In Dankbarkeit
meiner Mutter und dem Andenken meines Vaters

Vorwort

Die Arbeit wurde von der Juristischen Fakultät der Westfälischen Wilhelms-Universität Münster im Sommersemester 2000 als Dissertation angenommen. Rechtsprechung und Literatur sind im wesentlichen bis Januar 2000 berücksichtigt.

Mein Dank gilt Herrn Prof. Dr. Jürgen Welp. Er hat die Arbeit angeregt und betreut und mir während meiner Tätigkeit an seinem Lehrstuhl genügend Freiraum gegeben. Danken möchte ich auch Herrn Prof. Dr. Ulrich Stein für die Erstellung des Zweitgutachtens und Herrn Prof. Dr. Klaus Volk für die Aufnahme der Arbeit in die Reihe „Criminalia“.
Der Franz-Marie-Christinen-Stiftung danke ich für den gewährten Druckkostenzuschuß.

Mein ganz besonderer Dank gilt meiner Familie. Ohne den steten Zuspruch und die Unterstützung meiner Eltern, Heinrich und Maria Hölscher wäre ich nicht dort angekommen, wo ich heute stehe. In besonderer Weise bin ich meiner Schwester, Frau Beate Meyer und vor allem Ihrem Mann, Herrn Walter Meyer zum Dank verpflichtet. Auf Ihre Hilfe und Unterstützung konnte ich mich stets verlassen. Ihr ermunternder Zuspruch hat mir geholfen, Phasen der Resignation zu überwinden.
Dankbar bin ich schließlich all jenen, die mir bei der Fertigstellung des Manuskriptes behilflich waren. So danke ich Frau Dr. Dagmar Scharp und Frau Doris Hölscher für das Korrekturlesen der Arbeit sowie Herrn Walter Meyer für die Hilfe beim Layout.

Münster und Georgsmarienhütte-Holzhausen, im Januar 2001

Christiane Hölscher

Inhaltsverzeichnis

Einleitung 1

A. Die Terminologie 1

I. Der Begriff der Zwangsmaßnahme 1

II. Der Begriff der Heimlichkeit 3

B. Die Problemstellung 5

Teil 1: Der Rechtsschutz in bezug auf heimliche strafprozessuale Zwangsmaßnahmen 11

A. Die Grundlagen der Untersuchung 11

I. Ein Überblick über das Rechtsschutzsystem bei strafprozessualen Zwangsmaßnahmen 11

1.) Eine Begriffsbestimmung 11

2.) Der Rechtsschutz im materiellen Sinn 12

3.) Der Rechtsschutz im formellen Sinn 13
a) Die gesetzlich bestimmte Einschaltung des Richters in das Anordnungsverfahren einer Zwangsmaßnahme 13
aa) Der Richtervorbehalt 14
(1) Die Erscheinungsformen des Richtervorbehaltes 14
(2) Die Ausgestaltung des Richtervorbehaltes 14
(3) Die Funktion des Richtervorbehaltes 15
(a) Der Richtervorbehalt als Korrelat für besonders schwere Grundrechtseingriffe 16
(b) Der Richtervorbehalt als Ausdruck der Gewaltenteilung 17
(c) Der Richtervorbehalt als präventiver Rechtsschutz 18
(d) Der Richtervorbehalt als präventiver Rechtsschutz bei besonders schwerwiegenden Grundrechtseingriffen 20
bb) Die nachträgliche richterliche Bestätigung 22

(1) Die Ausgestaltung der nachträglichen richterlichen Bestätigung ... 22
(2) Das hinter der Anordnung der nachträglichen richterlichen Bestätigung stehende System ... 23
b) Der repressive Rechtsschutz durch Rechtsbehelfe ... 24
aa) Die Zwangsmaßnahmen des Richters ... 24
bb) Die Zwangsmaßnahmen der Staatsanwaltschaft ... 25
cc) Die Zwangsmaßnahmen der Polizei ... 26

II. Die Herausarbeitung unterschiedlicher Fallgruppen hinsichtlich des Rechtsschutzes durch Anrufung der ordentlichen Gerichte ... 27

1.) Die Kompetenzordnung bei heimlichen strafprozessualen Zwangsmaßnahmen ... 27
a) Die Anordnungskompetenz ... 27
b) Die Kompetenz zur Durchführung der angeordneten heimlichen strafprozessualen Zwangsmaßnahmen ... 28
aa) Die Bestimmung der Durchführungskompetenz ... 28
(1) Die Durchführungskompetenz bei richterlicher Anordnung der Zwangsmaßnahme ... 28
(2) Die Durchführungskompetenz bei staatsanwaltschaftlicher bzw. polizeilicher Anordnung der Zwangsmaßnahme ... 30
bb) Die Problematik, die in bezug auf die Postbeschlagnahme und die Überwachung der Telekommunikation durch die Privatisierung des Post- und Telekommunikationswesens entsteht bzw. entstanden ist. ... 30
(1) Die Notwendigkeit einer Zurechnung der Tätigkeit der privaten Post- und Telekommunikationsunternehmen im Rahmen strafprozessualer Zwangsmaßnahmen ... 31
(2) Die Möglichkeit einer Zurechnung der Tätigkeit der privaten Post- und Telekommunikationsunternehmen im Rahmen strafprozessualer Zwangsmaßnahmen ... 32

2.) Der Gegenstand des Rechtsschutzverfahrens ... 32

3.) Der Zeitpunkt der Inanspruchnahme des Rechtsschutzes ... 33
a) Der Begriff der Erledigung ... 33
b) Die Erscheinungsformen der Erledigung ... 36

aa) Die Rücknahme einer dem Betroffenen bereits bekannten Zwangsmaßnahmenanordnung vor deren Vollziehung 36
bb) Die Aufhebung einer bereits in Vollzug gesetzten Zwangsmaßnahmenanordnung 36
cc) Die vollständige Vollziehung einer Zwangsmaßnahmenanordnung 36
dd) Die Herausgabe erlangter Gegenstände 36
ee) Die Vernichtung von Unterlagen 37
ff) Die Löschung gespeicherter Daten 38
gg) Die sog. "prozessuale" Überholung 38

4.) Ergebnis 39

B. Der Rechtsschutz gegen noch nicht erledigte heimliche strafprozessuale Zwangsmaßnahmen 40

I. Die staatsanwaltschaftliche Anordnung der heimlichen strafprozessualen Zwangsmaßnahme im Rahmen einer Eilkompetenz 41

1.) Die gerichtliche Überprüfbarkeit der Anordnung der Maßnahme 42
a) Der Meinungsstand in der Literatur und der Rechtsprechung 42
aa) Der Rechtsweg nach § 98 II S. 2 StPO 42
bb) Der Rechtsweg nach §§ 23 ff. EGGVG 43
(1) Die Anwendbarkeit der §§ 23 ff. EGGVG auf Prozeßhandlungen 43
(2) Der Rechtsschutz über den Rechtsweg nach §§ 23 ff. EGGVG 46
cc) Das Nebeneinander der Rechtswege nach §§ 23 ff. EGGVG und nach § 98 II S. 2 StPO 47
dd) Stellungnahme 47
b) Eigener Lösungsansatz zur Frage des einschlägigen Rechtsweges 49
aa) Die Anwendung des § 98 II S. 2 StPO aufgrund Gesetzesauslegung 49
bb) Die analoge Anwendung des § 98 II S. 2 StPO 49
(1) Das Vorliegen einer Regelungslücke 49
(a) Die Auslegung des § 23 III EGGVG 50
(b) Die Schlußfolgerungen aus der Auslegung des § 23 III EGGVG 55

(2) Die Planwidrigkeit der Regelungslücke 56
(3) Der Zweck des § 98 II S. 2 StPO und die Vergleichbarkeit der Interessenlage 57
(a) Die Normzweckanalyse in bezug auf § 98 II S. 2 StPO 57
(b) Die Vergleichbarkeit der Interessenlage 57

2.) Die gerichtliche Überprüfbarkeit der Art und Weise der Vollziehung der angeordneten Maßnahme 58
a) Die richterliche Vollziehung der heimlichen Zwangsmaßnahmen nach §§ 99, 100; 100 a, b; 100 c I Nr. 2, 100 d I StPO 58
b) Die staatsanwaltschaftliche Vollziehung 59
aa) Der Meinungsstand in der Literatur und der Rechtsprechung 59
(1) Der Rechtsweg nach §§ 23 ff. EGGVG 59
(2) Der Rechtsweg nach § 98 II S. 2 StPO 59
(3) Stellungnahme 60
bb) Eigener Lösungsansatz zur Frage des einschlägigen Rechtsweges 61
(1) Das Vorliegen einer planwidrigen Regelungslücke 61
(2) Der Zweck des § 98 II S. 2 StPO 61
(a) Die Herleitung eines Vollziehungskontrollrechtes des (Ermittlungs-)Richters 62
(b) Die Vereinbarkeit einer Vollziehungskontrolle des (Ermittlungs-)Richters mit Grundprinzipien des Ermittlungsverfahrens 64
(3) Die Vergleichbarkeit der Interessenlage 65

II. Die polizeiliche Anordnung der heimlichen strafprozessualen Zwangsmaßnahme im Rahmen einer Eilkompetenz 66

1.) Die repressiv-polizeiliche heimliche Zwangsmaßnahme 66
a) Die gerichtliche Überprüfbarkeit der Anordnung der Maßnahme 66
aa) Der Meinungsstand in der Literatur und der Rechtsprechung 67
(1) Der Rechtsweg nach § 40 ff. VwGO 67
(2) Der Rechtsweg nach §§ 23 ff. EGGVG oder nach § 98 II S. 2 StPO 69

bb) Eigener Lösungsansatz zur Frage des einschlägigen Rechtsweges ... 69
b) Die gerichtliche Überprüfung der Art und Weise der Vollziehung der angeordneten Maßnahme ... 69
aa) Die richterliche Vollziehung der heimlichen Zwangsmaßnahme nach §§ 100 c I Nr. 2, 100 d I StPO ... 69
bb) Die polizeiliche Vollziehung der heimlichen Zwangsmaßnahmen nach §§ 100 c I Nr. 2, 100 d I; 163 d StPO ... 70

2.) Die doppelfunktionale heimliche Zwangsmaßnahme ... 70
a) Das Vorliegen einer doppelfunktionalen Zwangsmaßnahme ... 70
b) Die Bestimmung des Rechtsweges im Fall des Vorliegens doppelfunktionaler Zwangsmaßnahmen ... 71
aa) Die Lösung nach dem Schwergewicht der Maßnahme .. 71
bb) Die Doppelspurigkeit des Rechtsschutzes ... 72
cc) Eine differenzierte Lösung unter Einbeziehung des § 17 II S. 1 GVG ... 73
dd) Eine kritische Würdigung der vertretenen Meinungen bei gleichzeitiger Entwicklung eines eigenen Lösungsansatzes ... 73

III. Die staatsanwaltschaftliche bzw. polizeiliche Anordnung der heimlichen strafprozessualen Zwangsmaßnahmen aufgrund originärer Kompetenz ... 76

1.) Die gerichtliche Überprüfbarkeit der Anordnung der Maßnahme ... 76
a) Der Meinungsstand in der Literatur und der Rechtsprechung ... 76
aa) Die Gegenvorstellung oder die Dienstaufsichtsbeschwerde ... 76
bb) Der Rechtsweg nach §§ 23 ff. EGGVG ... 76
cc) Der Rechtsweg nach § 98 II S. 2 StPO ... 77
dd) Stellungnahme ... 78
b) Eigener Lösungsansatz zur Frage des einschlägigen Rechtsweges ... 80
aa) Das Vorliegen einer planwidrigen Regelungslücke ... 80
bb) Der Zweck des § 98 II S. 2 StPO und die Vergleichbarkeit der Interessenlage ... 80
(1) Die Vergleichbarkeit der Interessenlage ... 81

(a) Die Anwendbarkeit des § 98 II S. 1 StPO im Fall einer staatsanwaltschaftlichen bzw. polizeilichen Zwangsmaßnahmenanordnung aufgrund von Originärkompetenz 81
(b) Die rechtliche Qualifizierung einer richterlichen Entscheidung nach § 98 II S. 2 StPO im Fall einer originärkompetenzlichen Sicherstellungsanordnung 82
(2) Der Zweck des § 98 II S. 2 StPO 83

2.) Die gerichtliche Überprüfbarkeit der Art und Weise der Vollziehung der angeordneten Maßnahme 84
a) Der Meinungsstand in der Literatur und der Rechtsprechung 84
aa) Die Gegenvorstellung oder die Dienstaufsichtsbeschwerde 84
bb) Der Rechtsweg nach §§ 23 ff. EGGVG 84
cc) Der Rechtsweg nach § 98 II S. 2 StPO 84
dd) Stellungnahme 85
b) Eigener Lösungsansatz zur Frage des einschlägigen Rechtsweges 86
aa) Die analoge Anwendung des § 98 II S. 2 StPO 86
bb) Die Anwendung der §§ 23 ff. EGGVG 87

IV. Die richterliche Anordnung der heimlichen strafprozessualen Zwangsmaßnahme 87

1.) Die gerichtliche Überprüfbarkeit der Anordnung der Maßnahme 88
a) Die richterliche Anordnung nach §§ 98 a, b; 99, 100; 100 a, b; 100 c I Nr. 2, 100 d I; 110 a, b II; 163 d; 163 e StPO 88
aa) Die Beschwerdemöglichkeit nach §§ 304 ff. StPO 88
bb) Das Verfahren nach § 33 a StPO 89
b) Die richterliche Anordnung nach §§ 100 c I Nr. 3, 100 d II StPO 89

2.) Die gerichtliche Überprüfbarkeit der Art und Weise der Vollziehung der angeordneten Maßnahme 90

a) Die richterliche Vollziehung der heimlichen Zwangsmaßnahmen nach §§ 99, 100; 100 a, b; 100 c I Nr. 2, 3, 100 d StPO 90
b) Die staatsanwaltschaftliche Vollziehung 90

C. Der Rechtsschutz gegen erledigte heimliche strafprozessuale Zwangsmaßnahmen 91

I. Die staatsanwaltschaftliche bzw. polizeiliche Anordnung der heimlichen strafprozessualen Zwangsmaßnahme im Rahmen einer Eilkompetenz 91

1.) Die gerichtliche Überprüfbarkeit der Anordnung der Maßnahme 91
a) Der Meinungsstand in der Literatur und der Rechtsprechung 92
aa) Der Rechtsweg nach § 98 II S. 2 StPO 92
(1) Die analoge Anwendung des § 98 II S. 2 StPO 92
(2) Die Anwendung des § 98 II S. 2 StPO aufgrund einer verfassungskonformen Auslegung des Gesetzes 94
bb) Der Rechtsweg nach §§ 23 ff. EGGVG 95
cc) Stellungnahme 95
(1) Rechtspolitische Betrachtung 95
(2) Rechtsdogmatische Betrachtung 97
b) Eigener Lösungsansatz zur Frage des einschlägigen Rechtsweges 100
aa) Das Vorliegen einer planwidrigen Regelungslücke 100
bb) Der Zweck des § 98 II S. 2 StPO 100
(1) Der Wortlaut des Gesetzes 101
(2) Die Gesetzessystematik 102
(3) Der historische Hintergrund des Gesetzes 104
(4) Objektiv-teleologische Aspekte unter Berücksichtigung des verfassungsrechtlichen Hintergrundes 105
(5) Die Schlußfolgerungen aus der Auslegung des § 98 II S. 2 StPO 108
cc) Die Vergleichbarkeit der Interessenlage 109

2.) Die gerichtliche Überprüfbarkeit der Art und Weise der Vollziehung der angeordneten Maßnahme 110

a) Die richterliche Vollziehung der heimlichen Zwangsmaßnahmen nach §§ 99, 100; 100 a, b; 100 c I Nr. 2, 100 d I StPO 110
b) Die staatsanwaltschaftliche bzw. polizeiliche Vollziehung 110
aa) Der Meinungsstand in der Literatur und der Rechtsprechung 110
(1) Der Rechtsweg nach §§ 23 ff. EGGVG 110
(2) Der Rechtsweg nach § 98 II S. 2 StPO 111
(a) Die Rechtsansicht der Literatur 111
(b) Die Rechtsansicht des Bundesgerichtshofes in der Entscheidung vom 7.12.1998 112
(3) Stellungnahme 113
bb) Eigener Lösungsansatz zur Frage des einschlägigen Rechtsweges 114
(1) Das Vorliegen einer planwidrigen Regelungslücke 114
(2) Der Zweck des § 98 II S. 2 StPO 115
(3) Die Vergleichbarkeit der Interessenlage 115

II. Die staatsanwaltschaftliche bzw. polizeiliche Anordnung der heimlichen strafprozessualen Zwangsnahme aufgrund originärer Kompetenz 116

1.) Der Meinungsstand in der Literatur und der Rechtsprechung 116
a) Die Gegenvorstellung oder die Dienstaufsichtsbeschwerde 116
b) Der Rechtsweg nach §§ 23 ff. EGGVG 116
c) Der Rechtsweg nach § 98 II S. 2 StPO 117
d) Stellungnahme 117

2.) Eigener Lösungsansatz zur Frage des einschlägigen Rechtsweges 118
a) Die analoge Anwendung des § 98 II S. 2 StPO 118
aa) Das Vorliegen einer planwidrigen Regelungslücke 118
bb) Der Zweck des § 98 II S. 2 StPO und die Vergleichbarkeit der Interessenlage 118
(1) Die Überprüfung der Anordnung der Zwangsmaßnahme 118
(2) Die Überprüfung der Art und Weise der Vollziehung der Zwangsmaßnahme 119

b) Die Anwendung der §§ 23 ff. EGGVG 119

III. Die richterliche Anordnung der heimlichen strafprozessualen Zwangsmaßnahme 120

1.) Die gerichtliche Überprüfbarkeit der Anordnung der Maßnahme 120
a) Die Beschwerdemöglichkeit nach §§ 304 ff. StPO 120
aa) Die Rechtslage bis zur Entscheidung des Bundesverfassungsgerichtes vom 30.04.1997 121
(1) Die Ansicht der Rechtsprechung, die bis zur Entscheidung des Bundesverfassungsgerichtes vom 30.04.1997 herrschend war, und der ihr folgenden Literatur 121
(a) Die Darstellung der Auffassung des Bundesgerichtshofes, der ihm folgenden Untergerichte sowie der sich ihm anschließenden Meinung im Schrifttum 121
(b) Die Darstellung der Auffassung des Bundesverfassungsgerichtes 122
(2) Die Ansicht der von der bisherigen Rechtsprechung abweichenden Literatur 123
(a) Die Frage der Statthaftigkeit der Beschwerde nach § 304 StPO 123
(b) Die Beschwer des Beschwerdeführers und das berechtigte Feststellungsinteresse 127
(3) Stellungnahme 127
(a) Kritische Betrachtung der Meinung der Rechtsprechung, die bis zur Entscheidung des Bundesverfassungsgerichtes vom 30.4.1997 herrschend war, und der ihr folgenden Literatur 127
(b) Kritische Betrachtung der von der bisherigen Rechtsprechung abweichenden Meinung in der Literatur 130
bb) Die Entscheidung des Bundesverfassungsgerichtes vom 30.04.1997 134
(1) Die Darstellung der Entscheidung 134
(2) Die Konsequenzen des Urteiles 136

(a) Die sich aus dem Urteil ergebenden Maßstäbe zur Bestimmung des Vorliegens einer Maßnahme, bei der sich die direkte Belastung typischerweise auf eine Zeitspanne beschränkt, in welcher gerichtlicher Rechtsschutz kaum zu erlangen ist ... 139
(b) Die sich aus dem Urteil ergebenden Maßstäbe zur Bestimmung eines tiefgreifenden Grundrechtseingriffes ... 139
(3) Abschließende kritische Betrachtung des Urteiles ... 144
cc) Eigener Lösungsansatz zur Herleitung der Zulässigkeit einer Beschwerde nach §§ 304 ff. StPO auf Feststellung der Rechtswidrigkeit einer erledigten richterlichen Anordnung einer heimlichen strafprozessualen Zwangsmaßnahme ... 147
(1) Die Begründung der Statthaftigkeit der Beschwerde im Wege der Gesetzesauslegung ... 148
(a) Der Wortlaut des Gesetzes ... 148
(b) Die Gesetzessystematik ... 149
(c) Der historische Hintergrund des Gesetzes ... 150
(d) Die objektiv-teleologischen Gesichtspunkte ... 152
(e) Verfassungskonforme Auslegung ... 153
(2) Die Herleitung der Beschwer des Beschwerdeführers ... 163
(3) Das berechtigte Interesse an der Feststellung der Rechtswidrigkeit der heimlichen strafprozessualen Zwangsmaßnahme ... 164
b) Die Möglichkeit des Verfahrens nach § 33 a StPO ... 165
aa) Die Auffassungen in der Rechtsprechung und der Literatur ... 165
bb) Stellungnahme ... 167
cc) Eigener Lösungsansatz ... 167
c) Der Sonderfall des Verfahrens nach § 100 d VI StPO im Fall der Überprüfung einer Anordnung zur akustischen Wohnraumüberwachung ... 170

2.) Die gerichtliche Überprüfbarkeit der Art und Weise der Vollziehung der angeordneten Maßnahme ... 172

a) Die richterliche Anordnung nach §§ 98 a, b; 99, 100; 100 a, b; 100 c I Nr. 2, 100 d I; 110 a, b II; 163 d; 163 e StPO 172
aa) Die richterliche Vollziehung der heimlichen Zwangsmaßnahmen nach §§ 99, 100; 100 a, b; 100 c I Nr. 2, 100 d I StPO 172
bb) Die staatsanwaltschaftliche Vollziehung 172
b) Die richterliche Anordnung nach §§ 100 c I Nr. 3, 100 d II StPO 173

IV. Das Interesse an der gerichtlichen Feststellung der Rechtswidrigkeit einer erledigten heimlichen strafprozessualen Zwangsmaßnahme 173

1.) Das berechtigte Feststellungsinteresse als Sachurteilsvoraussetzung hinsichtlich der nachträglichen Feststellung der Rechtswidrigkeit einer strafprozessualen Zwangsmaßnahme 173
a) Die Erforderlichkeit eines berechtigten Feststellungsinteresses als Sachurteilsvoraussetzung einer nachträglichen Entscheidung auf Feststellung der Rechtswidrigkeit einer strafprozessualen Zwangsmaßnahme 173
b) Die Vereinbarkeit des Erfordernisses eines berechtigten Feststellungsinteresses mit Art. 19 IV S. 1 GG 174

2.) Die Gesichtspunkte, die zur Begründung eines Feststellungsinteresses in Betracht kommen 175

3.) Inhaltliche Ausgestaltung der Fallgruppen, die ein berechtigtes Feststellungsinteresse begründen 179
a) Die Gefahr der Wiederholung des Eingriffes in Rechte oder rechtlich geschützte Interessen 180
aa) Strenge Anforderungen an das Vorliegen einer Wiederholungsgefahr 180
bb) Weite Ausdehnung der Anforderungen für das Vorliegen einer Wiederholungsgefahr 181
cc) Stellungnahme 181
b) Das Rehabilitierungsbedürfnis wegen diskriminierender Auswirkungen der Maßnahme 182
aa) Die Kriterien für die Annahme eines Rehabilitierungsbedürfnisses 182

(1) Einschränkende Bestimmung der Voraussetzungen eines Rehabilitierungsbedürfnisses 183
(2) Ausdehnende Bestimmung der Voraussetzungen eines Rehabilitierungsbedürfnisses 183
(a) Der "Stigmatisierungsansatz" 183
(b) Die Diskriminierungswirkung strafprozessualer Grundrechtseingriffe 184
(3) Stellungnahme 184
bb) Der Personenkreis, der ein Rehabilitierungsbedürfnis geltend machen kann 188
(1) Der Meinungsstand vor der Entscheidung des Bundesverfassungsgerichtes vom 30.04.1997 189
(2) Die Entscheidung des Bundesverfassungsgerichtes vom 30.04.1997 190
(3) Stellungnahme 190
c) Das Vorliegen eines tiefgreifenden, tatsächlich abgeschlossenen Grundrechtseingriffes, bei dem die direkte Belastung sich typischerweise auf eine Zeitspanne beschränkt, in welcher gerichtlicher Rechtsschutz kaum zu erlangen ist 191

D. Die Besonderheiten des Rechtsschutzes im Fall von heimlichen strafprozessualen Zwangsmaßnahmen, die eine nachträgliche richterliche Bestätigung vorsehen 193

I. Rechtliche Vorfragen 193

1.) Das zuständige Antragsorgan 193

2.) Der Umfang der richterlichen Entscheidung im Bestätigungsverfahren 195
a) Die Entscheidung im richterlichen Bestätigungsverfahren als Ergebnis einer "ex-nunc-Prüfung" 195
b) Die Entscheidung nach § 98 II S. 1 StPO als Rechtmäßigkeitsprüfung 195
c) Stellungnahme 196

3.) Die Pflicht zur Beantragung einer nachträglichen richterlichen Bestätigung 197

4.) Die staatsanwaltschaftliche bzw. polizeiliche Eilanordnung als Grundlage der strafprozessualen Zwangsmaßnahme 199

II. Die Rechtsschutzsituation 201

1.) Die Erteilung einer nachträglichen richterlichen Bestätigung 201

2.) Die Nichterteilung einer nachträglichen richterlichen Bestätigung 201

3.) Die rechtliche Situation, wenn eine richterliche Entscheidung im Bestätigungsverfahren noch aussteht 202

E. Zusammenfassung der Ergebnisse zum Rechtsschutz gegen heimliche strafprozessuale Zwangsmaßnahmen durch die Anrufung der ordentlichen Gerichte 203

Teil 2: Die Benachrichtigungspflichten in bezug auf heimliche strafprozessuale Zwangsmaßnahmen 207

A. Die Erforderlichkeit einer Benachrichtigung hinsichtlich heimlicher strafprozessualer Zwangsmaßnahmen aus verfassungsrechtlicher Sicht 207

I. Das Grundrecht auf rechtliches Gehör gemäß Art. 103 I GG 208

II. Die Rechtsschutzgarantie des Art. 19 IV S. 1 GG 210

III. Die Auswirkungen der verfassungsrechtlichen Herleitung des Benachrichtigungserfordernisses auf die weitere Untersuchung 212

B. Die gesetzlich geregelten Benachrichtigungspflichten 214

I. Die Zuständigkeit zur Benachrichtigung 214

1.) Die verschiedenen möglichen Lösungsansätze 214

2.) Resümee 215

II. Die Form der Benachrichtigung 217

III. Die Pflicht zur Benachrichtigung 217

IV. Der zu benachrichtigende Personenkreis 217

1.) Die zu benachrichtigenden Personen nach § 101 I StPO 218
a) Die Beteiligteneigenschaft im Sinne des § 101 I S. 1 StPO 218
aa) Der allgemeine Maßstab zur Bestimmung der Beteiligteneigenschaft im Sinne des § 101 I S. 1 StPO 219
(1) Der Meinungsstand in der Literatur und der Rechtsprechung 219
(2) Stellungnahme 220
bb) Der Kreis der Beteiligten bei den einzelnen von § 101 I S. 1 StPO erfaßten heimlichen strafprozessualen Zwangsmaßnahmen 222
(1) Die beteiligten Personen im Sinne des § 101 I S. 1 StPO bei der Postbeschlagnahme 222
(2) Die beteiligten Personen im Sinne des § 101 I S. 1 StPO bei der Überwachung der Telekommunikation 222
(3) Die beteiligten Personen im Sinne des § 101 I S. 1 StPO bei der Maßnahme nach § 100 c I Nr. 1 b StPO 223
(4) Die beteiligten Personen im Sinne des § 101 I S. 1 StPO bei der Maßnahme nach §§ 100 c I Nr. 2, 100 d I StPO 223
(5) Die beteiligten Personen im Sinne des § 101 I StPO bei der Maßnahme nach §§ 100 c I Nr. 3, 100 d StPO 225
b) Die unbekannten Beteiligten 225

2.) Die zu benachrichtigenden Personen nach § 110 d I StPO 226

3.) Die zu benachrichtigenden Personen nach § 163 d V StPO 227
a) Der von § 163 d V StPO erfaßte Personenkreis 227
aa) Der Wortlaut des Gesetzes 228
bb) Die Gesetzessystematik 229
cc) Der historische Hintergrund des Gesetzes 230
dd) Die objektiv-teleologischen Gesichtspunkte 231
ee) Verfassungskonforme Auslegung 233
ff) Die Schlußfolgerungen aus der Auslegung des § 163 d V StPO 233
b) Der von § 163 d V StPO nicht erfaßte Personenkreis 234

aa) Die Erfüllung der verfassungsrechtlichen Anforderungen 234
bb) Die Konsequenz, die aus der mangelnden Erfüllung der verfassungsrechtlichen Anforderungen durch § 163 d V StPO zu ziehen ist 236

4.) Die zu benachrichtigenden Personen nach § 98 b IV S. 1 i. V. m. § 163 d V StPO 238
a) Der von § 98 b IV S. 1 i. V. m. § 163 d V StPO erfaßte Personenkreis 238
b) Der von § 98 b IV S. 1 i. V. m. § 163 d V StPO nicht erfaßte Personenkreis 239

V. Der Zeitpunkt der Benachrichtigung 241

1.) Die bei der Bestimmung des Benachrichtigungszeitpunktes zu berücksichtigenden Aspekte 241
a) Die Interessen an einer frühzeitigen Benachrichtigung 241
b) Die Interessen an einem späten Benachrichtigungszeitpunkt 241

2.) Der Zeitpunkt der Benachrichtigung nach den verschiedenen Benachrichtigungsbestimmungen 244
a) Der Zeitpunkt der Benachrichtigung nach § 101 I StPO 244
aa) Der Benachrichtigungszeitpunkt bezüglich der Überwachung der Telekommunikation, des Einsatzes technischer Observationsmittel und den akustischen Überwachungsmaßnahmen 244
(1) Das Merkmal der Gefährdung des Untersuchungszweckes 245
(2) Das Merkmal der Gefährdung der weiteren Verwendung eines eingesetzten nicht offen ermittelnden Beamten 248
(3) Das Merkmal der Gefährdung der öffentlichen Sicherheit 251
(a) Die unter den Begriff der Gefährdung der öffentlichen Sicherheit zu fassenden Aspekte 251
(b) Die Störung präventiver sicherheitsbehördlicher Belange 253
(4) Das Merkmal der Gefährdung von Leib oder Leben einer Person 255
(5) Resümee 256

bb) Der Zeitpunkt der Benachrichtigung bezüglich der Postbeschlagnahme 256
(1) Die Regelung des § 101 II, III StPO....................256
(2) Die Wechselwirkung zwischen § 101 I S. 1 StPO und § 101 II, III StPO 257
b) Der Zeitpunkt der Benachrichtigung nach § 110 d I StPO...260
c) Der Zeitpunkt der Benachrichtigung nach § 163 d V StPO...261
aa) Das Vorliegen einer Regelungslücke.............................261
bb) Die Planwidrigkeit der Regelungslücke........................262
cc) Der Zweck des § 101 I S. 1 StPO und die Vergleichbarkeit der Interessenlage...262
(1) Der Zweck des § 101 I S. 1 StPO 262
(2) Die Vergleichbarkeit der Interessenlage.................263
d) Der Zeitpunkt der Benachrichtigung nach § 98 b IV S. 1 i. V. m. § 163 d V StPO 263

VI. Der Gegenstand und Umfang der Benachrichtigung 263

1.) Der Gegenstand der Benachrichtigung 264

2.) Der Umfang der Benachrichtigung...266

VII. Die Kontrolle der Einhaltung der strafprozessualen Benachrichtigungsbestimmungen 267

1.) Das sich aus dem Zusammenspiel der §§ 100 e I, 101 I S. 2, 3 StPO ergebende Verfahren..268

2.) Das sich aus § 100 e II StPO ergebende Verfahren 270

VIII. Resümee 272

C. Das Fehlen gesetzlich geregelter Benachrichtigungspflichten in bezug auf heimliche strafprozessuale Zwangsmaßnahmen 274

I. Die Herstellung von Lichtbildern und Bildaufzeichnungen nach § 100 c I Nr. 1 a StPO 274

1.) Die verfassungsrechtliche Erforderlichkeit einer Benachrichtigungsregelung 274

2.) Die fehlende Benachrichtigungsregelung im Fall einer Zwangsmaßnahme nach § 100 c I Nr. 1 a StPO 276

3.) Die Konsequenz, die aus der mangelnden Erfüllung der verfassungsrechtlichen Anforderungen durch § 100 c I Nr. 1 a StPO zu ziehen ist 276

II. Der Einsatz eines Verdeckten Ermittlers nach §§ 110 a, b StPO . 277

1.) Die verfassungsrechtliche Erforderlichkeit einer Benachrichtigungsregelung 277

2.) Die fehlende Benachrichtigungsregelung im Fall einer Zwangsmaßnahme nach §§ 110 a, b StPO 278

3.) Die Konsequenz, die aus der mangelnden Erfüllung der verfassungsrechtlichen Anforderungen durch §§ 110 a, b StPO zu ziehen ist 279

III. Der Datenabgleich nach § 98 c StPO 280

1.) Die verfassungsrechtliche Erforderlichkeit einer Benachrichtigungsregelung 280

2.) Die fehlende Benachrichtigungsregelung im Fall einer Zwangsmaßnahme nach § 98 c StPO 280

3.) Die Konsequenz, die aus der mangelnden Erfüllung der verfassungsrechtlichen Anforderungen durch § 98 c StPO zu ziehen ist 281

IV. Die polizeiliche Beobachtung nach § 163 e StPO 281

1.) Die verfassungsrechtliche Erforderlichkeit einer Benachrichtigungsregelung 281

2.) Die fehlende Benachrichtigungsregelung im Fall einer Zwangsmaßnahme nach § 163 e StPO 282

3.) Die Konsequenz, die aus der mangelnden Erfüllung der verfassungsrechtlichen Anforderungen durch § 163 e StPO zu ziehen ist 282

D. Zusammenfassung der Ergebnisse zu den Benachrichtigungspflichten in bezug auf heimliche strafprozessuale Zwangsmaßnahmen 284

Annex: Unterrichtungs- und Berichtspflichten in bezug auf heimliche strafprozessuale Zwangsmaßnahmen 289

A. Die Unterrichtung der Datenschutzbehörde über die Rasterfahndung ... 289

B. Der Bericht an die oberste Justizbehörde und die Unterrichtung des Bundestages über die akustische Wohnraumüberwachung 291

C. Zusammenfassung der Ergebnisse zu den Unterrichtungs- und Berichtspflichten in bezug auf heimliche strafprozessuale Zwangsmaßnahmen 292

Fazit 293

Einleitung

A. Die Terminologie

Die Auseinandersetzung mit der Frage des Rechtsschutzes und der Mitteilungspflichten in bezug auf die heimlichen strafprozessualen Zwangsmaßnahmen setzt zunächst voraus, daß man sich darüber im klaren ist, was unter dem Begriff der Zwangsmaßnahme und demjenigen der Heimlichkeit zu verstehen ist.

I. Der Begriff der Zwangsmaßnahme

Der Begriff der strafprozessualen Zwangsmaßnahme wird herkömmlicherweise zur Bezeichnung derjenigen Prozeßhandlungen verwendet, die zum Zweck der Strafverfolgung ohne oder gegen den Willen des Betroffenen in dessen Individualrechte eingreifen[1]. Demgegenüber hat namentlich Amelung[2], der einige Anhänger im strafprozessualen Schrifttum gefunden hat[3], den Terminus des strafprozessualen Grundrechtseingriffes entwickelt. Mit diesem Begriff soll jede Anordnung oder Vollzugshandlung umschrieben werden, die auf die Beeinträchtigung eines grundrechtlich geschützten Individualrechtsgutes zielt und der Vorbereitung, der Sicherung des Erlasses oder der Durchsetzung einer strafprozessualen Endentscheidung dient[4]. Von den Vertretern dieser Terminologie wird geltend gemacht, daß der Begriff der „Zwangsmaßnahme" irreführend[5] und unvollständig[6] sei. Gerade mit den subtiler werdenden Kontrolltechniken, wie z. B. der Telefonüberwachung oder der beobachtenden Fahndung, sei der Begriff des Zwanges nicht in Übereinstimmung zu bringen, weil diese Maßnahmen nicht mit Zwang im Sinne von physischen Eingriffen verbunden seien[7]. Somit sei die Bezeichnung also irreführend. Zum anderen führe diese Überbetonung der Zwangswirkung strafprozessualer Ermittlungsmaßnahmen zu einer Verdeckung der verfassungsrechtlichen Bedeutung der strafprozessualen Eingriffsermächtigungen und sei insofern unvollständig[8]. Der von Amelung entwickelten Terminologie wird demgegenüber entgegengehalten, daß mit dem Begriff des „strafprozessualen Grundrechtseingriffes" ein prozeßexterner Ge-

---

1 Henkel, S. 273; König, S. 31; Labe, S. 71; Peters, § 46 I; Schlüchter, Rdnr. 165; Welp, Zwangsbefugnisse, S. 10. Den Begriff der strafprozessualen „Zwangsmaßnahme" verwenden darüber hinaus u. a. Degener, S. 47 ff.; Dähn, JA 1981, S. 7, 7; KK-Nack, Vor. § 94 Rdnr. 1; LR-Schäfer, Vor § 94 Rdnr. 1, § 98 Rdnr. 49; Pfeiffer, Grundzüge des Strafverfahrensrechts, Rdnr. 36.

2 Amelung, Rechtsschutz, S. 14 ff.; Amelung, JZ 1987, S. 737, 737 ff.

3 Aulehner, BayVBl 1988, S. 709, 709; Benfer, S. 311 ff.; Ellersiek, S. 48 Fn. 33 und S. 48; Kühne, § 22, Rdnr. 163; Köster, S. 17.

4 Amelung, Rechtsschutz, S. 14; Aulehner, BayVBl 1988, S. 709, 709.

5 Aulehner, BayVBl 1988, S. 709, 709.

6 Kühne, § 22 Rdnr. 163.

7 Amelung, JZ 1987, S. 737, 737; Aulehner, BayVBl 1988, S. 709, 709; Kühne, § 22 Rdnr. 163.

8 Kühne, § 22 Rdnr. 163.

sichtspunkt eingebracht werde, welcher die prozessuale Funktion dieser Maßnahmen nicht deutlich werden lasse[9].
Die dargelegten inhaltlichen Beschreibungen bezüglich der unterschiedlichen Termini und die entsprechenden Argumentationsansätze machen deutlich, daß sich die beiden Begriffe im Ergebnis vor allem durch eine unterschiedliche Schwerpunktsetzung bei der Betrachtung der betreffenden Maßnahmen unterscheiden[10]. Der Begriff der „Zwangsmaßnahme" betont die verfahrensrechtliche Funktion und die Zielgerichtetheit des Eingriffes[11]. Demgegenüber unterstreicht der Terminus des „Grundrechtseingriffes" die verfassungsrechtliche Bedeutung dieser Maßnahmen und lenkt somit den Blick auf die Beachtung verfassungsrechtlicher Grundsätze wie Übermaßverbot oder Rechtsschutzgarantie[12]. Dies verdeutlicht, daß dem Streit um die zu verwendende Begrifflichkeit nicht allzu große Bedeutung beigemessen werden sollte. Das ändert aber nichts an der Notwendigkeit zu klären, welche Begrifflichkeit der hier vorliegenden Untersuchung zugrunde zu legen ist.
Aufgrund der gerade dargestellten Gesichtspunkte kann es nur darum gehen zu klären, welche Begrifflichkeit die fraglichen Maßnahmen umfassender beschreibt. Auch die Vertreter des Begriffes der „Zwangsmaßnahme" erkennen die Grundrechtsrelevanz der fraglichen Maßnahmen an. Sie bezeichnen nämlich nur solche Prozeßhandlungen als Zwangsmaßnahmen, die in Individualrechte eingreifen[13]. Dabei setzt sich zunehmend die Erkenntnis durch, daß es sich bei diesen Individualrechten um grundrechtlich geschützte Bereiche des Einzelnen handelt[14]. Somit wird die verfassungsrechtliche Bedeutung der fraglichen Maßnahmen nicht aus den Augen verloren. Mit dem Begriff der „Zwangsmaßnahme" könnte aber eine Ausgrenzung möglicher Eingriffe verbunden sein, wenn man bei dem Begriff des „Zwanges" den Blick auf eine Zwangswirkung durch physische Eingriffe beschränkt. Denn solche physischen Eingriffe liegen vor allem bei den strafprozessualen Maßnahmen neueren Datums, wie z. B. der Telefonüberwachung oder der Rasterfahndung, nicht vor[15]. In einem weitergehenden Sinn kann von Zwang aber immer dann gesprochen werden, wenn gegen oder ohne den Willen des Betroffenen gehandelt[16], in seine Rechtssphäre eingegriffen wird. Die offen durchgeführten Maßnahmen innerhalb einer Strafverfolgung werden gegen den Willen des Betroffenen vollzogen, greifen gegen den

---

9 Schroeder, JZ 1985, S. 1028, 1029.
10 Diesem Verständnis entspricht es, wenn einige Stimmen in der Literatur beide Begriffe nebeneinander verwenden. Vgl. insoweit: Brodag, S. 116; Roxin, § 29 Rdnr. 3; Rüping, S. 69.
11 Bachmann, S. 18.
12 Bachmann, S. 18.
13 Vgl. Defintion der „Zwangsmaßnahme" zu Beginn der Ausführungen.
14 Dähn, JA 1981, S.7, 7; Eser, S. 43; Peters, § 46 I 1; Pfeiffer, Grundzüge des Strafverfahrensrechts, Rdnr. 36; Ranft, Rdnr. 575.
15 Amelung, JZ 1987, S. 737, 737.
16 Tilch, S. 1442.

Willen in die Rechte des Bürgers ein[17]. Die nicht offen durchgeführten Maßnahmen werden hingegen ohne den Willen des Betroffenen vollzogen, denn dieser hat gerade keine Kenntnis von der Durchführung der Maßnahme. Beachtet man also diese Gesichtspunkte, die mit dem Begriff des „Zwanges" ausgedrückt werden, so kann das Vorliegen einer Zwangswirkung auch bei den neueren immer subtiler werden Maßnahmen, wie z. B. bei dem Einsatz technischer Überwachungsmittel, nicht geleugnet werden. Demnach ist mit der Verwendung des Begriffes der „Zwangsmaßnahme" keine Ausgrenzung möglicher strafprozessualer Eingriffe verbunden. Im übrigen sollte bei der Begriffsfindung berücksichtigt werden, daß die fraglichen Maßnahmen mit dem Ziel der repressiven Strafverfolgung erfolgen. Die Grundrechtsbeeinträchtigung, die mit diesen Maßnahmen einhergeht, erfolgt zwar bewußt und zielgerichtet, aber alleiniger Zweck bleibt die effektive Strafverfolgung. Somit sollte die zu verwendende Begrifflichkeit diesen Zweck deutlich werden und in den Vordergrund treten lassen. Wenn man gleichzeitig bei der Beschreibung der Begrifflichkeit die grundrechtliche Relevanz dieser Maßnahmen mit ins Spiel bringt, wird dem Vorliegen eines Grundrechtseingriffes und den damit einhergehenden Folgen ausreichend Rechnung getragen. Aufgrund der dargelegten Umstände soll im Rahmen dieser Untersuchung der Begriff der „Zwangsmaßnahme" verwendet werden, wobei darunter jede Prozeßhandlung verstanden wird, die aus Gründen der Strafverfolgung gegen oder ohne den Willen des Betroffenen in dessen Grundrechte eingreift. Die unter diesen Terminus der „Zwangsmaßnahme" zu fassenden Maßnahmen sind in der Strafprozeßordnung in den §§ 81 ff. und §§ 94 ff. geregelt.

II. Der Begriff der Heimlichkeit

Heimliches strafprozessuales Vorgehen ist dadurch gekennzeichnet, zumindest im Zeitpunkt seiner Vornahme für den Betroffenen typischerweise nicht erkennbar zu sein[18].

Die Bandbreite der gesetzlich vorgesehenen heimlichen strafprozessualen Zwangsmaßnahmen ist groß. Hierzu gehören die Rasterfahndung nach §§ 98 a, b StPO, der Datenabgleich nach § 98 c StPO, die Postbeschlagnahme nach §§ 99, 100 StPO, die Überwachung der Telekommunikation nach §§ 100 a, b StPO, der verdeckte Einsatz von technischen Mitteln zur Anfertigung von Bildaufnahmen und -aufzeichnungen oder zum Abhören und Aufzeichnen des gesprochenen Wortes nach §§ 100 c, d StPO, der Einsatz von Verdeckten Ermittlern nach §§ 110 a, b StPO und die polizeiliche Beobachtung nach § 163 e StPO. Fraglich ist, ob auf der Grundlage der dargelegten Definition heimlichen

---

17 Bachmann, S. 17; Peters, § 46 I.

18 Kniesel, Kriminalistik 1987, S. 315, 315; Lammer, S. 15; Riegel, Meyer-GS, S. 345, 355; Rogall, JZ 1987, S. 847, 848; Sielaff, Kriminalistik 1985, S. 577, 577; BGH, StV 1994, S. 58, 61.

strafprozessualen Vorgehens auch die Schleppnetzfahndung nach § 163 d StPO als heimliche strafprozessuale Zwangsmaßnahme bezeichnet werden kann. § 163 d StPO gestattet eine computergestützte Fahndungsmethode[19]. Die Vorschrift ermöglicht die Errichtung von Kurzzeitdateien für die automatische Speicherung und Verwertung von Daten, die bei bestimmten Massenkontrollen, Personenkontrollen an der Grenze oder an Kontrollstellen nach § 111 StPO anfallen, deren erschöpfende Auswertung an Ort und Stelle aber nicht möglich ist[20]. Die Erhebung der Daten ist von § 163 d StPO also nicht erfaßt, § 163 d StPO regelt nur die Verarbeitung[21] und die Nutzung der bereits nach § 111 StPO oder den einschlägigen Bestimmungen des BGSG erhobenen Daten. Gerade die Tatsache der Verarbeitung und Nutzung der offen erhobenen Daten entzieht sich aber der Kenntnis des Betroffenen. Demnach ist die Schleppnetzfahndung unter diesem Aspekt ebenfalls als heimliche strafprozessuale Zwangsmaßnahme anzusehen.

Dabei läßt sich innerhalb dieses Kreises der heimlichen strafprozessualen Zwangsmaßnahmen eine Unterscheidung danach vornehmen, ob die Heimlichkeit notwendige Voraussetzung für die Wirksamkeit der Zwangsmaßnahme ist oder nicht[22]. Die Heimlichkeit ist dann notwendige Voraussetzung für die Wirksamkeit einer Zwangsmaßnahme, wenn die Informationserlangung der Strafverfolgungsbehörden im Wege der Zwangsmaßnahme durch verdecktes Vorgehen ermöglicht oder wesentlich erleichtert wird[23].

Die Postbeschlagnahme, die Überwachung der Telekommunikation, der verdeckte Einsatz technischer Mittel und der Einsatz Verdeckter Ermittler sind notwendig auf Heimlichkeit, also eine planmäßige Verdeckung der Maßnahme gegenüber dem Betroffenen angewiesen. Diese Maßnahmen zielen nämlich auf die Erlangung von Informationen aus der Überwachung der Kommunikation bzw. der Verhaltensweisen der überwachten Personen. Wenn diese Maßnahmen nun offen durchgeführt würden, also den Betroffenen bekannt wären, so würden die Strafverfolgungsorgane nichts erfahren, was nicht auch bei der Vernehmung der Beteiligten bekanntgeworden wäre[24]. Denn da die Betroffenen nicht daran zu denken pflegen, daß ihre Gedanken bzw. ihr Verhalten den Strafverfolgungsorganen bekannt wird, werden sie sich meist rückhaltlos, unvorsichtig und ohne planmäßige Überlegung aussprechen bzw. verhalten[25].

---

19 Bermig, S. 9; Brodag, S. 183; Kleinknecht/Meyer-Goßner, § 163 d Rdnr. 1; Kühl, NJW 1987, S. 737, 739.

20 AK-StPO-Achenbach, § 163 d Rdnr. 3; Bermig, S. 9 f.; Heidelberger Kommentar-Krehl, § 163 d Rdnr. 1; LR-Rieß, § 163 d Rdnr. 5; Wittig, JuS 1997, S. 961, 962.

21 Die Datenverarbeitung umfaßt allgemein das Speichern, Verändern, Übermitteln, Sperren und das Löschen von Daten, vgl. § 3 V BDSG. Vgl. dazu: Wittig, JuS 1997, S. 961, 963.

22 Vgl. dazu: Lammer, S. 19 f.

23 Lammer, S. 20.

24 Welp, Überwachung, S. 56.

25 von Jagemann, in: Weiske, Rechtslexikon, S. 488; Welp, Überwachung, S. 56.

Der Datenabgleich, die Rasterfahndung, die Schleppnetzfahndung und die polizeilichen Beobachtung stellen hingegen keine notwendig heimlichen Zwangsmaßnahmen dar. Denn die durch sie bezweckte Informationserlangung wird nicht durch heimliches Vorgehen ermöglicht oder wesentlich erleichtert[26]. Bei diesen Maßnahmen werden neue und/oder teilweise vorrätige, gegebenenfalls offen und rechtmäßig erlangte Daten neu verknüpft, abgeglichen, bearbeitet und gespeichert[27]. Dies geschieht zwar ohne Kenntnis der Betroffenen, die Strafverfolgungsorgane könnten die technischen Abläufe zur Informationserlangung aber auch bei Kenntnis des Betroffenen erfolgreich durchführen.

B. Die Problemstellung

Die Ermittlungstätigkeit mittels heimlicher strafprozessualer Zwangsmaßnahmen hat vor allem in den letzten 10 bis 15 Jahren erheblich zugenommen.
Dieses ist zum einen in erheblichem Maße auf die Einführung immer neuer heimlicher Ermittlungsmethoden in die Strafprozeßordnung zurückzuführen. Während bei Schaffung der Strafprozeßordnung im Jahre 1877 nur die Postbeschlagnahme als heimliche Zwangsmaßnahme in der Strafprozeßordnung vorgesehen war[28] und erst 90 Jahre später mit der Fernmeldeüberwachung im Zuge der Notstandsgesetzgebung[29] eine weitere solche Maßnahme in das deutsche Strafverfahrensrecht eingeführt wurde, ist insbesondere seit Anfang der 90-iger Jahre eine wahre Hochkonjunktur der heimlichen strafprozessualen Zwangsmaßnahmen zu beobachten. Den vorläufigen Höhepunkt dieser scheinbar unaufhaltsamen Entwicklung bildet die Einführung der akustischen Wohnraumüberwachung in die Strafprozeßordnung, womit die letzte Rückzugsmöglichkeit der Privat- und Intimsphäre des Bürgers nunmehr auch nicht mehr gegeben ist. In der rechtspolitischen Diskussion wird die Erforderlichkeit der Schaffung weiterer heimlicher strafprozessualer Ermittlungsmaßnahmen oftmals mit der Bedrohung durch die Organisierte Kriminalität begründet[30]. So heißt es z. B. in der Begründung des Gesetzesentwurfes zur Einführung der akustischen Wohnraumüberwachung[31]: „Die Bedrohung der Gesellschaft durch die Organisierte Kriminalität und das dieser Kriminalitätsform eigene hohe Maß an Abschottung und Konspiration machen eine Erweiterung der durch das

26 Lammer, S. 19.
27 Lammer, S. 19.
28 Vgl. dazu: Schubert/Regge, S. 681 f.
29 Die Einführung der Telefonüberwachung ist auch im Zusammenhang mit der Ablösung von Vorbehaltsrechten der Alliierten zu sehen. Als nämlich im Zuge der Rücknahme alliierter Vorbehaltsrechte den Nachrichtendiensten der Bundesrepublik Deutschland die Überwachung des Telefonverkehr gestattet werden mußte, wurde den Strafverfolgungsorganen mit den §§ 100 a, b StPO ein gleiches Recht geschaffen. Vgl. dazu: BT-Drs. 5/1880, S. 1 ff.; Joecks, JA 1983, S. 59, 59.
30 BT-Drs. 11/7663, S. 1 f.; BT-Drs. 12/989, S. 1 f.; BT-Drs. 12/2720, S. 1 f.; BT- Drs. 13/8651, S. 1 f. 9 f. BT-Drs. 13/9644, S. 2.
31 BT-Drs. 13/8651, S. 10.

OrgKG in § 100 c StPO geschaffenen Möglichkeit des Einsatzes technischer Mittel um die Zulässigkeit der akustischen Wohnraumüberwachung unumgänglich." Es würde im Rahmen der vorliegenden Untersuchung zu weit führen, der Frage nachzugehen, inwieweit die dargelegten Ansätze zutreffen. Hingewiesen sei insofern nur auf zwei problematische Gesichtspunkte innerhalb der oft hitzig geführten Diskussion zur Erweiterung des Kataloges der heimlichen strafprozessualen Zwangsmaßnahmen im Hinblick auf die Organisierte Kriminalität. So ist zum einen zu bedenken, daß es nach wie vor an einer klaren und wissenschaftlich befriedigenden Definition der „Organisierten Kriminalität" fehlt[32]. Darüber hinaus liegt die der Organisierten Kriminalität offiziell zugerechnete Kriminalität im 1 % - Bereich der allgemeinen Kriminalität und die mit Gewalt verbundene sogar „nur" im Promillebereich der allgemeinen Gewaltkriminalität[33].

Neben der Einführung neuer heimlicher Zwangsmaßnahmen hat aber z. B. auch die Erweiterung des Überwachungsgegenstandes nach §§ 100 a, b StPO zu einer Zunahme heimlicher Ermittlungstätigkeit geführt. Durfte zunächst nur der „Fernmeldeverkehr" nach §§ 100 a, b StPO überwacht werden, umfassen diese Normen neuerdings die Überwachung der gesamten „Telekommunikation", d. h. jede Form der Datenübermittlung durch technische Einrichtungen, die elektromagnetische oder optische Signale verarbeiten[34]. Gegenstand der Überwachung nach §§ 100 a, b StPO sind nunmehr also auch der Telefaxverkehr, Funk- und Messagedienste, e-Mail und jede andere Form der rechnergesteuerten Datenübermittlung[35].

Heimliche Ermittlungstätigkeit ist für den betroffenen Bürger mit erheblichen nachteiligen Konsequenzen verbunden. Im Falle heimlichen strafprozessualen Vorgehens werden die betroffenen Bürger zum bloßen Objekt staatlicher Aktivitäten[36]. Dabei sind häufig nicht nur die Beschuldigten oder ihre Verbindungspersonen von den heimlichen strafprozessualen Zwangsmaßnahmen betroffen, aufgrund der unkontrollierbaren Streubreite vieler heimlicher Zwangsmaßnahmen sind vielmehr auch „unbescholtene" Bürger den Wirkungen der heimlichen strafprozessualen Zwangsmaßnahmen ausgesetzt. So kann z. B. bei der Telefonüberwachung immer nur ein Anschluß überwacht werden, unabhängig davon, wer ihn benutzt oder mit dem Beschuldigten spricht. Die Folge ist, daß in einem beträchtlichen Umfang Gespräche von Personen überwacht werden, die keinerlei Anlaß für eine Überwachung ihres Fernmeldeverkehrs gegeben ha-

---

[32] Eisenberg, NJW 1993, S. 1033, 1034; Hess, KritJ 1992, S. 315, 321 ff.; Leutheusser-Schnarrenberger, ZRP 1998, S. 87, 88.
[33] Leutheusser-Schnarrenberger, ZRP 1998, S. 87, 88.
[34] KK-Nack, § 100 a Rdnr. 4. Vgl. auch: § 3 Nr. 16 TKG.
[35] KK-Nack , § 100 a Rdnr. 6.
[36] So auch: Denninger, StV 1998, S. 401, 402.

ben[37]. Aus den sog. „wire-tap-reports" in den USA[38] ergibt sich, daß bei Telefonüberwachungen dort langjährig ein Verhältnis von Beschuldigten und zufällig überwachten „unbescholtenen" Bürgern von 1 zu 130 besteht[39].

Angesichts der stetigen, scheinbar unaufhaltsamen Zunahme der heimlichen Ermittlungstätigkeit und der damit verbundenen Konsequenzen für den Bürger stellt sich die Frage, welche Schutzmechanismen dem Bürger gegenüber diesen Maßnahmen zur Verfügung stehen. Dabei erlangen zwei Problemkreise eine besondere Bedeutung, und zwar die Aufhebung der Heimlichkeit dieser Zwangsmaßnahmen gegenüber den betroffenen Bürgern durch die Ermittlungsorgane und die Möglichkeit, Rechtsschutz hiergegen zu erlangen. Heimliches strafprozessuales Vorgehen ist nämlich verfassungsrechtlich nur vertretbar, wenn die Heimlichkeit gegenüber den Betroffenen alsbald wieder beseitigt wird und sie damit nicht mehr nur ein bloßes Objekt staatlichen Handelns darstellen.[40]. Mit der Aufhebung der Heimlichkeit einer strafprozessualen Zwangsmaßnahme muß die Transparenz hergestellt werden, die im Fall offen durchgeführter Maßnahmen, wie z. B. der Durchsuchung, stets gegeben ist. Andererseits kommt gerade auch der Rechtsschutzfrage hier eine besondere Bedeutung zu, weil mit der Heimlichkeit der Ermittlungsmaßnahmen eine besondere Eingriffstiefe verbunden ist und vor allem auch viele völlig „unbescholtene" Bürger den Wirkungen dieser Maßnahmen ausgesetzt sind. Diese beiden Problemkreise stehen dabei in enger Beziehung zueinander. Denn die Erlangung von Rechtsschutz gegen eine hoheitliche Maßnahme setzt voraus, daß der betroffene Bürger Kenntnis von der Maßnahme hat. Diese ist aber hinsichtlich der heimlichen strafprozessualen Zwangsmaßnahmen nicht gegeben. Die Möglichkeit, sich gegen diese Maßnahmen rechtlich zur Wehr zu setzen, ist folglich nur gegeben, wenn zunächst die Transparenz hinsichtlich dieser Maßnahmen gegenüber den betroffenen Bürgern hergestellt wird. Demnach ist die Rechtswegeröffnung hier durch die Aufhebung der Heimlichkeit bedingt[41].

Die vorliegende Arbeit wird sich mit diesen beiden Themenkomplexen der heimlichen strafprozessualen Zwangsmaßnahmen beschäftigen, wobei nur die in strafprozessualen Spezialnormen geregelten heimlichen strafprozessualen Zwangsmaßnahmen in die Untersuchung einbezogen werden sollen. Soweit heimliche strafprozessuale Zwangsmaßnahmen also auf eine sich aus §§ 161, 163 StPO ergebende Ermächtigung gestützt werden, wie z. B. der Einsatz eines

---

37 Vgl. zur Problematik der Zufallsfunde bei der Fernmeldeüberwachung: Joecks, JA 1983, S. 59, 62 f.; Welp, Jura 1981, S. 472, 472 ff.

38 Vgl. zu den „wire-tap-reports" in den USA: Böttger/Pfeiffer, ZRP 1994, S. 7, 7 ff.; Raum/Palm, JZ 1994, S. 447, 447 ff.

39 Welp, Mangakis-FS, S. 315, 318.

40 Birkmeyer, S. 504; Dürig, Rechtsgutachten, S. 5, 15 f.; Hall, JZ 1968, S. 159, 164; Pipkorn, DÖV 1970, S. 171, 175; Rogall, NStZ 1986, S. 385, 392; Welp, Überwachung, S. 112.

41 Vgl. dazu auch: Evers, ZRP 1980, S. 110, 113; Denninger, StV 1998, S. 401, 402; Guttenberg, NJW 1993, S. 567, 567; Hund, StV 1993, S. 379, 380.

V-Mannes, sollen sie nicht Eingang in die nachfolgende Untersuchung finden. Denn die Einbeziehung dieser Maßnahmen würde zusätzliche Probleme aufwerfen. Die Auseinandersetzung mit diesen Fragestellungen würde aber den Rahmen dieser Arbeit sprengen. So würde sich in diesem Zusammenhang z. B. die Frage stellen, ob die §§ 161, 163 StPO überhaupt eine ausreichende gesetzliche Grundlage für den Einsatz eines V-Mannes bilden[42].
Der erste Teil der Arbeit wird sich damit auseinandersetzen, welche Rechtsschutzmöglichkeiten gegen heimliche strafprozessuale Zwangsmaßnahmen den betroffenen Bürgern zur Verfügung stehen. Während in der Strafprozeßordnung zahlreiche Ermächtigungen zu strafprozessualen Zwangsmaßnahmen geregelt sind und der Gesetzgeber vor allem in den letzten Jahren ständig neue heimliche Zwangsmaßnahmen in die Strafprozeßordnung aufgenommen hat, hat er sich mit der Ausgestaltung des Rechtsschutzes gegen strafprozessuale Zwangsmaßnahmen weniger Mühe gegeben und Regelungen eher sporadisch getroffen[43]. Es fehlen bisher zusammenhängende gesetzliche Bestimmungen, die speziell auf den Rechtsschutz gegen solche Maßnahmen zugeschnitten sind. Ein vom Bundesjustizministerium im Jahre 1981 vorgelegter Referentenentwurf, der die Neuordnung dieses Rechtsschutzes vorsah, ist nicht über das Entwurfsstadium hinaus gediehen[44]. Demnach bleibt es weiterhin der Rechtsprechung und der Literatur überlassen, im Rahmen des de lege lata Zulässigen und Möglichen einen Rechtsszustand zu schaffen, der dem Grundgesetz, insbesondere dem Art. 19 IV S. 1 GG gerecht wird. Die jüngsten Ansätze in diesem Zusammenhang bilden einerseits eine Entscheidung des Bundesverfassungsgerichtes in bezug auf den Rechtsschutz gegen erledigte richterlich angeordnete Zwangsmaßnahmen[45] und andererseits eine Entscheidung des Bundesgerichtshofes hinsichtlich des Rechtsschutzes gegen die Art und Weise der staatsanwaltschaftlichen bzw. polizeilichen Vollziehung einer staatsanwaltschaftlichen bzw. polizeilichen Eilanordnung einer strafprozessualen Zwangsmaßnahme[46] sowie eine Entscheidung des Bundesgerichtshofes hinsichtlich des Rechtsschutzes gegen die Art und Weise der ermittlungsbehördlichen Vollziehung einer richterlich angeordneten strafprozessualen Zwangsmaßnahme[47]. Die vorliegende Arbeit will nun versuchen, im Rahmen der gegebenen Möglichkeiten einen Weg zur Lösung der dargelegten Rechtsschutzproblematik gerade im Hinblick auf die heimlichen strafprozessualen Zwangsmaßnahmen zu entwickeln.

---

42 Vgl. dazu: Bernsmann, in: Schriftenreihe der Strafverteidigervereinigungen, 21. Strafverteidigertag 1997, S. 71, 79; Heidelberger-Kommentar-Lemke, § 110 a Rdnr. 5; Hund, StV 1993, S. 379, 380; Kleinknecht/Meyer-Goßner, § 110 a Rdnr. 4. 380;

43 Jorzik/Kunze, Jura 1990, 294, 294, Schoch, Stree-Wessels-FS, S. 1095, 1095. Vgl. auch: Amelung, NJW 1979, S. 1687, 1687.

44 Vgl. dazu: Rieß, ZRP 1981, S. 101, 101 ff.

45 BVerfG, NJW 1997, S. 2363, 2363 ff.

46 BGH, NJW 1999, S. 730, 730 ff.

47 BGH, NJW 1999, S. 3499, 3499 ff.

Der zweite Teil der Arbeit soll der Frage nachgehen, wie die Heimlichkeit der in Rede stehenden Ermittlungsmaßnahmen gegenüber dem Betroffenen durch die Ermittlungsorgane wieder aufgehoben werden kann, um ihm dadurch die Wahrnehmung seiner Rechte zu ermöglichen. Der Betroffene einer heimlichen strafprozessualen Zwangsmaßnahme erlangt durch eine Mitteilung der Ermittlungsorgane Kenntnis von der Durchführung einer solchen Maßnahme. Im Rahmen einer solchen Mitteilung werden die Betroffenen gezielt über diese Maßnahmen informiert. Sie stellt hier somit die Transparenz her, die bei den offen durchgeführten Zwangsmaßnahmen stets gegeben ist. Eine solche Mitteilung gegenüber den Betroffenen einer heimlichen strafprozessualen Zwangsmaßnahme wird in der Strafprozeßordnung als Benachrichtigung bezeichnet. Für den Beschuldigten besteht darüber hinaus die Möglichkeit, über das Akteneinsichtsrecht seines Strafverteidigers nach § 147 StPO Kenntnis hinsichtlich einer ihn betreffenden heimlichen strafprozessualen Zwangsmaßnahme zu erlangen. Denn der Strafverteidiger ist zur Weitergabe der durch Akteneinsicht erlangten Erkenntnisse an den Beschuldigten berechtigt und in der Regel auch verpflichtet[48]. Dieser Fall der Informierung des Betroffenen wird im Rahmen der vorliegenden Arbeit aber nicht weiter untersucht werden. Das Akteneinsichtsrecht soll nämlich im Unterschied zur Benachrichtigung nicht die verfassungsrechtlich notwendige Transparenz bezüglich heimlicher strafprozessualer Zwangsmaßnahmen herstellen. Vielmehr soll es dem Verteidiger die Möglichkeit geben, sich durch Kenntnisnahme von der Beweissituation Material zur Verteidigung des Beschuldigten gegen den Schuldvorwurf zu verschaffen[49]. Die über das Akteneinsichtsrecht des Verteidigers mögliche Kenntniserlangung des Beschuldigten bezüglich der ihm gegenüber durchgeführten heimlichen strafprozessualen Zwangsmaßnahmen ist also nur ein Nebeneffekt eines auf eine ganz andere Wirkung ausgerichteten Rechtes. Im übrigen erfolgt eine Kenntnisnahme über das Akteneinsichtsrecht nach den Erfahrungen der Datenschützer nur dann, wenn tatsächlich Anklage gegen den Beschuldigten erhoben wird[50]. Die Ermittlungen führen aber lange nicht in allen Fällen auch zur Anklageerhebung. Im Jahre 1992 ist z. B. in Baden-Württemberg in 42 % der Fälle, in denen eine Telefonüberwachung angeordnet wurde, im Anschluß keine Anklage erhoben worden[51]. Aus ähnlichen Erwägungen wie im Fall des Akteneinsichtsrechtes nach § 147 StPO soll in dieser Abhandlung auch nicht weiter auf die Mög-

---

48 Fezer, Fall 4 Rdnr. 29; Kleinknecht/Meyer-Goßner, § 147 Rdnr. 20; Krekeler, wistra 1983, S. 45, 46 f.; Lüttger, NJW 1951, S. 744, 745 ff.; Welp, Peters-FS, S. 309, 316.

49 Vgl. dazu: Fezer, Fall 4 Rdnr. 12; KK-Laufhütte, § 147 Rdnr. 1 f:; BGH, NStZ 1990, S. 193, 194.

50 Vgl. statt aller: Thommes, in: Schriftenreihe der Strafverteidigervereinigungen, 21. Strafverteidigertag 1997, S. 85, 93; Thommes, StV 1997, S. 657, 660.

51 LT Baden-Württenberg Drs. 11/4888, S. 170. Vgl. auch: Thommes, in: Schriftenreihe der Strafverteidigervereinigungen, 21. Strafverteidigertag 1997, S. 85, 93; Thommes, StV 1997, S. 657, 660.

lichkeit des Verletzten eingegangen werden, im Rahmen der Privatklage oder der Nebenklage über das Akteneinsichtsrecht seines Anwaltes nach § 385 III StPO bzw. § 397 I S. 2 i. V. m. § 385 III StPO Kenntnis hinsichtlich einer gegen den Beschuldigten gerichteten, aber auch den Verletzten betreffenden heimlichen Zwangsmaßnahme zu erlangen. Durch dieses Akteneinsichtsrecht soll nur der Rechtsanwalt Material zur Vertretung des Verletzten im Prozeß erhalten, die in Rede stehende Kenntniserlangung ist dabei nur ein möglicher Nebeneffekt dieses Rechtes.

Neben der Mitteilung hinsichtlich der Durchführung einer heimlichen strafprozessualen Zwangsmaßnahme gegenüber den Betroffenen sieht die Strafprozeßordnung zum Teil auch eine Informierung bestimmter Behörden, §§ 98 b IV S. 2; 100 e I StPO, bzw. des Bundestages, § 100 e II StPO, über diese Maßnahmen vor. Auf diese Mitteilungspflichten wird im Rahmen der vorliegenden Arbeit in einem dritten Teil nur kurz eingegangen werden, um die Thematik der Mitteilungspflichten vollständig darzulegen. Eine umfassende Auseinandersetzung mit den entsprechenden Regelungen soll hier allerdings nicht erfolgen. Denn diese Bestimmungen dienen nicht der in dieser Arbeit zu untersuchenden Problematik der Aufhebung der Heimlichkeit bestimmter strafprozessualer Zwangsmaßnahmen gegenüber den betroffenen Bürgern. Infolge der Informierung dieser Stellen wird nämlich nicht die verfassungsrechtlich notwendige Transparenz bezüglich dieser Maßnahmen gegenüber den Betroffenen hergestellt. Es werden vielmehr durch diese Mitteilungspflichten an der Zwangsmaßnahme völlig Unbeteiligte in das gegen einen Bürger gerichtete Zwangsmaßnahmenverfahren eingeschaltet, um eine unabhängige Kontrolltätigkeit hinsichtlich dieser Maßnahmen zu bewirken[52]. Die Aufhebung der Heimlichkeit diese Maßnahmen gegenüber den betroffenen Bürgern ist damit weder unmittelbar noch mittelbar verbunden. So geht z. B. mit der Unterrichtung des Datenschutzbeauftragten nicht die Benachrichtigung der Betroffenen einher.

Abschließend sei noch angemerkt, daß es bei der Frage der Ausgestaltung der Benachrichtigung und der Rechtswegeröffnung nicht bloß um vollzugstechnische Nebensächlichkeiten geht[53]. Vielmehr erweist sich hier, „wie ernst es dem Staat mit der Wahrung der Subjektstellung des Bürgers“[54] in einer Situation ist, in der er wegen der Heimlichkeit des staatlichen Handelns zum bloßen Objekt der staatlichen Aktivität wird[55].

---

52 Vgl. dazu näher unter Teil 3.
53 So auch: Denninger, StV 1998, S. 401, 402.
54 Denninger, StV 1998, S. 401, 402.
55 Denninger, StV 1998, S. 401, 402.

Teil 1: Der Rechtsschutz in bezug auf heimliche strafprozessuale Zwangsmaßnahmen

A. Die Grundlagen der Untersuchung

I. Ein Überblick über das Rechtsschutzsystem bei strafprozessualen Zwangsmaßnahmen

1.) Eine Begriffsbestimmung

Unter dem Begriff des „Rechtsschutzes" versteht man einerseits den Schutz gegen Rechtsbeeinträchtigungen durch die Gerichte[56]. Der solchermaßen verstandene Rechtsschutz wird als Rechtsschutz im formellen Sinn bezeichnet[57]. Dieser hat seine verfassungsrechtliche Absicherung in Art. 19 IV S. 1 GG erfahren. Die Rechtsschutzgarantie nach Art. 19 IV S. 1 GG verbürgt nämlich den Zugang zu den Gerichten bei Rechtsverletzungen der öffentlichen Gewalt[58]. Der Terminus des „Rechtsschutzes" umfaßt aber auch den Schutz menschlicher Interessen durch das Recht[59], d. h. die Gewährung von Rechtsschutz durch die Normen des materiellen Rechtes, wie z. B. die strafprozessualen Beschlagnahmeverbote. Diese Form des Rechtsschutzes wird als „Rechtsschutz im materiellen Sinn" bezeichnet[60]. Wenn in der strafprozeßrechtlichen Literatur oder Rechtsprechung der Begriff des „Rechtsschutzes" verwendet wird, so wird er grundsätzlich im formellen Sinne verstanden[61]. Diesem gebräuchlichem Verständnis folgend soll auch in dieser Arbeit bei der Verwendung des Terminus des „Rechtsschutzes" ohne einen entsprechenden Zusatz die formelle Seite dieses Begriffes angesprochen werden.

Der Rechtsschutz im formellen Sinn umfaßt zwei Ausgestaltungsformen, nämlich den repressiven und den präventiven Rechtsschutz[62]. Dabei steht es dem Gesetzgeber unter dem Aspekt des Art. 19 IV S. 1 GG grundsätzlich offen, ob er den gebotenen Rechtsschutz gegen einen Akt der öffentlichen Gewalt durch die Einrichtung präventiver oder repressiver Rechtsschutzmodelle verwirklicht[63]. Der repressive Rechtsschutz als nachträglicher Rechtsschutz greift nach der bereits eingetretenen Rechtsverletzung ein, der Betroffene muß erst die ihn belastende Maßnahme abwarten und kann dann die Gerichte anrufen[64]. Der prä-

---

56 Bachmann, S. 50; Dütz, S. 9; Lorenz, S. 1; Menger, S. 55; Stephan, S. 60.

57 Bachmann, S. 50 f.; Lorenz, S. 1.

58 BK-Schenke, Art. 19 Abs. 4 Rdnr. 25; Hamann/Lenz-Lenz, Art. 19 Rdnr. 12, 17; Sachs-Krüger, Art. 19 Rdnr. 109; BVerfGE 37, S. 150, 153.

59 Bachmann, S. 51; Lorenz, S. 1.

60 Bachmann, S. 51; Lorenz, S. 1.

61 Vgl. dazu: Amelung, NJW 1979, S. 1687, 1687 ff.; Rieß/Thym, GA 1981, S. 189, 189 ff.; Schenke, NJW 1976, S. 1816, 1816 ff.

62 Bachmann, S. 51; Welp, Zwangsbefugnisse, S. 10 f.

63 Vgl. dazu: Bachmann, S. 51; Welp, Zwangsbefugnisse, S. 11.

64 Bettermann, III/2, S. 780 f.; Lorenz, S. 136; Welp, Zwangsbefugnisse, S. 10.

ventive Rechtsschutz setzt hingegen früher an, nämlich als Rechtsschutz gegen die noch nicht eingetretene, aber bereits drohende Rechtsverletzung[65]. Präventiver Rechtsschutz kann in unterschiedlicher Weise gewährt werden. So wird er einerseits durch die Zulassung vorbeugender Klagen und Anträge bewirkt[66] und andererseits durch die Einschaltung eines Richters in das Anordnungsverfahren einer Zwangsmaßnahme in Form des Vorbehaltes einer richterlichen Entscheidung, sog. „Richtervorbehalte"[67]. Das Strafverfahrensrecht sieht - vor allem im Gegensatz zum Verwaltungsprozeßrecht - keine vorbeugenden Klagen oder Anträge vor, sondern hat statt dessen zahlreiche Richtervorbehalte geschaffen. Im folgenden soll nun zunächst ein Überblick über den Rechtsschutz im formellen und materiellen Sinn im Strafverfahrensrecht gegeben werden, bevor die Rechtsschutzproblematik in bezug auf heimliche strafprozessuale Zwangsmaßnahmen erörtert werden wird.

2.) Der Rechtsschutz im materiellen Sinn

Rechtsschutz im materiellen Sinn, d. h. Schutz von Individualinteressen durch das Recht, wird im Fall der strafprozessualen Zwangsmaßnahmen auf unterschiedliche Weise gewährleistet. So wird Rechtsschutz z. B. bewirkt durch das Anwesenheitsrecht des Wohnungsinhabers bei einer Wohnungsdurchsuchung nach § 106 StPO bzw. die speziellen Anwesenheitsrechte nach § 105 II StPO, durch die Beschlagnahmeverbote nach § 97 StPO oder durch die Erforderlichkeit eines Anfangsverdachtes als Voraussetzung für die Anordnung einer Zwangsmaßnahme[68]. Im übrigen wird heute zunehmend die Ansicht vertreten, daß auch durch die Beweisverwertungsverbote Rechtsschutz gewährleistet werden könne[69]. Die Beweisverwertungsverbote folgten nämlich stets auf die Verletzung eines Individualrechtes bzw. fänden Anwendung, wenn die Verwertung selbst eine solche Verletzung beinhalte[70]. Die Begründung von materiellem Rechtsschutz durch Beweisverwertungsverbote erscheint zumindest hinsichtlich der hier zu untersuchenden Zwangsmaßnahmen, die vor allem im Ermittlungsverfahren angeordnet und vollzogen werden, problematisch. Es ist nämlich noch nicht eindeutig geklärt, in welcher Weise sich das Vorliegen eines Beweisverwertungsverbotes hinsichtlich einer Maßnahme im Ermittlungsverfahren auszuwirken vermag[71]. Trotz aller Differenzen, auf die im Rahmen dieser Arbeit nicht eingegangen werden kann, ist man sich immerhin insofern einig, als eine

---

65 Bettermann, III/2, S. 781; Welp, Zwangsbefugnisse, S. 10 f.
66 Bachmann, S. 52; Bettermann, III/2, S. 781.
67 Bachmann, S. 52; Bettermann, III/2, S. 781; Welp, Zwangsbefugnisse, S. 10 f.
68 Bachmann, S. 56.
69 Vgl. dazu: Amelung, Informationsbeherrschungsrechte, S. 24 ff.; Bachmann, S. 56; Rogall, ZStW 91 (1979), S. 1, 16 ff.; Schröder, Beweisverwertungsverbote, S. 33 ff.
70 Vgl. statt aller: Schröder, Beweisverwertungsverbote, S. 35.
71 Vgl. dazu: Knauth, NJW 1978, S. 741, 742 ff.; Knauth, JuS 1979, S. 339, 341; Rieß, JR 1979, S. 167, 169; Rogall, ZStW 91 (1979), S. 1, 8.

einem Verwertungsverbot unterliegende Information im Ermittlungsverfahren nicht als Grundlage für die Anordnung einer Zwangsmaßnahme verwendet werden kann[72]. Eine weitergehende Auseinandersetzung mit diesem Problemkreis kann diese Arbeit nicht leisten. Dies würde den Rahmen der Abhandlung sprengen.

3.) Der Rechtsschutz im formellen Sinn

a) Die gesetzlich bestimmte Einschaltung des Richters in das Anordnungsverfahren einer Zwangsmaßnahme

Das Gesetz sieht unterschiedliche Formen der Einschaltung eines Richters in das Anordnungsverfahren einer Zwangsmaßnahme vor. Es unterscheidet dabei danach, wann innerhalb des Anordnungsverfahrens der Richter tätig wird. Ist der Richter bereits im Rahmen des Erlasses der Zwangsmaßnahme zur Entscheidung berufen, so liegt ein Fall eines Richtervorbehaltes vor. Wenn der (Ermittlungs-)Richter hingegen erst nach dem Erlaß der Zwangsmaßnahme durch die Staatsanwaltschaft bzw. die Polizei auf deren Antrag zur Entscheidung aufgefordert ist, liegt ein richterliches Bestätigungsverfahren vor. Es können in bezug auf eine Zwangsmaßnahme auch die beiden Formen richterlichen Tätigwerdens vorgesehen sein. Der Richter, der hier jeweils tätig wird, ist der sog. „Ermittlungsrichter". Dies ist ein Richter am Amtsgericht, § 162 StPO, oder unter den Voraussetzungen des § 169 StPO ein Richter am Oberlandesgericht oder Bundesgerichtshof. Mit der Anklageerhebung geht die Zuständigkeit auf das mit der Sache befaßte Gericht über[73]. Die funktionelle Zuständigkeit ist nach § 21 e I S. 1 GVG im Geschäftsverteilungsplan zu bestimmen. Abweichend von dem bisherigen Grundsatz ist im Rahmen der Anordnung einer akustischen Wohnraumüberwachung die Staatsschutzkammer des Landgerichtes nach § 100 d II i. V. m. § 74 a GVG sachlich zuständig. Diese wird dabei im Verhältnis zu §§ 162, 169 StPO als Sonderform des Ermittlungsrichters tätig[74]. Nach Anklageerhebung ist wiederum das mit der Sache befaßte Gericht zur Entscheidung berufen[75].

---

72 Amelung, Informationsbeherrschungsrechte, S. 70; Knauth, NJW 1978, S. 741, 743; LR-Rieß, § 152 Rdnr. 27; LR-Schäfer, § 100 a Rdnr. 46; Rieß, JR 1979, S. 167, 169; BGHSt 38, S. 276, 276 ff.; OLG Köln, NJW 1979, S. 1216, 1217; LG Stuttgart, NStZ 1985, S. 568.

73 KK-Wache, § 162 Rdnr. 14; Kleinknecht/Meyer-Goßner, § 162 Rdnr. 16; KMR-Müller, § 162 Rdnr. 16, 19; Pfeiffer, § 162 Rdnr. 4.

74 KK-Nack, § 100 d Rdnr. 7; BT-Drs. 13/9661, S. 6.

75 KK-Nack, § 100 d Rdnr. 11.

aa) Der Richtervorbehalt

(1) Die Erscheinungsformen des Richtervorbehaltes

Nach der Strafprozeßordnung wird präventiver Rechtsschutz - wie bereits gesehen - nur mittels der Normierung von sog. „Richtervorbehalten" bewirkt. Bis zum Erlaß des OrgKG sah die Strafprozeßordnung den Richtervorbehalt ausschließlich in der Form von Regelungen vor, derzufolge die Anordnung einer Zwangsmaßnahme nur durch einen Richter erfolgen durfte, z. B. §§ 98, 100, 100 d, 105 StPO. Durch das OrgKG wurde der Einsatz von Verdeckten Ermittlern mit den §§ 110 a, b StPO auf eine gesetzliche Grundlage gestellt. Unter bestimmten qualifizierenden Voraussetzungen - Einsatz gegen einen bestimmten Beschuldigten oder Einsatz unter Betretung einer nicht allgemein zugänglichen Wohnung - bedarf die Anordnung des Einsatzes eines Verdeckten Ermittlers durch die Polizei der richterlichen Zustimmung[76]. Auch bei diesem Regelungsmodell setzt die richterliche Entscheidungskompetenz also bereits bei dem eigentlichen Erlaß der Maßnahme an. Demnach ist der Fall der richterlichen Zustimmung auch als ein Regelungsmodell des Richtervorbehaltes zu bezeichnen[77].

(2) Die Ausgestaltung des Richtervorbehaltes

Der Richtervorbehalt hat in der Strafprozeßordnung verschiedene Ausgestaltungsformen erfahren.

So unterliegen einige Zwangsmaßnahmen der ausschließlichen richterlichen Anordnungskompetenz. Eine ausschließliche Anordnungszuständigkeit des Richters findet sich z. B. bei der Anordnung der Blutprobenentnahme gemäß § 81 c III S. 3 StPO, der vorläufigen Anordnung von Maßregeln der Besserung und Sicherung nach §§ 111 a, 126 a, 132 a StPO oder der Beschlagnahmeanordnung nach § 98 I S. 2 StPO. Bei heimlichen strafprozessualen Zwangsmaßnahmen besteht eine ausschließliche richterliche Zuständigkeit nur im Fall der akustischen Wohnraumüberwachung nach §§ 100 c, d StPO. Dabei besteht hinsichtlich der akustischen Wohnraumüberwachung die Besonderheit, daß hier primär ein Richterkollegium über die Anordnung dieser heimlichen Maßnahme entscheidet. Die akustische Wohnraumüberwachung gemäß § 100 d II StPO i. V. m. § 74 a GVG unterliegt nämlich der Anordnungskompetenz der Staatsschutzkammer des Landgerichtes, in dessen Bezirk die ermittlungsführende und antragstellende Staatsanwaltschaft ihren Sitz hat. Wegen der Eingriffsschwere hat der Gesetzgeber nicht nur eine Anordnung durch ein Richterkollegium, son-

---

[76] Das Gesetz weist dem Richter nicht die alleinige Anordnungskompetenz zu, um klarzustellen, daß der strafprozessuale Einsatz von Verdeckten Ermittlern nicht gegen den Willen der Polizei in Frage kommt, vgl. Krey, Rechtsprobleme des strafprozessualen Einsatzes Verdeckter Ermittler, Rdnr. 137.

[77] So auch z. B.: KK-Nack, § 110 b Rdnr. 7; Krey, Rechtsprobleme des strafprozessualen Einsatzes Verdeckter Ermittler, Rdnr. 139-141; SK-StPO-Rudophi, § 110 b Rdnr. 5.

dern darüber hinaus eine Konzentration der Anordnungskompetenz bei bestimmten Strafkammern für den gesamten Bezirk eines Oberlandesgerichtes vorgesehen, vgl. § 74 a I und IV GVG[78]. Nur im Eilfall, d. h. bei Gefahr im Verzug, kann der Vorsitzende dieser Kammer allein entscheiden.
Andere Zwangsmaßnahmen unterstehen im Regelfall der richterlichen Anordnungskompetenz bzw. sind von einer richterlichen Zustimmung abhängig, während bei Gefahr im Verzug die Zuständigkeit bei der Staatsanwaltschaft liegt. Ein solches Kompetenzgefüge besteht z. B. bei der Gebäudedurchsuchung nach § 105 I S. 2 StPO, der Beschlagnahme von Druckwerken nach § 111 n I StPO oder dem dinglichen Arrest nach 111 o StPO. In bezug auf heimliche strafprozessuale Zwangsmaßnahmen findet sich diese Ausgestaltungsform des Richtervorbehaltes bei der Rasterfahndung nach §§ 98 a, b StPO, der Postbeschlagnahme nach §§ 99, 100 StPO, der Überwachung der Telekommunikation nach §§ 100 a, b StPO, dem Einsatz Verdeckter Ermittler in nicht allgemein zugänglichen Wohnungen oder gegen bestimmte Beschuldigte nach §§ 110 a, 110 b II StPO und der Ausschreibung zur polizeilichen Beobachtung nach § 163 e StPO. Schließlich sieht die Strafprozeßordnung auch noch den Fall der primären Anordnungskompetenz des Richters bei gleichzeitiger Eilkompetenz der Staatsanwaltschaft und ihren Hilfsbeamten vor. Dies ist das „klassische Regelungsmodell“[79] der Strafprozeßordnung. Es ist z. B. verwendet worden bei der Beschlagnahme nach § 98 II S. 1 StPO oder der Durchsuchung nach § 105 I S. 1 StPO. Als heimliche Zwangsmaßnahmen unterliegen diesem Modell die Schleppnetzfahndung nach § 163 d StPO und der Einsatz technischer Mittel nach §§ 100 c I Nr. 2, 100 d I StPO.

(3) Die Funktion des Richtervorbehaltes

Betrachtet man die Gesamtheit der strafprozessualen Zwangsmaßnahmen, so erkennt man, daß nicht alle diese Maßnahmen einem Richtervorbehalt unterliegen. Der Vorbehalt einer richterlichen Entscheidung findet sich z. B. nicht bei der Anordnung der formlosen Sicherstellung nach § 94 I StPO, dem Einsatz technischer Mittel zur Observation nach § 100 c I Nr. 1 StPO, der vorläufigen Beschlagnahme von Zufallsfunden nach § 108 StPO oder der Störerfestnahme nach § 164 StPO. Angesichts dieser Sachlage stellt sich die Frage nach dem Zweck, der Funktion, der der Einführung eines Richtervorbehaltes bezüglich einer Zwangsmaßnahme zugrunde liegt. In der Diskussion um die Funktion des Richtervorbehaltes lassen sich vier Interpretationsansätze unterscheiden.

---

78 KK-Nack, § 100 d Rdnr. 7; BT-Drs. 13/9661, S. 6.
79 Bachmann, S.68; Rieß/Thym, GA 1981, S. 189, 192.

(a) Der Richtervorbehalt als Korrelat für besonders schwere Grundrechtseingriffe

Zum Teil wird zur Begründung der Funktion des Richtervorbehaltes darauf abgestellt, daß bei den Zwangsmaßnahmen, welche einem Richtervorbehalt unterstehen, ein Eingriff von besonderem Gewicht in den Schutzbereich eines Grundrechtes gegeben sei[80]. Dieser Umstand lasse einen Vorbehalt einer richterlichen Entscheidung sozusagen als Ausgleich[81] für diesen besonders schweren Grundrechtseingriff notwendig werden[82].

Der dargelegte Begründungsansatz, der auch als „Schweretheorie“[83] bezeichnet wird, findet sich immer wieder in den Gesetzesbegründungen zu den strafprozessualen Regelungen[84], welche einen Richtervorbehalt anordnen. Die sog. „Schweretheorie“ lag auch den Vorstellungen des Gesetzgebers von 1877 bei der Einführung der Richtervorbehalte zugrunde[85]. In den Gesetzesmaterialien zur Strafprozeßordnung gibt es zwar kaum Hinweise auf die Bedeutung und die Notwendigkeit der damals in den §§ 98, 105, 114 StPO geregelten Richtervorbehalte[86]. In den Beratungen zur Schaffung der Strafprozeßordnung sah man nämlich die Einführung dieser Richtervorbehalte als selbstverständlich an[87]. In den älteren, kurz vor der Jahrhundertwende erschienenen Kommentarliteratur kommt aber hinreichend deutlich zum Ausdruck, daß der Gesetzgeber von 1877 sich bei der Bestimmung der Richtervorbehalte von dem Gedanken der „Schweretheorie“ leiten ließ[88]. So sieht Löwe den berechtigten Grund des Richtervorbehaltes darin, „daß ähnlich wie die persönliche Freiheit, so auch Eigenthum und Besitz unter dem Schutz des Richters stehen müsse“[89]. Für die Kommentatoren aus dieser Zeit besteht noch ein enger zeitlicher Zusammenhang zur Rechtsentwicklung und zum gesamten rechtlichen und sozialen Umfeld, welches zu den Bestimmungen der Strafprozeßordnung von 1877 führte. Demnach kann die Sichtweise von Juristen aus dieser Zeit zur Ermittlung der Vorstellungen des damaligen Gesetzgebers herangezogen werden. Auch wenn die Schwere eines strafprozessualen Grundrechtseingriffes den Gesetzgeber somit vielfach zur Statuierung einer richterlichen Anordnungskompetenz veranlaßt hat, ist damit noch nicht geklärt, ob die „Schweretheorie“ zur Begründung der präventi-

---

80 Ellersiek, S. 143; Hilger, Meyer-GS, S. 209, 214; LR-Schäfer, § 98 Rdnr. 5; Peters, § 47 A II 5.

81 Vgl. dazu: Bachmann, S. 70.

82 Ellersiek, S. 143; LR-Schäfer, § 98 Rdnr. 5; Hilger, Meyer-GS, S. 209, 214; Peters, § 47 A II 5.

83 Welp, Zwangsbefugnisse, S. 17, Fn. 40.

84 BT-Drs. 7/551, S. 40; BT-Drs. 12/989, S. 38.

85 Bachmann, S. 70.

86 Hilger, Meyer-GS, S. 209, 213; Schubert/Regge, S. 681 f., 684.

87 Hahn, S. 1550 f. Vgl. auch: Bachmann, S. 70; Hilger, Meyer-GS, S. 209, 213 f.

88 So auch: Bachmann, S. 70.

89 Löwe, § 98 Anm. 1 a. Vgl. auch: Bachmann, S. 70.

ven Einschaltung des Richters hinsichtlich strafprozessualer Zwangsmaßnahmen in jedem Fall ausreicht.
Der Sinn des strafprozessualen Richtervorbehaltes ist allein dann ausreichend mit der besonderen Schwere des Grundrechtseingriffes erklärbar, wenn alle heute in der Strafprozeßordnung vorgesehenen Eingriffe in grundrechtlich geschützte Rechtspositionen prinzipiell vergleichbaren Schweregrades einem Richtervorbehalt unterlägen. Die Strafprozeßordnung unterstellt z. B. die Grundrechtseingriffe, die mit erkennungsdienstlichen Maßnahmen verbunden sind, keinem Richtervorbehalt. Die erkennungsdienstlichen Maßnahmen umfassen die Aufnahme von Lichtbildern, die Abnahme von Fingerabdrücken und Messungen aller Art am Körper des Beschuldigten[90]. Durch sie wird der Betroffene „zum Objekt staatlicher Maßnahmen degradiert", die ihn in seinem allgemeinen Persönlichkeitsrecht nach Art. 2 I i. V. m. Art. 1 I GG empfindlich beeinträchtigen[91]. Der mit diesen Maßnahmen verbundene Eingriff wird zusätzlich intensiviert durch die sich aus § 81 b StPO ergebende Befugnis zur (dauernden) Aufbewahrung der erlangten Erkenntnisse in bestimmten Fällen[92]. Betrachtet man nun im Vergleich dazu die einem Richtervorbehalt unterliegende Beschlagnahme und den damit verbundenen Eingriff in das Eigentum oder gar nur in den Gewahrsam des Einzelnen, so wäre es ein Wertungswiderspruch, wollte man diesen Eingriff als schwerer ansehen als einen Eingriff in Art. 1 I GG. Diese Überlegungen machen deutlich, daß in der Schwere eines Grundrechtseingriffes allein jedenfalls heute nicht mehr der Zweck der präventiven Einschaltung des Richter gesehen werden kann.

(b) Der Richtervorbehalt als Ausdruck der Gewaltenteilung

Eine weitere Betrachtungsweise sieht in dem Richtervorbehalt ein dem Gewaltenteilungsprinzip zugrundeliegendes Instrument wechselseitiger Kontrolle und Hemmung[93]. Der Richtervorbehalt sei ein Mittel der „personalen Mediatisierung" der Macht[94]. Dieser Erklärungsansatz ist geprägt von einem deutlichen Mißtrauen gegenüber der Staatsanwaltschaft und der Polizei[95]. Der Staatsanwaltschaft und der Polizei könne eine unparteiische Prüfung der Voraussetzungen einer Maßnahme nicht zugetraut werden, weil die Erfüllung ihrer Arbeit durch diese Maßnahmen wesentlich erleichtert werde[96]. Somit bedürfe es der Einschaltung einer neutralen Stelle, sprich des Richters[97].

---

90 Kleinknecht/Meyer-Goßner, § 81 a Rdnr. 1 ff.
91 Nelles, S. 46.
92 Nelles, S. 47.
93 Eisenberg, NJW 1993, S. 1033, 1035 Fn. 43; Lisken, ZRP 1990, S. 15, 17 f.; Lisken, in: Lisken/Denninger, HdP, K 4.
94 Lisken, ZRP 1990, S. 15, 17; Lisken, in: Lisken/Denninger, HdP, K 4.
95 Vgl. dazu: Grünwald, Vorgänge 1975, S. 36, 38; Nelles, S. 48.
96 Grünwald, Vorgänge 1975, S. 36, 38.
97 Enzian, JR 1975, S. 277, 281.

Untersucht man die Eignung des dargelegten Lösungsansatzes zur Erklärung des Zweckes des Richtervorbehaltes, so kann auch hier zunächst wieder festgestellt werden, daß der Richtervorbehalt zumindest eine wechselseitige Hemmung und Kontrolle der Exekutive durch die Judikative bewirkt. Dies bedeutet aber noch nicht, daß dieser Hemmungs- und Kontrollmechanismus auch dem Zweck der präventiven Einschaltung des Richters entspricht. Würde man eine andere Schlußfolgerung ziehen, so würde man die Unterscheidung zwischen dem Ziel und der Wirkung einer Maßnahme aufheben. Ob die in Rede stehende Wirkung nun auch bezweckt ist, erscheint gerade zweifelhaft. Wenn der dargelegte Erklärungsansatz nämlich zutreffen würde, müßten sämtliche strafprozessualen Zwangsmaßnahmen einem Richtervorbehalt unterliegen. Der Gewaltenteilungsansatz kommt nämlich bei jeder strafprozessualen Maßnahme der Exekutive zum Tragen. Wie bereits ausgeführt, regelt die Strafprozeßordnung aber auch Fälle ausschließlicher Kompetenz der Exekutivbehörden, vgl. z. B. §§ 81 b, 110 oder 110 a, b I StPO. Aber nicht nur der Vergleich innerhalb der Strafprozeßordnung läßt an dem zur Diskussion stehenden Erklärungsmodell zweifeln. So wird dieser Sichtweise zutreffend entgegengehalten, daß die Eingriffsmaßnahmen im Rahmen des Ordnungsrechtes auch nur der Zuständigkeit der Ordnungsbehörden unterliegen, obwohl auch diesen mit derselben Berechtigung eine Neigung zur einseitigen Untersuchung der Eingriffsvoraussetzungen unterstellt werden könnte und folglich auch hier eine „Mediatisierung der Macht“ erforderlich wäre[98]. Die Ausführungen verdeutlichen, daß der Gewaltenteilungsansatz zur Begründung des Zweckes der Richtervorbehalte nicht in der Lage ist.

(c) Der Richtervorbehalt als präventiver Rechtsschutz

Nach einer heute weit verbreiteten Ansicht[99] dient der Richtervorbehalt dem Schutz der Rechte des Betroffenen. Die Effektivität vieler strafprozessualer Zwangsmaßnahmen erfordere - so wird angeführt -, daß diese Maßnahmen überraschend, d. h. ohne vorherige Informierung, oder geheim erfolgten[100]. Dies führe dazu, daß sie in aller Regel ohne vorherige Anhörung des Betroffenen angeordnet und vollzogen würden[101]. Dem Betroffenen sei es somit unmöglich, vor Vollziehung der Maßnahmen einen Rechtsbehelf zur Verhinderung des faktischen Vollzuges einzulegen[102]. Ein nachträglicher Rechtsschutz könne die be-

---

98 Nelles, S. 48 f. Vgl. auch: Bachmann, S. 72.

99 Amelung, Rechtsschutz, S. 32; Bettermann, III/2, S. 814; Fezer, Jura 1982, S. 126, 129; Geppert, DRiZ 1992, S. 405, 406; SK-StPO-Rudolphi, Vorbemerkungen vor § 94 Rdnr. 75; BVerfGE 9, S. 89, 967.

100 Amelung, Rechtsschutz, S. 32; Fezer, Jura 1982, S. 126, 129; Geppert, DRiZ 1992, S. 405, 406; Nelles, S. 51 ff; Welp, Überwachung, S. 92.

101 Fezer, Jura 1982, S. 126, 129; Nelles, S. 53; SK-StPO-Rudolphi, Vorbemerkungen vor § 94 Rdnr. 75.

102 Amelung, Rechtsschutz, S. 32; Geppert, DRiZ 1992, S. 405, 406; Welp, Überwachung, S. 92.

reits bewirkten Grundrechtsbeeinträchtigungen nicht oder nur höchst unvollkommen beseitigen[103] und werde daher dem Gebot des effektiven Rechtsschutzes aus Art. 19 IV S. 1 GG nicht gerecht[104]. Folglich bestimme der Gesetzgeber die Einschaltung des neutralen und unabhängigen Richters in das Anordnungsverfahren der Zwangsmaßnahmen, um zu erreichen, daß einer einseitigen Sachverhaltsdarstellung mit Skepsis begegnet und nicht Vorgetragenes angemessen berücksichtigt würde und so im Ergebnis rechtswidrige Grundrechtseingriffe der Staatsanwaltschaft und Polizei verhindert würden[105]. Aufgrund der dargelegten Überlegungen kommt dieser Lösungsansatz zu dem Ergebnis, daß der Vorbehalt einer richterlichen Entscheidung den Zweck verfolge, einen präventiven Rechtsschutz zu gewährleisten[106]. Er sei insofern ein spezieller Tribut des Strafverfahrensrechtes an Art. 19 IV S. 1 GG[107].

Es steht außer Frage, daß ein Richtervorbehalt präventiven Rechtsschutz bewirkt[108]. Auch erscheint die Einschaltung des (Ermittlungs-)Richters in das Anordnungsverfahren einer strafprozessualen Zwangsmaßnahme heute angesichts des Art. 19 IV S. 1 GG und dem damit verbürgten Gebot des effektiven Rechtsschutzes geboten. Daran kann auch der Umstand nichts ändern, daß dem Gesetzgeber von 1877 die Rechtsschutzgarantie, wie sie Art. 19 IV S. 1 GG vorsieht, unbekannt war und damit damals andere Motive zur Einführung der Richtervorbehalte führten. Eine gesetzliche Bestimmung muß nämlich stets auch vor ihrem gegenwärtigen verfassungsrechtlichen Hintergrund gesehen werden[109].

Es erscheint dennoch zweifelhaft, ob dieser Ansatz allein die Funktion der Richtervorbehalte abschließend zu erklären vermag. Dies wäre nur dann anzunehmen, wenn dieses Erklärungsmodell tatsächlich in der Lage wäre, alle Kompetenzregelungen hinsichtlich der Anordnung strafprozessualer Zwangsmaßnahmen zu begründen. An einigen Beispielen zeigt sich bereits, daß dies nicht der Fall ist. So werden die Überwachungsmaßnahmen nach § 100 c I Nr. 1 StPO oder auch der Einsatz eines Verdeckten Ermittlers nach §§ 110 a, b I StPO ohne Kenntnis des Betroffenen angeordnet und vollzogen, sie erfolgen heimlich. Dies führt zu dem von diesem Lösungsansatz beschriebenen Leerlaufen des nachträglichen Rechtsschutzes. Würde der Ansatz des präventiven Rechtsschutzes zutreffen, so müßten die Zwangsmaßnahmen einem Richtervorbehalt unterliegen. Tatsächlich ist ein solcher hier nicht geregelt. Andererseits unterstehen

---

103 Welp, Überwachung, S. 92.

104 Amelung, ZZP 88 (1975), S. 74, 80; Nelles, S. 51 ff.; Hilger, Meyer-GS, S. 209, 216.

105 Bettermann, III/2, S. 814; Fezer, Jura 1982, S. 126, 129; SK-StPO-Rudophi, Vorbemerkungen vor § 94 Rdnr. 75; Welp, Überwachung, S. 92; BVerfGE 9, S. 89, 97.

106 Fezer, Jura 1982, S. 126, 129; Geppert, DRiZ 1992, S. 405, 406; Nelles, S. 51 ff.; SK-StPO-Rudolphi, Vorbemerkungen vor § 94 Rdrn. 75.

107 Amelung, Rechtsschutz, S. 32.

108 Vgl. dazu näher unter Teil 1 A. I. 1.).

109 Bachmann, S. 74.

z. B. die beschlagnahmenden oder dinglichen Arrest anordnenden Maßnahmen einem Richtervorbehalt. Hier liefe aber ein nachträglicher Rechtsschutz nicht leer, weil es sich um Maßnahmen mit Dauerwirkung handelt und sie durch richterliche Entscheidung beendet werden können[110]. Diese Ausführungen machen deutlich, daß die Theorie des präventiven Rechtsschutzes zumindest nicht ohne Rückgriff auf weitere Gesichtspunkte den Zweck des Vorbehaltes einer richterlichen Entscheidung zu erklären vermag.

(d) Der Richtervorbehalt als präventiver Rechtsschutz bei besonders schwerwiegenden Grundrechtseingriffen

Nach einer vierten Meinung, die im neueren Schrifttum[111] vertreten wird, dient der Richtervorbehalt als besondere Ausgestaltung des Art. 19 IV S. 1 GG dem präventiven Rechtsschutz in Fällen besonders schwerwiegender Grundrechtseingriffe. Hinsichtlich der Frage der Funktion des Richtervorbehaltes sei zunächst zu bedenken, inwiefern ein automatischer präventiver Rechtsschutz erforderlich sei, um ein Leerlaufen der Rechtsschutzgarantie zu verhindern[112]. Des weiteren sei das Gewicht des beeinträchtigten Rechtes und die Schwere des betreffenden Eingriffes zu berücksichtigen[113]. Da die Ausgestaltung des von Art. 19 IV S. 1 GG garantierten Rechtsschutzes von Verfassungs wegen dem Gesetzgeber obliege und die Bewertung der Schwere des Eingriffes oder des Gewichtes eines Rechtes unbestreitbar nicht immer eindeutig ausfallen könne, sei schließlich dem Gesetzgeber eine Einschätzungsprärogative hinsichtlich der Anordnung eines Richtervorbehaltes zuzubilligen[114]. Daraus ergebe sich zum einen, daß bei zweifelhaftem Umfang eines Richtervorbehaltes die dahinter stehende gesetzgeberische Wertung zu berücksichtigen sei[115]. Darüber hinaus bedeute dies, daß die gesetzgeberische Ausgestaltung der Richtervorbehalte folglich nur auf offensichtliche Fehler oder sachlich nicht gerechtfertigte Widersprüche innerhalb des vom Gesetzgeber selbst geschaffenen Systems untersucht werden könne[116].

Die in Rede stehende Auffassung überzeugt insofern, als sie die sog. „Schweretheorie“ und die Theorie vom präventiven Rechtsschutz kombiniert, um so zu einem dem System der Strafprozeßordnung gerecht werdenden Verständnis der präventiven Einschaltung des Richters zu kommen. Durch diese Kombination vermeidet sie die Schwachpunkte, die sich bei einem alleinigen Abstellen auf den einen oder den anderen Ansatz ergeben. Auch der Aspekt der Einschätzungsprärogative zugunsten des Gesetzgebers ist nachvollziehbar. Gerade im

---

110 Bachmann, S. 75.
111 Bachmann, S. 76 f.; Hilger, JR 1990, S. 485, 485 ff.; Hilger, Meyer-GS, S. 209, 214 ff.
112 Bachmann, a. a. O.
113 Bachmann, a. a. O.
114 Bachmann, a. a. O. Vgl. dazu auch: Lorenz, S. 140.
115 Bachmann, a. a. O.
116 Bachmann, a. a. O.

Hinblick auf die Problematik hinsichtlich einer eindeutigen Beurteilung der Schwere eines Grundrechtseingriffes und die dem Gesetzgeber zustehende Ausgestaltung des durch Art. 19 IV S. 1 GG gewährleisteten Rechtsschutzes erscheint die Einräumung eines entsprechenden Vorrechtes zugunsten des Gesetzgebers gerechtfertigt. Die Zubilligung einer Einschätzungsprärogative zugunsten des Gesetzgeber ist im Verfassungsrecht auch ansonsten üblich und allgemein anerkannt[117]. So wird dem Gesetzgeber z. B. nach allgemeiner Auffassung ein entsprechendes Recht bei der Beurteilung der Verhältnismäßigkeit eines Gesetzes zugebilligt, weil sich die Beantwortung der Frage der Erforderlichkeit und Geeignetheit eines Gesetzes aufgrund der tatsächlichen Gegebenheiten und Zusammenhänge schwierig gestalten kann[118]. Bei Zugrundelegung eines solchen Vorrechtes des Gesetzgebers ist auch erklärbar, warum der Gesetzgeber hinsichtlich bestimmter heimlich angeordneter und vollzogener Zwangsmaßnahmen, wie z. B. im Fall der Maßnahmen nach §§ 100 c I Nr. 1, 100 d I StPO und nach §§ 110 a, b I StPO keinen Richtervorbehalt regelt. Dies läßt sich nämlich damit begründen, daß der Gesetzgeber aufgrund seiner Einschätzungsprärogative hier einen besonders schweren Grundrechtseingriff verneint und somit keinen Anlaß für die Statuierung eines Richtervorbehaltes gesehen hat.
Fraglich ist aber, wie auf der Grundlage dieses Ansatzes begründet werden kann, daß die Anordnung der Unterbringung zur Beobachtung nach § 81 StPO einem Richtervorbehalt unterliegt. Diese Maßnahme wird nämlich nach Anhörung eines Sachverständigen und vor allem des Verteidigers des Betroffenen angeordnet und vollzogen, so daß hier eine Heimlichkeit oder Überraschungswirkung zu verneinen und damit präventiver Rechtsschutz nicht erforderlich ist. Gleichwohl ist die Anordnung eines Richtervorbehaltes hier erklärbar. Denn die Notwendigkeit einer präventiven Einschaltung des Richters ergibt sich in diesem Fall aus der Verfassung selbst, nämlich aus Art. 104 II GG, der bezüglich Freiheitsentziehungsmaßnahmen eine richterliche Anordnungskompetenz festlegt. Demnach müssen neben den Aspekten der „Kombinationslösung" auch immer noch die verfassungsrechtlichen Vorgaben berücksichtigt werden. Bedenkt man diesen Gesichtspunkt bei der „Kombinationslösung", so erscheint sie im Ergebnis den Zweck der präventiven Einschaltung des Richters angemessen zu erklären, ihr wird somit auch gefolgt.

---

117 Vgl. dazu: AK-GG-Rittstieg, Art. 14/15 Rdnr. 172.; Pieroth/Schlink, Rdnr. 282; von Münch-Kunig, Art. 2 Rdnr. 24; BVerfGE 8, S. 71, 80.

118 Pieroth/Schlink, Rdnr. 282; Stern, III/2, S. 1352 f.

bb) Die nachträgliche richterliche Bestätigung

(1) Die Ausgestaltung der nachträglichen richterlichen Bestätigung

Ein nachträgliches richterliches Bestätigungsverfahren liegt - wie bereits gesehen - vor, wenn der (Ermittlungs-)Richter erst nach dem Erlaß der Zwangsmaßnahme durch die Staatsanwaltschaft bzw. die Polizei auf deren Antrag zur Entscheidung berufen ist. In der Strafprozeßordnung findet sich ein solches Verfahren nur im Fall der Eilanordnungskompetenz der Staatsanwaltschaft bzw. der Polizei, hingegen nicht im Fall der Zwangsmaßnahmen, die der alleinigen Zuständigkeit der Staatsanwaltschaft oder der Polizei unterliegen. Es wird aber auch nicht hinsichtlich jeder Zwangsmaßnahme, die einer Eilanordnungskompetenz unterliegt, ein richterliches Bestätigungsverfahren angeordnet. So unterliegen z. B. die körperliche Untersuchungsanordnung nach § 81 a StPO oder die Wohnungsdurchsuchung nach § 105 I StPO keiner richterlichen Bestätigungsentscheidung, obwohl hier eine Eilkompetenz der Staatsanwaltschaft bzw. der Polizei besteht. Hinsichtlich der einer staatsanwaltschaftlichen bzw. polizeilichen Eilkompetenz unterstehenden heimlichen strafprozessualen Zwangsmaßnahmen ist indes ein richterliches Bestätigungsverfahren stets vorgesehen, vgl. §§ 98 b I S. 2, 3; 100 II; 100 b I S. 3; 100 d I S. 2 i. V. m. 98 b I S. 2, 100 b I S. 3; 110 b II S. 4; 163 d II S. 2, 3; 163 e IV S. 3, 4 StPO.

Wenn ein solches Verfahren vorgesehen ist, lassen sich verschiedene Ausgestaltungsformen unterscheiden. Der Gesetzgeber sieht zum Teil die Beantragung einer richterliche Bestätigungsentscheidung von Amts wegen vor, ohne aber zu regeln, was geschieht, wenn die Staatsanwaltschaft bzw. die Polizei eine richterliche Entscheidung nicht beantragen. Dieses Regelungsmodell wurde z. B. verwendet bei der Beschlagnahme nach §§ 94 ff., 98 II StPO, dem dinglichen Arrest nach § 111 o III S. 1 StPO oder der Vermögensbeschlagnahme nach § 111 p IV StPO. Andererseits ist in der Strafprozeßordnung bezüglich einiger Zwangsmaßnahmen neben der Bestimmung eines richterlichen Bestätigungsverfahrens angeordnet, daß die Maßnahme bei Nichtbestätigung binnen einer Frist von drei Tagen außer Kraft tritt. Eine solche Vorgehensweise findet sich in bezug auf die heimlichen strafprozessualen Zwangsmaßnahmen, z. B. bei der Rasterfahndung nach §§ 98 a, b I S. 2, 3 StPO, der Postbeschlagnahme nach §§ 99, 100 II StPO oder der Schleppnetzfahndung nach § 163 d II S. 2, 3 StPO. Im Fall der heimlichen Maßnahme nach §§ 110 a, b I S. 1, 4 StPO, also beim Einsatz Verdeckter Ermittler gegen bestimmte Personen oder deren Einsatz in nicht allgemein zugänglichen Wohnungen, verfährt der Gesetzgeber etwas anders. Er ordnet zwar einerseits die nachträgliche Zustimmungsbedürftigkeit der Maßnahmen an, wobei eine nachträgliche Zustimmung im Gegensatz zur vorherigen Zustimmung als Bestätigung angesehen werden kann. Im Unterschied zu den übrigen heimlichen Zwangsmaßnahmen sind die Strafverfolgungsbehörden im Fall der Nichtbestätigung binnen einer Frist von drei Tagen aber zur Maßnahmebeendigung verpflichtet, vgl. § 110 b II S. 4 StPO, ein Außerkrafttreten der Zwangsmaßnahme ist indessen nicht bestimmt.

(2) Das hinter der Anordnung der nachträglichen richterlichen Bestätigung stehende System

Angesichts der dargelegten Ausgestaltung des Gesetzes hinsichtlich der Frage eines richterlichen Bestätigungsverfahrens stellt sich die Frage nach dem Hintergrund dieser gesetzlichen Regelungspraxis. Ein richterliches Bestätigungsverfahren ist - wie gezeigt - nur vorgesehen in Fällen der Eilkompetenz der Staatsanwaltschaft bzw. der Polizei, also nur bezüglich derjenigen Zwangsmaßnahmen, die dem Vorbehalt einer richterlichen Entscheidung unterliegen. Wie bereits gesehen, dient der Richtervorbehalt als besondere Ausprägung des Art. 19 IV S. 1 GG dem präventiven Rechtsschutz bei besonders schwerwiegenden Grundrechtseingriffen. Dieses Modell des Rechtsschutzes kann aber dann nicht wirken, wenn der Staatsanwaltschaft bzw. der Polizei eine Eilkompetenz zugebilligt wird und sie von dieser Gebrauch machen[119]. Demnach wird als Ausgleich ein richterliches Bestätigungsverfahren angeordnet, um dem Rechtsschutzerfordernis weiterhin gerecht zu werden.
Es wird dabei aber nicht in jedem Fall der staatsanwaltschaftlichen bzw. polizeilichen Eilkompetenz ein richterliches Bestätigungsverfahren festgesetzt. Ein solches Verfahren ist nicht vorgesehen, wenn die einer Eilkompetenz unterliegenden Zwangsmaßnahmen offen durchgeführt werden, keine Dauerwirkung entfalten und mit der Durchführung sogleich erledigt sind. Eine Beendigung der Maßnahme durch eine richterliche Entscheidung oder eine richterliche Bestätigung der Maßnahme würde hier also ins Leere gehen, ein richterliches Bestätigungsverfahren mit diesem Ziel wäre demnach sinnlos.
Im Fall der heimlichen strafprozessualen Zwangsmaßnahmen ist hingegen stets ein richterliches Bestätigungsverfahren angeordnet. Da diese Zwangsmaßnahmen nämlich ohne Kenntnis des Betroffenen von den Strafverfolgungsbehörden angeordnet und vollzogen werden, ist es für diesen in der Regel nicht möglich, während der Dauer der Zwangsmaßnahme oder zumindest unmittelbar danach sich zum Zweck der Überprüfung der Maßnahme an den Richter zu wenden[120]. Um der Effektivität des Rechtsschutzes also genüge zu tun, wird ein richterliches Bestätigungsverfahren angeordnet.
Die übrigen Zwangsmaßnahmen, hinsichtlich derer die Strafprozeßordnung ein richterliches Bestätigungsverfahren regelt, wie z. B. die Beschlagnahme nach §§ 94 ff., 98 II StPO, sind indessen dadurch gekennzeichnet, daß sie offen durchgeführt werden und für gewöhnlich noch einen längeren Zeitraum andauern. Der Gesetzgeber sieht in bezug auf diese Maßnahmen neben dem richterlichen Bestätigungsverfahren aber auch explizit die Möglichkeit vor, daß der Be-

---

119 Bachmann, S. 107.
120 Bachmann, S. 107; Hilger, JR 1990, S. 485, 487; Schnarr, NStZ 1991, S. 209, 213.

troffene sich an den Richter wendet. Da die Maßnahmen offen durchgeführt werden, ist der Betroffene - im Gegensatz zur Situation bezüglich der zuletzt angesprochenen Maßnahmen - zur Wahrnehmung dieser Rechtsschutzmöglichkeit während oder unmittelbar nach deren Durchführung auch in der Lage. Somit erscheint das richterliche Bestätigungsverfahren hier im Vergleich zur Situation im Fall der heimlichen Zwangsmaßnahmen eher als eine zusätzliche Sicherung des Betroffenen, die im Hinblick auf Art. 19 IV S. 1 GG nicht unbedingt erforderlich ist[121].

b) Der repressive Rechtsschutz durch Rechtsbehelfe

aa) Die Zwangsmaßnahmen des Richters

Gegen richterliche Maßnahmen kommen verschiedene Rechtsbehelfe in Betracht.

Dem Betroffenen steht zunächst einmal grundsätzlich der Weg einer Beschwerde nach Maßgabe der §§ 304 ff. StPO offen.

Die Revision nach den §§ 333 ff. StPO könnte hier als Rechtsbehelf ebenfalls in Erwägung gezogen werden. Problematisch ist die Möglichkeit einer Revision bei der Anordnung der Zwangsmaßnahmen innerhalb des Ermittlungsverfahrens. Denn dem Urteil vorausgehende Entscheidungen wie z. B. die Beschlüsse im Ermittlungsverfahren unterliegen nach § 336 StPO nur dann einer Entscheidung des Revisionsgerichtes, wenn das Urteil auf diesen beruht. Das Urteil beruht aber auf der Hauptverhandlung und dem darin durchgeführten Beweisverfahren und eben nicht auf dem der Verdachtsklärung dienenden Ermittlungsverfahren[122]. Deshalb kommt eine Anfechtbarkeit des Urteiles im Wege der Revision wegen Rechtsverstößen im Ermittlungsverfahren nur in Betracht, wenn innerhalb der Hauptverhandlung Beweise verwendet werden, die im Vorverfahren rechtswidrig erlangt worden sind[123]. Letztendlich muß man sich also fragen, inwieweit Beweisverwertungsverbote zu bejahen sind. Da die Behandlung des Problemkreises der Beweisverwertungsverbote im Rahmen dieser Abhandlung zu weit führen würde, soll auf den Rechtsschutz gegen richterliche Entscheidungen mittels der Möglichkeit einer Revision im folgenden auch nicht weiter eingegangen werden.

Der Betroffene kann auch eine Verfassungsbeschwerde nach Art. 93 I Nr. 4 a GG i. V. m. §§ 13 Nr. 8 a, 90 ff. BVerfGG gegen die richterliche Anordnung einlegen. Zwar handelt es sich bei den Maßnahmen in der Regel um bloße Zwischenentscheidungen, die grundsätzlich mit der Verfassungsbeschwerde nicht angegriffen werden können[124]. Nach Ansicht des Bundesverfassungsgerichtes

---

121 Vgl. dazu: Bachmann, S. 108.
122 Bachmann, S. 53; BGHSt 6, S. 326, 328.
123 Bachmann, S. 53.
124 SK-StPO-Frisch, Vor § 296 Rdnr. 43; BVerfGE 25, S. 336, 343 f.

können aber Zwischenentscheidungen, mit denen über eine für das Verfahren wesentliche Rechtsfrage abschließend entschieden wird, Gegenstand einer Verfassungsbeschwerde sein[125]. Das Vorliegen solcher Zwischenentscheidungen wird dabei vom Bundesverfassungsgericht hinsichtlich strafprozessualer Zwangsmaßnahmenanordnungen bejaht[126]. Das Bundesverfassungsgericht untersucht die richterliche Entscheidung aber nicht im Hinblick auf jede Auslegung des einfachen Rechtes, sondern beschränkt seine Überprüfung der gerichtlichen Entscheidung auf die Verletzung spezifischen Verfassungsrechtes[127]. Es prüft also nur, ob eine einschlägige Verfassungsnorm entweder ganz übersehen oder gänzlich falsch angewendet worden ist. Das Bundesverfassungsgericht will so vermeiden, als sog. „Superrevisionsinstanz" mißbraucht zu werden[128]. Schließlich steht dem Betroffenen prinzipiell auch die Möglichkeit zu, gegen richterliche Maßnahmen eine Dienstaufsichtsbeschwerde einzulegen oder die gesetzlich nicht geregelte Gegenvorstellung[129] zu beantragen. Diese nichtförmlichen Rechtsbehelfe sind weder an eine bestimmte Frist noch an eine Form gebunden, wahren keine Rechtsbehelfsfristen und begründen keine Kostenlast[130]. Wegen ihrer geringen Rechtsschutzwirkung[131] - formlos, fristlos, fruchtlos - ist ihre praktische Bedeutung nicht sehr groß.

bb) Die Zwangsmaßnahmen der Staatsanwaltschaft

In bezug auf staatsanwaltschaftliche Maßnahmen finden sich zahlreiche gesetzlich bestimmte oder auch gesetzlich nicht geregelte Rechtsbehelfsmöglichkeiten.

Die Strafprozeßordnung sieht bezüglich einzelner staatsanwaltschaftlicher Maßnahmen besondere Rechtsbehelfe vor. So ordnet sie im Fall der Beschlagnahme nach §§ 94 ff., der Beschlagnahme nach § 111 c, des Arrestes nach § 111 d, des dinglichen Arrestes nach § 111 o, der Vermögensbeschlagnahme nach § 111 p und der besonderen Maßnahmen nach § 132 an, daß der Betroffene im Hinblick auf diese Maßnahmen beim Amtsgericht, § 162 StPO, oder in besonderen Fällen beim Oberlandesgericht oder Bundesgerichtshof, § 169 StPO, jederzeit eine richterliche Entscheidung beantragen kann, vgl. §§ 98 II S. 2, 111 e II S. 3, 111 o III S. 3, 111 p IV, 132 III S. 2 StPO. In bezug auf die staatsanwalt-

---

125 BVerfGE 25, S. 336, 343 f.; BVerfGE 53, S. 109, 112 f.

126 BVerfGE 42, S. 212, 217 f.; BVerfGE 44, S. 353, 366 ff.; BVerfGE 53, S. 152, 157 f.

127 Pieroth/Schlink, Rdnr. 1175 ff.; BVerfGE 62, S. 338, 343; BVerfGE 65, S. 317, 322.

128 Vgl. dazu: Pieroth/Schlink, Rdnr. 1174; SK-StPO-Frisch, Vor § 296 Rdnr. 59; BVerfGE 7, S. 198, 207.

129 Heidelberger Kommentar-Rautenberg, § 296 Rdnr. 3; LR-Gollwitzer, Vor § 296 Rdnr. 8; SK-StPO-Frisch, Vor § 296 Rdnr. 32.

130 Heidelberger Kommentar-Rautenberg, § 296 Rdnr. 3; KK-Ruß, Vor § 296 Rdnr. 4; Kleinknecht/Meyer-Goßner, Vor § 296 Rdnr. 22 ff.

131 Vgl. dazu: Heidelberger Kommentar-Rautenberg, § 296 Rdnr. 3 ff.; LR-Gollwitzer, Vor 296 Rdnr. 8 ff.; Kleinknecht/Meyer-Goßner, Vor 296 Rdnr. 22 ff.; SK-StPO-Frisch, Vor § 296 Rdnr. 32 ff, 37 ff.

schaftliche Vernehmung von Zeugen oder Sachverständigen nach § 161 a StPO, die staatsanwaltschaftliche Vernehmung des Beschuldigten nach § 163 a StPO und die Notveräußerung beschlagnahmter oder gepfändeter Gegenstände nach § 111 l StPO bestimmt die Strafprozeßordnung die Möglichkeit, erstinstanzlich das Landgericht bzw. in besonderen Ausnahmefällen das Oberlandesgericht bzw. den Bundesgerichtshof zur Überprüfung anzurufen, vgl. §§ 161 a III, 163 a III S. 3, 111 l VI S. 1 StPO.
Im Einführungsgesetz zum Gerichtsverfassungsgesetz ist mit den §§ 23 ff. ein weiteres Rechtsbehelfsverfahren geschaffen, welches Rechtsschutz gegen Maßnahmen der Justizbehörden zu gewähren vermag. Diese Rechtsschutzmöglichkeit tritt aber gemäß § 23 III EGGVG als subsidiär zurück, soweit die ordentlichen Gerichte bereits aufgrund anderer gesetzlicher Bestimmungen angerufen werden können.
Gegen die staatsanwaltschaftlichen Maßnahmen kommt ebenfalls ein Verfassungsbeschwerdeverfahren nach Art. 93 I Nr. 4 a GG i. V. m. §§ 13 Nr. 8 a, 90 ff BVerfGG in Betracht. Wegen der Subsidiarität des Verfassungsbeschwerdeverfahrens ist die Bedeutung dieses Rechtsbehelfes aber eingeschränkt.
Im übrigen kann der Betroffenen gegen die staatsanwaltschaftlichen Maßnahmen grundsätzlich auch eine Dienstaufsichtsbeschwerde oder Gegenvorstellung erheben.

cc) Die Zwangsmaßnahmen der Polizei

Wenn der Betroffene sich gegen eine polizeiliche Zwangsmaßnahme wenden möchte, so steht ihm zunächst einmal der Rechtsweg nach den §§ 23 ff. EGGVG zur Verfügung. Hinsichtlich der strafprozessualen Zwangsmaßnahmen nach §§ 94 ff., 111 l und 132 StPO, die nur von Polizeibeamten in der Stellung eines Hilfsbeamten der Staatsanwaltschaft angeordnet werden können, sieht die Strafprozeßordnung vor, daß die Betroffenen gegen die polizeilichen Maßnahmen den Richter anrufen können, vgl. §§ 98 II S. 2, 111 l VI S. 1, 132 III S. 2 StPO. Im übrigen besteht auch die Möglichkeit der Einlegung einer Verfassungsbeschwerde nach Art. 93 I Nr. 4 a GG i. V. m. §§ 13 Nr. 8 a, 90 ff. BVerfGG gegen die Maßnahmen. Schließlich kann auch hier wiederum der Weg einer Dienstaufsichtsbeschwerde oder einer Gegenvorstellung gewählt werden.

II. Die Herausarbeitung unterschiedlicher Fallgruppen hinsichtlich des Rechtsschutzes durch Anrufung der ordentlichen Gerichte

1.) Die Kompetenzordnung bei heimlichen strafprozessualen Zwangsmaßnahmen

a) Die Anordnungskompetenz

Die Anordnungskompetenzen, welche sich aus der Strafprozeßordnung bei heimlichen Zwangsmaßnahmen ergeben, lassen sich zunächst einmal danach unterscheiden, ob ein Richter oder die Strafverfolgungsbehörden zur Entscheidung über die Anordnung einer Zwangsmaßnahme berufen sind.

Die Frage der Zuständigkeit des Richters zur Anordnung einer heimlichen Zwangsmaßnahme wurde bereits im Rahmen der Problematik des Richtervorbehaltes angesprochen. Demnach kann auf diese Ausführungen verwiesen werden[132].

Die Kompetenz der Strafverfolgungsbehörden zur Anordnung von heimlichen strafprozessualen Zwangsmaßnahmen läßt sich in zwei Regelungsmodelle untergliedern. So kann ihnen einerseits eine Befugnis zur Anordnung einer heimlichen strafprozessualen Zwangsmaßnahme nur im Eilfall, d. h. bei Gefahr im Verzug, anstelle des primär anordnungsbefugten Richters zustehen. Gefahr im Verzug liegt dabei vor, wenn der Erfolg der Maßnahme durch die mit der Anrufung des Richters verbundene Verzögerung vereitelt oder zumindest doch verringert würde[133]. Die Staatsanwaltschaft besitzt eine solche Eilkompetenz bezüglich der Rasterfahndung nach §§ 98 a, b StPO, der Postbeschlagnahme nach §§ 99, 100 StPO, der Überwachung der Telekommunikation nach §§ 100 a, b StPO, des Einsatzes technischer Mittel nach §§ 100 c I Nr. 2, 100 d I StPO, des Einsatzes eines Verdeckten Ermittlers nach §§ 110 a, b II StPO, der Schleppnetzfahndung nach § 163 d StPO und der Ausschreibung zur polizeilichen Beobachtung nach § 163 e StPO. Polizisten in der Stellung eines Hilfsbeamten der Staatsanwaltschaft dürfen im Eilfall nur den Einsatz technischer Mittel nach §§ 100 c I Nr. 2, 100 d I StPO und die Schleppnetzfahndung nach § 163 d StPO anordnen. Andererseits besitzen die Strafverfolgungsbehörden zum Teil auch eine originäre Kompetenz zur Anordnung einer heimlichen strafprozessualen Zwangsmaßnahme. Eine solche originäre Befugnis steht der Staatsanwaltschaft in Form eines Zustimmungserfordernisses bezüglich des Einsatzes Verdeckter Ermittler nach §§ 110 a, b I StPO zu[134]. Wenn die Polizei die Zustimmung der

---

132 Vgl. dazu näher unter Teil 1 A. I. 3.) a) aa) (2).

133 KK-Nack, § 98 Rdnr. 13; Kleinknecht/Meyer-Goßner, § 98 Rdnr. 8; Nelles, S. 148; Schmidt, NB II, § 100 b Rdnr. 8; SK-StPO- Rudolphi, § 98 Rdnr. 10.

134 Das Gesetz spricht nicht von einer „Anordnung“ der Staatsanwaltschaft, um klarzustellen, daß der Einsatz des Verdeckten Ermittlers gegen den Willen der Polizei nicht in Frage kommt, vgl. Heidelberger Kommentar-Lemke, § 110 b Rdnr. 1; Kleinknecht/Meyer-

Staatsanwaltschaft nicht rechtzeitig einholen kann, darf sie, notfalls auch der Verdeckte Ermittler selbst[135], den Einsatz ohne die staatsanwaltschaftliche Zustimmung aufgrund einer Eilkompetenz anordnen, vgl. § 110 b I S. 2 StPO. Für die Anordnung der heimlichen Maßnahmen nach § 98 c StPO (Datenabgleich) und nach § 100 c I Nr. 1 StPO (Einsatz technischer Mittel zu Observationszwecken) sieht das Gesetz keine besondere Zuständigkeit vor. Aufgrund der umfassenden Verfahrensherrschaft der Staatsanwaltschaft im Ermittlungsverfahren, vgl. § 161 StPO, können diese Maßnahmen im Ermittlungsverfahren von der Staatsanwaltschaft als originär berufenem Organ angeordnet werden[136]. Daneben besteht hier auch eine originäre Kompetenz der Beamten des Polizeidienstes im Rahmen des ersten Zugriffs nach § 163 StPO[137].

b) Die Kompetenz zur Durchführung der angeordneten heimlichen strafprozessualen Zwangsmaßnahmen

aa) Die Bestimmung der Durchführungskompetenz

(1) Die Durchführungskompetenz bei richterlicher Anordnung der Zwangsmaßnahme

Die Durchführung der richterlichen Anordnung einer heimlichen strafprozessualen Zwangsmaßnahme obliegt gemäß § 36 II S. 1 StPO grundsätzlich. der Staatsanwaltschaft[138], wobei sie die Polizei unterstützend heranziehen kann[139]. Besonderheiten hinsichtlich der Durchführung heimlicher strafprozessualer Zwangsmaßnahmen bestehen zunächst einmal im Fall der Postbeschlagnahme nach §§ 99, 100 StPO und der Überwachung der Telekommunikation nach §§ 100 a, b StPO. Bei der Maßnahme nach §§ 99, 100 StPO ist zwischen der Durchführung der Beschlagnahme an sich und der Öffnung der Sendungen zu unterscheiden. Die Durchführung der Beschlagnahme der Postsendungen steht der Staatsanwaltschaft zu[140]. Sie leitet die Beschlagnahmeanordnung dem Postunternehmen zu[141]. Das Postunternehmen sondert daraufhin die bezeichneten

---

Goßner, § 110 b Rdnr. 1; Krey, Rechtsprobleme des strafprozessualen Einsatzes Verdeckter Ermittler, Rdnr. 137.

135 Heidelberger Kommentar-Lemke, § 110 b Rdnr. 2; Kleinknecht/Meyer-Goßner, § 110 b Rdnr. 5; Krey, Rechtsprobleme des strafprozessualen Einsatzes Verdeckter Ermittler, Rdnr. 142; Hilger, NStZ 1992, S. 523, 524 Fn. 146.

136 Vgl. dazu: Bachmann, S. 68 f.; Hilger, NStZ 1992, S. 457, 463 Fn. 117; SK-StPO-Rudolphi, § 110 d Rdnr. 1.

137 Vgl. dazu: Bachmann, S. 68 f.; Hilger, NStZ 1992, S. 457, 463 Fn. 117; SK-StPO-Rudolphi, § 100 d Rdnr. 1.

138 Amelung, Rechtsschutz, S. 23; Eppinger, S. 22; LR-Schäfer, § 100 b Rdnr. 7; Rieß/Thym, GA 1981, S. 189, S. 198 Fn. 63.

139 Rieß/Thym, GA 1981, S. 189, S. 198 Fn. 63.

140 Vgl. statt aller: Kleinknecht/Meyer-Goßner, § 100 Rdnr. 8.

141 Vgl. statt aller: Kleinknecht/Meyer-Goßner, § 100 Rdnr. 8.

Sendungen aus und übergibt sie der Staatsanwaltschaft[142]. Die Strafverfolgungsbehörden dürfen also nicht etwa die Räume des Postunternehmens durchsuchen und die Postsendungen selbst aussondern[143]. Die Öffnung der Postsendung steht gemäß § 100 III S. 1 StPO hingegen primär dem Richter zu. Der Richter kann die Öffnungsbefugnis aber gemäß § 100 III S. 2 StPO auf die Staatsanwaltschaft übertragen, wenn und soweit dies wegen Gefahr im Verzug erforderlich ist. Das Vorliegen von Gefahr im Verzug ist dabei zu bejahen, wenn der Erfolg der Ermittlungen von einem sofortigen Eingriff der Staatsanwaltschaft abhängt und damit zu rechnen ist, daß sich aus der beschlagnahmten Postsendungen Anhaltspunkte für die Art, den Umfang oder den Ort weiterer Ermittlungen ergeben[144]. Die Übertragung dieser Befugnis kann aber gemäß § 100 III S. 3, 2. Halbsatz StPO jederzeit widerrufen werden.
Die Anordnung der Überwachung der Telekommunikation nach §§ 100 a, b StPO wird zwar auch gemäß § 36 II S. 1 StPO prinzipiell von der Staatsanwaltschaft vollzogen[145]. Dies bedeutet hier unter anderem, daß sie diese Anordnung dem Betreiber der Telekommunikationsanlagen mitteilen muß[146]. Die Unternehmen, die geschäftsmäßig Telekommunikationsleistungen erbringen oder daran mitwirken, sind gemäß § 100 b III S. 2 StPO i. V. m. § 88 TKG verpflichtet, die technischen Einrichtungen zur Umsetzung von hoheitlichen Überwachungsmaßnahmen auf eigene Kosten zu gestalten und vorzuhalten, um die notwendigen Schaltungen vornehmen zu können. Die Überwachung und Aufzeichnung der Telekommunikation, insbesondere das Abhören und Mitlesen, also die Kenntnisnahme vom Inhalt der Mitteilungen[147], steht aber gemäß § 100 b III S. 1 StPO neben der Staatsanwaltschaft auch dem Richter oder den polizeilichen Hilfsbeamten der Staatsanwaltschaft zu.
Die Durchführung der Maßnahmen nach §§ 100 c I Nr. 2, 3, 100 d StPO, d. h. das Abhören des nichtöffentlich gesprochenen Wortes außerhalb bzw. in Wohnungen im Sinne des Art 13 GG, unterliegt hingegen keiner besonderen gesetzlichen Regelung, insbesondere also keinem Richtervorbehalt. Die Durchführung obliegt demnach in der Regel der Staatsanwaltschaft gemäß § 36 II S. 1 StPO. In Ansehung der Verwandtschaft dieser heimlichen Zwangsmaßnahmen mit der Überwachung der Telekommunikation und im Hinblick auf den besonders empfindlichen Eingriff in den Persönlichkeitsbereich des Bürgers durch die Maßnahmen wird man aber auch hier von einer Befugnis des Richters zur Überwachung und Aufzeichnung der Gespräche, also insbesondere von der Kompetenz

142 Kleinknecht/Meyer-Goßner, § 100 Rdnr. 8; LR-Schäfer, § 100 Rdnr. 16; Pfeiffer, § 100 Rdnr. 2; SK-StPO-Rudolphi, § 100 Rdnr. 7.
143 Kleinknecht/Meyer-Goßner, § 100 Rdnr. 8; LR-Schäfer, § 100 Rdnr. 17.
144 Vgl. statt aller: Kleinknecht/Meyer-Goßner, § 100 Rdnr. 9.
145 Kleinknecht/Meyer-Goßner, § 100 b Rdnr. 5; LR-Schäfer, § 100 b Rdnr. 7.
146 Kleinknecht/Meyer-Goßner, § 100 b Rdnr. 5; LR-Schäfer, § 100 b Rdnr. 7.
147 Kleinknecht/Meyer-Goßner, § 100 b Rdnr. 5; Schmidt, NB II, § 100 b Rdnr. 7.

zum Abhören und damit zur Kenntnisnahme vom Inhalt der überwachten Gespräche, ausgehen müssen[148].

(2) Die Durchführungskompetenz bei staatsanwaltschaftlicher bzw. polizeilicher Anordnung der Zwangsmaßnahme

Wenn der Staatsanwaltschaft bzw. der Polizei die Kompetenz zur Anordnung einer heimlichen strafprozessualen Zwangsmaßnahme zusteht und sie von dieser Kompetenz Gebrauch machen, so sind sie auch zur Durchführung der Maßnahmen befugt. Dies ist zwar nicht gesetzlich geregelt, ergibt sich aber von selbst. Die Besonderheiten bezüglich der Durchführung der Postbeschlagnahme nach §§ 99, 100 StPO, der Überwachung der Telekommunikation nach §§ 100 a, b StPO und der akustischen Abhörmaßnahmen nach §§ 100 c I Nr. 2, 3 100 d StPO gelten aber auch hier. So bleibt die richterliche Befugnis zur Öffnung der beschlagnahmten Post und zur Überwachung und Aufzeichnung des Telekommunikationsverkehrs und des außerhalb von Wohnungen nichtöffentlich gesprochenen Wortes erhalten. Wegen der mit der staatsanwaltschaftlichen Anordnung dieser Maßnahmen vorliegenden besonderen Eilsituation wird der Richter aber in der Regel von dieser Kompetenz keinen Gebrauch machen.

bb) Die Problematik, die in bezug auf die Postbeschlagnahme und die Überwachung der Telekommunikation durch die Privatisierung des Post- und Telekommunikationswesens entsteht bzw. entstanden ist

Die vorhergehenden Ausführungen haben gezeigt, daß an der Durchführung der Postbeschlagnahme nach §§ 99, 100 StPO und der Überwachung der Telekommunikation nach §§ 100 a, b StPO nicht nur Hoheitsträger, sondern auch privatrechtlich organisierte Post- bzw. Telekommunikationsunternehmen beteiligt sind. Telekommunikations- bzw. Postunternehmen dürfen ihre Dienstleistungen grundsätzlich erst nach Erteilung einer Lizenz erbringen, vgl. §§ 6 ff. TKG, §§ 5 ff. PostG. Ihre Tätigkeit ist dabei nach Art. 87 f GG privatwirtschaftlich ausgestaltet[149]. Nur ausnahmsweise werden sie als beliehene Unternehmer tätig, nämlich bei der förmlichen Zustellung von Postsendungen nach §§ 33 ff. PostG. Fraglich ist nun, ob das Handeln der Post- und Telekommunikationsunternehmen im Rahmen der Vollziehung einer Postbeschlagnahme oder einer Telekommunikationsüberwachung von der Rechtsordnung der für die Durchführung dieser Zwangsmaßnahmen prinzipiell zuständigen Staatsanwaltschaft zugerechnet wird.

---

[148] So auch im Ergebnis bezüglich der Maßnahme nach §§ 100 c I Nr. 2, 100 d I StPO: Bachmann, S. 93.
[149] Vgl. dazu: BRat-Drs. 147/47, S. 31.

(1) Die Notwendigkeit einer Zurechnung der Tätigkeit der privaten Post- und Telekommunikationsunternehmen im Rahmen strafprozessualer Zwangsmaßnahmen

Die in Rede stehende Zurechnungsproblematik erlangt vor allem Bedeutung, wenn den Post- und Telekommunikationsunternehmen im Rahmen dieser Tätigkeit Fehler unterlaufen, die die Rechtswidrigkeit der Vollziehung zur Folge haben können. Lediglich im Fall einer solchen Zurechnung besteht die Möglichkeit, diese Fehler innerhalb eines strafverfahrensrechtlichen Rechtsbehelfsverfahrens zu rügen. Die Post- und Telekommunikationsunternehmen werden zur Durchführung der hier in Rede stehenden heimlichen Zwangsmaßnahmen erst nach der durch die Staatsanwaltschaft erfolgten Zuleitung der Beschlagnahme- oder Telekommunikationsüberwachungsanordnung tätig[150], sie greifen also erst aufgrund hoheitlicher Anordnung in das Post- bzw. Fernmeldegeheimnis ein. Sie sind zu diesem Handeln gesetzlich verpflichtet, vgl. § 88 I TKG[151]. Diese Gesichtspunkte sprechen dafür, das Tätigwerden der Post- und Telekommunikationsunternehmen im Rahmen der Vollziehung der strafprozessualen Zwangsmaßnahmen nach §§§ 99, 100; 100 a, b StPO der für die Durchführung dieser Maßnahmen verantwortlichen Staatsanwaltschaft zuzurechnen. Im weiteren ist auch zu berücksichtigen, daß die Vollziehungsmängel der Post- und Telekommunikationsunternehmen auch auf Fehlern bei der Anweisung dieses Unternehmens durch die Staatsanwaltschaft beruhen können und unter diesen Umständen ein strafverfahrensrechtlicher Rechtsbehelf in keinem Fall versagt werden darf. Für den Bürger ist es aber im Einzelfall schwierig zu erkennen, ob die behauptete Rechtswidrigkeit der Durchführung der Postbeschlagnahme oder der Überwachung der Telekommunikation auf einem Fehler des Post- oder Telekommunikationsunternehmens oder auf einer fehlerhaften Anweisung der Staatsanwaltschaft beruht. Demnach ist auch im Hinblick auf diesen Umstand die hier in Rede stehende Zurechnung geboten. Im übrigen wäre es auch bedenklich, wenn dem Bürger aus der Privatisierung des Post- und Telekommunikationswesens insofern ein Rechtsschutznachteil entstünde, als er bestimmte Fehler im Rahmen der Vollziehung einer Maßnahme nach §§ 100 a, b StPO nicht mehr mit Hilfe eines strafverfahrensrechtlichen Rechtsbehelfes beanstanden könnte. Als Zwischenergebnis ist also zunächst festzuhalten, daß es notwendig erscheint, die Tätigkeit der Post- und Telekommunikationsunternehmen im Rahmen der Durchführung der Postbeschlagnahme oder der Überwachung der Telekommunikation der für die Durchführung dieser Maßnahmen grundsätzlich verantwortlichen Staatsanwaltschaft zuzurechnen.

---

[150] Vgl. dazu näher unter Teil 1 A. II. 1.) b) aa).
[151] Vgl. dazu auch: Scherer, NJW 1998, S. 1607, 1614; Welp, Überwachung, S. 134 ff.

(2) Die Möglichkeit einer Zurechnung der Tätigkeit der privaten Post- und Telekommunikationsunternehmen im Rahmen strafprozessualer Zwangsmaßnahmen

Im Verwaltungsrecht bedient man sich zur Lösung einer ähnlichen Zurechnungsproblematik der Argumentationsfigur des sog. „öffentlich-rechtlichen Verwaltungshelfers". Verwaltungshelfer nehmen kraft öffentlichen Rechts unselbständige Hilfstätigkeiten im Auftrag oder nach Weisung der sie betrauenden Behörde wahr[152]. Ihr Handeln wird unmittelbar der Behörde zugerechnet, für die sie tätig werden[153]. Die Post- und Telekommunikationsunternehmen werden - wie bereits gesehen - auch erst auf Initiative der Staatsanwaltschaft tätig. Darüber hinaus ist ihr Tätigwerden im Rahmen der Durchführung der heimlichen strafprozessualen Zwangsmaßnahmen genau festgelegt, selbst die Einrichtung der technischen Vorkehrungen zur Ermöglichung der Überwachung der Telekommunikation sind gesetzlich präzise reglementiert, vgl. § 100 b III S. 2 StPO i. V. m. § 88 TKG in Verbindung mit der Fernmeldeverkehr-Überwachungs-VO. Somit ist das Handeln der Post- und Telekommunikationsunternehmen ähnlich wie die Tätigkeit eines öffentlich-rechtlichen Verwaltungshelfers als unselbständige Hilfstätigkeit, das Unternehmen also als „Werkzeug" der Strafverfolgungsorgane anzusehen. Dies rechtfertigt es hier entsprechend der verwaltungsrechtlichen Argumentationsfigur des Verwaltungshelfers, das Tätigwerden der Post- und Telekommunikationsunternehmen im Rahmen der Durchführung einer Postbeschlagnahme oder einer Telekommunikationsüberwachung der für die Durchführung dieser Maßnahmen prinzipiell verantwortlichen Staatsanwaltschaft zuzurechnen.

Demzufolge kann dieses Handeln der Post- und Telekommunikationsunternehmen mit Hilfe der strafverfahrensrechtlichen Rechtsbehelfe gerügt werden. Daneben steht dem betroffenen Bürger aber bei Verletzung des Post- oder Fernmeldegeheimnisses durch die Post- oder Telekommunikationsunternehmen bei Geltendmachung eines materiellen Schadens[154] auch noch ein Schadensersatzanspruch nach § 40 TKG bzw. § 38 PostG gegen das Unternehmen zu.

2.) Der Gegenstand des Rechtsschutzverfahrens

Die im Rahmen der Erörterung der Kompetenzordnung bei heimlichen strafprozessualen Zwangsmaßnahmen angeklungene Differenzierung zwischen Anordnung und Durchführung einer Zwangsmaßnahme setzt sich bei der Frage nach dem Gegenstandes des Rechtsschutzverfahrens fort. So muß also unterschieden werden zwischen dem Rechtsschutz gegen die Anordnung und gegen die

---

152 Maurer, § 23 Rdnr. 60; OLG Köln, NJW 1968, S. 655, 655 f.; OLG München, NJW 1979, S. 608, 608 f.

153 Maurer, § 23 Rdnr. 60; OLG Köln, NJW 1968, S. 655; OLG München, NJW 1979, S. 608, 608 f.

154 Vgl. dazu: Beck`scher TKG-Kommentar-Büchner, § 40 Rdnr. 7.

Durchführung einer heimlichen strafprozessualen Zwangsmaßnahme. Der betroffene Bürger kann sich sowohl gegen die Anordnung als auch gegen die Art und Weise der Durchführung dieser Anordnung oder gegen beides wenden. Der Betroffene wendet sich gegen die Art und Weise der Vollziehung der Zwangsmaßnahme, wenn er die rechtswidrige Anwendung unmittelbaren Zwanges oder die Verletzung der speziell für die Vollziehung geltenden Normen rügt[155]. Die Art und Weise der Vollziehung im letzteren Sinn ist z. B. betroffen, wenn § 105 II StPO im Fall der Wohnungsdurchsuchung, § 100 III S. 1 StPO im Fall der Postbeschlagnahme mißachtet wird oder wenn eine Zwangsmaßnahme durch eine nicht zur Vollziehung berechtigte Person durchgeführt wird, wie z. B. eine Überwachung und Aufzeichnung des Fernmeldeverkehrs durch Polizeibeamte, die keine Hilfsbeamte der Staatsanwaltschaft sind. Die Unterscheidung zwischen der Beanstandung der Anordnung einer Zwangsmaßnahme und der Art und Weise ihrer Vollziehung kann sich im Einzelfall schwierig gestalten, was bereits an dieser Stelle für einen einheitlichen Rechtsweg gegen die Anordnung der Zwangsmaßnahme und die Art und Weise ihrer Vollziehung spricht.

3.) Der Zeitpunkt der Inanspruchnahme des Rechtsschutzes

Der Zeitpunkt der Anrufung der Gerichte hinsichtlich einer strafprozessualen Zwangsmaßnahme spielt in der Rechtsschutzdiskussion ebenfalls eine entscheidende Rolle. Dabei wird immer darauf abgestellt, ob der Betroffene vor oder nach der Erledigung der Zwangsmaßnahme Rechtsschutz begehrt[156]. Fraglich ist nun aber, welche Bedeutung dem allgemein gehaltenen Begriff der „Erledigung" zu entnehmen ist, d. h. wann der Fall der Erledigung einer Zwangsmaßnahme eintritt.

a) Der Begriff der Erledigung

Ebenso wie im Verwaltungsprozeßrecht[157] ist auch im Strafprozeßrecht noch keine allgemein anerkannte Definition des Begriffes der Erledigung gefunden worden.

Zum Teil wird die Ansicht vertreten, daß eine Maßnahme erst mit dem Wegfall aller ihrer Wirkungen, d. h. auch ihrer Neben- und Folgewirkungen, erledigt sei[158]. Auch wenn die strafprozessualen Zwangsmaßnahmen mit ihrem vollständigen Abschluß zwar materiell beendet seien, so berührten sie doch ideell als

---

155 Amelung, Rechtsschutz, S. 24; Bachmann, S. 216.

156 Amelung, Rechtsschutz, S. 18 ff., 46 ff.; Dähn, JA 1981, S. 7, 9 f.; Feiter, S. 48 ff, 118 ff.; Fezer, Fall 7 Rdnr. 86 ff.; Kramer, Rdnr. 330 ff.; Rieß/Thym, GA 1981, S. 189, 194 f.; Rüping, S. 99 ff.

157 Vgl. dazu : Amelung, Rechtsschutz, S. 44 f.; Burgi, DVBl 1991, S. 193, 194 f.; Eyermann-Schmidt, § 113 Rdnr. 76 ff.; Erichsen, Jura 1989, S. 49, 49 f.; Kopp/Schenke, § 113 Rdnr. 101 ff.; Müller, DÖV 1965, S. 38, 39; Schoch/Schmidt-Aßmann/Pietzner-Gerhard, § 113 Rdnr. 81 ff.; BVerwGE 31, S. 324, 325; BVerwGE 47, S. 169, 170.

158 Peters, JR 1972, S. 298, 301; Peters, JR 1973, S. 341, 341.

rechtsbeständige Akte weiterhin die Sozialstellung des Betroffenen, z. B. seinen gesellschaftlichen Ruf[159]. Solange diese Wirkungen noch fortbeständen, könne von einer Erledigung der Maßnahme keine Rede sein[160]. Wenn man dieser Sichtweise folgen würde, bliebe im strafverfahrensrechtlichen Bereich aufgrund des Abstellens auf die Neben- und Folgewirkungen kaum noch ein Anwendungsbereich für den Feststellungsantrag nach § 28 I S. 4 EGGVG[161]. Liegen nämlich keine beeinträchtigenden Neben- und Folgewirkungen mehr vor, so wären kaum Fälle vorstellbar, in denen das durch § 28 I S. 4 EGGVG geforderte berechtigte Interesse an der Feststellung der Rechtswidrigkeit bestünde. Denn ein berechtigtes Feststellungsinteresse läßt sich grundsätzlich nur sinnvoll mit den Neben- oder Folgewirkungen einer Maßnahme nach dessen Abschluß begründen[162]. Aus diesem Grunde ist der dargelegte Definitionsansatz des Begriffes der Erledigung nicht überzeugend und demnach abzulehnen.
Nach einer anderen Meinung ist der Fall der Erledigung dann eingetreten, wenn die von der Maßnahme ausgehende Beschwer nachträglich beseitigt ist[163]. Diese Ansicht läßt aber offen, was sie unter dem Begriff der Beschwer überhaupt versteht. Wenn man eine extensive Deutung dieses Terminus zugrunde legt und somit hierunter auch alle Neben- und Folgewirkungen einer Maßnahme faßt, so ist diese Sichtweise mit der eben dargelegten identisch und kann dann schon im Hinblick auf die gegen diese angeführten Argumente nicht überzeugen. Bei einer restriktiven Interpretation des Terminus der Beschwer ergeben sich hingegen erneut Abgrenzungsschwierigkeiten. Unklar wäre nämlich, wann der Wegfall der Beschwer eine Erledigung herbeiführen soll und wann nicht[164]. Im übrigen erscheint die Vermengung der Begriffe der Erledigung und der Beschwer auch prinzipiell sehr bedenklich. Der Umstand der Erledigung einer Maßnahme ist im Ergebnis vor allem für die Frage entscheidend, welches Rechtsschutzziel dem Begehren des Betroffenen entspricht[165]. Es geht also darum, ob eine Aufhebung der beanstandeten Maßnahme oder nur noch die Feststellung ihrer Rechtswidrigkeit sich als sinnvoll erweist[166]. Die Erledigung bewirkt folglich im Vergleich zur Situation vor diesem Ereignis eine Änderung des Zieles des Rechtsschutzbegehrens[167]. Ob nun aber in dieser veränderten Rechtsschutzsituation im Vergleich zur vorhergehenden Lage eine Beschwer des Betroffenen besteht, ist ein anderer Gesichtspunkt. Dieser ist auch davon abhängig, ob man

---

159 Peters, JR 1972, S. 298, 301; Peters, JR 1973, S. 341, 341.
160 Peters, JR 1973, S. 341, 341.
161 In bezug auf die Fortsetzungsfeststellungsklage nach § 113 I S. 4 VwGO so ausdrücklich auch Schenke, Jura 1980, S. 133, 133 f.
162 Vgl. dazu näher unter Teil 1 C. IV.
163 OLG Frankfurt, GA 1980, S. 29, 30.
164 Vgl. dazu: Heneka, S. 71 f. In bezug auf den Begriff der Erledigung im Verwaltungsprozeßrecht so ausdrücklich: Schenke, Jura 1980, S. 133, 134 Fn. 4.
165 Köster, S. 20.
166 Köster, a. a. O.
167 Köster, a. a. O.

hier nicht - wie auch im Verwaltungsprozeßrecht[168] - auf eine vergangene Beschwer abstellen kann[169]. Im Ergebnis ist die Bestimmung der Erledigung mit Hilfe der Beschwer also abzulehnen.
Eine dritte Meinung sieht eine Zwangsmaßnahme dann als erledigt an, wenn ihre rechtliche Anordnung gegenstandslos geworden sei, sie keinerlei rechtliche Wirkung mehr entfalte[170]. Entfällt die rechtliche Wirkung einer Zwangsmaßnahme, so ist deren Aufhebung damit sinnlos geworden. Eine weitere Ansicht, welche die Erledigung gerade mit dem Zeitpunkt des Sinnloswerdens der Aufhebung gleichsetzt[171], ist somit im Vergleich zu der dritten Meinung nur als andere Umschreibung anzusehen[172]. Eine Unterscheidung in dieser Hinsicht erübrigt sich damit. Diese Sichtweisen überzeugen, weil sie den Begriff der Erledigung vom Ziel des Rechtsschutzbegehrens des Betroffenen her beschreiben[173]. Wie bereits angeführt, ist nämlich der Umstand der Erledigung vor allem im Hinblick auf die Frage des vom Betroffenen verfolgten Rechtsschutzzieles relevant. Das Ziel des Rechtsschutzbegehrens des Bürgers vor dem Eintritt der Erledigung ist aber die Aufhebung der ihn treffenden Zwangsmaßnahmen. Dies ergibt sich schon, wenn man die Fälle betrachtet, in denen unstreitig noch keine Erledigung eingetreten ist, wie z. B. der Fall der andauernden Beschlagnahme eines Gegenstandes. Nach dem Eintritt der Erledigung richtet sich das Rechtsschutzziel des Betroffenen hingegen auf die Feststellung der Rechtswidrigkeit der Maßnahmen, wie der explizit geregelte Fall eines Erledigungsantrages in § 28 I S. 4 EGGVG zeigt. Entscheidend hinsichtlich der Frage der Erledigung ist somit, wann das Aufhebungsbegehren in das Feststellungsbegehren umschlägt. Zur Beantwortung dieser Frage soll noch einmal auf den Fall der Beschlagnahmeanordnung zurückgegriffen werden. Solange der beschlagnahmte Gegenstand dem Betroffenen noch nicht zurückgegeben worden ist, will er mit einem Rechtsschutzverfahren gerade eine solche Rückgabe erreichen[174]. Dies ist für ihn nur im Fall der Aufhebung der Beschlagnahmeanordnung möglich. Denn die Rückgabe der Gegenstände ist hier nur möglich, wenn der Beschlagnahme die Grundlage entzogen wird. Mit der Rückgabe des Gegenstandes wird die Aufhebung der Beschlagnahmeanordnung aber sinnlos, weil sie dann nicht mehr die Grundlage eines den Bürger unmittelbar beeinträchtigenden Zustandes ist. Somit kommt in dieser Situation nur noch die Feststellung der Rechtswidrigkeit der Beschlagnahmeanordnung in Betracht[175]. Daraus ergibt sich also,

---

168 Bodanowitz, JuS 1996, S. 911, 912; Hufen, S. 376 f.; Würtenberger, JuS 1974, S. 320, 321.
169 Vgl. dazu näher unter Teil 1 C. III. 1.) a) aa) (2).
170 Amelung, Rechtsschutz, S. 44; Köster, S. 21.
171 Aulehner, Bay Vbl 1988, S. 709, 713; Heneka, S. 72.
172 So auch Aulehner, BayVBl 1988, S. 709, 713.
173 Vgl. dazu: Amelung, Rechtsschutz, S. 44; Heneka, S. 72; Schenke, Jura 1980, S. 133, 134.
174 Heneka, S. 72.
175 Heneka, S. 72.

daß die Erledigung der Beschlagnahmeanordnung eintritt, sobald die Aufhebung sinnlos geworden ist. Angesichts dieser Überlegungen ist folglich dem zuletzt dargelegten Lösungsansatz zur Frage der Erledigung zu folgen. Eine Erledigung einer strafprozessualen Zwangsmaßnahme tritt demnach mit dem Sinnloswerden ihrer Aufhebung ein.

b) Die Erscheinungsformen der Erledigung

Nachdem nunmehr der Begriff der Erledigung inhaltlich geklärt ist, ist nun noch auf die unterschiedlichen Erscheinungsformen der Erledigung einzugehen.

aa) Die Rücknahme einer dem Betroffenen bereits bekannten Zwangsmaßnahmenanordnung vor deren Vollziehung

Die Aufhebung einer dem Betroffenen bereits bekannten Zwangsmaßnahmenanordnung ist dann sinnlos und die Maßnahme damit erledigt, wenn diese vor ihrer eigentlichen Durchführung zurückgenommen wird[176].

bb) Die Aufhebung einer bereits in Vollzug gesetzten Zwangsmaßnahmenanordnung

Hat die Vollziehung einer Zwangsmaßnahme bereits begonnen und wird nun die Anordnung aufgehoben z. B. wegen Wegfall der die Anordnung rechtfertigenden Umstände, dann ist die Maßnahme vom Zeitpunkt der Aufhebung an als erledigt zu bezeichnen[177]. Diese Fallgruppe kommt vor allem in Betracht bei Zwangsmaßnahmen mit Dauerwirkung.

cc) Die vollständige Vollziehung einer Zwangsmaßnahmenanordnung

Auch die vollständige Vollziehung einer Zwangsmaßnahme bewirkt deren Erledigung[178]. Ein solcher Fall liegt vor, wenn der eigentliche, der Vollziehung fähige Inhalt der Zwangsmaßnahme gegenstandslos geworden ist, die Maßnahme also vollzogen und dies nicht mehr rückgängig zu machen ist.

dd) Die Herausgabe erlangter Gegenstände

Die Anordnung der Beschlagnahme bildet die Grundlage für einen strafprozessualen Zwangseingriff, der bis zur Rückgabe der Sache andauert[179]. Somit tritt hier die Erledigung erst mit der Herausgabe der Sache durch die Strafverfolgungsorgane ein[180]. So ist z. B. die Postbeschlagnahme nach §§ 99, 100 StPO erst mit der Herausgabe der Sendungen an den Betroffenen erledigt[181].

---

176 Eppinger, S. 117; Köster, S. 22; Middelberg, S. 5.
177 Eppinger, S. 117; Köster, S. 22; Middelberg, S. 5.
178 Eppinger, S. 118; Köster, S. 22; Middelberg, S. 6.
179 Malek/Rüping, S. 133 Rdnr. 258.
180 Fezer, Jura 1982, S. 18, 20 ff.; Malek/Rüping, S. 133 Rdnr. 258; Schnarr, MDR 1987, S. 1, 5.
181 Welp, Überwachung, S. 116.

ee) Die Vernichtung von Unterlagen

Die Erledigung einer Zwangsmaßnahme kann auch erst mit der Vernichtung der Unterlagen eintreten, in welchen die aus der Maßnahme erlangten Informationen fixiert wurden.

In bezug auf die Fernmeldeüberwachung ist streitig, ob hier die Erledigung tatsächlich erst mit der Vernichtung der durch die Maßnahme erlangten Unterlagen nach § 100 b VI StPO eintritt. Nach einer Ansicht tritt bei der Fernmeldeüberwachung die Erledigung mit der Beendigung der Maßnahme nach § 100 b IV StPO ein[182]. Die aktenmäßige Dokumentation von Ablauf und Ergebnis einer strafprozessualen Maßnahme führe nicht dazu, daß die Zwangsmaßnahme bis zur Beseitigung sämtlicher Spuren über dieses Geschehen in den Verfahrensakten andauere[183]. Dies ergebe sich auch aus einem Vergleich zu den Maßnahmen nach §§ 81 a, b StPO[184]. Hier sei nämlich allgemein anerkannt, daß die Maßnahmen mit ihrem Vollzug erledigt seien und nicht etwa andauerten, weil die Blutprobe noch vorhanden sei oder Lichtbilder oder Fingerabdrücke in den Akten abgeheftet seien[185]. Eine andere Meinung hingegen sieht die Fernmeldeüberwachung erst mit der Vernichtung der durch die Fernmeldeüberwachung erlangten Unterlagen nach § 100 b VI StPO als erledigt an[186]. Die Situation hier sei nicht wesentlich anders als bei der Beschlagnahme, wo allgemein anerkannt sei, daß die Maßnahme bis zur Rückgabe der Sache andauere[187]. Fraglich ist nun also, welche Sichtweise den Vorzug verdient. Der Inhalt von Telefongesprächen, welcher von den Strafverfolgungsorganen fixiert wird, unterliegt weiterhin dem verfassungsrechtlichem Schutz nach Art. 10 GG[188]. Der mit der Vollziehung der Telefonüberwachungsanordnung begonnene Eingriff in Art. 10 GG bleibt durch die Aufbewahrung der im Rahmen der Fernmeldeüberwachung erlangten Unterlagen also bestehen, die Anordnung zeitigt als Grundlage der Vollziehung und somit auch als zumindest mittelbare Grundlage der Aufbewahrung weiterhin rechtliche Wirkung. Somit kann sie auch noch nicht mit der Maßnahmebeendigung, sondern erst mit der Vernichtung der Unterlagen als erledigt angesehen werden. Der von der ersten Meinung angebrachte Hinweis auf die Erledigung der Maßnahmen nach §§ 81 a, b StPO trotz noch vorhandener Blutproben erscheint zweifelhaft. Denn das Blut als solches unterliegt keinem verfassungsrechtlich verbürgtem Geheimhaltungsinteresse[189]. Im Ergebnis ist also der zweiten Meinung zuzustimmen. Die Fernmeldeüberwachung ist

---

182 Schnarr, MDR 1987, S. 1, 5.
183 Schnarr, a. a. O.
184 Schnarr, a. a. O.
185 Schnarr, a. a. O.
186 Malek/Rüping, S. 133 Rdnr. 258.
187 Malek/Rüping, S. 133 Rdnr. 258.
188 Ständige Rechtsprechung des Bundesverfassungsgerichtes, dazu z. B.: BVerfGE 85, S. 386, 398. Siehe auch in der Literatur: Malek/Rüping, S. 133 f. Fn. 9.
189 Malek/Rüping, S. 133 f. Fn. 9.

demnach nach der Vernichtung der fernmelderechtlichen Unterlagen erledigt. Diese Sichtweise gilt auch für den Zeitpunkt der Erledigung bezüglich anderer Formen der Telekommunikationsüberwachung und bezüglich des Einsatzes akustischer Überwachungsmittel nach § 100 c I Nr. 2, 3 StPO. Denn auch in diesen Fällen besteht der Eingriff in die Rechte der Betroffenen bis zur Beseitigung der erlangten Unterlagen fort. So ist z. B. der mit einer Maßnahme nach § 100 c I Nr. 3 StPO verbundene Eingriff in den Rechtskreis des Bürgers gerade auch im Hinblick auf Art. 13 GG ebenfalls nicht mit dem Vollzug der Überwachung beendet. Der Inhalt der in der Wohnung überwachten Kommunikation, welcher von den Strafverfolgungsbehörden fixiert wird, muß nämlich im Hinblick auf die umfassende Gewährleistung des Art. 13 GG entsprechend der Überlegungen zur Fernmeldeüberwachung bis zur Beseitigung der erlangten Unterlagen dem grundrechtlichen Schutz unterliegen. Im Ergebnis ist also festzuhalten, daß auch im Fall anderer Formen der Telekommunikationsüberwachung und im Fall des Einsatzes akustischer Überwachungsmittel nach § 100 c I Nr. 2, 3 StPO aufgrund einer Übertragung der Überlegungen zur Telefonüberwachung tritt eine Erledigung erst mit der Vernichtung der erlangten Unterlagen nach § 100 b VI StPO bzw. § 100 d I S. 2 StPO bzw. § 100 d IV S. 3 i. V. m. § 100 b VI StPO eintritt.

ff) Die Löschung gespeicherter Daten

Bei Zwangsmaßnahmen, die zu einer Speicherung von Informationen führen, kann die Erledigung auch erst mit der gesetzlich bestimmten Löschung dieser Daten eintreten. So erledigt sich z. B. die Schleppnetzfahndung erst mit der Löschung der gespeicherten Daten nach § 163 d IV S. 2 StPO oder bei der Rasterfahndung tritt die Erledigung ein mit der Löschung der Daten nach § 98 b III S. 2 StPO und/oder der Rückgabe der auf Datenträgern übermittelten Daten nach § 98 b III S. 1 StPO. Dies Ergebnis ergibt sich aus der Übertragung der zum Erledigungszeitpunkt bei der Telekommunikationsüberwachung erlangten Erkenntnissen.

gg) Die sog. „prozessuale Überholung“

Nach allgemeiner Meinung kann eine Zwangsmaßnahme sich auch infolge einer sog. „prozessualen Überholung“ erledigen[190]. Unter der prozessualen Überholung versteht man dabei, daß bestimmte prozessuale Handlungen und Erklärungen, die nur innerhalb bestimmter Prozeßabschnitte sinnvoll sind, infolge des Vorrückens des Prozesses ihre Bedeutung verlieren[191]. So wird z. B. eine Be-

[190] Eppinger, S. 119 ff.; Köster, S. 23; Middelberg, S. 6 f.
[191] Ellersiek, S. 57; Middelberg, S. 6; Peters, JR 1973, S. 341, 342; Stephan, NJW 1966, S. 2394, 2395.

schlagnahmeanordnung durch die rechtskräftige Verurteilung des Angeklagten „prozessual überholt“[192].

4.) Ergebnis

Aus diesen Darlegungen und den Ausführungen bezüglich des repressiven Rechtsschutzes durch Rechtsbehelfe (vgl. Teil 1 A. I. 3.) b) ergibt sich, daß bei der Untersuchung der Rechtsschutzmöglichkeiten des Bürgers gegen heimliche strafprozessuale Zwangsmaßnahmen danach zu differenzieren ist, wer die Maßnahme aufgrund welcher Kompetenz angeordnet hat, ob der Bürger sich gegen die Anordnung der Maßnahme und/oder gegen die Art und Weise ihrer Durchführung wendet und schließlich ist zu fragen, ob die Maßnahme im Zeitpunkt der beantragten richterlichen Entscheidung bereits erledigt ist oder nicht.

---

[192] Eppinger, S. 121 f.; Köster, S. 23.

B. Der Rechtsschutz gegen noch nicht erledigte heimliche strafprozessuale Zwangsmaßnahmen

Es gilt zunächst zu überprüfen, welche Rechtsschutzmöglichkeiten vor den ordentlichen Gerichten dem Betroffenen zustehen, wenn er vor dem Eintritt der Erledigung gegen eine heimliche strafprozessuale Zwangsmaßnahme Rechtsschutz begehrt.

Der betroffene Bürger muß um die Vornahme einer Zwangsmaßnahme wissen, um sich dagegen zur Wehr setzen zu können. Von den hier in Rede stehenden heimlichen strafprozessualen Zwangsmaßnahmen erlangt der Betroffene aber nur Kenntnis durch die gesetzlich vorgeschriebene Benachrichtigung, im Einzelfall auch aufgrund von Fehlern bei der Verdeckung der Zwangsmaßnahme oder in Ausnahmefällen, z. B. bei der Überwachung der Telekommunikation oder der akustischen Wohnraumüberwachung, auch durch regelmäßige Überprüfung der betreffenden Anlagen, gegebenenfalls durch entsprechendes Gerät[193]. Der letztere Fall dürfte indes nur bei größeren Firmen oder anderen Vereinigungen in Betracht kommen. Für den Beschuldigten besteht darüber hinaus auch die Möglichkeit, über das Akteneinsichtsrecht des Strafverteidigers nach § 147 StPO von den heimlichen Zwangsmaßnahmen, die in dem gegen ihn gerichteten Ermittlungsverfahren durchgeführt wurden, zu erfahren. Auch der Verletzte einer Straftat, der von den gegen Beschuldigten gerichteten heimlichen strafprozessualen Zwangsmaßnahme betroffen ist, kann im Fall der Erhebung einer Privatklage oder einer Nebenklage über das Akteneinsichtsrecht seines Anwaltes gemäß § 385 III StPO bzw. § 397 I S. 2 i. V. m. § 385 III StPO Kenntnis von den ihn betreffenden Zwangsmaßnahmen erhalten. Da der Fall der Kenntniserlangung aufgrund von Verdeckungsmängeln der Ermittlungsorgane oder mittels Überprüfungsmaßnahmen der Bürger eher die Ausnahme bilden wird, ist im Ergebnis davon auszugehen, daß die Anrufung der ordentlichen Gerichte gegen die heimlichen strafprozessualen Zwangsmaßnahmen in der Regel die Benachrichtigung des Betroffenen oder die mittelbare Kenntniserlangung über das Akteneinsichtsrecht des Verteidigers/Anwaltes voraussetzt. Die Benachrichtigung wird in der Praxis von den zuständigen Organen aber erst zu einem Zeitpunkt vorgenommen wird, zu dem die Maßnahmen oftmals bereits erledigt sind[194]. Die Übernahme der Erkenntnisse aus den heimlichen Überwachungsmaßnahmen in die Akten ist zum Teil, vgl. § 101 IV, 110 d II StPO, auch erst zulässig, wenn die Voraussetzungen der Benachrichtigung bejaht werden, also in der Praxis wiederum nach Erledigung der Maßnahme. Im übrigen kann dem Verteidiger das Akteneinsichtsrecht verweigert werden, wenn der Abschluß der Ermittlungen noch nicht in den Akten vermerkt ist und der Untersu-

---

[193] Vgl. zu den in Betracht kommenen Schutzmaßnahmen gegen Telefon- und Raumüberwachung: Radtke, S. 40 ff.

[194] In diesem Zusammenhang sei auch auf die detaillierten Ausführungen unter Teil 2 B. V. verwiesen.

chungszweck durch die Akteneinsicht gefährdet ist. Die Beschränkung gilt auch für das Akteneinsichtsrecht des Anwaltes des Privatklägers bzw. des Nebenklägers, denn dies besteht nach allgemeiner Ansicht im selben Umfang wie das des Strafverteidigers des Beschuldigten[195].

Im Ergebnis ist der Rechtsschutz gegen noch nicht erledigte Maßnahmen bei den hier zu untersuchenden Fällen in der Praxis also selten[196]. Dies läßt jedoch nicht die Notwendigkeit entfallen, sich mit dieser Problematik zu beschäftigen, zumal die sich anschließende Untersuchung des Rechtsschutzes gegen erledigte heimliche strafprozessuale Zwangsmaßnahmen auf die hierbei erlangten Ergebnisse aufbauen kann.

I. Die staatsanwaltschaftliche Anordnung der heimlichen strafprozessualen Zwangsmaßnahme im Rahmen einer Eilkompetenz

Die Anordnung einer heimlichen Zwangsmaßnahme durch die Staatsanwaltschaft aufgrund einer Eilkompetenz kommt, wie bereits gesehen, in Betracht bei der Rasterfahndung nach §§ 98 a, b StPO, der Postbeschlagnahme nach §§ 99, 100 StPO, der Überwachung der Telekommunikation nach §§ 100 a, b StPO, den technischen Überwachungsmaßnahmen nach §§ 100 c I Nr. 2, 100 d I StPO, dem Einsatz eines Verdeckten Ermittlers in besonderen Fällen nach §§ 110 a, 110 b II StPO, der Schleppnetzfahndung nach § 163 d StPO und der polizeilichen Beobachtung nach § 163 e StPO. Somit geht es in der nachfolgenden Untersuchung um die Möglichkeit der Anrufung der ordentlichen Gerichte gegen diese Maßnahmen, soweit sie von der Staatsanwaltschaft wegen Gefahr im Verzug angeordnet werden.

Die Notwendigkeit der Gewährung von Rechtsschutz gegen diese staatsanwaltschaftlichen Maßnahmen ergibt sich hierbei aus der Verfassung selbst, nämlich aus der Rechtsschutzgarantie nach Art. 19 IV S. 1 GG. Denn Art. 19 IV S. 1 GG gewährleistet, daß gegen jede Maßnahme, die in Ausübung öffentlicher Gewalt ergeht, ein Rechtsweg eröffnet sein muß[197]. Öffentliche Gewalt im Sinne des Art. 19 IV S. 1 GG wird dabei unstreitig von der Exekutive ausgeübt[198]. Die Staatsanwaltschaft und ihr Handeln ist aber im staatsrechtlichem Sinne der Exekutive zuzuordnen[199]. Die rechtsprechende Gewalt ist nämlich gemäß Art. 92 GG allein den Richtern anvertraut[200]. Nur den Richtern kommt sachliche und persönliche Unabhängigkeit nach Art. 97 GG zu, demgegenüber sind die

---

195 Vgl. dazu: Heidelberger Kommentar-Kurth, § 385 Rdnr.8.

196 Middelberg, S. 223 f.

197 Bachmann, S. 172; Hamann/Lenz-Lenz, Art. 19 Rdnr. 176; Strubel/Sprenger, NJW 1972, S. 1734, 1735; von Münch-Krebs, Art. 19 Rdnr. 63.

198 BK-Schenke, Art. 19 Abs. 4 Rdnr. 190; Maunz/Dürig/Herzog/Scholz-Schmidt-Aßmann, Art. 19 IV Rdnr. 52; von Münch-Krebs, Art. 19 Rdnr. 55.

199 Döhring, S. 45; Fezer, Jura 1982, S. 18, 22; Jorzik/Kunze, Jura 1990, S. 294, 295; Krey/Pföhler, NStZ 1985, S. 145, 146; Krey, Strafverfahrensrecht, Band I, Rdnr. 338.

200 Krey/Pföhler, NStZ 1985, S. 145, 146; Krey, Strafverfahrensrecht, Band I, Rdnr. 338.

Staatsanwälte weisungsgebundene Beamte[201]. Da das Grundgesetz aber lediglich die drei Gewalten Judikative, Legislative und Exekutive anerkennt, muß die Staatsanwaltschaft und ihr Tätigwerden demnach im staatsrechtlichen Sinn der Exekutive zugerechnet werden[202]. Wenn hiergegen vorgetragen wird, die Staatsanwaltschaft sei eine Justizbehörde, die weder der Exekutive noch der Judikative zuzurechnen sei, sondern als selbständiges Organ der Rechtspflege zwischen beiden stehe[203], so ist dies staatsrechtlich verfehlt. Daß die Staatsanwaltschaft bei ihrer Tätigkeit genauso wie der Richter dem Recht verpflichtet und somit als Organ der Rechtspflege anzusehen ist, betrifft allein die Frage nach der Art ihrer Aufgabenerledigung[204]. Die staatsrechtliche Einordnung ist hiermit nicht angesprochen.

1.) Die gerichtliche Überprüfbarkeit der Anordnung der Maßnahme

Es stellt sich die Frage, welche Verfahren dem Betroffenen zur Verfügung stehen, wenn er sich an die ordentlichen Gerichte wenden möchte mit dem Ziel der Aufhebung einer staatsanwaltschaftlichen Eilanordnung nach §§ 98 a ,b; 99, 100; 100 a, b; 100 c I Nr. 2, 100 d I; 110 a, 110 b II; 163 d; 163 e StPO. Die Strafprozeßordnung sieht in diesem Zusammenhang keine entsprechende Rechtsschutzmöglichkeit für die Betroffenen vor. Um dem Bürger hier dennoch zum nach Art. 19 IV S. 1 GG notwendigen Rechtsschutz zu verhelfen, werden zwei verschiedene Möglichkeiten diskutiert, nämlich das Rechtsschutzverfahren nach §§ 23 ff. EGGVG und die Anwendung des Verfahrens nach § 98 II S. 2 StPO aufgrund einer Rechtsfortbildung.

a) Der Meinungsstand in der Literatur und der Rechtsprechung

aa) Der Rechtsweg nach § 98 II S. 2 StPO

Nach einer Ansicht, die von der Rechtsprechung[205] und dem ganz überwiegenden Teil der Literatur[206] vertreten wird, steht dem Betroffenen gegen die nicht erledigte staatsanwaltschaftliche Eilanordnung einer strafprozessualen Zwangsmaßnahme wie die hier in Rede stehenden Maßnahmen nach §§ 98 a, b; 99,

---

[201] Döhring, S. 45; Krey/Pföhler, NStZ 1985, S. 145, 146; Krey, Strafverfahrensrecht, Band I, Rdnr. 338.

[202] Döhring, S. 45.

[203] Roxin, § 10 Rdnr. 8.

[204] Döhring, S. 45. Vgl. auch: Krey/Pföhler, NStZ 1985, S. 145, 146; Krey, Strafverfahrensrecht, Band I, Rdnr. 338.

[205] BGHSt 36, S. 30, 31; OLG Stuttgart, NJW 1977, S. 2276, 2276; OLG Karlsruhe, NJW 1978, S. 1595, 1596; OLG Oldenburg, NStZ 1990, S. 504, 504.

[206] AK-StPO-Amelung, § 98 Rdnr. 27, § 100 Rdnr. 29; Amelung, Rechtsschutz, S. 28, 31ff.; Beulke, Rdnr. 324; Dähn, JA 1981, S. 7, 10; Fezer, Jura 1982, S. 18, 21 f.; KMR-Paulus, Vorb. § 1 Rdnr. 8 f.; Kramer, Rdnr. 334; Kühne, Rdnr. 281; LR-Schäfer, § 98 Rdnr. 49; Merten/Merten, ZRP 1991, S. 213, 214; Middelberg, S. 219 ff.; Rieß/Thym, GA 1981, S. 189, 199; Roxin, § 29 Rdnr. 8; Schlüchter, Rdnr. 182; SK-StPO-Rudophi, § 100 Rdnr. 15.

100; 100 a, b; 100 c I Nr. 2, 100 d I; 110 a, b II; 163 d; 163 e StPO die Möglichkeit offen, eine Entscheidung des Gerichtes analog § 98 II S. 2 StPO zu beantragen. Der Gesetzgeber habe diesbezüglich keine Regelung vorgesehen[207]. Soweit die Staatsanwaltschaft aber, wie im Fall der Beschlagnahme, nur bei Gefahr im Verzug, also ersatzweise zur Anordnung einer strafprozessualen Zwangsmaßnahme befugt sei, ergebe sich eine vergleichbare Grundstruktur zwischen der Beschlagnahme und diesen Maßnahmen, die eine analoge Anwendung des § 98 II S. 2 StPO in diesen Fällen rechtfertige[208]. Somit sei in bezug auf die noch nicht erledigten staatsanwaltschaftlichen Zwangsmaßnahmenanordnungen aufgrund von Eilkompetenz eine abschließende Regelung vorhanden, so daß der Rechtsweg nach §§ 23 ff. EGGVG aufgrund des § 23 III EGGVG ausscheide[209].

bb) Der Rechtsweg nach §§ 23 ff. EGGVG

(1) Die Anwendbarkeit der §§ 23 ff. EGGVG auf Prozeßhandlungen

Die Möglichkeit, den Betroffenen über die §§ 23 ff. EGGVG zum Rechtsschutz gegen die staatsanwaltschaftliche Eilanordnung einer heimlichen strafprozessualen Zwangsmaßnahme zu verhelfen, setzt zunächst einmal die Anwendbarkeit dieser Bestimmungen auf strafprozessuale Ermittlungshandlungen voraus. Dies ist indes streitig.

Vor allem in der älteren Literatur und oberlandesgerichtlichen Rechtsprechung wird die Ansicht vertreten, daß die §§ 23 ff. EGGVG auf strafprozessuale Ermittlungshandlungen, wie z. B. die Anordnung einer Zwangsmaßnahme, überhaupt nicht anwendbar seien[210]. Sie stellten sog. „Prozeßhandlungen" dar, d. h. Betätigungen der Justizbehörden, die auf Einleitung, Durchführung und Gestaltung eines Strafverfahrens gerichtet seien, und auf solche Maßnahmen fänden die §§ 23 ff. EGGVG keine Anwendung[211]. Der Rechtsschutz nach §§ 23 ff. EGGVG sei nach dem Gesetzeswortlaut und dem gesetzgeberischen Zweck nämlich ausschließlich auf die Verwaltungstätigkeit der Justizbehörden beschränkt[212]. Soweit die Justizbehörde Ermittlungsmaßnahmen, wie z. B. die

---

207 Vgl. dazu: Bachmann, S. 156; Fezer, Jura 1982, S. 18, 21.

208 AK-StPO-Amelung, § 98 Rdnr. 27; Amelung, Rechtsschutz, S. 31; Fezer, Jura 1982, S. 18, 22; Krey, Strafverfahrensrecht, Band II, Rdnr. 525; Kühne, Rdnr. 334; Middelberg, S. 221; Schlüchter, Rdnr. 182; OLG Oldenburg, NStZ 1990, S. 504, 504.

209 Amelung, NJW 1979, S. 1687, 1688; Dähn, JA 1981, S. 7, 10; Rieß/Thym, GA 1981, S. 189, 200; Schlüchter, Rdnr. 182.

210 Altenhain, DRiZ 1970, S. 105, 105 f.; Dähn, JA 1981, S. 7, 10; OLG Karlsruhe, NJW 1976, S. 1417, 1418; OLG Stuttgart, NJW 1977, S. 2276, 2276; OLG Karlsruhe, NJW 1978, S. 1595, 1595 f.; OLG Karlsruhe, NStZ 1982, S. 434, 434 f. In der neueren Literatur nur Jorzik/Kunze, Jura 1990, S. 294, 294 f.

211 Jorzik/Kunze, Jura 1990, S. 294, 294 f.; OLG Karlsruhe, NJW 1976, S. 1417, 1418; OLG Stuttgart, NJW 1977, S. 2276, 2276.

212 OLG Karlsruhe, NJW 1977, S. 1417, 1418. Vgl. auch die Übersicht bei LR-Schäfer, § 23 EGGVG Rdnr. 34.

Zwangsmaßnahmen, anordne und damit eine Prozeßhandlung vornehme, übe sie aber Rechtspflegetätigkeit aus, so daß die §§ 23 ff. EGGVG nicht eingreifen könnten[213]. Die Vertreter dieser Sichtweise wollen damit zum Teil auf die strafprozessualen Rechtsbehelfe verweisen[214], zum Teil - vor allem in der älteren Literatur und Rechtsprechung - aber auch auf eine Unanfechtbarkeit dieser Maßnahmen[215]. Im letzteren Fall wird dabei betont, daß der Betroffene ausreichenden Rechtsschutz im Hauptverfahren erlangen könne[216]. Im übrigen führe die Zulassung des Rechtschutzes über §§ 23 ff. EGGVG zu einer Vielzahl von Nebenverfahren, die wegen der damit einhergehenden Gefahr divergierender Entscheidungen im Verfahren nach §§ 23 ff. EGGVG und im Hauptverfahren nicht wünschenswert sei[217].

In der neueren Rechtsprechung und Literatur hat sich heute fast einhellig die Meinung durchgesetzt, daß die §§ 23 ff. EGGVG auf die in Grundrechte eingreifenden Verfahrenshandlungen der Justizbehörden, also auch auf die strafprozessualen Zwangsmaßnahmen anwendbar seien[218]. Klammere man diese Verfahrenshandlungen aus dem Anwendungsbereich der §§ 23 ff. EGGVG aus, so führe dies nämlich zu einer unzulässigen Beschränkung der aus Art. 19 IV S. 1 GG folgenden Rechtsschutzgarantie[219]. Der Hinweis der Gegenmeinung auf das Hauptverfahren rechtfertige keine andere Beurteilung, weil es einerseits nicht immer zu einem gerichtlichen Hauptverfahren komme[220] und andererseits selbst ein Freispruch keine Aussage zur Rechtmäßigkeit einer gegen den Beschuldigten gerichteten Zwangsmaßnahme enthalte[221]. Die Gefahr einer Vielzahl von Nebenverfahren werde im übrigen durch die Subsidiaritätsklausel des § 23 III EGGVG und die Antragsbefugnis gemäß § 24 I EGGVG begrenzt[222].

Der älteren Rechtsprechung kann zunächst einmal entgegengehalten werden, daß der Wortlaut des Gesetzes keinen Beleg für die behauptete Beschränkung der §§ 23 ff. EGGVG auf die Verwaltungstätigkeit der Justizbehörden ent-

---

213 OLG Karlsruhe, NJW 1976, S. 1417, 1418.

214 OLG Stuttgart, NJW 1977, S. 2276, 2276; OLG Karlsruhe, NJW 1978, S. 1595, 1595 f.

215 Vgl. dazu: Schoch, Stree/Wessels-FS, S. 1095, 1108; Strubel/Sprenger, NJW 1972, S. 1734 f.

216 Vgl. dazu: Schoch, Stree/Wessels-FS, S. 1095, 1108.

217 Vgl. dazu: Aulehner, BayVBl 1988, S. 709, 710; OLG Karlsruhe, NJW 1976, S. 1417, 1418.

218 Bottke, StV 1986, S. 120, 121; Fezer, Jura 1982, S. 18, S. 22 ff.; Katholnigg, § 23 Rdnr. 14 f.; Kleinknecht/Meyer-Goßner, § 23 EGGVG Rdnr. 10; Kramer, Rdnr. 334 a; Krey, Strafverfahrensrecht, Band II, Rdnr. 523 f.; Rieß/Thym, GA 1981, S. 189, 200 f.; Schenke, NJW 1976, S. 1816, 1818 ff.

219 Dörr, NJW 1984, S. 2258, 2259 f.; Kramer, Rdnr. 334 a; Kleinknecht/Meyer-Goßner, § 23 EGGVG Rdnr. 10; Rieß/Thym, GA 1981, S. 189, S. 201; Welp, GA 1977, S. 124, 124.

220 Fezer, Jura 1982, S. 18, 24; Schoch, Stree/Wessels-FS, S. 1095, 1108.

221 Schoch, Stree/Wessels-FS, S. 1095, 1108.

222 Aulehner, BayVBl 1988, S. 709, 710; Schenke, NJW 1976, S. 1816, 1818 f. Vgl. dazu auch: Heneka, S. 54 f.

hält[223]. Die §§ 23 I und 28 I EGGVG verwenden nämlich gerade im Gegensatz zu §§ 42 I und 113 VwGO nicht den Begriff des „Verwaltungsaktes", sondern sprechen von einer „Maßnahme" der Justizbehörden. Im übrigen findet sich an keiner Stelle des EGGVG der Begriff der Prozeßhandlung. Weiterhelfen kann hier unter Umständen auch ein Blick auf den Normzweck. Die §§ 23 ff. EGGVG waren als Übergangsbestimmungen geplant, die gerade auch in der Strafprozeßordnung bestehende Rechtsschutzlücken schließen sollten[224]. Angesichts dieser „Lückenschließungsfunktion" des EGGVG erscheint der Ausschluß der §§ 23 ff. EGGVG im Fall der sog. „Prozeßhandlungen" unverständlich. Demnach sprechen der Wortlaut und der Zweck der §§ 23 ff. EGGVG gegen eine Ausklammerung bestimmter Verfahrenshandlungen der Justizbehörden aus dem Anwendungsbereich der §§ 23 ff. EGGGV. Die vor allem in der älteren Literatur und Rechtsprechung vertretene Ansicht führt im übrigen insoweit zu gewissen Abgrenzungsschwierigkeiten, als sie die Vollstreckungsmaßnahmen der Staatsanwaltschaft nach § 36 StPO als von §§ 23 ff. EGGVG erfaßt ansieht[225]. Es kann sich aber im Einzelfall als schwierig gestalten, zwischen der Beanstandung der Anordnung einer Zwangsmaßnahme und der Art und Weise ihrer Vollziehung zu unterscheiden[226]. Entscheidende Bedeutung kommt im hier fraglichen Zusammenhang aber Art. 19 IV S. 1 GG zu. Die Rechtsschutzgarantie nach Art. 19 IV S. 1 GG bestimmt, daß gegen Rechtsverletzungen der Rechtsweg zu den staatlichen Gerichten eröffnet sein muß. Greift nun also eine Verfahrenshandlung der Justizbehörden, wie z. B. eine Zwangsmaßnahmenanordnung der Staatsanwaltschaft, in die Grundrechte des Bürgers ein, so muß dem Betroffenen hiergegen der Rechtsweg offen stehen. Legt man nun aber eine hier in Betracht kommende Rechtsschutzbestimmung, wie die §§ 23 ff. EGGVG, so eng aus, daß diese in diesen Fällen nicht eingreift, um so zu einer Unanfechtbarkeit dieser Handlungen zu gelangen, so verstößt dies eindeutig gegen Art. 19 IV S. 1 GG und ist somit unzulässig. Wenn man aber andererseits die in Frage kommenden Rechtsschutzbestimmungen eng auslegt und anschließend auf die Rechtsbehelfe in einem anderem Gesetz, hier der Strafprozeßordnung, verweist, dann muß das Rechtsschutzssystem dieses Gesetzes in diesem Zusammenhang zumindest umfassend geregelt sein. Wie sich aber vor allem im weiteren Verlauf dieser Abhandlung noch zeigen wird, regelt die Strafprozeßordnung den Rechtsschutz gegen strafprozessuale Ermittlungshandlungen nicht abschließend[227]. So sieht sie z. B. nur hinsichtlich einiger weniger staatsanwaltschaftlicher Zwangsmaßnahmen ein Rechtsschutzverfahren vor, so z. B. in

223 So auch: Aulehner, BayVBl 1988, S. 709, 710; Schenke, NJW 1976, S. 1816, 1818.

224 Aulehner, BayVBl 1988, S. 709, 710; Dörr, NJW 1984, S. 2258, 2259; Fezer, Jura 1982, S. 18, 22 f. Der Zweck der §§ 23 ff. EGGVG deckt sich insoweit mit dem Anwendungsbereich der Vorschriften.

225 Vgl. statt aller: Altenhain, DRiZ 1970, S. 105, 106.

226 Vgl. dazu näher unter Teil 1 A. II. 2.).

227 Amelung, Rechtsschutz, S. 27; Eppinger, S. 41.

§§ 98 II S. 2, 111 e II S. 3, 111 o III S. 3. Die zur Diskussion stehende Sichtweise kann dann aber dazu führen, daß dem Bürger überhaupt kein Rechtsschutz gegen ihn belastende Maßnahmen zur Verfügung steht. Dies ist nun aber mit Art. 19 IV S. 1 GG unvereinbar. Somit muß, zumindest soweit es um die in Grundrechte eingreifenden Verfahrenshandlungen geht, der Rechtsweg nach §§ 23 ff. EGGVG offenstehen. Diese Sichtweise besagt noch nichts darüber, ob dieser Rechtsschutz im Einzelfall wegen des Vorranges strafprozeßrechtlicher Bestimmungen gemäß § 23 III EGGVG zurücktritt. Diese Frage betrifft lediglich das Konkurrenzverhältnis zwischen diesen Bestimmungen, wie z. B. § 98 II S. 2 StPO, und dem EGGVG. Der letztere Zusammenhang wurde aber gerade durch die „Prozeßhandlungslehre" verschleiert.
Mit diesem Ergebnis steht die Möglichkeit offen, dem von den staatsanwaltschaftlichen Zwangsmaßnahmen betroffenen Bürger über die §§ 23 ff. EGGVG zum Rechtsschutz zu verhelfen.

(2) Der Rechtsschutz über den Rechtsweg nach §§ 23 ff. EGGVG

Nach einer anderen Meinung in der Literatur kann der betroffene Bürger gegen die staatsanwaltschaftliche Eilanordnung einer strafprozessualen Zwangsmaßnahme, wie die hier zu untersuchenden Maßnahmen nach den §§ 98 a, b; 99, 100; 100 a, b; 100 c I Nr. 2, 100 d I; 110 a, b II; 163 d; 163 e StPO, ausschließlich den Rechtsweg nach §§ 23 ff. EGGVG und nicht denjenigen nach § 98 II S. 2 StPO beschreiten[228]. Mangels ausdrücklicher Regelung in der Strafprozeßordnung ermögliche die gegenwärtige Gesetzeslage nur diesen Rechtsweg im hier fraglichen Zusammenhang[229]. Dieser Ansatz wird heute auch in der neueren Literatur wieder vertreten, namentlich von Feiter[230], der dabei versucht, diesen Weg argumentativ weiter zu untermauern. So legt er dar, daß sowohl die verfassungskonforme als auch die analoge Anwendung des § 98 II S. 2 StPO hier nicht durchgreife und demnach das Verfahren nach §§ 23 ff. EGGVG Anwendung finde[231]. Eine verfassungskonforme Auslegung des § 98 II S. 2 StPO scheide aus, weil die Regelung nicht mehrdeutig oder unbestimmt sei[232]. Auch sei der § 98 II S. 2 StPO nicht analog anwendbar, denn es liege keine Regelungslücke vor[233]. Mit den §§ 23 ff. EGGVG stehe nämlich ein „passendes" Rechtsschutzverfahren gegen staatsanwaltschaftliche Akte zur Verfügung, dessen Zweck auch gerade darin gesehen werde, vorhandene Rechtsschutzlücken zu schließen[234]. Auch die Subsidiaritätsklausel des § 23 III EGGVG vermöge

---

228 Feiter, S. 83; Genzel, NJW 1969, S. 1562, 1565 f.; Strubel/Sprenger, NJW 1972, S. 1734, 1735.
229 Genzel, NJW 1969, S. 1562, 1566.
230 Feiter, S. 80 ff.
231 Feiter, S. 81 ff.
232 Feiter, S. 81.
233 Feiter, S. 81 f.
234 Feiter, S. 82, 70.

insoweit nicht weiterzuhelfen[235]. Denn wenn der § 98 II S. 2 StPO erst aufgrund einer Analogie Anwendung finden könne, könne er nicht als lex specialis im Sinne des § 23 III EGGVG gelten[236]. Dies ergebe sich schon daraus, daß der § 23 III EGGVG wegen seines Wortlautes - „...soweit..." - und des Charakters des § 23 I EGGVG als Ausführungsbestimmung zu Art. 19 IV S. 1 GG restriktiv auszulegen sei[237].

cc) Das Nebeneinander der Rechtswege nach §§ 23 ff. EGGVG und nach § 98 II S. 2 StPO

Schließlich wird in der Literatur auch noch die Meinung vertreten, daß der betroffene Bürger sich sowohl an das Oberlandesgericht gemäß §§ 23 ff. EGGVG als auch an den (Ermittlungs-)Richter analog § 98 II S. 2 StPO mit dem Ziel der Aufhebung einer staatsanwaltschaftlichen Eilanordnung nach §§ 98 a, b; 99, 100; 100 a, b; 100 c I Nr. 2, 100 d I; 110 a, b II; 163 d; 163 e StPO wenden könne[238]. Der § 98 II S. 2 StPO könne den Rechtsweg nach §§ 23 ff. EGGVG jedenfalls nicht bereits gemäß § 23 III EGGVG ausschließen, weil die §§ 23 ff. EGGVG einen anderen Verfahrensgegenstand als der § 98 II S. 2 StPO hätten[239]. Das Verfahren nach § 98 II S. 2 StPO diene nämlich im Gegensatz zum Verfahren nach §§ 23 ff. EGGVG nicht dem Rechtsschutz gegen Strafverfolgungsmaßnahmen der Staatsanwaltschaft[240]. Demnach könne Gegenstand des Verfahrens nach § 98 II S. 2 StPO im Unterschied zum Verfahren nach §§ 23 ff. EGGVG nicht die Überprüfung der Rechtmäßigkeit einer Maßnahme sein[241]. Im Einzelfall greife das Verfahren nach §§ 23 ff. EGGVG aber oftmals wegen mangelndem Rechtsschutzbedürfnis nicht ein[242]. Soweit es nämlich um die Aufhebung der Maßnahme gehe, räume der § 98 II S. 2 StPO dem Richter weitere Prüfungsmöglichkeiten ein als die §§ 23 ff. EGGVG[243].

dd) Stellungnahme

Im Hinblick auf die nachfolgende eigene Analyse des einschlägigen Rechtsweges erscheint es angebracht, sich die Vorteile und Schwachpunkte der aufgezeigten Lösungsmöglichkeiten bewußt zu machen.

Vom Ergebnis her betrachtet erscheint die Lösung der Problematik über § 98 II S. 2 StPO vor allem im Hinblick auf die Zwangsmaßnahmen im Ermittlungsverfahren überzeugend. Denn es entspricht der grundlegenden Aufgabenstellung

---

235 Feiter, S. 82, 70.
236 Feiter, S. 82, 70, 36.
237 Feiter, S. 82, 70, 35 ff.
238 Vgl. dazu: Eppinger, S. 48 f.; Heneka, S. 93 f.; Schenke, NJW 1976, S. 1816, 1820 ff.
239 Heneka, S. 94; Schenke, NJW 1976, S. 1816, 1822.
240 Eppinger, S. 48; Heneka, S. 93 f.; Schenke, NJW 1976, S. 1816, 1820 ff.
241 Vgl. dazu: Heneka, S. 93, Schenke, NJW 1976, S. 1816, 1820 ff.
242 Heneka, S. 94; Schenke, NJW 1976, S. 1816, 1822.
243 Schenke, NJW 1976, S. 1816, 1822.

des Ermittlungsrichters, über die Rechtmäßigkeit von Zwangsmaßnahmen im Vorverfahren zu wachen[244]. Im übrigen ist auch zu berücksichtigen, daß die Maßnahmen nach §§ 98 a, b; 99, 100; 100 a, b; 100 c I Nr. 2, 100 d II; 110 a, b II; 163 d; 163 e StPO primär vom (Ermittlungs-)Richter anzuordnen sind. Wenn der Richter, dessen Entscheidung wegen Gefahr im Verzug nicht eingeholt werden konnte, nun aber hinsichtlich der Frage der Aufhebung der an seiner Stelle getroffenen Entscheidung wiederum zuständig ist, dann erweist sich dies als sachgerecht und folgerichtig. Auch schon rein tatsächliche Aspekte sprechen für die Anwendung des § 98 II S. 2 StPO im hier fraglichen Zusammenhang. Der Antrag nach § 98 II S. 2 StPO ist nämlich für den Betroffenen im Gegensatz zum Verfahren vor dem Oberlandesgericht, vgl. § 29 EGGVG, nicht mit einer Kostenlast verbunden. Demnach ist der Betroffene nicht bereits aus finanziellen Gründen an der Geltendmachung seiner Rechte gehindert, wenn man dem Bürger das Verfahren analog § 98 II S. 2 StPO gegen die hier fraglichen staatsanwaltschaftlichen Eilanordnungen gewährt.

Leider ist die Ansicht aber, welche dem Betroffenen gerade - ausschließlich - die sachgerechte Anrufung des (Ermittlungs-)Richters gestattet, dogmatisch nicht sauber untermauert. Denn die Voraussetzungen der Analogie werden von den Vertretern dieser Meinungsgruppe, wenn überhaupt, nicht hinreichend überprüft. Wenn auch die Voraussetzung der Vergleichbarkeit der Interessenlage im geregelten und (scheinbar) ungeregelten Fall angemessen untersucht wird, so erscheint die Analyse des Vorliegens einer Regelungslücke doch eher oberflächlich. So wird nicht ausreichend überprüft, ob und inwieweit die §§ 23 ff. EGGVG das Vorliegen einer Regelungslücke ausschließen. Die §§ 23 ff. EGGVG stellen nämlich einen Rechtsschutzlücken schließenden Rechtsbehelf zur Verfügung, der nach der Subsidiaritätsklausel des § 23 III EGGVG aber nur dann Anwendung findet, wenn nicht bereits strafprozessuale Regelungen zur Verfügung stehen. Also muß bei der Untersuchung der Analogievoraussetzung der Gesetzeslücke überprüft werden, ob der § 98 II S. 2 StPO eine solche lex specialis darstellt. Diese Frage wird aber von der angeführten Meinung einfach bejaht, ohne daß dies begründet würde oder daß man sich mit den Anforderungen, die an eine lex specialis im Sinne des § 23 III EGGVG zu stellen sind, auseinandergesetzt hätte. Bedenkt man diese Gesichtspunkte, so erscheint auch der zuletzt dargelegte Lösungsweg, der die §§ 23 ff. EGGVG und § 98 II S. 2 StPO in den hier interessierenden Fällen anwenden will, problematisch. Denn die Vertreter dieser Lösung erklären nicht, wieso trotz des Eingreifens des gesetzlich geregelten Verfahrens nach §§ 23 ff. EGGVG noch eine Regelungslücke bestehen soll, welche eine analoge Anwendung des § 98 II S. 2 StPO erforderlich macht. Im übrigen ist diese Lösungsalternative auch insofern zweifelhaft,

---

[244] Kramer, Rdnr. 334.

als sie die Problematik des einschlägigen Rechtsweges, also des statthaften Rechtsschutzantrages, auf die Frage des Rechtsschutzbedürfnisses verlagert.

b) Eigener Lösungsansatz zur Frage des einschlägigen Rechtsweges

Die zuletzt angeführten Überlegungen haben deutlich gemacht, daß der Rechtsweg nach § 98 II S. 2 StPO im hier vorliegenden Zusammenhang sachgerecht ist. Fraglich ist, ob sich die Anwendung des § 98 II S. 2 StPO unter Berücksichtigung der gerade dargelegten Gesichtspunkte mit den Mitteln der Rechtsfortbildung dogmatisch sauber begründen läßt.

aa) Die Anwendung des § 98 II S. 2 StPO aufgrund Gesetzesauslegung

Der Rechtsweg nach § 98 II S. 2 StPO zur Erlangung von Rechtsschutz gegen eine noch nicht erledigte staatsanwaltschaftliche Eilanordnung der Zwangsmaßnahmen nach §§ 98 a, b; 99, 100; 100 a, b; 100 c I Nr. 2, 100 d I; 110 a, b II; 163 d; 163 e StPO könnte sich zunächst einmal - in Abweichung zu den bisher vertretenen Lösungen - aus einer Auslegung des § 98 II S. 2 StPO ergeben. Der Wortlaut des § 98 II S. 2 StPO regelt aber ausschließlich die Anrufungsmöglichkeit des Richters im Fall der Beschlagnahme. Die Bestimmung ist also bezüglich der erfaßten Maßnahmen eindeutig und nicht mehrdeutig und unbestimmt[245]. Somit scheitert eine auslegende Anwendung des § 98 II S. 2 StPO auf die Maßnahmen nach §§ 98 a, b; 99, 100; 100 a, b; 100 c I Nr. 2, 100 d I; 110 a, b II; 163 d; 163 e StPO bereits an der Grenze jeder Auslegung, nämlich dem Wortlaut des Gesetzes[246].

bb) Die analoge Anwendung des § 98 II S. 2 StPO

Zu untersuchen ist nun also, ob der § 98 II S. 2 StPO analog angewendet werden kann, wenn der betroffene Bürger die Aufhebung einer staatsanwaltschaftlichen Eilanordnung nach §§ 98 a, b; 99, 100; 100 a, b; 100 c I Nr. 2, 100 d I; 110 a, b II; 163 d; 163 e StPO begehrt.

(1) Das Vorliegen einer Regelungslücke

Die analoge Anwendung des § 98 II S. 2 StPO setzt das Vorhandensein einer Regelungslücke[247] voraus. Zu untersuchen ist also zunächst, ob eine Rechtsnorm die Möglichkeit des Rechtsschutzes des Bürgers gegen die staatsanwaltschaftliche Eilanordnung der Maßnahmen nach §§ 98 a, b; 99, 100; 100 a, b; 100 c I Nr. 2, 100 d I; 110 a, b II; 163 d; 163 e StPO regelt. Die Strafprozeßordnung sieht eine solche explizite Regelung gerade nicht vor. Es kommt - wie sich

---

245 Feiter, S. 81.

246 Zur Grenzfunktion des Gesetzeswortlautes bei der Auslegung von Gesetzen vgl.: Larenz/Canaris, S. 143; Schmalz, Rdnr. 233 f; Sch-Sch-Eser, § 1 Rdnr. 55; SK-StGB-Rudolphi, § 1 Rdnr. 35; Tröndle/Fischer, § 1 Rdnr. 10 a.

247 Zum Erfordernis der Regelungslücke bei der Analogie vgl.: Bydlinski, S. 473 f.; Larenz/Canaris, S. 202; Schmalz, Rdnr. 321 f.

auch bereits aus den bisherigen Ausführungen ergibt - somit nur das Verfahren nach §§ 23 ff. EGGVG in Betracht, welches die Anfechtung von Maßnahmen der Justizbehörden, also auch der Staatsanwaltschaft, auf dem Gebiet der Strafrechtspflege ausdrücklich regelt. Die Anwendung der §§ 23 ff. EGGVG könnte aber nach § 23 III EGGVG ausgeschlossen sein. Fraglich ist also, ob und inwiefern § 23 III EGGVG einer analogen Anwendung des § 98 II S. 2 StPO entgegensteht. Bei der Beantwortung dieser Frage kommt der Auslegung des § 23 III EGGVG entscheidendes Gewicht zu. Es ist zu prüfen, ob § 23 III EGGVG einer weiten oder engen Auslegung unterzogen werden muß. Wenn der § 23 III EGGVG restriktiv ausgelegt werden müßte, d. h. strenge Anforderungen an das Vorliegen einer lex specialis im Sinne des § 23 III EGGVG gestellt werden müßten, dann könnten solche Vorschriften, die keinen oder nur ein geringeres Maß an Rechtsschutz gewährleisten als die §§ 23 ff. EGGVG, nicht als leges speciales im Sinne des § 23 III EGGVG angesehen werden[248]. Dies würde die Frage aufwerfen, ob der § 98 II S. 2 StPO ein Rechtsschutzverfahren regelt und, falls ja, ob dieses dem Rechtsschutzverfahren nach §§ 23 ff. EGGVG vergleichbar ist[249]. Darüber hinaus könnten bei einer restriktiven Auslegung des § 23 III EGGVG solche Vorschriften nicht als leges speciales angesehen werden, die erst im Wege der Analogie Anwendung finden[250]. Dies zeigt also, daß der § 23 III EGGVG einer Auslegung unterzogen werden muß, um eine abschließende Aussage zur Frage der Lückenhaftigkeit des Gesetzes treffen zu können. Die den Anwendungsbereich des EGGVG einschränkende Subsidiaritätsklausel des § 23 III EGGVG ist dabei stets in Abhängigkeit zu der den Anwendungsbereich des EGGVG allgemein eröffnenden Generalklausel des § 23 I EGGVG zu sehen. Demnach kann die Auslegung des § 23 III EGGVG nur unter Berücksichtigung des § 23 I EGGVG erfolgen[251].

(a) Die Auslegung des § 23 III EGGVG

(aa) Der Wortlaut des Gesetzes[252]

Der Wortlaut des § 23 III EGGVG macht vor allem durch die Verwendung des Begriffes „soweit“ zunächst einmal deutlich, daß es sich bei dieser Regelung um eine Subsidiaritätsklausel handelt[253]. Zweifelhaft ist, ob dem Begriff „soweit“ noch eine darüberhinausgehende Bedeutung entnommen werden kann. Mit dem Terminus „soweit“ umschreibt der Gesetzgeber einen Bereich, inner-

---

248 Feiter, S. 23, 36.
249 Zu diesen umstrittenen Fragen siehe im folgenden unter Teil 1 C. I. 1.) b) bb).
250 Feiter, S. 23, 36.
251 Bachmann, S. 185; Feiter, S. 23.
252 Zur Auslegung nach dem Wortlaut des Gesetzes vgl.: Bydlinski, S. 437 ff.; Fikentscher, S. 670 ff.; Larenz/Canaris, S. 137 ff.; Sch-Sch-Eser, § 1 Rdnr. 37 f.
253 So auch Bachmann, S. 185.

halb dessen eine bestimmte Rechtsfolge eintreten soll[254]. Durch den Begriff wird aber nicht ersichtlich, wie weit dieser Bereich reicht[255], d. h. ob ein enger oder weiter Bereich umschrieben werden soll. Zum Teil wird indessen behauptet, daß der Terminus „soweit“ nur auf eine restriktive Interpretationsmöglichkeit des § 23 III EGGVG, also auf eine enge Umschreibung dieses dargelegten Bereiches, hinweisen könne[256]. Zur Begründung der dargelegten restriktiven Lösung wird angeführt, daß der Terminus „soweit“ auch ansonsten vom Gesetzgeber nur verwendet werde, wenn eine enge Interpretation gewollt sei[257]. Dabei wird z. B. auf die Regelungen der §§ 81 b, 81 c I, 97 V, 108 StPO verwiesen[258]. Hierbei handelt es sich aber um Ermächtigungsgrundlagen, die zum Eingriff in Grundrechte berechtigen. Das Erfordernis einer restriktiven Interpretation ergibt sich demnach in erster Linie aus der Bedeutung der betroffenen Grundrechte und der sich aus dem Grundgesetz ergebenden Notwendigkeit einer Begrenzung von Grundrechtsbeeinträchtigungen. Zieht man darüber hinaus den Vergleich zu anderen Bestimmungen, die den Begriff „soweit“ verwenden, so ergibt sich, daß dem Gesetzgeber zum Ausdruck einer engen Reichweite einer Subsidiaritätsklausel durchaus sprachlich deutlichere Termini zur Verfügung stehen[259]. So verwendet er z. B. im § 110 a I S. 3 StPO zusätzlich zum Begriff „soweit“ den Begriff „nur“. Aber selbst bei den Regelungen, in denen der Gesetzgeber eine deutliche Formulierung wählt, führt diese nicht immer zu einer restriktiven Deutung der Bestimmung. So regelt der § 304 I StPO z. B., daß eine Beschwerde zulässig ist, „*soweit* das Gesetz sie nicht *ausdrücklich* einer Anfechtung entzieht“. Trotz dieser eigentlich eindeutigen Formulierung ist die Beschwerde nach allgemeiner Ansicht auch dann unzulässig, wenn sich dies erst aus der Existenz von Sonderrechtsbehelfen oder aus dem Sinn und Zweck der betreffenden Entscheidung ergibt[260]. Angesichts dieser Ergebnisse erscheint es nicht überzeugend, eine restriktive Auslegung der Subsidiaritätsklausel mit dem Wortlaut des § 23 III EGGVG, insbesondere im Hinblick auf den Begriff „soweit“, zu begründen[261].

(bb) Die Gesetzessystematik

Zu untersuchen ist als nächstes, ob dem systematischen Zusammenhang, in den § 23 III EGGVG eingebettet ist, Gesichtspunkte zum Verständnis der Vorschrift

---

254 So auch Bachmann, S. 185.
255 So auch Bachmann, S. 185.
256 Feiter, S. 36.
257 Feiter, S. 36.
258 Feiter, S. 36 Fn. 154.
259 Bachmann, S. 185 f.
260 Bachmann, S. 186; KK-Engelhardt, § 304 Rdnr. 25; Kleinknecht/Meyer-Goßner, § 304 Rdnr. 5; BGH, NJW 1957, S. 637, 637.
261 So im Ergebnis auch Bachmann, S. 186.

zu entnehmen sind[262]. Es muß also an die Stellung des § 23 III EGGVG im Gesamtgefüge des Gesetzes angeknüpft werden und sein Zusammenhang mit anderen Bestimmungen dieses Gesetzes aufgezeigt werden[263].
§ 23 EGGVG regelt den Anwendungsbereich der §§ 23 ff. EGGVG. Nach der Generalklausel des § 23 I EGGVG ist der Rechtsweg nach den §§ 23 ff. EGGVG allgemein eröffnet gegen Justizverwaltungsakte auf dem Gebiet des bürgerlichen Rechtes, der Strafrechtspflege und des Vollzugsrechtes. § 23 III EGGVG schränkt den Anwendungsbereich der §§ 23 ff. EGGVG hingegen wieder ein, indem er das Verfahren bei Eingreifen einer anderweitigen Rechtswegzuweisung zurücktreten läßt. Vor diesem Hintergrund wurde in der Literatur zum Teil die Ansicht entwickelt, daß § 23 III EGGVG wegen seines Zusammenhanges mit § 23 I EGGVG restriktiv ausgelegt werden müsse[264]. § 23 I EGGVG sei eine Ausführungsbestimmung zu Art. 19 IV S. 1 GG[265]. Das daraus abzuleitende Erfordernis einer weiten Auslegung des § 23 I EGGVG käme aber erst dann umfassend zur Geltung, wenn gleichzeitig strenge Anforderungen an die von § 23 III EGGVG erfaßten leges speciales gestellt, diese Bestimmungen restriktiv ausgelegt würden[266]. So müsse solchen Rechtsschutzvorschriften, die ein geringeres Maß an Rechtsschutz gewährten als das Verfahren nach §§ 23 ff. EGGVG, die Anwendbarkeit gegenüber § 23 I EGGVG abgesprochen werden, mit der Folge, daß gerichtlicher Rechtsschutz nur im Justizverwaltungsweg zu suchen sei[267]. Insbesondere § 98 II S. 2 StPO müsse insoweit hinter §§ 23 ff. EGGVG zurücktreten[268]. Es soll nun gar nicht bestritten werden, daß die §§ 23 ff. EGGVG eine Ausprägung des Art. 19 IV S. 1 GG darstellen[269]. Dies kann aber nicht die Frage beantworten, ob der § 23 III EGGVG einer Art. 19 IV S. 1 GG ebenfalls gerecht werdenden analogen Anwendung spezieller strafprozessualer Verfahren entgegensteht[270].
Unter Umständen könnten sich Erkenntnisse hinsichtlich der hier in Rede stehenden Problematik auch aus der Regelung des § 29 II EGGVG ergeben. § 29 II EGGVG bestimmt, daß auf das Verfahren nach §§ 23 ff. EGGVG vor den Strafsenaten die Vorschriften über das Beschwerderecht in der Strafprozeßordnung entsprechend anwendbar sind. Wenn das EGGVG aber bereits selbst auf die entsprechende Anwendung strafprozessualer Normen verweist, so kann es einer erweiternden Anwendung solcher Bestimmungen eigentlich auch nicht im We-

---

262 Zur Auslegung nach der Gesetzessystematik vgl.: Bydlinski, S. 442 ff.; Fikentscher, S. 672; Larenz/Canaris, S. 164.
263 Middelberg, S. 45.
264 Feiter, S. 23.
265 Feiter, S. 23, 29.
266 Feiter, S. 23.
267 Feiter, S. 23.
268 Feiter, S. 23.
269 So auch: Kalsbach, S. 109; Katholnigg, § 23 Rdnr. 13; LR-Schäfer, Vor § 23 EGGVG Rdnr. 1; Wieczorek/Schütze, § 23 Rdnr. 3; BVerfG, JZ 1975, S. 523, 524.
270 So auch: Bachmann, S. 174 Fn. 88.

ge stehen wollen[271]. Diese Annahme findet ihre Bestätigung in der allgemein anerkannten weiten Auslegung des § 29 II EGGVG[272]. Hiernach gelten im Verfahren der §§ 23 ff. EGGVG nicht nur die Vorschriften über das Beschwerderecht entsprechend, sondern es finden auch die allgemeinen Grundsätze der Strafprozeßordnung, die im Beschwerdeverfahren gelten, entsprechende Anwendung[273].
Im Ergebnis sprechen also die Gesichtspunkte der Gesetzessystematik eher für eine weite Auslegung des § 23 III EGGVG.

(cc) Der historische Hintergrund des Gesetzes

Die Historie des Gesetzes muß im Rahmen der Auslegung des § 23 III EGGVG auch Berücksichtigung finden[274]. Der Gesetzgeber hat die §§ 23 ff. EGGVG auf der Grundlage des § 179 VwGO im Jahre 1960 in das EGGVG eingeführt[275], um damit Gesetzeslücken bezüglich der Frage des Rechtsschutzes zu schließen[276]. Nach seiner Zielsetzung sollten diese Bestimmungen, die er bereits als unfertig erkannte, auch nur vorübergehend gelten, d. h. bis zur Schaffung einzelgesetzlicher Spezialregelungen[277]. Dabei ging er von der Vorstellung aus, daß diese Einzelgesetze in absehbarer Zeit entwickelt würden[278]. In bezug auf den Rechtsschutz gegen strafprozessuale Zwangsmaßnahmen ist trotz der immer wiederkehrenden Forderungen vor allem in der Literatur[279] bis jetzt nichts dergleichen geschehen. Dem dargelegten historischen Hintergrund läßt sich nicht entnehmen, daß der § 23 III EGGVG restriktiv ausgelegt werden müßte, um Rechtsschutzlücken weitest möglich durch Anwendung der §§ 23 ff. EGGVG zu schließen. Angesichts des provisorischen Auffangcharakters der §§ 23 ff. EGGVG erscheint es vielmehr angebracht, den als leges speciales in Betracht kommenden Bestimmungen möglichst weitgehende Geltung zu verschaffen[280]. Die Bedingungen hierfür können aber gerade nur dadurch geschaffen werden, daß die Subsidiaritätsklausel weit ausgelegt wird und somit keine strengen Anforderungen an das Vorliegen einer lex specialis im Sinne des § 23 III EGGVG gestellt werden.

---

271 Ähnlich auch: Bachmann, S. 186.
272 So auch: Bachmann, S. 186 f.
273 Katholnigg, § 29 Rdnr. 3; Kleinknecht/Meyer-Goßner, § 29 EGGVG Rdnr. 4; LR-Schäfer, § 29 EGGVG Rdnr. 8.
274 Zur Auslegung unter historischen Gesichtspunkten vgl.: Bydlinski, S. 449 ff.; Engisch, S. 106 ff.; Fikentscher, S. 674 f.; Larenz/Canaris, S. 149, 164 f.
275 Feiter, S. 5 ff.; Heneka, S. 18 f.; KK-Kissel, § 23 EGGVG Rdnr. 7; Kleinknecht/Meyer-Goßner, Vorbemerkungen zu §§ 23 EGGVG ff. Rdnr. 1.
276 Bachmann, S. 187; Feiter, S. 36.
277 Heneka, S. 18 f.; Kalsbach, S. 109; KK-Kissel, § 23 EGGVG Rdnr. 9; BT-Drs. III/1094.
278 KK-Kissel, § 23 EGGVG Rdnr. 9; Kleinknecht/Meyer-Goßner, Vorbemerkungen zu §§ 23 ff. EGGVG Rdnr. 1; LR-Schäfer, Vor § 23 EGGVG Rdnr. 3; BT-Drs. III/1094, S. 15.
279 Amelung, Rechtsschutz, S. 66; Rieß/Thym, GA 1981, S. 189, 210 f.; Rieß, ZRP 1981, S. 101, 101; Seibert, EuGRZ 1979, S. 56, 57; Welp, GA 1977, S. 124, 125.
280 Ähnlich auch Bachmann, S. 187 und Kalsbach, S. 109.

(dd) Die objektiv-teleologischen Gesichtspunkte

Bei der Auslegung von Gesetzen sind auch objektiv-teleologische Aspekte zu berücksichtigen[281]. Es ist also nach dem Zweck, der Funktion des Gesetzes zu fragen[282]. Dabei ist die Richtschnur für die Auslegung nicht die Inhaltsvorstellung des historischen Gesetzgebers, sondern der der Vorschrift heute zukommende Sinn und Zweck[283]. Dieser heutige Sinn und Zweck kann sich natürlich auch mit dem historischen decken.

Wie bereits gesehen, verfolgte der historische Gesetzgeber mit der Schaffung der §§ 23 ff. EGGVG den Zweck, in Anbetracht des Art. 19 IV S. 1 GG Rechtsschutzlücken zu schließen[284]. Darüber hinaus sollten die Justizverwaltungsakte auf dem Gebiet des bürgerlichen Rechtes, der Strafrechtspflege und des Vollzugsrechtes aus der Zuständigkeit der Verwaltungsgerichte herausgenommen und den sachnäheren ordentlichen Gerichten zugeordnet werden[285]. Es sollte also die Entscheidungskompetenz der ordentlichen Gerichte erweitert werden[286]. Aus diesem Grunde bleiben nach § 23 III EGGVG alle die Regelungen unberührt, die ohnehin eine Entscheidungskompetenz der ordentlichen Gerichte vorsehen[287]. Dies erklärt also die Subsidiarität der §§ 23 ff. EGGVG nach § 23 III EGGVG. Der Gesetzgeber hat den Rechtsschutz gegen strafprozessuale Zwangsmaßnahmen noch immer keiner Spezialregelung unterworfen, so daß die dargelegten historischen Zwecke des Gesetzes auch heute noch Geltung beanspruchen.

Fraglich ist, ob diese Absicht des Gesetzes einer weiten Auslegung entgegensteht. Auch wenn die §§ 23 ff. EGGVG der Schließung vorhandener Rechtsschutzlücken dienen, kann daraus nicht geschlossen werden, daß eine Auslegung der Subsidiaritätsklausel eine Lückenschließung ausschließlich durch die §§ 23 ff. EGGVG sicherstellen muß. Entscheidend ist vielmehr nur, daß die Auslegung die Zuweisung der dargelegten Justizverwaltungsakte an die ordentlichen Gerichte und eben nicht an die Verwaltungsgerichte gewährleistet. Bei der hier in Rede stehenden Auslegung geht es aber im Ergebnis gerade um die Abgrenzung von Verfahren innerhalb der ordentlichen Gerichte, nämlich des Verfahrens nach § 98 II S. 2 StPO einerseits und desjenigen nach §§ 23 ff. EGGVG andererseits[288]. Somit ist die Frage der Abgrenzung zur Verwaltungs-

---

281 AK-StGB-Hassemer, § 1 Rdnr. 109, 114; Fikentscher, S. 676 ff.; SK-StGB-Rudolphi, § 1 Rdnr. 32.

282 Bydlinski, S. 453 ff.; Middelberg, S. 46; Larenz/Canaris, S. 153 ff.; Schmalz, Rdnr. 251 ff.

283 SK-StGB-Rudolphi, § 1 Rdnr. 32

284 Bachmann, S. 187; Feiter, S. 36.

285 Heneka, S. 19; KK-Kissel, § 23 EGGVG Rdnr. 1; Kopp/Schenke, § 179 Rdnr. 1; LR-Schäfer, Vor § 23 EGGVG Rdnr. 2; Wieczorek/Schütze, § 23 Rdnr. 23; BVerwG, JZ 1975, S. 523, 524.

286 KK-Kissel, § 23 EGGVG Rdnr. 2.

287 KK-Kissel, § 23 EGGVG Rdnr. 2.

288 Vgl. dazu näher unter Teil 1 B. I. 1.) b) bb) (1).

gerichtsbarkeit von vornherein nicht tangiert. Folglich kann der dargelegte Gesetzeszweck einer weiten Auslegung des § 23 III EGGVG nicht entgegenstehen.

(ee) Der verfassungsrechtliche Hintergrund

Schließlich könnten auch noch verfassungsrechtliche Vorgaben die Auslegung des § 23 III EGGVG beeinflussen[289]. Es kommt insoweit nur die Rechtsschutzgarantie nach Art. 19 IV S. 1 GG in Betracht. Die Rechtsschutzgarantie des Art. 19 IV S. 1 GG verbürgt den Zugang zu den Gerichten gegen Maßnahmen der öffentlichen Gewalt. Daraus ergibt sich, wie bereits gesehen[290], daß gegen die staatsanwaltschaftliche Anordnung einer heimlichen strafprozessualen Zwangsmaßnahme als Akt der öffentlichen Gewalt ein Rechtsweg eröffnet sein muß. Damit ist aber zunächst nur entschieden, daß gegen diese Maßnahmen überhaupt ein Rechtsweg gegeben sein muß. Es ist aber nicht die Frage beantwortet, welcher Rechtsweg gegeben ist[291]. Hinsichtlich des letzteren Aspektes könnte aber der Gesichtspunkt der Effektivität des Rechtsschutzes weiterführen. Nach der Rechtsprechung des Bundesverfassungsgerichtes garantiert der Art. 19 IV S. 1 GG nämlich einen möglichst effektiven Rechtsschutz über einen sachnahen Rechtsweg[292]. Die Anrufung des Ermittlungsrichters des Amtsgerichtes ist aber schon deshalb sachnäher als die Einschaltung des Oberlandesgerichtes, weil die Überprüfung der Rechtmäßigkeit von Zwangsmaßnahmen im Vorverfahren zu den grundlegenden Aufgaben des Ermittlungsrichters gehört[293]. Dementsprechend steht ihm bezüglich der hier in Rede stehenden Maßnahmen auch die primäre Anordnungskompetenz zu. Es ist also im Ergebnis festzuhalten, daß unter verfassungsrechtlichen Gesichtspunkten dem Verfahren nach § 98 II S. 2 StPO hinsichtlich der hier zu untersuchenden Problematik gegenüber dem Verfahren nach §§ 23 ff. EGGVG der Vorzug zugeben ist. Im Hinblick auf die Frage der Auslegung des § 23 III EGGVG bedeutet dies, daß dieser unter verfassungsrechtlichen Gesichtspunkten weit auszulegen ist, damit dem Verfahren nach § 98 II S. 2 StPO ein möglichst weiter Anwendungsbereich eröffnet ist.

(b) Die Schlußfolgerungen aus der Auslegung des § 23 III EGGVG

Die dargelegten Ausführungen führen zu dem Ergebnis, daß die Subsidiaritätsklausel nach § 23 III EGGVG einer weiten Auslegung zugänglich ist. Es müssen demnach keine strengen Anforderungen an das Vorliegen einer lex specialis im Sinne des § 23 III EGGVG gestellt werden. Der § 23 III EGGVG steht daher

---

289 Zur verfassungskonformen Auslegung vgl.: Bydlinski, S. 456; Engisch, S. 101 f.; Larenz/Canaris, S. 159 ff.

290 Vgl. dazu näher unter Teil 1 B. I.

291 Vgl. dazu: Bachmann, S. 172; Hamann/Lenz-Lenz, Art. 19 Rdnr. 176; Strubel/Sprengel, NJW 1972, S. 1734, 1735; von Münch-Krebs, Art. 19 Rdnr. 63.

292 Vgl. statt aller: Fezer, Jura 1982, S. 126, 131.

293 Kramer, Rdnr. 334.

einer analogen Anwendung des § 98 II S. 2 StPO nicht entgegen. Kommt man nun auf den Grund zurück, der zu dieser Untersuchung führte, nämlich die Frage nach dem Vorliegen einer Regelungslücke in der Strafprozeßordnung hinsichtlich eines gerichtlichen Verfahrens zur Aufhebung einer staatsanwaltschaftlichen Eilanordnung nach §§ 98 a, b; 99, 100; 100 a, b; 100 c I Nr. 2, 100 d I; 110 a, b II; 163 d; 163 e StPO[294], so läßt sich die Problematik auf der Grundlage der erarbeiteten Ergebnisse nunmehr lösen. Denn daraus ergibt sich, daß der § 23 III EGGVG hier eingreift, demnach die §§ 23 ff. EGGVG keine Anwendung finden und somit eine Regelungslücke hinsichtlich des dargelegten Rechtsschutzzieles besteht.

(2) Die Planwidrigkeit der Regelungslücke

Die Regelungslücke im Gesetz muß planwidrig sein[295]. Wenn sich annehmen läßt, daß dem Gesetzgeber bei Schaffung des Gesetzes die Regelungslücke nicht bewußt gewesen ist, so spricht dies für die Planwidrigkeit der Lücke[296]. Hat der Gesetzgeber bei erkannter Unvollständigkeit des Gesetzes das Problem bewußt der Entscheidung durch Rechtsprechung und Literatur überlassen, steht dies der Planwidrigkeit gleich[297].

Der Rechtsschutz gegen strafprozessuale Zwangsmaßnahmen sollte im Zuge einer umfangreichen StPO-Novelle im Jahre 1981 neu geregelt werden[298]. Damit sollte auf einen Rechtszustand reagiert werden, der erst Ende der 70-iger, Anfang der 80-iger Jahre allmählich als Problem begriffen wurde[299]. Diese Erwägungen sprechen dafür, daß zumindest dem Gesetzgeber von 1877 bei Schaffung der Strafprozeßordnung diese Rechtsschutzproblematik nicht bekannt war. Zu berücksichtigen ist in diesem Zusammenhang auch, daß die Strafprozeßordnung nicht vor dem Hintergrund der umfassenden Rechtsschutzgarantie des Art. 19 IV S. 1 GG entstanden ist. Demnach war das Bewußtsein der rechtsstaatlichen Notwendigkeit des Rechtsschutzes im Jahre 1877 auch noch gar nicht entsprechend ausgeprägt. Auch wenn der Rechtsschutz trotz der Reformpläne von 1981 bis heute nicht - zusammenhängend - geregelt wurde, kann daraus nicht auf eine bewußte Entscheidung des heutigen Gesetzgeber gegen einen entsprechenden Rechtsschutz geschlossen werden. Diese Reformpläne sind schließlich nicht einmal über das Stadium eines Referentenentwurfes des Bundesjustizministeriums hinaus gediehen. Im Bundestag wurde nie darüber beraten. Eine entsprechende Schlußfolgerung läßt sich auch nicht daraus entnehmen, daß selbst bei der Einführung der neuen strafprozessualen Ermittlungs-

---

294 Vgl. dazu näher unter Teil 1 B. I. 1.) b) bb) (1).
295 Zur Analogievoraussetzung der Planwidrigkeit der Regelungslücke vgl.: Bydlinski, S. 473 ff.; Hamann, Rdnr. 105; Schmalz, Rdnr. 325.
296 Schmalz, Rdnr. 325.
297 Schmalz, Rdnr. 325.
298 Rieß, ZRP 1981, S. 101, 101.
299 Rieß, ZRP 1981, S. 101, 101.

maßnahmen, wie z. B. der §§ 98 a, b; 163 d StPO, ein Rechtsschutzverfahren nicht geregelt wurde. Denn in den Beratungen des Bundestages zu einzelnen hier relevanten strafprozessualen Zwangsmaßnahmen wurde die Frage des Rechtsschutzes gegen staatsanwaltschaftliche Zwangsmaßnahmenanordnungen nie behandelt. Man war nämlich nicht bereit, die Frage aufzuwerfen und abschließend zu klären. Demnach ist davon auszugehen, daß die Strafprozeßordnung hinsichtlich des fraglichen Rechtsschutzes eine planwidrige Regelungslücke aufweist.

(3) Der Zweck des § 98 II S. 2 StPO und die Vergleichbarkeit der Interessenlage

Der Normzweck des § 98 II S. 2 StPO läßt sich nur dann auf den Fall der staatsanwaltschaftichen Eilanordnung nach §§ 98 a, b; 99, 100; 100 a, b; 100 c I Nr. 2, 100 d I; 110 a, b II; 163 d; 163 e StPO übertragen, wenn die Interessenkonstellationen im geregelten und ungeregelten Fall gleichartig sind[300].

(a) Die Normzweckanalyse in bezug auf § 98 II S. 2 StPO

§ 98 II S. 2 StPO soll dem von der Beschlagnahme Betroffenen die Einholung der nachträglichen Entscheidung desjenigen Richters ermöglichen, der nach § 98 I StPO an sich die primäre Anordnungsbefugnis besitzt, die konkrete Zwangsmaßnahme wegen Eilbedürftigkeit jedoch nicht selbst anordnen konnte[301]. Weitergehende Zweckuntersuchungen können in diesem Stadium der Arbeit noch dahinstehen. Es soll also noch nicht darauf eingegangen werden, ob für diese nachträgliche richterliche Entscheidung die Sach- und Rechtslage zur Zeit der Anordnung der Maßnahme oder zur Zeit der Entscheidung des Richters maßgeblich ist[302]. Diese Fragestellung ist nämlich vor allem im Hinblick darauf relevant, ob der Normgehalt des § 98 II S. 2 StPO neben der Befugnis zur Aufhebung einer staatsanwaltschaftlichen Anordnung auch eine auf die Vergangenheit bezogene Rechtskontrolle umfaßt[303]. Hier geht es aber nur um die Aufhebung der Anordnung.

(b) Die Vergleichbarkeit der Interessenlage

Die Interessenlage im Fall der Beschlagnahme und im Fall der Zwangsmaßnahmen nach §§ 98 a, b; 99, 100; 100 a, b; 100 c I Nr. 2, 100 d I; 110 a, b II; 163 d; 163 e StPO sind insofern vergleichbar, als die Regelung der Anordnungskompetenz bei der Beschlagnahme in ihrer Grundstruktur derjenigen bei den in Rede stehenden Zwangsmaßnahmen ähnelt. So steht der Staatsanwalt-

---

[300] Zur Analogievoraussetzung der Normzweckübertragung wegen Vergleichbarkeit der Interessenlage vgl.: Bydlinski, S. 475 f.; Hamann, Rdnr. 105; Larenz/Canaris, S. 202 f; Sch-Sch-Eser, § 1 Rdnr. 24; Schmalz, Rdnr. 327 f.

[301] Bachmann, S. 107; Dörr, NJW 1984, S. 2258, 2259; Fezer, Jura 1982, S. 18, 21.

[302] Siehe dazu später unter Teil 1 C. I. 1.) b) bb).

[303] Siehe dazu später unter Teil 1 C. I. 1.) b) bb).

schaft die Anordnungskompetenz im Fall der Beschlagnahme ebenso wie im Fall der Zwangsmaßnahmen nach §§ 98 a, b; 99, 100; 100 a, b; 100 c I Nr. 2, 100 d I; 110 a, b II; 163 d; 163 e StPO nur ersatzweise zu[304]. Die primäre Anordnungskompetenz besitzt jeweils der Richter, so daß bei der staatsanwaltschaftlichen Anordnung der Maßnahme wegen Eilbedürftigkeit der Richter wenigstens nachträglich eingeschaltet werden muß.
In Anbetracht der dargelegten Vergleichbarkeit der Interessenlage kann der Zweck, der § 98 II S. 2 StPO zugrundeliegt, auf die Maßnahmen nach §§ 98 a, b; 99, 100; 100 a, b; 100 c I Nr. 2, 100 d I; 110 a, b II; 163 d; 163 e StPO übertragen werden.

Somit kann der von einer staatsanwaltschaftlichen Eilanordnung nach §§ 98 a, b; 99, 100; 100 a, b; 100 c I Nr. 2, 100 d I; 110 a, b II; 163 d; 163 e StPO betroffene Bürger analog § 98 II S. 2 StPO den Richter anrufen mit dem Ziel der Aufhebung der noch nicht erledigten Anordnung.

2.) Die gerichtliche Überprüfbarkeit der Art und Weise der Vollziehung der angeordneten Maßnahme

Dem Betroffenen muß in Anbetracht des Art. 19 IV S. 1 GG auch die Möglichkeit offenstehen, die ordentlichen Gerichte mit dem Ziel anzurufen, die Art und Weise der noch andauernden Vollziehung[305] einer aufgrund von staatsanwaltschaftlicher Eilkompetenz angeordneten Zwangsmaßnahme nach §§ 98 a, b; 99, 100; 100 a, b; 100 c I Nr. 2, 100 d I; 110 a, b II; 163 d; 163 e StPO überprüfen zu lassen.

a) Die richterliche Vollziehung der heimlichen Zwangsmaßnahmen nach §§ 99, 100; 100 a, b; 100 c I Nr. 2, 100 d I StPO

Die Ausführungen zur Durchführungskompetenz[306] haben gezeigt, daß dem Richter im Fall der Postbeschlagnahme nach §§ 99, 100 StPO, der Überwachung der Telekommunikation nach §§ 100 a, b StPO und der Zwangsmaßnahmen nach §§ 100 c I Nr. 2, 3, 100 d StPO die Durchführung einzelner Vollzugsmaßnahmen zusteht, nämlich die Öffnung der beschlagnahmten Post und die Überwachung und Aufzeichnung des Telekommunikationsverkehrs und des nichtöffentlich gesprochenen Wortes innerhalb und außerhalb von Wohnungen. Macht der Richter von dieser Kompetenz Gebrauch, so muß der Bürger, der sich gegen diese Vollziehungsakte wehren will, das Rechtsmittel der Beschwerde nach §§ 304 ff. StPO einlegen. Denn die Beschwerde ist nicht nur gegen Be-

---

304 Vgl. dazu näher unter Teil 1 A. II. 1.) a).
305 Vgl. näher zu dieser Differenzierung unter Teil 1 A. II. 2.).
306 Vgl. dazu näher unter Teil 1 A. II. 1.) b).

schlüsse und Verfügungen, sondern gegen alle richterlichen Maßnahmen zulässig, die nicht mit der Berufung oder Revision anfechtbar sind[307].

b) Die staatsanwaltschaftliche Vollziehung

In der Strafprozeßordnung findet sich keine ausdrückliche gesetzliche Regelung hinsichtlich der gerichtlichen Überprüfung der Art und Weise der staatsanwaltschaftlichen Vollziehung einer aufgrund von Eilkompetenz erlassenen, noch nicht erledigten staatsanwaltschaftlichen Anordnung nach §§ 98 a, b; 99, 100; 100 a, b; 100 c I Nr. 2, 100 d I; 110 a, b II; 163 d; 163 e StPO. In Betracht kommt folglich wiederum, den Betroffenen auf das Rechtsschutzverfahren nach §§ 23 ff. EGGVG oder die Anrufung des Richters analog § 98 II S. 2 StPO zu verweisen.

aa) Der Meinungsstand in der Literatur und der Rechtsprechung

(1) Der Rechtsweg nach §§ 23 ff. EGGVG

Nach einer nur noch ganz vereinzelt in der Literatur vertretenen Auffassung muß der betroffene Bürger, der sich gegen die Art und Weise der staatsanwaltschaftlichen Vollziehung einer noch nicht erledigten staatsanwaltschaftlichen Eilanordnung nach §§ 98 a, b; 99, 100; 100 a, b; 100 c I Nr. 2, 100 d I; 110 a, b II; 163 d; 163 e StPO wendet, das Oberlandesgericht nach §§ 23 ff. EGGVG anrufen[308]. Auch wenn etwa rechtpolitische Gründe für eine Überprüfung durch den primär zur Anordnung befugten (Ermittlungs-)Richter sprächen, so sei dieser Weg aufgrund der derzeitigen Gesetzeslage nicht möglich[309]. Somit verbliebe nur das Rechtsschutzverfahren nach §§ 23 ff. EGGVG[310].

(2) Der Rechtsweg nach § 98 II S. 2 StPO

Heute wird in der Literatur und Rechtsprechung ganz überwiegend die Ansicht vertreten, daß der Betroffene zur Beanstandung der Art und Weise der staatsanwaltschaftlichen Vollziehung einer noch nicht erledigten Eilanordnung der Staatsanwaltschaft nach §§ 98 a, b; 99, 100; 100 a, b; 100 c I Nr. 2, 100 d I; 110 a, b II; 163 d; 163 e StPO den (Ermittlungs-)Richter analog § 98 II S. 2 StPO anrufen könne[311]. Der (Ermittlungs-)Richter besitze hier die primäre Anordnungskompetenz, und im Rahmen dieser Zuständigkeit stünde ihm auch die Möglichkeit zu, die Modalitäten der Vollziehung der Zwangsmaßnahme zu re-

---

307 KK-Engelhardt, § 304 Rdnr. 1; Kleinknecht/Meyer-Goßner, § 304 Rdnr. 1.
308 Vgl. dazu: Genzel, NJW 1969, S. 1562, 1565 f.
309 Vgl. dazu: Genzel, NJW 1969, S. 1562, 1566.
310 Vgl. dazu: Genzel, NJW 1969, S. 1562, 1566.
311 Vgl. dazu: Eppinger, S. 169 f.; KMR-Paulus, Vorb. § 1 Rdnr. 8 f.; Rieß/Thym, GA 1981, S. 189, 199; Schlüchter, Rdnr.182; Sommermeyer, NStZ 1991, S. 257, 262. Vgl. auch: BGH, NJW 1979, S. 882, 882; BGHSt 36, S. 30, 31.

geln[312]. Nach einem in der neueren Literatur vertretenen Ansatz reicht dies zur Begründung nicht aus. Aus dem dargelegten Zusammenhang ergebe sich die Befugnis des (Ermittlungs-)Richters, die Vollziehung dieser Zwangsmaßnahmen zu überwachen[313]. Diese Zuständigkeit des (Ermittlung-)Richters schaffe erst die Grundlage für die Annahme einer Vergleichbarkeit der gegebenen Interessenlagen und damit zur Bejahung der analogen Anwendung des § 98 II S. 2 StPO[314]. § 98 II S. 2 StPO ermögliche nämlich in seinem unmittelbaren Anwendungsbereich gerade die Anrufung des *primär* zuständigen Richters gegen eine staatsanwaltschaftliche Eilanordnung [315].

(3) Stellungnahme

Bei Anwendung des § 98 II S. 2 StPO bezüglich der Überprüfung der Art und Weise der staatsanwaltschaftlichen Vollziehung einer noch nicht erledigten strafprozessualen Zwangsmaßnahme nach §§ 98 a, b; 99, 100; 100 a, b; 100 c I Nr. 2, 100 d I; 110 a, b II; 163 d; 163 e StPO würde die Kontrolle der Maßnahme sowohl im Fall der Beanstandung der Anordnung als auch der Vollziehung der Maßnahme einem einzigen Verfahren zugewiesen. Dies würde eine die Rechtssicherheit des Betroffenen beeinträchtigende Rechtswegspaltung vermeiden, die auch angesichts der im Einzelfall schwierigen Abgrenzung zwischen der Beanstandung der Anordnung selbst und der Art und Weise ihrer Vollziehung sinnvoll wäre[316]. Auch im Hinblick auf die bereits angesprochene grundlegende Aufgabenstellung des Ermittlungsrichters, über die Rechtmäßigkeit von Zwangsmaßnahmen zu entscheiden, erscheint die Anwendung des § 98 II S. 2 StPO im vorliegenden Zusammenhang sinnvoll. Hingewiesen sei auch wiederum auf die mit dem Verfahren nach §§ 23 ff. EGGVG verbundene Kostenlast.
Zweifelhaft erscheint abermals die Herleitung einer analogen Anwendung des § 98 II S. 2 StPO. So überprüft die eine Analogie vertretende Ansicht nicht bzw. nicht deutlich genug, ob der § 98 II S. 2 StPO in seinem unmittelbaren Anwendungsbereich, d. h. hinsichtlich der Beschlagnahme, überhaupt eine Überprüfung der Art und Weise der staatsanwaltschaftlichen Vollziehung der Beschlagnahme umfaßt. Nur wenn dies zu bejahen wäre, ließe sich auch im Fall anderer strafprozessualer Zwangsmaßnahmen, die einer staatsanwaltschaftlichen Eilanordnungskompetenz unterliegen, Rechtsschutz gegen die Art und Weise ihrer Vollziehung über eine analoge Anwendung des § 98 II S. 2 StPO erlangen. Angesichts dieser Umstände muß versucht werden, die im Ergebnis hier sachgerechte analoge Anwendung des § 98 II S. 2 StPO unter Berücksichtigung der dargelegten Gesichtspunkte angemessen zu begründen.

---

312 Fezer, Jura 1982, S. 18, 22. Vgl. auch: BGH, NJW 1979, S. 882, 882; BGHSt 36, S. 30, 31; BGHSt 36, S. 242, 244.
313 Bachmann, S. 217 ff., insbesondere S. 221 f.
314 Bachmann, S. 217 ff., insbesondere S. 218 f.
315 Bachmann, S. 217 ff., insbesondere S. 218 f.
316 Vgl. dazu näher unter Teil 1 A. II. 2.).

bb) Eigener Lösungsansatz zur Frage des einschlägigen Rechtsweges

(1) Das Vorliegen einer planwidrigen Regelungslücke[317]

Die Strafprozeßordnung regelt die Möglichkeit der Überprüfung der Art und Weise der staatsanwaltschaftlichen Vollziehung einer noch nicht erledigten Zwangsmaßnahmenordnung der Staatsanwaltschaft nach §§ 98 a, b; 99, 100; 100 a, b; 100 c I Nr. 2, 100 d I; 110 a, b II; 163 d; 163 e StPO nicht explizit. Die in Betracht kommenden §§ 23 ff. EGGVG schließen das Vorliegen einer Regelungslücke nicht aus, weil § 98 II S. 2 StPO auch im Fall seiner analogen Anwendung als lex specialis im Sinne des § 23 III EGGVG anzusehen ist und somit die §§ 23 ff. EGGVG als subsidiär zurücktreten. Folglich liegt eine Regelungslücke im Hinblick auf das dargelegte Rechtsschutzziel vor. Die Planwidrigkeit dieser Regelungslücke ergibt sich aus den Erwägungen bezüglich der analogen Anwendung des § 98 II S. 2 StPO im Fall des Rechtsschutzes gegen die noch nicht erledigte staatsanwaltschaftliche Eilanordnung nach §§ 98 a, b; 99, 100; 100 a, b; 100 c I Nr. 2, 100 d I; 110 a, b II; 163 d; 163 e StPO[318].

(2) Der Zweck des § 98 II S. 2 StPO[319]

Wie bereits gesehen, soll § 98 II S. 2 StPO dem von der Beschlagnahme Betroffenen die Einholung der nachträglichen Entscheidung desjenigen Richters ermöglichen, der nach § 98 I StPO an sich die primäre Anordnungsbefugnis besitzt, die konkrete Maßnahme wegen Eilbedürftigkeit hingegen nicht selbst anordnen konnte[320]. Fraglich ist, ob diese bezweckte Entscheidung des (Ermittlungs-)Richters auch die Überprüfung der Art und Weise der Vollziehung der Beschlagnahme umfaßt. Es soll also geklärt werden, ob § 98 II S. 2 StPO nach seiner Zweckrichtung auch den Rechtsschutz gegen die Art und Weise der Vollziehung der Beschlagnahme beinhaltet. Entscheidene Bedeutung gewinnt in diesem Zusammenhang die Frage einer Vollziehungskontrollkompetenz des (Ermittlungs-)Richters bezüglich derjenigen Zwangsmaßnahmen, die wie z. B. die Beschlagnahme seiner Primärkompetenz unterstehen. Im Fall des tatsächlichen Bestehens einer Vollziehungskontrollkompetenz des (Ermittlungs-)Richter müßte er im Verfahren nach § 98 II S. 2 StPO auch die Möglichkeit zur Überprüfung der Art und Weise der Vollziehung der Beschlagnahme besitzen. Denn es wäre nicht erklärbar, wenn der (Ermittlungs-)Richter, der nach § 98 II S. 2 StPO wegen einer staatsanwaltschaftlichen Beschlagnahme angerufen wird, nur eine Entscheidung in bezug auf die Anordnung der Beschlagnahme treffen könnte, eine aber gleichfalls bestehende Unregelmäßigkeit bei der Vollziehung

---

317 Zum Erfordernis der planwidrigen Regelungslücke bei der Analogie vgl. näher unter Teil 1 B. I. 1.) b) bb) (1) (2).

318 Vgl. dazu näher unter Teil 1 B. I. 1.) b) bb) (2).

319 Zur Normzweckanalyse bei der Prüfung einer Analogie vgl. näher unter Teil 1 B. I. 1.) b) bb) (3) (a).

320 Vgl. dazu näher unter Teil 1 B. I. 1.) b) bb) (3) (a).

dieser Anordnung trotz einer ihm prinzipiell zustehenden Kontrollbefugnis nicht beanstanden könnte. Besteht nun aber die Möglichkeit der Überprüfung die Vollziehung der Beschlagnahme im Rahmen des Verfahrens nach § 98 II S. 2 StPO, dann muß der Betroffene den (Ermittlungs-)Richter nach § 98 II S. 2 StPO auch nur im Hinblick auf die Überprüfung der Vollziehung der Beschlagnahmeanordnung anrufen können. Vor dem Hintergrund dieser Überlegungen muß nun also zunächst untersucht werden, ob der (Ermittlungs-)Richter die Kompetenz besitzt, die Vollziehung einer staatsanwaltschaftlichen Beschlagnahmeanordnung bzw. allgemein die staatsanwaltschaftliche Vollziehung jeder staatsanwaltschaftlichen Eilanordnung einer strafprozessualen Zwangsmaßnahme zu kontrollieren.

(a) Die Herleitung eines Vollziehungskontrollrechtes des (Ermittlungs-)Richters

(aa) Gesetzlich geregelte Fälle einer Durchführungskompetenz des (Ermittlungs-)Richters

Aus der gesetzlich geregelten Durchführungskompetenz des (Ermittlungs-)Richters bei der Postbeschlagnahme nach §§ 99, 100 III StPO und der Überwachung der Telekommunikation nach §§ 100 a, b III StPO könnte sich eine (ermittlungs-)richterliche Vollziehungskontrollkompetenz bezüglich der unter Richtervorbehalt stehenden Zwangsmaßnahmen ergeben. § 100 b III StPO weist die Durchführungskompetenz nicht nur dem Richter zu, sondern regelt auch gleichrangig die Möglichkeit der Vollziehung der Maßnahme durch die Staatsanwaltschaft oder deren Hilfsbeamte. Aus dieser Bestimmung ist aber nicht ersichtlich, daß im Fall der Durchführung der Postbeschlagnahme oder der Überwachung der Telekommunikation durch die Staatsanwaltschaft bzw. die Polizei dem Richter diesbezüglich ein Kontrollrecht zustehen soll. Selbst wenn man aber im Fall der Postbeschlagnahme nach §§ 99, 100 III StPO und der Überwachung der Telekommunikation nach §§ 100 a, b III StPO eine solche Kontrollbefugnis des (Ermittlungs-)Richters konstruieren könnte, dann ließe sich daraus keine generelle Vollziehungskontrollbefugnis des (Ermittlungs-) Richters im Hinblick auf die unter Richtervorbehalt stehenden Zwangsmaßnahmen ableiten[321]. Denn die Möglichkeit der richterlichen Vollziehung beruht hier darauf, daß in besonderer Weise in den Persönlichkeitsbereich des Bürgers eingegriffen wird[322]. Die Postbeschlagnahme und die Überwachung der Telekommunikation greifen nämlich in den durch Art. 10 GG geschützten Kommunikationsvorgang ein und verletzen damit die persönliche Geheimsphäre des Bür-

---

[321] Vgl. dazu: Bachmann, S. 222.
[322] Vgl. dazu: Bachmann, S. 222, 92.

gers[323]. Demnach können aus der Durchführungskompetenz des (Ermittlungs-)Richters nach §§ 99, 100 III; 100 a, b III StPO keine Schlußfolgerungen hinsichtlich des hier in Rede stehenden allgemeinen Vollziehungskontrollrechtes des (Ermittlungs-)Richters entnommen werden.

(bb) Rückschlüsse aus der primären Anordnungskompetenz des (Ermittlungs-)Richters

Es geht hier um die Vollziehung der Beschlagnahme im speziellen und allgemein um die Vollziehung von Zwangsmaßnahmen, welche wie die Beschlagnahme der primären Anordnungskompetenz des (Ermittlungs-)Richters unterstehen. Wenn der Richter aber darüber entscheiden kann, ob überhaupt eine Maßnahme erfolgen soll, muß er in diesen Fällen auch die mindere Befugnis besitzen, deren Grenzen zu bestimmen und die Modalitäten der Vollziehung zu regeln[324]. Besitzt er aber diese Befugnis, dann ist konsequent ihm auch die Kontrolle zu ermöglichen, ob der von ihm gesteckte Rahmen von den ausführenden Beamten tatsächlich eingehalten wurde[325].

(cc) Die Teilnahme des (Ermittlungs-)Richters an der Vollziehung einer strafprozessualen Zwangsmaßnahme

Weitere Anhaltspunkte für ein Vollziehungskontrollrecht könnten sich aus einem Teilnahmerecht des (Ermittlungs-)Richters an der Vollziehung der unter seiner Primärkompetenz stehenden Zwangsmaßnahmen ergeben[326].

Die Strafprozeßordnung regelt eine Teilnahme des (Ermittlungs-)Richters an der Vollziehung einer Zwangsmaßnahme ausdrücklich bezüglich der unter Richtervorbehalt stehenden Leichenöffnung nach § 87 StPO und bezüglich der unter Richtervorbehalt stehenden Durchsuchung von Wohnungen, Geschäftsräumen und befriedetem Besitztum nach §§ 102 ff., 105 StPO. Fraglich ist, ob sich aus diesen Bestimmungen allgemein ein Teilnahmerecht des Ermittlungsrichters an der Vollziehung der unter seiner Primärkompetenz stehenden Zwangsmaßnahmen ableiten läßt.

§ 105 II S. 1 StPO legt ein Teilnahmerecht des (Ermittlungs-)Richters an der Vollziehung der Durchsuchung zugrunde. Dabei betont er gerade diese Teilnahme des (Ermittlungs-)Richters nicht als etwas besonderes. § 105 II StPO geht vielmehr wie selbstverständlich von einer solchen Befugnis aus. Gerade dieser Umstand spricht dafür, daß der (Ermittlungs-)Richter ein entsprechendes

---

323 Vgl. dazu: AK-GG-Schuppert, Art. 10 Rdnr. 14; Dreier-Hermes, Art. 10 Rdnr. 13; Jarass/Pieroth-Jarass, Art. 10 Rdnr. 1; Maunz/Dürig/Herzog/Scholz-Dürig, Art. 10 Rdnr. 1 f.; von Münch-Löwer, Art. 10 Rdnr. 1; Sachs-Krüger, Art. 10 Rdnr. 8.

324 Bachmann, S. 221; Rieß/Thym, GA 1981, S. 189, 195.

325 Vgl. dazu: Bachmann, S. 221 f.

326 Vgl. dazu: Bachmann, S. 222 f.

Teilnahmerecht auch bei anderen Zwangsmaßnahmen, die seiner primären Anordnungsbefugnis unterstehen, besitzt[327].
§ 87 II S. 6 StPO bestimmt hingegen, daß nur auf Antrag der Staatsanwaltschaft die Leichenöffnung unter Teilnahme des (Ermittlungs-)Richters stattfindet. Dies könnte zu einer Ablehnung des hier fraglichen Teilnahmerechtes des (Ermittlungs-)Richters führen. Gegen diese These spricht aber folgende Erwägung. Wenn das Gesetz im Fall der Leichenöffnung die Teilnahme des (Ermittlungs-)Richters ausdrücklich nur auf Antrag der Staatsanwaltschaft ermöglicht, dann legt dies die Annahme nahe, daß im Fall aller anderen unter Richtervorbehalt stehenden Zwangsmaßnahmen der (Ermittlungs-)Richter in jedem Fall zur Teilnahme berechtigt ist. § 87 II S. 5 StPO stellt danach also nur eine Ausnahmeregelung dar zum Teilnahmerecht des (Ermittlungs-)Richters an der Vollziehung der seiner Primärkompetenz unterliegenden Zwangsmaßnahmen. Diese Ausnahmeregelung des § 87 II S. 6 StPO bestätigt gerade die angenommene Regel des Teilnahmerechtes des (Ermittlungs-)Richters an der Vollziehung der einer richterlichen Primärkompetenz unterstehenden Zwangsmaßnahmen[328].
Fraglich ist, welche Konsequenzen sich aus dem damit nachgewiesenen Teilnahmerecht des (Ermittlungs-)Richters an der Vollziehung der unter Richtervorbehalt stehenden Zwangsmaßnahmen ergeben. Das dargelegte Teilnahmerecht des (Ermittlungs-)Richters macht nur Sinn, wenn dem Richter auch die Befugnis zusteht, in die Vollziehung einzugreifen, sollten sich Rechtsverstöße feststellen lassen[329]. Es wäre widersinnig, wenn der (Ermittlungs-)Richter erkannte Rechtsverstöße dulden müßte und diese im nachhinein auf Antrag des Betroffenen von einem Richter beanstandet würden. Für ein solches Eingriffsrecht spricht z. B. im Fall der Leichenöffnung nach § 87 StPO auch der Umstand, daß dem anwesenden (Ermittlungs-)Richter die Sachleitungsbefugnis gegenüber dem die Untersuchung vornehmenden Arzt zusteht[330]. Demnach sprechen auch diese Gesichtspunkte für eine Vollziehungskontrollbefugnis des (Ermittlungs-)Richters bei den seiner Primärkompetenz unterliegenden Zwangsmaßnahmen.

(b) Die Vereinbarkeit einer Vollziehungskontrolle des (Ermittlungs-) Richters mit Grundprinzipien des Ermittlungsverfahrens

Abschließend soll untersucht werden, inwieweit bestimmte Grundprinzipien des Ermittlungsverfahrens der Annahme der hier diskutierten Vollziehungskontrollbefugnis des (Ermittlungs-)Richters entgegenstehen.

---

327 So auch Bachmann, S. 223.
328 So im Ergebnis, aber ohne Begründung auch: Bachmann, S. 223.
329 So im Ergebnis auch Bachmann, S. 223.
330 Heidelberger Kommentar-Lemke, § 87 Rdnr. 9; KK-Senge, § 87 Rdnr. 6; Kleinknecht/Meyer-Goßner, § 87 Rdnr. 14.

Die staatsanwaltschaftliche Vollstreckungskompetenz könnte einer (ermittlungs-)richterlichen Vollziehungskontrollkompetenz entgegenstehen. Der Sinn der staatsanwaltschaftlichen Vollstreckungskompetenz besteht darin, den (Ermittlungs-)Richter von Aufgaben zu entlasten, welche aufgrund der vorzugsweise der Staatsanwaltschaft zur Verfügung stehenden Mittel von dieser ohnehin leichter zu erfüllen sind[331]. Betrachtet man diesen Zweck staatsanwaltschaftlicher Vollstreckungskompetenz vor dem Hintergrund, daß - wie bereits angeführt - die Kontrolle strafprozessualer Zwangsmaßnahmen zu den ureigensten Aufgaben des (Ermittlungs-)Richters zählt[332], dann kann die These der Unvereinbarkeit der (ermittlungs-)richterlichen Vollziehungskontrollkompetenz mit der staatsanwaltschaftlichen Vollstreckungskompetenz nicht aufrechterhalten werden[333].

Berücksichtigt werden muß im übrigen auch der in § 162 III StPO zum Ausdruck kommende Grundsatz, daß der (Ermittlungs-)Richter nur die Rechtmäßigkeit, nicht auch die Zweckmäßigkeit strafprozessualer Maßnahmen überprüfen kann[334]. Angesichts dieses Umstandes ist die Vollziehungskontrollbefugnis des (Ermittlungs-)Richters nur hinsichtlich der Rechtmäßigkeit der Vollziehung der fraglichen Zwangsmaßnahmen anzuerkennen[335].

Im Ergebnis widersprechen also auch strafprozessuale Grundprinzipien nicht der Annahme eines Vollziehungskontrollrechtes des (Ermittlungs-)Richters hinsichtlich der unter seiner Primärkompetenz stehenden Zwangsmaßnahmen. Demnach ist ein solches Recht zu bejahen. Aus den bereits eingangs angeführten Erwägungen ergibt sich, daß bei Zugrundelegung einer solchen Überwachungsbefugnis des (Ermittlungs-)Richters dieser auch die Befugnis der Überprüfung der Art und Weise der staatsanwaltschaftlichen Vollziehung der staatsanwaltschaftlichen Beschlagnahmeanordnung im Rahmen des § 98 II S. 2 StPO besitzen muß. Der § 98 II S. 2 StPO beinhaltet damit nach seiner Zweckrichtung auch die Überprüfung der Art und Weise der Vollziehung der staatsanwaltschaftlichen Beschlagnahmeanordnung.

(3) Die Vergleichbarkeit der Interessenlage[336]

Wie sich bereits aus den Analogieerwägungen zum Rechtsschutz gegen die staatsanwaltschaftliche Eilanordnung nach §§ 98 a, b; 99, 100; 100 a, b; 100 c I Nr. 2, 100 d I; 110 a, b II; 163 d; 163 e StPO ergibt[337], ist die Interessenlage im

331 Vgl. statt aller: Wendisch, JR 1978, S. 445, 445 ff.
332 Kramer, Rdnr. 334.
333 So auch: Bachmann, S. 221.
334 Vgl. dazu: KK-Wache, § 162 Rdnr. 15 ff.; KMR-Müller, § 162 Rdnr. 5; Pfeiffer, § 162 Rdnr.5.
335 So auch: Bachmann, S. 224.
336 Zum Erfordernis der Vergleichbarkeit der Interessenlage bei der Analogie vgl. näher unter Teil 1 B. I. 1.) b) bb) (3) (b).
337 Vgl. dazu näher unter Teil 1 B. I. 1.) b) bb) (3) (b).

Fall der Beschlagnahme und im Fall der angeführten Zwangsmaßnahmen insofern vergleichbar, als die Regelung der Anordnungskompetenz bei der Beschlagnahme in ihrer Grundstruktur derjenigen bei den hier zu untersuchenden Zwangsmaßnahmen ähnelt.
In Anbetracht dieser Vergleichbarkeit der Interessenlage läßt sich der herausgearbeitete Normzweck des § 98 II S. 2 StPO auf die Maßnahmen nach §§ 98 a, b; 99, 100; 100 a, b; 100 c I Nr. 2, 100 d I; 110 a, b II; 163 d; 163 e StPO übertragen.

Demnach kann der von einer staatsanwaltschaftlichen Eilanordnung nach §§ 98 a, b; 99, 100; 100 a, b; 100 c I Nr. 2, 100 d I; 110 a, b II; 163 d; 163 e StPO betroffene Bürger analog § 98 II S. 2 StPO den Richter anrufen, um die Art und Weise der staatsanwaltschaftlichen Vollziehung der noch nicht erledigten staatsanwaltschaftlichen Eilanordnung überprüfen zu lassen.

II. Die polizeiliche Anordnung der heimlichen strafprozessualen Zwangsmaßnahme im Rahmen einer Eilkompetenz

Wie bereits gesehen, dürfen die Polizeibeamten, die die Stellung von Hilfsbeamten der Staatsanwaltschaft einnehmen, im Eilfall die akustischen Überwachungsmaßnahmen außerhalb von Wohnungen nach § 100 c I Nr. 2, 100 d I StPO und die Schleppnetzfahndung nach § 163 d StPO anordnen. Demnach soll es nun um die Möglichkeit der Anrufung der ordentlichen Gerichte gegen diese heimlichen Maßnahmen gehen, soweit sie von den Polizeibeamten im Range eines Hilfsbeamten der Staatsanwaltschaft bei Gefahr im Verzug angeordnet werden und sie zum Zeitpunkt der Geltendmachung des Rechtsschutzes noch nicht erledigt sind.
Da das polizeiliche Handeln als Akt der Exekutive anzusehen ist, ergibt sich die Notwendigkeit der Gewährung von Rechtsschutz gegen diese Maßnahmen unmittelbar aus Art. 19 IV S. 1 GG[338].

1.) Die repressiv-polizeiliche heimliche Zwangsmaßnahme

Untersucht werden sollen zunächst nur die Fälle, in denen die Polizei ausschließlich zum Zwecke der Strafverfolgung die Zwangsmaßnahme anordnet.

a) Die gerichtliche Überprüfbarkeit der Anordnung der Maßnahme

Da die Strafprozeßordnung in bezug auf die Maßnahmen nach §§ 100 c I Nr. 2, 100 d I; 163 d StPO keine Möglichkeit für den Betroffenen vorsieht, sich mit dem Ziel der Aufhebung der noch nicht erledigten polizeilichen Eilanordnung an die ordentlichen Gerichte zu wenden, kommt auch hier wiederum das

---

[338] Vgl. dazu auch unter Teil 1 B. I.

Rechtsschutzverfahren nach §§ 23 ff. EGGVG oder die analoge Anwendung des Verfahrens nach § 98 II S. 2 StPO in Betracht.

aa) Der Meinungsstand in der Literatur und Rechtsprechung

(1) Der Rechtsweg nach §§ 40 ff. VwGO

Bei der Anordnung der Zwangsmaßnahmen nach §§ 100 c I Nr. 2, 100 d I; 163 d StPO durch einen Polizeibeamten bei Gefahr im Verzug handelt es sich um die Anordnung eines Amtsträgers, der organisatorisch und ressortmäßig nicht zur Justiz, sondern zur Innenverwaltung gehört[339]. Somit stellt sich unabhängig von der Problematik der Abgrenzung zwischen §§ 23 ff. EGGVG und § 98 II S. 2 StPO die Frage, ob der Betroffene sein hier in Rede stehendes Rechtsschutzbegehren nicht im Rahmen des Verwaltungsrechtsweges nach §§ 40 ff. VwGO geltend machen muß. Der Verwaltungsrechtsweg ist aber nach § 40 I S. 1 VwGO subsidiär, soweit eine abdrängende Sonderzuweisung vorliegt.
Die §§ 23 ff. EGGVG stellen eine abdrängende Sonderzuweisung zu § 40 VwGO dar[340]. Sie sind nämlich gerade mit dem Ziel geschaffen worden, die Justizverwaltungsakte auf dem Gebiet des bürgerlichen Rechtes, der Strafrechtspflege und des Vollzugsrechtes aus der Zuständigkeit der Verwaltungsgerichte herauszunehmen[341]. Die §§ 23 ff. EGGVG greifen aber nach § 23 I EGGVG nur soweit ein, als es um Maßnahmen von Justizbehörden geht. In der Rechtsprechung und Literatur war lange Zeit umstritten, ob die Polizeibeamten, die Aufgaben der Strafverfolgung erfüllen, als Justizbehörde im Sinne des § 23 I EGGVG auftreten. Im Mittelpunkt des Streites stand die Frage nach einer organisationsrechtlichen oder funktionellen Interpretation des Begriffes der „Justizbehörde" in § 23 I EGGVG. Bei einem organisationsrechtlichen Verständnis dieses Begriffes ist es erforderlich, daß die tätig werdende Behörde organisatorisch der Justizverwaltung und ressortmäßig einem Justiz- oder Rechtspflegeministerium zugeordnet ist[342]. Nach der früher vertretenen streng organisationsrechtlichen Betrachtungsweise konnten somit die der Innenverwaltung unterstehenden Polizeibehörden, auch soweit sie Strafverfolgungsaufgaben wahrnehmen, keine Justizbehörden im Sinne des § 23 I EGGVG sein[343]. Diese Sichtweise vermied in bezug auf die Frage des einzuschlagenden Rechtsweges im Einzelfall die Abgrenzung, ob die Polizei repressiv oder präventiv tätig geworden war. Andere Stimmen in der Literatur rechneten der Justiz das polizeiliche Handeln nur insoweit zu, sahen also die Polizeibehörden nur insofern als Justizbe-

---

339 Fezer, Jura 1982, S. 126, 132; Heneka, S. 14.
340 Eyermann-Rennert, § 40 Rdnr. 126; Redeker/vonOertzen, § 40 Rdnr. 56.
341 Heneka, S. 19; KK-Kissel, § 23 EGGVG Rdnr. 1; Kopp/Schenke, § 179 Rdnr. 1; LR-Schäfer, Vor § 23 EGGVG Rdnr. 2; Wieczorek/Schütze, § 23 Rdnr. 23; BVerfG, JZ 1975, S. 523, 524.
342 Vgl. statt aller: Feiter, S. 45.
343 Eyermann/Fröhler, 8. Auflage, § 179 Rdnr. 3, 5; Götz, 3. Auflage, S. 165 f.

hörden an, als diese auf Anordnung oder Ersuchen des Gerichtes oder der Staatsanwaltschaft repressiv tätig wurden[344]. Zum Teil ging man auch einen Schritt weiter und rechnete daneben das Tätigwerden des Polizeibeamten im Range eines Hilfsbeamten der Staatsanwaltschaft in jedem Fall der Justiz zu[345]. Seit Ende der 70-iger und Anfang der 80-iger Jahre hat sich aber in der Rechtsprechung und Literatur allgemein die auch schon früher vielfach vertretene Auffassung durchgesetzt, daß der Begriff der „Justizbehörde" im Sinne des § 23 I EGGVG im funktionalen Sinn zu verstehen sei[346]. Danach wird eine Behörde als Justizbehörde im Sinne des § 23 I EGGVG tätig, wenn sie Maßnahmen vornimmt, die funktionsmäßig zum Justizverfahren gehören[347]. Somit handelt die Polizei als Justizbehörde, wenn sie aufgrund der durch die Strafprozeßordnung eingeräumten Befugnisse zur Strafverfolgung tätig wird und folglich wie die Justizbehörde Staatsanwaltschaft agiert[348]. Diese funktionale Interpretation des Begriffes „Justizbehörde" in § 23 I EGGVG entspricht auch dem bereits dargelegten Gesetzesverständnis[349]. Denn sie führt dazu, daß die Nachprüfung spezifisch justizmäßiger Maßnahmen den ordentlichen Gerichten als der sachnäheren Gerichtsbarkeit übertragen wird. Im übrigen wird durch diese Sichtweise das nicht sachgerechte Ergebnis verhindert, daß hinsichtlich der polizeilichen Strafverfolgungsmaßnahmen die Verwaltungsgerichte angerufen werden müßten, hingegen bei inhaltsgleichen Maßnahmen der Staatsanwaltschaft die ordentlichen Gerichte zur Entscheidung berufen wären[350].

§ 98 II S. 2 StPO (analog) stellt ebenfalls eine abdrängende Sonderzuweisung gegenüber § 40 I VwGO dar[351]. Dafür spricht - ähnlich wie für das funktionale Verständnis des Justizbehördenbegriffes - der Umstand, daß ein Polizeibeamter, der Aufgaben der Strafverfolgung erfüllt, die gleiche Funktion ausübt wie ein Staatsanwalt[352]. Mithin muß der einzuschlagende Rechtsweg in beiden Fällen der gleiche sein.

---

344 v. Feldmann, VerwArch (62) 1971, S. 169, 169 ff.; Holland, JuS 1968, S. 559, 560; Markworth, DVBl 1975, S. 575, 576 ff.

345 Kaufmann, S. 34; Schiedermaier, S. 244 f.; Wacke/Drews, 7. Auflage, S. 113.

346 Amelung, JZ 1975, S. 526, 526 ff; Drews/Wacke/Vogel/Martens, S. 572; Ehlers, JuS 1983, S. 869, 870; Krekeler, NJW 1977, S. 1417, 1420; Meyer, JuS 1971, S. 294, 296 f.; Schenke, VerwArch (60) 1969, S. 332, 333 ff.; Vahle, Verwaltungsrundschau 1992, S. 53, 54; BVerwG, NJW 1975, S. 893, 893 ff.; BVerwGE 69, S. 192, 194 f.

347 Fezer, Jura 1982, S. 126, 132f.; Meyer, JuS 1971, S. 294, 296.

348 Amelung, NJW 1979, S. 1687, 1688; Heneka, S. 15; Kleinknecht/Meyer-Goßner, § 23 EGGVG Rdnr. 2; Krekeler, NJW 1977, S. 1417, 11420; Schenke, NJW 1976, S. 1816, 1817; BVerwG, NJW 1975, S. 893, 893 ff.

349 Zum Gesetzeszweck vgl. näher unter Teil 1 B. I. 1.) b) bb) (1) (a) (cc)/(dd).

350 Heneka, S. 17; Schenke, NJW 1976, S. 1816, 1817; Schoch, Stree/Wessels-FS, S. 1095, 1101.

351 So ausdrücklich: Fezer, Jura 1982, S. 126, 133.

352 Fezer, Jura 1982, S. 126, 132 f.

Infolgedessen kann der Betroffene, der Rechtsschutz gegen die polizeiliche Eilanordnung nach §§ 100 c I Nr. 2, 100 d I, 163 d StPO begehrt, nicht auf den Verwaltungsrechtsweg verwiesen werden.

(2) Der Rechtsweg nach §§ 23 ff. EGGVG oder nach § 98 II S. 2 StPO

Der Betroffene einer noch nicht erledigten polizeilichen Eilanordnung nach §§ 100 c I Nr. 2, 100 d I; 163 d StPO kann mit dem Ziel der Aufhebung dieser Anordnung nach einer Ansicht nur das Oberlandesgericht nach §§ 23 ff. EGGVG anrufen[353], nach einer zweiten Meinung muß er seine Interessen im Verfahren analog § 98 II S. 2 StPO durchsetzen[354] und schließlich hat er nach einer vermittelnden Auffassung die Möglichkeit, beide Verfahren in Anspruch zu nehmen[355]. Diese Ansichten und ihre Argumentationen decken sich mit denen im Fall des Rechtsschutzes gegen noch nicht erledigte staatsanwaltschaftliche Eilanordnungen heimlicher Zwangsmaßnahmen. Demnach gelten diesbezüglich auch dieselben kritischen Einwände.

bb) Eigener Lösungsansatz zur Frage des einschlägigen Rechtsweges

Aufgrund der vergleichbaren rechtlichen Situation gelten die Erwägungen zum Rechtsschutz gegen eine noch nicht erledigte staatsanwaltschaftliche Eilanordnung einer heimlichen Zwangsmaßnahme im vorliegenden Fall in entsprechender Weise. Demgemäß kann der von einer polizeilichen Eilanordnung nach §§ 100 c I Nr. 2, 100 d I; 163 d StPO Betroffene analog § 98 II S. 2 StPO den Richter mit dem Ziel der Aufhebung der noch nicht erledigten Anordnung anrufen.

b) Die gerichtliche Überprüfung der Art und Weise der Vollziehung der angeordneten Maßnahme

aa) Die richterliche Vollziehung der heimlichen Zwangsmaßnahme nach §§ 100 c I Nr. 2, 100 d I StPO

Macht der Richter von seinen Durchführungskompetenzen innerhalb der Zwangsmaßnahme nach §§ 100 c I Nr. 2, 100 d I StPO Gebrauch und will sich der Bürger gegen die Art und Weise dieser Vollziehung der noch nicht erledigten Anordnung nach §§ 100 c I Nr. 2, 100 d I StPO wenden, so kann er die Beschwerde nach §§ 304 ff. StPO auf Aufhebung der Vollziehung einlegen[356].

---

353 Vgl. dazu: Feiter, S. 80 ff.
354 Vgl. dazu: Dähn, JA 1981, S. 7, 10; Kramer, Rdnr. 334; Merten/Merten, ZRP 1991, S. 213, 214; Schlüchter, Rdnr. 182.
355 Vgl. dazu: Heneka, S. 93 f.; Schenke, NJW 1976, S. 1816, 1820 ff.
356 Vgl. zur Begründung unter Teil 1 B. I. 2.) a).

bb) Die polizeiliche Vollziehung der heimlichen Zwangsmaßnahmen nach §§ 100 c I Nr. 2, 100 d I; 163 d StPO

Der von einer polizeilichen Eilanordnung nach §§ 100 c I Nr. 2, 100 d I; 163 d StPO betroffene Bürger kann analog § 98 II S. 2 StPO den Richter anrufen mit dem Ziel der Überprüfung der Art und Weise der polizeilichen Vollziehung der noch nicht erledigten Anordnung. Ein entsprechender Rechtsschutz ist nämlich in der Strafprozeßordnung nicht geregelt. Die Untersuchungen zum Rechtsschutz gegen die Art und Weise der staatsanwaltschaftlichen Vollziehung einer staatanwaltschaftlichen Eilanordnung einer heimlichen strafprozessualen Zwangsmaßnahme[357] können im Hinblick auf die hier gleichgelagerte Rechtslage übertragen werden[358].

2.) Die doppelfunktionale heimliche Zwangsmaßnahme

a) Das Vorliegen einer doppelfunktionalen Zwangsmaßnahme

Eine sog. „Doppelfunktionalität" polizeilichen Handelns liegt vor, wenn eine polizeiliche Maßnahme sowohl den Zweck der Strafverfolgung als auch denjenigen der Gefahrenabwehr verfolgt[359]. Entscheidend ist dabei, daß sich der präventive Zweck nicht lediglich als eine notwendige Begleiterscheinung der Strafverfolgung erweist und umgekehrt[360]. Der Fall der doppelfunktionalen Maßnahme ist streng zu unterscheiden vom Fall der sog. „Aufgabenkollision". Eine sog. „Aufgabenkollision" ist gegeben, wenn die Polizei zugleich Aufgaben der Gefahrenabwehr als auch der Strafverfolgung zu erfüllen hat, sie aber aus faktischen Gründen nur eine dieser Aufgaben bewältigen kann[361]. Somit muß sie sich entscheiden, welcher Obliegenheit sie zunächst nachkommt[362]. Bei der Aufgabenkollision liegen also mindestens zwei verschiedene Maßnahmen vor, die jeweils einen anderen Zweck verfolgen. Demgegenüber ist bei der Doppelfunktionalität eine einheitliche polizeiliche Maßnahme gegeben, die sowohl dem einen wie dem anderen Zweck dient. In der neueren Literatur wird teilweise der Terminus der „Gemengelage" anstelle des Begriffes der Doppelfunktio-

---

[357] Vgl. dazu näher unter Teil 1 B. I. 2.) b) bb).

[358] Dem entspricht es, daß die hier vertretenen Meinungen mit denen bezüglich der Überprüfung der Art und Weise der Vollziehung der noch nicht erledigten staatsanwaltschaftlichen Eilanordnung einer heimlicher Zwangsmaßnahmen übereinstimmen. Vgl. dazu: Epinger, S. 169 f.; Fezer, Jura 1982, S. 18, 22; Rieß/Thym, GA 1981, S. 189, 199; BGH, NJW 1979, S. 882, 882; BGHSt 36, S. 30, 31; BGHSt 36, S. 242, 244.

[359] Aulehner, BayVBl 1988, S. 709, 710; Götz, JuS 1985, S. 869, 872; Schoch, Stree-Wessels-FS, S. 1095, 1114; Schütz, Verwaltungsrundschau 1981, S. 187, 188; Schwan, VerwArch (70) 1979, S. 109, 109;

[360] Schwan, VerwArch (70) 1979, S. 109, 128.

[361] Schwan, VerwArch (70) 1979, S. 109, 127.

[362] Schwan, VerwArch (70) 1979, S. 109, 127.

nalität verwandt[363]. Ein inhaltlicher Unterschied ist damit nicht verbunden. Somit wird in dieser Arbeit an dem Begriff der Doppelfunktionalität festgehalten. Bei den im vorliegenden Zusammenhang problematisierten heimlichen strafprozessualen Zwangsmaßnahmen, die einer Eilkompetenz der Polizei unterstehen, kommt der Fall der Doppelfunktionalität nur in bezug auf den Einsatz akustischer Überwachungsmaßnahmen außerhalb von Wohnungen nach §§ 100 c I Nr. 2, 100 d I StPO in Betracht. Eine ähnliche Maßnahme findet sich nämlich auch im Polizeigesetz, z. B. § 18 PolG NRW. Die Schleppnetzfahndung als heimliche Zwangsmaßnahme, die ebenfalls einer polizeilichen Eilkompetenz unterliegt, kann hingegen zur Gefahrenabwehr nicht angeordnet werden.

b) Die Bestimmung des Rechtsweges im Fall des Vorliegens doppelfunktionaler Zwangsmaßnahmen

Um die Problematik des Rechtsschutzes gegen heimliche strafprozessuale Zwangsmaßnahmen umfassend zu klären, muß nun also im folgenden im Hinblick auf die aufgezeigte Möglichkeit einer doppelfunktionalen heimlichen Zwangsmaßnahme die Rechtswegfrage bei Vorliegen einer solchen Maßnahme geklärt werden.

Im Fall einer doppelfunktionalen Zwangsmaßnahme stellt sich im Rahmen der Rechtsschutzproblematik die Frage, ob der Rechtsweg zu den ordentlichen Gerichten oder zu den Verwaltungsgerichten gegeben ist. Dieses Problem wird unterschiedlich gelöst.

aa) Die Lösung nach dem Schwergewicht der Maßnahme

Die Rechtsprechung und ein großer Teil der Literatur gehen von einem strengen Alternativverhältnis zwischen dem Verwaltungsrechtsweg einerseits und dem Rechtsweg vor den ordentlichen Gerichten andererseits aus, wenn Rechtsschutz gegen eine doppelfunktionale polizeiliche Maßnahme begehrt wird[364]. Die Frage der Zuständigkeit der Verwaltungsgerichte oder der ordentlichen Gerichte entscheide sich danach, ob das Schwergewicht der polizeilichen Tätigkeit nach dem Gesamteindruck der Maßnahme und ihrer Zweckrichtung auf der Strafverfolgung oder der Gefahrenabwehr liege[365]. Für die Beurteilung des Gesamteindruckes der Maßnahme sei entscheidend, wie sich der konkrete Lebenssachverhalt einem verständigen Bürger in der Lage des Betroffenen bei natürlicher Be-

---

363 Vgl. dazu: Merten/Merten, ZRP 1991, S. 213, 216.

364 Achenbach, JA 1981, S. 660, 662; Drews/Wacke/Vogel/Martens, S. 139; Knemeyer, S. 67, 67 Fn. 72; Fezer, Jura 1982, S. 126, 133; Würtenberger, in: Achterberg/Püttner, Band II, 7/1 Rdnr. 69; OVG Berlin, NJW 1971, S. 637, 637; OVG Münster, NJW 1980, S. 855, 855 .

365 Aulehner, BayVBl 1988, S. 709, 710; Jorzik/Kunze, Jura 1990, S. 294, 297; Niethammer, BayVBl 1987, S. 412, 413; Vahle, Verwaltungsrundschau 1992, S. 53, 53; OVG Münster, NJW 1990, S. 855, 855; BayVGH, BayVBl 1991, S. 657, 657. Vgl. auch: Schütz, Verwaltungsrundschau 1981, S. 187, 188

trachtungsweise darstelle[366]. Im Hinblick auf die Zwecksetzung wird von einem Teil der Meinungsgruppe auf den objektiven Zweck abgestellt[367]. Ein anderer Teil zieht hingegen die subjektive Zwecksetzung der handelnden Polizeibeamten heran, die sich unter anderem aus der Begründung des Handelns ergebe[368]. Dabei wird die Polizei teilweise als verpflichtet angesehen, Auskunft über den Zweck der Maßnahme zu erteilen, wenn eine solche Begründung fehlt oder ein sonstiger Zweifelsfall vorliegt, z. B. bei schwer durchschaubarer Sachlage[369]. Das zuständige Gericht prüft nach dieser Ansicht die Maßnahme auch lediglich anhand der Regelungen des Rechtsgebietes, bei dem der Schwerpunkt der Maßnahme liegt. Es ist hiernach also auch materiellrechtlich entweder das Polizeirecht oder das Strafverfahrensrecht anwendbar[370].

bb) Die Doppelspurigkeit des Rechtsschutzes

Nach einer anderen Meinung in der Literatur ist bei der Frage nach dem einschlägigen Rechtsweg im Fall einer doppelfunktionalen polizeilichen Maßnahme danach zu differenzieren, ob sich der betroffene Bürger gegen die Maßnahme im Hinblick auf ihren präventiv-polizeilichen oder repressiv-polizeichen Charakter wendet.[371]. Danach muß der Betroffene hinsichtlich des präventiv-polizeilichen Aspektes der Maßnahme den Verwaltungsrechtsweg und hinsichtlich des repressiv-polizeilichen Aspektes der Maßnahme den Rechtsweg zu den ordentlichen Gerichten beschreiten[372]. Das jeweils angegangene Gericht sei in seiner Prüfungs- und Entscheidungskompetenz auf die Fragen beschränkt, die seiner Gerichtsbarkeit unterfallen[373]. Seine Aufhebungsbefugnis sei auch dementsprechend beschränkt[374]. Diese Sichtweise der Problematik findet sich in dieser Form vor allem in den Veröffentlichungen vor der Neufassung des § 17 II S. 1 GVG, der dem Gericht des zulässigen Rechtsweges die Entscheidungsbefugnis bezüglich des Rechtsstreites unter allen in Betracht kommenden rechtlichen Gesichtspunkten zuweist. Sie wird jedoch in dieser Form auch weiterhin in

---

366 Niethammer, BayVBl 1987, S. 412, 413; Würtenberger, in: Achterberg/Püttner, Band II, 7/1 Rdnr. 69; BVerwG, NJW 1975, S. 893, 895. Vgl. auch: Gornig/Jahn, S. 190; Heneka, S. 62.

367 Knemeyer, S. 67, 67 Fn. 72; OVG Berlin, NJW 1971, S. 637, 637; OVG Münster, NJW 1980, S. 855, 855. Vgl. auch: Emmerig, DVBl 1958, S. 228, 342.

368 Vahle, Verwaltungsrundschau 1992, S. 53, 53; Würtenberger, in: Achterberg/Püttner, Band II, 7/1, Rdnr. 70.

369 Vahle, Verwaltungsrundschau 1992, S. 53, 53.

370 Achenbach, JA 1981, S. 660, 662; Drews/Wacke/Vogel/Martens, S. 139; Jorzik/Kunze, Jura 1990, S. 294, 297; Knemeyer, S. 66 f.

371 Eppinger, S. 111; Schenke, VerwArch (60) 1969, S. 332, 344 f.; Schütz, Verwaltungsrundschau 1981, S. 187, 189; Schenke, in: Steiner, BT, II G, Rdnr. 233; Schwan, VerwArch (70) 1979, S. 109, 128 ff.;.

372 Schenke, in: Steiner, BT, II G, Rdnr. 233; Schütz, Verwaltungsrundschau 1981, S. 187, 189.

373 Eppinger, S. 111; Schütz, Verwaltungsrundschau 1981, S. 187, 189.

374 Vgl. dazu statt aller: Schenke, in: Steiner, BT, II G, Rdnr. 233.

der Literatur vertreten, weil der § 17 II S. 1 GVG als nicht einschlägig angesehen wird[375]. Bei den doppelfunktionalen polizeilichen Maßnahmen seien in Wahrheit zwei voneinander zu trennende polizeiliche Maßnahmen gegeben - einerseits präventiver, andererseits repressiver Art -, die nur äußerlich zu einem einzigen Akt zusammenfallen[376]. Somit liegen nach dieser Auffassung mehrere Klagegründe vor. Der § 17 II S. 1 GVG findet aber nur bei Vorliegen eines einzigen Klagegrundes Anwendung[377].

cc) Eine differenzierte Lösung unter Einbeziehung des § 17 II S. 1 GVG

In der Literatur hat sich unter Einbeziehung des § 17 II S. 1 GVG eine neue differenzierende Meinung zur Frage des Rechtsweges in bezug auf doppelfunktionale polizeiliche Maßnahmen herausgebildet. Liege eine polizeiliche Maßnahme vor, die gleichzeitig der Strafverfolgung und der Gefahrenabwehr diene, so könne der Betroffene sowohl die Verwaltungsgerichte nach §§ 40 ff. VwGO als auch die ordentliche Gerichte nach §§ 23 ff. EGGVG anrufen[378]. Das jeweils angegangene Gericht habe dann nach § 17 II S. 1 GVG die in Streit befindliche Maßnahme unter repressiv-polizeilichen und präventiv-polizeilichen Gesichtspunkten zu überprüfen[379]. Auch wenn für die in Streit befindliche polizeiliche Maßnahme gleichzeitig eine Rechtsgrundlage aus der Strafprozeßordnung als auch aus dem Polizeirecht vorliege, ändere dies nichts daran, daß nur ein Klagegrund im Sinne des § 17 II S. 1 GVG gegeben sei[380].

dd) Eine kritische Würdigung der vertretenen Meinungen bei gleichzeitiger Entwicklung eines eigenen Lösungsansatzes

Die generalisierende Lösung der Schwerpunkttheorie bewirkt zum einen durch die einheitliche Zuweisung des Rechtsstreites an ein Gericht eine Vereinfachung des Problemkreises der doppelfunktionalen Zwangsmaßnahmen. Andererseits stellt dieser Ansatz den rechtsschutzsuchenden Bürger vor die Schwierigkeit, die fraglichen Maßnahmen dem Aufgabenbereich der Strafverfolgung oder der Gefahrenabwehr zuordnen zu müssen. Es ist aber für den betroffenen Bürger oft kaum zu erkennen, wo das Schwergewicht einer polizeilichen Maßnahme liegt[381]. Wie sollte z. B. der betroffene Bürger die Installation einer „Wanze“ im sog. „Fall Traube“ einordnen[382]? Der polizeiliche Eingriff diente

---

[375] Schenke, in: Steiner, BT, II G, Rdnr. 233.
[376] Schenke, in: Steiner, BT, II G, Rdnr. 233.
[377] Kissel, § 17 GVG Rdnr. 36.
[378] Heneka, S. 67 f. Vgl. auch: Schoch, Stree-Wessels-FS, S. 1095, 1115 f.
[379] Heneka, S. 67 f. Vgl. auch: Schoch, Stree-Wessels-FS, S. 1095, 1116.
[380] Heneka, S. 68.
[381] Eppinger, S. 109 f.; Pietzner/Ronellenfitsch, § 5 II 3; Schenke, in: Steiner, BT, II G, Rdnr. 231; Schütz Verwaltungsrundschau 1981, S. 187, 188 f.
[382] Vgl. dazu: Schütz, Verwaltungsrundschau 1981, S. 187, 189. Die Illegalität der Maßnahme in diesem Fall ändert nichts an der Zuordnungsproblematik und der Notwendigkeit einer Zuordnung.

hier zugleich der Ergreifung von Terroristen - Strafverfolgung - und der Verhinderung künftiger terroristischer Akte - Gefahrenabwehr - [383]. Ob es für den Bürger in diesem Zusammenhang eine Erleichterung bedeutet, wenn innerhalb der Schwerpunkttheorie teilweise auf eine subjektive Zwecksetzung des Polizeibeamten abgestellt wird, erscheint fraglich. Denn oft sind die polizeilichen Begründungen auch nicht eindeutig. Im übrigen ist das Anknüpfen an die subjektive Sichtweise des handelnden Beamten auch insofern bedenklich, als diese Betrachtungsweise ein Wahlrecht des handelnden Beamten hinsichtlich des Gebietes, auf dem er tätig werden will, zugrunde legt. Die Zulässigkeit eines solchen Wahlrechtes erscheint aber zweifelhaft. Ist nämlich in einem konkreten Fall sowohl die Aufgabe der Strafverfolgung als auch der Gefahrenabwehr zu erfüllen, und steht eine beide Zwecke erfüllende Maßnahme zur Verfügung, dann muß der handelnde Polizeibeamte dieses Mittel ergreifen[384]. Ein Wahlrecht ist insoweit nicht ersichtlich[385]. Darüber hinaus würde ein Wahlrecht des Beamten im Ergebnis auf einen rechtsstaatlich äußerst bedenklichen „Selbstbedienungsladen“ für die Polizei hinauslaufen, aus dem sie den jeweils passenden Zweck für die Rechtfertigung ihres Handelns entnehmen könnte[386]. Abgesehen von den mit der Ermittlung des Schwerpunktes einer polizeilichen Maßnahme verbundenen Schwierigkeiten ist der Ansatz der Schwerpunkttheorie auch deshalb nicht überzeugend, weil er durch seine generalisierende Betrachtungsweise die Besonderheit, die gerade bei der Verfolgung zweier verschiedener Zwecke mit einer Maßnahme gegeben ist, völlig verwischt. Der Aspekt der jeweiligen Maßnahme, der nicht der Schwerpunkt des polizeilichen Handelns bildet, gerät völlig aus dem Blickfeld. Die dargelegten Gründe führen demnach im Ergebnis zur Ablehnung dieser Ansicht.

Dieser letzte Einwand kann gegen die Theorie der Doppelspurigkeit des Rechtsschutzes nicht vorgebracht werden. Dieser Ansatz versucht schließlich, gerade eine differenzierte Lösung der Problematik zu finden. Gegen diese Meinung spricht aber, daß sie die Gefahr divergierender Entscheidungen der Verwaltungsgerichte einerseits und der ordentlichen Gerichte andererseits heraufbeschwört[387]. Auch erscheint es im Ergebnis äußerst bedenklich, eine einheitliche polizeiliche Maßnahme auf Klage z. B. vor den ordentlichen Gerichten nur hinsichtlich eines Teiles seines Zweckes, nämlich des repressiv-polizeilichen, aufzuheben. Diese Schwierigkeiten umgeht die neuerdings vertretene differenzierte Sichtweise, wenn sie dem jeweils angegangenen Gericht nach § 17 II S. 2 GVG den Rechtsstreit unter allen in Betracht kommenden Gesichtspunkten zuweist. Die Auffassung läßt sich aber nur aufrechterhalten, wenn die vorgebrachten

---

383 Vgl. dazu: Schütz, Verwaltungsrundschau 1981, S. 187, 189.
384 Schwan, VerwArch (70) 1979, S. 109, 128 f.
385 Schwan, VerwArch (70) 1979, S. 109, 128 f. Vgl. dazu auch: Achenbach JA 1981, S. 660, 662.
386 So auch Schütz: Verwaltungsrundschau 1981, S. 187, 189.
387 Pietzner/Ronellenfitsch, § 5 II 3 c.

Einwände gegen die Anwendbarkeit des § 17 II S. 2 GVG im Fall der doppelfunktionalen polizeilichen Maßnahmen sich als nicht stichhaltig erweisen. Entscheidend ist in diesem Zusammenhang, ob bei doppelfunktionalen Maßnahmen ein Klagegrund im Sinne des § 17 II S. 1 GVG vorliegt. Es erscheint willkürlich, wenn die Theorie der Doppelspurigkeit des Rechtsschutzes die doppelfunktionale polizeiliche Maßnahme in Wahrheit als zwei voneinander zu trennende Maßnahmen ansieht, die lediglich in einem Akt zusammenfallen, und demnach zwei Klagegründe annimmt. Wenn eine Maßnahme zwei Aufgaben erfüllt, kann dies doch nicht dazu führen, daß aus einer einheitlichen Maßnahme zwei Akte mit jeweils unterschiedlicher Zielsetzung entstehen. Nach dieser Ansicht dürfte der Begriff der Doppelfunktionalität eigentlich überhaupt nicht existieren. Denn hiernach werden gerade durch eine Maßnahme keine zwei Aufgaben erfüllt, sondern es liegen vielmehr zwei Maßnahmen mit ihrer jeweils eigenen Funktion vor. Im Ergebnis ist also festzuhalten, daß bei doppelfunktionalen polizeilichen Maßnahmen nur ein Klagegrund vorliegt, nämlich die Maßnahme an sich, unabhängig von der Rechtsgrundlage, auf welche sie sich stützt. Demnach ist § 17 II S. 1 GVG in bezug auf doppelfunktionale polizeiliche Maßnahmen anwendbar.

Bei dem hier vertretenen Ansatz, nach dem hinsichtlich des Rechtsschutzes gegen eine noch nicht erledigte polizeiliche Eilanordnung einer heimlichen strafprozessualen Zwangsmaßnahme das Verfahren analog § 98 II S. 2 StPO eröffnet ist, stellt sich aber das weitere Problem, ob § 17 II S. 1 GVG auch im Verfahren nach § 98 II S. 2 StPO (analog) anwendbar ist. Die dargelegte neuere differenzierende Auffassung spricht sich explizit nur für die Anwendung des § 17 II S. 2 GVG in bezug auf die §§ 23 ff. EGGVG aus[388]. Die Ausführungen zum Rechtsschutz gegen die polizeiliche Eilanordnung einer Zwangsmaßnahme haben gezeigt, daß angemessener Rechtsschutz vor den ordentlichen Gerichten hier nur über eine (analoge) Anwendung des § 98 II S. 2 StPO erreicht werden kann. Wenn dann aber eine doppelfunktionale (heimliche) Zwangsmaßnahme vorliegt, dann muß konsequenterweise auch im Rahmen des § 98 II S. 2 StPO (analog) der § 17 II S. 1 GVG Anwendung finden.

Im Ergebnis ist folglich festzuhalten, daß der von einer (heimlichen) doppelfunktionalen polizeilichen Maßnahme Betroffene sowohl das Verwaltungsgericht als auch die ordentlichen Gerichte nach § 98 II S. 2 StPO (analog) anrufen kann. Der Prüfungsumfang des angegangenen Gerichtes richtet sich dabei nach § 17 II S. 1 GVG.

---

388 Heneka, S. 67 f.

III. Die staatsanwaltschaftliche bzw. polizeiliche Anordnung der heimlichen strafprozessualen Zwangsmaßnahmen aufgrund originärer Kompetenz

Die Staatsanwaltschaft besitzt, wie bereits dargelegt, eine originäre Kompetenz zur Anordnung des Einsatzes Verdeckter Ermittler nach §§ 110 a, b I StPO, des Datenabgleiches nach § 98 c StPO und des Einsatzes technischer Mittel zur Observation nach § 100 c I Nr. 1 StPO. Die letzteren beiden heimlichen Zwangsmaßnahmen kann auch die Polizei in Ausübung einer originären Kompetenz anordnen[389]. Demnach soll es in der nachfolgenden Untersuchung um die Möglichkeit der Anrufung der ordentlichen Gerichte gegen diese Maßnahmen gehen.

1.) Die gerichtliche Überprüfbarkeit der Anordnung der Maßnahme

Die Strafprozeßordnung sieht auch hinsichtlich der Zwangsmaßnahmen nach §§ 98 c; 100 c I Nr. 1; 110 a, b I StPO keine Möglichkeit vor, sich mit dem Ziel der Aufhebung der noch nicht erledigten Anordnung an die ordentlichen Gerichte zu wenden. Deshalb muß wiederum geklärt werden, ob der Betroffene auf das Rechtsschutzverfahren nach §§ 23 ff. StPO oder das Verfahren analog § 98 II S. 2 StPO zu verweisen ist.

a) Der Meinungsstand in der Literatur und der Rechtsprechung

aa) Die Gegenvorstellung oder die Dienstaufsichtsbeschwerde

Vereinzelt wird vor allem in der älteren Literatur in Erwägung gezogen, daß der Betroffene gegen die staatsanwaltschaftliche bzw. polizeiliche Anordnung einer Zwangsmaßnahme nach §§ 98 c; 100 c I Nr. 1; 110 a, b I StPO nur die Gegenvorstellung erheben oder die Dienstaufsichtsbeschwerde einlegen könne[390]. Eine Anrufung der ordentlichen Gerichte komme hier nicht in Betracht.

bb) Der Rechtsweg nach §§ 23 ff. EGGVG

Nach einer zweiten Ansicht kann der betroffene Bürger ausschließlich das Oberlandesgericht nach §§ 23 ff. EGGVG anrufen, wenn er Rechtsschutz begehrt gegen eine noch nicht erledigte staatsanwaltschaftliche bzw. polizeiliche Anordnung einer strafprozessualen Zwangsmaßnahme, die, wie die hier zu untersuchenden Maßnahmen, einer ermittlungsbehördlichen Originärkompetenz unterliegen[391]. Die analoge Anwendung des § 98 II S. 2 StPO scheide aus, weil

---

389 In bezug auf den Datenabgleich kommt dabei der Fall der Doppelfunktionalität in Betracht. Denn eine ähnliche Regelung findet sich auch in den Polizeigesetzen, z. B. § 25 PolG NRW.

390 Vgl. dazu: Feiter, S. 83 f.; KK-Senge, § 81 b Rdnr. 9.

391 Götz, JuS 1985, S. 869, 872; Merten/Merten, ZRP 1991, S. 213, 215; Middelberg, S. 92 ff.; 106 ff.; Ranft, Rdnr. 612; Rieß/Thym, GA 1981, S. 189, 207 f.; Schroeder, Rdnr. 181; SK-StPO-Rudolphi, Vorbem. vor § 94 Rdnr. 80.

eine hinreichende Vergleichbarkeit der Tatbestände nicht gegeben sei[392]. Die fraglichen Zwangsmaßnahmen unterlägen nämlich im Gegensatz zu dem in § 98 II S. 2 StPO geregelten Fall der Beschlagnahme nicht der Primärkompetenz des (Ermittlungs-)Richters und der Ersatzkompetenz der Staatsanwaltschaft bzw. der Polizei, vielmehr bestünde hier überhaupt keine richterliche Anordnungskompetenz, die Anordnungskompetenz stehe der Staatsanwaltschaft bzw. der Polizei hier primär und alleinig zu[393]. Diese Sichtweise hat auch viele Anhänger unter den Autoren gefunden, die hinsichtlich des Rechtsschutzes gegen die noch nicht erledigte staatsanwaltschaftliche bzw. polizeiliche Eilanordnung einer (heimlichen) Zwangsmaßnahme den § 98 II S. 2 StPO analog anwenden[394].

cc) Der Rechtsweg nach § 98 II S. 2 StPO

Eine im Vordringen befindliche Meinung in der Literatur und Rechtsprechung eröffnet dem Betroffenen gegen die noch nicht erledigte, aufgrund einer Originärkompetenz der Staatsanwaltschaft bzw. der Polizei ergangene Anordnung einer strafprozessualen Zwangsmaßnahme nach §§ 98 c; 100 c I Nr. 1; 110 a, b I StPO das Verfahren analog § 98 II S. 2 StPO[395]. Die Anwendung des § 98 II S. 2 StPO wird dabei im Wege einer Rechtsanalogie[396] überwiegend gestützt auf einen aus § 98 II S. 2 StPO zu entnehmenden allgemeinen Rechtsgedanken[397]. Danach obliege die Kontrolle von Grund- rechtseingriffen im Ermittlungsverfahren grundsätzlich dem Ermittlungsrichter und dieser könne demnach auch vom betroffenen Bürger um Rechtsschutz ersucht werden[398]. Ein neuerer Ansatz im Schrifttum geht einen anderen Weg[399]. Es wird innerhalb der einer Originärkompetenz unterliegenden Zwangsmaßnahmen unterschieden zwischen den

---

392 AK-StPO-Achenbach, § 163 Rdnr. 36; Feiter, S. 85 f.; Fezer, Jura 1982, S. 126, 131.

393 AK-StPO-Achenbach, § 163 Rdnr. 36; Feiter, S. 85; Middelberg, S. 94.

394 So z. B.: Fezer, Jura 1982, S. 18, 21 f. einerseits und Jura 1982, S. 126, 131 andererseits; Middelberg S. 219 ff. einerseits und S. 92 ff., 106 ff. andererseits; Rieß/Thym, GA 1981, S. 189, 200 einerseits und S. 207 f. andererseits; SK-StPO-Rudolphi, § 100 Rdnr. 15 einerseits und Vorbem. vor § 94 Rdnr. 80 andererseits.

395 Vgl. dazu: KMR-Paulus, Vorb. § 1 Rdnr. 8 f.; Roxin, § 29 Rdnr. 8; Schlüchter, Rdnr. 187. Vgl. auch: Katholnigg, NStZ 1990, S. 504, 504; LR-Dahs, § 81 b Rdnr. 22 f.; BGH, StV 1994, S. 57, 57; HansOLG Hamburg, MDR 1977, S. 68, 68; OLG Stuttgart, MDR 1986, S. 689, 689 f.; OLG Braunschweig, NStZ 1991, S. 551, 551; LG Flensburg, StV 1987, S. 56, 56.

396 Die Unterscheidung zwischen einer „Rechts- und Gesetzesanalogie" ist in der Methodenlehre allgemein anerkannt. Bei der sog. „Rechtsanalogie" wird aus einer Mehrzahl verwandter Bestimmungen induktiv ein gemeinsames Prinzip entnommen, welches auf den ähnlichen Fall deduktiv anwendbar ist. Demnach wird dann die übereinstimmende Rechtsfolgenanordnung auf den von ihrem Wortlaut nicht erfaßten Fall erstreckt. Die sog. „Gesetzesanalogie", die bisher immer angewandt wurde, zeichnet sich hingegen dadurch aus, daß die für *einen* Tatbestand gegebene Regel auf einen anderen, ihm ähnlichen, d. h. wertungsmäßig gleich zu erachtenden Tatbestand übertragen wird. Vgl. dazu: Bydlinski, S. 477 f.; Larenz/Canaris, S. 204; Schmalz, Rdnr. 334.

397 Roxin, § 29 Rdnr. 8; Schlüchter, Rdnr. 187.

398 Vgl. dazu: Bachmann, S. 233.

399 Bachmann, S. 227 ff.

sog. „funktionalen Eil- oder Vollzugsmaßnahmen“, wozu die Maßnahmen nach §§ 127; 163 b I S. 2 i. V. m. 163 c, 131 II; 163 b I S. 2 StPO gehörten[400], und den „Zwangsmaßnahmen ohne richterliche Einflußmöglichkeit“, wozu u. a. die Maßnahmen nach §§ 81 b; 100 c I Nr. 1; 110 a, b I; 163 b I S. 1 StPO gehörten[401]. Im Hinblick auf das hier zu behandelnde Problem interessiert nur die Lösung bezüglich der letzteren Fallgruppe, innerhalb derer auch noch einmal differenziert wird. Für den Fall der analogen Anwendung des § 98 II S. 2 StPO auf Maßnahmen wie § 81 b StPO wird dargelegt, daß das Verfahren nach § 98 II S. 2 StPO in seinem unmittelbaren Anwendungsbereich auch hinsichtlich Zwangsmaßnahmenanordnungen aufgrund originärer staatsanwaltschaftlicher bzw. polizeilicher Kompetenz, nämlich die formlosen Sicherstellungsanordnungen nach § 94 StPO, anwendbar sei[402]. Somit sei der Weg eröffnet für eine analoge Anwendung der Bestimmung auf andere, einer originären Kompetenz unterliegende Zwangsmaßnahmenanordnungen wie z. B. nach § 81 b StPO[403]. Die heimlichen Zwangsmaßnahmen nach §§ 100 c I Nr. 1; 110 a, b I StPO und die einfache Freiheitsentziehung nach § 163 b I S. 1 StPO werden aber aus dieser Analogie ausgeklammert[404]. Die Frage des in diesem Zusammenhang einschlägigen Rechtsweges könne offen bleiben[405]. Diese Maßnahmen würden geheim oder sofort vollzogen, so daß nur ein nachträgliches Rechtsschutzverfahren in Betracht käme[406]. An der dann allein noch möglichen nachträglichen Feststellung der etwaigen Rechtswidrigkeit der Anordnungen bestehe kein Interesse, das Rechtsschutzbedürfnis fehle insoweit[407]. Somit sei unerheblich, welcher Rechtsbehelf theoretisch gegeben sei[408].

dd) Stellungnahme

In Anbetracht der noch ausstehenden eigenen Analyse der hier in Rede stehenden Problematik müssen die dargelegten Lösungsansätze kritisch reflektiert werden.

Die erste der angeführten Meinungen wird der Rechtsweggarantie des Art. 19 IV S. 1 GG nicht gerecht. Denn gegen die mit den staatsanwaltschaftlichen bzw. polizeilichen Zwangsmaßnahmen verbundenen Grundrechtseingriffe muß der Rechtsweg eröffnet sein, die Gegenvorstellung oder die Dienstaufsichtsbeschwerde sind aber kein Rechtsweg im Sinne des Art. 19 IV S. 1 GG[409]. Diese Auffassung ist somit abzulehnen.

---

400 Bachmann, S. 229 ff.
401 Bachmann, S. 232 ff.
402 Bachmann, S. 233 ff.
403 Bachmann, S. 233 ff.
404 Bachmann, S. 232 f.
405 Bachmann, S. 232.
406 Bachmann, a. a. O.
407 Bachmann, a. a. O.
408 Bachmann, a. a. O.
409 Feiter, S. 84; Middelberg, S. 89.

Demnach stellt sich abermals die Frage einer Abgrenzung zwischen den §§ 23 ff. EGGVG und dem § 98 II S. 2 StPO. Zunächst einmal kann wiederum auf die bereits ausgeführten Argumente, die für die Anrufung des (Ermittlungs-) Richters im Verfahren nach § 98 II S. 2 StPO gegen staatsanwaltschaftliche bzw. polizeiliche Zwangsmaßnahmen sprechen, verwiesen werden[410]. Abgesehen davon spricht aber für die Anwendung des § 98 II S. 2 StPO im hier fraglichen Zusammenhang auch die Einheitlichkeit des Rechtsschutzes gegen staatsanwaltschaftliche bzw. polizeiliche Anordnungen strafprozessualer Zwangsmaßnahmen[411]. Wendet man § 98 II S. 2 StPO auch bezüglich der noch nicht erledigten (heimlichen) Zwangsmaßnahmenanordnungen an, die im Rahmen einer Originärkompetenz erlassen werden, so richtet sich, bei Zugrundelegung der bisher erarbeiteten Ergebnisse, der Rechtsschutz gegen staatsanwaltschaftliche bzw. polizeiliche Anordnungen strafprozessualer Zwangsmaßnahmen, die noch nicht erledigt sind, stets nach § 98 II S. 2 StPO. Dies vermeidet unter anderem eine für den Bürger unerfreuliche Rechtswegspaltung, wenn er sich gegen mehrere, aufgrund unterschiedlicher Kompetenzen erlassene Zwangsmaßnahmen wehren will.

Fraglich ist aber, ob die Herleitung der analogen Anwendung des § 98 II S. 2 StPO durch die oben dargelegte Ansicht überzeugen kann.

Die bisherige Herleitung der Analogie setzt sich mit den einzelnen Analogievoraussetzungen nicht auseinander und greift statt dessen auf einen allgemeinen Rechtsgedanken zurück, ohne diesen überhaupt begründet zu haben. Die Annahme dieses allgemeinen Rechtsgedankens kann nicht überzeugen. Nach der Strafprozeßordnung sind nämlich gerade nicht alle Zwangsmaßnahmen einem Richtervorbehalt und damit der richterlichen Kontrolle unterstellt[412]. Im übrigen sehen auch die geregelten Rechtsschutzverfahren gegen Zwangsmaßnahmen nicht stets die Zuständigkeit des Ermittlungsrichters vor[413], vielmehr ist zum Teil, wie z. B. im Fall der §§ 161 a III; 163 III i. V. m.161 a III S. 2; 111 l VI S. 1 i. V. m. 161a III StPO, das Landgericht zuständig.

Der neue Ansatz zur Begründung der Anwendung des Verfahrens nach § 98 II S. 2 StPO in bezug auf die einer staatsanwaltschaftlichen bzw. polizeilichen Originärkompetenz unterliegenden Zwangsmaßnahmenanordnungen erscheint hinsichtlich der zu untersuchenden Anordnungen nach §§ 98 c; 100 c I Nr. 1; 110 a, b I StPO bedenklich. Das Vorgehen gegen diese ermittlungsbehördlichen Anordnungen vor dem Eintritt der Erledigung ist zwar selten, aber doch nicht ausgeschlossen, wie bereits an anderer Stelle ausführlich dargelegt wurde[414]. Demnach können diese Fälle aus der Rechtsschutzdiskussion nicht einfach aus-

410 Vgl. dazu näher unter Teil 1 B. I. 1.) a) dd).
411 Vgl. dazu: LR-Dahs, § 81 b Rdnr. 22 f.
412 Vgl. dazu die Ausführungen unter Teil 1 A. I. 3.) a) aa).
413 So auch: Bachmann, S. 233.
414 Vgl. dazu näher unter Teil 1 B.

geschlossen werden, denn Art. 19 IV S. 1 GG erfordert auch hier eine umfassende Rechtskontrolle. Ohne den Ausführungen zum Rechtsschutz gegen die Anordnungen nach §§ 98 c; 100 c I Nr. 1; 110 a, b I StPO im Fall der Erledigung vorzugreifen, sei darüber hinaus angemerkt, daß nicht ersichtlich ist, weshalb dieser Ansatz ein Rechtsschutzbedürfnis für dieses Rechtsschutzbegehren ablehnen will. Wieso sollte z. B. gerade in diesen Fällen nicht die Gefahr der Wiederholung der Maßnahme bestehen und damit ein Rechtsschutzinteresse begründbar sein? Im Ergebnis ist also festzuhalten, daß es sinnvoll ist, den Betroffenen einer noch nicht erledigten Anordnung nach §§ 98 c; 100 c I Nr. 1; 110 a, b I StPO zur Erlangung von Rechtsschutz auf das Verfahren nach § 98 II S. 2 StPO zu verweisen. Lediglich die Begründung der analogen Anwendung des § 98 II S. 2 StPO bedarf noch einer genaueren Untersuchung. Dabei kann unter Umständen zurückgegriffen werden auf die von der neueren Schrifttumsmeinung entwickelte Herleitung der analogen Anwendung des § 98 II S. 2 StPO im Fall einer staatsanwaltschaftlichen bzw. polizeilichen Anordnung nach § 81 b StPO.

b) Eigener Lösungsansatz zur Frage des einschlägigen Rechtsweges

aa) Das Vorliegen einer planwidrigen Regelungslücke[415]

Da die Strafprozeßordnung die Möglichkeit der Überprüfung einer ermittlungsbehördlichen Anordnung nach §§ 98 c; 100 c I Nr. 1; 110 a, b I StPO nicht vorsieht und die §§ 23 ff. EGGVG wegen des Eingreifens des § 23 III EGGVG nicht zur Anwendung kommen, liegt eine Regelungslücke im Hinblick auf das dargelegte Rechtsschutzziel vor[416]. Die Planwidrigkeit dieser Regelungslücke ergibt sich aus den Erwägungen zur analogen Anwendung des § 98 II S. 2 StPO im Fall des Rechtsschutzes gegen die noch nicht erledigte staatsanwaltschaftliche Eilanordnung nach §§ 98 a, b; 99, 100; 100 a, b; 100 c I Nr. 2, 100 d I; 110 a, b II; 163 d; 163 e StPO[417].

bb) Der Zweck des § 98 II S. 2 StPO und die Vergleichbarkeit der Interessenlage[418]

Der Normzweck des § 98 II S. 2 StPO muß sich auf den Fall der noch nicht erledigten staatsanwaltschaftlichen bzw. polizeilichen Anordnung nach §§ 98 c; 100 c I Nr. 1, 110 a, b I StPO übertragen lassen, weil die Interessenkonstellationen im geregelten und ungeregelten Fall gleichartig sind.

---

415 Zum Erfordernis der planwidrigen Regelungslücke bei der Analogie vgl. näher unter Teil 1 B. I. 1.) b) bb) (1)/(2).

416 Vgl. genauer zur Frage des Eingreifens des § 23 III EGGVG und des Vorliegens einer Regelungslücke unter Teil 1 B. I. 1.) b) bb) (1).

417 Vgl. dazu näher unter Teil 1 B. I. 1.) b) bb) (2).

418 Zur Analogievoraussetzung der Normzweckübertragung wegen der Vergleichbarkeit der Interessenlage vgl. näher unter Teil 1 B. I. 1.) b) bb) (3).

(1) Die Vergleichbarkeit der Interessenlage

Der bislang gewählte Weg der Herleitung der Vergleichbarkeit der Interessenlage[419] kann hier nicht eingreifen, weil die Staatsanwaltschaft bzw. die Polizei die Zwangsmaßnahmen nach §§ 98 c; 100 c I Nr. 1, 110 a, b I StPO aufgrund einer originären Kompetenz anordnen dürfen und nicht bloß aufgrund einer sekundären Eilkompetenz anstelle des Richters zur Anordnung befugt sind.
Eine Vergleichbarkeit der Interessenlage könnte sich aber auf die Strafverfolgungspraxis stützen. Denn in der Praxis werden z. B. 90 % der Beschlagnahmen nicht von Richtern, sondern von der Staatsanwaltschaft und der Polizei unter Wahrnehmung ihrer Eilzuständigkeit angeordnet[420]. Das Regel-Ausnahme-Verhältnis der richterlichen Anordnung einerseits und der Eilanordnung der Staatsanwaltschaft bzw. der Polizei andererseits ist also in der Praxis der Strafverfolgungsbehörden faktisch umgekehrt. Die Unterschiedlichkeit der beiden Bereiche - Eilkompetenz und Originärkompetenz - wirkt sich in der Praxis aber gerade nicht aus[421]. Sowohl im Fall der Eilkompetenz wie auch im Fall der originären Kompetenz werden die Zwangsmaßnahmen von der Staatsanwaltschaft bzw. der Polizei erlassen[422]. Ein solcher rein faktischer Aspekt wie die Strafverfolgungspraxis vermag aber allein eine Vergleichbarkeit der Interessenlage nicht zu rechtfertigen. Er kann aber ein bereits aus anderen Gesichtspunkten gewonnenes Ergebnis lediglich weiter untermauern.
Eine Vergleichbarkeit der von § 98 II S. 2 StPO erfaßten Zwangsmaßnahmen zu den hier in Rede stehenden Zwangsmaßnahmen nach §§ 98 c; 100 c I Nr. 1, 110 a, b I StPO wäre dann begründbar, wenn der (Ermittlungs-)Richter nach § 98 II S. 2 StPO auch angerufen werden könnte mit dem Ziel der Aufhebung einer Zwangsmaßnahme, die der Originärkompetenz der Staatsanwaltschaft bzw. der Polizei unterliegt.

(a) Die Anwendbarkeit des § 98 II S. 1 StPO im Fall einer staatsanwaltschaftlichen bzw. polizeilichen Zwangsmaßnahmenanordnung aufgrund von Originärkompetenz

Der Hauptanwendungsfall der §§ 94 ff. StPO ist die Beschlagnahme, die der richterlichen Primärkompetenz und der staatsanwaltschaftlichen bzw. polizeilichen Eilkompetenz unterliegt. Einer Beschlagnahme bedarf es zur Sicherung des Beweisgegenstandes gemäß § 94 II StPO indes nur, wenn sich die beweisrelevanten Gegenstände im Gewahrsam einer Person befinden und nicht freiwillig herausgegeben werden. Aus § 94 I StPO und dem Umkehrschluß zu § 94 II StPO ergibt sich, daß bei Nichtvorliegen einer dieser Prämissen eine formlose Sicherstellung des Beweisgegenstandes ausreicht. Das Gesetz sieht hinsichtlich

---

419 Vgl. dazu statt aller unter Teil 1 B. I. 1.) b) bb) (3) (b).
420 Feiter, S. 84; Nelles, S. 224 ff.
421 Feiter, a. a. O.
422 Feiter, a. a. O.

der Anordnung der formlosen Sicherstellung keine besondere Zuständigkeit vor. Aufgrund der umfassenden Verfahrensherrschaft der Staatsanwaltschaft im Ermittlungsverfahren, vgl. § 161 StPO, können diese Maßnahmen im Ermittlungsverfahren von der Staatsanwaltschaft als originär berufenem Organ angeordnet werden[423]. Des weiteren besteht eine originäre Anordnungskompetenz der Beamten des Polizeidienstes bezüglich dieser Maßnahmen im Rahmen des ersten Zugriffes nach § 163 StPO[424]. Nach allgemeiner Ansicht kann der von einer originärkompetenzlichen Sicherstellungsanordnung Betroffene den (Ermittlungs-)Richter nach § 98 II S. 2 StPO anrufen[425].

(b) Die rechtliche Qualifizierung einer richterlichen Entscheidung nach § 98 II S. 2 StPO im Fall einer originärkompetenzlichen Sicherstellungsanordnung

Mit diesem gerade entwickelten Ergebnis ist aber noch keine endgültige Lösung in dem hier fraglichen Zusammenhang gefunden. Fraglich ist nämlich, ob der (Ermittlungs-)Richter hier auch von seiner im Rahmen des § 98 II S. 2 StPO bestehenden Kompetenz zur Aufhebung oder Aufrechterhaltung der Maßnahme Gebrauch macht[426] oder aber von seiner Anordnungskompetenz nach § 98 I StPO.

Die Möglichkeit der Deutung der Entscheidung des (Ermittlungs-)Richters als (Beschlagnahme-)Anordnung nach § 98 I StPO wird deutlich, wenn man den Fall des Vorgehens des Betroffenen gegen eine formlose Sicherstellung nach dem Widerruf seiner Einwilligung betrachtet[427]. Man könnte hier nämlich zu dem Schluß kommen, daß mit dem Widerruf der Einwilligung nunmehr eine Beschlagnahme erforderlich werde[428]. Der im Rahmen des § 98 II S. 2 StPO angerufene Richter würde dann also eine neue Anordnung, eben eine Beschlagnahmeanordnung, aufgrund seiner ihm nach § 98 I StPO zustehenden Anordnungskompetenz treffen[429] und gerade nicht eine Entscheidung über die Aufrechterhaltung oder Aufhebung der getroffenen Anordnung fällen.

Diese Frage kann aber in dem hier in Rede stehenden Zusammenhang offen bleiben, wenn eine Fallkonstellation einer formlosen Sicherstellung gefunden würde, bei der zweifelsfrei das Erklärungsmodell der Neuanordnung nicht greifen könnte. In Betracht kommt der Fall des nichtbesitzenden Eigentümers, der gegen die formlose Sicherstellung seines Eigentums beim herausgabebereiten Gewahrsamsinhaber, z. B. wegen Beeinträchtigung seines Rückforderungs-

---

423 So im Ergebnis auch Bachmann, S. 233; LR-Schäfer, § 94 Rdnr. 24.
424 So im Ergebnis auch Bachmann, S. 233; LR-Schäfer, § 94 Rdnr. 24.
425 Vgl. dazu: AK-StPO-Amelung, § 94 Rdnr. 19; KK-Nack, § 94 Rdnr. 15 und § 98 Rdnr. 18; LR-Schäfer, § 98 Rdnr. 48; SK-StPO-Rudolphi, § 94 Rdnr. 17 und § 98 Rdnr. 38.
426 Vgl. zur Aufhebungsbefugnis nach § 98 II S. 2 StPO: Teil 1 B. I. 1.) b) bb) (3) (a).
427 Vgl. dazu: Bachmann, S. 234.
428 Vgl. dazu: Bachmann, a. a. O.
429 Vgl. dazu: Bachmann, a. a. O.

rechtes durch die Zwangsmaßnahme, vorgehen will[430]. Dieser nicht besitzende Eigentümer ist Betroffener im Sinne des § 98 II S. 2 StPO, weil dieser Begriff weit auszulegen ist und somit darunter jeder fällt, dessen Rechtsposition durch die Zwangsmaßnahme berührt ist[431]. Auch in diesem Fall einer formlosen originärkompetenzlichen Sicherstellung ist demnach nach allgemeiner Ansicht der § 98 II S. 2 StPO anwendbar[432]. Solange der Gewahrsamsinhaber der Sicherstellung nicht widerspricht, ist hier keine Beschlagnahme und damit auch keine richterliche Anordnungsentscheidung erforderlich. Demgemäß kann die Entscheidung des (Ermittlungs-)Richters hier nicht als Neuanordnung nach § 98 I StPO interpretiert werden. Wenn der (Ermittlungs-)Richter hier also nach § 98 II S. 2 StPO angerufen wird, entscheidet er über die Aufrechterhaltung oder Aufhebung der ermittlungsbehördlichen Sicherstellungsanordnung.
Somit umfaßt der Anwendungsbereich und das Verfahren nach § 98 II S. 2 StPO auch eine unter Originärkompetenz stehende Anordnung einer Zwangsmaßnahme. Infolgedessen ist eine Vergleichbarkeit zwischen den von § 98 II S. 2 StPO erfaßten Zwangsmaßnahmen und den hier zu untersuchenden, einer staatsanwaltschaftlichen bzw. polizeilichen Originärkompetenz unterliegenden Zwangsmaßnahmen nach §§ 98 c; 100 c I Nr. 1, 110 a, b I StPO hergestellt.

(2) Der Zweck des § 98 II S. 2 StPO

Nach den bisherigen Erwägungen zum Zweck des § 98 II S. 2 StPO soll diese Bestimmung dem von der Beschlagnahme Betroffenen die Einholung der nachträglichen Entscheidung desjenigen Richters ermöglichen, der nach § 98 I StPO an sich die primäre Anordnungsbefugnis besitzt, die konkrete Maßnahme wegen Eilbedürftigkeit hingegen nicht selbst anordnen konnte[433]. Angesichts der Tatsache, daß der § 98 II S. 2 StPO in seinem unmittelbaren Anwendungsbereich auch eine einer Originärkompetenz unterliegende Zwangsmaßnahme erfaßt, muß diese Zwecksetzung erweitert werden. Der § 98 II S. 2 StPO soll also auch dem von einer originärkompetenzlichen Sicherstellung Betroffenen die nachträgliche Entscheidung desjenigen Richters ermöglichen, dessen grundlegender Aufgabenstellung es entspricht, über die Rechtmäßigkeit von Zwangsmaßnahmen im Vorverfahren zu wachen, nämlich des Ermittlungsrichters.
Aufgrund der dargelegten Vergleichbarkeit der Interessenlage läßt sich dieser Normzweck auf die Maßnahmen nach §§ 98 c; 100 c I Nr. 1, 110 a, b I StPO insoweit übertragen, als es um die Erlangung von Rechtsschutz gegen die Anordnung dieser Zwangsmaßnahmen geht.

---

430 Vgl. dazu: Bachmann, S. 234 f.
431 Vgl. dazu: Bachmann, S. 234 f.; KK-Nack, § 98 Rdnr. 18; LR-Schäfer, § 98 Rdnr. 48.
432 Vgl. statt aller: Bachmann, S. 235; LR-Schäfer, § 98 Rdnr. 48.
433 Vgl. dazu näher unter Teil 1 B. I. 1.) b) bb) (3) (a).

Folglich kann der von einer staatsanwaltschaftlichen bzw. polizeilichen Anordnung nach §§ 98 c; 100 c I Nr. 1, 110 a, b I StPO betroffene Bürger analog § 98 II S. 2 StPO den Richter anrufen mit dem Ziel der Aufhebung der noch nicht erledigten Anordnung.

2.) Die gerichtliche Überprüfbarkeit der Art und Weise der Vollziehung der angeordneten Maßnahme

In der Strafprozeßordnung findet sich ebenfalls keine ausdrückliche Regelung bezüglich der Überprüfung der Art und Weise der Vollziehung der noch nicht erledigten Maßnahmen nach §§ 98 c; 100 c I Nr. 1; 110 a, b I StPO.

a) Der Meinungsstand in der Literatur und der Rechtsprechung

aa) Die Gegenvorstellung oder die Dienstaufsichtsbeschwerde

Auch im Hinblick auf den Vollziehungsrechtsschutz wird vereinzelt erwogen, daß der Betroffene zur Beanstandung der Art und Weise der Vollziehung einer noch nicht erledigten staatsanwaltschaftlichen bzw. polizeilichen Zwangsmaßnahmenanordnung nach §§ 98 c; 100 c I Nr. 1; 110 a, b I StPO nur die Gegenvorstellung erheben oder eine Dienstaufsichtsbeschwerde einlegen könnte[434].

bb) Der Rechtsweg nach §§ 23 ff. EGGVG

Nach einer Auffassung kann der Betroffene einer noch nicht erledigten Maßnahme nach §§ 98 c; 100 c I Nr. 1; 110 a, b I StPO zur Überprüfung der Art und Weise der Vollziehung dieser Maßnahme das Oberlandesgericht nach §§ 23 ff. EGGVG anrufen[435]. Die analoge Anwendung des § 98 II S. 2 StPO scheide im Fall des Rechtsschutzes gegen die Art und Weise der Vollziehung einer von der Staatsanwaltschaft bzw. der Polizei im Rahmen ihrer Originärkompetenz erlassenen Zwangsmaßnahme nämlich aus[436]. Während diese Ausschlußthese für den Fall des Rechtsschutzes gegen die noch nicht erledigte staatsanwaltschaftliche bzw. polizeiliche Anordnung einer Zwangsmaßnahme im Rahmen einer Originärkompetenz noch begründet wurde[437], wird sie hier als selbstverständlich vorausgesetzt und bleibt dementsprechend unbegründet.

cc) Der Rechtsweg nach § 98 II S. 2 StPO

Eine dritte Meinung geht davon aus, daß der Betroffene einer noch nicht erledigten Anordnung nach §§ 98 c; 100 c I Nr. 1; 110 a, b I StPO zur Überprüfung der Art und Weise der Vollziehung dieser Anordnung den (Ermittlungs-)Richter

---

434 Vgl. dazu: KK-Senge, § 81 b Rdnr. 9.

435 Vgl. dazu: Götz, JuS 1985, S. 869, 872; Merten/Merten, ZRP 1991, S. 213, 215; Schroeder, Rdnr. 181.

436 Merten/Merten, ZRP 1991, S. 213, 215.

437 Vgl. dazu näher unter Teil 1 B. III. 1.) a) bb).

analog § 98 II S. 2 StPO anrufen könne[438]. Ebenso wie die Frage des Rechtsschutzes gegen die noch nicht erledigte originärkompetenzliche Anordnung der Staatsanwaltschaft bzw. der Polizei wird diese Auffassung gestützt auf einen angeblich aus § 98 II S. 2 StPO zu entnehmenden allgemeinen Rechtsgedanken, wonach strafprozessuale Zwangsmaßnahmen grundsätzlich der Kontrolle des Ermittlungsrichters unterlägen[439].

dd) Stellungnahme

Der Verweis des rechtsschutzsuchenden Bürgers auf die nichtförmlichen Rechtsbehelfe der Gegenvorstellung oder der Dienstaufsichtsbeschwerde ist bereits angesichts des Art. 19 IV S. 1 GG abzulehnen[440].

Betrachtet man die beiden anderen Meinungen vom Ergebnis her, so ist die letztere Ansicht und damit der Rechtsschutz über eine analoge Anwendung des § 98 II S. 2 StPO im vorliegenden Zusammenhang vorzugswürdig. Es kann nämlich diesbezüglich wiederum auf die bereits angeführten Argumente für die Anrufung des (Ermittlungs-)Richters im Verfahren nach § 98 II S. 2 StPO gegen staatsanwaltschaftliche bzw. polizeiliche Zwangsmaßnahmen verwiesen werden[441]. Vor dem Hintergrund der in dieser Arbeit vertretenen analogen Anwendung des § 98 II S. 2 StPO hinsichtlich der Beanstandung einer noch nicht erledigten Anordnung nach §§ 98 c; 100 c I Nr. 1; 110 a, b I StPO spricht darüber hinaus auch die Einheitlichkeit des Rechtsschutzes und die Vermeidung einer Rechtswegspaltung bei gleichzeitigem Vorgehen gegen die Anordnung und die Art und Weise der Vollziehung der Maßnahme für den Rechtsschutz über eine analoge Anwendung des § 98 II S. 2 StPO im hier in Rede stehenden Kontext.

Die Argumentation der beiden Meinungen erscheint hingegen in dem einen wie dem anderen Fall dürftig. Der erstere Lösungsansatz über §§ 23 ff. EGGVG läßt eine Begründung völlig vermissen. Die Vertreter einer analogen Anwendung des § 98 II S. 2 StPO übertragen die Argumentation bezüglich des Rechtsschutzes gegen die noch nicht erledigte Anordnung einer Maßnahme nach §§ 98 c; 100 c I Nr. 1; 110 a, b I StPO einfach auf den Rechtsschutz gegen entsprechende Vollziehungsmaßnahmen. Diese Begründung hat sich bereits in bezug auf den Anordnungsrechtsschutz nicht als tragfähig erwiesen[442] und ist aus den insoweit angeführten Gründen auch hier abzulehnen. Angesichts der bisher vorgenommenen Untersuchungen im Hinblick auf den Rechtsschutz gegen die Art und Weise der Vollziehung einer heimlichen Zwangsmaßnahme kann sich eine analoge Anwendung des § 98 II S. 2 StPO im fraglichen Zusammenhang nur als tragfähig erweisen, wenn § 98 II S. 2 StPO auch die Überprüfung der Art und

---

438 Vgl. dazu: Katholnigg, NStZ 1990, S. 504, 504; KMR-Paulus, § 1 Vorb. Rdnr. 8 f.; Schlüchter, Rdnr. 187; OLG Oldenburg, NStZ 1990, S. 504, 504.

439 Roxin, § 29 Rdnr. 8; Schlüchter, Rdnr. 187.

440 Vgl. dazu näher unter Teil 1 B. III. 1.) a) dd).

441 Vgl. dazu näher unter Teil 1 B. I. 1.) a) dd).

442 Vgl. dazu näher unter Teil 1 B. III. 1.) a) dd).

Weise der Vollziehung der formlosen Sicherstellungsanordnung umfaßt. Diese Frage soll im Rahmen der nachfolgenden Analyse untersucht werden.

b) Eigener Lösungsansatz zur Frage des einschlägigen Rechtsweges

aa) Die analoge Anwendung des § 98 II S. 2 StPO

Es soll nun also überprüft werden, ob sich die Anwendung des § 98 II S. 2 StPO in bezug auf die Überprüfung der Art und Weise der Vollziehung einer noch nicht erledigten staatsanwaltschaftlichen bzw. polizeilichen Anordnung nach §§ 98 c; 100 c I Nr. 1; 110 a, b I StPO aufgrund einer Analogie rechtfertigen läßt.

Das Vorliegen einer planwidrigen Regelungslücke läßt sich entsprechend den bisherigen Überlegungen hinsichtlich dieser Analogievoraussetzung problemlos bejahen[443].

Zweifelhaft ist aber die Möglichkeit der Normzweckübertragung im Hinblick auf das Prüfungsmerkmal der Vergleichbarkeit der Interessenlage. Wie bereits gesehen, soll der § 98 II S. 2 StPO auch dem von einer formlosen Sicherstellungsanordnung Betroffenen die nachträgliche Entscheidung des (Ermittlungs-) Richters ermöglichen[444]. Aus den bisherigen Erwägungen, insbesondere den Analogieuntersuchungen ergibt sich, daß diese nachträgliche Entscheidung auch die Überprüfung der Art und Weise der Vollziehung der formlosen Sicherstellungsanordnung umfassen müßte, um eine Analogie bejahen zu können[445]. Dies wäre der Fall, wenn dem (Ermittlungs-)Richter eine Kontrollkompetenz hinsichtlich der Vollziehung der formlosen Sicherstellung zustehen würde[446]. Da die Maßnahme der Originärkompetenz der Staatsanwaltschaft bzw. der Polizei unterliegt, kann hier nicht aus einer richterlichen Anordnungsbefugnis auf die mindere Kompetenz zur Regelung der Modalitäten der Vollziehung und damit auf ein entsprechendes Vollziehungskontrollrecht geschlossen werden[447]. Anhaltspunkte für ein Teilnahmerecht des (Ermittlungs-)Richters an der Vollziehung einer staatsanwaltschaftlicher bzw. polizeilicher Originärkompetenz unterstehenden Zwangsmaßnahme sind ebenfalls nicht ersichtlich, denn der Gesetzgeber sieht die Teilnahme des (Ermittlungs-)Richters an der Vollziehung einer solchen Maßnahme an keiner Stelle des Gesetzes vor[448]. Demnach können insoweit keine Anhaltspunkte für ein Vollziehungskontrollrecht des (Ermittlungs-)Richters angeführt werden. Andere Gesichtspunkte zur Bejahung eines solchen Vollziehungskontrollrechtes sind ebenfalls nicht erkennbar. Infolgedessen muß das Vorliegen dieser Befugnis verneint werden. Unabhängig von einer

---

443 Vgl. dazu näher unter Teil 1 B. I. 1.) b) bb) (1)/(2).
444 Vgl. dazu näher unter Teil 1 B. III. 1.) b) bb) (2).
445 Vgl. dazu näher unter Teil 1 B. I. 2.) b) aa) (3) und Teil 1 B. I. 2.) b) bb) (2).
446 Vgl. dazu näher unter Teil 1 B. I. 2.) b) bb) (2).
447 Vgl. zu dieser Argumentationsweise näher unter Teil 1 B. I. 2.) b) bb) (2) (a) (bb).
448 Vgl. zu dieser Argumentationsweise näher unter Teil 1 B. I. 2.) b) bb) (2) (a) (cc).

entsprechenden Kontrollbefugnis des (Ermittlungs-)Richters kommt aber noch ein Aspekt in Betracht zur Begründung der These, daß die von § 98 II S. 2 StPO bezweckte Entscheidung des (Ermittlungs-)Richters bezüglich der formlosen Sicherstellung neben der Überprüfung der Anordnung auch die Überprüfung der Art und Weise der Vollziehung umfaßt. Die bisherigen Untersuchungen haben zu dem Ergebnis geführt, daß der Betroffene gegen die Anordnung der formlosen Sicherstellung den (Ermittlungs-)Richter gemäß § 98 II S. 2 StPO anrufen kann. Man könnte nun argumentieren, daß derjenige Richter, der hinsichtlich der Anordnung der Sicherstellung angerufen werden kann, erst recht die mindere Kompetenz besitzen müßte, deren Grenzen zu bestimmen und die Modalitäten der Vollziehung zu regeln. Abgesehen von der Frage, ob hier wirklich von einer „minderen" Kompetenz gesprochen werden kann, erscheint diese Argumentation zweifelhaft. Denn die dargelegte These läßt sich dogmatisch nur dann untermauern, wenn dem (Ermittlungs-)Richter eine Kontrollbefugnis im Hinblick auf die Vollziehung der formlosen Sicherstellungsanordnung zukommen würde. Dies wurde aber gerade abgelehnt. Demnach beinhaltet der § 98 II S. 2 StPO nach seiner Zweckrichtung nicht den Rechtsschutz gegen die Art und Weise der Vollziehung der formlosen Sicherstellungsanordnung. Damit scheitert auch eine analoge Anwendung des § 98 II S. 2 StPO für den Fall der Überprüfung der Art und Weise der Vollziehung der einer staatsanwaltschaftlichen bzw. polizeilichen Originärkompetenz unterliegenden Maßnahmen nach §§ 98 c; 100 c I Nr. 1; 110 a, b I StPO.

bb) Die Anwendung der §§ 23 ff. EGGVG

Da das Verfahren analog § 98 II S. 2 StPO hier nicht eingreift, kann und muß auf den Rechtsweg nach §§ 23 ff. EGGVG zurückgegriffen werden. Daher kann der Betroffene einer Anordnung nach §§ 98 c; 100 c I Nr. 1; 110 a, b I StPO gemäß §§ 23 ff. EGGVG das Oberlandesgericht anrufen mit dem Ziel der Überprüfung der Art und Weise der Vollziehung der noch nicht erledigten Anordnung. Die dadurch eintretende Rechtswegspaltung bei gleichzeitiger Beanstandung von Anordnung und Vollziehung der Maßnahmen kann hier folglich aufgrund der gegenwärtigen Gesetzeslage nicht verhindert werden.

IV. Die richterliche Anordnung der heimlichen strafprozessualen Zwangsmaßnahme

Der richterlichen Anordnungskompetenz unterliegen, wie bereits gesehen, die Rasterfahndung nach §§ 98 a, b StPO, die Postbeschlagnahme nach §§ 99, 100 StPO, die Überwachung der Telekommunikation nach §§ 100 a, b StPO, der Einsatz akustischen Überwachungsmaßnahmen außerhalb von Wohnungen nach §§ 100 c I Nr. 2, 100 d I StPO, die akustische Wohnraumüberwachung nach §§ 100 c I Nr. 3, 100 d II StPO, der Einsatz des Verdeckten Ermittlers nach §§ 110 a, b II StPO, die Schleppnetzfahndung nach § 163 d StPO und die polizeiliche Beobachtung nach § 163 e StPO. Demnach wird in der nachfolgenden Untersuchung die Möglichkeit der Anrufung der ordentlichen Gerichte gegen die richterliche Anordnung dieser Zwangsmaßnahmen, soweit diese nicht erledigt ist, überprüft.

1.) Die gerichtliche Überprüfbarkeit der Anordnung der Maßnahme

a) Die richterliche Anordnung nach §§ 98 a, b; 99, 100; 100 a, b; 100 c I Nr. 2, 100 d I; 110 a, b II, 163 d; 163 e StPO

aa) Die Beschwerdemöglichkeit nach §§ 304 ff. StPO

Gegen die im Zeitpunkt des Rechtsschutzbegehrens noch nicht erledigte richterliche Zwangsmaßnahmenanordnung gemäß §§ 98 a, b; 99, 100; 100 a, b; 100 c I Nr. 2, 100 d I; 110 a, b II, 163 d; 163 e StPO kann der Betroffene nach Maßgabe der §§ 304 ff.; 296 ff. StPO[449] die Beschwerde erheben mit dem Ziel der Aufhebung der Maßnahme. In Ausnahmefällen kann die Beschwerde aber gemäß §§ 304 IV, V; 305 StPO ausgeschlossen sein[450]. Der Betroffene muß im Rahmen des Beschwerdeverfahrens eine Beschwer geltend machen[451]. Eine Beschwer liegt vor, wenn der Beschwerdeführer durch die angefochtene Entscheidung unmittelbar in seinen materiellen oder verfahrensrechtlichen Positionen oder schutzwürdigen Interessen beeinträchtigt ist[452]. Die Beschwerde ermöglicht die Überprüfung der angeordneten richterlichen Zwangsmaßnahme sowohl in rechtlicher wie auch in tatsächlicher Hinsicht[453]. Die Beschwerde ist beim iudex a quo einzureichen, der der Beschwerde bereits abhelfen kann, wenn er sie für begründet hält, vgl. § 306 II StPO. Nur wenn dieser der Beschwerde nicht abhilft, entscheidet das nach §§ 73; 121 I Nr. 2 GVG zu bestimmende Beschwerdegericht, welchem die Beschwerde spätestens vor Ablauf von drei Tagen durch den iudex a quo vorzulegen ist.

---

449 Es kann innerhalb dieser Abhandlung nicht auf die einzelnen Beschwerdevoraussetzungen eingegangen werden. Dies würde nämlich den Rahmen der Arbeit sprengen.

450 Wie gerade dargelegt, kann auf die einzelnen Zulässigkeitsvoraussetzungen der Beschwerde hier nicht eingegangen werden. In bezug auf die Frage des Ausschlusses der Beschwerde nach §§ 304 IV, V; 305 StPO und der diesbzgl. Ausnahmen kann statt aller verwiesen werden auf Giesler, S. 44 ff.

451 Streitig ist die rechtliche Einordnung des Merkmales der Beschwer. Zum Teil wird die Behauptung einer Beschwer als Zulässigkeitsvoraussetzung, das tatsächliche Bestehen der Beschwer hingegen als Begründetheitsvoraussetzung der Beschwerde angesehen. Nach der überwiegenden Meinung ist das Bestehen der Beschwer indes Zulässigkeitsvoraussetzung des Rechtsmittels. Vgl. dazu: Ellersiek, S. 63; Henkel, S. 365 Fußnote 1; KK-Ruß, Vor 296 Rdnr. 5; LR-Gollwitzer, § 296 Rdnr. 14; Roxin, § 51 Rdnr. 11.

452 Budach, S. 199 f.; Ellersiek, S. 50 f.; Kleinknecht/Meyer-Goßner, Vor § 296 Rdnr. 9; Meurer, S. 155; BGHSt 7, S. 153, 153; BGHSt 13, S. 75, 77. Diese Sichtweise der Beschwer hat sich heute gegenüber den früher zum Teil vertretenen rein materiellen, so von Löbbecke, S. 16, oder rein formellen Beschwerbegriffen, vgl. Ellersiek, S. 55, KMR-Sax, 1966, Vor § 296, Anm. 3a, 4 a, b, vollständig durchgesetzt.

453 Beulke, Rdnr. 535; Eppinger, S. 10; Kleinknecht/Meyer-Goßner, § 304 Rdnr. 3.

bb) Das Verfahren nach § 33 a StPO

Der betroffene Bürger kann im übrigen gegen die noch nicht erledigte richterliche Zwangsmaßnahmenanordnung gemäß §§ 98 a, b; 99, 100; 100 a, b; 100 c I Nr. 2, 100 d I; 110 a, b II, 163 d; 163 e StPO das nachträgliche richterliche Anhörungsverfahren nach § 33 a StPO beantragen, sofern die Anordnung ohne seine Anhörung ergangen ist. Er muß dabei gemäß § 33 a S. 1 StPO einen Nachteil aufgrund der ergangenen Entscheidung geltend machen können. Der Begriff des „Nachteils" im Sinne des § 33 a StPO deckt sich inhaltlich mit dem Begriff der „Beschwer" im Sinne des Beschwerderechtes[454]. Das Verfahren nach § 33 a StPO tritt aber als subsidiär zurück, wenn eine Beschwerde oder ein anderer Rechtsbehelf eingreift, vgl. § 33 a S. 1 StPO. Das bedeutet also, daß das Verfahren nach § 33 a StPO nur bei einem Ausschluß der Beschwerde nach §§ 304 IV, V; 305 StPO in Betracht kommt.

b) Die richterliche Anordnung nach § 100 c I Nr. 3, 100 d II StPO

Nach § 100 d VI StPO ist der Beschuldigte oder im Fall des § 100 c II S. 5 StPO der Wohnungsinhaber berechtigt, auch nach Erledigung die Überprüfung der Rechtmäßigkeit der Anordnung der akustischen Wohnraumüberwachung sowie der Art und Weise ihres Vollziehung zu beantragen. Dabei muß er sein Rechtsschutzbegehren vor der Klageerhebung an die Staatsschutzkammer des Landgerichtes richten, vgl. § 100 d II S. 1 StPO i. V. m. § 74 a GVG, nach Klageerhebung muß er das mit der Sache befaßte Gericht anrufen, vgl. § 100 VI S. 2, 3 StPO. Die Formulierung „*Auch* nach Erledigung..."[455] in § 100 d VI StPO legt die Annahme nahe, daß der Betroffene auch vor dem Eintritt der Erledigung diese Gerichte zur Überprüfung der Rechtmäßigkeit der Anordnung der akustischen Wohnraumüberwachung bzw. der Art und Weise ihrer Vollziehung anrufen kann. Die bisherigen Regelungen der Strafprozeßordnung sehen ein solches Rechtsschutzverfahren aber nicht vor. Aus den Gesetzesmaterialien ergibt sich, daß § 100 d VI StPO die Zulässigkeit der gerichtlichen Überprüfung einer akustischen Wohnraumüberwachung im Fall der Erledigung dieser Maßnahme sicherstellen soll[456]. Das Gericht soll das Rechtsschutzinteresse „nicht unter Hinweise auf den Abschluß der Abhörmaßnahme" verneinen können[457]. Ein solches Vorgehen entspricht nämlich gerade der bisherigen Rechtsprechung zum Rechtsschutz gegen eine erledigte richterliche Anordnung einer strafprozessua-

---

454 KK-Maul, § 33 a Rdnr. 4; Kleinknecht/Meyer-Goßner, § 33 a Rdnr. 6; LG Krefeld, NJW 1977, S. 642, 642.

455 Die Hervorhebung wurde von der Verfasserin vorgenommen.

456 So ausdrücklich: BT-Drs. 13/8651, S. 36. Vgl. aber auch: Gesetzesentwurf der Fraktion der SPD vom 27.01.1993; S. 38; DAV, schriftliche Stellungnahme zur öffentlichen Anhörung im Rechtssausschuß zum „Großen Lauschangriff", Protokoll Nr. 101 des Rechtsausschusses der 13. Wahlperiode, S. 170, 198, 202.

457 BT-Drs. 13/8651, S. 36.

len Zwangsmaßnahme[458] und ist bei der akustischen Wohnraumüberwachung im Hinblick auf die oft erst nach dem Eintritt der Erledigung gegebene Rechtsschutzmöglichkeit problematisch. Nach dem Willen des Gesetzgebers und auch nach der ausdrücklichen Gesetzesformulierung soll § 100 d VI StPO somit nur im Erledigungsfall Anwendung finden[459]. Demnach eröffnet § 100 d VI StPO nicht die Möglichkeit, gegen die nichterledigte Anordnung der akustischen Wohnraumüberwachung die Staatsschutzkammer des Landgerichtes oder das mit der Sache befaßte Gericht anzurufen. Die Verwendung des Wortes „auch" in § 100 d VI StPO ist demzufolge überflüssig.
Der Beschuldigte und der Wohnungsinhaber im Fall des § 100 c II S. 5 StPO sind somit wie jeder andere Betroffene einer akustischen Wohnraumüberwachung auf die Beschwerde nach §§ 304 ff. StPO oder das Verfahren nach § 33 a StPO verwiesen, wenn sie sich gegen die noch nicht erledigte richterliche Anordnung der akustischen Wohnraumüberwachung zur Wehr setzen wollen.

2.) Die gerichtliche Überprüfbarkeit der Art und Weise der Vollziehung der angeordneten Maßnahme

a) Die richterliche Vollziehung der heimlichen Zwangsmaßnahmen nach §§ 99, 100; 100 a, b; 100 c I Nr. 2, 3, 100 d StPO

Wenn der Richter von seinen Durchführungskompetenzen innerhalb der Postbeschlagnahme, der Überwachung der Telekommunikation oder der Überwachung des nichtöffentlich gesprochenen Wortes nach §§ 100 c I Nr. 2, 3, 100 d StPO Gebrauch macht[460] und der Bürger diese richterlichen Vollzugsakte rügt, dann muß er die Beschwerde nach §§ 304 ff. StPO gegen diese Akte einlegen.

b) Die staatsanwaltschaftliche Vollziehung

Soweit die richterlichen Zwangsmaßnahmen nach §§ 98 a, b; 99, 100; 100 a, b; 100 c I Nr. 2, 3, 100 d; 110 a, b II, 163 d; 163 e StPO von der Staatsanwaltschaft vollzogen werden, kann der betroffene Bürger zur Überprüfung der Art und Weise der Vollziehung der noch nicht erledigten Anordnung den Richter anrufen, der die Anordnung erlassen hat und dem insofern auch ein Vollziehungskontrollrecht zusteht, es gilt das Verfahren analog § 98 II S. 2 StPO. Dies ergibt sich aus der entsprechenden Anwendung der Untersuchungen zum Rechtsschutz gegen die Art und Weise der staatsanwaltschaftlichen Vollziehung staatsanwaltschaftlicher, noch nicht erledigter Anordnungen heimlicher strafprozessualer Zwangsmaßnahmen[461].

---

458 Vgl. dazu näher unter Teil 1 C. III. 1.) a) aa) (1).
459 So im Ergebnis auch, aber ohne Begründung: KK-Nack, § 100 d Rdnr. 33.
460 Vgl. dazu näher unter Teil 1 A. II. 1.) b) aa) (1).
461 Vgl. dazu näher unter Teil 1 B. I. 2.) b) bb).

C. Der Rechtsschutz gegen erledigte heimliche strafprozessuale Zwangsmaßnahmen

Nachdem die Rechtsschutzmöglichkeiten des Betroffenen vor den ordentlichen Gerichten gegen heimliche strafprozessuale Zwangsmaßnahmen vor dem Eintritt der Erledigung geklärt worden sind, sollen auf der Grundlage der diesbezüglich erarbeiteten Ergebnisse die Rechtsschutzmöglichkeiten des Einzelnen gegen heimliche strafprozessuale Zwangsmaßnahmen im Erledigungsfall untersucht werden. Wie bereits näher dargelegt[462], kommt der Frage des Rechtsschutzes im Erledigungsfall gerade hinsichtlich der heimlichen strafprozessualen Zwangsmaßnahmen große praktische Bedeutung zu, wohingegen der Rechtsschutz gegen nichterledigte heimliche Zwangsmaßnahmen angesichts der Problematik der Kenntniserlangung von der Maßnahme eher selten ist. Da die nun zu behandelnden Konstellationen demnach den Regelfall bilden, steht hier die Wirksamkeit des gerichtlichen Schutzes überhaupt auf dem Spiel[463]. Während es vor dem Eintritt der Erledigung um die Aufhebung der heimlichen Zwangsmaßnahme ging, kommt diese nach dem Erledigungsereignis nicht mehr in Betracht[464]. Der Betroffene begehrt nun vielmehr die gerichtliche Feststellung der Rechtswidrigkeit der erledigten Zwangsmaßnahme[465].

I. Die staatsanwaltschaftliche bzw. polizeiliche Anordnung der heimlichen strafprozessualen Zwangsmaßnahme im Rahmen einer Eilkompetenz

Untersucht werden sollen zunächst die Rechtsschutzmöglichkeiten des Betroffenen gegen die erledigten heimlichen strafprozessualen Zwangsmaßnahmen nach §§ 98 a, b; 99, 100; 100 a, b; 100 c I Nr. 2, 100 d I; 110 a, b II; 163 d; 163 e StPO, soweit sie von der Staatsanwaltschaft bzw. der Polizei im Rahmen ihrer Eilkompetenz, also bei Vorliegen von Gefahr im Verzug, angeordnet worden sind[466].

1.) Die gerichtliche Überprüfbarkeit der Anordnung der Maßnahme

Es stellt sich die Frage, welche Verfahren dem Betroffenen zur Verfügung stehen, wenn er sich in den hier in Rede stehenden Fällen an die ordentlichen Gerichte wenden möchte mit dem Ziel der Feststellung der Rechtswidrigkeit der staatsanwaltschaftlichen bzw. polizeilichen Eilanordnung. Da die Strafprozeß-

---

462 Vgl. dazu näher unter Teil 1 B.
463 Welp, Überwachung, S. 116.
464 Vgl. statt aller: Welp, a. a. O.
465 Vgl. statt aller: Welp, a. a. O.
466 Die Staatsanwaltschaft besitzt eine Eilkompetenz hinsichtlich aller angeführten heimlichen strafprozessualen Zwangsmaßnahmen, wohingegen die Polizeibeamten im Range eines Hilfsbeamten der Staatsanwaltschaft nur eine Eilkompetenz zur Anordnung der heimlichen strafprozessualen Zwangsmaßnahmen nach §§ 100 c I Nr. 2, 100 d; 163 d StPO besitzen.

ordnung dieses Rechtsschutzbegehren nicht regelt, werden verschiedene Möglichkeiten diskutiert, um dem Bürger zu dem nach Art. 19 IV S. 1 GG notwendigen Rechtsschutz[467] zu verhelfen.

a) Der Meinungsstand in der Literatur und der Rechtsprechung

aa) Der Rechtsweg nach § 98 II S. 2 StPO

(1) Die analoge Anwendung des § 98 II S. 2 StPO

Nach der überwiegenden Meinung in der Literatur und der Auffassung der Rechtsprechung steht dem Betroffenen die Möglichkeit offen, gegen eine erledigte staatsanwaltschaftliche bzw. polizeiliche Eilanordnung einer strafprozessualen Zwangsmaßnahme, wie die hier zu untersuchenden Maßnahmen nach §§ 98 a, b; 99, 100; 100 a, b; 100 c I Nr. 2, 100 d I; 110 a, b II; 163 d; 163 e StPO, den (Ermittlungs-)Richter analog § 98 II S. 2 StPO anzurufen[468]. Erforderlich für diesen Feststellungsantrag sei aber in jedem Fall, daß der betroffene Bürger ein berechtigtes Interesse an der Feststellung der Rechtswidrigkeit der Anordnung geltend machen könne[469].
Zur Begründung dieser Sichtweise werden unterschiedliche Argumente vorgebracht. Wenn das Verfahren analog § 98 II S. 2 StPO vor dem Eintritt der Erledigung als einschlägig angesehen werde, müsse dies auch im Erledigungsfall gelten[470]. Denn ansonsten könnte die Zuständigkeit zum Rechtsschutz gegen staatsanwaltschaftliche bzw. polizeiliche Eilanordnungen strafprozessualer Zwangsmaßnahmen von Zufälligkeiten abhängen, etwa vom Arbeitstempo der handelnden Beamten oder vom Auslastungsgrad der Telefonzentrale des Amtsgerichtes[471]. Auch sei sogar eine bewußte Manipulation durch die Ermittlungsbehörden denkbar[472]. Im übrigen sei der zuständige Strafrichter, der nach § 98 II S. 2 StPO über die Anordnung der Zwangsmaßnahme entscheide, ortsnäher als

---

[467] Vgl. zur Erforderlichkeit des Rechtsschutzes im Hinblick auf Art. 19 IV S. 1 GG näher unter Teil 1 B. I./II.

[468] Achenbach, NStZ 1989, S. 82, 83; Amelung, Rechtsschutz, S. 49 ff.; Bachmann, S. 188 ff.; Dähn, JA 1981, S. 7, 10; Fezer, Jura 1982, S. 126, 128 ff.; Geppert, DRiZ 1992, S. 405,411 f.; KMR-Paulus, Vorb. § 1 Rdnr. 8, 10; Kühne, Rdnr. 281; Middelberg, S. 222 ff.; 225 f.; Nelles, S. 78 ff.; Peters, JR 1972, S. 300, 300 f.; Schlüchter, Rdnr. 182; Sommermeyer, NStZ 1991, S. 257, 261; BGH, NJW 1978, S. 1013, 1013; BHGSt 28, S. 57, 58; BGH, StV 1981, S. 597, 598 f.; BGHSt 36, S. 242, 244; BGHSt 37, S. 79, 82.

[469] Amelung, NJW 1979, S. 1687, 1690; Dähn, JA 1981, S. 7, 10; Fezer, a. a. O., S. 130 f.; KMR-Paulus, Vorb. § 1 Rdnr. 11; BGHSt 28, S. 57, 58.; BGH, NJW 1979, S. 881, 882; BGHSt 36, S. 30, 32; BGHSt 36, 242, 244.

[470] Vgl. dazu: Amelung, Rechtsschutz, S. 50; Fezer, a. a. O., S. 131; Peters, JR 1972, S. 300, 300 f.

[471] Amelung, a. a. O.; Peters, a. a. O., S. 300.

[472] Amelung, a. a. O. Vgl. auch: Geppert, a. a. O., S. 412.

das nach § 25 I EGGVG zuständige Oberlandesgericht[473]. Dieser Gesichtspunkt stelle auch ein Hindernis bei der Sachaufklärung dar. Auch werde wegen dieser Entfernung und des „Hauchs von Exklusivität“[474], welches das Oberlandesgericht umgebe, das Durchschnittspublikum der Strafverfolgungsbehörden von einem gerichtlichen Vorgehen gegen die Anordnung eher abgehalten[475].
Die rechtsdogmatische Begründung der analogen Anwendung des § 98 II S. 2 StPO bezüglich der hier zu bearbeitenden Problematik verläuft vielgestaltig. Einheitlich wird dabei nur das Wesen der richterlichen Entscheidung nach § 98 II S. 2 StPO beurteilt. So wird - sozusagen als Basis dieser Sichtweise - davon ausgegangen, daß der § 98 II S. 2 StPO in seinem unmittelbaren Anwendungsbereich dem Rechtsschutz des Betroffenen diene[476]. Im übrigen gehen die Begründungsansätze auseinander. Von einem Teil der Literatur wird darauf abgestellt, daß die Feststellungsklage gegen erledigte Hoheitsakte in fast allen Prozeßordnungen zugelassen sei, deren Ziel die Regelung des gerichtlichen Rechtsschutzes gegen staatliche Behörden sei[477]. Die Feststellungsklage sei also Ausfluß eines allgemeinen Rechtsgedankens, der auch dort Gültigkeit besitze, wo eine solche Klage nicht ausdrücklich geregelt sei[478]. Die Befugnis des nach § 98 II S. 2 StPO zuständigen Richters werde dabei noch nicht einmal erweitert, weil die Befugnis zur Feststellung der Rechtswidrigkeit einer Maßnahme in der Befugnis zu ihrer Aufhebung notwendig mit enthalten sei[479]. Zum Teil wird die Analogie auch auf einen aus § 98 II S. 2 StPO zu entnehmenden allgemeinen Rechtsgedanken gestützt, wonach die Kontrolle von Grundrechtseingriffen im Ermittlungsverfahren dem Ermittlungsrichter obliege[480]. Ein anderer Teil der Literatur betont den angesprochenen Zweck des Verfahrens nach § 98 II S. 2 StPO, der auch in der Ermöglichung des Rechtsschutzes für den Betroffenen bestehe. Auf dieser Grundlage wird herausgestellt, daß der (Ermittlungs-) Richter im Rahmen des Verfahrens nach § 98 II S. 2 StPO auch die Rechtmäßigkeit der Beschlagnahme zu prüfen habe[481]. Diese Rechtswidrigkeitsprüfung

473 Amelung, NJW 1979, S. 1687, 1690; Kleinknecht/Meyer-Goßner, § 98 Rdnr. 23; Merten/Merten, ZRP 1991, S. 213, 215; Peters, a. a. O., S. 300. Vgl. auch: BGH, StV 1981, S. 597, 598.

474 Amelung, Rechtsschutz, S. 27.

475 Amelung, a. a. O.; Middelberg, S. 199.

476 Amelung, a. a. O., S. 28 ff.; Bachmann, S. 208 ff.; Fezer, a. a. O., S. 128 ff.; Nelles, S. 79.

477 Amelung, a. a. O., S. 50. Vgl. auch: Peters, a. a. O., S. 301.

478 Amelung, a. a. O., S. 50 ff. Vgl. auch: Peters, a. a. O., S. 301.

479 Amelung, a. a. O., S. 51; Amelung, NJW 1979, S. 1687, 1690.

480 Schlüchter, Rdnr. 182. Diese Argumentation stimmt mit derjenigen überein, die zum Teil von der Literatur angeführt wird zur Begründung einer analogen Anwendung des § 98 II S. 2 StPO im Fall des Rechtsschutzes gegen noch nicht erledigte, aufgrund staatsanwaltschaftlicher bzw. polizeilicher Originärkompetenz erlassene heimliche strafprozessuale Zwangsmaßnahmen, vgl. dazu näher unter Teil 1 B. III. 1.) a) cc) und Teil 1 B. III. 2.) a) cc).

481 Bachmann, S. 188 ff.; Fezer, Jura 1982, S. 126, 128 ff.; Sommmermeyer, NStZ 1991, S. 257, 261.

lasse sich problemlos auf den Zeitpunkt nach der Erledigung ausdehnen[482]. Damit sei der Weg bereitet für eine analoge Anwendung des § 98 II S. 2 StPO hinsichtlich erledigter staatsanwaltschaftlicher bzw. polizeilicher Eilanordnungen anderer strafprozessualer Zwangsmaßnahmen[483].

(2) Die Anwendung des § 98 II S. 2 StPO aufgrund einer verfassungskonformen Auslegung des Gesetzes

Eine zweite, vereinzelt in der Literatur vertretene Meinung geht ebenfalls davon aus, daß dem Betroffenen einer staatsanwaltschaftlichen bzw. polizeilichen Eilanordnung nach §§ 98 a, b; 99, 100; 100 a, b; 100 c I Nr. 2, 100 d I; 110 a, b II; 163 d; 163 e StPO das Verfahren nach § 98 II S. 2 StPO zur Feststellung der Rechtswidrigkeit dieser Anordnung offen stehe, wenn er ein besonderes Feststellungsinteresse geltend machen könne[484]. Im Unterschied zu dem vorhergehenden Ansatz stützt sich diese Auffassung aber nicht auf eine Analogie, sondern eine verfassungskonforme Auslegung des § 98 II S. 2 StPO[485]. Eine Analogie scheitere nämlich bereits am Fehlen einer Regelungslücke[486]. Die nach Zweck und Wortlaut (§ 23 III EGGVG) lückenfüllende Regelung der §§ 23 ff. EGGVG gehe der analogen Anwendung des § 98 II S. 2 StPO vor[487]. Da nun aber andererseits die Auslegung der Lückenfüllung vorgehe, ständen die §§ 23 ff. EGGVG einer Anwendung des § 98 II S. 2 StPO aufgrund einer verfassungskonformen Auslegung nicht entgegen[488]. Zur Begründung dieser Auslegung werden vor allem systematisch-teleologische Argumente angeführt. Da der im Rahmen einer Eilkompetenz handelnde Staatsanwalt nur vorübergehend in einem Bereich tätig werde, der an sich dem Richter in seiner richterlichen Unabhängigkeit zugewiesen sei, erteile er, als eine Art „Notrichter" fungierend, die erforderliche Anordnung gewissermaßen als Vertreter des Richters[489]. Dieser Zusammenhang spreche dafür, die Rechtmäßigkeitskontrolle bei staatsanwaltschaftlichen Zwangsmaßnahmen auch nach ihrer Erledigung dem Richter zu übertragen, der nach dem Rechtsschutzsystem der Strafprozeßordnung regelmäßig in Form seiner präventiven Einschaltung als Garant für die Rechtmäßigkeit solcher Maßnahmen eingesetzt werde[490]. Dieses Ergebnis entspreche zwar sicherlich nicht der Absicht des historischen Gesetzgebers[491]. Jedoch trete diese

---

482 Vgl. statt aller: Bachmann, S. 214.
483 Vgl. statt aller: Bachmann, S. 214.
484 Vgl. dazu: Jorzik/Kunze, Jura 1990, S. 294, 298 f.; LR-Schäfer, § 98 Rdnr. 75; Rieß/Thym, GA 1981, S. 189, 203 ff..
485 Jorzik/Kunze, Jura 1990, S. 294, 298 f.; LR-Schäfer, § 98 Rdnr. 75; Rieß/Thym, GA 1981, S. 189, 203 ff.
486 Rieß/Thym,a. a. O., S. 203.
487 Rieß/Thym, a. a. O., S. 203.
488 Rieß/Thym, a. a. O., S. 203.
489 Rieß/Thym, a. a. O., S. 204.
490 Rieß/Thym, a. a. O., S. 204. Vgl. auch: Jorzik/Kunze, Jura 1990, S. 294, 299.
491 Rieß/Thym, a. a. O., S. 204.

Negativentscheidung gegenüber der heute angesichts des Art. 19 IV S. 1 GG gebotenen Sachlösung zurück[492].

bb) Der Rechtsweg nach §§ 23 ff. EGGVG

Nach einer weiteren Meinung in der Literatur kann gegen die staatsanwaltschaftliche bzw. polizeiliche Eilanordnung strafprozessualer Zwangsmaßnahmen, wie der hier in Rede stehenden heimlichen Maßnahmen nach §§ 98 a, b; 99, 100; 100 a, b; 100 c I Nr. 2, 100 d I; 110 a, b II; 163 d; 163 e StPO, nach dem Eintritt der Erledigung ausschließlich das Oberlandesgericht nach den §§ 23 ff. EGGVG angerufen werden, die die erforderliche Feststellungsklage in § 28 I S. 4 EGGVG ausdrücklich vorsähen[493]. Die von der Gegenansicht vorgebrachten rechtspolitischen Argumente, die für die Anwendung des § 98 II S. 2 StPO in dem hier fraglichen Zusammenhang sprechen, werden von einem Teil dieser Meinungsgruppe zwar anerkannt[494]. Das Vorliegen der Voraussetzungen für eine Rechtsfortbildung im Wege der Auslegung oder der Analogie wird indes bestritten, so daß die §§ 23 ff. EGGVG eingreifen würden[495]. Eine verfassungskonforme Auslegung des § 98 II S. 2 StPO müsse bereits an der mangelnden Unbestimmtheit und Mehrdeutigkeit des Gesetzes scheitern[496]. Einer Analogie stehe angesichts der Regelungen nach §§ 23 ff. EGGVG bereits das Fehlen einer Gesetzeslücke entgegen[497]. Im übrigen widerspreche die analoge Anwendung des § 98 II S. 2 StPO hier der Funktion dieser Bestimmung[498]. Denn § 98 II S. 2 StPO diene gerade nicht dem Rechtsschutz des Bürgers, der Richter könne also im Rahmen des Verfahrens nach § 98 II S. 2 StPO die hier erforderliche Rechtmäßigkeitsprüfung gar nicht vornehmen[499].

cc) Stellungnahme

(1) Rechtspolitische Betrachtung

Von einem rechtspolitischen Blickwinkel aus betrachtet erscheint es vorzugswürdig, den § 98 II S. 2 StPO hinsichtlich des Begehrens auf Feststellung der

---

492 Rieß/Thym, a. a. O., S. 204 f.

493 Aulehner, BayVBl 1988, S. 709, 711 f.; Dörr, NJW 1984, S. 2258, 2259 f; Eppinger, S. 162 ff.; Feiter, S. 121 ff.; Flieger, MDR 1981, S. 17, 18 f.; Genzel, NJW 1969, S. 1562, 1564 ff.; Krey, Strafverfahrensrecht, Band II, Rdnr. 462, 484; Meyer, Schäfer-FS, S. 119, 126 ff.; Schenke, NJW 1976, S. 1816, 1820 ff.; Strubel/Sprengel, NJW 1972, S. 1734, 1735.

494 Aulehner, BayVBl 1988, S. 709, 711; Dörr, NJW 1984, S. 2258, 2260.

495 Aulehner, BayVBl 1988, S. 709, 711 f.; Dörr, NJW 1984, S. 2258, 2260; Feiter, S. 121 ff; Krey, Strafverfahrensrecht, Band II, Rdnr. 462; Meyer, Schäfer-FS, S. 119, S. 128 f., 132 f.

496 Feiter, S. 121 f.

497 Aulehner, BayVBl 1988, S. 709, 711 f.; Dörr, NJW 1984, S. 2258, 2260; Feiter, S. 122;

498 Dörr, NJW 1984, S. 2258, 2260. Vgl. auch: Meyer, Schäfer-FS, S. 119, 132.

499 Aulehner, BayVBl 1988, S. 709, 712; Dörr, NJW 1984, S. 2258, 2260; Eppinger, S.162; Feiter, S. 121. Vgl. auch: Schenke, NJW 1976, S. 1816, 1820 ff.

Rechtswidrigkeit einer erledigten staatsanwaltschaftlichen oder polizeilichen Eilanordnung nach §§ 98 a, b; 100 a, b; 100 c I Nr. 2, 100 d I; 110 a, b II; 163 d; 163 e StPO anzuwenden.
Es ist zwar zweifelhaft, ob bei einer Zuständigkeit des Oberlandesgerichtes gemäß §§ 23 ff. EGGVG viele betroffene Bürger wegen der Entfernung des Gerichtes vom Wohnort von der Beanstandung der fraglichen Maßnahmen absähen[500]. Auch der angeblich das Oberlandesgericht umgebende „Hauch von Exklusivität“ wird im Ergebnis wohl kaum dazu führen, daß der Bürger von der Geltendmachung eines eigentlich beabsichtigten Rechtsschutzbegehrens absieht[501]. Denn wie die überwiegende Mehrheit der Bevölkerung in der Bundesrepublik Deutschland wird auch das von Amelung angesprochene Durchschnittspublikum der Strafverfahren über eine Rechtsschutzversicherung verfügen und somit im Fall der Beanstandung der fraglichen Maßnahmen in der Regel die Hilfe eines Anwaltes in Anspruch nehmen. Dieser wird sich aber durch die dargelegten Umständen von der Geltendmachung der Rechte des Betroffenen nicht abhalten lassen.
Abgesehen von diesen Aspekten geht das Verfahren nach §§ 23 ff. EGGVG aber zu Lasten der betroffenen Bürger, weil mit der oft großen Entfernung des Oberlandesgerichtes vom Tatort eine Behinderung bei der Sachaufklärung einhergehen kann. Hinsichtlich des Argumentes der größeren Orts- und Sachnähe des nach § 98 II S. 2 StPO zuständigen Richters wird nun zum Teil angeführt, daß die größere Entfernung des Oberlandesgerichtes vom Tatort durch eine bessere Rechtskenntnis und mehr Zeit zur Vorbereitung der Entscheidung ausgeglichen werden könne[502]. Einerseits erscheint es aber bereits bedenklich, den Richtern der unteren Gerichte eine geringere Rechtskenntnis zu unterstellen. Andererseits dürfte die vielfach beklagte Arbeitsüberlastung der Gerichte auch die Oberlandesgerichte betreffen, so daß den Richtern des Oberlandesgerichtes nicht mehr Zeit zur Vorbereitung der Entscheidung zur Verfügung stehen wird als den im Verfahren nach § 98 II S. 2 StPO prinzipiell zuständigen Richtern am Amtsgericht. Im Ergebnis kann die dargelegte Argumentation also nicht überzeugen. Des weiteren wird gegen den Gesichtspunkt der größeren Orts- und Sachnähe des nach § 98 II S. 2 StPO zuständigen Richters vorgebracht, dieser Aspekt könne nur eingreifen, wenn im Verfahren nach § 98 II S. 2 StPO nicht der Ermittlungsrichter des Bundesgerichtshofes oder des Oberlandesgerichtes nach § 169 StPO zuständig sei[503]. Dies trifft zwar zu, doch kann es das Orts- und Sachnäheargument kaum entkräften. Erstens ist nämlich die Zuständigkeit des Oberlandesgerichtes nach § 169 StPO i. V. m. § 120 GVG nicht zwingend vorgeschrieben. Denn in § 169 StPO heißt es: „In Sachen, die nach § 120 Ge-

---

500 Dies nimmt hingegen Amelung, Rechtsschutz, S. 27, an.
501 Dies nimmt hingegen Amelung, Rechtsschutz, S. 27, an.
502 Meyer, Schäfer-FS, S. 119, 127.
503 Meyer, Schäfer-FS, S. 119, 127.

richtsverfassungsgesetz zur Zuständigkeit des Oberlandesgerichts im ersten Rechtszug gehören, *können* die ... Geschäfte auch durch Ermittlungsrichter dieses Oberlandesgerichtes wahrgenommen werden."[504]. Im übrigen regelt § 169 StPO i. V. m. § 120 GVG doch eher Ausnahmefälle. Der Gesichtspunkt der größeren Orts- und Sachnähe des nach § 98 II S. 2 StPO zuständigen Richters stellt aber nicht nur ein rechtspolitisches Argument dar. Dieser Aspekt führt letztlich auch zu einem effektiveren Rechtsschutz[505].
Darüber hinaus erscheint es im Hinblick auf die primäre Anordnungskompetenz des (Ermittlungs-)Richters in den hier vorliegenden Fällen auch folgerichtig, wenn der Richter, dessen Entscheidung wegen Gefahr im Verzug nicht eingeholt werden konnte, nun aber bezüglich der Frage der Rechtmäßigkeit der ersatzweise an seiner Stelle getroffenen Entscheidung wiederum zuständig ist[506]. Die Überprüfung durch diesen Richter steht insoweit also in einem sachlichem Zusammenhang mit der Regelung der Anordnungskompetenz. Hingegen würde es bei einer Entscheidung durch das Oberlandesgericht gerade an einem entsprechenden Zusammenhang fehlen.
Betrachtet man schließlich die im Rahmen dieser Abhandlung herausgearbeiteten Ergebnisse in bezug auf den Rechtsschutz gegen unerledigte Eilanordnungen heimlicher strafprozessualer Zwangsmaßnahmen, so liegt der Vorteil dieser Meinung auch darin, daß nach dem Eintritt der Erledigung derselbe Richter zur Entscheidung berufen ist wie vor diesem Zeitpunkt. Dadurch wird die ohnehin schon unübersichtliche Rechtsschutzproblematik gerade auch für den rechtsschutzsuchenden Bürger vereinfacht. Dies vermeidet letztendlich auch problematische Implikationen einer Zuständigkeitsverschiebung durch die Erledigung der Maßnahme[507]. Die dargelegten, vorwiegend rechtspolitischen Gründe sprechen also für die Anwendung des § 98 II S. 2 StPO, wenn der Bürger gegen die erledigte staatsanwaltschaftliche bzw. polizeiliche Anordnung einer heimlichen strafprozessualen Zwangsmaßnahme Rechtsschutz begehrt.

(2) Rechtsdogmatische Betrachtung

Eine vorwiegend rechtspolitische Argumentation reicht indes zur Herleitung der Anwendung des Verfahrens nach § 98 II S. 2 StPO im hier in Rede stehenden Zusammenhang nicht aus. Vielmehr muß diese Meinung auf eine dogmatische Grundlage gestützt werden, um sich nicht dem Vorwurf einer unzulässigen Rechtsanwendung contra legem auszusetzen.
Der von einem Teil der Literatur vorgeschlagene Weg einer Anwendung des § 98 II S. 2 StPO im vorliegenden Zusammenhang aufgrund einer verfassungs-

---

504 Die Hervorhebung wurde von der Verfasserin vorgenommen.
505 So auch: Fezer, Jura 1982, S. 126, 131; Kleinknecht/Meyer-Goßner, § 98 Rdnr 23; Merten/Merten, ZRP 1991, S. 213, 215; Nelles, S. 78 f. Vgl. auch: BGH, StV 1981, S. 597, 598. Vgl. dazu auch unter Teil 1 B. I. 1.) b) bb) (1) (a) (ee).
506 Vgl. dazu auch unter Teil 1 B. I. 1.) a) dd).
507 So auch Amelung, NJW 1979, S. 1687, 1690.

konformen Auslegung dieser Bestimmung vermag dabei nicht zu überzeugen. Zunächst einmal mutet es schon etwas seltsam an, daß die Vertreter dieser Meinungsgruppe hinsichtlich des Rechtsschutzes gegen die staatsanwaltschaftliche bzw. polizeiliche Eilanordnung strafprozessualer Maßnahmen vor dem Eintritt der Erledigung eine analoge Anwendung des § 98 II S. 2 StPO bejahen[508], nach dem Eintritt der Erledigung aber bereits das Vorliegen einer Regelungslücke wegen § 23 III EGGVG verneinen[509]. Wenn § 23 III EGGVG tatsächlich einer analogen Anwendung des § 98 II S. 2 StPO entgegenstehen sollte, dann muß diese Sichtweise auch bereits für den Rechtsschutz gegen unerledigte Maßnahmen Geltung beanspruchen. Abgesehen von der mangelnden Konsequenz dieses Lösungsweges wurde die ihr zugrundeliegende These, § 23 III EGGVG stehe einer analogen Anwendung des § 98 II S. 2 StPO entgegen, bereits im Rahmen dieser Abhandlung widerlegt[510]. Im übrigen erscheint dieser Lösungsansatz auch nicht vollständig durchdacht. So ist es zwar durchaus erwägenswert, dem Verfahren nach § 98 II S. 2 StPO im Wege der Auslegung auch die Aufgabe einer (nachträglichen) Rechtmäßigkeitskontrolle zuzuweisen. Damit kann aber nur die Frage des zulässigen Rechtsweges bezüglich des Rechtsschutzes gegen die unmittelbar von § 98 II S. 2 StPO erfaßten Zwangsmaßnahmen, d. h. der Beschlagnahme und der formlosen Sicherstellung, gelöst werden. Um diese im Wege der Auslegung erweiterte Vorschrift auch in bezug auf den nachträglichen Rechtsschutz gegen andere strafprozessuale Zwangsmaßnahmen anzuwenden, bedarf es aber einer weiteren Erklärung. Eine solche Begründung bleibt diese Meinungsgruppe aber schuldig. Eine Auslegung scheitert insoweit bereits am Wortlaut des § 98 II S. 2 StPO, denn diese Bestimmung regelt ausdrücklich nur die Anrufungsmöglichkeit des Richters im Fall der Beschlagnahme[511]. Somit käme wiederum nur eine Analogie in Betracht. Die reine Auslegungslösung kann somit hier nicht zum Erfolg führen.

Demnach muß geklärt werden, ob eine analoge Anwendung des § 98 II S. 2 StPO hier durchgreifen kann. Dabei sollte zunächst ermittelt werden, welcher der dargelegten Analogieansätze zur Lösung der Problematik in Betracht kommen.

Die Argumentation über die These, die Feststellungsklage sei Ausfluß eines allgemeinen (verfahrensrechtlichen) Rechtsgedankens[512], vermag nicht zu überzeugen. Die zur Herleitung dieses allgemeinen Rechtsgedankens angeführten Regelungen, die eine Feststellungsklage vorsehen, knüpfen an das Vorliegen eines Verwaltungsaktes an. Der Rechtsschutz gegen Verwaltungsakte ist aber nicht ohne weiteres mit demjenigen gegen strafprozessuale Ermittlungsmaß-

---

508 Vgl. dazu unter Teil 1 B. I. 1.) a) aa).

509 Vgl. dazu einerseits Rieß/Thym, GA 1981, S. 189, S. 199 und andererseits Rieß/Thym, GA 1981, S. 189, S. 203.

510 Vgl. dazu näher unter Teil 1 B. I. 1.) b) bb) (1).

511 Vgl. dazu näher unter Teil 1 B. I. 1.) b) aa).

512 So Amelung, Rechtsschutz, S. 50 ff.

nahmen vergleichbar. Die Tätigkeit der Verwaltungsgerichte im Rahmen des § 113 I S. 4 VwGO dient z. B. genuin und ausschließlich der nachträglichen Kontrolle behördlichen Handelns[513]. Auch kann das Verwaltungsgericht seine Entscheidung niemals an die Stelle der behördlichen Entscheidung setzen[514]. Ist z. B. eine Verpflichtungsklage erfolgreich, kann das Gericht den begehrten Verwaltungsakt nicht selbst erlassen, sondern nur die Behörde zum Erlaß eines solchen verpflichten[515]. Die Tätigkeit des Ermittlungsrichters ist hingegen prinzipiell anders konzipiert. Unabhängig von der Frage einer Entscheidung über die Rechtmäßigkeit hinsichtlich des ermittlungsbehördlichen Handelns trifft der Richter jedenfalls immer eine eigene Entscheidung[516]. Er entscheidet nämlich über die Aufrechterhaltung der Maßnahme aufgrund einer ihm zustehenden Anordnungskompetenz[517].

Die These eines allgemeinen aus § 98 II S. 2 StPO zu entnehmenden Rechtsgedankens wurde bereits an anderer Stelle widerlegt[518]. Eine Rechtsanalogie kommt somit nicht in Betracht. Demnach muß untersucht werden, ob eine (einfache) Gesetzesanalogie hier zur Lösung zu führen vermag. Bei dieser Betrachtung kommt dem hinter dem § 98 II S. 2 StPO stehenden Zweck entscheidendes Gewicht zu. Die Vertreter einer (einfachen) Gesetzesanalogie und die Anhänger einer Anwendung der §§ 23 ff. EGGVG im hier fraglichen Zusammenhang stützen ihre Argumentation nämlich auf eine jeweils unterschiedliche Sichtweise hinsichtlich des hinter § 98 II S. 2 StPO stehenden Zweckes. Während die einen behaupten, der § 98 II S. 2 StPO diene auch dem Rechtsschutz des Betroffenen[519], bestreiten die anderen dies vehement und lehnen vor allem aus diesem Grunde eine analoge Anwendung des § 98 II S. 2 StPO hinsichtlich des Rechtsschutzes gegen eine erledigte staatsanwaltschaftliche bzw. polizeiliche Eilanordnung einer (heimlichen) strafprozessualen Zwangsmaßnahme ab[520]. Unter Berücksichtigung dieser Gesichtspunkte soll die analoge Anwendung des § 98 II S. 2 StPO bezüglich des hier fraglichen Feststellungsbegehrens im folgenden untersucht werden.

---

513 Bachmann, S. 198.
514 Bachmann, S. 198.
515 Vgl. dazu statt aller: Kopp/Schenke, VwGO, § 113 Rdnr. 178 ff.
516 So auch: Bachmann, S. 198.
517 Vgl. dazu näher unter Teil 1 B. I. 1.) b) bb) (3).
518 Vgl. dazu näher unter Teil 1 B. III. 1.) a) dd).
519 Vgl. dazu näher unter Teil 1 C. I. 1.) a) aa).
520 Vgl. dazu näher unter Teil 1 C.I. 1.) a) cc).

b) Eigener Lösungsansatz zur Frage des einschlägigen Rechtsweges

aa) Das Vorliegen einer planwidrigen Regelungslücke[521]

Die Strafprozeßordnung sieht keine Regelung zur gerichtlichen Feststellung der Rechtswidrigkeit der erledigten staatsanwaltschaftlichen bzw. polizeilichen Eilanordnungen nach §§ 98 a, b; 100 a, b; 100 c I Nr. 2, 100 d I; 110 a, b II; 163 d; 163 e StPO vor. Des weiteren treten die grundsätzlich in Betracht kommenden Rechtsschutzvorschriften der §§ 23 ff. EGGVG wegen § 23 III EGGVG gegenüber dem speziellen Verfahren analog § 98 II S. 2 StPO zurück. Somit liegt eine Regelungslücke in bezug auf das dargelegte Regelungsziel vor[522]. Die Planwidrigkeit dieser Regelungslücke ergibt sich aus den Erwägungen zur analogen Anwendung des § 98 II S. 2 StPO im Fall des Rechtsschutzes gegen die noch nicht erledigte staatsanwaltschaftliche Eilanordnung nach §§ 98 a, b; 99, 100; 100 a, b; 100 c I Nr. 2, 100 d I; 110 a, b II; 163 d; 163 e StPO[523].

bb) Der Zweck des § 98 II S. 2 StPO[524]

Zu untersuchen ist, ob das telos des § 98 II S. 2 StPO eine ausdehnende Anwendung der Bestimmung trägt. Wie bereits gesehen[525], soll § 98 II S. 2 StPO zunächst einmal[526] dem von der Beschlagnahme Betroffenen die Einholung der nachträglichen Entscheidung desjenigen Richters ermöglichen, der nach § 98 I StPO an sich die primäre Anordnungskompetenz besitzt, die konkrete Maßnahme wegen Eilbedürftigkeit jedoch nicht selbst anordnen konnte. Fraglich ist, ob diese bezweckte Entscheidung des (Ermittlungs-)Richters auch die (vergangenheitsbezogene) Prüfung der Rechtmäßigkeit der Maßnahme umfaßt oder ob der Richter im Rahmen des § 98 II S. 2 StPO nur - ex nunc - über die Aufrechterhaltung der Maßnahme entscheiden kann, also von seiner Anordnungskompetenz Gebrauch macht. Nur wenn ersteres zu bejahen wäre, könnte das Verfahren nach § 98 II S. 2 StPO auch im Fall der Beanstandung erledigter staatsanwaltschaftlicher bzw. polizeilicher Beschlagnahmeanordnungen eingreifen. Damit wäre dann auch die Möglichkeit eröffnet, die Bestimmung zur Erlangung von Rechtsschutz gegen andere erledigte Eilanordnungen strafprozessualer Zwangsmaßnahmen anzuwenden. Es soll nun also im Wege der Auslegung des § 98 II S. 2 StPO überprüft werden, ob das Verfahren nach § 98 II S. 2 StPO auch die

---

521 Zum Erfordernis der planwidrigen Regelungslücke bei der Analogie vgl. näher unter Teil 1 B. I. 1.) b) bb) (1)/(2).

522 Vgl. dazu näher unter Teil 1 B. I. 1.) b) bb) (1).

523 Vgl. dazu näher unter Teil 1 B. I. 1.) b) bb) (2).

524 Zur Normzweckanalyse bei der Prüfung der Analogie vgl. näher unter Teil 1 B. I. 1.) b) bb) (3) (a).

525 Vgl. dazu näher unter Teil 1 B. I. 1.) b) bb) (3) (a).

526 Auf die erweiterte Zwecksetzung, die sich bereits im Laufe der Arbeit gezeigt hat, soll hier nicht eingegangen werden, weil diese zur Lösung der nunmehr zu behandelnden Problematik nicht beitragen kann. Vgl. dazu unter Teil 1 B. I. 2.) b) bb) (2) und Teil 1 B. III. 1.) b) bb) (2).

Rechtmäßigkeitsprüfung der Beschlagnahme(anordnung) umfaßt, § 98 II S. 2 StPO also weit auszulegen ist.

(1) Der Wortlaut des Gesetzes

Zunächst ist der Frage nachzugehen, inwieweit der Wortlaut des Gesetzes zum Verständnis des § 98 II S. 2 StPO beitragen kann[527].

Betrachtet man den Wortlaut des § 98 II S. 2 StPO, so scheint er weder einer engen noch weiten Auslegung entgegenzustehen. Der verwendete Begriff der „richterlichen Entscheidung" läßt nämlich gerade keine Rückschlüsse zum Umfang dieser Entscheidung zu. § 98 II S. 2 StPO steht aber in engem Zusammenhang zu § 98 II S. 1 StPO. Denn § 98 II S. 1 StPO regelt die richterliche Entscheidung hinsichtlich einer Beschlagnahmeanordnung auf Antrag des anordnenden Beamten. Demgegenüber sieht § 98 II S. 2 StPO die richterliche Entscheidung hinsichtlich der staatsanwaltschaftlichen bzw. polizeilichen Beschlagnahmeanordnung auf Antrag des Betroffenen vor. Somit sollte beiden Bestimmungen ein einheitliches Verständnis in bezug auf den Inhalt der richterlichen Entscheidung zugrundegelegt werden. In § 98 II S. 1 StPO wird nun die zu erwirkende richterliche Entscheidung als „richterliche Bestätigung" bezeichnet. Diese gesetzliche Bezeichnung läßt den Schluß zu, daß es innerhalb dieses Verfahrens Aufgabe des Richters ist, im Rahmen einer richterlichen Kontrollfunktion gegenüber staatsanwaltschaftlicher bzw. polizeilicher Tätigkeit die Rechtmäßigkeit der vorausgegangenen nichtrichterlichen Anordnung zu überprüfen und auf der Grundlage dieses Ergebnisses, diese entweder aufzuheben oder zu „bestätigen"[528]. Wegen der dargelegten engen Beziehung zwischen § 98 II S. 1 und § 98 II S. 2 StPO kann diese Auslegung auf des § 98 II S. 2 StPO übertragen werden. Dies spricht also dafür, daß bei einer Auslegung nach dem Gesetzeswortlaut § 98 II S. 2 StPO eine Rechtmäßigkeitsprüfung umfaßt.

Ein Teil der Literatur hält nun dieses Ergebnis für nicht vertretbar. Aus einer Gegenüberstellung des Wortlautes des § 98 II S. 2 StPO einerseits und der §§ 161 a III S. 1; 163 a III S. 2; 304 I StPO andererseits ergebe sich, daß der Richter im Rahmen des Verfahrens nach § 98 II S. 2 StPO keine Entscheidung im Hinblick auf die Rechtmäßigkeit der Beschlagnahme treffe[529]. § 163 a III S. 3 StPO bestimmt nun tatsächlich ausdrücklich, daß das Gericht „über die Rechtmäßigkeit der Vorführung" entscheidet. § 161 a III S. 1 StPO enthält nun zwar nicht eine solche ausdrückliche Formulierung. Es ergibt sich aber aus dem direkten Zusammenhang mit § 163 a III S. 3 StPO, daß auch der Antrag gemäß § 161 a III S. 1 StPO eine Rechtmäßigkeitskontrolle umfaßt[530]. § 98 II S. 2 StPO

---

527 Zur Auslegung nach dem Wortlaut des Gesetzes vgl.: Bydlinski, S. 437 ff.; Fikentscher, S. 670 ff.; Larenz/Canaris, S.137 ff.; Sch-Sch-Eser, § 1 Rdnr. 37 f.

528 Schnarr, NStZ 1991, S. 209, 213 f.

529 Schenke, NJW 1976, S. 1816, 1820.

530 Bachmann, S. 190.

enthält eine entsprechende Bestimmung hingegen gerade nicht. Dies scheint in der Tat gegen eine weite Auslegung des § 98 II S. 2 StPO zu sprechen. Durch die Verwendung des Begriffes „Rechtmäßigkeit" in § 163 a III S. 3 StPO soll aber gerade nur zum Ausdruck gebracht werden, daß sich die richterliche Untersuchung auf die Prüfung der Rechtmäßigkeit beschränkt und keine Zweckmäßigkeitsprüfung umfaßt[531]. Somit kann die dargelegte Argumentation nicht durchgreifen. Auch der Vergleich mit § 304 I StPO erweist sich als wenig hilfreich. § 304 I StPO bestimmt lediglich, gegen welche richterliche Entscheidungen die Beschwerde zulässig ist. Anhaltspunkte bezüglich des Prüfungsumfanges sind gerade nicht ersichtlich[532].
Im Ergebnis ist also daran festzuhalten, daß die Wortlautauslegung für eine Rechtmäßigkeitsprüfung im Verfahren nach § 98 II S. 2 StPO spricht.

(2) **Die Gesetzessystematik**

Als nächstes soll untersucht werden, ob dem systematischen Zusammenhang, in den § 98 II S. 2 StPO eingebettet ist, Gesichtspunkte zum Verständnis der Vorschrift zu entnehmen sind[533].
§ 98 StPO regelt das Kompetenzgefüge im Fall der Beschlagnahme. § 98 II S. 2 StPO steht dabei in besonderer Beziehung zu § 98 I StPO, der die Anordnungskompetenz in bezug auf die Beschlagnahme regelt. Nur wenn der Richter wegen Gefahr im Verzug von seiner Primärkompetenz nach § 98 I StPO keinen Gebrauch machen kann und statt dessen die Staatsanwaltschaft bzw. die Polizei im Rahmen ihrer Eilkompetenz nach § 98 I S. 1 StPO entscheiden, kommt nämlich das Verfahren nach § 98 II S. 2 StPO in Betracht. Nach der hier vertretenen Ansicht dient diese primäre Anordnungskompetenz des Richters als besondere Ausgestaltung des Art. 19 IV S. 1 GG dem präventiven Rechtsschutz in Fällen besonders schwerwiegender Grundrechtseingriffe[534]. Zu untersuchen ist, inwieweit dieser Gesichtspunkt zur Auslegung des § 98 II S. 2 StPO beitragen kann. Da der Vorbehalt einer richterlichen Entscheidung (auch) dem Schutz der Rechte des Betroffenen diene, so ein Teil der Literatur, könne die richterliche Anordnungskompetenz im Eilfall auch nicht völlig auf die Staatsanwaltschaft bzw. die Polizei übergehen[535]. Wenn der Richter nun auf Anrufung des Betroffenen wieder von seiner Prüfungs- und Entscheidungskompetenz Gebrauch mache, dann könne dies nur dazu führen, daß er die Beschlagnahme auch nach der Sach- und Rechtslage zur Zeit ihrer Anordnung zu beurteilen habe[536]. Denn einerseits dürfe der Richter eine Entscheidung nicht einfach ignorieren, die ein

531 LR-Rieß, § 161 a Rdnr. 61; LR-Rieß, § 163 a Rdnr. 67.
532 So auch Bachmann, S. 191.
533 Zur Auslegung nach der Gesetzessystematik vgl.: Bydlinski, S. 442 ff.; Fikentscher, S. 672; Larenz/Canaris, S. 164; Middelberg, S. 45.
534 Vgl. dazu näher unter Teil 1 A. I. 3.) a) aa) (3) (d).
535 Fezer, Jura 1982, S. 126, 129.
536 Fezer, a. a. O., S. 129 f.

anderes Strafverfolgungsorgan während einer Zeit rechtlich fortdauernder richterlicher Anordnungskompetenz getroffen habe[537]. Andererseits erfordere der Zweck der präventiven Richtereinschaltung, daß der Richter unmittelbar nach der faktischen Wiederherstellung seiner Anordnungsbefugnis die Rechtsprüfung nachhole, die er selbst eigentlich hätte vornehmen müssen[538]. Ansonsten entstehe nämlich ein „Vakuum" im Rechtsschutz[539]. Diese Argumentation erscheint jedoch nicht überzeugend. So wird nicht deutlich, warum der Richter die Eilentscheidung der Staatsanwaltschaft bzw. der Polizei nicht ignorieren darf[540]. Dies ist die entscheidende Frage. Wenn der Richter diese Entscheidung berücksichtigen müßte, dann würde ihm die hier zu untersuchende Rechtmäßigkeitsprüfung zustehen. Somit wird innerhalb dieser dargelegten Argumentation gerade das behauptet, was eigentlich begründet werden sollte[541]. Im übrigen wäre ein „Vakuum" im Rechtsschutz nicht etwa allein deshalb zu befürchten, weil der (Ermittlungs-)Richter im Rahmen des Verfahrens nach § 98 II S. 2 StPO nicht auch die Rechtmäßigkeit der Anordnung überprüfen könnte[542]. Denn es besteht immer noch die Möglichkeit, den Rechtsweg nach §§ 23 ff. EGGVG zu beschreiten. Im Ergebnis ist die dargelegte Sichtweise also abzulehnen.

Eine Argumentation über § 98 I StPO kann aber unter einem etwas anderen Blickwinkel weiterführen. Die Staatsanwaltschaft bzw. die Polizei werden im Eilfall nur vorübergehend, gewissermaßen stellvertretend, in einem Bereich tätig, der an sich nur von Richtern in richterlicher Unabhängigkeit ausgeübt werden darf[543]. Dies spricht dafür, die Rechtmäßigkeitskontrolle hinsichtlich dieser für den (Ermittlungs-)Richter getroffenen Maßnahmen nach der Beendigung der Eilvoraussetzungen demjenigen Richter zuzusprechen, der eigentlich zur Entscheidung berufen gewesen wäre und der nach der Strafprozeßordnung in Form seiner primären Anordnungszuständigkeit als Garant der Rechtmäßigkeit dieser Maßnahmen eingesetzt wird[544].

Es könnten im Hinblick auf die hier in Rede stehende Problematik unter Umständen auch Erkenntnisse aus der Regelung des § 162 III StPO gewonnen werden. Ein Zusammenhang zwischen § 98 StPO und § 162 StPO besteht insoweit, als § 162 StPO das richterliche Kompetenzgefüge bezüglich der unter Richtervorbehalt stehenden strafprozessualen Zwangsmaßnahmen, wie z. B. die Be-

---

537 Fezer, a. a. O., S. 130.
538 Fezer, a. a. O., S. 130.
539 Fezer, a. a. O., S. 130.
540 So auch Bachmann, S. 200.
541 So auch Bachmann, a. a. O.
542 So auch Bachmann, S. 201.
543 Rieß/Thym, GA 1981, S. 189, 204.
544 Rieß/Thym führen diese Argumentation an, um zu begründen, daß der § 98 II S. 2 StPO bereits im Wege der (reinen) verfassungskonformen Auslegung zur Erlangung von Rechtsschutz gegen erledigte staatsanwaltschaftliche bzw. polizeiliche Eilanordnungen strafprozessualer Zwangsmaßnahmen führt. Vgl. dazu näher unter Teil 1 C. I. 1.) a) aa) (2) und Teil 1 C. I. 1.) a) cc).

schlagnahme, regelt. Es ist zweifelhaft, ob noch ein weitergehender Zusammenhang zwischen den Bestimmungen, gerade auch zwischen dem § 98 II S. 2 StPO und § 162 III StPO besteht und ob hieraus Rückschlüsse auf den Umfang der richterlichen Kontrolle nach § 98 II S. 2 StPO zu ziehen sind. Von einem Teil der Literatur wird von einem solchen Zusammenhang ausgegangen. Vor diesem Hintergrund wird darauf abgestellt, daß die Anrufung des Richters vor Erhebung der Anklage stets eine Rechtmäßigkeitsprüfung der staatsanwaltschaftlichen bzw. polizeilichen Akte zur Folge habe[545]. Denn nach § 162 III StPO sei die richterliche Kontrolle auf die Rechtmäßigkeitsprüfung beschränkt[546]. Dann müsse gleiches auch für die Anrufung des Richters im Rahmen des § 98 II S. 2 StPO nach Erhebung der Anklage gelten[547]. Der Heranziehung des § 162 III StPO im hier fraglichen Zusammenhang stehen jedoch erhebliche Bedenken entgegen. Der § 162 III StPO regelt den Prüfungsumfang des Richters bei einem Tätigwerden auf Antrag der Staatsanwaltschaft. § 162 III StPO stellt lediglich klar, daß der Ermittlungsrichter vor der Anordnung von Untersuchungshandlungen, die die Staatsanwaltschaft beantragt hat, lediglich die Rechtmäßigkeit der beantragten Maßnahme prüfen darf[548]. Im vorliegenden Zusammenhang geht es hingegen darum, ob das Tätigwerden des Richters auf Antrag des Betroffenen die Rechtmäßigkeitsprüfung hinsichtlich einer von der Staatsanwaltschaft bereits erlassenen Beschlagnahme umfaßt[549]. Somit steht der § 162 III StPO in einem ganz anderen Kontext als der § 98 II S. 2 StPO[550] und kann somit zur Auslegung des § 98 II S. 2 StPO nicht herangezogen werden.
Im Ergebnis kann der systematische Zusammenhang, in den § 98 II S. 2 StPO eingebettet ist, nur in geringem Umfang zum Verständnis der Regelung beitragen.

(3) Der historische Hintergrund des Gesetzes

Bei der Auslegung von Gesetzen ist auch zu berücksichtigen, welchen Inhalt der Gesetzgeber § 98 II S. 2 StPO hat geben wollen[551].
Der Gesetzgeber von 1877 hat die Möglichkeit der Anrufung des (Ermittlungs-) Richters gegen eine staatsanwaltschaftliche bzw. polizeiliche Zwangsmaßnahmenanordnung auf Antrag des Betroffenen nur im Fall der Beschlagnahme, der Maßnahmen nach §§ 94 ff. StPO geregelt[552]. In bezug auf die damals ebenfalls vorgesehene Zwangsmaßnahme der Durchsuchung, deren gesetzliche Ausge-

---

545 Amelung, Rechtsschutz, S. 28 f.
546 Amelung, a. a. O.
547 Amelung, a. a. O.
548 Heidelberger Kommentar-Krehl, § 162 Rdnr. 4; KK-Wache, § 162 Rdnr. 15 ff.; KMR-Müller, § 162 Rdnr. 5 ff.; LR-Rieß, § 162 Rdnr. 36 ff.; Pfeiffer, § 162 Rdnr. 5.
549 Ähnlich auch Bachmann, S. 192.
550 So im Ergebnis auch: Feiter, S. 77.
551 Zur Auslegung unter historischen Gesichtspunkten vgl.: Bydlinski, S. 449 ff.; Engisch, S. 106 ff.; Fikentscher, S. 674 f.; Larenz/Canaris, S. 149, 164 f.
552 Vgl. dazu: Fezer, Jura 1982, S. 126, 130; Schubert/Regge, S. 680 ff.

staltung die gleiche Grundstruktur aufweist wie die Bestimmungen zur Beschlagnahme[553], fehlt eine solche Regelung[554]. Bei der Beschlagnahme handelt es sich um eine Maßnahme mit Dauerwirkung. Demgegenüber wird die Durchsuchung in der Regel so schnell vollzogen und zeitigt auch nach der Vollziehung keine weitere Wirkung mehr, weshalb eine Aufhebung zu spät kommen würde. Dies läßt darauf schließen, daß gerade die Dauerwirkung den Gesetzgeber dazu veranlaßt hat, in § 98 II S. 2 StPO eine Anrufungsmöglichkeit des Richters durch den Betroffenen zu regeln[555]. Somit wollte der Gesetzgeber mit dem Verfahren nach § 98 II S. 2 StPO dem betroffenen Bürger die Möglichkeit zur Beendigung der Fortdauer der Beschlagnahme eröffnen[556]. Fraglich ist, ob darüber hinaus eine Anrufungsmöglichkeit im Erledigungsfall auch noch umfaßt sein sollte. Wenn dies bejaht werden könnte, dann würde die Prüfungskompetenz des Richters im Rahmen des § 98 II S. 2 StPO eine Rechtmäßigkeitsprüfung umfassen. Denn ein Antrag gegen eine erledigte Maßnahme hat die Feststellung ihrer Rechtswidrigkeit zum Ziel. Gegen diese Annahme spricht aber bereits, daß der Gesetzgeber von 1877 eben bezüglich der Durchsuchung, also einer typischerweise kurzfristig erledigten Maßnahme, keine richterliche Anrufungsmöglichkeit vorgesehen hat. Es wäre also ganz und gar unverständlich, wenn der Gesetzgeber mit § 98 II S. 2 StPO auch gegenüber erledigten Beschlagnahmen eine Anrufung des Richters angestrebt hätte, aber gleichzeitig eine entsprechende Regelung nicht ebenfalls hinsichtlich der Durchsuchung vorgesehen hat[557]. Nach der historischen Auslegung ist also davon auszugehen, daß der Gesetzgeber im Rahmen des Verfahrens nach § 98 II S. 2 StPO keine Rechtmäßigkeitsprüfung anstrebte. Dabei ist sicherlich zu berücksichtigen, daß der Gesetzgeber von 1877 die Rechtsschutzproblematik in ihrer ganzen Bedeutung sicherlich noch nicht überblickte. Dies ergibt sich schon daraus, daß die Strafprozeßordnung nicht vor dem Hintergrund der umfassenden Rechtsschutzgarantie des Art. 19 IV S. 1 GG entwickelt wurde.

(4) Objektiv-teleologische Aspekte unter Berücksichtigung des verfassungsrechtlichen Hintergrundes

Nunmehr ist das Gesetz unter Berücksichtigung objektiv-teleologischer Gesichtspunkte auszulegen[558]. Es muß also geklärt werden, was mit dem nachträglichen richterlichen Tätigwerden nach § 98 II S. 2 StPO angesichts der gegen-

---

553 Amelung, Rechtsschutz, S. 32.
554 Vgl. dazu: Schubert/Regge, S. 682 f.
555 So im Ergebnis auch: Amelung, Rechtsschutz, S. 32; Genzel, NJW 1969, S. 1562, 1565; Nelles, S. 79.
556 So auch Bachmann, S. 194. Im Ergebnis auch Schenke, NJW 1976, S. 1816, 1822.
557 So auch Schenke, NJW 1976, S. 1816, 1821.
558 Zur Auslegung unter objektiv-teleologischen Gesichtspunkten vgl. : AK-StGB-Hassemer, § 1 Rdnr. 109, 114; Fikentscher, S. 676 ff.; SK-StGB-Rudophi, § 1 Rdnr. 32.

wärtigen Verhältnisse und Interessen, insbesondere auch der verfassungsrechtlichen Wertvorstellungen, vernünftigerweise bezweckt sein kann[559].
Der historische Hintergrund der mit § 98 II S. 2 StPO verbundenen Konzeption wurde gerade dargelegt. Fraglich ist, welche gesetzgeberische Wertentscheidung dahinter steht und inwieweit sich daraus Rückschlüsse im Hinblick auf die der hier in Rede stehenden Problematik ergeben. Wenn der Gesetzgeber dem Betroffenen mit dem Tätigwerden des Richters im Verfahren nach § 98 II S. 2 StPO die Möglichkeit zur Beendigung der Beschlagnahme eröffnen wollte, muß er in dem andauernden staatlichen Entzug von Eigentum und Besitz gegen den Willen des Betroffenen eine rechtlich anerkennenswerte Belastung gesehen haben, an deren Beseitigung dem Betroffenen ein rechtlich anerkennenswertes Interesse zusteht[560]. Die zu dieser Zweckerreichung geeignete und erforderliche Handlung ist die Aufhebung der Beschlagnahme. Somit hat der Gesetzgeber von 1877 im Verfahren nach § 98 II S. 2 StPO diese Möglichkeit geschaffen. Im 19. Jahrhundert entsprach es aber nicht den rechtlichen Vorstellungen, daß der Bürger von einer staatlichen Maßnahme auch nach ihrem Abschluß, ihrer Erledigung noch belastet sein kann[561]. Da er nur die andauernde Beschlagnahme als Belastung für den Bürger erkannte, hat er nur dessen Beseitigung geregelt. Er wollte damit also dem Betroffenen eine Möglichkeit des Vorgehens gegen alle ihm bekannten Beeinträchtigungen eröffnen.
Es gilt nun diese gesetzgeberische Wertentscheidung insbesondere vor dem Hintergrund der Rechtsschutzgarantie nach Art. 19 IV S. 1 GG weiterzudenken[562]. Gerade auch angesichts der umfassenden verfassungsrechtlichen Rechtsschutzgarantie ist heute allgemein anerkannt, daß der Bürger auch durch eine bereits erledigte staatliche Maßnahme belastet sein kann und daß dem Betroffenen ein Rechtsbehelf zur Beseitigung dieser Belastung zustehen muß[563]. Die Belastung des Bürgers im Fall der Beschlagnahme besteht nach der Erledigung nun aber gerade nicht mehr in der Beeinträchtigung von Eigentum und Besitz des Bürgers. Es besteht hier vielmehr eine ideelle Beeinträchtigung[564], z. B. in Form der Wiederholungsgefahr oder der diskriminierenden Auswirkungen der Maßnahme. Diese ideellen Beeinträchtigungen können nicht durch eine Aufhebungsentscheidung beseitigt werden, weil die Maßnahme bereits erledigt ist. Die zur Beseitigung dieser ideellen Folgen erforderliche Entscheidung ist vielmehr die Feststellung der Rechtswidrigkeit der Beschlagnahme[565]. Denkt man

559 Vgl. statt aller: SK-StGB-Rudolphi, § 1 Rdnr. 32.
560 So auch Bachmann, S. 211.
561 Bachmann, S. 211. Vgl. dazu auch: Köster, S. 42 f.
562 So geht auch Bachmann, S. 210 ff. vor.
563 Vgl. dazu: BK-Schenke, Art. 19 Abs. 4 Rdnr. 294; Dörr, NJW 1984, S. 2258, 2260; Lorenz, S. 272 f., insbesondere auch Fußnote 11 auf S. 272; Schenke, Jura 1980, S. 133, 136 f.
564 So auch: Bachmann, S. 211 f.
565 So auch: Bachmann, S. 212.

nun den Willen des Gesetzgebers, alle ihm bekannten Folgen der Beschlagnahme durch die richterliche Entscheidungsmöglichkeit nach § 98 II S. 2 StPO zu beseitigen, vor dem Hintergrund des Art. 19 IV S. 1 GG weiter, dann muß der Richter in diesem Verfahren auch die Rechtmäßigkeit der Beschlagnahme überprüfen können und dementsprechend die Rechtswidrigkeit der Maßnahme feststellen können[566].

Zur Absicherung dieses Auslegungsergebnisses sind die - über die unmittelbaren Rechtsfolgen hinausgehenden - weiteren Folgen in Betracht zu ziehen, die bei Zugrundelegung dieses Ergebnisses eintreten werden[567]. Es ist zu fragen, ob sich diese mit diesem Auslegungsergebnis in Einklang bringen lassen[568].
Problematisch erscheint hier, wie es sich bei Zugrundelegung dieses Resultates erklären läßt, daß der Richter nach allgemeiner Ansicht[569] bei Vorliegen der Anordnungsvoraussetzungen im Zeitpunkt der Entscheidung nach § 98 II S. 2 StPO eine im Zeitpunkt der Anordnung rechtswidrige Beschlagnahme aufrechterhalten kann.
Von einem Teil der Literatur wird behauptet, daß dies bei Zugrundelegung einer Rechtmäßigkeitsprüfung im Rahmen des Verfahrens nach § 98 II S. 2 StPO nicht erklärbar sei[570]. Diese richterliche Vorgehensweise werde nur verständlich, wenn man die Entscheidung nach § 98 II S. 2 StPO als reine ex-nunc-Entscheidung über die Frage der Aufrechterhaltung der Maßnahme werte[571].
Dem kann nicht zugestimmt werden. Es wurde nämlich bereits sehr früh in der Rechtsschutzdiskussion ein Modell entwickelt, das die angesprochene Problematik auf der Grundlage des hier herausgearbeiteten Verständnisses des § 98 II S. 2 StPO klärt. So wird zutreffend darauf abgestellt, daß in dem angesprochenen Fall der Richter die ursprünglich rechtswidrige Beschlagnahme aufhebe und dann zugleich eine neue Beschlagnahmeanordnung nach § 98 I StPO treffe[572]. Dieses juristische Erklärungsmodell steht nicht im Widerspruch dazu, daß der Tenor der Entscheidung nach § 98 II S. 2 StPO lediglich eine Anordnung der Fortdauer der Beschlagnahme beinhaltet. Denn juristisch kann ein äußerlich einheitlicher Vorgang durchaus mehrere Entscheidungen enthalten. Dies läßt die Erklärung auch nicht als gekünstelt oder praxisfremd erscheinen[573]. So sind z. B. gerade im Zivilrecht, explizit im Sachenrecht solche Konstruktionen, die einen äußerlichen einheitlichen Vorgang in mehrere Akte zerfallen lassen,

566 Ähnlich auch: Bachmann, S. 212.
567 Schmalz, Rdnr. 262 ff.
568 Vgl. dazu: Schmalz, Rdnr. 262 ff.
569 Amelung, Rechtsschutz, S. 29 f.; Bachmann, S.192; Feiter, S. 79; Schenke, NJW 1976, S. 1816, 1822; Schenke, DÖV 1978, S. 731, 731.
570 Feiter, S. 79; Schenke, DÖV 1978, S. 731, 731.
571 Vgl. dazu: Feiter, S. 79; Schenke, NJW 1976, S. 1816, 1822; Schenke, DÖV 1978, S. 731, 731.
572 Amelung, Rechtsschutz, S. 29 f. Ihm folgend auch: Nelles, S. 78, Fußnote 66.
573 So aber: Schenke, NJW 1976, S. 1816, 1822. Vgl. auch: Feiter, S. 79 Fußnote 341.

durchaus üblich. Man denke nur an das Abstraktionsprinzip, den Durchgangserwerb beim Tätigwerden eines mittelbaren Vertreters für den Erwerber oder den Durchgangserwerb des Eigentums für eine sog. „juristische Sekunde“ im Fall des Eigentumserwerbes nach § 950 BGB bei gleichzeitiger antizipierter Einigung und Besitzkonstitut zum Eigentumsübergang nach §§ 929, 930 BGB. Somit spricht auch die Folgenbetrachtung nicht gegen dieses Ergebnis der Auslegung unter objektiv-teleogischen Gesichtspunkten.

Im Ergebnis ist folglich festzuhalten, daß nach einer objektiv-teleologischen Sichtweise die Entscheidung des Richters nach § 98 II S. 2 StPO auch eine Rechtmäßigkeitsprüfung umfaßt.

(5) Die Schlußfolgerungen aus der Auslegung des § 98 II S. 2 StPO

Betrachtet man die dargelegten Auslegungsgesichtspunkte, so weisen sie auf den ersten Blick nicht eindeutig in eine bestimmte Richtung. So steht der Gesetzeswortlaut einer weiten Auslegung des § 98 II S. 2 StPO nicht entgegen und vor allem die objektiv-teleologische Auslegung unter besonderer Berücksichtigung der Verfassung spricht für eine Einbeziehung einer Rechtmäßigkeitsprüfung im Verfahren nach § 98 II S. 2 StPO. Demgegenüber lassen sich systematische Überlegungen nur in sehr beschränktem Ausmaß zur Begründung einer weiten Auslegung des § 98 II S. 2 StPO heranziehen. Schließlich spricht die historische Auslegung gegen eine Rechtmäßigkeitsprüfung hinsichtlich der Beschlagnahme im Rahmen des Verfahrens nach § 98 II S. 2 StPO. Die historische und die objektiv-teleologische Auslegung stehen aber nicht wirklich im Gegensatz zueinander. Die hier vorgenommene objektiv-teleologische Auslegung baut nämlich gerade auf den Willen des historischen Gesetzgebers und vor allem auf den von ihm verfolgten Wertvorstellungen auf und entwickelt diese auf der Grundlage der heutigen Verhältnisse und Interessen, insbesondere dem gewandelten verfassungsrechtlichen Hintergrund weiter. Denn das Gesetz „ist nicht toter Buchstabe, sondern lebendig sich entwickelnder Geist, der mit den Lebensverhältnissen fortschreiten und ihnen angepaßt sinnvoll weitergehen will, solange dies nicht die Form sprengt, in die er gegossen ist“[574]. Folglich greifen im Ergebnis die Gesichtspunkte für eine weite Auslegung des § 98 II S. 2 StPO durch. Demgemäß umfaßt die von § 98 II S. 2 StPO bezweckte nachträgliche Entscheidung des nach § 98 I StPO primär anordnungsbefugten Richters auch die Prüfung der Rechtmäßigkeit der Beschlagnahme.

Diese Rechtmäßigkeitsprüfung wird erst im Fall der vergangenen, erledigten Beschlagnahmen notwendig, vor diesem Zeitpunkt begehrt der Betroffene nämlich die Aufhebung der Beschlagnahme[575]. Die Rechtmäßigkeitsprüfung ist also

---

[574] BGHSt 10, S. 157, 159 f. Vgl. auch: RGSt 12, S. 371, 372.

[575] Vgl. dazu näher unter Teil 1 B.

wesensmäßig vergangenheitsbezogen[576]. Aus diesem Grunde reicht zur Begründung der Anwendung des § 98 II S. 2 StPO hinsichtlich der Feststellung der Rechtswidrigkeit der erledigten staatsanwaltschaftlichen bzw. polizeilichen Beschlagnahmeanordnung auch diese Auslegung aus, einer Analogie bedarf es nicht[577]. Diese wird erst im Hinblick auf den Rechtsschutz gegen andere Zwangsmaßnahmen, wie die hier in Rede stehenden heimlichen Maßnahmen, notwendig.
Im übrigen ergibt sich aus diesem Auslegungsresultat noch ein weiteres Ergebnis in bezug auf eine bereits angesprochene Problematik. So wurde bei der Prüfung der Rechtsschutzmöglichkeiten gegen noch nicht erledigte staatsanwaltschaftliche bzw. polizeiliche heimliche Zwangsmaßnahmen zwar auf das Verfahren nach § 98 II S. 2 StPO verwiesen. Der Entscheidungs- und Prüfungsmaßstab der begehrten Aufhebungsentscheidung wurde aber nicht angesprochen. Aus dem dargelegten Auslegungsergebnis ergibt sich nun, daß Entscheidungs- und Prüfungsmaßstab für die beantragte Aufhebungsentscheidung die Sach- und Rechtslage zur Zeit der Anordnung der Maßnahme ist.

cc) Die Vergleichbarkeit der Interessenlage[578]

Die Interessenlage im Fall der Beschlagnahme und im Fall der Zwangsmaßnahmen nach §§ 98 a, b; 99, 100; 100 a, b; 100 c I Nr. 2, 100 d I; 110 a, b II; 163 d; 163 e StPO sind insofern vergleichbar, als die Regelung der Anordnungskompetenz bei der Beschlagnahme in ihrer Grundstruktur derjenigen bei den hier zu untersuchenden Zwangsmaßnahmen ähnelt[579]. Aufgrund dieser Vergleichbarkeit der Interessenlage läßt sich der gerade herausgearbeitete Normzweck des § 98 II S. 2 StPO auf die Maßnahmen nach §§ 98 a, b; 99, 100; 100 a, b; 100 c I Nr. 2, 100 d I; 110 a, b II; 163 d; 163 e StPO übertragen.

Demgemäß kann der von einer ermittlungsbehördlichen Eilanordnung nach §§ 98 a, b; 99, 100; 100 a, b; 100 c I Nr. 2, 100 d I; 110 a, b II; 163 d; 163 e StPO betroffene Bürger nach dem Eintritt der Erledigung analog § 98 II S. 2 StPO den Richter anrufen mit dem Ziel der Feststellung der Rechtswidrigkeit der Anordnung. Der Erfolg dieses Antrages hängt - wie bei jedem Feststellungsantrag - von der Frage des Bestehens eines berechtigten Interesses an dieser Feststellung ab[580].

---

576 So im Ergebnis auch: Bachmann, S. 214.
577 So im Ergebnis auch: Bachmann, S. 214.
578 Zum Erfordernis der Vergleichbarkeit der Interessenlage bei der Analogie vgl. näher unter Teil 1 B. I. 1.) b) bb) (3) (b).
579 Vgl. dazu näher unter Teil 1 B. I. 1.) b) bb) (3) (b).
580 Vgl. dazu näher unter Teil 1 C. IV.

2.) Die gerichtliche Überprüfbarkeit der Art und Weise der Vollziehung der angeordneten Maßnahme

Es stellt sich die Frage, welche Rechtsschutzmöglichkeiten dem Bürger eröffnet sind, wenn er die Art und Weise der Vollziehung einer aufgrund von Eilkompetenz erlassenen, aber bereits erledigten staatsanwaltschaftlichen bzw. polizeilichen Anordnung nach §§ 98 a, b; 99, 100; 100 a, b; 100 c I Nr. 2, 100 d I; 110 a, b II; 163 d; 163 e StPO gerichtlich überprüfen lassen will.

a) Die richterliche Vollziehung der heimlichen Zwangsmaßnahmen nach §§ 99, 100; 100 a, b; 100 c I Nr. 2, 100 d I StPO

Wenn der Richter von seinen Vollziehungskompetenzen innerhalb der Postbeschlagnahme, der Überwachung der Telekommunikation oder der Maßnahme nach §§ 100 c I Nr. 2, 100 d I StPO Gebrauch macht[581] und der Bürger diese richterlichen Vollziehungsakte nach dem Eintritt der Erledigung rügen will, dann kommt als Rechtsschutzverfahren eine Beschwerde nach §§ 304 ff. StPO auf Feststellung der Rechtswidrigkeit dieser Vollzugsakte in Betracht. Die Zulässigkeit einer solchen Beschwerde ist problematisch. Insofern wird auf die nachfolgenden Ausführungen zum Rechtsschutz gegen eine erledigte richterliche Zwangsmaßnahmenanordnung verwiesen[582].

b) Die staatsanwaltschaftliche bzw. polizeiliche Vollziehung

In der Strafprozeßordnung findet sich keine ausdrückliche gesetzliche Bestimmung, die die Feststellung der Rechtswidrigkeit der Art und Weise der Vollziehung der aufgrund staatsanwaltschaftlicher bzw. polizeilicher Eilkompetenz erlassenen und in eigener Verantwortung vollzogenen Anordnungen nach §§ 98 a, b; 99, 100; 100 a, b; 100 c I Nr. 2, 100 d I; 110 a, b II; 163 d; 163 e StPO regelt. Die sich daraus ergebende Problematik wird unterschiedlich gelöst.

aa) Der Meinungsstand in der Literatur und der Rechtsprechung

(1) Der Rechtsweg nach §§ 23 ff. EGGVG

Nach der bislang ganz überwiegenden Ansicht in der Literatur, der sich lange Zeit auch der Bundesgerichtshof angeschlossen hatte[583], kann der Bürger ausschließlich das Oberlandesgericht nach §§ 23 ff. EGGVG anrufen, wenn er die Rechtswidrigkeit der Art und Weise der staatsanwaltschaftlichen bzw. polizeilichen Vollziehung einer erledigten Eilanordnung nach §§ 98 a, b; 99, 100; 100 a, b; 100 c I Nr. 2, 100 d I; 110 a, b II; 163 d; 163 e StPO feststellen lassen möch-

---

581 Vgl. dazu näher unter Teil 1 A. II. 1.) b) aa) (1).

582 Vgl. dazu näher unter Teil 1 C. III. 1.) a).

583 BGH, NJW 1979, S. 882, 882; BGHSt 36, S. 30, 32; BGHSt 36, S. 242, 244; BGHSt 37, S. 79, 82.

te[584]. Dieser Antrag setzt dabei wiederum nach § 28 I S. 4 EGGVG ein berechtigtes Interesse an der Feststellung der Rechtswidrigkeit der Maßnahme voraus. Bei der Begründung dieser Auffassung muß zwischen zwei verschiedenen Sichtweisen unterschieden werden. Diese hängen mit den unterschiedlichen Ausgangspunkten zusammen, von denen aus diese Meinung jeweils entwickelt wird. So ergibt sich dieses Ergebnis für diejenigen von selbst, die bereits bezüglich der Feststellung der Rechtswidrigkeit der erledigten Eilanordnung einer strafprozessualen Zwangsmaßnahme den Rechtsweg nach §§ 23 ff. EGGVG als eröffnet angesehen haben[585]. Die Anwendung der §§ 23 ff. EGGVG im hier fraglichen Kontext wird aber auch überwiegend von denjenigen vertreten, die - wie z. B. der Bundesgerichtshof - im Fall der Überprüfung der erledigten staatsanwaltschaftlichen bzw. polizeilichen Eilanordnungen strafprozessualer Zwangsmaßnahmen den Rechtsweg analog § 98 II S. 2 StPO als eröffnet ansehen[586]. Der (Ermittlungs-)Richter besitze nämlich - so die Begründung - nach dem Eintritt der Erledigung keine Möglichkeit mehr, die Modalitäten der Vollziehung der Zwangsmaßnahme zu regeln[587]. Mangels einer Rechtsschutzregelung zur Vollziehungstätigkeit der Staatsanwaltschaft bzw. der Polizei in der Strafprozeßordnung würden die lückenschließenden §§ 23 ff. EGGVG eingreifen[588]. Schließlich wird hier - im Unterschied zum Rechtsschutz gegen die Anordnung einer Zwangsmaßnahme im Erledigungsfall - darauf verwiesen, daß die Strafprozeßordnung auch prinzipiell gar keine gesetzliche Grundlage dafür biete, bereits vollzogene Ermittlungsmaßnahmen auf das Vorliegen ihrer gesetzlichen Voraussetzungen zu überprüfen und gegebenenfalls deren Rechtswidrigkeit festzustellen[589].

(2) Der Rechtsweg nach § 98 II S. 2 StPO

(a) Die Rechtsansicht der Literatur

Demgegenüber wird in der Literatur zunehmend die Meinung vertreten, daß dem Bürger zur Feststellung der Rechtswidrigkeit der Art und Weise der staatsanwaltschaftlichen bzw. polizeilichen Vollziehung einer erledigten Eilanordnung nach §§ 98 a, b; 99, 100; 100 a, b; 100 c I Nr. 2, 100 d I; 110 a, b II; 163 d; 163 e StPO, das Verfahren analog § 98 II S. 2 StPO offen stehe[590]. Voraussetzung für den Erfolg dieses Begehrens sei dabei ein berechtigtes Feststel-

---

584 Vgl. dazu: Eppinger, S. 169 f.; Feiter, S. 123 ff.; Jorzik/Kunze, Jura 1990, S. 294, 299; LR-Schäfer, § 98 Rdnr. 78; Rieß/Thym, GA 1981, S. 189, 206.

585 Eppinger, S. 162 ff. und S. 169 f.; Feiter, S. 121 ff. und S. 123 ff.

586 BGHSt 36, S. 242, 244; BGHSt 37, S. 79, 82.

587 BGHSt 36, S. 30, 31; BGHSt 36, S. 242, 244.

588 Feiter, S. 124; Rieß/Thym, GA 1981, S. 189, 206.

589 BGH, NJW 1979, S. 882, 882.

590 Vgl. dazu: Bachmann, S. 214 ff.; Fezer, Jura 1982, S. 126, 131 f.; Hilger, JR 1990, S. 485, 488 Fußnote 55; Schlüchter, Rdnr. 182; Sommermeyer, NStZ 1991, S. 257, 262; SK-StPO-Rudolphi, § 98 Rdnr. 36 f.

lungsinteresse[591]. Diese Lösung der Problematik vermeide eine die Klarheit des Rechtsschutzes beeinträchtigende Rechtswegspaltung bei einheitlichen Lebensverhältnissen[592]. Der Rechtsschutz gegen die Art und Weise der Vollziehung einer Zwangsmaßnahme und gegen die Anordnung der Zwangsmaßnahme selbst müßten im übrigen auch deshalb durch dasselbe Gericht überprüft werden können, weil die Probleme der Durchführung und der Anordnung eng miteinander verquickt sein könnten[593]. Ein neuerer Ansatz in der Literatur stellt auch hier - wie im Fall der Nichterledigung[594] - wiederum darauf ab, daß dem (Ermittlungs-)Richter eine Vollziehungskontrollkompetenz im Hinblick auf die Vollziehung dieser Maßnahmen zustehe[595].

(b) Die Rechtsansicht des Bundesgerichtshofes in der Entscheidung vom 7.12.1998

Der Bundesgerichtshof hat sich jüngst der dargelegten Literaturmeinung angeschlossen und seine bisherige Rechtsprechung ausdrücklich aufgegeben, nach der der Betroffene zur Überprüfung der Rechtmäßigkeit der Art und Weise der staatsanwaltschaftlichen bzw. polizeilichen Vollziehung einer erledigten staatsanwaltschaftlichen bzw. polizeilichen Eilanordnung einer Zwangsmaßnahme auf den Rechtsweg nach §§ 23 ff. EGGVG zu verweisen ist[596]. Nunmehr kann der Bürger also auch nach der Auffassung des Bundesgerichtshofes gegen die Art und Weise der staatsanwaltschaftlichen bzw. polizeilichen Vollziehung einer erledigten Eilanordnung einer Zwangsmaßnahme, wie die hier zu untersuchenden Maßnahmen §§ 98 a, b; 99, 100; 100 a, b; 100 c I Nr. 2, 100 d I; 110 a, b II; 163 d; 163 e StPO, eine richterliche Entscheidung analog § 98 II S. 2 StPO beantragen[597]. Zwar sei er sich, so der Bundesgerichtshof, der Probleme bewußt, die mit der Frage der Auslegung bzw. der analogen Anwendung des § 98 II S. 2 StPO verbunden seien[598]. Aus der Notwendigkeit einer verfassungskonformen Auslegung ergebe sich aber, daß die Gesichtspunkte, welche für die Anwendung des § 98 II S. 2 StPO im fraglichen Zusammenhang sprächen, angesichts der Verpflichtung zu einer möglichst wirksamen Kontrolle den Ausschlag geben müßten[599]. Dazu führt er vor allem zwei Argumente an.

---

591 SK-StPO-Rudolphi, § 98 Rdnr. 37; Sommermeyer, NStZ 1991, S. 257, 262.
592 Fezer, Jura 1982, S. 126, 132; Schlüchter, Rdnr. 182; Sommermeyer, NStZ 1991, S. 257, 262.
593 Hilger, JR 1990, S. 485, 488 Fußnote 55.
594 Vgl. dazu näher unter Teil 1 B. I. 2.) a) aa) (2).
595 Bachmann, S. 217 ff., insbesondere S. 221 ff. Vgl. dazu näher unter Teil 1 B. I. 2.) b) aa) (2).
596 BGH, NJW 1999, S. 730, 730 ff. In dem konkreten Fall ging es um eine erledigte polizeiliche Durchsuchungsanordnung nach §§ 102 ff. StPO.
597 BGH, NJW 1999, S. 730, 731 f.
598 BGH, NJW 1999, S. 730, 731.
599 BGH, NJW 1999, S. 730, 731.

So treffe es nicht mehr zu, daß die Strafprozeßordnung grundsätzlich keine gesetzliche Grundlage dafür biete, bereits vollzogene Ermittlungsmaßnahmen auf das Vorliegen ihrer gesetzlichen Voraussetzungen zu überprüfen und gegebenenfalls deren Rechtswidrigkeit festzustellen[600]. Dies ergebe sich einerseits daraus, daß nach der Rechtsprechung des Bundesverfassungsgerichtes[601] nunmehr auch die Beschwerde gegen eine erledigte richterliche Zwangsmaßnahmenanordnung, also eine Beschwerde auf Feststellung der Rechtswidrigkeit richterlichen Handelns, zulässig sei[602]. Andererseits bestimme z. B. der neu eingeführte § 100 d VI S. 1 StPO ausdrücklich, daß der Beschuldigte oder im Fall des § 100 c II S. 5 StPO der Wohnungsinhaber auch nach Erledigung der Maßnahme nach § 100 c I Nr. 3 StPO das Gericht zur Überprüfung der Anordnung als auch der Art und Weise der Vollziehung anrufen könne[603].
Im übrigen greift der Bundesgerichtshof aber auch die bisherigen Argumente, die für die Anwendung des § 98 II S. 2 StPO hinsichtlich der hier zur Diskussion stehenden Rechtsschutzproblematik angeführt werden, auf und kombiniert diese mit dem Gedanken der Rechtsschutzeffektivität. So sei die gerichtliche Kontrolle nicht - wie vom Bundesverfassungsgericht gefordert - effektiv, wenn bei Anträgen auf gerichtliche Überprüfung erledigter Eilanordnungen strafprozessualer Zwangsmaßnahmen, die einer staatsanwaltschaftlichen bzw. polizeilichen Eilanordnungskompetenz unterlägen, zunächst langwierig über Zuständigkeitsfragen gestritten würde[604]. Ein solcher Zuständigkeitsstreit ließe sich indes nicht vermeiden, wenn der Bürger in einem solchen Fall gegen die Anordnung den Richter nach § 98 II S. 2 StPO anrufen müsse und gegen die Art und Weise der Vollziehung das Oberlandesgericht nach §§ 23 ff. EGGVG[605]. Denn die Frage der Rechtmäßigkeit der Anordnung und der Art und Weise der Vollziehung ließen sich in vielen Fällen nur schwer trennen[606].

(3) Stellungnahme

Vor dem Hintergrund der Ausführungen zu den bisher behandelten Rechtsschutzproblemen[607] sprechen bereits die rechtspolitischen Aspekte und auch die besondere Aufgabenstellung des Ermittlungsrichters im Vorverfahren für die Eröffnung des Rechtsweges analog § 98 II S. 2 StPO im Fall der Beanstandung der Art und Weise der ermittlungsbehördlichen Vollziehung einer Eilanordnung nach §§ 98 a, b; 99, 100; 100 a, b; 100 c I Nr. 2, 100 d I; 110 a, b II; 163 d; 163

600 BGH, NJW 1999, S. 730, 731 f.
601 BVerfG, NJW 1997, S. 2163, 2163 ff. Diese Entscheidung ist unter Teil 1 C. III. 1.) a) bb). eingehend behandelt.
602 BGH, NJW 1999, S. 730, 731 f.
603 BGH, NJW 1999, S. 730, 732.
604 BGH, a. a. O.
605 BGH, a. a. O.
606 BGH, a. a. O.
607 Vgl. dazu näher unter Teil 1 B. I. 2.) b) aa) (3), Teil 1 B. II. 1.) b) bb), und Teil 1 C. I. 1.) a) cc).

e StPO. Nunmehr hat sich - wie gesehen - auch der Bundesgerichtshof für eine analoge Anwendung des § 98 II S. 2 StPO ausgesprochen. Er verschließt sich also nicht länger den bereits bekannten Argumenten, die für eine Vereinheitlichung des Rechtsschutzes gegen strafprozessuale Zwangsmaßnahmen aufgrund staatsanwaltschaftlicher bzw. polizeilicher Eilanordnung sprechen. Leider versäumen es sowohl der Bundesgerichtshof als auch die Vertreter der Literatur, die Analogie zu § 98 II S. 2 StPO hier dogmatisch herzuleiten. Der Bundesgerichtshof sorgt dabei auch noch zusätzlich für Verwirrung, indem er gleichzeitig von einer „entsprechenden Anwendung des § 98 II S. 2 StPO" und der „Notwendigkeit der verfassungskonformen Auslegung" spricht. Er läßt dabei nämlich völlig offen, inwiefern eine verfassungskonforme Auslegung und inwieweit eine Analogie vorgenommen wird. Aber auch die Vertreter der Gegenansicht, also einer Anwendung der §§ 23 ff. EGGVG in den hier zu untersuchenden Fällen, setzen sich mit den dogmatischen Problemen hinsichtlich der Anwendung der §§ 23 ff. EGGVG, insbesondere der Subsidiaritätsklausel nach § 23 III EGGVG, nicht auseinander.

bb) Eigener Lösungsansatz zur Frage des einschlägigen Rechtsweges

Es stellt sich nun die Frage, ob die rechtspolitisch sinnvolle Anwendung des § 98 II S. 2 StPO im hier in Frage stehenden Zusammenhang unter Berücksichtigung der eben ausgeführten Gesichtspunkte und der bereits herausgearbeiteten Ansätze rechtsdogmatisch sauber begründet werden kann.

(1) Das Vorliegen einer planwidrigen Regelungslücke[608]

Da die Strafprozeßordnung die Möglichkeit der Feststellung der Rechtswidrigkeit der Art und Weise der staatsanwaltschaftlichen bzw. polizeilichen Vollziehung einer erledigten Eilanordnung nach §§ 98 a, b; 100 a, b; 100 c I Nr. 2, 100 d I; 110 a, b II; 163 d; 163 e StPO nicht regelt und die §§ 23 ff. EGGVG wegen § 23 III EGGVG gegenüber der analogen Anwendung des § 98 II S. 2 StPO zurücktreten, liegt eine Regelungslücke bezüglich des dargelegten Regelungszieles vor[609]. Die Planwidrigkeit dieser Regelungslücke ergibt sich aus den Erwägungen in bezug auf die analoge Anwendung des § 98 II S. 2 StPO im Fall des Rechtsschutzes gegen die noch nicht erledigte staatsanwaltschaftliche Eilanordnung nach §§ 98 a, b; 99, 100; 100 a, b; 100 c I Nr. 2, 100 d I; 110 a, b II; 163 d; 163 e StPO[610].

---

608 Zum Erfordernis einer planwidrigen Regelungslücke bei der Analogie vgl. Teil 1 B. I. 1.) b) bb) (1)/(2).

609 Vgl. dazu näher unter Teil 1 B. I. 1.) b) bb) (1).

610 Vgl. dazu näher unter Teil 1 B. I. 1.) b) bb) (2).

(2) Der Zweck des § 98 II S. 2 StPO[611]

Der § 98 II S. 2 StPO soll zunächst einmal[612] dem von der Beschlagnahme betroffenen Bürger die Einholung der nachträglichen Entscheidung desjenigen Richters ermöglichen, der nach § 98 I StPO an sich die primäre Anordnungsbefugnis besitzt, die konkrete Maßnahme wegen Eilbedürftigkeit jedoch nicht selbst anordnen konnte[613]. Wenn diese beabsichtigte Entscheidung des (Ermittlungs-)Richters auch die (vergangenheitsbezogene) Prüfung der Rechtmäßigkeit der Art und Weise der Vollziehung der Beschlagnahme umfassen würde, dann würde das Verfahren nach § 98 II S. 2 StPO auch gegenüber der Art und Weise der Vollziehung erledigter Beschlagnahmen Rechtsschutz bieten. Es wurde bereits ausführlich herausgearbeitet, daß der (Ermittlungs-)Richter die Befugnis zur Überprüfung der Art und Weise der staatsanwaltschaftlichen bzw. polizeilichen Vollziehung einer nicht erledigten staatsanwaltschaftlichen bzw. polizeilichen Beschlagnahmeanordnung im Rahmen des § 98 II S. 2 StPO besitzt und der § 98 II S. 2 StPO somit nach seiner Zweckrichtung auch die Überprüfung der Art und Weise der staatsanwaltschaftlichen bzw. polizeilichen Vollziehung der noch nicht erledigten Beschlagnahmeanordnung umfaßt[614]. Darüber hinaus wurde dargelegt, daß die von § 98 II S. 2 StPO bezweckte nachträgliche Entscheidung des nach § 98 I StPO primär anordnungsbefugten Richters auch die Prüfung der Rechtmäßigkeit der Beschlagnahmeanordnung, der Zwangsmaßnahmenanordnungen nach §§ 94 ff. StPO umfaßt[615]. Bei Zugrundelegung dieser beiden - herausgearbeiteten - Prinzipien ergibt sich, daß die von § 98 II S. 2 StPO bezweckte Entscheidung des nach § 98 I StPO primär anordnungsbefugten Richters auch die - vergangenheitsbezogene - Prüfung der Rechtmäßigkeit der Art und Weise der Vollziehung der Beschlagnahmeanordnung umfaßt.

(3) Die Vergleichbarkeit der Interessenlage[616]

Da die Interessenlage im Fall der Beschlagnahme und im Fall der Zwangsmaßnahmen nach §§ 98 a, b; 99, 100; 100 a, b; 100 c I Nr. 2, 100 d I; 110 a, b II; 163 d; 163 e StPO im Hinblick auf die Anordnungskompetenz vergleichbar ist[617], läßt sich der gerade herausgearbeitete Normzweck des § 98 II S. 2 StPO auf die Maßnahmen nach §§ 98 a, b; 99, 100; 100 a, b; 100 c I Nr. 2, 100 d I; 110 a, b II; 163 d; 163 e StPO übertragen.

---

611 Zum Erfordernis einer Normzweckanalyse bei der Prüfung der Analogie vgl. näher unter Teil 1 B. I. 1.) b) bb) (3) (a).

612 Auf die erweiterte Zwecksetzung, die sich bereits im Laufe der Arbeit gezeigt hat, soll hier nicht eingegangen werden, weil diese zur Lösung der nunmehr zu behandelnden Problematik nicht beitragen kann. Vgl. dazu unter Teil 1 B. III. 1.) b) bb) (2).

613 Vgl. dazu näher unter Teil 1 B. I. 1.) b) bb) (3) (a).

614 Vgl. dazu näher unter Teil 1 B. I. 2.) b) bb) (2).

615 Vgl. dazu näher unter Teil 1 C. I. 1.) b) bb).

616 Zum Erfordernis der Vergleichbarkeit der Interessenlage bei der Analogie vgl. näher unter Teil 1 B. I. 1.) b) bb) (3) (b).

617 Vgl. dazu näher unter Teil 1 B. I. 1.) b) bb) (3) (b).

Folglich kann der von einer staatsanwaltschaftlichen bzw. polizeilichen Eilanordnung nach §§ 98 a, b; 99, 100; 100 a, b; 100 c I Nr. 2, 100 d I; 110 a, b II; 163 d; 163 e StPO betroffene Bürger analog § 98 II S. 2 StPO den Richter anrufen mit dem Ziel der Feststellung der Rechtswidrigkeit der Art und Weise der staatsanwaltschaftlichen bzw. polizeilichen Vollziehung der erledigten Anordnung. Dieses Rechtsschutzbegehren wird Erfolg haben, wenn der Betroffene ein berechtigtes Feststellungsinteresse geltend machen kann[618].

II. Die staatsanwaltschaftliche bzw. polizeiliche Anordnung der heimlichen strafprozessualen Zwangsmaßnahme aufgrund originärer Kompetenz

Es ist fraglich, welche Rechtsschutzmöglichkeiten dem Betroffenen gegen die heimlichen strafprozessualen Zwangsmaßnahmen nach §§ 98 c; 100 c I Nr. 1; 110 a, b I StPO, die der staatsanwaltschaftlichen bzw. polizeilichen Originärkompetenz unterliegen[619], nach dem Eintritt der Erledigung zur Verfügung stehen. Das Rechtsschutzbegehren des Betroffenen richtet sich dabei auf die Feststellung der Rechtswidrigkeit der erledigten Anordnung nach §§ 98 c;100 c I Nr. 1; 110 a, b I StPO bzw./und auf Feststellung der Rechtswidrigkeit der Art und Weise der Vollziehung dieser erledigten Anordnung.

1.) Der Meinungsstand in der Literatur und der Rechtsprechung

a) Die Gegenvorstellung oder die Dienstaufsichtsbeschwerde

Ganz vereinzelt wird auch heute noch der Gedanke geäußert, daß der Betroffene gegen die erledigte staatsanwaltschaftliche bzw. polizeiliche Anordnung nach §§ 98 c; 100 c I Nr. 1; 110 a, b I StPO bzw. die Art und Weise ihrer Vollziehung nur die Gegenvorstellung erheben oder die Dienstaufsichtsbeschwerde einlegen könne[620].

b) Der Rechtsweg nach §§ 23 ff. EGGVG

Die überwiegende Meinung in der Literatur und der Rechtsprechung geht davon aus, daß der Betroffene gegen die erledigte staatsanwaltschaftliche bzw. polizeiliche Anordnung einer heimlichen strafprozessualen Zwangsmaßnahme nach §§ 98 c; 100 c I Nr. 1; 110 a, b I StPO bzw. gegen die Art und Weise ihrer Vollziehung ausschließlich das Oberlandesgericht nach §§ 23 ff., insbesondere § 28 I S. 4 EGGVG, anrufen könne[621]. Eine analoge Anwendung des § 98 II S. 2

618 Vgl. dazu näher unter Teil 1 C. IV.

619 Die Polizei besitzt nur hinsichtlich des Datenabgleiches nach 98 c StPO und des Einsatzes technischer Mittel zur Observation eine Orignärkompetenz.

620 Vgl. dazu: KK-Senge, § 81 b Rdnr. 9.

621 Vgl. dazu: AK-StPO-Achenbach, § 163 Rdnr. 37; Eppinger, S. 149 ff., 170; Feiter, S. 126; Middelberg, S. 92 ff.; Rieß/Thym, GA 1981, S. 189, 208; Schoch, Stree-Wessels-FS, S. 195, 1110 ff.

StPO komme nicht in Betracht[622]. Denn die fraglichen Maßnahmen unterlägen einer staatsanwaltschaftlichen bzw. polizeilichen Originärkompetenz, während die von § 98 II S. 2 StPO erfaßte Beschlagnahme von der Staatsanwaltschaft bzw. der Polizei nur im Eilfall angeordnet werden dürfe[623]. Eine hinreichende Vergleichbarkeit der Tatbestände sei infolgedessen nicht gegeben[624]. Somit müsse die Rechtsschutzlücke in der Strafprozeßordnung durch die Anwendung der §§ 23 ff. EGGVG geschlossen werden[625].

c) Der Rechtsweg nach § 98 II S. 2 StPO

Nach einer zweiten Auffassung kann der Betroffene sich analog § 98 II S. 2 StPO an den (Ermittlungs-)Richter wenden, wenn er die Rechtswidrigkeit der erledigten Anordnung einer heimlichen strafprozessualen Zwangsmaßnahme nach §§ 98 c; 100 c I Nr. 1; 110 a, b I StPO bzw. die Art und Weise ihrer Vollziehung gerichtlich feststellen lassen möchte[626]. Die Geltendmachung dieses Antrages sei dabei an die Darlegung eines berechtigten Feststellungsinteresses gebunden[627]. Soweit diese Analogie überhaupt begründet wird, wird sie wiederum - ohne nähere Auseinandersetzung mit der Problematik - auf einen angeblich aus § 98 II S. 2 StPO zu entnehmenden allgemeinen Rechtsgedanken gestützt, wonach strafprozessuale Zwangsmaßnahmen grundsätzlich der Kontrolle des Ermittlungsrichters unterlägen[628].

d) Stellungnahme

Der Verweis des rechtsschutzsuchenden Bürgers auf die nichtförmlichen Rechtsbehelfe der Gegenvorstellung oder der Dienstaufsichtsbeschwerde ist bereits im Hinblick auf Art. 19 IV S. 1 GG abzulehnen[629].

Somit steht hier wiederum die Frage der Abgrenzung zwischen den §§ 23 ff. EGGVG und dem § 98 II S. 2 StPO im Mittelpunkt der Diskussion. Die allgemeinen und rechtspolitischen Argumente, die für einen Rechtsschutz im Verfahren nach § 98 II S. 2 StPO hinsichtlich heimlicher strafprozessualer Zwangsmaßnahmen, insbesondere auch im Erledigungsfall sprechen, wurden bereits an anderer Stelle ausführlich dargelegt. Hierauf kann verwiesen werden[630]. Problematisch erscheint, ob sich die Anwendung des § 98 II S. 2 StPO hier auch dogmatisch rechtfertigen läßt oder ob doch auf die subsidiären Vorschriften der

---

622 Feiter, S. 126; LR-Rieß, § 163 b Rdnr. 47; Merten/Merten, ZRP 1991, S. 213, 215.
623 Vgl. dazu: Feiter, S. 85; Fezer, Jura 1982, S. 126, 131.
624 Feiter, S. 85 f.; Fezer, Jura 1982, S. 126, 131, Middelberg, S. 93 f.
625 KK-Wache, § 164 Rdnr. 11.
626 Vgl. dazu: KMR-Paulus, Vorb. § 1 Rdnr. 8 ff.; Schlüchter, Rdnr. 187; OLG Stuttgart, StV 1988, S. 424, 424.
627 KMR-Paulus, Vorb. § 1 Rdnr. 11; OLG Stuttgart, StV 1988, S. 424, 424.
628 Schlüchter, Rdnr. 187.
629 Vgl. dazu näher unter Teil 1 B. III. 1.) a) dd).
630 Vgl. dazu näher unter Teil 1 B. I. 1.) a) dd), Teil1 B. I. 2.) b) aa) (3), Teil 1 B. III. 1.) a) dd), Teil 1 B. III. 2.) a) dd) und Teil 1 C. I. 1.) a) cc).

§§ 23 ff. EGGVG zurückgegriffen werden muß. Die Möglichkeit der Herleitung einer analogen Anwendung des § 98 II S. 2 StPO über einen allgemeinen Rechtsgedanken wurde bereits an anderer Stelle widerlegt[631]. Demnach muß im folgenden untersucht werden, ob sich Anwendung des § 98 II S. 2 StPO hier im Wege einer einfachen Gesetzesanalogie rechtfertigen läßt.

2.) Eigener Lösungsansatz zur Frage des einschlägigen Rechtsweges

a) Die analoge Anwendung des § 98 II S. 2 StPO

Es stellt sich demnach die Frage, ob der Bürger sich analog § 98 II S. 2 StPO an den (Ermittlungs-)Richter wenden kann, um die Rechtswidrigkeit der erledigten staatsanwaltschaftlichen bzw. polizeilichen Anordnung nach §§ 98 c; 100 c I Nr. 1; 110 a, b I StPO bzw. der Art und Weise ihrer Vollziehung feststellen zu lassen.

aa) Das Vorliegen einer planwidrigen Regelungslücke[632]

Das Vorliegen einer planwidrigen Regelungslücke in der Strafprozeßordnung in bezug auf diese Rechtsschutzziele läßt sich entsprechend der bisherigen Überlegungen bezüglich dieser Analogievoraussetzung bejahen[633].

bb) Der Zweck des § 98 II S. 2 StPO und die Vergleichbarkeit der Interessenlage[634]

Der Normzweck des § 98 II S. 2 StPO läßt sich nur insoweit auf den Fall der erledigten Maßnahmen nach §§ 98 c; 100 c I Nr. 1; 110 a, b I StPO übertragen, als die Interessenkonstellationen im geregelten und ungeregelten Fall gleichartig sind.

(1) Die Überprüfung der Anordnung der Zwangsmaßnahme

Wie bereits gesehen, soll der § 98 II S. 2 StPO auch dem von einer originärkompetenzlichen Sicherstellungsanordnung Betroffenen die nachträgliche Entscheidung desjenigen Richters ermöglichen, dessen grundlegender Aufgabenstellung es entspricht, über die Rechtmäßigkeit von Zwangsmaßnahmen im Vorverfahren zu wachen, nämlich des Ermittlungsrichters[635]. Da das Verfahren nach § 98 II S. 2 StPO ein Rechtsschutzverfahren darstellt[636], umfaßt diese von § 98 II S. 2 StPO bezweckte Entscheidung des Ermittlungsrichters auch die

---

631 Vgl. dazu näher unter Teil 1 C. I. 1.) a) cc).

632 Zum Erfordernis einer planwidrigen Regelungslücke bei der Analogie vgl. näher unter Teil 1 B. I. 1.) b) bb) (1)/(2).

633 Vgl. dazu vor allem unter Teil 1 B. I. 1.) b) bb) (1)/(2).

634 Zur Normzweckanalyse und zur Vergleichbarkeit der Interessenlage bei der Prüfung der Analogie vgl. näher unter Teil 1 B. I. 1.) b) bb) (3).

635 Vgl. dazu näher unter Teil 1 B. III. 1.) b) bb) (2).

636 Vgl. dazu näher unter Teil 1 C. I. 1.) b) bb).

(vergangenheitsbezogene) Prüfung der Rechtmäßigkeit der Sicherstellungsanordnung.
Die Interessenlage im Fall der Sicherstellung und im Fall der Zwangsmaßnahmen nach §§ 98 c; 100 c I Nr. 1; 110 a, b I StPO sind insofern vergleichbar, als die Regelung der Anordnungskompetenz bei der Sicherstellung in ihrer Grundstruktur derjenigen, bei den Zwangsmaßnahmen nach §§ 98 c; 100 c I Nr. 1; 110 a, b I StPO entspricht. So steht der Staatsanwaltschaft bzw. der Polizei hier die ausschließliche und originäre Anordnungskompetenz zu.
Aufgrund der dargelegten Vergleichbarkeit der Interessenlage läßt sich der Normzweck des § 98 II S. 2 StPO insoweit auf die Maßnahmen nach §§ 98 c; 100 c I Nr. 1; 110 a, b I StPO übertragen, als es um die Erlangung von Rechtsschutz gegen die Anordnung dieser Zwangsmaßnahmen geht.

Daraus ergibt sich, daß der von einer staatsanwaltschaftlichen bzw. polizeilichen Anordnung nach §§ 98 c; 100 c I Nr. 1; 110 a, b I StPO betroffene Bürger analog § 98 II S. 2 StPO den Richter anrufen kann, um die Rechtswidrigkeit dieser erledigten Anordnung feststellen zu lassen. Voraussetzung des Feststellungsantrages ist wiederum die Geltendmachung eines berechtigten Feststellungsinteresses[637].

(2) Die Überprüfung der Art und Weise der Vollziehung der Zwangsmaßnahme

Der § 98 II S. 2 StPO soll - wie bereits gesehen - dem von einer formlosen Sicherstellung Betroffenen die Erlangung der nachträglichen Entscheidung des (Ermittlungs-)Richters ermöglichen[638]. Dabei ergibt sich aus den bisherigen Erwägungen, insbesondere den Analogieuntersuchungen, daß diese Entscheidung auch die vergangenheitsbezogene Prüfung der Rechtmäßigkeit der Art und Weise der Vollziehung der formlosen Sicherstellungsanordnung umfassen müßte, um eine Analogie bejahen zu können[639]. Wie bereits dargelegt, beinhaltet der § 98 II S. 2 StPO nach seiner Zweckrichtung aber nicht den Schutz gegen die Art und Weise der Vollziehung einer Sicherstellungsanordnung[640]. Folglich scheitert der Rechtsschutz gegen die Art und Weise der Vollziehung einer erledigten Zwangsmaßnahmenanordnung nach §§ 98 c; 100 c I Nr. 1; 110 a, b I StPO bereits am telos des § 98 II S. 2 StPO.

b) Die Anwendung der §§ 23 ff. EGGVG

Aufgrund des Scheiterns einer Analogie kann und muß auf den Rechtsweg nach §§ 23 ff. EGGVG zurückgegriffen werden. Somit kann der betroffene Bürger

---

637 Vgl. dazu näher unter Teil 1 C. IV.
638 Vgl. dazu näher unter Teil 1 B. III. 1.) b) bb) (2).
639 Vgl. dazu näher unter Teil 1 B. III. 2.) b) aa)/bb) und bb) (2).
640 Vgl. dazu näher unter Teil 1 B. III. 2.) b) aa).

einer staatsanwaltschaftlichen bzw. polizeilichen Anordnung nach §§ 98 c; 100 c I Nr. 1; 110 a, b I StPO das Oberlandesgericht gemäß §§ 23 ff. EGGVG mit dem Ziel der Feststellung der Rechtswidrigkeit der Art und Weise der Vollziehung der erledigten Anordnung anrufen. Erforderlich ist insofern, daß er ein berechtigtes Feststellungsinteresse im Sinne des § 28 I S. 4 EGGVG geltend machen kann. Wie schon bei der Frage des Rechtsschutzes gegen die Zwangsmaßnahmen nach §§ 98 c; 100 c I Nr. 1; 110 a, b I StPO vor dem Eintritt der Erledigung tritt auch hier wiederum eine aufgrund der gegenwärtigen Rechtslage nicht vermeidbare Rechtswegspaltung ein, wenn der Betroffene gleichzeitig die Anordnung und die Vollziehung beanstandet.

III. Die richterliche Anordnung der heimlichen strafprozessualen Zwangsmaßnahme

Es soll nun der Frage nachgegangen werden, welche Rechtsschutzmöglichkeiten dem Betroffenen gegen die heimlichen strafprozessualen Zwangsmaßnahmen gemäß §§ 98 a, b; 99, 100; 100 a, b; 100 c I Nr. 2, 100 d I; 100 c I Nr. 3, 100 d II; 110 a, b II; 163 d; 163 e StPO nach dem Eintritt der Erledigung zur Verfügung stehen, wenn sie vom Richter angeordnet wurden.

1.) Die gerichtliche Überprüfbarkeit der Anordnung der Maßnahme

Zu untersuchen ist zunächst, welche Verfahren dem Betroffenen zur Verfügung stehen, wenn er sich in den hier zu untersuchenden Fällen an die ordentlichen Gerichte wenden möchte mit dem Ziel der Feststellung der Rechtswidrigkeit der richterlichen Anordnung.

a) Die Beschwerdemöglichkeit nach §§ 304 ff. StPO

Während die Zulässigkeit einer Beschwerde nach §§ 304 ff. StPO gegen eine nichterledigte richterliche Anordnung einer (heimlichen) strafprozessualen Zwangsmaßnahme allgemein anerkannt ist[641], ist die Möglichkeit einer Beschwerde gegen eine richterliche Anordnung einer (heimlichen) strafprozessualen Zwangsmaßnahme im Fall der Erledigung, also einer Beschwerde auf Feststellung der Rechtswidrigkeit einer richterlichen Anordnung, stets heftig diskutiert worden. Eine entscheidende Weichenstellung zur Beendigung dieser Kontroverse könnte sich ergeben durch die Entscheidung des Bundesverfassungsgerichtes vom 30.04.1997[642], mit der das Gericht seine seit 20 Jahren praktizierte Rechtsprechung aufgegeben hat. Um dies entscheiden zu können, muß man sich aber den Diskussionsstand vergegenwärtigen, vor dem die Entscheidung vom 30.04.1997 ergangen ist. Dieser trägt entscheidend auch zum Verständnis der Entscheidung bei.

---

[641] Vgl. dazu näher unter Teil 1 B. IV. 1.) a) aa).
[642] BVerfG, NJW 1997, S. 2163, 2163 ff.

aa) Die Rechtslage bis zur Entscheidung des Bundesverfassungsgerichtes vom 30.04.1997

(1) Die Ansicht der Rechtsprechung, die bis zur Entscheidung des Bundesverfassungsgerichtes vom 30.04.1997 herrschend war, und der ihr folgenden Literatur

(a) Die Darstellung der Auffassung des Bundesgerichtshofes, der ihm folgenden Untergerichte sowie der sich ihm anschließenden Meinung im Schrifttum

Nach der bis zur Entscheidung des Bundesverfassungsgerichtes vom 30.04.1997 vertretenen Auffassung des Bundesgerichtshofes[643], der ihm folgenden Untergerichte[644] und der überwiegenden Literatur[645] ist eine Beschwerde gegen eine erledigte richterliche Anordnung, wie die richterliche Anordnung einer heimlichen Zwangsmaßnahme, unzulässig. Die Beschwerde könne hier nämlich nur noch auf die Feststellung der Rechtswidrigkeit der richterlichen Anordnung abzielen, der Strafprozeßordnung seien aber gerade Entscheidungen fremd, die sich in der nachträglichen Feststellung der Rechtswidrigkeit eines von einem Richter angeordneten Eingriffes erschöpften[646]. Schon aus dem Wortlaut und der Entstehungsgeschichte der Beschwerderegelungen ergebe sich, daß die bloße Feststellung der Rechtswidrigkeit einer richterlichen Entscheidung nicht der Zweck dieses strafprozessualen Rechtsmittelverfahrens sei[647]. Denn die Beschwerde diene entsprechend der dynamischen Zielsetzung des Strafprozesses, in den sie eingebunden sei, der Beseitigung einer noch fortwirkenden, beschwerenden richterlichen Entscheidung[648]. Die durch den Eingriff infolge der richterlichen Maßnahme bewirkte Beschwer entfalle aber gerade durch den die Erledigung des Eingriffes herbeiführenden Verfahrensfort-

---

643 BGHSt 10, S. 88, 91; BGHSt 28, S. 57, 58; BGH, NJW 1979, S. 881, 881; BGHSt 36, S. 30, 32; BGH, NJW 1989, S. 1170, 1170; BGH, NStZ 1989, S. 538, 538; BGH, NJW 1995, S. 3397, 3397 f.

644 HansOLG Bremen, MDR 1963, S. 335, 335; OLG Celle, JR 1973, S. 339, 340 f.; KG, NJW 1975, S. 354, 355; OLG Hamburg, NJW 1976, S. 2030, 2030; OLG Düsseldorf, JZ 1984, S. 756, 756; OLG Karlsruhe, StV 1992, S. 264, 264; LG Bonn, NJW 1987, S. 2825, 2825; LG Freiburg, StV 1989, S. 427, 427; LG Frankfurt, NJW 1996, S. 1008, 1008.

645 AK-StPO-Wassermann, § 81 a Rdnr. 12; KK-Nack, 3. Auflage, § 98 Rdnr. 24; KK-Engelhardt, 3. Auflage, § 304 Rdnr. 31; Kleinknecht/ Meyer-Goßner, 43. Auflage, Vor § 296 Rdnr. 17 f.; Kroschel/Doerner/Meyer-Goßner, S. 308; LR-Gollwitzer, Vor § 304 Rdnr. 8 f.; Schlüchter, Rdnr. 181, 624 f.; Schmidt, JZ 1968, S. 354, 363; Stephan, NJW 1966, S. 2394, 2395; Ungnade/Kruck, WM 1980, S. 258, 270; Weihrauch, Rdnr. 212.

646 Eppinger, S. 133; Kleinknecht/Meyer-Goßner, 43. Auflage, Vor § 296 Rdnr. 18; BGHSt 28, S. 57, 58; BGH, NJW 1979, S. 881, 881; KG, NJW 1975, S. 354, 355; OLG Celle, StV 1982, S. 513, 513; OLG Karlsruhe, StV 1992, S. 264, 264.

647 LR-Gollwitzer, Vor § 304, Rdnr. 8; LG Frankfurt, NJW 1996, S. 1008, 1008.

648 Eppinger, S. 133; Kleinknecht/Meyer-Goßner, 43. Auflage, Vor § 296 Rdnr. 17; LG Freiburg, StV 1989, S. 427, 427.

gang, d. h. durch die prozessuale Überholung der richterlichen Maßnahme[649]. Somit sei die Beschwerde wegen Wegfalls der Beschwer unzulässig[650]. Der Ausschluß der Beschwerde sei auch mit Art. 19 IV S. 1 GG vereinbar[651], weil der Begriff der öffentlichen Gewalt im Sinne des Art. 19 IV S. 1 GG keine Akte der Rechtsprechung und somit auch nicht die richterliche Anordnung strafprozessualer Zwangsmaßnahmen erfasse[652]. Der Art. 19 IV S. 1 GG gewähre nämlich nur Schutz durch den Richter, nicht aber gegen den Richter, Art. 19 IV S. 1 GG gewährleiste keinen Instanzenzug[653].
Ausnahmsweise wurde eine Beschwerde indes als zulässig angesehen. Dies sei der Fall, wenn wegen der Gefahr der Wiederholung der Maßnahme oder aufgrund fortwirkender diskriminierender Auswirkungen ein besonderes Feststellungsinteresse bestehe[654]. Dieser Ausnahmetatbestand wurde bislang aber eng ausgelegt. So ist erst eine Entscheidung bekannt, in der der Bundesgerichtshof eine Beschwerde gegen eine erledigte Zwangsmaßnahmeanordnung aufgrund eines besonderen Rechtsschutzbedürfnisses für zulässig erklärt hat[655]. Im übrigen betonte gerade der Bundesgerichtshof, daß er offen lasse, ob eine Beschwerde im fraglichen Zusammenhang auch zugelassen werden müsse, wenn der Betroffene schlüssig vortrage, der Ermittlungsrichter habe im Sinne der Willkür ermessensfehlerhaft gehandelt[656]. Der betroffene Bürger hat nach dieser Sichtweise grundsätzlich nur die Möglichkeit der Erhebung einer Verfassungsbeschwerde nach dem BVerfGG.

(b) Die Darstellung der Auffassung des Bundesverfassungsgerichtes

Das Bundesverfassungsgericht hatte bislang diese Rechtsprechung und auch die ihr folgende Ansicht in der Literatur ausdrücklich für verfassungsgemäß erklärt[657]. Die vorgenommene Auslegung der §§ 304 ff. StPO sei mit der Rechtsschutzgarantie nach Art. 19 IV S. 1 GG vereinbar[658]. Die richterliche Zwangsmaßnahmenanordnung sei sowohl in formeller als auch in materieller Hinsicht

---

649 KK-Engelhardt, 3. Auflage, § 304 Rdnr. 31; Schlüchter, Rdnr. 624; Ungnade/Kruck, WM 1980, S. 258, 270; OLG Celle, JR 1973, S. 339, 340; OLG Düsseldorf, JZ 1984, S. 756, 756.

650 LR-Gollwitzer, Vor § 304 Rdnr. 8; Schlüchter, Rdnr. 624; Ungnade/Kruck, WM 1980, S. 258, 270; BGHSt 36, S. 30, 32; OLG Celle, JR 1973, S. 339, 339; OLG Düsseldorf, JZ 1984, S. 756, 756.

651 Kroschel/Doerner/Meyer-Goßner, S. 308; Hill, in: HdSta, Band VI, § 156 Rdnr. 28; Schlüchter, Rdnr. 181, 624.

652 Hill, in: HdSta, Band VI, § 156 Rdnr. 28; Schlüchter, Rdnr. 181, 624.

653 Hill, in: HdSta, Band VI, § 156 Rdnr. 28; Schlüchter, Rdnr. 181, 624.

654 Schlüchter, Rdnr. 624; BGHSt 36, S. 30, 32; BGH, NStZ 1989, S. 538, 538; LG Frankfurt, NJW 1996, S. 1008, 1008.

655 Vgl. dazu: BGH, NJW 1989, S. 1170, 1170.

656 BGHSt 28, S. 57, 58. Offengelassen auch von OLG Karlsruhe, StV 1992, S. 264, 264. Anerkennung dieses Aspektes dagegen durch LG Freiburg, StV 1989, S. 427, 427.

657 BVerfGE 49, S. 329, 337 ff.; BVerfGE 50, S. 48, 49.

658 BVerfGE 49, S. 329, 340.

ein Akt der Rechtsprechung. Zur öffentlichen Gewalt im Sinne des Art. 19 IV S. 1 GG gehörten aber nicht die Akte der Rechtsprechung, denn Art. 19 IV S. 1 GG gewähre nur Schutz durch den Richter, nicht aber gegen den Richter. Art. 19 IV S. 1 GG gewähre somit auch keinen Instanzenzug. Auch der Gesichtspunkt der von Art. 19 IV S. 1 GG gewährleisteten Garantie der Effektivität des Rechtsschutzes weise nicht in eine andere Richtung, weil die Forderung nach einem effektiven Rechtsschutz nur innerhalb des Anwendungsbereiches erhoben werden könne, den die Verfassung dem Art. 19 IV S. 1 GG zuweise. Es könne auch nicht eingewandt werden, daß die Rechtsschutzgarantie nach Art. 19 IV S. 1 GG auch verbiete, den Zugang zur jeweils nächsten Instanz in unzumutbarer, aus Sachgründen nicht mehr zu rechtfertigender Weise zu erschweren. Dieser Grundsatz beanspruche nämlich nur Geltung, wenn die jeweilige Verfahrensordnung einen Instanzenzug zur Verfügung stelle. Indessen ergebe sich hieraus nicht, daß Art. 19 IV S. 1 GG einen solchen Instanzenzug gewährleiste. Auch mit der Rechtsstaatsgarantie und mit dem Anspruch auf rechtliches Gehör nach Art. 103 I GG sei die in Rede stehende Sichtweise vereinbar[659]. So sei weder aus dem Rechtsstaatsprinzip noch aus dem Grundrecht auf rechtliches Gehör nach Art. 103 I GG ein Anspruch auf eine zweite Instanz herleitbar.

(2) Die Ansicht der von der bisherigen Rechtsprechung abweichenden Literatur

Innerhalb des Schrifttums hat bereits vor der Entscheidung des Bundesverfassungsgerichtes vom 30.04.1997 die Zahl derer zugenommen, die dem Betroffenen trotz Erledigung einer richterlichen Entscheidung, wie der richterlichen Anordnung einer heimlichen strafprozessualen Zwangsmaßnahme, weiterhin die Beschwerdemöglichkeit zugestehen wollen. Problematisch ist in diesem Zusammenhang die Statthaftigkeit der Beschwerde, das Vorliegens einer Beschwer und eines berechtigten Feststellungsinteresses.

(a) Die Frage der Statthaftigkeit der Beschwerde nach § 304 StPO

Es herrschte bereits vor der in Rede stehenden Entscheidung des Bundesverfassungsgerichtes zwischen den einzelnen Autoren keineswegs Einigkeit hinsichtlich der Begründung der Statthaftigkeit einer Beschwerde auf Feststellung der Rechtswidrigkeit einer erledigten richterlichen Entscheidung.

---

[659] BVerfG, a. a. O., S. 342 f.

(aa) Die Herleitung der Statthaftigkeit des Feststellungsbegehrens aus einer Analogie zu §§ 113 I S. 4 VwGO, 28 I S. 4 EGGVG, 115 III StVollzG, 131 I S. 3 SGG und 100 I S. 4 FGO

Nach einer Ansicht in der Literatur sind die §§ 113 I S. 4, 28 I S. 4 EGGVG, 115 III StVollzG, 131 I S. 3 SGG, 100 I S. 4 FGO, die die Möglichkeit einer nachträglichen, richterlichen Feststellungsentscheidung regeln, Ausdruck eines analogiefähigen Rechtsgrundsatzes, demzufolge eine richterliche Entscheidung auch im Fall der sachlichen Erledigung einer Maßnahme bei fortbestehendem Rechtsschutzinteresse zulässig sein müsse[660]. Demnach könne die Statthaftigkeit einer Beschwerde auf Feststellung der Rechtswidrigkeit einer erledigten richterlichen Entscheidung auf eine (Rechts-)Analogie zu diesem allgemeinen Rechtsgrundsatz gestützt werden[661]. Auch sei kein sachlicher Grund ersichtlich, warum gegenüber den Akten der Exekutivbehörden, wie z. B. der Staatsanwaltschaft, ein besserer Rechtsschutz gegeben sein sollte als gegenüber den richterlichen Entscheidungen[662]. Im übrigen habe sie zur Folge, daß das rechtliche Gehör für ganze Kategorien strafprozessualer Zwangsmaßnahmen abgeschafft werde, nämlich für diejenigen, die typischerweise schon erledigt seien, bevor der Betroffene das Gericht anzurufen vermag[663]. Dies gelte gerade auch für die Anordnungen der Post- und Fernmeldeüberwachung, also heimlicher Maßnahmen[664].

(bb) Die Feststellungsbefugnis des Gerichtes als Teil seiner nach §§ 304 ff. StPO gegebenen Aufhebungsbefugnis

Ein Teil der Literatur ist der Auffassung, daß die ausdrückliche Aufhebungsbefugnis des Gerichtes im Rahmen der §§ 304 ff. StPO die Befugnis zur Feststellung der Rechtswidrigkeit des beanstandeten richterlichen Eingriffes beinhalte[665]. Demnach ließe sich also die Statthaftigkeit der fraglichen Feststellungsbegehren auf bereits vorhandene Kompetenzen zurückführen[666]. Zur Begründung dieses dargelegten Zusammenhanges, der auch als allgemeines Verfahrensprinzip angesehen wird, wird angeführt, daß die Aufhebung eines Hoheitsaktes stets die Feststellung seiner Rechtswidrigkeit beinhalte[667]. Im übrigen weisen die Vertreter dieser Auffassung darauf hin, daß Art. 19 IV S. 1 GG zur Begründung der Notwendigkeit der Zulassung einer Beschwerde nicht eingreifen könne[668].

---

660 Blei, JA 1973, S. 679, 680; Haffke, NJW 1974, S. 1983, 1985; Peters, JR 1973, S. 341, 342. Vgl auch: Bohlander, AnwBl 1996, S. 177, 178; Nelles, JuS 1987, S. 51, 56.

661 Vgl. dazu: Gössel, S. 309; Haffke, NJW 1974, S. 1983, 1985; Nelles, JuS 1987, S. 51, 56; Rüping, S. 101; Welp, Überwachung, S. 116.

662 Nelles, JuS 1987, S. 51, 56; Welp, Überwachung, S. 116.

663 Welp, Überwachung, S. 117.

664 Welp, Überwachung, S. 117.

665 Amelung, Rechtsschutz, S. 58 f.; Ellersiek, S. 142; Fezer, Jura 1982, S. 126, 135.

666 Vgl. dazu: Köster, S. 80.

667 Amelung, Rechtsschutz, S. 57 ff.; Ellersiek, S. 142.

668 Fezer, Jura 1982, S. 126, 136 f.

Denn es sei schließlich bereits ein Richter tätig geworden[669]. Trotz dieses Umstandes sei eine richterliche Überprüfung aber aus strafprozessualen Gründen geboten, weil von der Effektivität des Rechtsschutzes her gesehen die präventive Einschaltung des Richters gerade im Hinblick auf die fehlende Anhörung des Betroffenen einem nachträglichen richterlichen Tätigwerden nicht gleichwertig sei[670].

(cc) Die Begründung der Statthaftigkeit des Feststellungsbegehrens unter Heranziehung des Grundsatzes des rechtlichen Gehörs nach Art. 103 I GG i.V. m. dem Menschenwürdegrundsatz nach Art. 1 I GG

Eine andere Meinung stellt zur Begründung der Statthaftigkeit der fraglichen Feststellungsbegehren auf den Grundsatz des rechtlichen Gehörs nach Art. 103 I GG in Verbindung mit dem Menschenwürdegrundsatz nach Art. 1 I GG ab[671]. Bei den sich typischerweise kurzfristig erledigenden richterlichen Untersuchungshandlungen entfalle eine vorherige Anhörung regelmäßig[672]. Eine nachträgliche Anhörung im Verfahren nach § 33 a StPO könne aber nicht eingreifen, weil der Begriff des Nachteiles im Sinne des § 33 a StPO mit dem Beschwerdebegriff gleichzusetzen sei, die Beschwer aber wegen prozessualer Überholung verneint werden müsse[673]. Demnach sei das verfassungsrechtlich gebotene rechtliche Gehör für die sich typischerweise kurzfristig erledigende richterliche Untersuchungshandlungen praktisch abgeschafft, wenn die richterliche Überprüfung, die notwendigerweise ein Anhörungsverfahren umfaßt, innerhalb des Beschwerdeverfahrens dem Bürger verwehrt sei[674]. Der betroffene Bürger wäre also der richterlichen Willkür schutzlos ausgeliefert, dies bedeute eine eklatante Mißachtung der Menschenwürde des Betroffenen[675]. Folglich gebiete Art. 103 I GG in Verbindung mit dem Menschenwürdegrundsatz die Statthaftigkeit eines feststellenden Rechtsschutzzieles im Beschwerdeverfahren[676].

(dd) Die Statthaftigkeit des Feststellungsbegehrens als zwingende Folge der Rechtsschutzgarantie nach Art. 19 IV S. 1 GG

Eine weitere Auffassung hält eine Beschwerde zur Feststellung der Rechtswidrigkeit einer erledigten Zwangsmaßnahme als zwingende Folge des Art. 19 IV S. 1 für statthaft[677]. Zwar sei Art. 19 IV S. 1 GG nach richtiger Auffassung auf

---

[669] Fezer, Jura 1982, S. 126, 137.
[670] Fezer, Jura 1982, S. 126, 137.
[671] Middelberg, S. 123 ff, 162 ff.
[672] Middelberg, S. 135.
[673] Middelberg, S. 130 ff.
[674] Middelberg, S. 135.
[675] Middelberg, S. 181.
[676] Middelberg, S. 181 f.
[677] Dörr, NJW 1984, S. 2258, 2262; Gössel, GA 1995, S. 238, 239 f.; Köster, S. 101 ff., 125 ff.; Seibert, EUGRZ 1979, S. 56, 57.

Rechtsprechungsakte nicht anwendbar[678]. Ein Rechtsprechungsakt, gegen den Art. 19 IV S. 1 GG keinen Rechtsweg begründe, müsse aber die verfassungsrechtlichen Anforderungen erfüllen, die an eine in einem Rechtsweg ergangene Entscheidung zu stellen seien[679]. Ein solcher Rechtsprechungsakt könne aber gerade im Fall der richterlichen Anordnung einer strafprozessualen Zwangsmaßnahme nicht bejaht werden[680]. Die Verneinung eines Rechtsprechungsaktes im Sinne des Art. 19 IV S. 1 GG im vorliegenden Zusammenhang wird dabei innerhalb dieser Meinungsgruppe unterschiedlich begründet.
Zum Teil wird die Ansicht vertreten, daß dem Anwendungsbereich des Art. 19 IV S. 1 GG nur solche Akte entzogen seien, die man als eine abschließende rechtliche Beurteilung eines Sachverhaltes bezeichnen könnte[681]. Den Gerichten sei häufig der Erlaß von strafprozessualen Maßnahmen deshalb übertragen, weil ihre Einschaltung die Berücksichtigung der Interessen der nicht oder nicht ausreichend gehörten Beteiligten und die Beachtung der gesetzlichen Eingriffsvoraussetzungen gewährleisten solle[682]. Die richterliche Anordnung einer Zwangsmaßnahme könnte demnach schon ihrer Natur nach nicht eine abschließende rechtliche Beurteilung unter Berücksichtigung der Auffassungen aller Beteiligten enthalten[683]. Diese Sichtweise führt dazu, daß das Vorliegen eines Rechtsprechungsaktes bei der Anordnung einer (heimlichen) strafprozessualen Zwangsmaßnahme zu verneinen ist und somit der Art. 19 IV S. 1 GG eingreifen kann.
Nach einer zweiten Meinung ist die Gewährung des rechtlichen Gehörs ein unabdingbares Strukturprinzip für einen Rechtsprechungsakt im Sinne des Art. 19 IV S. 1 GG[684]. Eine ohne richterliche Anhörung ergangene richterliche Entscheidung stelle folglich keinen Rechtsprechungsakt im Sinne des Art. 19 IV S. 1 GG dar[685]. Da bei der richterlichen Anordnung einer strafprozessualen Zwangsmaßnahme, wie z. B. der Beschlagnahme oder der Durchsuchung, der von diesen Maßnahmen Betroffene wegen § 33 IV StPO nicht angehört werden müsse, sei der Anwendungsbereich des Art. 19 IV S. 1 GG eröffnet[686].
Eine weitere Ansicht weist darauf hin, daß der Ausschluß richterlicher Maßnahmen aus dem Anwendungsbereich des Art. 19 IV S. 1 GG nur für jene Akte gelten könne, die materiell wie formell in richterlicher Unabhängigkeit erlassen würden und deshalb bereits als innerhalb eines Rechtsweges ergangen bezeich-

678 Vgl. statt aller: Köster, S. 105 f.
679 Dörr, NJW 1984, S. 2258, 2262; Köster, S. 105 ff.; Seibert, EUGRZ 1979, S. 56, 57.
680 Dörr, NJW 1984, S. 2258, 2262; Gössel, GA 1995, S. 238, 239 f.; Köster, S. 109 ff.; Seibert, EUGRZ 1979, S. 56, 57.
681 Benfer, S. 338; Seibert, EUGRZ 1979, S. 56, 57.
682 Seibert, EUGRZ 1979, S. 56, 57.
683 Seibert, EUGRZ 1979, S. 56, 57.
684 Dörr, NJW 1984, S. 2258, 2262.
685 Dörr, NJW 1984, S. 2258, 2262.
686 Dörr, NJW 1984, S. 2258, 2262.

net werden könnten[687]. Diese Voraussetzung sei indes bei Anordnungen des Ermittlungsrichters zu verneinen, weil dieser nicht die Befugnis besitze, eigene Sachverhaltsermittlungen durchzuführen[688], und weil er ohne Gewährung rechtlichen Gehörs allein aufgrund des ihm von der Staatsanwaltschaft unterbreiteten Sachverhaltes entscheiden müsse[689]. Infolgedessen sei angesichts Rechtsweggarantie nach Art. 19 IV S. 1 GG die Anfechtung einer erledigten Anordnung des Ermittlungsrichters statthaft[690].

(b) Die Beschwer des Beschwerdeführers und das berechtigte Feststellungsinteresse

Das Vorliegen einer Beschwer des Beschwerdeführers im Erledigungsfall begründet die dargelegte Meinungsgruppe unter Heranziehung der Aspekte, die für ein Interesse an der Feststellung der Rechtswidrigkeit der erledigten Anordnung sprechen[691]. Dieses berechtigte Feststellungsinteresse und damit auch eine Beschwer wurde bis zur Entscheidung des Bundesverfassungsgerichtes vom 30.04.1997 bejaht bei Vorliegen eines Rehabilitierungsbedürfnisses aufgrund diskriminierender Wirkungen der Maßnahme, bei der Gefahr der Wiederholung des Eingriffes[692] sowie vereinzelt auch im Fall eines vom Betroffenen beabsichtigten Amtshaftungsprozesses[693].
Die Ausführungen zeigen, daß sich die dargelegte Auffassung und die bisherige Rechtsprechung sowie die ihr folgende Literatur teilweise überschneiden. Denn beide stellen zur Begründung eines berechtigten Feststellungsinteresses auf die Gesichtspunkte der Wiederholungsgefahr und des Rehabilitierungsbedürfnisses ab. Die gerade dargelegte Meinung in der Literatur legt diese Fallgruppe aber weiter aus als die eher restriktive bisherige Rechtsprechung und die ihr folgende Literatur.

(3) Stellungnahme

(a) Kritische Betrachtung der Meinung der Rechtsprechung, die bis zur Entscheidung des Bundesverfassungsgerichtes vom 30.04.1997 herrschend war, und der ihr folgenden Literatur

Die Gedankenführung der bisherigen Rechtsprechung und der ihr folgenden Literatur erscheint bereits nicht konsequent durchdacht und besitzt dadurch er-

---

687 Köster, S. 109 ff., 122 ff., ihm folgend Gössel, GA 1995, S. 238, 239 f.
688 Köster, S. 109 ff., ihm folgend Gössel, GA 1995, S. 238, 239 f.
689 Köster, S. 118 ff., ihm folgend Gössel, GA 1995, S. 238, 239 f.
690 Köster, S. 125 ff.
691 Amelung, Rechtsschutz, S. 54 ff., 58; Dörr, NJW 1984, S. 2258, 2262; Ellersiek, S. 61, 140 f.; Fezer, Fall 7 Rdnr. 97; Köster, S. 95; Nelles, JuS 1987, S. 51, 56 f.
692 Dörr, NJW 1984, S. 2258, 2262; Fezer, Jura 1982, S. 126, 135; Köster, S. 95 ff.; Nelles, JuS 1987, S. 51, 56 f.
693 Vgl. statt aller: Köster, S. 97 f.

hebliche Unschärfen und Unsicherheiten. So geht diese Meinung von der Prämisse aus, daß der Strafprozeßordnung Entscheidungen fremd seien, die sich in der nachträglichen Feststellung der Rechtswidrigkeit eines von einem Richter angeordneten Eingriffes erschöpften[694]. Unterstellt man nun einmal die Richtigkeit dieser These, so müßte konsequenterweise die Unzulässigkeit einer Feststellungsbeschwerde unmittelbar und originär mit der Unstatthaftigkeit dieses Begehrens begründet werden[695]. Denn von dem dargelegten Standpunkt aus sieht die Strafprozeßordnung für diese Rechtsschutzbegehren keine Beschwerdemöglichkeit vor[696]. Statt dessen greift die bisherige Rechtsprechung und die ihr folgende Literatur jedoch auf die ganz andere Zulässigkeitsvoraussetzung der Beschwerde, nämlich die Beschwer zurück und verneint die Zulässigkeit der Beschwerde wegen mangelnder Beschwer des Betroffenen im Fall der Erledigung[697]. Damit verwischt sie unzulässigerweise die Grenzen zwischen zwei ganz unterschiedlichen Zulässigkeitsvoraussetzungen eines Rechtsbehelfes.
Abgesehen von diesen Unschärfen in der Argumentation kann die Prämisse, nachträgliche Feststellungsentscheidungen seien der Strafprozeßordnung fremd, heute bereits angesichts der Regelung des neu eingeführten § 100 d VI StPO nicht überzeugen. Denn nach § 100 d VI S. 1 StPO kann der Beschuldigte, in den Fällen des § 100 c II S. 5 StPO auch der Wohnungsinhaber, die gerichtliche Überprüfung der Rechtmäßigkeit der erledigten Anordnung nach § 100 c I Nr. 3, 100 d II StPO sowie der Art und Weise ihrer Vollziehung beantragen. Die Entscheidung des Gerichtes kann bei Rechtswidrigkeit der Maßnahme aber nur in einer Feststellung dieser Rechtswidrigkeit bestehen.
Die Ansicht der in Rede stehenden Rechtsprechung und der ihr folgenden Literatur erscheint aber auch in bezug auf Art. 19 IV S. 1 GG fragwürdig. Die Meinung basiert dabei auf der zutreffenden und allgemein vertretenen Auffassung, daß Rechtsprechungsakte nicht von der Gewährleistung des Art. 19 IV S. 1 GG erfaßt seien[698]. Die Akte der Rechtsprechung werden im Wege einer teleologischen Reduktion des Begriffes der „öffentlichen Gewalt" im Sinne des Art. 19 IV S. 1 GG dem Anwendungsbereich der Rechtsweggarantie entzogen[699]. Andernfalls käme man nämlich konsequenterweise zu einem die Rechtskraft ausschließenden Rechtsschutz ad infinitum, der mit dem im Rechtsschutzprinzip angelegten Grundsatz der Rechtssicherheit unvereinbar wäre[700]. Zweifelhaft wird die Argumentation der Rechtsprechung und der ihr folgenden Literatur

---

694 Vgl. dazu näher unter Teil 1 C. III. 1.) a) aa) (1) (a).
695 So auch: Köster, S. 32 f.
696 So auch: Köster, S. 32 f.
697 Vgl. dazu Köster, S. 33.
698 AK-GG-Wassermann, Art. 19 Abs. 4 Rdnr. 35; Bethge, NJW 1991, S. 2391, 2394; Bettermann, III/2, S. 790; Jarass/Pieroth-Jarass, Art. 19 Rdnr. 26; Maunz/ Dürig/ Herzog/ Scholz-Schmidt-Aßmann, Art. 19 Abs. IV Rdnr. 96; BVerfGE 11, S. 263, 265; BVerfGE 49, S. 329, 340; BVerfGE 65, S. 76, 90.
699 BK-Schenke, Art. 19 Abs. 4 Rdnr. 275; Köster, S. 105.
700 BK-Schenke, Art. 19 Abs. 4 Rdnr. 275; Köster, S. 105.

aber, sobald sie die richterlichen Anordnungen strafprozessualer Zwangsmaßnahmen völlig unproblematisch als Rechtsprechungsakte im Sinne des Art. 19 IV S. 1 GG definiert, also als Rechtsprechungsakte, gegen die die verfassungsrechtliche Rechtsschutzgarantie keinen Rechtsweg eröffnet. Nicht jede richterliche Maßnahme ist aber ein Rechtsprechungsakt im Sinne des Art. 19 IV S. 1 GG. So ist z. B. die ermittlungsrichterliche Vernehmung eines Beschuldigten nach allgemeiner Auffassung kein Rechtsprechungs-, sondern ein Exekutivakt[701]. Bei der richterlichen Vernehmung handelt es sich nämlich um eine gesetzlich geregelte Sonderform der Amtshilfe i. S. d. Art. 35 Abs. 1 GG, weil der Richter insoweit keine von ihm zu treffende Entscheidung vorbereitet, sondern die Entschließung der Staatsanwaltschaft[702]. Im Ergebnis ist denn auch allgemein anerkannt, daß bestimmte Voraussetzungen erfüllt sein müssen, damit das Vorliegen eines Rechtsprechungsaktes im Sinne des Art. 19 IV S. 1 GG bejaht werden kann[703]. Die zur Diskussion stehende Rechtsprechung und die ihr folgende Literatur setzt sich aber gerade nicht mit der Frage auseinander, welche Kriterien ein Rechtsprechungsakt im Sinne des Art. 19 IV S. 1 GG erfüllen muß und ob diese hier gegeben sind. Dabei drängt sich diese Problematik aber auch in Anbetracht der von der Gegenansicht aufgeführten Anhörungsdefizite[704] bei der Anordnung strafprozessualer Zwangsmaßnahmen geradezu auf. Auf diese Frage soll auch im Rahmen der weiteren Untersuchung noch näher eingegangen werden.

Schließlich ist die Konsequenz der hier fraglichen Auffassung, nämlich der Verweis des Betroffenen auf die Verfassungsbeschwerde, nicht akzeptabel. Zunächst einmal ist es schon aus praktischen Gründen unerträglich, dem Bundesverfassungsgericht die Bewältigung ungezählter Fälle des kriminalistischen Alltags zuzuweisen[705]. Auch wird das Bundesverfassungsgericht durch diese Verlagerung möglicherweise gezwungen, in das laufende Verfahren einzugreifen, wozu es aufgrund des Arbeitsanfalles und der personellen Besetzung gar nicht in der Lage ist[706]. Das Bundesverfassungsgericht übernimmt dabei faktisch in dem Großteil der Fälle, in denen die Zwangsmaßnahmen vom Amtsgericht erlassen werden, die Funktion der Beschwerdekammern der Landgerichte[707]. Diese Verschiebung der Aufgaben widerspricht aber dem Grundsatz, daß

---

701 Vgl. statt aller: Köster, S. 51 f.
702 KK-Wache, § 162 Rdnr. 1; LR-Rieß, § 162 Rdnr. 2; BVerfGE 31, S. 33, 46.
703 Dörr, NJW 1984, S. 2258, 2262; Hesse, Rechtsschutz, S. 120 ff; Lerche, ZZP (78) 1965, S. 1, 24; Lisken, NJW 1979, S. 1992, 1993; Schenke, JZ 1988, S. 317, 319; Thürk, DRiZ 1963, S. 45, 45 ff.; BVerwG, NJW 1976, S. 1224, 1224 f.
704 Vgl. dazu näher unter Teil 1 C. III. 1.) a) aa) (2) (a) (cc) und (dd).
705 Blei, JA 1973, S. 679, 680; Peters, JR 1973, S. 341, 343; Welp, Überwachung, S. 116 f.
706 Bohlander, NJW 1996, S. 177, 179.
707 Bohlander, NJW 1996, S. 177, 179.

die Wahrung und Durchsetzung der Grundrechte zuvörderst den Fachgerichten und nicht dem Bundesverfassungsgericht obliegt[708].
Im Ergebnis ist also festzuhalten, daß die bis zur Entscheidung des Bundesverfassungsgerichtes vom 30.04.1997 herrschende Rechtsprechung und die ihr folgende Literatur zur Frage der Zulässigkeit einer Beschwerde gegen eine erledigte richterliche Anordnung einer (heimlichen) strafprozessualen Zwangsmaßnahme nicht überzeugen kann.

(b) Kritische Betrachtung der von der bisherigen Rechtsprechung abweichenden Meinung in der Literatur

Aber auch die Auffassung der von der bisherigen Rechtsprechung abweichenden Meinung der Literatur weist Schwächen auf. Dies gilt sowohl für die Frage der Statthaftigkeit einer Feststellungsbeschwerde als auch für die Frage der Beschwer und des berechtigten Feststellungsinteresses des Rechtsschutzsuchenden.

(aa) Die Herleitung der Statthaftigkeit der Beschwerde

Zunächst soll die Herleitung der Statthaftigkeit betrachtet werden.
Der von einem Teil der Literatur vorgeschlagene Weg einer Analogie zu einem in den §§ 113 I S. 4 VwGO, 28 I S. 4 EGGVG, 115 III StVollzG, 131 I S. 3 SGG, 100 I S. 4 FGO zum Ausdruck kommenden Rechtsgedanken zur Begründung der Statthaftigkeit einer Feststellungsbeschwerde[709] erscheint dabei zweifelhaft. Die §§ 113 I S. 4 VwGO, 28 I S. 4 EGGVG, 115 III StVollzG, 131 I S. 3 SGG, 100 I S. 4 FGO knüpfen nämlich an das Vorliegen eines erledigten Verwaltungsaktes an. Sie sollen also die Kontrolle der Exekutive durch die Judikative ermöglichen und eben nicht eine innerjustizielle Kontrolle, also eine Überprüfung richterlicher Akte durch den Richter, bewirken[710]. Nun ist aber nicht ersichtlich, daß die Vertreter dieser in Frage stehenden Ansicht den richterlichen Zwangsmaßnahmenanordnungen den Rechtssprechungscharakter absprechen. Demnach wirkt es doch bedenklich, aus diesen Bestimmungen einen allgemeinen Rechtsgedanken auch hinsichtlich der Möglichkeit der Überprüfung erledigter richterlicher Akte zu entwickeln. Zur Herleitung eines allgemeinen Rechtsgedankens hätten hier vielmehr Bestimmungen herangezogen werden müssen, die die Feststellungsklage gegen richterliche Akte regeln. Vor dem Hintergrund dieser Gesichtspunkte kann auch das angeführte Argument nicht überzeugen, wonach es mit der Einheit der Rechtsordnung nicht vereinbar sei, daß den von Grundrechtseingriffen Betroffenen nur gegenüber den Akten der

---

708 Zu diesem Grundsatz vgl.: BVerfGE 47, S. 182, 190 f.; BVerfGE 49, 252, 258; BVerfGE 63, S. 77, 79; BVerfGE 73, S. 322, 327; BVerfGE 94, S. 166, 213 f.
709 Vgl. dazu näher unter Teil 1 C. III.1.) a) aa) (2) (a) (aa).
710 Köster, S. 82.

Exekutive Rechtsschutzmöglichkeiten zur Verfügung stehen sollen[711]. Denn es werden hier die Rechtsschutzmöglichkeiten gegen Exekutivakte mit denen gegen judikative Maßnahmen verglichen. Hierin liegt aber gerade der sachliche Unterschied zwischen beiden Fällen. Warum sollte aber die Einheit der Rechtsordnung beeinträchtigt sein, wenn der Rechtsschutz gegen exekutive Akte und gegen judikative Akte unterschiedlich ausgestaltet ist[712]? Somit kann der Weg über eine Rechtsanalogie zur Begründung der Statthaftigkeit einer Feststellungsbeschwerde nicht überzeugen.

Fraglich ist, ob die Ansicht überzeugen kann, die die Statthaftigkeit einer Feststellungsbeschwerde auf das Grundrecht auf rechtliches Gehör gemäß Art. 103 I GG in Verbindung mit dem Menschenwürdegrundsatz stützt[713]. Die Gewährleistung des rechtlichen Gehörs nach Art. 103 I GG und die Rechtsschutzgarantie nach Art. 19 IV S. 1 GG sind als verfassungsrechtliche Bestimmungen, die die Qualität des gerichtlichen Rechtsschutzes allgemein ausmachen, nach allgemeiner Meinung eng miteinander verknüpft[714]. Deshalb muß auch die Frage, ob unmittelbar aus dem Grundgesetz die Statthaftigkeit der hier zu untersuchenden Feststellungsbegehren zu folgern ist, im Hinblick auf Art. 103 I GG und Art. 19 IV S. 1 GG einheitlich beantwortet werden[715]. Somit kann Art. 103 I GG dann nicht zur Eröffnung einer gerichtlichen Instanz führen, wenn sich dies nicht ebenfalls über Art. 19 IV S. 1 GG begründen läßt. Dieser Argumentation entspricht es, wenn das Bundesverfassungsgericht in ständiger Rechtsprechung die Ansicht vertritt, daß Art. 103 I GG - ebenso wie Art. 19 IV S. 1 GG - keine zweite Tatsacheninstanz zu eröffnen vermag[716]. Vor diesem Hintergrund könnte die in Rede stehende Auffassung nur stichhaltig sein, wenn sie bezüglich der Frage des Rechtsschutzes gegen erledigte richterliche Zwangsmaßnahmenanordnungen auch die Rechtsschutzgarantie nach Art. 19 IV S. 1 GG als eröffnet ansähe, wie dies von anderen Autoren zum Teil vertreten wird[717]. Die Anwendbarkeit des Art. 19 IV S. 1 GG im hier fraglichen Zusammenhang schließt sie aber gerade aus[718]. Demnach erscheint diese Meinung im Ergebnis als inkonsequent und nicht überzeugend.

Gegen die Ansicht aber, die sich zur Begründung der Statthaftigkeit einer Feststellungsbeschwerde auf eine Feststellungsbefugnis des Gerichtes als Teil sei-

---

711 Vgl. dazu näher unter Teil 1 C. III. 1.) a) aa) (2) (a) (aa).
712 Vgl. dazu: Köster, S. 83.
713 Vgl. dazu näher unter Teil 1 C. III. 1.) a) aa) (2) (a) (cc).
714 Amelung, Rechtsschutz, S. 55; Köster, S. 89; Maunz/Dürig/Herzog/Scholz-Schmidt-Aßmann, Art. 19 Abs. IV Rdnr. 18; BFH, DB 1980, S. 2120, 2120.
715 So auch Köster, S. 83.
716 BVerfGE 1, S. 433, 437 f.; BVerfGE 28, S. 88, 96; BVerfGE 42, S. 243, 248; BVerfGE 42, S. 252, 254; BVerfGE 49, S. 329, 343.
717 Vgl. dazu näher unter Teil 1 C. III. 1.) a) aa) (2) (a) (dd).
718 Middelberg, S. 119 ff.

ner nach §§ 304 ff StPO gegebenen Aufhebungsbefugnis verweist[719], wird vorgebracht, daß in der Aufhebung einer Zwangsmaßnahme nicht ohne weiteres die Feststellung ihrer Rechtswidrigkeit impliziert sei[720]. So prüfe der Richter z. B. im Haftbefehlsverfahren nur das Vorliegen von Haftgründen zum Zeitpunkt der Vorführung[721]. Wenn er in diesem Verfahrensstadium vom Erlaß eines Haftbefehls absehe, so besage dies nichts über die Rechtmäßigkeit oder Rechtswidrigkeit der vorläufigen Festnahme[722]. Dieser Gedankengang erscheint aber nicht stichhaltig. Es kommt nämlich nicht entscheidend darauf an, ob der Richter strafprozessuale Zwangsmaßnahmen auch aus Gründen, die erst nach ihrer Anordnung entstanden sind, aufheben kann[723]. Ausschlaggebend ist vielmehr, daß die Aufhebungsbefugnis des Gerichtes das Recht umfaßt, strafprozessuale Maßnahmen, die von Anfang an rechtswidrig gewesen sind, aufzuheben[724]. Auch wenn nicht jede Aufhebung einer strafprozessualen Zwangsmaßnahme aufgrund ihrer ursprünglichen Rechtswidrigkeit erfolgt, so kann trotzdem nicht die Kompetenz des Beschwerdegerichtes zur Aufhebung einer strafprozessualen Maßnahme gerade wegen ihrer ursprünglichen und noch andauernden Rechtswidrigkeit in Frage gestellt werden[725]. Insofern vermag eine Kritik gegen den dargelegten Lösungsgang nicht durchzudringen.
Beanstandet werden muß dieser Ansatz wie auch die vorhergehenden aber insoweit, als dieser wie die bisherige Rechtsprechung und die ihr folgende Literatur ausdrücklich[726] oder unausgesprochen[727] davon ausgehen, daß die Rechtsschutzgarantie des Art. 19 IV S. 1 GG hinsichtlich der hier zu untersuchenden richterlichen Maßnahmen nicht eingreifen könnte. Es wird überhaupt nicht problematisiert, ob im Fall der richterlichen Anordnung einer strafprozessualen Zwangsmaßnahme nicht das Vorliegen eines Rechtsprechungsaktes im Sinne des Art. 19 IV S. 1 GG zu verneinen sein und demzufolge die Statthaftigkeit einer Feststellungsbeschwerde unmittelbar aus Art. 19 IV S. 1 GG abgeleitet werden könnte. Wäre dies nämlich zu bejahen, so könnte der Rechtsschutz gegen diese Maßnahmen auch nicht zur Disposition des einfachen Gesetzgebers stehen.

Die zuletzt angesprochene Kritik trifft die Meinungsgruppe nicht, die die Statthaftigkeit der Feststellungsbeschwerde als zwingende Folge der Rechtsschutz-

---

719 Vgl. dazu näher unter Teil 1 C. III. 1.) a) aa) (2) (a) (bb).
720 BGH, StV 1981, S. 597, 598.
721 BGH, StV 1981, S. 597, 598.
722 BGH, StV 1981, S. 597, 598.
723 So auch: Köster, 80.
724 So auch: Köster, a. a. O.
725 So auch: Köster, a. a. O.
726 So die unter Teil 1. C. III. 1.) a) aa) (2) (a) (bb) und (cc) dargelegten Auffassungen. Vgl. auch: Fezer, Jura 1982, S. 126, .136 f.; Middelberg, S. 119 ff.
727 So die unter Teil 1 C. III. 1.) a) aa) (2) (a) (aa) dargelegte Auffassung.

garantie gemäß Art. 19 IV S. 1 GG ansieht[728]. Denn sie setzt sich mit der dargelegten Problematik eingehend auseinander. Insofern überzeugt diese Auffassung. Umstritten ist aber auch innerhalb dieses Ansatzes noch die Frage, aus welchem Grunde das Vorliegen eines Rechtsprechungsaktes im Sinne des Art. 19 IV S. 1 GG bei der Anordnung einer strafprozessualen Zwangsmaßnahme zu verneinen sein könnte[729]. Diese Frage soll im Rahmen der noch nachfolgenden eigenen Untersuchung der Problematik eingehend behandelt werden.

(bb) Die Herleitung der Beschwer und des berechtigten Feststellungsinteresses

Nunmehr soll die Auseinandersetzung der von der bisherigen Rechtsprechung abweichenden Meinung mit der Frage der Beschwer und des berechtigten Feststellungsinteresses beleuchtet werden.

Dabei erscheint problematisch, daß die Beschwer des Beschwerdeführers hier mit den Gesichtspunkten begründet werden soll, die für ein berechtigtes Interesse des Beschwerdeführers an der Feststellung der Rechtswidrigkeit der erledigten Anordnung sprechen[730]. Das berechtigte Interesse an der Feststellung der Rechtswidrigkeit einer Maßnahme stellt einen Unterfall des allgemeinen Rechtsschutzbedürfnisses dar[731]. Für eine Gleichsetzung der Beschwer mit dem berechtigten Feststellungsinteresse läßt sich nun nicht anführen, daß zum Teil unter Hinweis auf den strukturellen Unterschied zwischen Zivil- und Strafverfahren das Erfordernis eines besonderen Rechtsschutzbedürfnisses für die Rechtsmitteleinlegung im Strafprozeß verneint werde und es hiernach mit dem Vorliegen der Beschwer sein Bewenden haben müsse[732]. Diese Diskussion bezieht sich nämlich gerade nur auf die Einlegung eines strafprozessualen Rechtsmittels mit dem Ziel der Aufhebung der angefochtenen richterlichen Entscheidung. Hier geht es aber gerade um eine Beschwerde auf Feststellung der Rechtswidrigkeit einer richterlichen Entscheidung. Soweit eine solche Beschwerde aber anerkannt wird, wird allgemein gefordert, daß diese Beschwerde die Darlegung eines besonderen Feststellungsinteresses des Beschwerdeführers voraussetzt[733]. Wenn man aber das Bestehen eines solchen Interesses voraussetzt, dann muß man es auch als das bezeichnen, was es darstellt, nämlich ein besonderes Rechtsschutzbedürfnis.

---

728 Vgl. dazu näher unter Teil 1 C. III. 1.) a) aa) (2) (a) (dd).

729 Vgl. dazu näher unter Teil 1 C. III. 1.) a) aa) (2) (a) (dd).

730 Vgl. dazu näher unter Teil 1 C. III. 1.) a) aa) (2) (b).

731 Tilch, S. 75; Wohlers, GA 1992, S. 214, 218. Vgl. auch: Bachmann. S. 238.

732 LR-Gollwitzer, Vor § 296 Rdnr. 5; von Löbbecke, S. 46 ff.; 51. Vgl. auch die Darstellung bei Ellersiek, S. 61 f.

733 Vgl. dazu: Blei, JA 1973, S. 679, 680; Haffke, NJW 1974, S. 1983, 1985; Nelles, JuS 1987, S. 51, 56; Schlüchter, Rdnr. 624; BGHSt 36, S. 30, 32; BGH, NStZ 1989, S. 538, 538; LG Frankfurt, NJW 1996, S. 1008, 1008.

Abgesehen von diesen grundsätzlichen Bedenken ist fraglich, ob sich die Begriffe der Beschwer und des berechtigten Feststellungsinteresses inhaltlich überhaupt soweit decken, daß die dargelegte Gleichsetzung wenigstens inhaltlich gerechtfertigt sein könnte. Dies wäre anzunehmen, wenn im Fall des Bestehens eines berechtigten Feststellungsinteresses stets die Voraussetzungen der Beschwer des Beschwerdeführers bejaht werden könnten. Der Beschwerdeführer ist beschwert, wenn er durch die angefochtene Entscheidung unmittelbar in seinen materiellen oder verfahrensrechtlichen Positionen oder schutzwürdigen Interessen beeinträchtigt ist[734]. Problematisch ist das Vorliegen dieser Voraussetzungen insbesondere im Hinblick auf die ein berechtigtes Feststellungsinteresse begründende Wiederholungsgefahr. Hier steht nämlich die Gefahr der Wiederholung eines Rechtseingriffes im Vordergrund[735] und eben nicht eine unmittelbar andauernde Beeinträchtigung von Rechten. Diese Gefahr der Wiederholung wird zwar unter anderem auf einen tatsächlichen Rechtseingriff gestützt. Dieser Eingriff liegt aber in der Vergangenheit, ist damit abgeschlossen und kann auch keine unmittelbar andauernde Rechtsbeeinträchtigung mehr bewirken. Diese Ausführungen zeigen bereits, daß die zu untersuchende These sich nicht beweisen läßt, also bei bestehendem berechtigtem Feststellungsinteresse nicht stets die Anforderungen einer Beschwer erfüllt werden. Demnach ist die von der zur Diskussion stehenden Literatur vorgenommene Gleichsetzung auch inhaltlich nicht gerechtfertigt und insoweit abzulehnen. Die Herleitung der Beschwer überzeugt also nicht. Im Rahmen der nachfolgenden Untersuchung, insbesondere der eigenen Analyse der Problematik soll die Frage der Beschwer und des berechtigten Feststellungsinteresses noch weiter untersucht werden.

bb) Die Entscheidung des Bundesverfassungsgerichtes vom 30.04.1997

(1) Die Darstellung der Entscheidung

Der zweite Senat des Bundesverfassungsgerichtes hat mit dem Beschluß vom 30.04.1997[736] seine frühere Rechtsprechung aufgegeben, wonach Art. 19 IV S. 1 GG bei erledigten strafprozessualen Grundrechtseingriffen in der Regel eine nachträgliche Überprüfung im Wege der Beschwerde nach §§ 304 ff. StPO nicht verlange.

Die Rechtsschutzgarantie nach Art. 19 IV S. 1 GG - so das Bundesverfassungsgericht - gewährleiste zwar keinen zusätzlichen Instanzenzug gegen richterliche Entscheidungen. Jedoch verlange diese verfassungsrechtliche Garantie, daß der Rechtsschutz innerhalb existierender Instanzenzüge effektiv gestaltet und nicht

---

734 Budach, S. 199 f.; Ellersiek, S. 50 f.; Kleinknecht/Meyer-Goßner, Vor § 296 Rdnr. 9; Meurer, S. 155.

735 Vgl. dazu näher unter Teil 1 C. IV. 3.) b).

736 BVerfGE 96, S. 27, 27 ff. = BVerfG, NJW 1997, S. 2163, 2163 ff. = JZ 1997, S. 1059, 1059 ff. = JR 1997, S. 382, 382 ff. = StV 1997, S. 393, 393 f. = wistra 1998, S. 221, 221 f.

durch unverhältnismäßige Erschwerungen ausgehöhlt werde, für den Rechtsmittelführer „leerlaufe“. Das Rechtsmittelgericht müsse vor diesem verfassungsrechtlichen Hintergrund die Frage beantworten, ob im konkreten Einzelfall ein Rechtsschutzinteresse für ein nach der Prozeßordnung statthaftes Rechtsmittel bestehe. Es sei zwar mit Art. 19 IV S. 1 GG zu vereinbaren, ein Rechtsschutzinteresse nur solange als vorliegend zu betrachten, wie eine gegenwärtige Beschwer aufgehoben werden könne, eine Wiederholungsgefahr bestehe oder eine fortwirkende Beeinträchtigung durch den an sich erledigten Eingriff beseitigt werden könne. Die Effektivität des Rechtsschutzes gebiete es aber, ein Rechtsschutzinteresse auch anzuerkennen in Fällen tiefgreifender, tatsächlich abgeschlossener Grundrechtseingriffe, in denen die direkte Belastung durch den angegriffenen Akt nach dem typischen Verfahrensablauf auf eine Zeitspanne beschränkt sei, in welcher der Betroffene die gerichtliche Entscheidung in der von der Prozeßordnung vorgesehenen Instanz kaum erlangen könne. Ein solcher tiefgreifender Grundrechtseingriff sei vor allem bei Maßnahmen denkbar, die - wie in den Fällen des Art. 13 II GG und des Art. 104 II, III GG - nach dem Grundgesetz vorbeugend dem Richter vorbehalten seien. So hat das Bundesverfassungsgericht in der in Rede stehenden Entscheidung das Vorliegen eines solchen Eingriffes und des entsprechenden Rechtsschutzbedürfnisses bei der Durchsuchung einer Wohnung schon wegen des Gewichtes des Eingriffes in Art. 13 GG bejaht. Dabei verweist es auch darauf, daß die Wahrung und die Durchsetzung der Grundrechte primär dem Verantwortungsbereich der Fachgerichte unterliege. Damit sei es aber nicht zu vereinbaren, wenn der von einem Grundrechtseingriff Betroffene erst und nur im Wege der Verfassungsbeschwerde Rechtsschutz einfordern könne.
Diese dargelegten Grundsätze wendet das Bundesverfassungsgericht auch auf das Rechtsmittel der Beschwerde an und ändert damit seine bisherige Rechtsprechung. Demgemäß könne eine Beschwerde nicht wegen der Erledigung der beanstandeten richterlichen Anordnung unter dem Gesichtspunkt der prozessualen Überholung als unzulässig verworfen werden. Vielmehr sei zu untersuchen, ob nach den in Anbetracht des Art. 19 IV S. 1 GG geltenden Maßstäben ein Rechtsschutzinteresse für den Betroffenen zu bejahen sei. Dabei wird insbesondere auch betont, daß selbst wenn sich eine strafprozessuale Zwangsmaßnahme gegen den Beschuldigten richte, seinem Rechtsschutzinteresse nicht im Rahmen des gegen ihn geführten Strafverfahrens genügt werden könne. Denn im Strafverfahren solle die Schuld oder Unschuld des Beschuldigten geklärt werden, und es gehe eben nicht um die Rechtmäßigkeit einer strafprozessualen Zwangsmaßnahme. Der Ausgang des Strafverfahrens habe somit keinen Einfluß auf die Frage der Rechtmäßigkeit einer Zwangsmaßnahme.

(2) Die Konsequenzen des Urteiles

Der zweite Senat des Bundesverfassungsgerichtes hat seine mit dem Urteil vom 30.04.1997 entwickelte Rechtsprechung bereits kurze Zeit später in zwei Entscheidungen bestätigt, in denen die Zulässigkeit der Beschwerde nach dem FGG gegen erledigte richterliche Anordnungen zur Diskussion stand[737]. Er hat im übrigen in einer weiteren Entscheidung darauf hingewiesen, daß die in dem in Rede stehenden Urteil entwickelten Grundsätze nur auf den nachträglichen Rechtsschutz gegen eine richterliche Anordnung, nicht aber auf den nachträglichen Rechtsschutz gegen die ermittlungsbehördliche Vollziehung einer solchen Anordnung Anwendung fänden[738]. Der erste Senat des Bundesverfassungsgerichtes hat sich Anfang 1998 der fraglichen Rechtsprechung des zweiten Senates angeschlossen[739]. Mittlerweile beurteilt sowohl der erste als auch der zweite Senat des Bundesverfassungsgerichtes in ständiger Rechtsprechung die Frage der Zulässigkeit einer Beschwerde gegen eine richterliche Anordnung einer Zwangsmaßnahme, insbesondere einer strafprozessualen Zwangsmaßnahme, nach den Grundsätzen der Entscheidung des zweiten Senates vom 30.04.1997[740].

Die Entscheidung bindet die übrigen Gerichte, also in den hier zu untersuchenden Fällen den Bundesgerichtshof, die Oberlandesgerichte, die Landgerichte und Amtsgerichte, gemäß § 31 I BVerfGG. Der Tenor und die tragenden Gründe der Entscheidung entfalten demnach Bindungswirkung für diese Gerichte[741]. Infolgedessen werden die Gerichte zukünftig anhand der vom zweiten Senat des Bundesverfassungsgerichtes entwickelten Kriterien die Zulässigkeit von Rechtsmitteln gegen erledigte richterliche Anordnungen beurteilen. So hat denn auch bereits einen Monat nach der Veröffentlichung der fraglichen Entscheidung das Landgericht Neuruppin[742] versucht, auf der Grundlage dieses Urteils die Zulässigkeit einer Beschwerde nach §§ 304 ff. StPO gegen eine erledigte richterliche Durchsuchungsanordnung zu prüfen[743]. Inzwischen entscheiden die Untergerichte in ständiger Rechtsprechung auf der Grundlage der fraglichen Entscheidung über die Zulässigkeit einer Beschwerde gegen erledigte richterli-

---

737 BVerfG, EuGRZ 1997, S. 372, 372 ff.; BVerfG, EuGRZ 1997, S. 374 ff.

738 BVerfG, NJW 1998, S. 669, 669.

739 BVerfG, NJW 1998, S. 2131, 2131 f. = EuGRZ 1998, S. 349 f.

740 BVerfG, NJW 1999, S. 273, 273 f.; BVerfG, NJW 1999, S. 3773, 3773.

741 Vgl. dazu: Benda/Klein, Rdnr. 1237 ff.; Geiger, § 31 Anm. 5 f.; Lechner/Zuck, § 31 Rdnr. 30, 32; Leibholz/ Rupprecht, § 31 Rdnr. 2.

742 LG Neuruppin, JZ 1997, S. 1062, 1062.

743 Innerhalb der oberlandesgerichtlichen Rechtsprechung ist bereits umstritten, ob eine Beschwerde nach den §§ 19 ff., 27 f. FGG gegen eine richterliche Abschiebungsanordnung auch nach dem Eintritt der Erledigung der Anordnung aufgrund der vom Bundesverfassungsgericht entwickelten Grundsätze als zulässig zu betrachten ist. Vgl. dazu: OLG Köln, NJW 1998, S. 462, 462; OLG Hamm, NJW 1998, S. 463, 463 f.; OLG Karlsruhe, NVwZ-Beilage 5/1998, S. 54, 54 f.

che Anordnungen[744]. Das Urteil des Bundesverfassungsgerichtes wurde aber auch bereits vom Bundesgerichtshof in einem ganz anderen Kontext herangezogen, nämlich für den Fall des Rechtsschutzes gegen die Art und Weise der staatsanwaltschaftlichen bzw. polizeilichen Vollziehung einer Eilanordnung einer strafprozessualen Zwangsmaßnahme nach dem Eintritt der Erledigung[745]. So hat der Bundesgerichtshof die Entscheidung als Argument dafür verwandt, daß feststellende Entscheidungen der Strafprozeßordnung keineswegs mehr fremd seien[746]. Auf der Grundlage dieser Argumentation und weiterer Gesichtspunkte hat der Bundesgerichtshof - wie gesehen[747] - dann seine bisherige Rechtsprechung geändert und dadurch zur Vereinfachung des Rechtsschutzsystemes bei strafprozessualen Zwangsmaßnahmen beigetragen.
Auch ein Großteil der nach der fraglichen Entscheidung des Bundesverfassungsgerichtes veröffentlichten Literatur hat die Grundsätze des Urteiles kritiklos übernommen, ohne sich damit auch nur im Ansatz auseinanderzusetzen oder sie zu konkretisieren[748].

Fraglich ist nun aber, welche Maßstäbe für die gerichtliche Prüfung einer Beschwerde nach §§ 304 ff. StPO gegen eine erledigte richterliche Anordnung sich konkret aus dieser Entscheidung ergeben. Zunächst einmal folgt aus der Entscheidung, daß die angerufenen Gerichte das Rechtsschutzinteresse an einer nachträglichen richterlichen Überprüfung einer erledigten richterlichen Anordnung zukünftig nicht mehr mit dem bloßen Hinweis auf die Erledigung des Eingriffes und eine damit angeblich verbundene prozessuale Überholung der Maßnahme als unzulässig abweisen können[749]. Das ist eine klare Aussage und eine deutliche Verbesserung des gerichtlichen Rechtsschutzes[750]. Auch wird die Statthaftigkeit einer Beschwerde gegen eine erledigte richterliche Anordnung angesichts der bundesverfassungsgerichtlichen Entscheidung in Zukunft von den Gerichten ohne weiteres bejaht werden[751]. Denn die Statthaftigkeit einer solchen Beschwerde wird vom Bundesverfassungsgericht einfach vorausgesetzt. Es spricht nämlich ausdrücklich davon, daß die verfassungsrechtlichen Erwägungen zu Art. 19 IV S. 1 GG Grundlage für die Beantwortung der Frage

---

744 OLG Schleswig, NJW 1999, S. 222, 222 f.; LG Köln, NJW 1998, S. 1323, 1323 f.; AG München, NJW 1999, S. 528, 528 ff.
745 BGH, NJW 1999, S. 730, 731 f.
746 BGH, NJW 1999, S. 730, 731 f.
747 Vgl. dazu näher unter Teil 1 C. I. 2.) b) aa) (2).
748 Heidelberger Kommentar-Rautenberger, § 296 Rdnr. 13; Kleinknecht/Meyer-Goßner, Vor § 296 Rdnr. 18 f.; Pfeiffer, Vorbe § 296 Rdnr. 6. Die kritischen Stimmen in der Literatur bezüglich des fraglichen Urteiles werden im folgenden und unter Teil 1 C. III. 1.) a) bb) (3) berücksichtigt.
749 So ähnlich auch: Fezer, JZ 1997, S. 1062, 1062.
750 So ähnlich auch: Fezer, JZ 1997, S. 1062, 1062.
751 So bereits: OLG Schleswig, NJW 1999, S. 222, 222 f.; LG Köln, NJW 1998, S. 1323, 1323 f.; AG München, NJW 1999, S. 528, 528 ff.

sei, ob „für ein nach der Prozeßordnung *statthaftes*[752] Rechtsmittel" das Rechtsschutzinteresse bejaht werden könne[753].
Wie das Bundesverfassungsgericht mit seiner Argumentation vorgibt, werden die Gerichte fortan die Zulässigkeitsprüfung der fraglichen Beschwerde ganz auf die Frage des Vorliegens eines Rechtsschutzbedürfnisses konzentrieren. Dies haben auch die bisherigen untergerichtlichen Entscheidungen in diesem Zusammenhang bestätigt[754]. Dabei könnte das vom Bundesverfassungsgericht explizit betonte verfassungsrechtliche Gebot der Effektivität des Rechtsschutzes dazu führen, daß an die bisher und auch weiterhin anerkannten Fälle eines bestehenden Rechtsschutzinteresses, nämlich das Bestehen einer Wiederholungsgefahr oder eines Rehabilitierungsbedürfnisses, keine überhöhten Anforderungen gestellt werden dürfen, diese vielmehr weit ausgelegt werden müssen. Wenn die bisher anerkannten Fälle eines Rechtsschutzinteresses nämlich entsprechend der bisherigen Praxis weiterhin restriktiv ausgelegt würden, so würde dies den Erfolg einer Feststellungsbeschwerde - wie gesehen[755] - im Ergebnis von vornherein ausschließen. Dieses Rechtsmittel würde für den Bürger also „leerlaufen". Dies wäre aber im Hinblick auf die Entscheidung des Bundesverfassungsgerichtes mit Art. 19 IV S. 1 GG unvereinbar und demnach unzulässig. Zwar ist eine entsprechend weite Auslegung der Fallgruppe der Wiederholungsgefahr und des Rehabilitierungsbedürfnisses in der Rechtsprechung bislang nicht erkennbar. Dies läßt sich aber wohl darauf zurückführen, daß die vor dem Hintergrund der Entscheidung des Bundesverfassungsgerichtes ergangenen untergerichtlichen Entscheidungen das Vorliegen eines Feststellungsinteresses bereits anhand der vom Bundesverfassungsgericht in dem fraglichen Urteil entwickelten „neuen" Fallgruppe für das Vorliegen eines Feststellungsinteresses bejaht haben[756].
Ein besonderes Augenmerk gilt gerade auch in Anbetracht des letzten Aspektes dieser vom Bundesverfassungsgericht entwickelten Fallgruppe für das Vorliegen eines Rechtsschutzbedürfnisses hinsichtlich eines Rechtsmittels zur Überprüfung einer erledigten richterlichen Anordnung. Es stellt sich die Frage, wann ein tiefgreifender Grundrechtseingriff vorliegt, in dem sich die direkte Belastung durch den angegriffenen Hoheitsakt nach dem typischen Verfahrensablauf auf eine Zeitspanne beschränkt, in welcher der Betroffene die gerichtliche Entscheidung in der von der Prozeßordnung gegebenen Instanz kaum erlangen kann[757]. Dabei soll dies im Rahmen der vorliegenden Arbeit insbesondere in

---

752 Die Hervorhebung wurde von der Verfasserin vorgenommen.
753 BVerfGE 96, S. 27, 39.
754 OLG Schleswig, NJW 1999, S. 222, 222 f.; LG Neuruppin, JZ 1997, S. 1062, 1062; LG Köln, NJW 1998, S. 1323, 1323 f.; AG München, NJW 1999, S. 528, 528 ff.
755 Vgl. dazu unter Teil 1 C. III. 1.) a) aa) (1) (a) und Teil 1 C. III. 1.) a) aa) (3) (a).
756 OLG Schleswig, NJW 1999, S. 222, 222 f.; LG Köln, NJW 1998, S. 1323, 1323 f.
757 Diese Fallgruppe ist in der bundesverfassungsgerichtlichen Rechtsprechung nicht neu. Das Bundesverfassungsgericht erkennt nämlich unter diesem Gesichtspunkt auch in Ver-

bezug auf die heimlichen strafprozessualen Zwangsmaßnahmen untersucht werden.

(a) Die sich aus dem Urteil ergebenden Maßstäbe zur Bestimmung des Vorliegens einer Maßnahme, bei der sich die direkte Belastung typischerweise auf eine Zeitspanne beschränkt, in welcher gerichtlicher Rechtsschutz kaum zu erlangen ist

Die Beschreibung eines Eingriffes als Maßnahme, bei der sich die direkte Belastung durch den angegriffenen Hoheitsakt nach dem typischen Verfahrensablauf auf eine Zeitspanne beschränkt, in welcher der Betroffene die gerichtliche Entscheidung in der von der Prozeßordnung gegebenen Instanz kaum erlangen kann, enthält bereits eine klare Aussage, die der Subsumtion zugänglich erscheint. Darüber hinaus konkretisiert das Bundesverfassungsgericht diese Voraussetzung noch weiter, indem es darlegt, daß es sich hier um Eingriffe handele, die ihrer Natur nach vor der möglichen gerichtlichen Überprüfung schon wieder beendet seien[758]. Gegen die hier in Rede stehenden heimlichen strafprozessualen Zwangsmaßnahmen kann der Betroffene nur vorgehen, wenn er Kenntnis von deren Anordnung erhält[759]. Da diese Kenntnisnahme grundsätzlich nur aufgrund der Benachrichtigung des Betroffenen oder aufgrund der mittelbaren Kenntniserlangung des Beschuldigten über das Akteneinsichtsrecht des Strafverteidigers möglich ist und da dies in der Praxis erst zu einem Zeitpunkt erfolgt, zu dem die Maßnahme bereits erledigt ist[760], ist die Anordnung der heimlichen strafprozessualen Zwangsmaßnahme ihrer Natur nach vor der möglichen gerichtlichen Überprüfung schon wieder beendet. Demnach kann diese Prämisse für das Vorliegen eines Rechtsschutzinteresses an der gerichtlichen Überprüfung einer erledigten richterlichen Anordnung im Fall heimlicher strafprozessualer Zwangsmaßnahmen stets bejaht werden.

(b) Die sich aus dem Urteil ergebenden Maßstäbe zur Bestimmung eines tiefgreifenden Grundrechtseingriffes

Schwieriger gestaltet sich die Beantwortung der Frage, wann eine tiefgreifende Grundrechtsverletzung zu bejahen sein könnte.

---

fassungsbeschwerdeverfahren ein Rechtsschutzbedürfnis für eine gerichtliche Entscheidung trotz Erledigung der angegriffenen Maßnahme an BVerfGE 34, S. 165, 180; BVerfGE 81, S. 138, 140 f.

758 BVerfGE 96, S. 27, 40.

759 Vgl. dazu näher unter Einleitung B. und Teil B.

760 Vgl. dazu näher unter Teil 1 B.

(aa) Die Ausrichtung der Auslegung am Vorliegen eines verfassungsrechtlichen Richtervorbehaltes

Das Bundesverfassungsgericht führt dazu aus, daß tiefgreifende Grundrechtseingriffe vor allem bei Anordnungen in Betracht kämen, die das Grundgesetz unter eine richterliche Anordnungskompetenz gestellt habe[761].
Gegen diesen Ansatz ergeben sich bereits Bedenken grundsätzlicher Art. Nach der Auffassung des Bundesverfassungsgerichtes gebietet nämlich gerade Art. 19 IV S. 1 GG unter dem Gesichtspunkt eines effektiven Rechtsschutzes, daß der Betroffene Gelegenheit erhält, eine tiefgreifende Grundrechtsverletzung auch nach Erledigung gerichtlich überprüfen zu lassen[762]. Angesichts dieses Aspektes erscheint es bedenklich, zur inhaltlichen Bestimmung der sich aus Art. 19 IV S. 1 GG ergebenden Fallgruppe für das Bestehen eines Rechtsschutzinteresses auf das Vorliegen eines verfassungsrechtlichen Richtervorbehaltes abzustellen. Denn diese Argumentation legt fälschlicherweise den Schluß nahe, daß der grundgesetzliche Richtervorbehalt gegenüber der Rechtsschutzgarantie ein „Mehr" bedeutet, weil er die Reichweite der Rechtsschutzgarantie in dem hier fraglichen Fall scheinbar zu bestimmen vermag. Tatsächlich steht der Richtervorbehalt hingegen im Dienste des Art. 19 IV S. 1 GG, soll dieser Garantie zur Durchsetzung verhelfen und stellt in gewisser Weise einen Teilaspekt der umfassenden Rechtsschutzgarantie dar[763].
Abgesehen von diesen grundsätzlichen Bedenken stellt sich die Frage, inwieweit der Gesichtspunkt des Vorliegens eines verfassungsrechtlichen Richtervorbehaltes zur Bestimmung des Bestehens eines tiefgreifenden Grundrechtseingriffes beitragen kann. Eine richterliche Anordnungskompetenz sieht das Grundgesetz nur vor für die Wohnungsdurchsuchung, Art. 13 II GG, die Freiheitsentziehung, Art. 104 II, III GG und für die neuerdings zulässige akustische Wohnraumüberwachung, Art. 13 III, IV GG. Auf der Grundlage der bundesverfassungsgerichtlichen Argumentation ist es daher folgerichtig, daß das Bundesverfassungsgericht in seiner Entscheidung einen tiefgreifenden Grundrechtseingriff hinsichtlich einer richterlichen Durchsuchungsanordnung mit dem Hinweis auf den hier gegebenen verfassungsrechtlichen Rich-tervorbehalt bejaht[764]. Dabei läßt es dies als Begründung ausreichen, berücksichtigt also nicht mehr die konkreten Gegebenheiten des Falles. Mit dem Abstellen auf den verfassungsrechtlichen Richtervorbehalt sieht das Bundesverfassungsgericht also bei bestimmten Maßnahmen, die Eingriffe in bestimmte Grundrechte darstellen, einen tiefgreifenden Grundrechtseingriff stets als gegeben an. Es stellt also zur Bestimmung des Vorliegens eines tiefgreifenden Grundrechtseingriffes nicht

---

761 BVerfGE 96, S. 27, 40.
762 BVerfGE 96, S. 27, 40.
763 Vgl. dazu: AK-GG-Azzola, Art. 104 Rdnr. 23; Hantel, S. 31; Nelles, S. 54; Welp, Zwangsbefugnisse, S. 17. Vgl. auch unter Teil 1 A. I. 3.) a) aa) (3) (d).
764 BVerfGE 96, S. 27, 40 ff.

auf die Intensität eines Grundrechtseingriffes ab, obwohl dies nach dem Wortlaut des verwendeten Begriffes nahegelegen hätte. Aufbauend auf dieser Gedankenführung kann ein tiefgreifender Grundrechtseingriff bei einer richterlichen Anordnung der akustischen Wohnraumüberwachung nach §§ 100 c I Nr. 3, 100 d II StPO, also eine der hier zu untersuchenden heimlichen strafprozessualen Zwangsmaßnahmen, ebenfalls stets bejaht werden. Dies bedeutet für den Rechtsschutz gegen diese Maßnahmen eine erhebliche Verbesserung.

(bb) Die Ausrichtung der Auslegung am Vorliegen eines einfachgesetzlichen Richtervorbehaltes

Da weitere verfassungsrechtliche Richtervorbehalte nicht gegeben sind, fragt sich, wonach sich das Vorliegen eines tiefgreifenden Grundrechtseingriffes im übrigen richtet. Das Bundesverfassungsgericht wollte schließlich keine Einzellösung nur für die unter verfassungsrechtlichem Richtervorbehalt stehenden Maßnahmen schaffen[765]. Denn es spricht gerade davon, daß ein tiefgreifender Grundrechtseingriff „vor allem" bei Anordnungen anzunehmen sei, bei denen das Grundgesetz die richterliche Zuständigkeit vorschreibe[766]. Naheliegend wäre es nun, einen tiefgreifenden Grundrechtseingriff hinsichtlich der hier interessierenden strafprozessualen Zwangsmaßnahmen dann zu bejahen, wenn die Strafprozeßordnung einen Richtervorbehalt bestimmt. Schließlich läßt sich eine unterschiedliche Behandlung in bezug auf den nachträglichen Rechtsschutz kaum dadurch rechtfertigen, daß bei einem Grundrechtseingriff nicht das Grundgesetz selbst, sondern die Strafprozeßordnung die richterliche Anordnungszuständigkeit festlegt[767]. Im übrigen kann insoweit auch auf den Sinn und Zweck des (einfachgesetzlichen) Richtervorbehaltes zurückgegriffen werden. Nach der hier vertretenen Meinung dient der (einfachgesetzliche) Richtervorbehalt nämlich als besondere Ausprägung des Art. 19 IV S. 1 GG dem präventiven Rechtsschutz in Fällen besonders schwerwiegender Grundrechtseingriffe[768]. Mit der Bestimmung eines einfachgesetzlichen Richtervorbehaltes wird also gerade auch an die Schwere eines Grundrechtseingriffes angeknüpft. Fraglich erscheint aber, ob bei allen unter einfachgesetzlichem Richtervorbehalt stehenden strafprozessualen Zwangsmaßnahmen ein tiefgreifender Grundrechtseingriff bejaht werden kann. Eine Bejahung dieser Frage würde eine erhebliche Ausweitung der anerkannten Fälle des Vorliegens eines Rechtsschutzbedürfnisses für eine Beschwerde gegen eine erledigte richterliche Anordnung bedeuten. Dies lag aber wohl nicht in der Intention des Bundesverfassungsgerichtes[769]. Denn es hat vor allem durch die Anerkennung der bisherigen Fälle des Bestehens eines

---

765 So auch: Fezer, JZ 1997, S. 1062, 1063.
766 BVerfGE 96, S. 27, 40.
767 So auch: Fezer, JZ 1997, S. 1062, 1062.
768 Vgl. dazu näher unter Teil 1 A. I. 3.) a) aa) (3) (d).
769 So auch: Fezer, JZ 1997, S. 1062, 1063.

Rechtsschutzbedürfnisses deutlich gemacht, daß es an der grundsätzlichen Beschränkung der Beschwerdemöglichkeit im Erledigungsfall festhält und damit keine unbegrenzte Ausweitung der Rechtsschutzmöglichkeit akzeptiert.

Demgemäß stellt sich also das Problem, wonach zwischen den vorstehend erwähnten Grundrechtseingriffen zu differenzieren ist, welche Maßstäbe sich insoweit ergeben. Das Bundesverfassungsgericht schweigt aber zu diesem Punkt. Man könnte nun daran denken, eine Unterscheidung danach vorzunehmen, ob sich die zu untersuchende richterliche Anordnung mit der richterlichen Anordnung einer Durchsuchung vergleichen läßt. Die Durchsuchung ist schließlich in der fraglichen Entscheidung vom Bundesverfassungsgericht als tiefgreifende Grundrechtsverletzung anerkannt worden. So könnte man beispielsweise die unter strafprozessualem Richtervorbehalt stehende Fernmeldeüberwachung nach §§ 100 a, b StPO mit der Durchsuchung insoweit als vergleichbar bezeichnen, als mit der Durchsuchung einer Wohnung die verfassungsrechtlich geschützte räumliche Privatssphäre mißachtet wird[770] und mit der Überwachung des Fernmeldeverkehrs in den verfassungsrechtlich geschützten Kommunikationsvorgang unter Verletzung der persönlichen Geheimsphäre eingedrungen wird, also im Ergebnis die kommunikative Geheimsphäre verletzt wird[771]. Auf der Grundlage dieser Argumentation könnte man hinsichtlich der richterlichen Anordnung der Fernmeldeüberwachung einen tiefgreifenden Grundrechtseingriff bejahen.
Andererseits erscheint diese vergleichende Vorgehensweise zur Bestimmung des Vorliegens eines tiefgreifenden Grundrechtseingriffes aber bedenklich. Sie erhebt die Durchsuchung nämlich in einen besonderen Status, ohne daß dies gerechtfertigt wäre. Es kann mehr oder minder als Zufall bezeichnet werden, daß das Bundesverfassungsgericht gerade die erledigte richterliche Anordnung einer Durchsuchung und nicht eine andere richterliche Maßnahme zum Anlaß genommen hat, den Rechtsschutz gegen erledigte richterliche Anordnungen zu überdenken. Im übrigen kann es sich unter Umständen als schwierig gestalten, die Durchsuchung mit allein von der Vorgehensweise und vom Charakter her ganz anderen Maßnahmen zu vergleichen. Die Problematik kann sich dabei bereits daraus ergeben, daß die mit der Durchsuchung zu vergleichende Maßnahme eine ganz andere Struktur aufweist, die einen direkten Vergleich erschwert. So erscheint es z. B. problematisch, die Durchsuchung mit der polizeilichen Beobachtung oder der Schleppnetzfahndung zu vergleichen.

---

770 Vgl. dazu: BK-Herdegen, Art. 13 Rdnr. 1; Jarass/Pieroth-Jarass, Art. 13 Rdnr. 1; Maunz/Dürig/Herzog/Scholz-Maunz, Art. 13 Rdnr. 1; von Münch-Kunig, Art. 13 Rdnr. 1; Stein, § 23 I.

771 Vgl. dazu: AK-GG-Schuppert, Art. 10 Rdnr. 14; Dreier-Hermes, Art. 10 Rdnr. 13; Jarass/Pieroth-Jarass, Art. 10 Rdnr. 1; Maunz/Dürig/Herzog/Scholz-Dürig, Art. 10 Rdnr. 1 f.; von Münch-Löwer, Art. 10 Rdnr. 1; Sachs-Krüger, Art. 10 Rdnr. 8.

Schließlich ist diese Vorgehensweise auch schon vom Grundsatz her zweifelhaft. Denn es ist fraglich, nach welchen Maßstäben sich diese Vergleichsuntersuchung zwischen einem bestimmten Grundrechtseingriff und der Durchsuchung jeweils richten soll, d. h. worauf eine Vergleichbarkeit zwischen der Durchsuchung und einer anderen Maßnahme aufgebaut werden kann. Da man aus der Entscheidung des Bundesverfassungsgerichtes nicht entnehmen kann, warum ein tiefgreifender Grundrechtseingriff gerade bei der Durchsuchung oder allgemeiner gesprochen bei unter verfassungsrechtlichen Richtervorbehalt stehenden Maßnahmen zu bejahen ist, können auch solche Vergleichsmaßstäbe anhand der Entscheidung des Bundesverfassungsgerichtes vom 30.04.1997 nicht entwickelt werden. Im Ergebnis ist also diese Vorgehensweise nicht hilfreich.

Die Entscheidung des Bundesverfassungsgerichtes stellt den Gesetzesanwender demzufolge vor ein unübersehbares Auslegungsdilemma[772] und führt somit zu großen Unsicherheiten. Als das Landgericht Neuruppin vier Wochen nach der Veröffentlichung der in Rede stehenden Entscheidung des Bundesverfassungsgerichtes über eine Beschwerde gegen eine erledigte strafprozessuale Beschlagnahmeanordnung zu entscheiden hatte, hat es bei der Beantwortung der Frage des Vorliegens eines tiefgreifenden Grund-rechtseingriffes einfach darauf abgestellt, daß in dem zur Entscheidung vorgelegten Fall eine tiefgreifende Grundrechtsverletzung im Hinblick auf die zu kurze Dauer der Beschlagnahme - zwei Monate in diesem Fall - zu verneinen sei[773]. Es hat die Frage des Bestehens eines tiefgreifenden Grundrechtseingriffes also nach materiellen Gesichtspunkten beurteilt, obwohl die Entscheidung des Bundesverfassungsgerichtes hierfür im Ergebnis keinerlei Anhaltspunkte bietet[774]. Dies läßt sich aber aus der dargelegten großen Unsicherheit heraus erklären, die die Entscheidung bezüglich der Überprüfung derjenigen Maßnahmen verursacht, die nicht einem verfassungsrechtlichen Richtervorbehalt unterliegen und damit nach der Entscheidung nicht eindeutig zugeordnet werden können. Aber selbst im Fall von Maßnahmen, die einem verfassungsrechtlichen Richtervorbehalt unterliegen, ist die Tendenz erkennbar, daß die Frage des Vorliegens eines tiefgreifenden Grundrechtseingriffes anhand von materiellen Gesichtspunkten entschieden wird. So hat z. B. das OLG Schleswig hinsichtlich der Frage eines tiefgreifenden Grundrechtseingriffes bei einer Unterbringungsanordnung auf die Dauer der Unterbringung abgestellt[775]. Diese durch die Entscheidung des Bundesverfassungsgerichtes nicht

---

[772] Ähnlich undurchsichtig verfährt das Bundesverfassungsgericht im Verfassungsprozeßrecht. So stellt es bei der Untersuchung des Vorliegens eines tiefgreifenden Grundrechtseingriffes teilweise auf die Schwere der Tat (vgl. BVerfGE 49, S. 24, 52) und teilweise auf die Bedeutung des verletzten Grundrechtes (vgl. BVerfGE 41, S. 29, 43) ab.

[773] LG Neuruppin, JZ 1997, S. 1062, 1062.

[774] So auch: Fezer, JZ 1997, S. 1062, 1063.

[775] OLG Schleswig, NJW 1999, S. 222, 222 f.

begründbare Vorgehensweise verdeutlicht nur nochmals das sich für die Untergerichte durch die Entscheidung ergebende Auslegungsdilemma.
Abschließend ergibt sich also, daß die Entscheidung des Bundesverfassungsgerichtes nicht in der Lage ist, ausreichende Anhaltspunkte zu einer abschließenden Klärung des Kriteriums eines tiefgreifenden Grundrechtseingriffes zu geben. Das Bundesverfassungsgericht hatte sich zwar in der fraglichen Grundsatzentscheidung nur mit der konkreten Maßnahme der Durchsuchung zu beschäftigen, und es war auch nicht seine Aufgabe, ein Gesamtsystem zum nachträglichen Rechtsschutz herauszuarbeiten[776]. Aber dennoch müßte doch wenigstens gedanklich ein solches System den Richtern bewußt gewesen sein[777] und hätte auch in der Entscheidung anklingen müssen. Dadurch daß das Bundesverfassungsgericht sich dazu aber nicht geäußert hat, gibt die Entscheidung für den Rechtsanwender viele Rätsel auf, die nicht vollständig gelöst werden können.

(3) Abschließende kritische Betrachtung des Urteiles

Die dargelegte Untersuchung der Konsequenzen des Urteils hat bereits einen kritischen Punkt dieser Entscheidung aufgedeckt, nämlich das Auslegungsdilemma in bezug auf die Frage eines „tiefgreifenden Grundrechtseingriffes". Unabhängig von diesem Gesichtspunkt ist die Entscheidung aber auch noch weiterer Kritik ausgesetzt.
Zunächst einmal wirkt es bedenklich, daß das Bundesverfassungsgericht sich nur mit der Problematik des Bestehens eines Rechtsschutzbedürfnisses für einen Rechtsbehelf, insbesondere eine strafprozessuale Beschwerde gegen eine erledigte richterliche Anordnung auseinandergesetzt hat und die Statthaftigkeit eines solchen Rechtsbehelfes einfach voraussetzt[778]. Diese Methode des Vorgehens ist schon deshalb problematisch, weil gerade innerhalb der Meinungsgruppe, die die - „alte" - Rechtsprechung und die ihr folgende herrschende Literaturmeinung kritisiert, die Begründung dieser Statthaftigkeit im Zentrum der Diskussion steht[779], sich somit also nicht ohne weiteres bejahen oder verneinen läßt. Diese Vorgehensweise des Bundesverfassungsgerichtes deckt sich aber insofern mit der bisherigen Sichtweise der Rechtsprechung und der herrschenden Literaturmeinung, als auch diese die Frage der Statthaftigkeit einer strafprozessualen Feststellungsbeschwerde zwar - wenn auch nur indirekt - angesprochen hat, die Unzulässigkeit eines solchen Rechtsbehelfes aber doch mit einem anderen Gesichtspunkt, nämlich dem des Wegfalls der Beschwer begründet hat[780]. Aus welchem Grunde nun aber die Beschwer doch nicht mehr mit dem Eintritt der Erledigung einer richterlichen Anordnung entfallen soll, d. h.

---

[776] So auch: Fezer, JZ 1997, S: 1062, 1062.
[777] So auch: Fezer, JZ 1997, S. 1062, 1062.
[778] Vgl. dazu näher unter Teil 1 C. III. 1.) a) bb) (1).
[779] Vgl. dazu näher unter Teil 1 C. III. 1.) a) aa) (2) (a).
[780] Vgl. dazu näher unter Teil 1 C. III. 1.) a) aa) (1).

woraus sich nunmehr die Beschwer in den fraglichen Fällen ergeben soll, erklärt die neue Entscheidung des Bundesverfassungsgerichtes nicht. Es schweigt zu dieser Fragestellung und setzt das Bestehen einer Beschwer demnach als gegeben voraus. Eine Beschwer des Beschwerdeführers liegt indes nur dann vor, wenn dieser durch die angefochtene Maßnahme im Zeitpunkt der richterlichen Überprüfungsentscheidung unmittelbar in seinen materiellen oder verfahrensrechtlichen Positionen oder schutzwürdigen Interessen beeinträchtigt ist[781]. Eine solche gegenwärtige Beschwer liegt im Erledigungsfall aber nicht mehr vor, wie bereits vielfach angedeutet wurde[782]. Demgemäß ruft die bundesverfassungsgerichtliche Entscheidung auch insoweit Bedenken hervor.

Neben diesen eher formalen Aspekten ist fraglich, ob die verfassungsrechtliche Herleitung der vom Bundesverfassungsgericht entwickelten Meinung zu überzeugen vermag. Zwar ist allgemein anerkannt, daß Art. 19 IV S. 1 GG nicht nur das formelle Recht und die theoretische Möglichkeit der Anrufung der Gerichte garantiert, sondern vielmehr auch die Effektivität des Rechtsschutzes im Sinne eines Anspruches auf lückenlose, tatsächlich wirksame gerichtliche Kontrolle[783]. Dieses Effektivitätsprinzip entfaltet auch Wirkungen innerhalb eines bestehenden Instanzenzuges, weil das Verfahren in der zweiten Instanz einen Rechtsweg im Sinne des Art. 19 IV S. 1 GG darstellt[784]. Daraus ergibt sich, daß zur Sicherstellung der Effektivität des Rechtsschutzes der Zugang zur jeweils nächsten Instanz nicht in unzumutbarer, aus Sachgründen nicht mehr zu rechtfertigender Weise erschwert werden darf[785]. Insoweit kann dem Bundesverfassungsgericht in seiner Argumentation also gefolgt werden. Als alleinige Begründung ist dieser Ansatz aber nicht ausreichend. Wenn nämlich, wie das Bundesverfassungsgericht auch betont, ein Instanzenzug verfassungsrechtlich nicht gefordert ist, dann muß erklärt werden, warum dessen unzureichende, nach dem Eintritt der Erledigung mehr oder weniger ineffektive Gewährleistung gegen Art. 19 IV S. 1 GG verstoßen soll[786].
Sieht man aber einmal von dieser grundsätzlichen Problematik ab, so erweist sich der Ansatz des Bundesverfassungsgerichtes auch im übrigen als nicht tragfähig. Der Art. 19 IV S. 1 GG verbürgt zwar den Zugang zum Gericht bei Rechtsverletzungen durch die öffentliche Gewalt. Die nähere Ausgestaltung der

---

781 Budach, S. 199 f.; Ellersiek, S. 50 f.; Kleinknecht/Meyer-Goßner, Vor § 296 Rdnr. 9; Meurer, S. 155; BGHSt 7, S. 153, 153; BGHSt 13, S. 75, 77.
782 Vgl. dazu näher unter Teil 1 C. III. 1.) a) aa) (1) und (2).
783 AK-GG-Wassermann, Art. 19 Rdnr. 16 f.; BK-Schenke, Art. 19 Abs. 4 Rdnr. 383; Dreier-Schulze-Fielitz, Art. 19 IV Rdnr. 61; Hill, in: HdSta, Band VI, § 156 Rdnr. 29; Sachs-Krüger, Art. 19 Rdnr. 104, 109; BVerfGE 78, S. 88, 99.
784 BK-Schenke, Art. 19 Abs. 4 Rdnr. 59; Dreier-Schulze-Fielitz, Art. 19 IV Rdnr. 74; BVerfGE 40, S. 272, 275; BVerfGE 78, S. 88, 99.
785 Dreier-Schulze-Fielitz, Art. 19 IV Rdnr. 74; von Münch-Krebs, Art. 19 Rdnr. 64; BVerfGE 40, S. 272, 274 f.; BVerGE 78, S. 88, 99.
786 So auch: Roxin, StV 1997, S. 654, 655.

Gerichtsverfassung und des Gerichtsverfahrens ist aber dem Gesetzgeber überlassen, ihm steht insoweit die Ausgestaltungsbefugnis zu[787]. Da Art. 19 IV S. 1 GG nach allgemeiner Ansicht keinen Instanzenzug gewährleistet[788], ist der Gesetzgeber auch frei, einen mehrstufigen Instanzenzug oder auch nur ein einstufiges Gerichtsverfahren einzurichten[789]. So wäre der Gesetzgeber nicht gehindert z. B. die Rechtsmittelverfahren gänzlich abzuschaffen oder das strafprozessuale Beschwerdeverfahren aus der Prozeßordnung zu entfernen. Auch könnte er lediglich explizit für bestimmte Zwangsmaßnahmen das Beschwerdeverfahren ausschließen, so z. B. bezüglich der Überwachung der Telekommunikation durch einen zusätzlichen Absatz in § 100 b StPO mit dem Inhalt „Die Anordnung ist unanfechtbar.". So legt das Bundesverfassungsgericht denn auch selbst in einer anderen Entscheidung dar, daß es dem Gesetzgeber nicht verwehrt sei, „ein bisher nach der jeweiligen Verfahrensordnung statthaftes Rechtsmittel abzuschaffen"[790]. Ein solche Vorgehensweise des Gesetzgebers, z. B. hinsichtlich der zur Diskussion stehenden strafprozessualen Beschwerde, ist auch ganz und gar nicht als abwegig zu bezeichnen, auch wenn dies unter Umständen auf den ersten Blick so erscheint. Dies belegt beispielsweise der im Spätsommer 1998 vorgelegte Plan des Bundesjustizministers zur Verringerung der Zahl der Gerichtsinstanzen[791]. Auch erscheint eine solche Beschränkung des Rechtsschutzes des Bürgers durchaus denkbar in einer Zeit, in der der Staat sich immer mehr Möglichkeiten zur Strafverfolgung erschließt und dadurch die Privatssphäre des Einzelnen bis in intimste Bereiche hinein beschneidet, wie z. B. die Einführung des sog. „Großen Lauschangriffes" verdeutlicht. Mit einer solchen Abschaffung von vorgesehenen Instanzenzügen könnte aber der maßgebliche Ansatzpunkt der fraglichen bundesverfassungsgerichtlichen Entscheidung nicht mehr greifen[792]. Denn das sich aus der Effektivität des Rechtsschutzes ergebende Gebot, die Geltendmachung eines Rechtsmittels nicht unzumutbar zu erschweren und dadurch ineffektiv werden zu lassen, setzt gerade voraus, daß die jeweilige Verfahrensordnung einen Instanzenzug zur Verfügung stellt.

---

[787] Bettermann, III/2, S. 809 f.; Hamann/Lenz-Lenz, Art. 19 Anm. 17; Jarass/Pieroth-Jarass, Art. 19 Rdnr. 31; BVerfGE 54, S. 94, 97; BVerfGE 78, S. 88, 99; BVerfGE 87, S. 48, 61.

[788] So die ganz überwiegende Meinung: Dreier-Schulze-Fieltiz, Art. 19 IV Rdnr. 73; Jarass/Pieroth-Jarass, Art. 19 Rdnr. 34; Pieroth/Schlink, Rdnr. 1018; von Münch-Krebs, Art. 19 Rdnr. 63; Schmidt/Bleibtreu/Klein-Schmidt-Bleibtreu, Art. 19 Rdnr. 19; BVerfGE 40, S. 272, 274; BVerfGE 49, S. 329, 343; BVerfGE 83, S. 24, 31; BVerfGE 87, S. 48, 61; BVerfGE 92, S. 365, 410. Nach Voßkuhle, S. 255 ff., 343 ff. gewährleistet Art. 19 IV S. 1 GG hingegen die einmalige Überprüfung der (erstinstanzlichen) richterlichen Tatsachenentscheidung in bezug auf die Rechtsfragen durch eine zweite richterliche Instanz.

[789] Vgl. statt aller: Pieroth/Schlink, Rdnr. 1018.

[790] BVerfGE 87, S. 48, 61.

[791] Vgl. dazu: Neue Osnabrücker Zeitung vom 29.08.1998, S. 4.

[792] Vgl. dazu: Amelung, JR 1997, S. 384, 385.

Im Ergebnis ist infolgedessen festzuhalten, daß die neue bundesverfassungsgerichtliche Rechtsprechung also für den Bürger weniger Schutz bietet, als man zunächst erwarten würde. Der Entscheidung läßt zwar den Willen erkennen, den Rechtsschutz gegen erledigte richterliche Anordnungen zu verbessern, was - wie gezeigt - zum Teil auch gelingt[793]. Die argumentative Absicherung seiner Sichtweise mit Hilfe verfassungsrechtlicher Maximen mißlingt aber. Diese Herleitung ist allerdings auch von vornherein zum Scheitern verurteilt, weil sie die Thematik nicht vom Ansatz her untersucht. Sie versucht nämlich die Problematik über den Grundsatz der effektiven Gestaltung des Rechtsschutzes innerhalb eines Instanzenzuges zu lösen. Demnach wird also vorausgesetzt, daß mit der richterlichen Anordnung der Maßnahme bereits ein Rechtsweg im Sinne des Art. 19 IV S. 1 GG gegeben ist. Dies ist aber gerade sehr zweifelhaft und der entscheidende Punkt bei der hier zu untersuchenden Thematik. Dies wird in dem Urteil nicht angesprochen. Aus diesem Grunde ist also von vornherein absehbar, daß das Urteil nicht zur endgültigen Klärung der Problematik führen kann. Abschließend betrachtet erweckt die Entscheidung auch nicht den Eindruck, daß das Bundesverfassungsgericht ein solche Lösung anstrebt. Es scheint ihm vielmehr angesichts seiner allseits bekannten Arbeitsüberlastung[794] vor allem auch darum zu gehen, selbst mit dieser Problematik nicht mehr belastet zu werden und statt dessen die Bürger auf den Rechtsschutz vor die Fachgerichte zu verweisen. So beruft sich das Gericht nämlich gerade darauf, daß die Wahrung und die Durchsetzung der Grundrechte primär den Fachgerichten oblie-ge[795]. Es betont also im Gegensatz zu früher nicht mehr, daß gegen erledigte richterliche Grundrechtseingriffe immer noch die Verfassungsbeschwerde offenstehe[796].

cc) Eigener Lösungsansatz zur Herleitung der Zulässigkeit einer Beschwerde nach §§ 304 ff. StPO auf Feststellung der Rechtswidrigkeit einer erledigten richterlichen Anordnung einer heimlichen strafprozessualen Zwangsmaßnahme

Da die dargelegten Sichtweisen zur Zulässigkeit einer Beschwerde gegen eine erledigte richterliche Anordnung im Ergebnis nicht überzeugen konnten, soll nun versucht werden, unter Berücksichtigung der bei der Untersuchung dieser Ansätze gewonnenen Erkenntnisse zu einer befriedigenden Lösung hinsichtlich dieser Fragestellung zu gelangen.

---

793 Vgl. dazu näher unter Teil 1 C. III. 1.) a) bb) (2).

794 Vgl. dazu statt aller: Wieland, KritJ 1998, S. 171, 171 ff.

795 BVerfG, NJW 1998, S. 2363, 2364.

796 Vgl. dazu: BVerfGE 49, S. 329, 343.

(1) Die Begründung der Statthaftigkeit der Beschwerde im Wege der Gesetzesauslegung

Der Ausgangs- und Ansatzpunkt zur Lösung einer Rechtsfrage ist stets das Gesetz selbst, d. h. im vorliegenden Fall die Strafprozeßordnung. Es wird deshalb im folgenden zunächst zu untersuchen sein, ob sich nicht bereits durch eine Auslegung der die Statthaftigkeit einer Beschwerde regelnden Bestimmungen die Zulässigkeit einer Beschwerde auf Feststellung der Rechtswidrigkeit einer richterlichen Anordnung herleiten läßt. Die §§ 304, 305 StPO regeln allgemein die Statthaftigkeit der Beschwerde gegen richterliche Anordnungen. § 304 I StPO enthält dabei eine allgemeine Bestimmung derjenigen richterlichen Entscheidungen, gegen die eine Beschwerde grundsätzlich zugelassen ist. Die §§ 304 II, IV, 305 StPO regeln hingegen den Ausschluß der Beschwerde bzw. die Einschränkung der Beschwerdemöglichkeit in bestimmten Fällen, sie schränken also die Statthaftigkeit der Beschwerde unter bestimmten Voraussetzungen ein. Demgemäß liegt das wesentliche Gewicht bei der hier vorzunehmenden Auslegung auf der Untersuchung des § 304 I StPO. Es gilt nun also im folgenden zu prüfen, ob die §§ 304, 305 StPO eine Beschwerde gegen erledigte richterlichen Maßnahmen, also eine Beschwerde auf Feststellung der Rechtswidrigkeit einer richterlichen Anordnung zulassen. Die Auslegung der §§ 304, 305 StPO kann dabei wegen ihres engen Zusammenhanges mit den §§ 305 a - 311 a StPO, die weitere Zulässigkeitsvoraussetzungen der Beschwerde aufstellen, nur unter Berücksichtigung dieser Bestimmungen erfolgen.

(a) Der Wortlaut des Gesetzes

Zu prüfen ist zunächst, inwieweit der Wortlaut der §§ 304, 305 StPO die Auslegung in die eine oder andere Richtung weisen kann[797]. Die §§ 304, 305 StPO enthalten keine Aussage zur Statthaftigkeit einer Beschwerde gegen erledigte richterliche Anordnungen. Zieht man in einem weiteren Schritt die übrigen, eine Beschwerde regelnden Bestimmungen der Strafprozeßordnung, nämlich die §§ 305 a - 311 a StPO heran, so erkennt man, daß auch hier keine ausdrücklichen Aussagen hinsichtlich einer Beschwerde gegen erledigte richterliche Anordnungen enthalten sind. Es gilt demnach zu klären, welche Schlußfolgerungen aus dem Schweigen des Gesetzes gezogen werden können. Man könnte nun auf den ersten Blick den Standpunkt vertreten, daß das Schweigen des Gesetzes gegen eine Statthaftigkeit einer Beschwerde im Erledigungsfall spricht[798]. Diese Argumentation ist aber zu oberflächlich. Die Beweisführung erweist sich schon deshalb nicht als tragfähig, weil das Rechtsschutzsystem der Strafprozeßordnung, das heute noch im wesentlichen der Rechtsschutzkonzeption von 1877 entspricht, gemessen an den heutigen Rechtsschutzstandards, kein akribisch bis

[797] Zur Auslegung nach dem Wortlaut des Gesetzes vgl.: Bydlinski, S. 437 ff.; Fikentscher, S. 670 ff.; Larenz/Canaris, S. 137 ff.; Sch-Sch-Eser, § 1 Rdnr. 37 f.
[798] LR-Gollwitzer, Vor § 304 Rdnr. 8; Rieß/Thym, GA 1981, S. 189, 196.

ins Letzte ausgearbeitetes Regelungswerk darstellt, das keine Lücken innerhalb seines Rechtsschutzsystems aufweist[799]. Vielmehr erweist sich die Strafprozeßordnung teilweise als ein unübersichtliches Normgeflecht, das viele Lücken enthält[800]. Darüber hinaus dürfte aber auch entscheidend sein, daß die §§ 304 ff. StPO die fraglichen Feststellungsbeschwerden zwar nicht ausdrücklich regeln, sie umgekehrt aber auch nicht ausdrücklich ausschließen[801]. § 304 I StPO spricht vielmehr ganz allgemein davon, daß gegen alle in dieser Bestimmung aufgeführten richterlichen Maßnahmen die Beschwerde möglich ist. Er enthält also gerade keine Differenzierung zwischen unerledigten und erledigten richterlichen Akten. Der Wortlaut des § 304 I StPO ist also umfassend und spricht insofern eher für als gegen die Statthaftigkeit einer Beschwerde auf Feststellung der Rechtswidrigkeit einer erledigten richterlichen Anordnung[802].

(b) Die Gesetzessystematik

Der systematische Zusammenhang, in den die §§ 304, 305 StPO eingebettet sind, ist bei der Auslegung auch zu berücksichtigen[803]. Es gilt nun also an die Stellung der §§ 304, 305 StPO im Gesamtgefüge der Strafprozeßordnung anzuknüpfen und deren Zusammenhang mit anderen Bestimmungen dieses Gesetzes aufzuzeigen[804]. Die §§ 304, 305 StPO sind Bestandteil des die Beschwerde regelnden zweiten Abschnittes des dritten Buches der Strafprozeßordnung, vgl. §§ 304 - 311 a StPO.

Zum Teil wird nun § 304 I StPO in Relation gesetzt zu § 307 StPO und daraus eine gewisse Systematik hergeleitet[805]. § 307 I StPO bestimmt, daß der Vollzug der angefochtenen richterlichen Maßnahme durch die Beschwerdeeinlegung nicht gehemmt wird. § 307 II StPO regelt die Möglichkeit, die Vollziehung der angefochtenen Entscheidung auszusetzen. Diese gesetzliche Ausgestaltung mache deutlich - so ein Teil der Literatur - , daß § 307 StPO eine noch nicht vollzogene richterliche Maßnahme voraussetze[806]. Hieraus ergebe sich gleichzeitig der „klare objektivierte Wille des Gesetzgebers", eine Beschwerde nur insoweit für statthaft zu erklären, als diese dazu geeignet sei, die Vollziehung der richterlichen Anordnung zu verhindern oder doch zumindest noch ihre teilweise Rückgängigmachung zu erreichen[807]. Die Stringenz dieser Argumentation erscheint jedoch mehr als zweifelhaft. § 307 StPO erwähnt zwar die fraglichen

---

799 Vgl. dazu: Köster, S. 37.

800 Amelung, Rechtsschutz, S. 13. Vgl. auch: Rieß/Thym, GA 1981, S. 189, 190; Welp, GA 1977, S. 124, 124.

801 So auch: Köster, S. 36.

802 So auch: Köster, S. 36.

803 Zur Auslegung nach der Gesetzessystematik vgl.: Bydlinski, S. 442 ff.; Fikentscher, S. 672; Larenz/Canaris, S. 164.

804 Vgl. dazu: Middelberg, S. 45.

805 Middelberg, S. 47 f.

806 Middelberg, S. 47 f.

807 Middelberg, S. 48.

Feststellungsbegehren nicht. Hieraus aber sogleich die Unstatthaftigkeit dieser Begehren zu folgern, ist fragwürdig. Ein Feststellungsbegehren entfaltet nämlich von vornherein keinen Suspensiveffekt[808]. Demgemäß ist es nach dem Sinn und Zweck des § 307 StPO überhaupt nicht erforderlich, die fraglichen Feststellungsbegehren zu erwähnen[809]. Im Ergebnis können somit dem § 307 StPO keine Aspekte entnommen werden, die gegen die Statthaftigkeit der zu untersuchenden Feststellungsbegehren sprechen.
Des weiteren wird von einem Teil der Literatur vorgetragen, daß nach der die Strafprozeßordnung beherrschenden Systematik die vorherige Mitwirkung des Richters bei der Anordnung solcher strafprozessualer Untersuchungshandlungen erforderlich sei, die mit ihrem Vollzug irreparabel würden[810]. Daraus würde nun gerade ersichtlich, daß der Gesetzgeber eine richterliche Kontrolle verwirklichen wolle, die bereits präventiven Rechtsschutz bezwecke und dem Richter das erste Wort zugestehe[811]. Damit spreche sich der Gesetzgeber aber „offensichtlich" gegen die Möglichkeit eines Rechtsschutzes aus, der dem Richter das letzte Wort überlasse, also gegen die Statthaftigkeit nachträglicher, lediglich feststellender richterlicher Beschwerdeentscheidungen[812]. Die Offensichtlichkeit dieser Schlußfolgerung erscheint aber nicht so plausibel, wie es die dargelegte Sichtweise glauben machen will. Diese Argumentation erweckt den Anschein, daß nach der Systematik der Strafprozeßordnung mit dem Erlaß einer Entscheidung durch einen Richter jede weitere richterliche Auseinandersetzung mit der Maßnahme ausgeschlossen sei. Dies aber kann schon im Hinblick auf die umfassende Regelung von Rechtsmittelverfahren durch die Strafprozeßordnung nicht zutreffen. Folglich kann die angeführte Beweisführung nicht überzeugen.
Da weitere gesetzessystematische Gesichtspunkte nicht erkennbar sind, kann die Systematik des Gesetzes nicht gegen die Statthaftigkeit einer Feststellungsbeschwerde sprechen.

(c) Der historische Hintergrund des Gesetzes

Die Entstehungsgeschichte der Strafprozeßordnung kann unter Umständen auch weiterhelfen bei der Untersuchung der Statthaftigkeit einer Beschwerde gegen eine erledigte richterliche Anordnung[813]. Den einzigen Anhaltspunkt bieten insofern zwei Äußerungen während der Beratungen der Justizkommission zur (Reichs-)Strafprozeßordnung. So stellte der Abgeordnete von Puttkamer im Laufe dieser Erörterungen die Frage, ob eine Beschwerde im Sinne des § 291

808 Köster, S. 40.
809 So auch: Köster, S. 40.
810 Middelberg, S. 47.
811 Middelberg, S. 47.
812 Middelberg, S. 47.
813 Zur Auslegung unter historischen Gesichtspunkten vgl.: Bydlinski, S. 449 ff.; Engisch, S. 106 ff.; Fikentscher, S. 674 f.; Larenz/Canaris, S. 149, 164 f.

S. 2 RStPO - jetzt § 305 S. 2 StPO - „nicht auch gegen Verfügungen zulässig sei, wodurch Haussuchungen angeordnet seien. Zwar könne ja die Thatsache nicht rückgängig gemacht, wohl aber eine Rüge erteilt werden."[814] Der Oberregierungsrat Hanauer antwortete daraufhin, daß die Erteilung von Rügen nicht durch die Strafprozeßordnung zu regeln sei[815]. Im übrigen - so Hanauer - betreffe § 291 RGStPO nur die von den erkennenden Gerichten, also nach Einleitung der Hauptverhandlung, getroffenen Entscheidungen[816]. Demzufolge wurde die Hausdurchsuchung in den Katalog des § 291 S. 2 RGStPO nicht aufgenommen. Fraglich ist, welche Schlußfolgerungen sich aus diesen gesetzeshistorischen Gesichtspunkten ergeben. Ein Teil der Literatur führt diese Gesichtspunkte an, um zu begründen, daß die Entstehungsgeschichte der Strafprozeßordnung gegen die Statthaftigkeit der in Rede stehenden Begehren innerhalb des Beschwerderechtes spreche[817]. Aufgrund der Äußerungen sei davon auszugehen, daß die Beschwerdemöglichkeit gegen erledigte richterliche Anordnungen einer Hausdurchsuchung umfassend erörtert worden sei[818]. Die Fragestellung des Abgeordneten von Puttkamer umfasse nämlich auch die Beschwerdemöglichkeit gegen erledigte Hausdurchsuchungen, weil als „Thatsache" nur ein reales, in der Vergangenheit liegendes Geschehen rückgängig gemacht werden könne[819]. Die an das Vorliegen einer „Thatsache" sich anknüpfende und vom Abgeordneten von Puttkamer vorgeschlagene „Rüge" spreche somit also eine nachträgliche Feststellung an[820]. Aus diesen Erwägungen ergebe sich folglich, daß nach der Intention des historischen Gesetzgebers nachträgliche Feststellungen der Rechtswidrigkeit erledigter Maßnahmen im Wege der strafprozessualen Beschwerdeentscheidung unzulässig seien[821]. Diese Argumentation überzeugt nicht. Das Anliegen des Abgeordneten von Puttkamer war nämlich in erster Linie auf die Erweiterung des Kataloges des § 291 S. 2 RGStPO - jetzt § 305 S. 2 StPO - gerichtet[822]. § 291 S. 2 RGStPO bestimmt aber lediglich Ausnahmen von der grundsätzlichen Unstatthaftigkeit einer Beschwerde gegen Entscheidungen des erkennenden Gerichtes, die der Urteilsfällung vorausgehen. Seine Fragestellung war also nicht auf die Statthaftigkeit einer Feststellungsbeschwerde gerichtet. Da die Äußerungen somit nur in einem beschränkten Rahmen zu einer Spezialfrage der Statthaftigkeit einer Beschwerde gemacht wurden, sind sie einer solchen Verallgemeinerung, wie die dargelegte Meinung sie vornimmt, nicht zugänglich[823]. Demnach können der Entstehungsgeschichte der Strafpro-

---

814 Hahn, S. 982.
815 Hahn, S. 982.
816 Hahn, S. 982.
817 Middelberg, S. 54 f.; Rieß/Thym, GA 1981, S. 189, 196.
818 Vgl. dazu: Köster, S. 41 f.
819 Middelberg, S. 54.
820 Middelberg, S. 54.
821 Middelberg, S. 54 f.
822 Dies erkennt selbst Middelberg, S. 54.
823 So auch: Köster, S. 42.

zeßordnung keine Anhaltspunkte gegen die Statthaftigkeit der fraglichen Feststellungsbeschwerde entnommen werden.

(d) Die objektiv-teleologischen Gesichtspunkte

Die Auslegung eines Gesetzes hat auch objektiv-teleologische Aspekte einzubeziehen[824]. Die Beschwerde ist ein strafprozessuales Rechtsmittel. Demnach könnte die Funktion der Rechtsmittel insgesamt zur Auslegung der speziellen Rechtsmittelvorschriften der §§ 304, 305 StPO beitragen.

Zum Verständnis der Rechtsmittelbestimmungen sollte man sich zunächst vergegenwärtigen, daß selbst in dem denkbar besten Verfahren und auch bei dem besten Willen aller zur Mitwirkung in demselben berufenen Personen die Möglichkeit eines Irrtums bei der Urteilsfällung besteht[825]. Zur Wahrung der Rechtskraft im Einzelfall muß die Möglichkeit der Beseitigung einer solchen Entscheidung bestehen, um dadurch eine richtige Entscheidung im Einzelfall zu gewährleisten. Das Gebot der Richtigkeit strafgerichtlicher Entscheidungen folgt dabei auch aus dem Rechtsstaatsprinzip[826]. Durch die Rechtsmittelverfahren wird somit gerade dem Gebot des Rechtsfriedens und den rechtsstaatlichen Forderungen genüge getan, denn diese ermöglichen die geforderte Überprüfung der richterlichen Maßnahmen. Folglich kann in diesen Gesichtspunkten auch der Zweck der Rechtsmittelbestimmungen gesehen werden[827]. Eine solche gerichtliche Überprüfung verfolgt nun in erster Linie das Ziel der Beseitigung der unmittelbaren Wirkungen der richterlichen Entscheidung, also die Aufhebung der Entscheidung, wenn sie sich als fehlerhaft erweisen sollte. Ist diese aber im Zeitpunkt einer möglichen Überprüfungsentscheidung bereits erledigt, so ist eine Beseitigung der unmittelbaren Interessenbeeinträchtigung der richterlichen Maßnahme nicht mehr möglich, sie besteht nämlich nicht mehr. In dieser Lage des Verfahrens kommt demnach eine Aufhebungsentscheidung nicht mehr in Betracht. Im Fall der Fehlerhaftigkeit der richterlichen Maßnahme kann eine richterliche Überprüfungsentscheidung indes diese Rechtswidrigkeit feststellen, sofern der Bürger ein rechtliches Interesse an einer solchen Entscheidung besitzt. Durch eine solche Entscheidung wird die Rechtskraft gerichtlicher Entscheidungen ebenfalls gesichert und dem Gebot einer richtigen Entscheidung im Einzelfall genüge getan. Eine feststellende Beschwerdeentscheidung widerspricht folglich nicht dem Zweck der Rechtsmittelvorschriften. Die Möglichkeit einer feststellenden Beschwerdeentscheidung trägt vielmehr dazu bei, daß der Zweck der Rechtsmittelvorschriften auch im Erledigungsfall erreicht wird.

---

824 AK-StGB-Hassemer, § 1 Rdnr. 109, 114; Fikentscher, S. 676 ff.; SK-StGB-Rudolphi, § 1 Rdnr. 32.

825 Dies wurde bereits in den Materialien zur (Reichs-)Strafprozeßordnung anerkannt, vgl. Hahn, S. 242.

826 Ellersiek, S. 19; BVerfGE 7, S. 89, 92.

827 Vgl. dazu: Ellersiek, S. 19 f.; LR-Gollwitzer, Vor § 296 Rdnr. 4; Gössel, S. 301; Hahn, S. 242; SK-StPO-Frisch, Vor § 296 Rdnr. 2.

Die objektiv-teleologischen Auslegungsgesichtspunkte sprechen demnach für die Statthaftigkeit einer derartigen Entscheidung innerhalb des Beschwerderechtes.

(e) Verfassungskonforme Auslegung[828]

Es ist stellt sich die Frage, ob das Grundgesetz die Statthaftigkeit einer Beschwerde gegen erledigte richterliche Anordnungen, also die Statthaftigkeit einer Feststellungsbeschwerde, gebietet. Die Rechtsschutzgarantie des Art. 19 IV S. 1 GG könnte eine solche verfassungskonforme Auslegung gebieten. Dann müßte die richterliche Anordnung einer strafprozessualen Zwangsmaßnahme aber von der Rechtsschutzgarantie des Art. 19 IV S. 1 GG umfaßt sein. Die Rechtsschutzgarantie des Art. 19 IV S. 1 GG bezieht sich nur auf Akte der öffentlichen Gewalt. Demzufolge müßte die richterliche Anordnung einer strafprozessualen Zwangsmaßnahme, also eine Maßnahme der Rechtsprechung, einen Akt der öffentlichen Gewalt im Sinne des Art. 19 IV S. 1 GG darstellen. Da die vorliegende Abhandlung sich nur mit dem Rechtsschutz gegen heimliche strafprozessuale Zwangsmaßnahmen beschäftigt, kann der Untersuchungsgegenstand auf die Frage beschränkt werden, ob die richterliche Anordnung einer heimlichen strafprozessualen Zwangsmaßnahme einen Akt der öffentlichen Gewalt im Sinne des Art. 19 IV S. 1 GG darstellt.

(aa) Der Begriff der öffentlichen Gewalt im Sinne des Art. 19 IV S. 1 GG

Es gilt zunächst zwei Fragen zu klären. So stellt sich zum einen das Problem, ob der Richter öffentliche Gewalt im Sinne des Art. 19 IV S. 1 GG ausüben kann. Wenn diese Frage bejaht werden sollte, muß geklärt werden, in welchen Fällen der Richter bei seiner Tätigkeit öffentliche Gewalt im Sinne des Art. 19 IV S. 1 GG ausübt. Der Begriff der „öffentlichen Gewalt" umfaßt auch die Rechtsprechung[829]. Wie aber bereits gesehen[830], werden die Rechtsprechungsakte aufgrund einer teleologischen Reduktion des Begriffes der öffentlichen Gewalt im Sinne des Art. 19 IV S. 1 GG aus der Rechtsschutzgarantie herausgenommen[831]. Diese teleologische Reduktion ergibt sich vor allem daraus, daß ein Rechtsprechungsakt bereits im Rechtsweg ergeht und folglich gegen diese Akte ein Rechtsweg nicht mehr eröffnet zu werden braucht[832]. Im übrigen wäre - wie be-

---

[828] Zur verfassungskonformen Auslegung vgl.: Bydlinski, S. 456; Engisch, S. 101 f.; Larenz/Canaris, S. 159 ff.

[829] Vgl. statt aller: BK-Schenke, Art. 19 Abs. 4 Rdnr. 275.

[830] Vgl. dazu näher unter Teil 1 C. III. 1.) a) aa) (3) (a).

[831] Vgl. dazu: AK-GG-Wassermann, Art. 19 Abs. 4 Rdnr. 35; Hamann/Lenz-Lenz, Art. 19 Anm. 14; Hill, in: HdSta, Band VI, § 156 Rdnr. 28; Jarass/Pieroth-Jarass, Art. 19 Rdnr. 26; Leibholz/Rinck/Hesselberger, Art. 19 Rdnr. 266; von Münch-Krebs, Art. 19 Rdnr. 57; BVerfGE 11, S. 263, 265; BVerfGE 49, S. 329, 340; BVerfGE 58, S. 208, 231 f.; BVerfGE 65, S. 76, 90; BVerfGE 76, S. 93, 98.

[832] Vgl. statt aller: Köster, S. 105.

reits genauer ausgeführt[833] - das Institut der Rechtskraft richterlicher Entscheidungen und damit im Ergebnis die Rechtssicherheit beeinträchtigt, wenn gegen die bereits im Rechtsweg ergangenen richterlichen Entscheidungen immer wieder ein neuer Rechtsweg eröffnet wäre[834]. Dieser Hintergrund für die allgemein anerkannte teleologische Reduktion des Art. 19 IV S. 1 GG macht deutlich, daß die Beschränkung des Anwendungsbereiches der Rechtsweggarantie auf einer Gleichsetzung des Rechtsprechungsbegriffes mit dem Terminus des Rechtsweges im Sinne des Art. 19 IV S. 1 GG beruht[835]. Demnach kann das Vorliegen eines Rechtsprechungsaktes im Sinne des Art. 19 IV S. 1 GG, also eines richterlichen Aktes, gegen den Art. 19 IV S. 1 GG keinen Rechtsschutz gebietet, nur bejaht werden, wenn die richterliche Maßnahme den verfassungsrechtlichen Anforderungen genügt, die an eine bereits in einem Rechtsweg ergangene Entscheidung zu stellen sind[836]. Ansonsten ist nämlich eine Reduktion des Anwendungsbereiches der Rechtsweggarantie aus den dargelegten Gründe nicht gerechtfertigt[837]. Fraglich ist nun aber, welche verfassungsrechtlichen Anforderungen an eine in einem Rechtsweg im Sinne des Art. 19 IV S. 1 GG ergangene Entscheidung und damit im Ergebnis auch an einen Rechtsprechungsakt im Sinne des Art. 19 IV S. 1 GG zu stellen sind.

Man könnte nun zunächst auf den Gedanken verfallen, zur Bestimmung des Rechtsprechungsbegriffes im Sinne des Art. 19 IV S. 1 GG auf die Diskussion des Rechtsprechungsbegriffes im Sinne des Art. 92 GG[838] zurückzugreifen. Bei der Frage des Rechtsprechungsbegriffes im Sinne des Art. 92 GG geht es aber primär darum, dem Richter die Aufgaben vorzubehalten, die von der Verfassung ausschließlich ihm anvertraut sind[839]. Der Rechtsprechungsbegriff im Sinne des Art. 92 GG dient demnach in erster Linie der Wahrung des Richtermonopoles und damit der Sicherung des Gewaltenteilungsgrundsatzes[840]. Die Legislative und vor allem die Exekutive sollen daran gehindert werden, Funktionen der Judikative zu übernehmen[841]. Mit dem Rechtsprechungsbegriff im Sin-

---

833 Vgl. dazu näher unter Teil 1 C. III. 1.) a) aa) (3) (a).

834 Vgl. dazu: BK-Schenke, Art. 19 Abs. 4 Rdnr. 275; Dreier-Schulze-Fielitz, Art. 19 IV Rdnr. 35; Pieroth/ Schlink, Rdnr. 1009.

835 So auch: Köster, S. 105. Vgl. dazu auch: Maunz/Dürig/Herzog/Scholz-Schnidt-Aßmann, Art. 19 Abs. IV Rdnr. 97.

836 So explizit auch: Köster, S. 105 f. Im Ergebnis ähnlich: BK-Schenke, Art. 19 Abs. 4 Rdnr. 275; Dörr, NJW 1984, S. 2258, 2262; Hesse, Rechtsschutz, S. 120 f.; Lerche, ZZP (78) 1965, S. 1, 24; Schenke, JZ 1988, S. 317, 319; Thürk, DRiZ 1963, S. 45, 45 f.; BVerwG, NJW 1976, S. 1224, 1224 f.

837 So auch: Köster, S. 105.

838 Zu dieser Diskussion vgl.: BK-Achterberg, Art. 92 Rdnr. 64 ff.; Hamann/Lenz-Hamann jun. Art. 92 Anm. B. 1.); Kausch, S. 70 ff.; Maunz/Dürig/Herzog/Scholz-Herzog, Art. 92 Rdnr. 27 ff.; Sachs-Detterbeck, Art. 92 Rdnr. 8 ff.; Stern, II, S. 889 ff.; BVerfGE 22, S. 49, 75 f.

839 Dörr, NJW 1984, S. 2258, 2262; Köster, S. 105 f.

840 Vgl. dazu: Maunz/Dürig/Herzog/Scholz-Herzog, Art. 92 Rdnr. 17.

841 Köster, S. 108. Vgl. auch: Maunz/Dürig/Herzog/Scholz-Herzog, Art. 92 Rdnr. 17.

ne des Art. 19 IV S. 1 GG wird dagegen lediglich ausgesagt, daß bereits ein dem Rechtsschutzauftrag des Art. 19 IV S. 1 GG entsprechender Rechtsweg mit all seinen verfassungsrechtlichen Verfahrensgarantien eröffnet wurde[842]. Der Rechtsprechungsbegriff im Sinne des Art. 19 IV S. 1 GG soll zur Klärung der Frage beitragen, gegen welche Entscheidungen eines Richters Art. 19 IV S. 1 GG ausnahmsweise Rechtsschutz gebietet[843]. Die Funktion dieses Rechtsprechungsbegriffes besteht also primär in der Absicherung des Rechtsschutzauftrages im Sinne des Art. 19 IV S. 1 GG[844]. Wegen dieser unterschiedlichen Zielsetzungen kann man somit zur Bestimmung des Rechtsprechungsbegriffes im Sinne des Art. 19 IV S. 1 GG nicht auf den Rechtsprechungsbegriff im Sinne des Art. 92 GG zurückgreifen.
Zur Annäherung an die Lösung dieser Problematik sollte man vielmehr an den dargelegten Zusammenhang zwischen Rechtsweg und Rechtsprechungsakt im Sinne des Art. 19 IV S. 1 GG anknüpfen. Aus dem Zweck des Art. 19 IV S. 1 GG ergibt sich, daß der eröffnete Rechtsweg eine wirksame Kontrolle des gerügten Eingriffes in tatsächlicher und rechtlicher Hinsicht ermöglichen muß[845]. Der Art. 19 IV S. 1 GG soll nämlich primär dem von einem Hoheitsakt betroffenen Bürger Individualrechtsschutz gewähren[846], weil es ohne diesen Schutz durch die Gerichte dem Bürger unmöglich wäre, seine materiellen Grundrechte gegenüber ungerechtfertigten staatlichen Eingriffen zu verteidigen und damit durchzusetzen[847]. Diese Aufgabe kann die Rechtsweggarantie aber nur erfüllen, wenn die angerufene Kontrollinstanz auch in der Lage ist, den gerügten Eingriff in tatsächlicher und rechtlicher Hinsicht wirksam zu überprüfen[848]. Diese dargelegte Prämisse für das Vorliegen eines Rechtsweges im Sinne des Art. 19 IV S. 1 GG läßt nun Rückschlüsse zu hinsichtlich der Kriterien für das Vorliegen eines Rechtsprechungsaktes im Sinne des Art. 19 IV S. 1 GG, also eines richterlichen Aktes, gegen den Art. 19 IV S. 1 GG keinen Rechtsschutz gebietet. So muß also ein Rechtsprechungsakt, der bereits in einem Rechtsweg im Sinne des Art. 19 IV S. 1 GG ergeht, auf einem in tatsächlicher und rechtlicher Hinsicht wirksamen Kontrollverfahren beruhen[849]. Damit ist nun zumindest der Maßstab ersichtlich, an dem sich die Beantwortung der Frage auszurichten hat, welchen verfassungsrechtlichen Anforderungen ein Rechtsprechungsakt im Sinne des Art. 19 IV S. 1 GG genügen muß. Welche Voraussetzungen im einzelnen erfüllt sein müssen, ist damit indes noch nicht geklärt.

---

842 Köster, S. 108.
843 Dörr, NJW 1984, S. 2258, 2262.
844 Köster, S. 108.
845 So auch: Köster, S. 106 f.
846 Vgl. dazu: Amelung, Rechtsschutz, S. 22 f.; BK-Schenke, Art. 19 Abs. 4 Rdnr. 25; Kalsbach, S. 15; Maunz/Dürig/ Herzog/Scholz-Schmidt-Aßmann, Art. 19 Abs. IV Rdnr. 8.
847 Köster, S. 106.
848 So auch: Köster, S. 106.
849 So auch: Köster, S. 107.

(bb) Die Strukturprinzipien eines Rechtsprechungsaktes im Sinne des Art. 19 IV S. 1 GG und die verfassungsrechtlichen Bestimmungen nach Art. 92 ff. GG

Als erster Anhaltspunkt zur Ermittlung der Strukturprinzipien eines Rechtsprechungsaktes im Sinne des Art. 19 IV S. 1 GG kommen die grundgesetzlichen Bestimmungen bezüglich der Rechtsprechung in den Art. 92 -104 GG in Betracht[850]. Diskutiert werden in diesem Zusammenhang vor allem die richterliche Unabhängigkeit gemäß Art. 97 GG[851] und das rechtliche Gehör gemäß Art. 103 I GG[852]. Es ist somit zu fragen, ob diese Regelungen Voraussetzungen aufstellen, die sich angemessen an dem dargelegten Maßstab als ein konstitutives Strukturprinzip für einen Rechtsprechungsakt im Sinne des Art. 19 IV S. 1 GG erweisen, also eines richterlichen Aktes, gegen den Art. 19 IV S. 1 GG keinen Rechtsschutz gebietet. Wenn dies zu bejahen sein sollte, müßte untersucht werden, ob diese Voraussetzungen bei der richterlichen Anordnung einer heimlichen strafprozessualen Zwangsmaßnahme erfüllt sind.

(aaa) Das Vorliegen eines konstitutiven Strukturprinzipes für einen Rechtsprechungsakt im Sinne des Art. 19 IV S. 1 GG

Der Anspruch auf rechtliches Gehör vor Gericht gemäß Art. 103 I GG und die richterliche Unabhängigkeit gemäß Art. 97 GG könnten unerläßliche Strukturprinzipien für das Vorliegen eines Rechtsprechungsaktes im Sinne des Art. 19 IV S. 1 GG darstellen.

Das Recht auf Gehör ist einerseits als Ausfluß des Rechtsstaatsprinzipes zu verstehen[853], andererseits wurzelt es verfassungsrechtlich auch in dem Menschenwürdegrundsatz[854], es stützt sich also auf einen doppelten Geltungsgrund[855]. Art. 103 I GG garantiert mit der Anhörung des Bürgers vor Gericht ein Minimum an Partizipationschancen des Bürgers im Rahmen einer gerichtlichen Entscheidung und dient insoweit dem Schutz der Interessen des Einzelnen und seiner Selbstbehauptung in einer so schwierigen Lage, wie ein gerichtliches Verfahren für ihn darstellt[856]. Der Einzelne soll dadurch vor einer Entscheidung, die

---

850 Vgl. dazu: Lorenz, S. 202.

851 Vgl. dazu: BK-Schenke, Art. 19 Abs. 4 Rdnr. 278; Hesse, Rechtsschutz, S. 120 f.; Schenke, JZ 1988, S. 317, 319; Thürk, DRiZ 1963, S. 45, 46.

852 Vgl. dazu: Dörr, NJW 1984, S. 2258, 2262; Hesse, Rechtsschutz, S. 122; Lerche, ZZP (78) 1965, S. 1, 24; Lisken, NJW 1979, S. 1992, 1993; Lisken, DRiZ 1979, S. 277, 278; Lisken, ZRP 1981, S. 235, 235.

853 Schmidt-Bleibtreu/Klein-Schmidt-Bleibtreu, Art. 103 Rdnr. 1; Hamann/Lenz-Hamann jun., Art. 103 Anm. 1; Heyde, in: HdVerf, § 33 Rdnr. 59; BVerfGE 9, S. 89, 95.

854 AK-GG-Wassermann, Art. 103 Rdnr. 7; Heyde, in: HdVerf, § 33 Rdnr. 59; Hill, in: HdSta, § 156, Band VI, Rdnr. 57; von Münch-Kunig, Art. 103 Rdnr. 3.

855 AK-GG-Wassermann, Art. 103 Rdnr. 7.

856 AK-GG-Wassermann, Art. 103 Rdnr. 7; BK-Rüping, Art. 103 Abs. 1 Rdnr. 11.Vgl. auch: Buermeyer, S. 55.

seine Rechte betrifft, zu Wort kommen, um Einfluß auf das Verfahren und sein Ergebnis nehmen zu können[857]. Auf diese Weise wird der Erkenntnis Rechnung getragen, daß Rechtsfindung ein in der Regel dialogischer Prozeß ist, an dem die Betroffenen in Offenheit mitwirken sollen[858]. Art. 103 I GG dient also insoweit der Herbeiführung einer gesetzmäßigen und unter diesem Blickpunkt richtigen, aber darüber hinaus auch im Rahmen dieser Richtigkeit gerechten Entscheidung[859]. Die von Art. 19 IV S. 1 GG geforderte Wirksamkeit eines richterlichen Kontrollverfahrens ist nun aber gerade auch auf die Herbeiführung der richtigen Entscheidung, der gerechten Entscheidung im Einzelfall ausgerichtet. Demgemäß kann das rechtliche Gehör vor Gericht gemäß Art. 103 I GG als ein wesentliches Element für das Vorliegen eines Rechtsprechungaktes im Sinne des Art. 19 IV S. 1 GG bezeichnet werden[860].
Darüber hinaus ist insofern auch noch der unmittelbare Bezug des Art. 103 I GG zum Menschenwürdeschutz nach Art. 1 I GG zu bedenken. Der Menschenwürdegrundsatz fordert, daß über den von einem Hoheitsakt betroffenen Bürger nicht kurzerhand von Obrigkeits wegen verfügt wird[861]. Er darf also nicht als bloßes Objekt des Verfahrens betrachtet werden, sondern vielmehr als ein mit selbständigen Rechten ausgestattetes Subjekt und er muß auch entsprechend behandelt werden[862]. Mit dieser Stellung als Verfahrenssubjekt wäre es aber unvereinbar, die von dem richterlichen Verfahren betroffenen Bürger nicht zu Wort kommen zu lassen[863]. Auch insofern ist es also gerechtfertigt, wenn das rechtliche Gehör gemäß Art. 103 I GG als konstitutives Strukturprinzip des Rechtsprechungsbegriffes im Sinne des Art. 19 IV S. 1 GG angesehen wird.

Die richterliche Unabhängigkeit gemäß Art. 97 GG, die die persönliche und sachliche Unabhängigkeit des Richters umfaßt[864], ist als konstitutives Merkmal jeder rechtsprechenden Tätigkeit im Sinne des Grundgesetzes, also auch eines

---

857 Buermeyer, S. 55; Heyde, in: HdVerf, § 33 Rdnr. 59; Hill, in: HdSta, Band VI, § 156 Rdnr. 57; Jarass/Pieroth-Pieroth, Art. 103 Rdnr. 1; Voßkuhle, S. 116.
858 AK-GG-Wassermann, Art. 103 Rdnr. 7. Vgl. auch: Voßkuhle, S. 116.
859 Buermeyer, S. 55; Köster, S. 118; von Münch-Kunig, Art. 103 Rdnr. 3; Voßkuhle, S. 116. Das Bundesverfassungsgericht, vgl. BVerfGE 7, S. 275, 278 f., spricht in diesem Zusammenhang davon, „daß die Anhörung der Beteiligten für eine allseitige Aufklärung des Sachverhalts in der Regel unumgänglich ist und daß es daher im Interesse einer richtigen Entscheidung ihnen möglich gemacht werden muß, von anderer Seite gegebene Darstellungen zu ergänzen oder zu berichtigen".
860 So auch: Dörr, NJW 1984, S. 2258, 2262; Hesse, Rechtsschutz, S. 120 ff.; Lerche, ZZP (78) 1965, S. 1, 24; Lisken, NJW 1979, S. 1992, 1993; Voßkuhle, S. 115 f.
861 Hill, in: HdSta, Band VI, § 156 Rdnr. 57; BVerfGE 9, S. 89, 95.
862 Heyde, in: HdVerf, § 33 Rdnr. 59; Köster, S. 118 f.; Kühne, § 11 Rdnr. 122.
863 Köster, S. 119.
864 Model/Müller, Art. 97 Rdnr. 2 ff.; Jarass/Pieroth-Pieroth, Art. 97 Rdnr. 2 ff., 6 ff.; Maunz/Dürig/Herzog/Scholz-Herzog, Art. 97 Rdnr. 13 ff., 45 ff.; Sachs-Detterbeck, Art. 97 Rdnr. 11 ff., 22 ff.; Schmidt-Bleitreu/Klein-Schmidt-Bleibtreu, Art. 97 Rdnr. 2 ff., 5 ff.

Rechtsprechungsaktes im Sinne des Art. 19 IV S. 1 GG, allgemein anerkannt[865]. Der Richter kann nämlich die ihm durch Art. 19 IV S. 1 GG zugewiesene Aufgabe, die Rechte des von einer ungerechtfertigten Rechtsverletzung betroffenen Bürgers wirksam zu schützen[866], nur erfüllen, wenn der Richter seine Entscheidung unbeeinflußt treffen kann[867]. Ein effektiver Rechtsschutz im Sinne des Art. 19 IV S. 1 GG ist nur durch einen unabhängigen Richter möglich[868]. Im übrigen ist die persönliche und sachliche Unabhängigkeit des Richters eines der prägenden Merkmale der richterlichen Tätigkeit, auf der das besondere Vertrauen der Rechtsordnung und auch des Bürgers in seine rechtsstaatlichen Anforderungen genügende Arbeitsweise gründet. Gerade die sachliche Unabhängigkeit des Richters ist als Konsequenz der Gewaltenteilung eine in der Natur der Sache begründete Voraussetzung einer objektiven, der Wahrheit und Gerechtigkeit verpflichteten Rechtsfindung[869].

(bbb) Die Anordnung einer heimlichen strafprozessualen Zwangsmaßnahme und die Anhörungspflicht nach Art. 103 I GG sowie die richterliche Unabhängigkeit nach Art. 97 GG

Nun gilt es also zu untersuchen, ob bei der richterlichen Anordnung einer heimlichen strafprozessualen Zwangsmaßnahme die verfassungsrechtlichen Anforderungen des Art. 103 I GG ausreichend Berücksichtigung finden und ob der Richter in persönlicher und sachlicher Unabhängigkeit entscheidet.

Der betroffene Bürger wird vor der richterlichen Anordnung einer heimlichen strafprozessualen Zwangsmaßnahme gemäß § 33 IV StPO nicht angehört. Die Wirksamkeit der notwendig heimlichen strafprozessualen Zwangsmaßnahmen beruht nämlich darauf, daß sie im Zeitpunkt ihrer Vornahme für den Betroffenen nicht erkennbar sind. Eine vorherige Anhörung des Betroffenen würde gerade diesem Wirksamkeitserfordernis zuwiderlaufen und damit den Zweck der Anordnung im Sinne des § 33 IV StPO gefährden. Im Fall der notwendig heimlichen Zwangsmaßnahmen ist eine vorherige Anhörung somit bereits vom Typus her stets ausgeschlossen. Aber auch hinsichtlich der nicht notwendig heimlichen strafprozessualen Zwangsmaßnahmen, bei denen eine vorherige Anhörung nicht bereits prinzipiell im Hinblick auf Wirksamkeitserfordernisse ausgeschlossen ist, wird in der Praxis nach § 33 IV StPO von einer solchen in der Regel abgesehen.

---

865 BK-Schenke, Art. 19 Abs. 4 Rdnr. 39, 41; Hesse, Rechtsschutz, S. 120 f.; Jarass/Pieroth-Jarass, Art. 19 Rdnr. 30; Kalsbach, S. 15; Kornblum, Schiedermair-FS, S. 331, 337; Lorenz, S. 202 f.; Model/Müller, Art. 19 Rdnr. 13; Sachs-Krüger, Art. 19 Rdnr. 131 f.; BVerfGE 49, S. 329, 340.

866 Köster, S. 112.

867 Model/Müller, Art. 97 Rdnr. 1.

868 Sachs-Detterbeck, Art. 97 Rdnr. 1.

869 Heyde, in: HdVerf, § 33 Rdnr. 79.

Ergeht eine richterliche Entscheidung ohne die vorherige Anhörung des Betroffenen, so besteht nach § 33 a StPO die Möglichkeit, diese nachträglich anzuhören. Es stellt sich demnach die Frage, ob die Nachholung des rechtlichen Gehörs im vorliegenden Zusammenhang einen ausreichenden Ersatz für die fehlende vorherige Anhörung bietet und somit den Anforderungen des Art. 103 I GG an einen Rechtsprechungsakt im Sinne des Art. 19 IV S. 1 GG im Fall einer richterlicher Anordnung einer heimlichen strafprozessualen Zwangsmaßnahme genüge getan wird. Ein nachträgliches, also nach dem Erlaß der richterlichen Entscheidung erfolgendes Anhörungsverfahren kann auf den eigentlichen Entscheidungsprozeß nicht mehr einwirken. Im Fall des Unterlassens einer vorherigen Anhörung des Bürgers findet demnach sein Sachvortrag hinsichtlich der richterlichen Entscheidung selbst endgültig keine Berücksichtigung. Der Bürger soll im Rahmen der Anhörung aber gerade Gelegenheit erhalten, durch seinen Sachvortrag auf die ihn betreffende und in seinen Rechtskreis eingreifende Entscheidung einzuwirken[870]. Diese mit Art. 103 I GG garantierte Einwirkungsmöglichkeit kann eine nachträgliche Anhörung nicht sicherstellen. Ihr kommt insofern keine rückwirkende Kraft zu. Gerade durch diese im Vorfeld der Maßnahme gewährte Einwirkungsmöglichkeit trägt das Anhörungserfordernis aber dazu bei, daß eine richterliche Entscheidung auf einem in tatsächlicher und rechtlicher Hinsicht wirksamen Kontrollverfahren beruht und somit als Rechtsprechungsakt im Sinne des Art. 19 IV S. 1 GG anzusehen ist[871]. Die Nachholung des rechtlichen Gehörs kann somit im vorliegenden Zusammenhang keinen ausreichenden Ersatz für eine fehlende Anhörung bieten. Der Erlaß einer richterlicher Anordnung einer heimlichen strafprozessualen Zwangsmaßnahme genügt folglich schon im Hinblick auf die fehlende vorherige Anhörung nicht den Anforderungen, die an einen Rechtsprechungsakt im Sinne des Art. 19 IV S. 1 GG gestellt werden.

Das Vorliegen eines Rechtsprechungsaktes im Fall der richterlichen Anordnung einer heimlichen strafprozessualen Zwangsmaßnahme könnte aber zusätzlich auch im Hinblick auf Art. 97 GG verneint werden. Fraglich ist somit, ob der Richter bei der Anordnung einer heimlichen strafprozessualen Zwangsmaßnahme in richterlicher Unabhängigkeit entscheidet. Soweit die heimlichen strafprozessualen Zwangsmaßnahmen nach §§ 98 a, b; 100 a, b; 100 c I Nr. 2, d; 110 a, b II; 163 d; 163 e StPO vom Richter angeordnet werden, entscheidet der Ermittlungsrichter[872]. Die Staatsschutzkammer des Landgerichtes, die zur Anordnung der akustischen Wohnraumüberwachung befugt ist, wird ebenfalls als Ermittlungsrichter tätig[873]. Problematisch könnte nun die sachliche Unabhängig-

---

870 Voßkuhle, S. 144.
871 So auch: Voßkuhle, S. 144.
872 Vgl. dazu näher unter Teil 1 A. I. 3.) a).
873 Vgl. dazu unter Teil 1 A. I. 3.) a).

keit des Ermittlungsrichters bei der Anordnung der heimlichen strafprozessualen Zwangsmaßnahmen sein.
Die sachliche Unabhängigkeit der Richter bedeutet, daß sie, soweit sie Recht sprechen, an Weisungen nicht gebunden und nur dem Gesetz unterworfen sind[874]. Dies beinhaltet aber auch, daß jede vermeidbare Einflußnahme der Exekutive auf die Judikative unzulässig ist[875]. Vermeidbar ist dabei jede Einflußnahme der Exekutive, die zur Erhaltung der Funktionsfähigkeit der Gerichte aus ihrer Verfassung und Organisation heraus nicht nötig ist[876]. Der Richter kann nämlich seine ihm nach Art. 19 IV S. 1 GG zugewiesene Aufgabe nur dann wirksam erfüllen, wenn er seine Entscheidung unbeeinflußt treffen kann[877]. Denn ein Richter, der unter dem Einfluß der Exekutive steht, ist nicht in der Lage, die Rechte der von einem Rechtseingriff betroffenen Bürger wirksam zu schützen[878]. Daraus ergibt sich im weiteren, daß die sachliche Unabhängigkeit des Richters nicht gewahrt ist, wenn er im Rahmen seiner rechtsprechenden Tätigkeit, die als notwendige Voraussetzung einer Urteilsfindung auch die Sachverhaltsermittlung umfaßt, von der Exekutive beeinflußt wird[879]. Demzufolge genügt die richterliche Anordnung einer heimlichen strafprozessualen Zwangsmaßnahme nur dann den Anforderungen einer in einem Rechtsweg nach Art. 19 IV S. 1 GG ergangenen Entscheidung, d. h. dem Erfordernis eines Rechtsprechungsaktes im Sinne des Art. 19 IV S. 1 GG, wenn der Ermittlungsrichter im Rahmen der von ihm vorzunehmenden Sachverhaltsprüfung und der Urteilsfällung nicht von der Exekutive, sprich der Staatsanwaltschaft oder deren Hilfsbeamten beeinflußt werden kann[880].
Der Ermittlungsrichter ist nach § 162 III StPO verpflichtet, die „gesetzliche Zulässigkeit" der beantragten Maßnahme zu überprüfen. Für die Anordnung von strafprozessualen Zwangsmaßnahmen bedeutet dies, daß er selbst zu prüfen und zu entscheiden hat, ob die in den einzelnen strafprozessualen Eingriffsnormen aufgeführten Voraussetzungen im konkreten Fall vorliegen[881]. Es steht ihm

---

874 Achterberg, NJW 1985, S. 3041, 3042; AK-GG-Wassermann, Art. 97 Rdnr. 21; BK-Holtkotten, Art. 97 Anm. II. 1. b) α); Kissel, § 1 GVG Rdnr. 39; Leibholz/Rinck/Hesselberger, Art. 97 Rdnr. 27; BVerfGE 12, S. 81, 88.

875 Achterberg, NJW 1985, S. 3041, 3042; Jarass/Pieroth-Pieroth, Art. 97 Rdnr. 3; Leibholz/Rinck/Hesselberger, Art. 97 Rdnr. 11; Schmidt-Bleibtreu/Klein-Schmidt-Bleibtreu, Art. 97 Rdnr. 2; BVerfGE 26, S. 79, 93; BVerfGE 55, S. 372, 389.

876 von Münch-Meyer, Art. 97 Rdnr. 5; BVerfGE 26, S. 79, 94.

877 Vgl. dazu: Model/Müller, Art. 97 Rdnr. 1.

878 Vgl. dazu: Köster, S. 111 f., 115.

879 Vgl. dazu: AK-GG-Wassermann, Art. 97 Rdnr. 22 ff.; KK-Pfeiffer, § 1 Rdnr. 3; Köster, S. 111; Schmidt-Räntsch, § 25 Rdnr. 6; von Münch-Meyer, Art. 97 Rdnr. 5

880 So auch: Köster, 112.

881 Vgl. dazu statt aller: Kleinknecht/Meyer-Goßner, § 162 Rdnr. 14.

aber nicht zu, die Notwendigkeit oder Zweckmäßigkeit der Durchführung der Ermittlungsmaßnahme zu beurteilen oder zu beanstanden[882].
Es stellt sich die Frage, ob der Ermittlungsrichter befugt ist, eigene Ermittlungen zur Klärung des Sachverhaltes vorzunehmen, der die Rechtmäßigkeit des von der Staatsanwaltschaft beantragten Grundrechtseingriffes begründen soll. Stände dem Ermittlungsrichter nämlich eine solche eigene Ermittlungskompetenz zu und könnte er in der Praxis von dieser Kompetenz auch Gebrauch machen, so wäre er nicht ganz und gar auf die Sachverhaltsdarstellung der Staatsanwaltschaft angewiesen. Demnach könnte von einer sachlich unabhängigen Entscheidung bei der richterlichen Anordnung einer heimlichen strafprozessualen Zwangsmaßnahme ausgegangen werden.
Gegen eine solche eigene Ermittlungskompetenz spricht die alleinige Verantwortung der Staatsanwaltschaft für die Gestaltung des Ermittlungsverfahrens[883]. Die Staatsanwaltschaft ist nämlich die sog. „Herrin des Ermittlungsverfahrens“[884]. Andererseits erscheint die Ablehnung jeglicher richterlicher Ermittlungskompetenz gerade im Hinblick auf die Fälle bedenklich, in denen die Verfassung selbst eine primäre richterliche Anordnungszuständigkeit bestimmt, also im Fall des Eingriffes in die Wohnung durch Art. 13 II GG und im Fall der freiheitsentziehenden Maßnahmen durch Art. 104 II, III GG. Wenn nämlich die Verfassung einen Richtervorbehalt anordnet, um den präventiven Rechtsschutzinteressen des Bürgers genüge zu tun[885], dann muß der Richter auch die Befugnis besitzen, diese Aufgabe wirksam zu erfüllen. Dies ist aber nur denkbar, wenn dem Richter insofern eine eigene Ermittlungszuständigkeit zusteht.
Die Frage, ob eine Ermittlungskompetenz des Ermittlungsrichters im Ergebnis wirklich begründet werden kann, kann aber hier letztlich dahinstehen. Denn der Richter ist in der Regel bereits rein tatsächlich gehindert, eigene Ermittlungen im Hinblick auf den Erlaß einer Zwangsmaßnahme vorzunehmen. Nach den Erfahrungsberichten der in der Praxis tätigen Richter ist der Ermittlungsrichter aufgrund der faktischen Rahmenbedingungen nicht einmal in der Lage, das von dem Ermittlungsbehörden gelieferte Tatsachenmaterial wirksam daraufhin zu überprüfen, ob es die Anordnung einer Zwangsmaßnahme rechtfertigt[886]. Der

---

[882] Benfer, NJW 1981, S. 1245, 1246; Fezer, Fall 2, Rdnr. 61; Geppert, DRiZ 1992, S. 405, 406 ff.; KK-Wache, § 162 Rdnr. 15 ff.; Kleinknecht/Meyer-Goßner, § 162 Rdnr. 14; KMR-Müller, § 162 Rdnr. 5 ff.

[883] Rieß, NStZ 1983, S. 521, 521 f.

[884] Benfer, NJW 1981, S. 1245, 1246; Geppert, DRiZ 1992, S. 405, 406; BVerfG, NJW 1976, S. 231, 231. Vgl. auch: Kleinknecht/Meyer-Goßner, Einl Rdnr. 60.

[885] Die Sichtweisen zur Funktion des grundgesetzlich vorgesehenen Richtervorbehaltes entsprechen denjenigen zum strafprozessualen Richtervorbehalt, so daß insoweit auf die bereits erarbeiteten Ergebnisse verwiesen werden kann. Vgl. insoweit unter Teil 1 A. I. 3.) a) aa) (3).

[886] So auch Asbrock, der als Vorsitzender Richter am LG Bremen auch auf der Grundlage entsprechender Praxiserfahrungen berichtet, während der öffentlichen Anhörung im Rechtsausschuß zum „Großen Lauschangriff“, Protokoll Nr. 101 des Rechtsausschusses der 13. Wahlperiode, S. 34.

Ermittlungsrichter ist nämlich nur zeitlich begrenzt und sehr punktuell mit der Sache befaßt[887]. Vor allem aber sind die Anträge wegen der regelmäßigen Eilbedürftigkeit unter enormen Zeitdruck zu bearbeiten, der eine effektive Kontrolle unmöglich macht[888]. So erklärt es sich auch, daß es nach den wenigen, von der Praxis geführten Statistiken[889] praktisch keine richterliche Ablehnung von Untersuchungshandlungen gibt, die von der Staatsanwaltschaft beantragt werden[890]. Die Zahl der abgelehnten Anträge liegt im Promillebereich[891]. Wenn der Ermittlungsrichter aber nicht einmal tatsächlich die Möglichkeit besitzt, das von der Staatsanwaltschaft vorgelegte Material ausreichend zu überprüfen, so ist er erst recht nicht in der Lage, noch darüber hinausgehend selbständig eigene Ermittlungen vorzunehmen.
Wenn der Ermittlungsrichter also rein tatsächlich - unabhängig von einer ihm insoweit zustehenden Befugnis - keine eigenen Sachverhaltsermittlungen durchführen kann, und der betroffene Bürger im übrigen vor dem Erlaß der heimlichen strafprozessualen Zwangsmaßnahme nicht gehört wird, so ist er letztendlich doch ganz und gar auf die einseitige Sachverhaltsdarstellung der Staatsanwaltschaft angewiesen[892]. Er ist von ihr also insoweit vollständig abhängig und ihrem Einfluß ausgesetzt. Somit entscheidet er bei der Anordnung einer heimlichen strafprozessualen Zwangsmaßnahme nicht in sachlicher Unabhängigkeit[893]. Bei einer solchen Sachlage kann der Ermittlungsrichter nicht den in Art. 19 IV S. 1 GG normierten grundgesetzlichen Rechtsschutzauftrag erfüllen, nämlich einen wirksamen Schutz der Rechte des von einem Grundrechtseingriff betroffenen Bürger zu bewirken[894]. Auch aus diesem Grunde genügt somit die richterliche Anordnung einer heimlichen strafprozessualen Zwangsmaßnahme nicht den Erfordernissen eines Rechtsprechungsaktes im Sinne des Art. 19 IV S. 1 GG, gegen den die verfassungsrechtliche Gewährleistung nach Art. 19 IV S. 1 GG keinen Rechtsschutz mehr gebietet.

Aus den dargelegten Untersuchungsergebnissen ergibt sich somit, daß Art. 19 IV S. 1 GG gegenüber diesen richterlichen Akten einen Rechtsweg eröffnet. Dies gilt aber sowohl im Fall der Nichterledigung als auch der Erledigung der richterlichen Anordnung. Da somit nach Art. 19 IV S. 1 GG gegenüber der erledigten richterlichen Anordnung einer heimlichen strafprozessualen Zwangsmaßnahmen ein Rechtsweg eröffnet ist, gebietet also die Rechtsschutzgarantie

---

[887] Vgl. dazu: Asbrock, a. a. O., S. 34.
[888] So auch Asbrock, a. a. O., S. 34.
[889] Vgl. dazu: Asbrock, a. a. O., S. 33.
[890] Asbrock, a. a. O., S. 33.
[891] Vgl. statt aller: Asbrock, a. a. O., S. 33.
[892] So auch: Köster, S. 114.
[893] Vgl. dazu auch: Lisken, öffentliche Anhörung im Rechtssausschuß zum „Großen Lauschangriff", Protokoll Nr. 101 des Rechtsausschusses der 13. Wahlperiode, S. 26; Häfner, a. a. O., S. 39.
[894] So auch: Köster, S. 115.

des Art. 19 IV S. 1 GG, Rechtsschutzbegehren mit dem Ziel der Feststellung der Rechtswidrigkeit eines erledigten heimlichen Grundrechtseingriffes auch innerhalb des Strafverfahrensrechtes zuzulassen[895]. Demgemäß ergibt die verfassungsrechtliche Auslegung, daß die Beschwerde gegen eine erledigte richterliche Anordnung einer heimlichen strafprozessualen Zwangsmaßnahme statthaft sein muß.

Da dieses verfassungsrechtliche Auslegungsergebnis auch nicht den bisherigen Auslegungsgesichtspunkten, insbesondere dem Gesetzeswortlaut und dem historischen Hintergrund des Gesetzes widerspricht, ist demzufolge im Ergebnis festzuhalten, daß aufgrund einer Auslegung der §§ 304, 305, insbesondere § 304 I StPO eine Beschwerde gegen eine erledigte richterliche Anordnung einer heimlichen strafprozessualen Zwangsmaßnahme, also eine Beschwerde auf Feststellung der Rechtswidrigkeit der erledigten richterlichen Anordnung einer heimlichen strafprozessualen Zwangsmaßnahme, statthaft ist.

(2) Die Herleitung der Beschwer des Beschwerdeführers

Eine Beschwer im Sinne der Rechtsmittelbestimmungen der Strafprozeßordnung setzt voraus, daß der Beschwerdeführer durch die angefochtene Entscheidung unmittelbar in seinen materiellen oder verfahrensrechtlichen Positionen oder anderen schutzwürdigen Interessen beeinträchtigt ist[896], wobei diese Beeinträchtigung im Zeitpunkt der richterlichen Kontrollentscheidung noch gegeben sein muß[897]. Eine erledigte Maßnahme, die hier zur Diskussion steht, entfaltet aber gerade keine unmittelbaren rechtlichen Wirkungen mehr im Zeitpunkt der beantragten richterlichen Entscheidung[898]. Dies zeichnet gerade den Erledigungsfall aus. Eine Beschwer, verstanden als unmittelbare Beeinträchtigung der schutzwürdigen Interessen des Bürgers im Zeitpunkt der Beschwerdeentscheidung, ist hier somit zu verneinen.

Wie bereits nachgewiesen, kann zur Begründung der Beschwer auch nicht auf die Grundsätze des berechtigten Feststellungsinteresses zurückgegriffen werden[899].

Man könnte nun die Lösung ähnlich gelagerter Problemkreise in einem anderen Rechtsgebiet, nämlich dem Verwaltungsprozeßrecht heranziehen. Der Frage der Beschwer hinsichtlich einer Feststellungsbeschwerde insoweit vergleichbar ist die der Klagebefugnis nach § 42 II VwGO im Fall der Fortsetzungsfeststellungsklage nach § 113 I S. 4 VwGO. Zur Bestimmung der Klagebefugnis wird

---

895 Köster, S. 125.

896 Budach, S. 199 f.; Ellersiek, S. 50 f.; Kleinknecht/Meyer-Goßner, Vor § 296 Rdnr. 9; Meurer, S. 155; BGHSt 7, S. 153, 153; BGHSt 13, S. 75, 77.

897 Heidelberger Kommentar-Rautenberg, § 296 Rdnr. 13; KK-Ruß, Vor § 296 Rdnr. 7.

898 Vgl. dazu näher unter Teil 1 A. II. 3.).

899 Vgl. dazu näher unter Teil 1 C. III. 1.) a) aa) (3) (b).

in diesem Fall auf eine „vergangene“ Rechtsbeeinträchtigung abgestellt[900]. Der Kläger muß hier also nicht geltend machen, durch den angefochtenen Verwaltungsakt in seinen Rechten verletzt zu sein. Er muß vielmehr darlegen, daß er durch den angegriffenen Verwaltungsakt in seinen Rechten verletzt *war*[901].
Es würde sich anbieten, bei der Frage der Beschwer im Sinne des strafprozessualen Beschwerderechtes in ähnlicher Weise zu verfahren. Wenn man eine Feststellungsbeschwerde gegen heimliche strafprozessuale Zwangsmaßnahmen, also eine Beschwerde auf Feststellung der Rechtswidrigkeit einer erledigten richterlichen Anordnung einer heimlichen strafprozessualen Zwangsmaßnahme, für statthaft hält, eine gegenwärtige Beschwer im Erledigungsfall aber gerade ausgeschlossen ist, dann kann man zur Begründung dieser Zulässigkeitsvoraussetzung nur auf eine „vergangene“ Beschwer abstellen. Würde man hingegen weiterhin eine gegenwärtige Beschwer verlangen, so würde das gerade insbesondere aus dem Grundgesetz abgeleitete Ergebnis der Möglichkeit einer solchen Beschwerde zugleich wieder aufgehoben. Das kann nicht akzeptabel sein.
Bei der Herleitung der Beschwer aus einer „vergangenen“ Beeinträchtigung von Interessen muß aber berücksichtigt werden, daß diese Ausnahme sich nur aus der besonderen Situation der Erledigung ergibt und somit eine Anpassung der Zulässigkeitsvoraussetzungen der Beschwerde lediglich im Hinblick auf diesen Gesichtspunkt gerechtfertigt ist. Demgemäß muß bis zum Eintritt der Erledigung eine gegenwärtige Beschwer zu bejahen sein, das Vorliegen einer „vergangenen“ Beschwer muß sich also aus der Erledigungssituation heraus ergeben.
Zusammenfassend ist folglich festzuhalten, daß im Erledigungsfall eine Beschwer des Beschwerdeführers zu bejahen ist, wenn er bis zum Eintritt der Erledigung durch die richterliche Entscheidung unmittelbar in seinen materiellen oder verfahrensrechtlichen oder sonst schutzwürdigen Interessen beeinträchtigt war.

(3) Das berechtigte Interesse an der Feststellung der Rechtswidrigkeit der heimlichen strafprozessualen Zwangsmaßnahme

Eine Beschwerde gegen eine erledigte richterliche Anordnung einer heimlichen strafprozessualen Zwangsmaßnahme setzt - wie jeder Feststellungsantrag[902] - die Darlegung eines berechtigten Interesses des Beschwerdeführers an der Feststellung der Rechtswidrigkeit der erledigten Anordnung voraus.

---

900 Vgl. dazu: Bodanowitz, JuS 1996, S. 911, 912; Hufen, S. 376 f.; Würtenberger, JuS 1974, S. 320, 321.
901 Vgl. dazu: Bodanowitz, JuS 1996, S. 911, 912; Hufen, S. 376 f.; Würtenberger, JuS 1974, S. 320, 321.
902 Vgl. dazu näher unter Teil 1 C. IV.

b) Die Möglichkeit des Verfahrens nach § 33 a StPO

Wenn die erledigte richterliche Anordnung einer heimlichen strafprozessualen Zwangsmaßnahme ohne die Anhörung des betroffenen Bürgers ergangen ist - im hier fraglichen Zusammenhang also im Regelfall[903] - , kommt für den Betroffenen ein Antrag auf Durchführung des Verfahrens nach § 33 a StPO in Betracht. Die nach der Nachholung der Anhörung vom Gericht zu erlassende Entscheidung könnte hier nur noch in der Feststellung der Rechtswidrigkeit der ohne Anhörung ergangenen richterlichen Anordnung bestehen[904]. Fraglich ist, ob das Verfahren nach § 33 a StPO auch noch nach dem Eintritt der Erledigung der Zwangsmaßnahme zulässig ist.

aa) Die Auffassungen in der Rechtsprechung und der Literatur

Die Diskussion zur Frage der Zulässigkeit des Verfahrens gemäß § 33 a StPO gegen die richterliche Anordnung einer (heimlichen) strafprozessualen Zwangsmaßnahme nach dem Eintritt der Erledigung verläuft im erheblichem Maße parallel zur Frage der Zulässigkeit einer Beschwerde in diesem Fall. Dies beruht auf der inhaltlichen Übereinstimmung zwischen dem Begriff des „Nachteiles" im Sinne des § 33 a StPO und dem Begriff der „Beschwer" im Sinne des Beschwerderechtes[905]. Diejenigen, die eine Beschwerde im Erledigungsfall aufgrund eines Wegfalles der Beschwer wegen einer prozessualen Überholung der Anordnung als unzulässig betrachten, verneinen konsequenterweise auch das Bestehen eines Nachteils im Sinne des § 33 a StPO nach dem Eintritt der Erledigung und somit die Möglichkeit des Verfahrens nach §§ 33 a StPO[906]. Hingegen verfechten diejenigen Stimmen in der Literatur, die die Feststellungsbeschwerde für statthaft erachten, den Standpunkt, daß das Verfahren nach § 33 a StPO auch nach dem Eintritt der Erledigung der richterlichen Entscheidung zulässig sein müsse, die Entscheidung des Richters im Verfahren nach § 33 a StPO somit auf Feststellung der Rechtswidrigkeit der ohne richterliche Anhörung ergangenen Entscheidung lauten könne[907]. Der von § 33 a StPO vorausgesetzte Nachteil wird dabei unter Heranziehung der Gesichtspunkte begründet, die auch für die Beschwer im Sinne des Beschwerderechtes angeführt werden, nämlich dem Interesse an der Feststellung der Rechtswidrigkeit der erledigten Maßnahme[908]. Da dieses Verfahren jedoch gegenüber der Beschwerde nach dem ausdrücklichen Wortlaut des § 33 a StPO nur subsidiär zur Anwendung komme, habe das nachträgliche Anhörungsverfahren nach § 33 a StPO nur in den Fällen

---

903 Vgl. dazu näher unter Teil 1 C. III. 1.) a) cc) (1) (e) (bb) (bbb).
904 Vgl. dazu statt aller: Rieß/Thym, GA 1981, S. 189, 198.
905 Vgl. dazu unter Teil 1 B. IV. 1.) a) bb).
906 Vgl. statt aller: Kleinknecht/Meyer-Goßner, § 33 a Rdnr. 6.
907 Amelung, Rechtsschutz, S. 52 ff.; Ellersiek, S. 143; LR-Schäfer, § 98 Rdnr. 70; Köster, S. 125 ff.
908 Vgl. statt aller: Amelung, Rechtsschutz, S. 52 ff.

eine eigenständige Bedeutung, in denen die Beschwerde nach §§ 304 IV, V, 305 StPO unzulässig sei[909].
Eine ganz andere Sichtweise zu dieser Problematik wird demgegenüber von einem kleinen Teil der Literatur vertreten. Nach ihrer Ansicht ist das Begehren auf Feststellung der Rechtswidrigkeit einer erledigten richterlichen Anordnung einer (heimlichen) strafprozessualen Zwangsmaßnahme ausschließlich im Verfahren nach § 33 a StPO zulässig[910]. Die Effektivität des durch die Einschaltung des Ermittlungsrichters gewährten präventiven Rechtsschutzes sei zweifelhaft, weil hier in der Regel das vorherige Anhörungsverfahren wegen § 33 IV StPO nicht durchgeführt werde[911]. Der Richter müsse die Zwangsmaßnahme somit aufgrund lückenhaften Materials ohne die Anhörung des Betroffenen anordnen, wodurch die präventive richterliche Kontrolle ihre Wirksamkeit verliere[912]. Bei dem hier zutage tretenden Defizit handele es sich aber weniger um ein Rechtsbehelfsproblem, vielmehr sei die Frage des rechtlichen Gehörs betroffen[913]. Dieser Mangel an rechtlichem Gehör werde aber von der Strafprozeßordnung nicht durch die Einräumung der Beschwerdeinstanz, sondern durch die Gewährung der nachträglichen Anhörung innerhalb der Instanz im Wege der Verfahren nach §§ 33 a, 311 a StPO ausgeglichen[914]. Solle der von einer richterlichen Anordnung Betroffene im Ergebnis nicht schlechter dastehen als derjenige, den eine behördliche Rechtsbeeinträchtigung treffe, müsse § 33 a StPO hier die Funktion übernehmen, die bei behördlichen Eingriffen Art. 19 IV GG erfülle[915]. Um dieses Ziel zu erfüllen, wird der Begriff des „Nachteiles“ unabhängig vom Bestehen eines beeinträchtigenden Eingriffes, also vom Begriff der „Beschwer“ interpretiert[916]. Der durch § 33 a StPO auszugleichende Nachteil wird demnach nicht nur in der Korrektur der beeinträchtigenden Maßnahme, sondern in der Nichtanhörung des Betroffenen und damit in der Verletzung seines Anspruches auf rechtliches Gehör gesehen[917]. Auch nach dem Eintritt der Erledigung der Maßnahme könne der Betroffene ein berechtigtes Interesse daran besitzen, bescheinigt zu bekommen, daß eine bestimmte richterliche Entscheidung im Fall der Möglichkeit zur Wahrnehmung des Anspruches auf rechtliches Gehör anders ausgefallen wäre[918]. Der von § 33 a StPO vorausgesetzte Nachteil dauere somit solange an, wie für den Betroffenen ein berechtigtes Feststellungsinteresse bestehe[919].

---

909 Amelung, Rechtsschutz, S. 58; Ellersiek, S. 143; Köster, S. 127.
910 Rieß/Thym, GA 1981, S. 189, 196 ff.
911 Rieß/Thym, a. a. O., S. 196 f.
912 Rieß/Thym, a. a. O., S. 197.
913 Rieß/Thym, a. a. O.
914 Rieß/Thym, a. a. O.
915 Rieß/Thym, a. a. O.
916 Rieß/Thym, a. a. O., S. 189, 197 f.
917 Rieß/Thym, a. a. O.
918 Rieß/Thym, a. a. O., S. 198.
919 Rieß/Thym, a. a. O.

Die Entscheidung des Bundesverfassungsgerichtes vom 30.04.1997 enthält zwar keine direkten Aussagen zur Möglichkeit des Verfahrens nach § 33 a StPO nach dem Eintritt der Erledigung. Diese Entscheidung hat bereits zu Änderungen der Auslegung des berechtigten Feststellungsinteresses bezüglich einer Beschwerde im Erledigungsfall geführt und wird auch weiterhin in diesem Zusammenhang Änderungen herbeiführen[920]. Die überwiegende Meinung interpretiert die Beschwer indes stets über das berechtigte Feststellungsinteresse[921] und setzt den Begriff des „Nachteils" im Sinne des § 33 a StPO mit diesem Beschwerbegriff gleich[922]. Somit könnte die Bundesverfassungsgerichtsentscheidung auf diesem Wege auch zu einer Änderung der Rechtslage im Bereich des Verfahrens nach § 33 a StPO führen. Entsprechende gerichtliche Entscheidungen, die sich mit dieser Frage beschäftigen, liegen bislang aber noch nicht vor.

bb) Stellungnahme

Hinsichtlich der Meinungen, die die Diskussion zur Zulässigkeit des Verfahrens nach § 33 a StPO gegen eine erledigte (heimliche) strafprozessuale Zwangsmaßnahme parallel zur Frage der Zulässigkeit einer Beschwerde in diesem Fall führen, kann die bereits insoweit vorgebrachte Kritik angeführt werden[923].
Der darüber hinaus in diesem Zusammenhang vertretene Ansatz eines kleinen Teiles der Literatur erscheint aber auch nicht überzeugend. Wenn man in der bloßen Nichtanhörung des Betroffenen bereits den Nachteil im Sinne des § 33 a StPO sieht, dann käme dem Nachteilsbegriff keine eigenständige Funktion zu[924]. Denn die Nichtanhörung wird von § 33 a StPO ohnehin vorausgesetzt. Es wäre dann aber auch nicht verständlich, warum der Gesetzgeber dieses „Tatbestandsmerkmal" in § 33 a StPO überhaupt aufgenommen hat. Demnach kann diese Auffassung im Ergebnis nicht überzeugen.

cc) Eigener Lösungsansatz

Die Zulässigkeit des Beschwerdeverfahrens im Erledigungsfall wurde bereits aufgrund einer verfassungskonformen Auslegung des Gesetzes nachgewiesen[925]. Eine entsprechende Auslegung mit dem Ergebnis der Zulässigkeit des Verfahrens nach § 33 a StPO nach Eintritt der Erledigung könnte ebenfalls geboten sein. Das Beschwerdeverfahren kann nämlich in bestimmten Fällen, vgl. §§ 304 IV, V, 305 StPO, ausgeschlossen sein. Es kommt dann für den Bürger nur noch die Möglichkeit der Anrufung des Gerichtes im Rahmen des Verfahrens nach § 33 a StPO in Betracht, wenn er von einer richterlichen Anordnung einer heimlichen strafprozessualen Zwangsmaßnahme betroffen ist und ein vor-

920 Vgl. dazu näher unter Teil 1 C. III. 1.) a) bb) (2).
921 Vgl. dazu näher unter Teil 1 C. III. 1.) a) aa).
922 Vgl. dazu näher unter Teil 1 B. IV. 1.) a) bb).
923 Vgl. dazu näher unter Teil 1 C. III. 1.) a) aa) (3).
924 Köster, S. 100.
925 Vgl. dazu näher unter Teil 1 C. III. 1.) a) cc).

heriges Anhörungsverfahren nach § 33 StPO nicht stattgefunden hat. Somit gebietet die Rechtsschutzgarantie nach Art. 19 IV S. 1 GG hier die Eröffnung des nachträglichen Anhörungsverfahrens nach § 33 a StPO. Dies bedeutet konkret, daß die innerhalb des Verfahrens nach § 33 a StPO ergehende richterliche Entscheidung auch die Feststellung der Rechtswidrigkeit der ohne Anhörung ergangenen richterlichen Anordnung der heimlichen Zwangsmaßnahme beinhalten kann. Eine andere Entscheidung ist im Erledigungsfall nicht mehr möglich[926].
Dieses Ergebnis ist mit dem Wortlaut des § 33 a StPO insofern vereinbar, als diese Bestimmung gerade nicht zwischen unerledigten und erledigten richterlichen Entscheidungen differenziert. Der Wortlaut der Bestimmung ist also umfassend und spricht insofern für eine weite Auslegung des Anwendungsbereiches des § 33 a StPO. Hiergegen könnte nun eingewandt werden, daß der § 33 a StPO einen noch bestehenden Nachteil verlangt, ein solches Fortbestehen eines Nachteiles im Erledigungsfall ausgeschlossen ist und demgemäß der Gesetzeswortlaut gegen die dargelegte Auslegung des § 33 a StPO spricht. Die Möglichkeit des Fortbestehens eines Nachteiles hängt aber gerade von der inhaltlichen Bestimmung dieses Terminus ab. Eine solche Inhaltsbestimmung wurde aber bislang gar nicht vorgenommen, so daß hier noch keine Rückschlüsse möglich sind. Im Ergebnis ist also daran festzuhalten, daß der Wortlaut des § 33 a StPO einer Anwendung der Bestimmung hinsichtlich erledigter richterlicher Anordnungen heimlicher strafprozessualer Zwangsmaßnahmen nicht entgegensteht[927].
Eine Nachholung des Anhörungsverfahrens auch im Erledigungsfall entspricht auch dem Zweck des § 33 a StPO, der in der Gewährleistung des rechtlichen Gehörs nach Art. 103 I GG besteht[928]. Demzufolge muß das Verfahren nach § 33 a StPO dem betroffenen Bürger auch im Fall der Erledigung der richterlichen Anordnung der heimlichen strafprozessualen Zwangsmaßnahme offenstehen. Die richterliche Entscheidung nach § 33 a StPO kann also auch in einer Feststellung der Rechtswidrigkeit der ohne richterliche Anhörung erlassenen Maßnahme bestehen.

Fraglich ist, worin der fortbestehende Nachteil im Sinne des § 33 a StPO im Erledigungsfall gesehen werden kann. Das Vorliegen eines fortbestehenden Nachteils kann hier nicht mit dem Bestehen einer gegenwärtigen Beschwer im Sinne des Beschwerderechtes begründet werden, weil eine gegenwärtige Beschwer im Fall einer erledigten richterlichen Maßnahme nicht bejaht werden kann[929]. Man könnte nun erwägen, das Vorliegen eines Nachteiles im Sinne des

---

926 Vgl. dazu näher unter Teil 1 C.
927 So im Ergebnis auch: Köster, S. 126 f.
928 AK-StPO-Kirchner, § 33 a Rdnr. 1; LR-Wendisch, 25. Auflage, § 33 a Rdnr. 2; KMR-Paulus, § 33 a Rdnr. 1.
929 Vgl. dazu näher unter Teil 1 C. III. 1.) a) cc) (2).

§ 33 a StPO mit einer vergangenen Beschwer zu begründen. Die Heranziehung einer *vergangenen* Rechtsbeeinträchtigung zur Herleitung eines *fortbestehenden* Nachteiles ist aber bereits begrifflich und rechtslogisch ausgeschlossen[930]. Um den verfassungsrechtlichen Vorgaben gerecht zu werden, muß versucht werden, den Begriff des Nachteiles hier unabhängig von den Voraussetzungen einer Beschwer im Sinne des Beschwerderechtes zu begründen. Ein Nachteil ist das Gegenteil eines Vorteiles. Wenn das Gesetz nun das Vorliegen eines fortbestehenden Nachteiles für die Durchführung des Verfahrens nach § 33 a StPO voraussetzt, so wird es davon ausgehen, daß die nach der nachträglichen Anhörung ergehende richterliche Entscheidung im Sinne des § 33 a StPO diesen Nachteil beseitigen soll und insofern einen Vorteil für den betroffenen Bürger bedeutet. Solange die richterliche Maßnahme noch nicht erledigt ist, besteht dieser Vorteil gerade in der Aufhebung der nachteiligen, ohne richterliche Anhörung ergangenen Entscheidung[931]. Ist die richterliche Maßnahme hingegen erledigt, besteht die unmittelbare Rechtsbeeinträchtigung durch diese nicht mehr. Somit kann der Vorteil auch nicht mehr in der Aufhebung dieser Maßnahme bestehen. Im Erledigungsfall ist nur noch die Feststellung der Rechtswidrigkeit der richterlichen Anordnung denkbar[932]. Wenn der Betroffene ein besonderes Interesse an dieser Feststellung besitzt, dann kann diese Feststellungsentscheidung als Vorteil für den Betroffenen bezeichnet werden. Die Gesichtspunkte, die dieses besondere Interesse begründen, müssen ihn dann aber nachteilig belasten. So besteht z. B. bei der Wiederholungsgefahr der Nachteil in der hohen Wahrscheinlichkeit der Wiederholung dieser Maßnahme. Demnach ist der fortbestehende Nachteil im Erledigungsfall gerade in den Aspekten zu sehen, die ein besonderes Interesse des Betroffenen an der Feststellung der Rechtswidrigkeit der erledigten richterlichen Anordnung einer heimlichen strafprozessualen Zwangsmaßnahme begründen. Die Heranziehung dieser Gesichtspunkte zur Begründung des fortbestehenden Nachteils erscheint im Fall einer Feststellungsentscheidung im Verfahren nach § 33 a StPO auch sinnvoll. Denn eine gerichtliche Feststellungsentscheidung setzt stets die Darlegung eines besonderen Interesses an dieser Entscheidung voraus[933]. Im Verfahren nach § 33 a StPO ist das Merkmal eines besonderen Rechtsschutzbedürfnisses indes nicht vorgesehen, innerhalb dessen dieser Aspekt hinsichtlich gerichtlicher Feststellungsver-

---

930 Dies bedeutet aber nicht im Umkehrschluß, daß die unter Teil 1 C. III. 1.) a) cc) (2) vorgenommene Herleitung der Beschwer des Beschwerdeführers mit Hilfe einer vergangenen Beschwer auch unmöglich ist. Denn der Begriff des Nachteils nach § 33 a StPO wird anhand des Beschwerbegriffes bestimmt und nicht umgekehrt.

931 Vgl. dazu: LG Krefeld, NJW 1977, S. 642.

932 Vgl. statt aller: Welp, Überwachung, S. 116.

933 Vgl. dazu unter Teil 1 C. IV.

fahren ansonsten erörtert wird. Somit bietet es sich also an, diesen Gesichtspunkt innerhalb der Frage des fortbestehenden Nachteiles zu berücksichtigen[934].

c) Der Sonderfall des Verfahrens nach § 100 d VI StPO im Fall der Überprüfung einer Anordnung zur akustischen Wohnraumüberwachung

Eine besondere Rechtsschutzmöglichkeit sieht die Strafprozeßordnung im Fall einer erledigten Anordnung zur akustischen Wohnraumüberwachung vor. Vor Klageerhebung kann der Beschuldigte bzw. im Fall des § 100 c II S. 5 StPO der Wohnungsinhaber gemäß § 100 d VI StPO die zur Anordnung der Maßnahme grundsätzlich zuständige Staatsschutzkammer des Landgerichtes, vgl. § 100 d II S. 1 StPO i. V. m. § 74 a GVG, anrufen, um die Rechtmäßigkeit der erledigten richterlichen Anordnung der akustischen Wohnraumüberwachung überprüfen zu lassen. Nach der Anklageerhebung ist das mit der Sache befaßte Gericht zuständig. Dabei kann das mit der Sache befaßte Gericht gemäß § 100 d VI S. 3 StPO über die Rechtmäßigkeit der Anordnung auch in dem das Verfahren abschließenden Beschluß entscheiden. Der Gesetzgeber macht die nachträgliche Entscheidung des Gerichtes nicht von der Geltendmachung eines berechtigten Feststellungsinteresses abhängig. Für ihn steht also das Interesse des Betroffenen an der Kontrolle der akustischen Wohnraumüberwachung derart im Vordergrund, daß er eine entsprechende Zulässigkeitsbeschränkung hinsichtlich des Verfahrens nach § 100 d VI StPO nicht aufgestellt hat. So heißt es in der Gesetzesbegründung ausdrücklich, daß es „wegen der hohen Eingriffsintensität der akustischen Überwachung der Wohnung“ geboten sei, „die Zulässigkeit der gerichtlichen Überprüfung der Maßnahme auch für den Fall sicherzustellen, daß die Maßnahme bereits erledigt ist“[935]. Diese Darlegungen zeigen, daß das Verfahren nach § 100 d VI StPO nicht im Wege der Rechtsfortbildung von der Darlegung eines berechtigten Feststellungsinteresses abhängig gemacht werden darf.

Das dem § 33 a StPO nachgebildete Verfahren des § 100 d VI StPO[936] steht nach der ausdrücklichen gesetzlichen Regelung aber nicht dem Personenkreis des § 100 c II S. 2, 3 StPO zur Verfügung. Auch können diejenigen Personen hiernach keinen Rechtsschutz erlangen, gegen die die Überwachungsanordnung nicht erlassen wurde, die aber in der abgehörten Wohnung Gespräche geführt

---

[934] Diese Sichtweise führt zwar zu einer unterschiedlichen inhaltlichen Ausfüllung des Terminus des fortbestehenden Nachteils einerseits vor dem Eintritt der Erledigung und anderseits im Erledigungsfall. Ein solches Ergebnis ist aber nicht selten. So geht auch eine starke Meinungsgruppe in der Literatur bzgl. der Problematik des Vorliegens der Beschwer als Zulässigkeitsvoraussetzung der Beschwerde ähnlich vor. Einerseits stellt sie auf den herkömmlichen Begriff der gegenwärtigen Beschwer ab, anderseits führt sie das berechtigte Feststel-lungsinteresse zur Herleitung der Beschwer an, vgl. unter Teil 1 C. III. 1.) a) aa) (2) (b).

[935] BT-Drs. 13/8651, S. 14.

[936] BT-Drs. 13/8641, S. 14.

haben. Unabhängig von dieser zweifelhaften Beschränkung des antragsberechtigten Personenkreises erscheint die Regelung des § 100 d VI StPO auch insofern problematisch, als vor Anklageerhebung die zur Anordnung der akustischen Wohnraumüberwachung zuständige Staatsschutzkammer des Landgerichtes zur Überprüfung der Rechtmäßigkeit der Anordnung berufen sein soll. Sofern kein Eilfall vorliegt und die Anordnung nur vom Vorsitzenden dieser Strafkammer erlassen wird, entscheiden hier also die Richter, die die Maßnahme anordnen, auch über die Rechtmäßigkeit dieser Anordnung. Das anordnende Gericht wird aber wohl in der Regel eine Entscheidung nicht so kritisch betrachten wie ein Gericht, das nicht an der Anordnung beteiligt war. Ein ähnliches Problem stellt sich bei der Geltendmachung des Rechtsschutzbegehrens durch den betroffenen Bürger nach der Anklageerhebung. So ist es gerade bei kleineren Landgerichten nicht ausgeschlossen, daß das mit der Sache befaßte Gericht, das nun zur Entscheidung über die Rechtmäßigkeit der Anordnung nach § 100 c I Nr. 3, 100 d II StPO berufen ist, diese auch im Ermittlungsverfahren erlassen hat[937].
Gegen die Entscheidung nach § 100 d VI StPO soll die Beschwerde nach §§ 304 ff. StPO erhoben werden können[938]. Der Beschuldigte und im Fall des § 100 c II S. 5 StPO der Wohnungsinhaber müssen also zunächst das Verfahren nach § 100 d VI StPO zur Überprüfung der Rechtmäßigkeit der Anordnung der akustischen Wohnraumüberwachung beschreiten, bevor eine Beschwerde nach §§ 304 ff. StPO in Betracht kommt. Das Verfahren nach § 33 a StPO tritt gegenüber § 100 d VI StPO ebenfalls - wie im Fall der §§ 304 ff. StPO - als subsidiär zurück. Alle anderen Betroffenen einer solchen Zwangsmaßnahme haben nur die Möglichkeit, gegen die richterlichen Anordnung nach §§ 100 c I Nr. 3, 100 d II StPO eine Beschwerde auf Feststellung der Rechtswidrigkeit dieser Maßnahme einzulegen bzw. - falls diese gemäß §§ 304 IV, V, 305 StPO ausscheidet - bei fehlender Anhörung das Verfahren nach § 33 a StPO.

---

[937] Vgl. dazu: Froschauer, schriftliche Stellungnahme zur öffentlichen Anhörung im Rechtsausschuß zum „Großen Lauschangriff", Protokoll Nr. 101 des Rechtsausschusses der 13. Wahlperiode, S. 23.
[938] BT-Drs. 13/8651, S. 14.

2.) Die gerichtliche Überprüfbarkeit der Art und Weise der Vollziehung der angeordneten Maßnahme

a) Die richterliche Anordnung nach §§ 98 a, b; 99, 100; 100 a, b; 100 c I Nr. 2, 100 d I; 110 a, b II; 163 d; 163 e StPO

aa) Die richterliche Vollziehung der heimlichen Zwangsmaßnahmen nach §§ 99, 100; 100 a, b; 100 c I Nr. 2, 100 d I StPO

Wenn der Richter von seinen Durchführungskompetenzen innerhalb der Postbeschlagnahme oder der Überwachung der Telekommunikation oder der Maßnahme nach §§ 100 c I Nr. 2, 100 d I StPO Gebrauch macht[939] und der Bürger diese richterlichen Vollzugsakte nach dem Eintritt der Erledigung rügen will, kann er eine Beschwerde nach §§ 304 ff. StPO einlegen[940]. Das Ziel dieser Beschwerde ist die Feststellung der Rechtswidrigkeit dieser Vollzugsakte.

bb) Die staatsanwaltschaftliche Vollziehung

Werden die richterlichen Zwangsmaßnahmen nach §§ 98 a, b; 99, 100; 100 a, b; 100 c I Nr. 2, 100 d I; 110 a, b II; 163 d; 163 e StPO von der Staatsanwaltschaft vollzogen, so steht dem betroffenen Bürger zur Überprüfung der Art und Weise der Vollziehung der erledigten richterlichen Anordnung das Verfahren analog § 98 a II S. 2 StPO offen. Dies läßt sich ableiten aus den Ausführungen zum Rechtsschutz gegen diese Maßnahmen vor dem Eintritt der Erledigung[941] und den Untersuchungen zum Rechtsschutz gegen die Art und Weise der staatsanwaltschaftlichen Vollziehung einer heimlichen Zwangsmaßnahme, die von der Staatsanwaltschaft angeordnet wurde[942]. Eine entsprechende Anwendung des § 98 II S. 2 StPO hat nunmehr auch der Bundesgerichtshof ausdrücklich anerkannt[943]. Dabei hat er sich in den betreffenden Entscheidungen vor allem von dem Gedanken leiten lassen, gerade auch vor dem Hintergrund der vom Bundesverfassungsgericht[944] aufgezeigten unübersichtlichen Rechtslage zur Vereinfachung und Vereinheitlichung des Rechtsschutzes gegen strafprozessuale Zwangsmaßnahmen beitragen zu wollen[945]. Das Rechtsschutzverfahren analog § 98 II S. 2 StPO ist dabei erfolgreich, wenn der Betroffene ein berechtigtes Feststellungsinteresse geltend machen kann[946].

---

939 Vgl. dazu näher unter Teil A. II. 1.) b) aa) (1).
940 Zur Begründung vgl. näher unter Teil 1 B. I. 2.) a).
941 Vgl. dazu näher unter Teil 1 B. IV. 2.) b).
942 Vgl. dazu näher unter Teil 1 C. I. 2.) b) bb).
943 BGH, NJW 1999, S. 3499, 3499 ff.; BGH, NJW 2000, S. 84, 84 ff.
944 BVerfGE96, S. 27, 27 ff.
945 BGH, NJW 2000, S. 94, 86.
946 Vgl. dazu näher unter Teil 1 C. IV.

b) Die richterliche Anordnung nach §§ 100 c I Nr. 3, 100 d II StPO

Wendet sich der Beschuldigte oder im Fall des § 100 c II S. 5 StPO der Wohnungsinhaber gegen die Art und Weise der richterlichen oder staatsanwaltschaftlichen Vollziehung einer erledigten akustischen Wohnraumüberwachung, so steht ihm das Verfahren nach § 100 d VI StPO offen[947]. Gegen die Entscheidung nach § 100 d VI StPO kann wiederum die Beschwerde nach §§ 304 ff. StPO erhoben werden.

Alle anderen Betroffenen der Maßnahme nach §§ 100 c I Nr. 3, 100 d II StPO können die Art und Weise ihrer Vollziehung nach dem Eintritt der Erledigung im Wege der Beschwerde nach §§ 304 ff StPO überprüfen lassen, soweit eine richterliche Vollziehungsmaßnahme vorliegt, bzw. im Wege des Verfahrens analog § 98 II S. 2 StPO, soweit eine staatsanwaltschaftliche Vollziehungsmaßnahme gegeben ist. Gegen die Annahme der Planwidrigkeit der hinsichtlich der staatsanwaltschaftlichen Vollziehungsmaßnahmen gegebenen Regelungslücke kann insofern nicht geltend gemacht werden, daß der Gesetzgeber für den Fall der Beanstandung der Vollziehungsmodalitäten durch den Beschuldigten bzw. im Fall des § 100 c II S. 5 StPO durch den Wohnungsinhaber ein gerichtliches Kontrollverfahren vorgesehen hat. Denn dieses Verfahren sollte die Rechtsschutzmöglichkeiten in bestimmten Fällen erweitern und nicht zu einer Beschränkung der Rechtsschutzmöglichkeiten gegen strafprozessuale Zwangsmaßnahmen führen[948].

IV. Das Interesse an der gerichtlichen Feststellung der Rechtswidrigkeit einer erledigten heimlichen strafprozessualen Zwangsmaßnahme

1.) Das berechtigte Feststellungsinteresse als Sachurteilsvoraussetzung hinsichtlich der nachträglichen Feststellung der Rechtswidrigkeit einer strafprozessualen Zwangsmaßnahme

a) Die Erforderlichkeit eines berechtigten Feststellungsinteresses als Sachurteilsvoraussetzung einer nachträglichen Entscheidung auf Feststellung der Rechtswidrigkeit einer strafprozessualen Zwangsmaßnahme

Das Erfordernis eines berechtigten Interesses an der Feststellung der Rechtswidrigkeit einer Maßnahme, das einen Unterfall des allgemeinen Rechtsschutzbedürfnisses darstellt[949], ist bei den hier relevanten Feststellungsverfahren nach § 98 II S. 2 StPO, §§ 23 ff., 28 I S. 4 EGGVG und §§ 304 ff. StPO nur in einem Fall, nämlich hinsichtlich des Verfahrens nach §§ 23 ff., 28 I S. 4 EGGVG explizit geregelt, vgl. § 28 I S. 4 a. E. EGGVG. Dies erklärt sich daraus, daß das

---

947 Vgl. dazu näher unter Teil 1 C. III. 1.) c).

948 Vgl. in diesem Zusammenhang: BT-Drs. 13/8651, S. 14.

949 Tilch, S. 75; Wohlers, GA 1992, S. 214, 218. Vgl. auch: Bachmann. S. 238.

Feststellungsverfahren nur in diesem Fall vom Gesetz ausdrücklich vorgesehen wurde, die Möglichkeit der Geltendmachung eines Feststellungsbegehrens im Rahmen der §§ 98 II S. 2; 304 ff. StPO sich indes erst infolge einer Rechtsfortbildung ergibt. Während im Zivil- und Verwaltungsprozeßrecht die Notwendigkeit eines allgemeinen Rechtsschutzbedürfnisses für einen Antrag des Bürgers auf gerichtliche Entscheidung allgemein anerkannt ist[950], ist im Fall der strafprozessualen Verfahren, insbesondere der Rechtsmittelverfahren, das Erfordernis eines allgemeinen Rechtsschutzbedürfnis umstritten[951]. Soweit man aber die Geltendmachung eines Feststellungsbegehren im Rahmen der §§ 98 II S. 2; 304 ff. StPO als statthaft ansieht, wird die Zulässigkeit dieser Verfahren unstreitig von der Darlegung eines berechtigten Feststellungsinteresses abhängig gemacht[952]. Dadurch wird dem Umstand Rechnung getragen, daß im Erledigungsfall die unmittelbare Interessenbeeinträchtigung des Bürgers nicht mehr besteht und aus diesem Grunde das Bedürfnis für eine gerichtliche Entscheidung fehlen kann[953]. Das Gericht soll demnach vor einer Arbeitsbelastung geschützt werden, die zum Schutz der Rechte des Bürgers nicht nötig ist oder diesem Zweck nicht nutzbar gemacht werden kann[954].

b) Die Vereinbarkeit des Erfordernisses eines berechtigten Feststellungsinteresses mit Art. 19 IV S. 1 GG

Das Abhängigmachen eines Rechtsschutzverfahrens von der Darlegung eines besonderen Rechtsschutzbedürfnisses, nämlich eines berechtigten Feststellungsinteresses, schränkt die Möglichkeit der Geltendmachung des von Art. 19 IV S. 1 GG gewährten Rechtsschutzes ein. Trotzdem steht die Rechtsschutzgarantie dem Erfordernis eines berechtigten Feststellungsinteresses hinsichtlich der Verfahren auf Feststellung der Rechtswidrigkeit einer erledigten Maßnahme nicht entgegen[955]. Denn die Rechtsschutzgarantie erfordert ihrem Zweck nach

---

950 Vgl. zum Zivilprozeßrecht: Baumbach/Lauterbach-Hartmann, Grundz § 253 Rdnr. 33 ff.;Thomas/Putzo, Vorbem § 253 Rdnr. 26 ff. Vgl. zum Verwaltungsprozeßrecht: Eyermann-Rennert, vor § 40 Rdnr. 11 ff.; Kopp/Schenke, Vorb § 40 Rdnr. 30 ff.; Redeker/von Oertzen, § 42 Rdnr. 28 ff.

951 Vgl. dazu: Ellersiek, S. 61 f.; LR-Gollwitzer, Vor § 296 Rdnr. 5; von Löbbecke, S. 46 ff., 51; Zysk, S. 42. Vgl. auch unter Teil 1 C. III. 1.) b) aa) (3) (b).

952 Vgl. dazu: Blei, JA 1973, S. 679, 680; Haffke, NJW 1974, S. 1983, 1985; Nelles, JuS 1987, S. 51, 56; Schlüchter, Rdnr. 624; BGHSt 36, S. 30, 32; BGH, NStZ 1989, S. 538, 538; LG Frankfurt, NJW 1996, S. 1008, 1008.

953 Vgl. dazu: BK-Schenke, Art. 19 Abs. 4 Rdnr. 139.Wohlers, GA 1992, S. 214, 218 f.

954 Diese Aspekte werden angeführt zur Herleitung des Anliegens, das unsere Rechtsordnung mit dem Erfordernis des allgemeinen Rechtsschutzbedürfnisses für gerichtliche Verfahren verfolgt, vgl. BK-Schenke, Art. 19 Abs. 4 Rdnr. 132; Grunsky, S. 392; Stephan, S. 23 ff. Sie können aber auch im Zusammenhang mit der hier in Rede stehenden Frage eines berechtigten Feststellungsinteresses nutzbar gemacht werden, vgl. in diesem Zusammenhang auch Knöpfle, Lerche-FS, S. 774, 778.

955 So bzgl. der Vereinbarkeit von allgemeinen Rechtsschutzbedürfnis und Art. 19 IV S. 1 GG: Bachmann, S. 239; BK-Schenke, Art. 19 Abs. 4 Rdnr. 132; Maunz/Dürig/Herzog/

nicht, daß eine gerichtliche Sachprüfung auch ohne billigenswertes rechtliches Interesse vorzunehmen ist[956]. Allerdings dürfen keine zu engen Anforderungen an den Nachweis eines berechtigten Feststellungsinteresses gestellt werden, weil dieses Institut sich ansonsten zur „Achillesferse der Rechtsschutzgarantie" entwickelt[957]. Bei der Auslegung des berechtigten Feststellungsinteresses ist daher einerseits dem Umstand Rechnung zu tragen, daß bei erledigten staatlichen Eingriffen die primäre Verletzung der Rechtssphäre bereits unabänderlich eingetreten und die Annahme eines berechtigten Interesses am gerichtlichen Rechtsschutz mithin in besonderer Weise begründungsbedürftig ist, andererseits ist aber auch sicherzustellen, daß durch die Negation des Rechtsschutzbedürfnisses nicht die Rechtsschutzgarantie des Art. 19 IV S. 1 ausgehöhlt wird[958].

2.) Die Gesichtspunkte, die zur Begründung eines berechtigten Feststellungsinteresses in Betracht kommen

Im Anschluß an die Darlegung der Erforderlichkeit eines berechtigten Feststellungsinteresses als Zulässigkeitsvoraussetzung der strafverfahrensrechtlichen Feststellungsverfahren nach § 98 II S. 2 StPO; §§ 23 ff., 28 I S. 4 EGGVG und §§ 304 ff. StPO ist nun der Frage nachzugehen, welche Gesichtspunkte zur Konkretisierung dieses berechtigten Interesses herangezogen werden können und welche Ansatzpunkte ausscheiden. Erst im nachfolgenden Untersuchungspunkt wird dann zu prüfen sein, wie diese Gesichtspunkte, insbesondere im Hinblick auf den Rechtsschutz gegen die hier in Rede stehenden heimlichen strafprozessualen Zwangsmaßnahmen, mit Inhalt zu füllen sind.

Nach allgemein anerkannter Meinung entfällt die Möglichkeit der Geltendmachung eines berechtigten Feststellungsinteresses durch den Betroffenen, wenn die Strafverfolgungsbehörden selbst die Rechtswidrigkeit einräumen oder das freisprechende Urteil oder die Einstellungsverfügung ausnahmsweise die Rechtswidrigkeit der Zwangsmaßnahme feststellt[959].

Aufgrund der Entscheidung des Bundesverfassungsgerichtes vom 30.04.1997[960] wird ein berechtigtes Interesse an der Feststellung der Rechtswidrigkeit einer strafprozessualen Zwangsmaßnahme innerhalb eines Beschwerdeverfahrens anerkannt im Fall von tiefgreifenden, tatsächlich abgeschlossenen Grundrechtseingriffen, in denen die direkte Belastung durch den angegriffenen Akt sich

---

Scholz- Schmidt-Aßmann, Art. 19 Abs. IV Rdnr. 244; Wohlers, GA 1992, S. 214, 218; BVerfG, wistra, 1984, S. 221, 221 f.

956 BVerfG, wistra 1984, S. 221, 222.

957 Maunz/Dürig/Herzog/Scholz-Schmidt-Aßmann, Art. 19 Abs. IV Rdnr. 244.

958 So auch: Wohlers, GA 1992, S. 214, 218.

959 Bachmann, S. 239; Bottke, StV 1986, S. 120, 125; Dörr, NJW 1984, S. 2258, 2261; Sommermeyer, JR 1991, S. 517, 517.

960 BVerfGE 96, S. 27, 27 ff.

nach dem typischen Verfahrensablauf auf eine Zeitspanne beschränkt, in welcher der Betroffene die gerichtliche Entscheidung in der von der Prozeßordnung vorgesehenen Instanz kaum erlangen kann[961]. Dies gilt nach der Entscheidung des Bundesverfassungsgerichtes ausdrücklich für eine Beschwerde auf Feststellung der Rechtswidrigkeit einer erledigten strafprozessualen Zwangsmaßnahme. Die zur Herleitung dieser Fallgruppe führenden Erwägungen[962], vor allem die aus Art. 19 IV S. 1 GG zu entnehmenden Gesichtspunkte, lassen sich auf den Rechtsschutz gegen erledigte staatsanwaltschaftliche bzw. polizeiliche Zwangsmaßnahmenanordnungen übertragen. Aus diesem Grunde wird ein berechtigtes Feststellungsinteresse hinsichtlich der Feststellungsanträge nach § 98 II S. 2 StPO; §§ 23 ff., 28 I S. 4 EGGVG in Zukunft auch unter diesem Gesichtspunkt bejaht werden[963].

Zur Herleitung eines berechtigten Feststellungsinteresses im Fall der hier zu untersuchenden strafverfahrensrechtlichen Feststellungsverfahren könnte man auf die im Verwaltungsprozeßrecht entwickelten Fallgruppen für das Vorliegen eines berechtigten Feststellungsinteresses im Fall einer Feststellungsklage nach § 43 VwGO und einer Fortsetzungsfeststellungsklage nach § 113 I S. 4 VwGO zurückgreifen. Im Verwaltungsprozeßrecht wird die Möglichkeit der Bejahung eines berechtigten Feststellungsinteresses diskutiert unter dem Aspekt der Wiederholungsgefahr, des Rehabilitierungsbedürfnisses des Betroffenen wegen diskriminierender Auswirkungen einer Maßnahme und der Absicht der Geltendmachung eines Amtshaftungsanspruches[964].
Nach allgemeiner Meinung kann auch im Strafverfahrensrecht die Darlegung einer Wiederholungsgefahr ein berechtigtes Feststellungsinteresse begründen[965]. Ist nämlich nach dem Eintritt einer Rechtsverletzung eine weitere Beeinträchtigung der Rechte des Bürgers in ähnlicher Weise bereits absehbar, so erfordert der durch die Grundrechte verfassungsrechtlich gebotene Rechtsgüterschutz bereits im Vorfeld den Schutz des Bürgers vor einer neuerlichen Rechtsverletzung. Eine Feststellung der Rechtswidrigkeit des bereits erfolgten Eingriffes kann die zuständigen Organe dabei vor einer erneuten Anordnung einer entsprechenden rechtsbeeinträchtigenden Maßnahme abhalten. Darüber hinaus ist im Strafverfahrensrecht entsprechend dem Verwaltungsprozeßrecht anerkannt, daß im Verfahren auf Feststellung der Rechtswidrigkeit einer strafprozessualen

---

961 Vgl. dazu: Amelung, JR 1997, S. 384, 384 ff.; Fezer, JZ 1997, S. 1062, 1062 ff.; Roxin, StV 1997, S. 654, 654 ff.
962 Vgl. dazu näher unter Teil 1 C. III. 1.) a) bb) (1).
963 So auch: Fezer, JZ 1997, S. 1062, 1064; Kleinknecht/Meyer-Goßner, § 98 Rdnr. 23.
964 Eyermann-Schmidt, § 113 Rdnr. 86 ff.; Kopp/Schenke, § 113 Rdnr. 136 ff.; Pietzner/Ronellenfitsch, § 18 Rdnr. 16 ff.; Redeker/von Oertzen, § 113 Rdnr. 32 f.
965 Amelung, Rechtsschutz, S. 42 ff.; Bachmann, S. 244 ff.; Eppinger, S. 172 ff.; Feiter, S. 127 ff.; Heneka, S. 75 ff.; Köster, S. 95 ff.; Middelberg, S. 71 ff.; Wohlers, GA 1992, S. 214, 221 ff., 227 ff.

Zwangsmaßnahme ein berechtigtes Feststellungsinteresse auch angenommen werden kann bei Vorliegen von diskriminierenden Auswirkungen einer Maßnahme. In diesen Fällen ergibt sich nämlich aus Art. 1 und Art. 2 I GG in Verbindung mit dem heute im Ergebnis allgemein anerkannten, richtigerweise bereits auf der Verfassungsebene angesiedelten Institut der Folgenbeseitigung ein Anspruch des Bürgers darauf, die fortdauernde Beeinträchtigung seiner Würde und Ehre zu beseitigen[966].

Im übrigen ist aber innerhalb der strafverfahrensrechtlichen Rechtsprechung und des Schrifttums umstritten, ob die Absicht der Geltendmachung eines Amtshaftungsanspruches entsprechend der verwaltungsprozessualen Argumentation ein berechtigtes Feststellungsinteresse hinsichtlich eines strafprozessualen Feststellungsverfahrens begründen kann.

Nach der überwiegenden Auffassung kann die Absicht, wegen der Anordnung oder Durchführung einer strafprozessualen Zwangsmaßnahme einen Amtshaftungsanspruch vor den Zivilgerichten geltend machen zu wollen, kein berechtigtes Feststellungsinteresse für die Feststellungsverfahren nach § 98 II S. 2 StPO; §§ 23 ff., 28 I S. 4 EGGVG; §§ 304 ff. StPO begründen[967]. Die Entscheidung der Strafgerichte entfalte nämlich keine Bindungswirkung in bezug auf einen späteren Amtshaftungsprozeß vor dem Zivilgericht[968]. Eine bloße Präjudizwirkung könne ein berechtigtes Feststellungsinteresse aber nicht begründen[969]. Im übrigen sei es prozeßökonomisch wenig sinnvoll, zunächst das Strafgericht anstatt sogleich das Zivilgericht zu bemühen, wenn es ausschließlich um die Geltendmachung von Amtshaftungsansprüchen gehe[970].

Nach einer zweiten Ansicht ist ein berechtigtes Interesse an der Feststellung der Rechtswidrigkeit einer strafprozessualen Zwangsmaßnahme im Rahmen der Verfahren nach § 98 II S. 2 StPO; §§ 23 ff., 28 I S. 4 EGGVG; §§ 304 ff. StPO auch dann anzuerkennen, wenn diese Feststellung ausschließlich der Vorbereitung eines Amtshaftungsprozesses diene[971]. Denn die strafgerichtliche Entscheidung entfalte durch ihre materielle und formelle Rechtskraft Bindungswirkung für die Amtshaftungsklage[972]. Voraussetzung eines berechtigten Feststellungsinteresses sei insoweit nur, daß ein Amtshaftungsanspruch erwartet werden könne und dieser nicht offensichtlich aussichtslos sei[973].

---

966 Vgl. dazu: Schenke, Jura 1980, S. 133, 142.
967 KMR-Paulus, Vorb. § 1 Rdnr. 11; Kleinknecht/Meyer-Goßner, § 28 EGGVG Rdnr. 6; Meyer, Schäfer-FS, S. 119, 123; Schloer, JA 1988, S. 49, 50; Wohlers, GA 1992, S. 214, 219 ff.; OLG Nürnberg, BayVBl 1987, S. 111, 112.
968 Bachmann, S. 244; OLG Nürnberg, BayVBl 1987, S. 111, 112
969 Bachmann, S. 244; OLG Nürnberg,. a. a. O.
970 Bachmann, S. 244 f.; Kleinknecht/Meyer-Goßner, § 28 EGGVG Rdnr. 6; Wohlers, GA 1992, S. 214, 219 f.
971 Bottke, StV 1986, S. 120, 125; Dörr, NJW 1984, S. 228, 2261; Katholnigg, § 28 Rdnr. 5.
972 Dörr, NJW 1984, S. 228, 2261; Katholnigg, § 28 Rdnr. 5.
973 Dörr, NJW 1984, S. 2258, 2261.

Eine vermittelnde Meinung vertritt demgegenüber den Standpunkt, daß nur bei Erledigung der strafprozessualen Maßnahme nach der Geltendmachung des Feststellungsbegehrens vor dem Strafgericht die Absicht der Erhebung einer Amtshaftungsklage ein berechtigtes Feststellungsinteresse begründen könne[974]. Zwar werde hierdurch ein Zivilprozeß nicht vermieden und dem Beschluß könne auch nur eine präjudizielle Vorwirkung und keine Bindungswirkung im Hinblick auf einen späteren Zivilprozeß zukommen, es dürfe aber dem Betroffenen, auch unter dem Gesichtspunkt der Prozeßökonomie, nicht das Recht abgesprochen werden, das einmal begonnene und mit der Sachprüfung befaßte Verfahren auch zu Ende zu führen[975]. Wenn sich eine strafprozessuale Zwangsmaßnahme aber bereits erledige, bevor das Strafgericht wegen dieser Maßnahme angerufen werde, so könne eine Feststellungsentscheidung unter dem Gesichtspunkt der Prozeßökonomie nicht mehr begründet werden[976]. Denn trotz der Möglichkeit einer präjudiziellen Vorwirkung sei nicht einzusehen, daß sich zwei ordentliche Gerichte, nämlich die Strafgerichte und die Zivilgerichte, mit denselben rechtlichen Gesichtspunkten befaßten[977].

Die Begründung eines berechtigten Feststellungsinteresses mit der Absicht der Erhebung einer Amtshaftungsklage ist schon insofern nicht überzeugend, als der Betroffene den Schadensersatzanspruch auch direkt vor dem zuständigen Zivilgericht geltend machen kann. Somit ist angesichts dieses Rechtsweges die Annahme eines berechtigten Feststellungsinteresses durch Art. 19 IV S. 1 GG nicht geboten[978]. Der grundsätzliche Vorrang einer möglichen Leistungsklage vor einer Feststellungsklage spricht hier aber auch gegen die Möglichkeit, aus dem in Rede stehenden Aspekt ein berechtigtes Feststellungsinteresse herzuleiten[979]. Darüber hinaus kann auch eine angeblich größere Sachnähe der Strafgerichte hinsichtlich der Feststellung der Rechtswidrigkeit strafprozessualer Maßnahmen als Argument nicht herangezogen werden[980]. Denn der Gesetzgeber bejaht mit der Regelung des § 839 BGB i. V. m. § 71 GVG die Kompetenz der Zivilgerichte zur Überprüfung der sich im Rahmen von Amtshaftungsklagen vorfrageweise ergebenden strafprozessualen Rechtsfragen[981]. Diese gesetzliche Entscheidung ist bindend und kann nicht mit rechtsökonomischen Erwägungen überspielt werden.

Abgesehen von diesen Gesichtspunkten erscheint es aber auch äußerst zweifelhaft, einer strafverfahrensrechtlichen Entscheidung eine rechtlich präjudizielle

---

974 Feiter, S. 133 ff.; Heneka, S. 86 f.; Kissel, § 28 EGGVG Rdnr. 18; OLG Frankfurt, NJW 1965, S. 2315, 2315 f.

975 Feiter, S. 135; Heneka, S. 87.

976 Heneka, S. 86 f.

977 Heneka, S. 86.

978 So auch: Wohlers, GA 1992, S. 214, 219.

979 Wohlers, GA 1992, S. 214, 219.

980 So auch: Wohlers, GA 1992, S. 214, 219.

981 Vgl. zur entsprechenden Problematik im Verwaltungsprozeßrecht: Schenke, Jura 1980, S. 133, 143.

Wirkung hinsichtlich einer Entscheidung der Zivilgerichte zuzusprechen. Denn die strafverfahrensrechtliche Entscheidung beurteilt lediglich die das Außenverhältnis Bürger - Staat betreffende objektive Rechtmäßigkeit der strafprozessualen Maßnahme[982]. Der Amtshaftungsanspruch setzt aber das Vorliegen einer das Innenverhältnis Amtsträger - Dienstherr betreffenden Amtspflichtwidrigkeit voraus[983]. Diese Differenzierung wird vor allem relevant bei staatsanwaltschaftlichen und polizeilichen Vorgehen, und zwar dann, wenn der Vorgesetzte eine rechtswidrige dienstliche Weisung erteilt[984]. Hier zeigt sich, daß ein Handeln zwar rechtswidrig sein kann, nicht aber zugleich amtspflichtwidrig sein muß[985].

Aber selbst wenn man eine wie auch immer geartete präjudizierende Wirkung bejahen würde, wäre ein prozeßökonomischer Vorteil durch die Erhebung eines strafverfahrensrechtlichen Feststellungsantrages kaum ersichtlich. Die isolierte Feststellung der Rechtswidrigkeit der strafprozessualen Maßnahme beschränkt sich schließlich - soweit man eine präjudizierende Wirkung zuläßt - auf eine Einzelfrage, die im Amtshaftungsprozeß nur neben zahlreichen anderen Punkten, wie z. B. der Drittbezogenheit der Amtspflichtverletzung oder der Frage der fahrlässigen oder vorsätzlichen Pflichtverletzung, eine Rolle spielt. Der Zivilrichter ist folglich nicht davon entbunden, den gesamten Sachverhalt selbständig und eigenverantwortlich zu prüfen[986]. Unter dem Gesichtspunkt der Prozeßökonomie ist es somit nicht sinnvoll, wenn der Betroffene zwei Prozesse, nämlich einen Zivilprozeß und daneben noch einen Strafprozeß, anstrengt. Diese Darlegungen führen somit im Ergebnis dazu, daß ein berechtigtes Interesse an der Feststellung der Rechtswidrigkeit eines strafprozessualen Zwangsmitteleinsatzes - letztlich unabhängig von der Frage des Erledigungszeitpunktes - unter dem Gesichtspunkt der Vorbereitung eines Amtshaftungsprozesses nicht anerkannt werden kann.

3.) Inhaltliche Ausgestaltung der Fallgruppen, die ein berechtigtes Feststellungsinteresse begründen können

Nachdem die Fallgruppen dargelegt wurden, die zur Begründung eines berechtigten Feststellungsinteresses hinsichtlich der Feststellungsverfahren nach § 98 II S. 2 StPO; §§ 23 ff., 28 I S. 4 EGGVG; §§ 304 ff. StPO in Betracht kommen, soll nun geklärt werden, welche inhaltliche Ausgestaltung diese Fallgruppen

---

982 Vgl. zur entsprechenden Problematik im Verwaltungsprozeßrecht: Heneka, S. 85; Erichsen, Jura 1989, S. 49, 51; Schenke, Jura 1980, S. 133, 144.

983 Vgl. zur entsprechenden Problematik im Verwaltungsprozeßrecht: Heneka, a. a. O.; Erichsen, a. a. O.; Schenke, a. a. O.

984 Vgl. zur entsprechenden Problematik im Verwaltungsprozeßrecht: Heneka, a. a. O.; Schenke, a. a. O.

985 Vgl. zur entsprechenden Problematik im Verwaltungsprozeßrecht: Heneka, a. a. O.; Schenke, a. a. O.

986 Eppinger, S. 179.

erfahren müssen. Im Rahmen dieser inhaltlichen Ausgestaltung der Fallgruppen ist bei der hier zur Diskussion stehenden Rechtsschutzproblematik besonders die Heimlichkeit der Zwangsmaßnahmen zu berücksichtigen. Denn diese führt - wie gesehen[987] - dazu, daß der betroffene Bürger in der Regel erst nach dem Eintritt der Erledigung gegen diese Maßnahmen vorgehen kann. Wenn man nun aber in einer solchen Situation zu hohe Anforderungen an das Vorliegen eines berechtigten Feststellungsinteresses stellt, dann entrücken diese Zwangsmaßnahmen wieder in einen „fast sakrosankten Geheimbereich der Unüberprüfbarkeit und der Versagung jeglichen Rechtsschutzes“[988]. Im übrigen könnte dies im Fall der staatsanwaltschaftlichen bzw. polizeilichen Tätigkeit zu einem Mißbrauch der Kompetenzen führen[989]. Um die aufgezeigten Rechtsschutzmöglichkeiten in bezug auf heimliche strafprozessuale Zwangsmaßnahmen gerade auch im Hinblick auf Art. 19 IV S. 1 GG nicht unangemessen zu beschränken, dürfen somit keine überhöhten Anforderungen an das Feststellungsinteresse gestellt werden. Es muß hier also ein weiter Auslegungsmaßstab gelten, dies ist bei der weiteren Analyse zu berücksichtigen.

a) Die Gefahr der Wiederholung des Eingriffes in Rechte oder rechtlich geschützte Interessen

Die Gefahr der Wiederholung des mit einer strafprozessualen Zwangsmaßnahme verbundenen Eingriffes in Rechte oder rechtlich geschützte Interessen kann ein berechtigtes Interesse an der Feststellung der Rechtswidrigkeit einer strafprozessualen Zwangsmaßnahme im Rahmen eines strafprozessualen Feststellungsverfahrens begründen. Die Anforderungen an die Darlegung einer solchen Wiederholungsgefahr werden aber unterschiedlich beurteilt.

aa) Strenge Anforderungen an das Vorliegen einer Wiederholungsgefahr

Nach der Rechtsprechung und dem überwiegenden Teil in der Literatur muß der Betroffene die Gefahr der Wiederholung gleicher Maßnahmen so hinreichend substantiiert dartun, daß sie aufgrund seines Vorbringens zumindest möglich erscheint[990]. Allgemeine Befürchtungen oder vage Vermutungen, daß sich die Maßnahme aufgrund des früheren Geschehens in Zukunft wiederholen werde, könnten eine Wiederholungsgefahr nicht begründen[991]. Vielmehr müsse der

---

987 Vgl. dazu näher unter Teil 1 B.

988 Sommermeyer, JR 1991, S. 517, 517.

989 Welp, Überwachung, S.117.

990 Fezer, Jura 1982, S. 18, 28; Heneka, S. 75 f.; Katholnigg, § 28 Rdnr. 5; BGHSt 37, S. 79, 82; KG Berlin, GA 1976, S. 79, 80 f.; OLG Nürnberg, BayVBl 1987, S. 411, 412.

991 Dörr, NJW 1984, S. 2258, 2261; Feiter, S. 132; Heneka, S. 75 f.; BGHSt 37, S. 79, 82; OLG Nürnberg, BayVBl 1987, S. 411, 412.

Betroffene konkrete Tatsachen zur Begründung einer möglichen Gefahr der zukünftigen Wiederholung der Maßnahme vortragen[992].

bb) Weite Ausdehnung der Anforderungen für das Vorliegen einer Wiederholungsgefahr

Teile der Literatur ziehen die Grenzen für das Vorliegen der ein berechtigtes Feststellungsinteresse begründenden Wiederholungsgefahr weiter[993]. Zwar könnten bloße Befürchtungen allein ein berechtigtes Interesse an einer gerichtlichen Feststellung nicht begründen, weil die Wiederholung einer Zwangsmaßnahme in der Regel nie ganz ausgeschlossen werden könnte[994]. Andererseits sei aber gerade wegen des Geheimcharakters des Ermittlungsverfahrens eine substantiiert dargelegte Prognose kaum je möglich[995]. Aus diesem Grunde dürften keine überhöhten Anforderungen an das Vorliegen einer Wiederholungsgefahr gestellt werden. Nach dieser Auffassung kann demnach nicht nur aufgrund einer substantiiert dargelegten Wiederholungswahrscheinlichkeit ein Feststellungsinteresses begründet werden, sondern auch im Hinblick auf eine reine Befürchtung oder Vermutung der Wiederholung eines Eingriffes. Diese Befürchtungen oder Vermutungen müßten sich lediglich auf tatsächliche Anhaltspunkte stützen, die die Wiederholung der Maßnahme nicht unwahrscheinlich machten[996]. Kriterien zur Beurteilung dieser Wiederholungswahrscheinlichkeit seien allgemein der Stand und der bisherige Verlauf der Ermittlungen und das zu erwartende Verhalten des Antragstellers insoweit, als er sein Verhalten bereits gegenwärtig in rechtlich erheblicher Weise auf die zu erwartende Maßnahme eingerichtet habe[997].

cc) Stellungnahme

Selbst die Vertreter einer engen Sichtweise bezüglich des Vorliegens einer Wiederholungsgefahr erkennen zum Teil, daß der Betroffene nur selten hinreichend konkret die Wiederholung der strafprozessualen Zwangsmaßnahme in der Zukunft geltend machen kann und die Berufung auf diesen Gesichtspunkt demnach ein nicht unerhebliches Prozeßrisiko in sich birgt[998]. Die zur Anordnung und Durchführung einer Zwangsmaßnahme führenden Ermittlungen der Strafverfolgungsorgane sind nämlich auf Geheimhaltung angelegt, um dadurch zu einem größeren Erfolg zu führen[999]. Im Ergebnis führt die strenge Auslegung

---

992 Eppinger, S. 174.
993 Bachmann, S. 245; Sommermeyer, StV 1992; S. 265, 266; Wohlers, GA 1992, S. 214, 228 ff.
994 Bachmann, S. 245.
995 Bachmann, S. 245. Vgl. auch: Sommermeyer, StV 1992, S. 265, 266.
996 Sommermeyer, StV 1992, S. 265, 266.
997 Bachmann, S. 245; Wohlers, GA 1992, S. 214, 229 f.
998 Vgl. dazu: Heneka, S. 76; Feiter, S. 132.
999 Sommermeyer, StV 1992, S. 265, 266.

also dazu, daß sich ein berechtigtes Feststellungsinteresse prinzipiell nie aus einer Wiederholungsgefahr herleiten läßt. Somit kann sich das Rechtsschutzbedürfnis insoweit zum Hemmschuh, zur gefürchteten „Achillesferse der Rechtsschutzgarantie“[1000] entwickeln. Dies kommt vor allem bei den heimlichen strafprozessualen Zwangsmaßnahmen in Betracht, weil hier ein vorheriger Rechtsschutz regelmäßig nicht möglich ist und der Bürger demnach ganz auf den nachträglichen Rechtsschutz verwiesen ist. Demzufolge dürfen gerade im Hinblick auf den Rechtsschutz gegen heimliche strafprozessuale Zwangsmaßnahmen keine überhöhten Anforderungen an die Darlegung einer Wiederholungsgefahr gestellt werden. Vor diesem Hintergrund ist eine Wiederholungsgefahr anzunehmen, wenn die Annahme gerechtfertigt ist, daß der Betroffene in absehbarer Zeit aufgrund der im wesentlichen gleichen tatsächlichen und rechtlichen Umstände wiederum mit einer entsprechenden Maßnahme rechnen muß[1001]. Diese Annahme kann sich dabei entsprechend dem weitem Ansatz hinsichtlich der Darlegung einer Wiederholungsgefahr auch auf reine Befürchtungen oder Vermutungen der Wiederholung des Eingriffes stützen, solange sich diese auf tatsächliche Anhaltspunkte stützen lassen. Im übrigen ist nicht erforderlich, daß diese drohenden Maßnahmen in ihren tatsächlichen und rechtlichen Voraussetzungen völlig mit den Maßnahmen übereinstimmen, deren Rechtswidrigkeit festgestellt werden soll. Es muß vielmehr - entsprechend den Vorstellungen im Verwaltungsprozeßrecht[1002] - genügen, wenn sich nach den Umständen des künftig zu erwartenden Falles die in bezug auf das erledigte Begehren kontroversen Fragen erneut stellen[1003].

b) Das Rehabilitierungsbedürfnis wegen diskriminierender Auswirkungen der Maßnahme

aa) Die Kriterien für die Annahme eines Rehabilitierungsbedürfnisses

Während innerhalb der Rechtsprechung und Lehre allgemein anerkannt ist, daß ein Rehabilitierungsbedürfnis ein berechtigtes Feststellungsinteresse im Sinne eines strafverfahrensrechtlichen Feststellungsverfahrens begründen kann, werden die inhaltlichen Anforderungen an das Vorliegen eines solchen Interesses kontrovers diskutiert.

[1000] Vgl. zu diesem Ausdruck: Maunz/Dürig/Herzog/Scholz-Schmidt-Aßmann, Art. 19 IV Rdnr. 244.

[1001] Vgl. entsprechend im Verwaltungsprozeßrecht: Schenke, JZ 1996, S. 1103, 1109; BVerwG, NVwZ 1994, S. 282, 282 f.

[1002] Schenke, JZ 1996, S. 1103, 1109 f.; BVerwG, NVwZ 1994, S. 282, 282 f.

[1003] Schenke, JZ 1996, S. 1103, 1109 f.; OVG Münster, DVBl 1994, S. 541, 542.

(1) Einschränkende Bestimmung der Voraussetzungen eines Rehabilitierungsbedürfnisses

Die Rechtsprechung will ein Rehabilitierungsbedürfnis wegen diskriminierender Auswirkungen einer strafprozessualen Maßnahme nur unter engen Voraussetzungen, begrenzt auf Ausnahmefälle anerkennen[1004]. Die bloß ideelle Beeinträchtigung des Betroffenen, die in dem Bewußtsein liege, zu Unrecht einer Strafverfolgungsmaßnahme ausgesetzt worden zu sein, könne ein Rehabilitierungsbedürfnis nicht begründen[1005]. Sie betonen vielmehr, daß sich dies jeweils aus den besonderen Gründen des Einzelfalles ergeben müsse[1006]. Verlangt wird dabei die Darlegung einer fortwirkenden, d. h. auf die Zukunft gerichteten Diskriminierung im Einzelfall[1007]. Als Kriterien für eine solche fortwirkende Beeinträchtigung werden vor allem die Schwere des Eingriffes, das Gewicht des betroffenen Rechtes, die Kenntnis der Öffentlichkeit von der Maßnahme sowie deren publizistische Auswirkungen herangezogen[1008].

(2) Ausdehnende Bestimmung der Voraussetzungen eines Rehabilitierungsbedürfnisses

(a) Der „Stigmatisierungsansatz“

Nach einer in der Literatur vereinzelt vertretenen Auffassung kann sich eine die Annahme eines Rehabilitierungsbedürfnisses rechtfertigende diskriminierende Wirkung bei strafprozessualen Maßnahmen aus zwei Gesichtspunkten ergeben[1009]. Einerseits könne eine diskriminierende Wirkung aus der mit strafprozessualen Maßnahmen verbundenen expliziten oder impliziten Äußerung eines Tatverdachtes hergeleitet werden[1010]. Eine implizite Tatverdachtäußerung komme vor allem hinsichtlich der einen Tatverdacht voraussetzenden Zwangsmaßnahmen in Betracht[1011]. Die diskriminierende Wirkung ergebe sich hier gerade aus dem Umstand, daß diese Maßnahmen den Betroffenen in die Nähe von Straftätern rücke[1012]. Dadurch werde nämlich gerade der gute Ruf, der soziale Geltungsanspruch des Betroffenen in der Öffentlichkeit beschädigt und sein

---

[1004] BGH, NJW 1979, S. 882, 882; BGHSt 36, S. 30, 32; BGHSt 36, S. 242, 245, 247; OLG Stuttgart, NStZ 1992, S. 97, 97 f.; OLG Karlsruhe, NStZ 1992, S. 264, 265. Eine Einzelfallbetrachtung nimmt in diesem Zusammenhang auch Bachmann, S. 269 ff.; 276 ff., vor.

[1005] BGHSt 36, S. 30, 33; BGHSt 36, S. 242, 248.

[1006] BGH, NJW 1979, S. 882, 882; OLG Stuttgart, NStZ 1992, S. 97, 97 f.; OLG Karlsruhe, NStZ 1992, S. 264, 265.

[1007] BGHSt 36, S. 30, 32; OLG Stuttgart, NStZ 1992, S. 97, 97 f.; OLG Karlsruhe, NStZ 1992, S. 264, 265.

[1008] BGH, StV 1981, S. 597, 599; BGHSt 36, S. 242, 245, 247; OLG Stuttgart, NStZ 1992, S. 97, 97 f.; OLG Karlsruhe, NStZ 1992, S. 264, 265.

[1009] Amelung, Rechtsschutz, S. 42 ff., 52 ff., 58; Amelung, NJW 1979, S. 1687, 1688 f.

[1010] Amelung, NJW 1979, S. 1686, 1689.

[1011] Amelung, NJW 1979, S. 1696, 1689. Vgl. dazu auch: Eppinger, S. 180; Welp, GA 1977, S. 124, 124.

[1012] Vgl. dazu: Bachmann, S. 246.

Selbstwertgefühl gefährdet[1013]. Solche Stigmatisierungsprozesse drängten den Einzelnen in eine gesellschaftliche Außenseiterrolle[1014]. Juristisch stellten solche Beeinträchtigungen eine Verletzung des allgemeinen Persönlichkeitsrechtes nach Art. 2 I i. V. m. Art. 1 I GG dar[1015]. Andererseits wirke auch die Anwendung von unmittelbarem Zwang stigmatisierend und damit diskriminierend, weil damit dem Betroffenen kundgetan werde, er sei nicht willens und fähig, seine Rechtspflichten selbst zu erfüllen[1016]. Im übrigen sei mit der Anwendung unmittelbaren Zwanges für den Betroffenen oft der Verlust an Ausdruckskontrolle und damit eine Verletzung seiner Würde verbunden[1017].

(b) Die Diskriminierungswirkung strafprozessualer Grundrechtseingriffe

Eine vor allem im neueren Schrifttum sich immer mehr durchsetzende Auffassung geht davon aus, daß ein Rehabilitierungsbedürfnis in bezug auf strafprozessuale Zwangsmaßnahmen regelmäßig zu bejahen sei[1018]. Denn staatliche Grundrechtseingriffe, die mit strafprozessualen Zwangsmaßnahmen verbunden seien, entfalteten eine Diskriminierung aus sich selbst heraus[1019]. Die Diskriminierung liege darin, daß die staatlichen Organe gegenüber dem betroffenen Bürger zum Ausdruck bringe, sie seien zu einem Grundrechtseingriff befugt, und er habe diesen Eingriff zu dulden[1020]. Die in der Duldung des Eingriffes liegende Diskriminierung könne nur dadurch wieder beseitigt werden, daß die Strafverfolgungsorgane selbst einräume, die Grenzen des rechtlich Zulässigen überschritten zu haben, oder dadurch, daß ein Gericht dies ausnahmsweise im Rahmen einer Einstellungsverfügung oder eines freisprechenden Urteiles oder auf Antrag des Betroffenen feststelle[1021].

(3) Stellungnahme

Die an enge Maßstäbe gebundene Einzelfallösung der Rechtsprechung und der ihr folgenden Literatur erscheint bereits in Anbetracht der Einzelfallkriterien der Schwere des Eingriffes und des Gewichtes des verletzten Rechtes bedenklich. Denn erstens sind diese Kriterien generell unbestimmt. Darüber hinaus liegt einer solchen Vorgehensweise eine im Hinblick auf Art. 19 IV S. 1 GG nicht überzeugende Differenzierung zwischen besonders schwerwiegenden, ein-

---

[1013] Amelung, Rechtsschutz, S. 43 f., 52 ff., 58; Amelung, NJW 1979, S. 1686, 1689.
[1014] Amelung, NJW 1979, S. 1686, 1689.
[1015] Amelung, NJW 1979, S. 1686, 1689.
[1016] Amelung, Rechtsschutz, S. 43 f., 52 ff., 58; Amelung, NJW 1979, S. 1686, 1689.
[1017] Amelung, Rechtsschutz, S. 43, 52 ff., 58; Amelung, NJW 1979, S. 1686, 1689.
[1018] Dörr, NJW 1984, S. 2258, 2261; Feiter, S. 129 ff.; Hilger, JR 1990, S. 485, 488.
[1019] Feiter, S. 129 ff.; Fezer, Jura 1982, S. 18, 27; Heneka, S. 82; Hilger, JR 1990, S. 485, 488.
[1020] Aulehner, BayVBl 1988, S. 709, 713; Dörr, NJW 1984, S. 2258, 2261; Fezer, Jura 1982, S. 18, 27; Heneka, S. 82.
[1021] Dörr, NJW 1984, S. 2258, 2261; Fezer, Jura 1982, S. 18, 27; Heneka, S. 82.

fachen, aber durch die Umstände des Einzelfalles qualifizierten und lediglich einfachen und somit nicht rechtsschutzfähigen Grundrechtsbeeinträchtigungen zugrunde[1022]. Unabhängig von diesem Aspekt ist ein striktes Abstellen auf den Einzelfall stets problematisch, weil dies die Gefahr der Rechtsunsicherheit heraufbeschwört. Dies gilt hier wegen der dargelegten Unbestimmtheit einiger Einzelfallkriterien in besonderem Maße. Im Ergebnis ist es bei Zugrundelegung dieser Sichtweise unmöglich, die ein Rehabilitierungsbedürfnis begründenden Gesichtspunkte allgemein verbindlich und damit für den Bürger voraussehbar zu bestimmen. Aufgrund der ausgeführten Schwächen kann diese Vorgehensweise letztlich also nicht überzeugen.

Der Vorwurf der Unbestimmtheit und der daraus resultierenden Rechtsunsicherheit kann gegen den „Stigmatisierungsansatz" nicht vorgebracht werden. Die hier verwendeten Begriffe der Tatverdachtsäußerung und der Anwendung unmittelbaren Zwanges sind nämlich klar bestimmbar. Dieser Lösungsansatz kann aber gerade für den Fall des Rechtsschutzes gegen heimliche strafprozessuale Zwangsmaßnahmen nicht überzeugen.
Zunächst einmal ist die Anwendung unmittelbaren Zwanges hier ausgeschlossen, weil der Betroffene keine Kenntnis von diesen Maßnahmen hat und demnach körperlich wirkender Zwang zu deren Durchsetzung nicht nötig ist.
Aber auch der weitere von dieser Auffassung angeführte Aspekt vermag ein Rehabilitierungsinteresse im Fall der heimlichen strafprozessualen Zwangsmaßnahmen kaum zu begründen. Die eine Diskriminierung bewirkende Stigmatisierung des Betroffenen wird nämlich gerade darauf gegründet, daß gegen den von Zwangsmaßnahmen Betroffenen ein Straftatverdacht geäußert oder er mit Straftätern in Verbindung gebracht wird. Ein solcher Stigmatisierungseffekt beruht primär auf der Beeinträchtigung des guten Rufes und erst sekundär auf einer Beeinträchtigung der Selbstachtung des betroffenen Bürgers. Eine Beschädigung des guten Rufes, des Geltungsanspruches in der Gesellschaft setzt indes voraus, daß die beeinträchtigende Maßnahme öffentlich wird. Heimliche Maßnahmen vermeiden aber gerade eine Öffentlichkeit, sie sollen ohne Kenntnis des Betroffenen und damit konsequenterweise auch ohne Kenntnis der Öffentlichkeit vollzogen werden. Die später einsetzende Benachrichtigung richtet sich auch nur an die von den Maßnahmen betroffenen Personen. Ein Bekanntwerden der Zwangsmaßnahme in der Öffentlichkeit kommt demzufolge nur in Betracht, wenn das Hauptverfahren gegen den Beschuldigten eröffnet wird und in der öffentlichen Hauptverhandlung im Rahmen der Beweisaufnahme diese Maßnahmen zur Sprache kommen. Sieht man nun aber für den von einer Zwangsmaßnahme betroffenen Beschuldigten die Diskriminierung in der Tatverdachtsäußerung begründet, so kann diese Wirkung in diesem Verfahrenssta-

---

[1022] Wohlers, GA 1992, S. 214, 224.

dium nur noch durch einen Freispruch beseitigt werden. Eine Feststellungsentscheidung in bezug auf eine einzelne Zwangsmaßnahme, die wegen des Verdachtes der nun zur Anklage gebrachten Straftat angeordnet wurde, kann eine Rehabilitierung hier nicht mehr bewirken. Ein Rehabilitierungsinteresse wäre für den von einer heimlichen strafprozessualen Zwangsmaßnahme betroffenen Beschuldigten bei der Zugrundelegung dieses Ansatzes somit nicht denkbar. Ein anderes Ergebnis kommt nur für den unverdächtigen Dritten in Betracht, der von einer heimlichen strafprozessualen Zwangsmaßnahme betroffen wird, welche in der öffentlichen Hauptverhandlung zur Sprache kommt. Hier könnte eine gerichtliche Feststellung den Betroffenen rehabilitieren. Denn hiermit würde deutlich gemacht, daß der Betroffene zu Unrecht mit einem Straftäter in Verbindung gebracht wurde und das die Stigmatisierung begründende angebliche Näheverhältnis zu einem Straftäter nicht besteht.
Sieht man einmal von der Problematik der Heimlichkeit ab, so läßt sich bei einigen der hier zu untersuchenden Zwangsmaßnahmen eine „Stigmatisierungswirkung“ auch wegen eines anderen Gesichtspunktes kaum begründen. So werden von der Schleppnetzfahndung und der Rasterfahndung als sog. „Massenfahndungsmaßnahmen“ typischerweise eine große Vielzahl von unverdächtigen Personen betroffen, so daß von einer damit einhergehenden Stigmatisierung in der Öffentlichkeit - falls die Maßnahmen bekannt werden - kaum noch gesprochen werden kann.
Im Ergebnis vermag die dargelegte Ansicht also ein Rehabilitierungsbedürfnis nicht in ausreichendem Maße zu begründen. Insbesondere im Fall der hier zu untersuchenden heimlichen strafprozessualen Zwangsmaßnahmen kann der Bürger sein berechtigtes Interesses an der Feststellung der Rechtswidrigkeit der Zwangsmaßnahme kaum jemals aus diesem Aspekt herleiten. Somit kann diese Sichtweise nicht gewährleisten, daß der Bürger über die Begründung eines Rehabilitierungsinteresses den von Art. 19 IV S. 1 GG geforderten Rechtsschutz gegen heimliche strafprozessuale Zwangsmaßnahmen erlangt[1023]. Zwar stellt das Rehabilitierungsbedürfnis nur eine Möglichkeit zur Herleitung eines berechtigten Feststellungsinteresses dar. Wegen der mit der Darlegung einer Wiederholungsgefahr stets verbleibenden Unsicherheiten[1024] muß aber gerade durch die Auslegung des Rehabilitierungsinteresses der nach Art. 19 IV S. 1 GG geforderte Rechtsschutz gesichert sein. Daher ist diese Sichtweise abzulehnen.

Somit verbleibt zur Herleitung des Rehabilitierungsbedürfnisses hier nur noch der sich in der neueren Literatur immer mehr durchsetzende Ansatz, demzufolge Grundrechtseingriffe eine diskriminierende Wirkung aus sich selbst heraus entfalteten. Zu untersuchen ist also, ob sich dieser Lösungsweg als verläßlich erweisen kann.

[1023] Vgl. dazu näher unter Teil 1 C. IV. 3.).
[1024] Vgl. dazu näher unter Teil 1 C. IV. 3.) a).

Selbst diejenigen, die diese Auffassung ablehnen, erkennen an, daß die staatlichen Organe durch die Anordnung einer Zwangsmaßnahme zum Ausdruck bringen, sie dürften so handeln und der Betroffene habe dies zu dulden[1025]. Fraglich ist, ob die sich daraus ergebende Diskriminierungswirkung zur Begründung eines Rehabilitierungsinteresses ausreichen kann.
Dagegen wird vorgebracht, daß bei Zugrundelegung dieser Sichtweise ein Rehabilitierungsinteresse bezüglich der Feststellung der Rechtswidrigkeit einer erledigten strafprozessualen Zwangsmaßnahme immer zu bejahen wäre[1026]. Dies sei aber mit der Konzeption des Gesetzgebers unvereinbar, der Feststellungsverfahren stets von der Darlegung eines besonderen Feststellungsinteresses abhängig mache, demzufolge also keineswegs bei allen erledigten Hoheitsakten eine nachträgliche Feststellung ihrer Rechtswidrigkeit möglich sein solle[1027]. Diese Einschränkung sei auch zur Erhaltung der Funktionsfähigkeit der Strafrechtspflege unerläßlich[1028]. Dieser Kritik ist insofern zuzustimmen, als bei der Bestimmung der Zulässigkeit eines gerichtlichen Verfahrens die Belastung der Justiz, die letztendlich ihre Funktionsfähigkeit rein tatsächlich beeinflussen kann, zu berücksichtigen ist[1029]. Dies gilt gerade auch im Erledigungsfall, weil hier die primäre Verletzung bereits eingetreten und auch nicht mehr behebbar ist.
Die Bestimmung des Rechtsschutzbedürfnisses hinsichtlich eines Rechtsbehelfes hat indes nicht nur diesen Gesichtspunkt zu berücksichtigen. Vielmehr ergibt sie sich aus dem Spannungsverhältnis einer schonenden Belastung der Justiz einerseits und der Gewährleistung der Rechtsschutzgarantie andererseits[1030]. Keiner dieser Gesichtspunkte darf völlig unberücksichtigt bleiben, aber jeder kann zu Lasten des anderen zurückgedrängt werden, wenn einer ansonsten völlig leerlaufen würde. Wenn man die in Rede stehende Diskriminierungswirkung zur Begründung eines Rehabilitierungsbedürfnisses ausreichen läßt, wird der Rechtsschutzgesichtspunkt in den Vordergrund gerückt. Dies ist aber zumindest im Fall des Rechtsschutzes gegen die hier zu untersuchenden heimlichen strafprozessualen Zwangsmaßnahmen gerechtfertigt, weil - wie bereits gesehen[1031] - ein vorheriger Rechtsschutz diesbezüglich in der Regel ausscheidet und somit die Rechtsschutzmöglichkeiten sich ganz auf den nachträglichen Rechtsschutz konzentrieren.
Der von der in Rede stehenden Sichtweise vertretene Diskriminierungsansatz kann darüber hinaus gerade im Fall der heimlichen Zwangsmaßnahmen eine Diskriminierungswirkung begründen. Die Diskriminierungswirkung staatlicher Grundrechtseingriffe sieht diese Auffassung nämlich darin, daß das handelnde

[1025] Vgl. statt aller: Bachmann, S. 270.
[1026] Bachmann, S. 269 f.
[1027] Bachmann, S. 269 f.
[1028] Bachmann, S. 269 f.
[1029] Vgl. dazu auch unter Teil 1 C. IV. 1.) a).
[1030] So auch: Wohlers, GA 1992, S. 214, 218.
[1031] Vgl. dazu näher unter Teil 1 C. IV. 3.)

staatliche Organ durch die Zwangsmaßnahmen zum Ausdruck bringe, es sei zum Eingriff befugt und der betroffene Bürger habe diesen zu dulden[1032]. Im Fall der heimlichen strafprozessualen Zwangsmaßnahmen ist die von diesen Maßnahmen ausgehende Diskriminierungswirkung dadurch gekennzeichnet, daß der Bürger eine Maßnahme zu erdulden hat, von der er nichts weiß und gegen die er sich bis zur Kenntniserlangung somit auch nicht wehren kann. Die in einer Zwangsmaßnahme zum Ausdruck kommende Diskriminierungswirkung ist dadurch intensiviert und folglich auch sein Rehabilitierungsbedürfnis. Im Ergebnis ist also dem Ansatz, demzufolge staatliche Grundrechtseingriffe eine Diskriminierung aus sich selbst heraus entfalteten, zu folgen.
Demnach ist festzuhalten, daß das Rehabilitierungsbedürfnis hinsichtlich der Feststellung der Rechtswidrigkeit erledigter heimlicher strafprozessualer Zwangsmaßnahmen im Verfahren nach §§ 98 II S. 2 StPO; §§ 23 ff., 28 I S. 4 EGGVG; §§ 304 ff. StPO in der Regel zu bejahen ist, weil diese Maßnahmen eine Diskriminierung aus sich selbst heraus entfalten. Ein Rehabilitierungsbedürfnis liegt nur ausnahmsweise dann nicht vor, wenn die Strafverfolgungsorgane selbst einräumen, die Grenzen des rechtlich zulässigen überschritten zu haben oder wenn ein Gericht dies ausnahmsweise im Rahmen einer Einstellungsverfügung oder eines Urteiles feststellt.

bb) Der Personenkreis, der ein Rehabilitierungsbedürfnis geltend machen kann

Nach allgemeiner Ansicht kann der von einer Zwangsmaßnahme betroffene Nichtbeschuldigte sein berechtigtes Interesses an der Feststellung der Rechtswidrigkeit der Maßnahme mit einem Rehabilitierungsbedürfnis begründen[1033]. Es wird insofern angeführt, daß der Nichtbeschuldigte sein Rehabilitierungsbedürfnis nur im Wege einer Entscheidung über die Rechtmäßigkeit der ihn treffenden Zwangsmaßnahme durchsetzen kann[1034]. Die hinsichtlich des Beschuldigten diskutierte Möglichkeit der Rehabilitierung im weiteren Strafverfahren besteht für den Nichtbeschuldigten nämlich gerade nicht.
Vor allem im Hinblick auf den Gesichtspunkt der Rehabilitierung im weiteren Strafverfahren ist umstritten, ob auch der von einer strafprozessualen Zwangsmaßnahme betroffene Beschuldigte sich auch auf ein Rehabilitierungsbedürfnis berufen kann.

[1032] Vgl. dazu näher unter Teil 1 C IV. 3.) b) aa) (2) (b).
[1033] Dörr, NJW 1984, S. 2258, 2261; Heneka, S. 83; Kleinknecht/Meyer-Goßner, § 28 EGGVG Rdnr. 6; Meyer, Schäfer,FS, S. 119, 124 ff.
[1034] Vgl. dazu: Eppinger, S. 203; Kleinknecht/Meyer-Goßner, § 28 Rdnr. 6; OLG Nürnberg, BayVBl 1987, S. 411, 412.

(1) Der Meinungsstand vor der Entscheidung des Bundesverfassungsgerichtes vom 30.04.1997

Nach der Auffassung der Rechtsprechung und einem Teil der Literatur kann der Beschuldigte eines Strafverfahrens als Adressat einer strafprozessualen Zwangsmaßnahme ein berechtigtes Interesse an der Feststellung der Rechtswidrigkeit einer strafprozessualen Maßnahme in einem strafverfahrensrechtlichen Feststellungsverfahren nicht mit einem Rehabilitierungsbedürfnis wegen diskriminierender Auswirkungen der Verfahrenshandlung begründen[1035]. Der Beschuldigte könne und müsse seine Rehabilitierung im Rahmen des gegen ihn gerichteten Strafverfahrens betreiben[1036]. Möglichkeiten zur Rehabilitierung böten hierbei die Einstellung nach § 170 II StPO, die Nichteröffnung der Hauptverhandlung nach § 204 StPO oder der Freispruch sowie die Regelungen des StrEG[1037]. Daneben bestünde keine Notwendigkeit einer gesonderten Rehabilitierung[1038]. Wenn der Beschuldigte hingegen vom Gericht verurteilt werde, könne er nicht über diese Verurteilung hinaus durch die Anordnung oder Durchführung einer einzelnen Maßnahme im Ermittlungsverfahren diskriminiert worden sein[1039]. Ein anerkennenswertes Rehabilitierungsinteresse an der Feststellung der Rechtswidrigkeit bestehe hier also nicht[1040].
Demgegenüber ist es nach einer in der Literatur vertretenen Auffassung nicht gerechtfertigt, hinsichtlich der Möglichkeit der Darlegung eines Rehabilitierungsinteresses an einer richterlichen Feststellung der Rechtswidrigkeit einer Zwangsmaßnahme zwischen dem Beschuldigten und dem Nichtverdächtigen zu differenzieren[1041]. Der Anspruch des Betroffenen auf nachträgliche Feststellung der Rechtswidrigkeit müsse unabhängig vom Ausgang des Verfahrens beurteilt werden, weil die Beurteilung der Rechtmäßigkeit einer strafprozessualen Zwangsmaßnahme mit der späteren Verurteilung in keinem Zusammenhang stehe[1042]. Die diskriminierende Wirkung eines Eingriffes könne auch eintreten, wenn der Betroffene später verurteilt werde, und sie entfalle nicht zwangsläufig

---

1035 Bachmann, S. 271 ff.; Kleinknecht/Meyer-Goßner, § 28 EGGVG Rdnr. 6; Meyer, Schäfer-FS, S. 119, 124 ff.; BGHSt 37, S. 79, 82 ff.; OLG Nürnberg, BayVBl 1987, S. 411, 412; KG, NStZ 1986, S. 135, 135; OLG Hamm, NStZ 1989, S. 85, 85.

1036 Kleinknecht/Meyer-Goßner, § 28 EGGVG Rdnr. 6; BGHSt 37, S. 79, 83; OLG Nürnberg, BayVBl 1987, S. 411, 412.

1037 Bachmann, S. 272 f.; Meyer, Schäfer-FS, S. 119, 124 f.; BGHSt 37, S. 79, 83; OLG Nürnberg, BayVBl 1987, S. 411, 412; KG, NStZ 1986, S. 135, 135; OLG Hamm, NStZ 1989, S. 85, 85.

1038 Meyer, Schäfer-FS, S. 119, 124 f.; BGHSt 37, S. 79, 83; OLG Nürnberg, BayVBl 1987, S. 411, 412;

1039 Bachman, S. 272 f.; Meyer, Schäfer-FS, S. 119, 124.

1040 Bachman, S. 272 f.; Meyer, Schäfer-FS, S. 119, 124.

1041 Aulehner, BayVBl 1988, S. 709, 713 f.; Dörr, NJW 1984, S. 2258, 2261; Feiter, S. 129 ff.; Fezer, Jura 1982, S. 18, 27; Heneka, S. 80 ff.; Sommermeyer, JR 1991, S. 517, 517; Wohlers, GA 1992, S. 214, 222 ff.;

1042 Aulehner, BayVBl 1988, S. 709, 713; Fezer, Jura 1982, S. 18, 27; Heneka, S. 81.

dadurch, daß das Verfahren eingestellt werde[1043]. Da die Verfahrenseinstellung nicht einmal die Zweifel an der Unschuld des Antragstellers ausräume, führe auch die Einstellung des Ermittlungsverfahrens gemäß § 170 II StPO keinesfalls zu einer Rehabilitierung des Beschuldigten[1044].

(2) Die Entscheidung des Bundesverfassungsgerichtes vom 30.04.1997

Der zweite Senat des Bundesverfassungsgerichtes hat in seiner Entscheidung vom 30.04.1997 ausdrücklich hervorgehoben, daß auch dem berechtigten Feststellungsinteresse des Beschuldigten, der von einer strafprozessualen Maßnahme betroffen sei, nicht im Rahmen des gegen ihn gerichteten Strafverfahrens genügt werden könne[1045]. Im Strafverfahren werde die Schuld oder Unschuld des Beschuldigten und nicht die Rechtmäßigkeit einer einzelnen Ermittlungsmaßnahme geklärt[1046]. Eine Ermittlungsmaßnahme könne rechtswidrig sein und dennoch könne eine Schuldfeststellung stattfinden oder umgekehrt[1047].
Wegen der sich aus § 31 I BVerfGG ergebenden Bindungswirkung bundesverfassungsgerichtlicher Entscheidungen werden der Bundesgerichtshof, die Oberlandes-, Land- und Amtsgerichte zukünftig ihre Meinung aufgeben, wonach bei der Frage der Geltendmachung eines Rehabilitierungsbedürfnisses zwischen Beschuldigten und Nichtbeschuldigten zu differenzieren ist. Eine Entscheidung, in der sich die Gerichte mit dieser Frage beschäftigen, liegt aber noch nicht vor.

(3) Stellungnahme

Die bisherige Rechtsprechung und die ihr folgende Literatur beurteilt strafprozessuale Maßnahmen nur aus der Perspektive des strafprozessualen Verfahrensablaufes, d. h. von der verfahrensbeendenden Entscheidung her. Sie läßt völlig außer acht, daß die Maßnahmen nur dann hinzunehmen sind, wenn die jeweiligen Eingriffsvoraussetzungen vorliegen[1048]. Dies gilt uneingeschränkt auch für den Beschuldigten eines Strafverfahrens, weil durch die Einleitung eines Ermittlungsverfahrens kein besonderes Gewaltverhältnis begründet wird, aufgrund dessen möglicherweise auch nicht gesetzlich vorgesehene Eingriffe zu dulden wären[1049]. Berücksichtigt werden muß darüber hinaus, daß das ein Strafverfahren abschließende Urteil nur die Strafbarkeit des Beschuldigten klärt und eben nicht die Rechtmäßigkeit einer einzelnen Ermittlungsmaßnahme. Auch die Verfahrenseinstellung kann - wie die unterschiedlichen Regelungen der §§ 153

[1043] Heneka, S. 81.
[1044] Aulehner, BayVBl 1988, S. 709, 713.
[1045] BVerfGE 96, S. 27, 42.
[1046] BVerfG, a. a. O.
[1047] BVerfG, a. a. O.
[1048] Vgl. dazu: Amelung, NJW 1979, S. 1686, 1688; Fezer, Jura 1982, S. 18, 27; Schenke, NJW 1976, S. 11816, 1818; Wohlers, GA 1992, S. 214, 222.
[1049] So auch: Wohlers, GA 1992, S. 214, 222.

a; b; 170 II StPO zeigen - aus ganz unterschiedlichen Gründen erfolgen, die mit der Rechtmäßigkeit einer einzelnen Ermittlungsmaßnahme nicht in Verbindung stehen. Der Ausgang des Strafverfahrens besagt demnach nichts über die Rechtmäßigkeit einer einzelnen strafprozessualen Ermittlungsmaßnahme[1050]. Die in der Anordnung und/oder Durchführung einer Zwangsmaßnahme liegende Diskriminierungswirkung, die sich vor allem aus der von dem staatlichen Eingriff ausgehenden Duldungswirkung ergibt[1051], kann somit in dem gegen den Betroffenen gerichteten Strafverfahren nicht beseitigt werden. Im Ergebnis kann also eine Differenzierung zwischen Beschuldigten und Nichtbeschuldigten hinsichtlich der Möglichkeit der Geltendmachung eines Rehabilitierungsbedürfnisses nicht überzeugen. Auch der Beschuldigte kann somit ein solches berechtigtes Feststellungsinteresse anführen.

c) Das Vorliegen eines tiefgreifenden, tatsächlich abgeschlossenen Grundrechtseingriffes, bei dem die direkte Belastung sich typischerweise auf eine Zeitspanne beschränkt, in welcher gerichtlicher Rechtsschutz kaum zu erlangen ist

Aufgrund der Entscheidung des zweiten Senates des Bundesverfassungsgerichtes vom 30.04.1997 ist in Anbetracht der Rechtsschutzgarantie nach Art. 19 IV S. 1 GG ein berechtigtes Feststellungsinteresse hinsichtlich strafverfahrensrechtlicher Feststellungsverfahren gegen die Anordnung einer Zwangsmaßnahme auch in Fällen tiefgreifender, tatsächlich abgeschlossener Grundrechtseingriffe zu bejahen, bei denen die direkte Belastung sich typischerweise auf eine Zeitspanne beschränkt, in welcher gerichtlicher Rechtsschutz kaum zu erlangen ist[1052]. Es wurde bereits ausführlich dargelegt, daß die inhaltliche Ausgestaltung dieser Fallgruppe in bezug auf das Erfordernis einer „tiefgreifenden Grundrechtsverletzung“ zu unlösbaren Auslegungsschwierigkeiten führt[1053]. Diese Fallgruppe kann somit im Ergebnis in dieser Form zur Begründung eines berechtigten Feststellungsinteresses nicht in ausreichendem Maße weiterhelfen.
Diese Fallkonstellation weist nun aber eine gewisse Verwandtschaft zu einem in der Literatur entwickelten Ansatz zur Begründung eines berechtigten Feststellungsinteresses bezüglich strafverfahrensrechtlicher Feststellungsverfahren auf. Danach ist bei sich typischerweise kurzfristig erledigenden strafprozessualen Maßnahmen ein berechtigtes Feststellungsinteresse grundsätzlich zu bejahen, weil ansonsten eine richterliche Kontrolle hier regelmäßig entfalle und damit Art. 19 IV S. 1 GG verletzt sei[1054]. Bedacht werden sollte in diesem Zusammen-

---

1050 So auch: Fezer, Jura 1982, S. 18, 27; Rieß/Thym, GA 1981, S. 189, 206; Sommermeyer, JR 1991, S. 517, 517.
1051 Vgl. dazu näher unter Teil 1 C. IV. 3.) c) aa) (3).
1052 BVerfGE 96, S. 27, 27 ff. Vgl. dazu auch näher unter Teil 1 C. IV. 2.).
1053 Vgl. dazu näher unter Teil 1 C. III. 1.) a) bb) (2).
1054 BK-Schenke, Art. 19 Abs. 4 Rdnr. 141. Vgl. auch: Bachmann, S. 248; Dörr, NJW 1984, S. 2258, 2261; Fezer, Jura 1982, S. 18, 26. Vgl. zur Diskussion im Verwaltungsprozeß-

hang des weiteren, daß die Differenzierung des Bundesverfassungsgerichtes nach tiefgreifenden und nicht tiefgreifenden Grundrechtseingriffen wegen Art. 19 IV S. 1 GG bereits bedenklich ist. Denn Art. 19 IV S. 1 GG unterscheidet in seiner Schutzrichtung nicht zwischen dem Rechtsschutz gegen besonders schwerwiegende und einfache Grundrechtseingriffe[1055]. Vor diesem Hintergrund könnte man daran denken, den Ansatz des Bundesverfassungsgerichtes auf die dargelegte Literaturmeinung zu reduzieren. Demnach wäre also ein berechtigtes Feststellungsinteresse anzunehmen, wenn ein Grundrechtseingriff vorläge, bei dem sich die direkte Belastung typischerweise auf eine Zeitspanne beschränkt, in welcher gerichtlicher Rechtsschutz kaum zu erlangen ist. Da die hier zur Diskussion stehenden heimlichen strafprozessualen Zwangsmaßnahmen sich typischerweise kurzfristig, d. h. vor der Möglichkeit der Erlangung von Rechtsschutz erledigen, könnte auf dieser Grundlage ein berechtigtes Feststellungsinteresse in diesen Fällen stets bejaht werden. Dies würde dem hier im Hinblick auf Art. 19 IV S. 1 GG bestehenden Bedürfnis nach nachträglichem Rechtsschutz entgegenkommen[1056]. Eine solche neue Fallgruppe ist aber auf der Grundlage der im Rahmen dieser Abhandlung vertretenen weiten Auslegung des Rehabilitierungsbedürfnisses[1057] nicht nötig, um dem Betroffenen einer heimlichen strafprozessualen Zwangsmaßnahme zum Rechtsschutz zu verhelfen. Denn das im Rahmen dieser Abhandlung vertretene Verständnis vom Rehabilitierungsbedürfnis vermag hier bereits im ausreichendem Maße ein berechtigtes Feststellungsinteresse zu begründen[1058]. Ein weiterer Begründungsansatz zur Herleitung des berechtigten Feststellungsinteresses im Fall heimlicher strafprozessualer Zwangsmaßnahmen ist somit nicht erforderlich. Da die Einführung immer neuer Fallgruppen die Rechtsschutzproblematik darüber hinaus weiter überlastet und dadurch die Rechtslage noch mehr verkompliziert, ist es nicht angebracht, eine solche neue Fallgruppe zur Begründung eines berechtigten Feststellungsinteresses für strafverfahrensrechtliche Feststellungsverfahren anzuerkennen.

---

recht: Erichsen, Jura 1989, S. 49, 51; Schenke, VerwArch (60) 1969, S. 333, 355; Schenke, Jura 1980, S. 133,143; Schenke, Menger-FS, S. 462, 470 f.

1055 Wohlers, GA 1992, S. 214, 224.

1056 Vgl. dazu näher unter Teil 1 C. IV. 3.) a).

1057 Vgl. dazu näher unter Teil 1 C. IV. 3.) c) aa) (3).

1058 Vgl. dazu näher unter Teil 1 C. IV. 3.) b) aa) (3).

D. Die Besonderheiten des Rechtsschutzes im Fall von heimlichen strafprozessualen Zwangsmaßnahmen, die eine nachträgliche richterliche Bestätigung vorsehen

Die Strafprozeßordnung sieht im Fall der staatsanwaltschaftlichen bzw. polizeilichen Eilanordnung einer heimlichen Zwangsmaßnahme stets ein richterliches Bestätigungsverfahren vor, vgl. §§ 98 b I S. 2, 3; 100 II; 100 b I S. 3; 100 d I S. 2 i. V. m. 98 b I S. 2, 100 b I S. 3; 110 b II S. 4; 163 d II S. 2, 3; 163 e IV S. 3, 4 StPO [1059]. Im Zusammenhang mit diesem Verfahren können sich Besonderheiten hinsichtlich des Rechtsschutzes ergeben.

I. Rechtliche Vorfragen

Bevor man sich mit den Auswirkungen des nachträglichen richterlichen Bestätigungsverfahrens auf die Rechtsschutzproblematik auseinandersetzt, gilt es einige Grundsatzfragen im Vorfeld zu klären. Denn nur wenn man sich mit den Beteiligten dieses Verfahrens, dessen Wesen und Wirkung auseinandergesetzt hat, kann die Auswirkung des nachträglichen richterlichen Bestätigungsverfahrens auf die Rechtsschutzsituation des Bürgers im Fall heimlicher strafprozessualer Zwangsmaßnahmen angemessen beurteilt werden.

1.) Das zuständige Antragsorgan

Zunächst soll der Frage nachgegangen werden, wer die richterliche Bestätigungsentscheidung beantragen kann. Nicht alle gesetzlichen Regelungen, die ein richterliches Bestätigungsverfahren im Fall der staatsanwaltschaftlichen oder polizeilichen Anordnung einer heimlichen Zwangsmaßnahme vorsehen, bestimmen auch das zuständige Antragsorgan.

Im Hinblick auf die Eilanordnung der Rasterfahndung, der Schleppnetzfahndung und der Ausschreibung zur polizeilichen Beobachtung ist die Staatsanwaltschaft als das zuständige Antragsorgan ausdrücklich gesetzlich bestimmt, vgl. §§ 98 b I S. 2; 163 d II S. 2; 163 e IV S. 3 StPO. In bezug auf die Rasterfahndung und die Ausschreibung zur polizeilichen Beobachtung steht der Staatsanwaltschaft gemäß §§ 98 b I S. 1; 163 e IV S. 2 StPO auch alleine die Eilkompetenz zu, so daß die Anordnungskompetenz im Eilfall und das Antragsrecht im richterlichen Bestätigungsverfahren übereinstimmen. Die Schleppnetzfahndung hingegen untersteht gemäß § 163 d II S. 1 StPO im Eilfall sowohl der Anordnungskompetenz der Staatsanwaltschaft als auch derjenigen der Hilfsbeamten der Staatsanwaltschaft, so daß hier diese Übereinstimmung nicht zu finden ist. Das alleinige Antragsrecht der Staatsanwaltschaft auch bei polizeilicher

---

[1059] Vgl. dazu näher unter Teil 1 A. I. 3.) a) bb) (1).

Anordnung der Schleppnetzfahndung entspricht indes der umfassenden Leitungsbefugnis der Staatsanwaltschaft im Ermittlungsverfahren[1060].
Hinsichtlich des Einsatzes technischer Überwachungsmittel nach § 100 c I Nr. 2 StPO bedient sich der Gesetzgeber zur Ausgestaltung des richterlichen Bestätigungsverfahrens der Verweisungstechnik. So bestimmt der § 100 d I S. 2 StPO u. a. die sinngemäße Anwendung des § 98 b I S. 2 StPO, wonach bei der staatsanwaltschaftlichen Eilanordnung der Maßnahme die Staatsanwaltschaft die Bestätigung beantragt. Daraus ergibt sich also im Fall der staatsanwaltschaftlichen Eilanordnung einer Maßnahme nach § 100 c I Nr. 2 StPO, daß hier der Antrag auf richterliche Entscheidung durch die Staatsanwaltschaft zu stellen ist[1061]. Die Zwangsmaßnahme nach § 100 c I Nr. 2 StPO unterliegt indes nicht nur der Eilkompetenz der Staatsanwaltschaft, sondern auch der Anordnungskompetenz der Hilfsbeamten der Staatsanwaltschaft, vgl. § 100 d I S.1 StPO. Fraglich ist folglich, ob auch hier eine richterliche Bestätigung notwendig ist und von wem diese zu beantragen ist. Wenn die staatsanwaltschaftliche Anordnung einer Bestätigungsentscheidung unterliegt, muß dies erst recht für die Anordnung der Maßnahme durch die staatsanwaltschaftlichen Hilfsbeamten gelten. Die sinngemäße Anwendung des § 98 I S. 2 StPO kann somit nur bedeuten, daß auch die Anordnungen der Hilfsbeamten nach § 100 c I Nr. 2 StPO der richterlichen Bestätigung bedürfen und daß diese Bestätigung von der Staatsanwaltschaft zu beantragen ist[1062].
Für den Fall der Postbeschlagnahme, die Überwachung der Telekommunikation und des Einsatzes Verdeckter Ermittler nach §§ 110 a, b II StPO regelt der Gesetzgeber überhaupt nicht, welches Organ den Antrag auf eine richterliche Bestätigung der Eilanordnung zu stellen hat. Die Postbeschlagnahme und die Überwachung der Telekommunikation können indes nach §§ 100 I; 100 b I S. 2 StPO nur von der Staatsanwaltschaft im Eilfall angeordnet werden, so daß auch nur diese als Antragsorgan in Betracht kommt. Eine ausdrückliche gesetzliche Regelung erübrigt sich somit bereits aus diesem Grunde. Dem Einsatz des Verdeckten Ermittlers nach §§ 110 a, b II StPO, der der primären Anordnungskompetenz des Richters unterliegt, kann zwar im Eilfall auch nur der Staatsanwalt und nicht ein polizeilicher Hilfsbeamte der Staatsanwaltschaft zustimmen. Der Einsatz des Verdeckten Ermittlers nach §§ 110 a, b II StPO ist aber nicht gegen den Willen der Polizei möglich[1063], so daß sie hier in den Anordnungsprozeß in gewisser Weise miteinbezogen ist. Somit käme hier unter Umständen in Betracht, der Polizei den Antrag auf richterliche Bestätigung zumindest neben der

---

[1060] Zur Stellung der Staatsanwaltschaft als sog. „Herrin des Ermittlungsverfahrens" vgl.: Beulke, Rdnr. 79; Heidelberger Kommentar-Krehl, Vorbemerkung vor § 158 Rdnr. 2; Kleinknecht/Meyer-Goßner, Einl Rdnr. 87; Peters, § 23 IV; Rüping, S. 21.
[1061] So im Ergebnis auch: Bachmann, S. 105 f.; Kleinknecht/Meyer-Goßner, § 100 d Rdnr. 1.
[1062] So im Ergebnis auch: Bachmann, S. 105 f.; Kleinknecht/Meyer-Goßner, § 100 d Rdnr. 1
[1063] Krey, Rechtsprobleme des strafprozessualen Einsatzes Verdeckter Ermittler, Rdnr. 137. Vgl. auch unter Teil 1 A. I. 3.) a) aa) (1).

Staatsanwaltschaft zuzubilligen. Dies würde aber der erwähnten Leitungsbefugnis der Staatsanwaltschaft im Ermittlungsverfahren widersprechen. Demnach kann der Antrag auf richterliche Bestätigung der Eilanordnung nach §§ 110 a, b II auch nur von der Staatsanwaltschaft gestellt werden.

2.) Der Umfang der richterlichen Entscheidung im Bestätigungsverfahren

Der Prüfungsumfang des Richters im richterlichen Bestätigungsverfahren wird unterschiedlich beurteilt.

a) Die Entscheidung im richterlichen Bestätigungsverfahren als Ergebnis einer „ex-nunc-Prüfung"

Nach einer Auffassung in der Literatur prüft das Gericht im Rahmen des richterlichen Bestätigungsverfahrens lediglich, ob die Zwangsmaßnahmenanordnung zur Zeit seiner Entscheidung gerechtfertigt ist[1064]. Die Prüfung erstrecke sich hingegen nicht auf die Frage, ob die Zwangsmaßnahmenanordnung der Staatsanwaltschaft bzw. der Polizei zu Recht ergangen sei[1065]. Denn das Rechtsinstitut der richterlichen Bestätigung sei nicht dem nachträglichen Rechtsschutz zuzuordnen, sondern es bringe nur den Vorrang der richterlichen Anordnungskompetenz zum Ausdruck[1066]. Die richterliche Bestätigung sei demnach eine Anordnungsentscheidung und eben keine Überprüfungs- oder Kontrollentscheidung[1067].

b) Die Entscheidung nach § 98 II S. 1 StPO als Rechtmäßigkeitsprüfung

Eine andere Ansicht in der Literatur geht davon aus, daß der Richter im Rahmen des Bestätigungsverfahrens einerseits die Zulässigkeit der Zwangsmaßnahme im Zeitpunkt seiner Entscheidung untersuche, andererseits auch die staatsanwaltschaftliche bzw. polizeiliche Eilanordnung auf ihre Rechtmäßigkeit zu überprüfen und gegebenenfalls deren Rechtswidrigkeit festzustellen habe[1068]. Eine gegenteilige Sichtweise berücksichtige nämlich das Rechtsschutzbedürfnis des Betroffenen nicht im ausreichenden Maße[1069].

1064 Heidelberger Kommentar-Lemke, § 98 Rdnr. 20, § 100 Rdnr. 6 f.; KK-Nack, § 98 Rdnr. 20;Kleinknecht/Meyer-Goßner, § 98 Rdnr. 17, § 100 Rdnr. 7; Pfeiffer, § 100 Rdnr. 2; Schnarr, NStZ 1991, S. 209, 213 f.;

1065 Heidelberger Kommentar-Lemke, § 98 Rdnr. 20; KK-Nack, § 98 Rdnr. 20; Kleinknecht/ Meyer-Goßner, § 98 Rdnr. 17.

1066 Schnarr, NStZ 1991, S. 209, 214.

1067 Schnarr, NStZ 1991, S. 209, 214.Kleinknecht/Meyer-Goßner, § 98 Rdnr.

1068 AK-StPO-Achenbach, § 163 d Rdnr. 25; LR-Rieß, § 163 d Rdnr. 46; SK-StPO-Rudolphi, § 98 Rdnr. 31, § 10 Rdnr. 2; SK-StPO-Wolter, § 163 d Rdnr. 59.

1069 SK-StPO-Rudolphi, § 98 Rdnr. 31.

c) Stellungnahme

Betrachtet man zunächst einmal den Wortlaut der §§ 98 b I S. 2; 100 II; 100 b I S. 3; 100 d I S. 2 i. V. m. §§ 98 b I S. 2, 100 b I S. 3; 163 d II S. 2; 163 e IV S. 3 StPO, so spricht die Verwendung der Begriffe „Bestätigung" bzw. „bestätigen" dafür, daß der Richter im Rahmen dieses Verfahrens eine Kontrollfunktion ausübt und somit eine Rechtmäßigkeitsprüfung vorzunehmen hat. Diese Argumentation wurde bereits in einem etwas anderen Zusammenhang im Rahmen dieser Abhandlung ausführlich dargelegt[1070]. In § 110 b II S. 4 StPO spricht der Gesetzgeber indessen nicht von dem Bestätigen der Anordnung, sondern von der richterlichen Zustimmung zu der staatsanwaltschaftlichen Eilanordnung. Dies erklärt sich aber aus der Besonderheit der Regelung über den Einsatz Verdeckter Ermittler. Diese sehen nämlich keine staatsanwaltschaftliche Anordnung, sondern nur eine staatsanwaltschaftliche Zustimmung vor, weil der Einsatz des Verdeckten Ermittlers gegen den Willen der Polizei nicht möglich ist[1071]. Somit steht der Wortlaut des § 110 b II S. 4 StPO der dargelegten Interpretation nicht entgegen.

Zur Klärung der vorliegenden Problematik ist es hilfreich, nach Parallelen in anderen Bestimmungen zu suchen. Es kommt insofern die Heranziehung des § 98 II StPO in Betracht. Denn § 98 II StPO sieht in Satz 1 ein richterliches Bestätigungsverfahren auf Antrag der Staatsanwaltschaft bzw. der Polizei vor, und in Satz 2 ist das richterliche Tätigwerden bezüglich der staatsanwaltschaftlichen bzw. polizeilichen Eilanordnung auf Antrag des Betroffenen geregelt. § 98 II StPO beinhaltet also gerade beide Möglichkeiten der Herbeiführung einer richterlicher Entscheidung bei einer staatsanwaltschaftlichen bzw. polizeilichen Eilanordnung. Im übrigen hat bereits der Gesetzgeber von 1877 ein richterliches Bestätigungsverfahren hinsichtlich der Beschlagnahme geregelt[1072], so daß die nachfolgenden Regelungen sich hieran angelehnt haben. Für das Verfahren nach § 98 II S. 2 StPO wurde bereits ausführlich dargelegt, daß die richterliche Entscheidung hier auch eine Rechtmäßigkeitsprüfung hinsichtlich der Eilanordnung umfaßt[1073]. Wenn der Richter aber bei einer Entscheidung auf Antrag des Betroffenen die Rechtmäßigkeit der staatsanwaltschaftlichen bzw. polizeilichen Anordnung der Zwangsmaßnahme zu prüfen hat, muß dies auch bei einer Anrufung durch die Staatsanwaltschaft bzw. die Polizei gelten. Denn ein unterschiedlicher Prüfungsumfang ließe sich sachlich hier kaum begründen. Es ist nämlich kein Grund dafür ersichtlich, wieso der Prüfungsumfang des Richters von der Person abhängen sollte, die die richterliche Entscheidung beantragt. Somit hat der Richter im Rahmen des richterlichen Bestätigungsverfahrens nach § 98 II S. 1 StPO neben der Zulässigkeit der Zwangsmaßnahme zum Zeitpunkt

---

1070 Vgl. dazu näher unter Teil 1 C. I. 1.) b) bb) (1).

1071 Krey, Rechtsprobleme des strafprozessualen Einsatzes Verdeckter Ermittler, Rdnr. 137.

1072 Vgl. dazu: Schubert/Regge, S. 681.

1073 Vgl. dazu näher unter Teil 1 C. I. 1.) b) bb).

der richterlichen Entscheidung auch die Rechtmäßigkeit der staatsanwaltschaftlichen bzw. polizeilichen Eilanordnung zu untersuchen. Dieses Ergebnis läßt sich aufgrund der bereits erwähnten Überlegungen auch auf den Prüfungsumfang des Richters in allen anderen richterlichen Bestätigungsverfahren übertragen, also auch auf die Verfahren nach §§ 98 b I S. 2; 100 II; 100 b I S. 3; 100 d I S. 2 i. V. m. §§ 98 b I S. 2, 100 b I S. 3; 110 b II S. 4; 163 d II S. 2; 163 e IV S. 3 StPO. Bei Zugrundelegung einer Rechtmäßigkeitsprüfung innerhalb des richterlichen Bestätigungsverfahrens muß zur Erklärung der rechtlichen Situation im Fall einer Änderung der Sach- und/oder Rechtslage zwischen der staatsanwaltschaftlichen bzw. polizeilichen Anordnung und der richterlichen Entscheidung auf ein bereits für das Verfahren nach § 98 II S. 2 StPO entwickeltes juristisches Erklärungsmodell zurückgegriffen werden[1074]. Wenn also die Eilanordnung der Staatsanwaltschaft bzw. der Polizei nicht gerechtfertigt gewesen ist, im Zeitpunkt der richterlichen Entscheidung aber die Voraussetzungen für die Zwangsmaßnahme vorliegen, so muß der Richter die Bestätigung der staatsanwaltschaftlichen bzw. polizeilichen Eilanordnung ablehnen, dann aber zugleich die Zwangsmaßnahme erneut anordnen[1075].

3.) Die Pflicht zur Beantragung einer nachträglichen richterlichen Bestätigung

Die tatsächliche Durchführung des gesetzlich vorgesehenen richterlichen Bestätigungsverfahrens bei staatsanwaltschaftlicher bzw. polizeilicher Eilanordnung einer heimlichen strafprozessualen Zwangsmaßnahme hängt unter anderem davon ab, ob die Staatsanwaltschaft als zuständiges Antragsorgan zur Beantragung einer richterlichen Bestätigungsentscheidung verpflichtet ist.

Eine Verpflichtung der Staatsanwaltschaft zur Beantragung einer richterlichen Bestätigungsentscheidung könnte sich zunächst einmal aus den gesetzlichen Regelungen ergeben. Die gesetzlichen Bestimmungen, die ein richterliches Bestätigungsverfahren im Fall der heimlichen strafprozessualen Zwangsmaßnahmen vorsehen, regeln die Frage einer Verpflichtung der Staatsanwaltschaft zur Beantragung einer richterlichen Bestätigungsentscheidung nur zum Teil. Die entsprechenden strafprozessualen Regelungen jüngeren Datums, vgl. §§ 98 b I S. 2; 100 d I S. 2 i. V. m. 98 b I S. 2; 163 d II S. 2; 163 e IV S. 3 StPO, bestimmen ausdrücklich, daß im Fall der staatsanwaltschaftlichen bzw. polizeilichen Eilanordnung der fraglichen Zwangsmaßnahmen die Staatsanwaltschaft „unverzüglich" die richterliche Bestätigung „beantragt". Aus dieser gesetzlichen For-

[1074] Vgl. dazu näher unter Teil 1 C. I. 1.) b) bb) (4).
[1075] So im Ergebnis auch: SK-StPO-Rudolphi, § 98 Rdnr. 31; LR-Rieß, § 163 d Rdnr. 46.

mulierung ergibt sich, daß die Staatsanwaltschaft zur Einholung der richterlichen Bestätigungsentscheidung verpflichtet ist[1076].
In den §§ 100 II; 100 b I S. 3 StPO und auch in dem erst 1992 durch das OrgKG eingeführten § 110 b II S. 4 StPO fehlt eine entsprechende Formulierung. Fraglich ist, ob sich hier trotzdem eine entsprechende Verpflichtung bejahen läßt oder ob die Staatsanwaltschaft nur eine nicht verpflichtende Obliegenheit zur Einholung einer richterlichen Bestätigungsentscheidung trifft. Zur Lösung dieser Problematik muß noch einmal der bereits dargelegte Zusammenhang zwischen dem Richtervorbehalt und dem richterlichen Bestätigungsverfahren aufgegriffen werden[1077]. Die heimlichen Zwangsmaßnahmen nach §§ 99, 100; 100 a, b; 110 a, b II StPO unterstehen der richterlichen Anordnungskompetenz, nur im Eilfall können sie von der Staatsanwaltschaft angeordnet werden. Der Richtervorbehalt dient in diesen Fällen schwerwiegender Grundrechtseingriffe als besondere Ausprägung des Art. 19 IV S. 1 GG dem präventiven Rechtsschutz[1078]. Da dieses Rechtsschutzmodell bei der staatsanwaltschaftlichen bzw. polizeilichen Anordnung der Maßnahme im Eilfall nicht greifen kann, wirkt hier als Ausgleich zur Gewährleistung der Effektivität des Rechtsschutzes in den gesetzlich vorgesehenen Fällen das richterliche Bestätigungsverfahren[1079]. Um dieser dargelegten Aufgabe aber gerecht werden zu können, muß die Durchführung des gesetzlich vorgesehenen richterlichen Bestätigungsverfahrens stets gewährleistet sein. Dies ist aber nur dann möglich, wenn der Staatsanwaltschaft als zuständigem Antragsorgan eine Pflicht zur Beantragung der richterlichen Bestätigungsentscheidung auferlegt wird. Somit ist die Staatsanwaltschaft auch bei der staatsanwaltschaftlichen bzw. polizeilichen Eilanordnung der Zwangsmaßnahmen nach §§ 99, 100; 100 a, b; 110 a, b II StPO zur Beantragung einer richterlichen Bestätigungsentscheidung verpflichtet[1080]. Die ausdrückliche gesetzliche Regelung einer staatsanwaltschaftlichen Verpflichtung zur Beantragung einer richterlichen Bestätigungsentscheidung in den §§ 98 b I S. 2;100 d I S. 2 i. V. m. 98 b I S. 2; 163 d II S. 2; 163 e IV S. 3 stellt sich vor dem Hintergrund dieser Erwägungen demnach nur als Normierung eines sich bereits aus allgemeinen, verfassungsrechtlichen Erwägungen ergebenden Grundsatzes dar.
Dieser Grundsatz läßt angesichts seiner vor allem verfassungsrechtlichen Herleitung keine Ausnahmen zu. So kann entgegen vereinzelten Stimmen in der Literatur[1081] die Erledigung der staatsanwaltschaftlichen bzw. polizeilichen Eil-

---

[1076] So auch: Amelung, Rechtsschutz, S. 34; Bachmann, S. 104; KK-Nack, § 98 b Rdnr. 2; KMR-Müller, § 163 d Rdnr. 32; LR-Schäfer, § 100 Rdnr. 14; SK-StPO-Wolter, § 163 d Rdnr. 58.
[1077] Vgl. dazu näher unter Teil 1 A. I. 3.) a) bb) (2).
[1078] Vgl. dazu näher unter Teil 1 A. I. 3.) a) aa) (3) (d).
[1079] Vgl. dazu näher unter Teil 1 A. I. 3.) a) bb) (2).
[1080] So im Ergebnis auch: Amelung, Rechtsschutz, S. 34; Bachmann, S. 104.
[1081] LR-Rieß, § 163 d Rdnr. 47 f.; Rogall, NStZ 1986, S. 385, 391.

anordnung die Verpflichtung der Staatsanwaltschaft zur Beantragung der richterlichen Bestätigungsentscheidung nicht entfallen lassen. Dies ergibt sich auch daraus, daß der Richter innerhalb des richterlichen Bestätigungsverfahrens auch die Rechtmäßigkeit der staatsanwaltschaftlichen bzw. polizeilichen Eilanordnung überprüft[1082]. Auch ist in den angesprochenen Fällen die Rechtmäßigkeitsprüfung im Hinblick auf die Frage der Verwertbarkeit der erlangten Erkenntnisse noch sinnvoll[1083]. Im übrigen ist eine ausnahmslos eingreifende Pflicht der Staatsanwaltschaft auch gerade bei den hier in Rede stehenden heimlichen Zwangsmaßnahmen geboten. Denn die nach Art. 19 IV S. 1 GG erforderliche richterliche Überprüfung der Maßnahme kommt auf Antrag des Betroffenen wegen der Heimlichkeit der Maßnahme erst nach dessen Benachrichtigung in Betracht. Diese kann aufgrund der einschränkenden Voraussetzungen der §§ 101 I; 110 d I; 163 d V; 98 b IV S. 1 i. V. m. § 163 d V StPO aber zum Teil erheblich verzögert werden[1084].

4.) Die staatsanwaltschaftliche bzw. polizeiliche Eilanordnung als Grundlage der strafprozessualen Zwangsmaßnahme

Solange die staatsanwaltschaftliche bzw. polizeiliche Eilanordnung die rechtliche Grundlage der heimlichen strafprozessualen Zwangsmaßnahme bildet, muß sich der Bürger, der Rechtsschutz gegen diese Maßnahme begehrt, gegen diese Anordnung richten. Demnach ist für die hier in Rede stehende Rechtsschutzproblematik die Frage nach den Auswirkungen des richterlichen Bestätigungsverfahrens hinsichtlich der staatsanwaltschaftlichen bzw. polizeilichen Eilanordnung von entscheidender Bedeutung. Die staatsanwaltschaftliche bzw. polizeiliche Eilanordnung nach §§ 98 a, b I S. 1; 99, 100 I; 100 a, b I S. 2; 100 c I Nr. 2, 100 d I S. 1; 163 d I, II S. 1; 163 e I - III, IV S. 2 StPO ist zunächst einmal die zulässige rechtliche Grundlage für die betreffende heimliche Zwangsmaßnahme[1085]. Somit ist die Zwangsmaßnahme mit dieser Eilanordnung und nicht erst mit der richterlichen Bestätigungsentscheidung wirksam[1086]. Dies ergibt sich auch bereits aus der gesetzlichen Formulierung in §§ 98 b I S. 3; 100 II; 100 b I S. 3; 163 d II S. 3; 163 e IV S. 4 StPO, wonach die ermittlungsbehördliche Anordnung „außer Kraft tritt". Eine Maßnahme kann aber nur außer Kraft treten, wenn sie vorher in Kraft getreten ist, also wirksam gewesen ist.
Das weitere rechtliche Schicksal der staatsanwaltschaftlichen bzw. polizeilichen Eilanordnung ist abhängig von dem Erlaß einer richterlichen Entscheidung im Bestätigungsverfahren und dessen Inhalt.

[1082] Vgl. dazu näher unter Teil 1 D. I. 2.) c).
[1083] Vgl. dazu: LR-Rieß, § 163 d Rdnr. 50.
[1084] Vgl. dazu näher unter Teil 2 B. I. 5.).
[1085] Vgl. dazu: Feiter, S. 87; Kleinknecht/Meyer-Goßner, § 100 Rdnr. 12; LR-Schäfer, § 100 Rdnr. 40; Peters, § 48 A III 4.
[1086] Kleinknecht/Meyer-Goßner, § 100 Rdnr. 12; LR-Schäfer, § 100 Rdnr. 40; Peters, § 48 A III 4. Andere Auffassung: KK-Nack, § 100 Rdnr. 4.

Wird die fragliche staatsanwaltschaftliche bzw. polizeiliche Eilanordnung nicht richterlich bestätigt, so kann dies einerseits auf ein gänzliches Ausbleiben einer richterlichen Entscheidung und andererseits auf die Verweigerung der Bestätigung durch den angerufenen Richter zurückzuführen sein.
Im Fall des Nichtvorliegens einer richterlichen Bestätigungsentscheidung innerhalb einer Frist von drei Tagen tritt die staatsanwaltschaftliche bzw. polizeiliche Anordnung außer Kraft, vgl. §§ 98 b I S. 3; 100 II; 100 b I S. 3; 100 d I S. 2 i. V. m. 100 b I S. 3; 163 d II S.3; 163 e IV S. 4 StPO. Die Anordnung erlischt also, jedoch nicht rückwirkend[1087]. Hinsichtlich des Einsatzes Verdeckter Ermittler nach §§ 110 a, b II StPO sieht der Gesetzgeber in diesem Fall kein automatisches Außerkrafttreten der Anordnung vor, sondern nur die Verpflichtung zur Beendigung der Maßnahme. Dies erklärt sich aus der Besonderheit der Regelungen zum Einsatz Verdeckter Ermittler, die keine staatsanwaltschaftliche Anordnung, sondern nur eine Zustimmung kennen[1088]. Das Ausbleiben einer richterlichen Bestätigungsentscheidung kann unterschiedliche Ursachen haben. So kann es auf die - pflichtwidrige - Nichtbeantragung einer solchen Entscheidung durch die Staatsanwaltschaft zurückzuführen sein oder es kann darauf beruhen, daß die Bestätigungsentscheidung auch zu spät, d. h. nicht mehr innerhalb der gesetzlich vorgesehenen Frist von drei Tagen getroffen wurde.
Wenn der angerufene Richter die Bestätigung der Eilanordnung verweigert, tritt die Eilanordnung ebenfalls mit ex-nunc-Wirkung außer Kraft. Dies ist zwar nicht ausdrücklich gesetzlich geregelt. Wenn aber im Fall des Ausbleibens einer fristgemäßen richterlichen Entscheidung die Eilanordnung mit ex-nunc-Wirkung außer Kraft tritt, muß dies im Fall der Verweigerung der Bestätigung der Anordnung durch den Richter erst recht gelten. Bei der Ablehnung einer Bestätigungsentscheidung muß der Richter den Grund hierfür erkennen lassen[1089]. Lehnt der Richter nämlich die Bestätigung ab, weil er die Voraussetzungen der Zwangsmaßnahme nicht mehr als vorliegend erachtet oder den Zweck der Maßnahme für erreicht hält, so gilt uneingeschränkt die Rechtsfolge der §§ 98 b I S. 3; 100 II ; 100 b I S. 3; 163 d II S. 3; 163 e IV S. 4 StPO, nach denen die Anordnung außer Kraft tritt bzw. die Rechtsfolge des § 110 b II S. 4, wonach die Maßnahme zu beenden ist, also bis dahin wirksam war[1090]. Lehnt der Richter dagegen die Bestätigung ab, weil die Voraussetzungen für den Erlaß der Anordnung von vornherein nicht vorgelegen haben, so erweist sich die Anordnung als von Anfang an rechtswidrig[1091].
Im Fall der Erteilung einer nachträglichen richterlichen Bestätigungsentscheidung tritt die richterliche Entscheidung an die Stelle der staatsanwaltschaftli-

---

[1087] Kleinknecht/Meyer-Goßner, § 100 Rdnr. 7; KMR-Müller, § 163 d Rdnr. 32; LR-Schäfer, § 100 Rdnr. 29; Pfeiffer, § 100 Rdnr. 2.
[1088] Bachmann, S. 103 Fußnote 153.
[1089] LR-Rieß, § 163 d Rdnr. 50.
[1090] LR-Rieß, a. a. O.
[1091] LR-Rieß, a. a. O.

chen bzw. polizeilichen Eilanordnung, ist also nunmehr die rechtliche Grundlage der Zwangsmaßnahme[1092].

II. Die Rechtsschutzsituation

Die gesetzliche Anordnung des nachträglichen richterlichen Bestätigungsverfahren nach §§ 98 b I S. 2, 3; 100 II; 100 b I S. 3; 100 d I S. 2 i. V. m. 98 b I S. 2, 100 b I S. 3; 110 b II S. 4; 163 d II S. 2, 3; 163 e IV S. 3, 4 StPO kann zu Besonderheiten im Rechtsschutz führen. Problematisch kann insoweit sein, wogegen der Betroffene sich zur Erlangung von Rechtsschutz wenden muß. Es sind dabei verschiedene Fälle zu unterscheiden.

1.) Die Erteilung einer nachträglichen richterlichen Bestätigung

Wenn der Richter die staatsanwaltschaftliche bzw. polizeiliche Eilanordnung der heimlichen strafprozessualen Zwangsmaßnahme ausdrücklich bestätigt, so steht damit auch die Rechtmäßigkeit der Anordnung fest. Denn nach der hier zugrundeliegenden Auffassung umfaßt diese Entscheidung auch eine Rechtmäßigkeitsprüfung hinsichtlich der staatsanwaltschaftlichen bzw. polizeilichen Anordnung[1093]. Eine erneute richterliche Überprüfung dieser Anordnung auf Antrag des Betroffenen analog § 98 II S. 2 StPO kommt somit nicht mehr in Betracht. Sie ist aufgrund der bereits vollzogenen richterlichen Prüfung weder verfassungsrechtlich nach Art. 19 IV S. 1 GG geboten, noch ließe sich insofern ein Rechtsschutzbedürfnis bejahen. Der Betroffene kann sich aber im Wege der Beschwerde nach §§ 304 ff. StPO gegen die richterliche Bestätigungsentscheidung wenden.

2.) Die Nichterteilung einer nachträglichen richterlichen Bestätigung

Bleibt eine richterliche Entscheidung hinsichtlich der Eilanordnung auch nach Ablauf der gesetzlich vorgesehenen Frist von drei Tagen aus, so ändert sich an der Rechtsschutzsituation des Betroffenen nichts. Er kann sich analog § 98 II S. 2 StPO zur Überprüfung der staatsanwaltschaftlichen bzw. polizeilichen Anordnung der heimlichen strafprozessualen Zwangsmaßnahme an den (Ermittlungs-)Richter wenden.

Verweigert der angerufene Richter hingegen ausdrücklich die Bestätigung der Eilanordnung der heimlichen strafprozessualen Zwangsmaßnahme, so erlischt diese und deren Rechtswidrigkeit steht fest. Somit erübrigt sich auch in diesem Fall - wie im vorhergehenden - ein Vorgehen gegen die staatsanwaltschaftliche bzw. polizeiliche Anordnung.

[1092] Vgl. dazu: Kleinknecht/Meyer-Goßner, § 100 Rdnr. 7.

[1093] Vgl. dazu näher unter Teil 1 D. I. 2.) c).

3.) Die rechtliche Situation, wenn eine richterliche Entscheidung im Bestätigungsverfahren noch aussteht

Fraglich ist, ob der Betroffene gegen die Eilanordnung der heimlichen strafprozessualen Zwangsmaßnahmen vorgehen kann, wenn eine Entscheidung im richterlichen Bestätigungsverfahren noch aussteht. Auch während der gesetzlich vorgesehenen Frist von drei Tagen muß der Betroffene von sich aus analog § 98 II S. 2 StPO den (Ermittlungs-)Richter zur Erlangung von Rechtsschutz gegen die Eilanordnung anrufen können. Es wäre nämlich widersinnig, wenn das dem Rechtsschutz des Betroffenen dienende Verfahren[1094] dazu führen würde, daß er selbst nicht mehr zum Zwecke des Rechtsschutzes tätig werden könnte. Selbst wenn die Staatsanwaltschaft im Rahmen des Bestätigungsverfahrens und der Betroffene analog § 98 II S. 2 StPO den Richter anrufen, kann es auch nicht zur Befassung unterschiedlicher Gerichte mit den fraglichen Maßnahmen kommen, weil im richterlichen Bestätigungsverfahren und im Verfahren analog § 98 II S. 2 StPO derselbe Richter zuständig ist, nämlich der Ermittlungsrichter und nach Anklageerhebung das mit der Sache befaßte Gericht. Auch ist der richterliche Prüfungsumfang jeweils gleich, ihm steht jeweils eine Rechtmäßigkeitsprüfung hinsichtlich der staatsanwaltschaftlichen bzw. polizeilichen Anordnung zu[1095]. Er trifft also bei gleichzeitiger Anrufung durch Staatsanwaltschaft und Betroffenen nur eine Entscheidung über die Zwangsmaßnahmenanordnung. Die unter Umständen zusätzliche Anrufung des (Ermittlungs-)Richters durch den Betroffenen kann beim Vorbringen zusätzlicher Gesichtspunkte hinsichtlich dieser Zwangsmaßnahmenanordnung im übrigen auch zu einer Erleichterung der richterlichen Entscheidung führen.

[1094] Vgl. dazu näher unter Teil 1 A. I. 3.) a) bb) (2).

[1095] Vgl. dazu näher unter Teil 1 C. I. 1.) b) bb) und unter Teil 1 D. I. 2.) c).

E. Zusammenfassung der Ergebnisse zum Rechtsschutz gegen heimliche strafprozessuale Zwangsmaßnahmen durch die Anrufung der ordentlichen Gerichte

I. Bei der Frage nach den Rechtsschutzmöglichkeiten des Bürgers gegen heimliche strafprozessuale Zwangsmaßnahmen ist zum einen danach zu differenzieren, wer die Maßnahme aufgrund welcher Kompetenz angeordnet hat und ob der Bürger sich gegen die Anordnung der Maßnahme und/oder gegen die Art und Weise ihrer Vollziehung wendet. Ferner ist zu berücksichtigen, ob die Maßnahme im Zeitpunkt der beantragten richterlichen Entscheidung bereits erledigt ist oder nicht.

II.

1.) Die Kompetenz zur Anordnung einer heimlichen strafprozessualen Zwangsmaßnahme kann dem Richter, der Staatsanwaltschaft oder der Polizei zustehen. Die Strafverfolgungsbehörden können dabei entweder originär oder nur sekundär, d. h. lediglich bei Gefahr im Verzug anstelle des primär zuständigen Richters zur Anordnung einer heimlichen strafprozessualen Zwangsmaßnahme, befugt sein.

Die Durchführung der richterlichen Anordnung einer heimlichen strafprozessualen Zwangsmaßnahme obliegt gemäß § 36 II S. 1 StPO grundsätzlich der Staatsanwaltschaft, wobei sie die Polizei unterstützend heranzieht. Die zur Anordnung befugten Richter können aber auch primär, vgl. §§ 99, 100 III S. 1 StPO, oder gleichrangig neben der Staatsanwaltschaft bzw. den polizeilichen Hilfsbeamten, vgl. §§ 100 a, b III S. 1; 100 c I Nr. 2, 3, 100 d StPO zur Durchführung einzelner Vollzugsmaßnahmen befugt sein. Werden die heimlichen strafprozessualen Zwangsmaßnahmen von der Staatsanwaltschaft bzw. der Polizei angeordnet, so steht ihnen grundsätzlich - abgesehen von einer bestehenden richterlichen Vollziehungskompetenz - auch die Durchführungskompetenz zu. An der Durchführung einer Anordnung der Postbeschlagnahme und der Überwachung der Telekommunikation sind notwendigerweise auch die privatrechtlich organisierten Post- und Telekommunikationsunternehmen beteiligt. Deren Handeln wird der für die Vollziehung dieser Zwangsmaßnahmen verantwortlichen Staatsanwaltschaft entsprechend der öffentlich-rechtlichen Argumentationsfigur des sog. „Verwaltungshelfers" zugerechnet.

2.) Der von einer heimlichen doppelfunktionalen polizeilichen Zwangsmaßnahme Betroffene kann sowohl das Verwaltungsgericht als auch die ordentlichen Gerichte anrufen. Der Prüfungsumfang des angegangenen Gerichtes richtet sich dabei nach § 17 II S. 1 GVG.

3.) Die Erledigung einer strafprozessualen Zwangsmaßnahme tritt ein, wenn diese keinerlei rechtliche Wirkungen mehr entfaltet, ihre Aufhebung damit für den Betroffenen sinnlos geworden ist. Mit dem Eintritt der Erledigung ändert sich das Rechtsschutzziel des Betroffenen. So begehrt er vor dem Eintritt der Erledigung die Aufhebung der angegriffenen heimlichen Maßnahmen, während er nach dem Eintritt der Erledigung die Feststellung der Rechtswidrigkeit dieser Maßnahme begehrt.

III.

1.) Zur Erlangung von Rechtsschutz gegen eine staatsanwaltschaftliche bzw. polizeiliche heimliche strafprozessuale Zwangsmaßnahme kommt das Verfahren nach § 98 II S. 2 StPO und nach §§ 23 ff. EGGVG in Betracht. Die §§ 23 ff. EGGVG, insbesondere der § 23 III EGGVG, stehen einer extensiven bzw. analogen Anwendung des § 98 II S. 2 StPO nicht entgegen. Der § 98 II S. 2 StPO soll dem von einer Maßnahme nach §§ 94 ff. StPO Betroffenen die nachträgliche Entscheidung desjenigen Richters ermöglichen, dessen grundlegender Aufgabenstellung es entspricht, über die Rechtmäßigkeit von Zwangsmaßnahmen im Vorverfahren zu wachen, d. h. des Ermittlungsrichters. Die Maßnahmen nach §§ 94 ff. StPO unterliegen grundsätzlich einer staatsanwaltschaftlichen bzw. polizeilichen Eilkompetenz, die formlose Sicherstellung können die Strafverfolgungsbehörden hingegen aufgrund einer originären Zuständigkeit anordnen. Dem Verfahren nach §§ 98 II S. 2 StPO unterliegen daher sowohl Zwangsmaßnahmen, die die Staatsanwaltschaft bzw. die Polizei aufgrund von Eilkompetenz angeordnet haben, als auch solche, die diese aufgrund von Originärkompetenz erlassen haben. Die Entscheidung nach § 98 II S. 2 StPO umfaßt nach der gesetzlichen Zweckrichtung neben der Überprüfung der Anordnung der Zwangsmaßnahme im Fall des Tätigwerdens der Staatsanwaltschaft bzw. der Polizei aufgrund von Eilkompetenz auch die Überprüfung der Art und Weise der Vollziehung der Beschlagnahmeanordnung der Staatsanwaltschaft bzw. der Polizei. Letzteres ergibt sich daraus, daß dem (Ermittlungs-)Richter hinsichtlich der unter Primärkompetenz und staatsanwaltschaftlicher bzw. polizeilicher Eilkompetenz stehenden Zwangsmaßnahmen ein Vollziehungskontrollrecht zusteht. Ein solches Vollziehungskontrollrecht besteht hinsichtlich der einer staatsanwaltschaftlichen bzw. polizeilichen Originärkompetenz unterliegenden Zwangsmaßnahmen nicht. Die von § 98 II S. 2 StPO bezweckte Entscheidung umfaßt auch die Prüfung der Rechtmäßigkeit der Maßnahme. Da diese Untersuchung notwendigerweise vergangenheitsbezogen ist, greift § 98 II S. 2 StPO unabhängig davon ein, ob die Maßnahme noch andauert oder bereits erledigt ist.

Auf der Grundlage dieser Ergebnisse ergeben sich Lösungsansätze zum Rechtsschutz gegen heimliche strafprozessuale Zwangsmaßnahmen im Fall der staatsanwaltschaftlichen bzw. polizeilichen Anordnung der Maßnahme. Wenn die

Staatsanwaltschaft bzw. die Polizei aufgrund von Eilkompetenz eine heimliche strafprozessuale Zwangsmaßnahme erlassen, kann der betroffene Bürger zur Erlangung von Rechtsschutz gegen die Anordnung und Art und Weise der staatsanwaltschaftlichen bzw. polizeilichen Vollziehung der Maßnahme analog § 98 II S. 2 StPO den (Ermittlungs-)Richter anrufen. Dies gilt sowohl vor als auch nach dem Eintritt der Erledigung. Werden die Strafverfolgungsbehörden aufgrund von Originärkompetenz tätig, so ist in bezug auf die Frage des Rechtsschutzes zu differenzieren. Der betroffene Bürger kann gegen die Anordnung der heimlichen Zwangsmaßnahmen sowohl vor als auch nach dem Eintritt der Erledigung den (Ermittlungs-)Richter analog § 98 II S. 2 StPO anrufen. Wendet sich der Betroffene aber gegen die Art und Weise der Vollziehung der aufgrund von Originärkompetenz erlassenen heimlichen strafprozessualen Zwangsmaßnahme, so ist er auf das Verfahren nach §§ 23 ff. EGGVG, im Erledigungsfall insbesondere § 28 I S. 4 EGGVG, verwiesen. Der Erfolg des Verfahrens nach § 98 II S. 2 StPO und des Verfahrens nach §§ 23 ff., 28 I S. 4 EGGVG hängt im Erledigungsfall von der Frage der Darlegung eines berechtigten Feststellungsinteresses ab.

2.) Gegen die richterliche Anordnung einer heimlichen strafprozessualen Zwangsmaßnahme kann der betroffene Bürger das Rechtsmittel der Beschwerde nach §§ 304 ff. StPO einlegen. Im Erledigungsfall ergibt sich die Statthaftigkeit der Beschwerde aus einer verfassungskonformen Auslegung der §§ 304, 305, vor allem des § 304 I StPO. Art. 19 IV S. 1 GG greift im Fall der richterlichen Anordnung einer heimlichen strafprozessualen Zwangsmaßnahme ein und erfordert die Statthaftigkeit einer Beschwerde im Erledigungsfall. Denn diese richterliche Anordnung entspricht insbesondere im Hinblick auf die Gewährung des rechtlichen Gehörs nach Art. 103 I GG und das Erfordernis der sachlichen Unabhängigkeit des Richters nach Art. 97 GG nicht den Erfordernissen eines Rechtsprechungsaktes im Sinne des Art. 19 IV S. 1 GG, gegen den die verfassungsrechtliche Gewährleistung nach Art. 19 IV S. 1 GG keinen Rechtsschutz mehr gebietet. Im Erledigungsfall muß nicht eine gegenwärtige Beschwer des Beschwerdeführers dargelegt werden, sondern es ist auf eine „vergangene" Beschwer abzustellen. Der Betroffene muß also geltend machen, daß er bis zum Eintritt der Erledigung durch die richterliche Entscheidung unmittelbar in seinen materiellen, verfahrensrechtlichen oder sonst schutzwürdigen Interessen beeinträchtigt gewesen ist. Darüber hinaus erfordert die Zulässigkeit einer Feststellungsbeschwerde die Darlegung eines berechtigten Feststellungsinteresses.
Greift das Beschwerdeverfahren nicht ein, so kommt - sowohl vor dem Eintritt der Erledigung als auch danach - das Verfahren nach § 33 a StPO zur Erlangung von Rechtsschutz gegen die richterliche Anordnung einer heimlichen strafprozessualen Zwangsmaßnahme in Betracht.

Wendet sich der betroffene Bürger gegen die Art und Weise der staatsanwaltschaftlichen bzw. polizeilichen Vollziehung einer richterlichen Anordnung einer heimlichen strafprozessualen Zwangsmaßnahme, so kann er den (Ermittlungs-)Richter analog § 98 II S. 2 StPO anrufen. Wenn der Betroffene eine richterliche Vollzugsmaßnahme beanstandet, so steht ihm auch das Beschwerdeverfahren nach §§ 304 ff. StPO offen.
Dem Beschuldigten und im Fall des § 100 c II S. 5 StPO dem Wohnungsinhaber steht gegen die erledigte richterliche Anordnung der akustischen Wohnraumüberwachung und die Art und Weise ihrer Vollziehung das Rechtsschutzverfahren nach § 100 d VI StPO zu, das dem Beschwerdeverfahren und dem Verfahren nach § 33 a StPO vorgeht.

3.) Bei der Bestimmung des berechtigten Interesses an der Feststellung der Rechtswidrigkeit einer heimlichen strafprozessualen Zwangsmaßnahme ist insbesondere zu berücksichtigen, daß der Bürger grundsätzlich erst nach dem Eintritt der Erledigung über diese Maßnahme informiert wird und dem Bürger somit in der Regel ausschließlich die Feststellungsklage zur Erlangung von Rechtsschutz im Sinne von Art. 19 IV S. 1 GG zur Verfügung steht. Soll das Rechtsschutzbedürfnis also nicht zur „Achillesferse" der Rechtsschutzgarantie werden, muß hinsichtlich der Darlegung des berechtigten Interesses an der Feststellung der Rechtswidrigkeit einer heimlichen strafprozessualen Zwangsmaßnahme ein weiter Maßstab gelten. Das berechtigte Feststellungsinteresse kann sich dabei aus der Gefahr der Wiederholung des Eingriffes in Rechte oder rechtlich geschützte Interessen ergeben. Darüber hinaus kann sich der Betroffene zur Herleitung eines berechtigten Feststellungsinteresses auch auf ein Rehabilitierungsbedürfnis wegen diskriminierender Auswirkungen der strafprozessualen Zwangsmaßnahme berufen. Dies gilt sowohl für den von der Maßnahme betroffenen Nichtverdächtigen als auch für den Beschuldigten. Heimliche staatliche Grundrechtseingriffe entfalten eine Diskriminierung aus sich selbst heraus, so daß ein Rehabilitierungsinteresse bezüglich der Feststellung der Rechtswidrigkeit dieser Zwangsmaßnahmen grundsätzlich zu bejahen ist.

4.) Die Strafprozeßordnung sieht im Fall der staatsanwaltschaftlichen bzw. polizeilichen Eilanordnung einer heimlichen strafprozessualen Zwangsmaßnahme stets ein richterliches Bestätigungsverfahren vor. Im Fall der richterlichen Bestätigungsentscheidung kann sich der betroffene Bürger mit Hilfe der Beschwerde gegen diese richterliche Entscheidung wenden, wenn er die Zwangsmaßnahme dennoch für ungerechtfertigt hält. Solange keine richterliche Bestätigungsentscheidung vorliegt, kann der Betroffene sich im Verfahren analog § 98 II S. 2 StPO gegen die staatsanwaltschaftliche bzw. polizeiliche Eilanordnung zur Wehr setzen.

Teil 2: Die Benachrichtigungspflichten in bezug auf heimliche strafprozessuale Zwangsmaßnahmen

Heimliches strafprozessuales Vorgehen ist nach allgemeiner Ansicht verfassungsrechtlich nur dann vertretbar, wenn die Heimlichkeit gegenüber dem Betroffenen alsbald wieder aufgehoben wird[1096]. Mit der Aufhebung der Heimlichkeit einer strafprozessualen Zwangsmaßnahme muß die Transparenz hergestellt werden, die bei offen durchgeführter Maßnahmen, wie z. B. der Beschlagnahme, stets gegeben ist. Dies kann im verfassungsrechtlich erforderlichen Umfang nur im Wege der Benachrichtigung durch die Strafverfolgungsorgane erfolgen[1097]. Zwar kann der von einer heimlichen strafprozessualen Zwangsmaßnahme Betroffene auch mittelbar über das Akteneinsichtsrecht des Anwaltes Kenntnis von den heimlichen Zwangsmaßnahmen erlangen[1098]. Aber diese Möglichkeit der Kenntniserlangung besteht nur für den Beschuldigten und für den Verletzten einer Straftat nur im Fall der von ihm erhobenen Privat- bzw. Nebenklage[1099]. Auch erhält der durch einen Strafverteidiger vertretene Beschuldigte nicht in jedem Fall über das Akteneinsichtsrecht Kenntnis von einer ihm gegenüber durchgeführten heimlichen strafprozessualen Zwangsmaßnahme. Denn nach den Erfahrungen der Datenschützer erlangt der Beschuldigte in der Praxis nur dann auf diesem Wege Kenntnis von diesen Maßnahmen, wenn tatsächlich Anklage gegen den Beschuldigten erhoben wird[1100], was aber nicht stets der Fall ist. So ist z. B. im Jahre 1992 in Baden-Württemberg nur in 58 % der Fälle, in denen eine Telefonüberwachung angeordnet wurde, im Anschluß Anklage erhoben worden[1101].

A. Die Erforderlichkeit einer Benachrichtigung hinsichtlich heimlicher strafprozessualer Zwangsmaßnahmen aus verfassungsrechtlicher Sicht

Es stellt sich die Frage, aus welchen grundgesetzlichen Bestimmungen sich die bislang nur allgemein umschriebene verfassungsrechtliche Notwendigkeit der Statuierung von Benachrichtigungsbestimmungen hinsichtlich heimlicher strafprozessualer Zwangsmaßnahmen ergibt. Vor dem Hintergrund der Ausführungen zum Rechtsschutz gegen heimliche strafprozessuale Zwangsmaßnahmen kommen insoweit die Gewährung des rechtlichen Gehörs nach Art. 103 I GG und die Rechtsschutzgarantie nach Art. 19 IV S. 1 GG in Betracht.

1096 Birkmeyer, S. 504; Dürig, Rechtsgutachten, S. 5, 15 f.; Hall, JZ 1968, S. 159, 164; Pipkorn, DÖV 1970, S. 171, 175; Rogall, NStZ 1986, S. 385, 392; Welp, Überwachung, S. 112.

1097 Vgl. dazu auch unter Einleitung B. und Teil 1 B.

1098 Vgl. dazu näher unter Einleitung B. und Teil 1 B.

1099 Vgl. dazu näher unter Einleitung B. und Teil 1 B.

1100 Vgl. statt aller: Thommes, in: Schriftenreihe der Strafverteidigervereinigungen, 21. Strafverteidigertag 1997, S. 85, 93; Thommes, StV 1997, S. 657, 660.

1101 LT Baden-Württenberg Drs. 11/4888, S. 170. Vgl. auch: Thommes, in: Schriftenreihe der Strafverteidigervereinigungen, 21. Strafverteidigertag 1997, S. 85, 93.

I. Das Grundrecht auf rechtliches Gehör gemäß Art. 103 I GG

Art. 103 I GG, der als prozessuales „Urrecht" des Menschen bezeichnet wird[1102], gewährt jedermann vor Gericht Anspruch auf rechtliches Gehör. Die grundgesetzliche Bestimmung garantiert, daß der Bürger die Möglichkeit erhält, im Hinblick auf richterliches Tätigwerden, welches seinen Rechtskreis berührt, angehört zu werden. Art. 103 I GG verhindert damit, daß der Mensch als bloßer Verfahrensgegenstand betrachtet wird[1103]. Insofern weist er einen unmittelbaren Bezug zum Menschenwürdegrundsatz auf[1104]. Art. 103 I GG erfordert dabei im Grundsatz eine vorherige Anhörung. Im Fall der Gefährdung wichtiger Interessen ist aber auch die nachträgliche Anhörung, die bei heimlichen strafprozessualen Zwangsmaßnahmen den Regelfall bildet[1105], mit Art. 103 I GG vereinbar[1106]. In der Strafprozeßordnung hat das Recht auf rechtliches Gehör seine gesetzliche Ausprägung in den §§ 33, 33 a StPO bzw. in § 311 a StPO gefunden.

Der Gewährleistungsgehalt des rechtlichen Gehörs umfaßt drei Realisationsstufen. Art. 103 I GG begründet auf einer ersten Realisationsstufe Mitteilungs- und Informationspflichten des Gerichtes hinsichtlich des relevanten Verfahrensstoffes[1107]. Auf der zweiten Stufe muß dem Bürger die Möglichkeit eingeräumt werden, sich zum Verfahrensstoff zu äußern[1108]. Schließlich obliegt es dem Gericht, die Ausführungen des Äußerungsberechtigten auch zur Kenntnis zu nehmen und in seine Erwägungen miteinzubeziehen (dritte Realisationsstufe)[1109].

Im vorliegenden Zusammenhang kommt der Aufklärungs- und Informationspflicht des Gerichtes ein besonderes Gewicht zu. Da die Möglichkeit, sich zum Verfahrensstoff zu äußern, stets eine hinreichende Kenntnis des Betroffenen von den verfahrensrechtlichen Vorgängen voraussetzt, wird aus dem Recht auf Gehör gemäß Art. 103 I GG die Verpflichtung des Gerichtes abgeleitet, die Betroffenen über den relevanten Verfahrensstoff zu informieren[1110].

1102 Jarass/Pieroth-Pieroth, Art. 103 Rdnr. 1; Heyde, in: HdVerf, § 33 Rdnr. 59; Hill, in: HdSta, Band VI, § 156 Rdnr. 57, von Münch-Kunig, Art. 103 Rdnr.3.

1103 AK-GG-Wassermann, Art. 103 Rdnr. 7; Jarass/Pieroth-Pieroth, Art. 103 Rdnr. 1; Kühne, § 11 Rdnr. 122; Schmidt-Bleibtreu/Klein-Schmidt-Bleibtreu, Art. 103 Rdnr. 1.

1104 AK-GG-Wassermann, Art. 103 Rdnr. 7; Kühne, § 11 Rdnr. 122; Sachs-Degenhart, Art. 103 Rdnr. 2.

1105 Vgl. dazu näher unter Teil 1 C. III. 1.) a) cc) (1) (e) (bb) (bbb).

1106 Hamann/Lenz-Hamann jun., Art. 103 Anm. B. 1. c; Jarass/Pieroth-Pieroth, Art. 103 Rdnr. 22; Model-Müller, Art. 103 Rdnr. 1; BVerfGE 9, S. 89, 96; 18, S. 399, 404.

1107 AK-GG-Wassermann, Art. 103 Rdnr. 24; Maunz/Dürig/Herzog/Scholz-Schmidt-Aßmann, Art. 103 Rdnr. 69 ff.; Pieroth/Schlink, Rdnr. 1077; Sachs-Degenhart, Art. 103 Rdnr. 9, 15.

1108 Pieroth/Schlink, Rdnr. 1077; Sachs-Degenhart, Art. 103 Rdnr. 9, 21 ff.; Schumacher, S. 328.

1109 AK-GG-Wassermann, Art. 103 Rdnr. 33 ff.; Heyde, in: HdVerf, § 33 Rdnr. 60; von Münch-Kunig, Art. 103 Rdnr. 10; Maunz/Dürig/Herzog/Scholz-Schmidt-Aßmann, Art. 103 Rdnr. 94 ff..

1110 AK-GG-Wasssermann, Art. 103 Rdnr. 24; Dahs, S. 23; Sachs-Degenhart, Art. 103 Rdnr. 15.

Diese Gewährleistung weist nun einerseits Berührungspunkte zum Akteneinsichtsrecht auf. Denn der Angeklagte muß zur Gewährleistung eines fairen Verfahrens und einer effektiven Verteidigung von allen Gesichtspunkten Kenntnis erlangen, die seitens der Anklagebehörde in das Verfahren eingebracht werden. Insofern folgt aus Art. 103 I GG ein verfassungsrechtlich garantiertes Recht auf Akteneinsicht, beschränkt jedoch auf die tatsächlich vorliegenden Akten[1111]. Andererseits besteht auch eine Verbindung zu der in Rede stehenden Benachrichtigung. Die Benachrichtigung wie auch die Aufklärung hinsichtlich des relevanten Verfahrensstoffes nach Art. 103 I GG sind gerichtet auf die Information des Betroffenen im Hinblick auf die Umstände des Ermittlungs-/Strafverfahrens, die sich seiner Kenntnis entziehen, ihn aber gleichwohl betreffen. Die Informationspflicht im Rahmen des Art. 103 I GG ist insofern umfassend, als sie sich auf den gesamten Verfahrensstoff in tatsächlicher Hinsicht und gegebenenfalls auch auf die Rechtsauffassung des Gerichtes bezieht[1112]. Eine Benachrichtigung über heimliche Maßnahmen kann hingegen nur darauf zielen, die Transparenz herzustellen, die bei offen durchgeführten Ermittlungsmaßnahmen, wie z. B. der Durchsuchung, stets gegeben ist[1113]. Allein die Benachrichtigung stellt somit noch keine Aufklärung im Sinne des Art. 103 I GG dar[1114]. Vielmehr versetzt die Benachrichtigung den Betroffenen im Fall der heimlichen Maßnahmen erst in die Lage, das sich aus Art. 103 I GG ergebende Recht auf Aufklärung und Information und die sich daran anschließenden Rechte aus Art. 103 I GG wahrnehmen zu können. Denn die Möglichkeit, sich auf diese Rechte zu berufen, setzt die Kenntnis von diesen Maßnahmen voraus. Diese Kenntnis ist aber erst mit der Aufhebung der Heimlichkeit durch die Benachrichtigung gegeben[1115]. Die Benachrichtigung gibt also den Anstoß zur Wahrnehmung der Rechte aus Art. 103 I GG[1116]. Wird die Heimlichkeit der Maßnahme indessen nicht durch die Benachrichtigung aufgehoben, so kann der Betroffene von seinen Rechten aus Art. 103 I GG keinen Gebrauch machen. Die Durchsetzung des Art. 103 I GG im Fall heimlicher Maßnahmen ist somit nur bei der Verpflichtung der Strafverfolgungsorgane zur Benachrichtigung gesichert. Demnach folgt aus Art. 103 I GG die verfassungsrechtliche Erforderlichkeit der Statuierung von Benachrichtigungsbestimmungen im Fall heimlicher strafprozessualer Zwangsmaßnahmen.

1111 Sachs-Degenhart, Art. 103 Rdnr. 18; BVerfGE 18, S. 399, 405; BVerfGE 63, S. 45, 59 f; BVerfG, NJW 1988, S. 405, 405. Vgl. auch: Welp, Peters-FG, S. 309, 309.

1112 Maunz/Dürig/Herzog/Scholz-Schmidt-Aßmann, Art. 103 Rdnr. 71 ff.; Jarass/Pieroth-Pieroth, Art. 103 Rdnr. 12; Sachs-Degenhart, Art. 103 Rdnr. 15.

1113 Vgl. dazu näher zum Gegenstand und Umfang der Benachrichtigung unter Teil 2 B. VI.

1114 Ähnlich auch: Schumacher, S. 334.

1115 Vgl. dazu näher unter Einleitung B. und Teil 1 B.

1116 So auch: Schumacher, S. 334.

II. Die Rechtsschutzgarantie des Art. 19 IV S. 1 GG

Gemäß Art. 19 IV S. 1 GG steht demjenigen, der durch die öffentliche Gewalt in seinen Rechten verletzt wird, der Rechtsweg offen. Art. 19 IV S. 1 GG geht es um den Schutz subjektiver Rechte der Bürger. Dem Bürger soll eine Subjektstellung eingeräumt werden[1117]. Die Gewährleistung nach Art. 19 IV S. 1 GG dient damit vor allem dem individuellen Rechtsschutz[1118]. Inhaltlich gewährt Art. 19 IV S. 1 GG des weiteren einen möglichst umfassenden, lückenlosen Rechtsschutz[1119]. Dabei kommt es nicht nur auf die theoretische Möglichkeit des Rechtsschutzes an, sondern auch und vor allem auf die effektive Durchsetzbarkeit der Kontrolle[1120]. Der Weg zu den Gerichten darf nicht in unzumutbarer Weise erschwert werden[1121].

Das System des Rechtsschutzes in unserer Rechtsordnung ist dabei darauf angelegt, daß der Staat dem Bürger gegenüber offen in Erscheinung tritt und ihm nachteilige Maßnahmen bekannt gibt[1122]. Denn was sich der Kenntnis des Bürgers entzieht, kann er nicht gerichtlich überprüfen lassen[1123]. Wer z. B. nicht weiß, daß das in seiner Wohnung von ihm in privater Mitteilungsabsicht gesprochene, nichtöffentliche Wort den Ermittlungsorganen zur Kenntnis gebracht wird, wird nicht veranlaßt sein, ein gerichtliches Kontrollverfahren anzustrengen[1124]. Die Kenntnis des Bürgers bezüglich staatlichen Handelns ist somit eine notwendige Voraussetzung für die Wahrnehmung der Rechte aus Art. 19 IV S. 1 GG[1125]. Ihr Fehlen führt dazu, daß der Rechtsschutz unmöglich wird[1126]. Die Kenntnisnahme hinsichtlich einer heimlichen strafprozessualen Zwangs-

---

1117 Vgl. statt aller: Jarass/Pieroth-Jarass, Art. 19 Rdnr. 19 ff.; Velten, S. 81.

1118 Hamann/Lenz-Lenz, Art. 19 Rdnr. 12; Sachs-Krüger, Art. 19 Rdnr. 109; von Münch-Krebs, Art. 19 Rdnr. 49. Vgl. dazu auch: Denninger: StV 1998, S. 401, 402.

1119 AK-GG-Wassermann, Art. 19 Rdnr. 16; Hamann/Lenz-Lenz, Art. 19 Rdnr. 12; Model/Müller, Art. 19 Rdnr. 13; Pieroth/Schlink, Rdnr. 1006; Schmidt-Bleibtreu/Klein-Schmidt-Bleibtreu, Art. 19 Rdnr. 16.

1120 AK-GG-Wassermann, Art. 19 Rdnr. 17; BK-Schenke, Art. 19 Abs. 4 Rdnr. 383; Hill, in: HdSta, Band VI, § 156 Rdnr. 29; Maunz/Dürig/Herzog/Scholz-Schmidt-Aßmann, Art. 19 IV Rdnr. 229; Sachs-Krüger, Art. 19 Rdnr. 145; von Münch-Krebs, Art. 19 Rdnr. 62; BVerfGE 37, S. S. 150, 153.

1121 Dreier-Schulze-Fielitz, Art. 19 IV Rdnr. 65; Jarass/Pieroth-Jarass, Art. 19 Rdnr. 30; Lorenz, S. 257 f.; BVerfGE 40, S. 272, 274 f.; BVerfGE 60, S. 253, 269.

1122 Evers, ZRP 1980, S. 110, 113. Vgl. auch: Kniesel, Kriminalistik 1987, S. 443, 445 f.; Schneider, NJW 1978, S. 1601, 1601, 1605; Weßlau, S. 206; Rogall, Äußerung im Rechtsausschuß zu § 163 d StPO, Protokoll Nr. 73 des Rechtsausschusses der 10. Wahlperiode, S. 79.

1123 Amelung/Schall, JuS 1975, S. 565, 569 f.; Schwan, S. 39 f.; Wittig, JuS 1997, S. 961, 967; Wolter, GA 1988, S. 49, 85 f.

1124 Velten, S. 81.

1125 Velten, S. 88. Vgl. auch: Dürig, Rechtsgutachten, S. 5, 17; Schneider, NJW 1978, S. 1601, 1604; Weßlau, S. 206.

1126 Abweichende Meinung der Bundesverfassungsrichter, Geller, von Schlabrendorff, Rupp zu BVerfG, NJW 1971, S. 275, NJW 1971, S. 281, 283. Vgl. auch Denninger, StV 1998, S. 401, 402; Lammer, S. 145; Krüger, ZRP 1993, S. 124, 125; Kunig, S. 368; Schneider, NJW 1978, S. 1601, 1604; Weßlau, S. 206.

maßnahme kann aber in der Regel nur im Wege der Benachrichtigung von seiten der Strafverfolgungsorgane erfolgen[1127]. Demzufolge wird der Weg zu den Gerichten ohne diese Mitteilung nicht nur erschwert, vielmehr ist er faktisch ausgeschlossen. Die Mitteilung ist also unabdingbare Voraussetzung für die Wahrnehmung der Rechte aus Art. 19 IV S. 1 GG[1128]. Aus diesem Grunde ergibt sich auch aus der Rechtsschutzgarantie des Art. 19 IV S. 1 GG das Erfordernis, die durch Heimlichkeit gekennzeichneten Maßnahmen für den Bürger offenzulegen[1129].
Diese Herleitung der Erforderlichkeit gilt einerseits im Fall der ermittlungsbehördlichen Anordnung der heimlichen strafprozessualen Zwangsmaßnahmen, weil die Staatsanwaltschaft und die Polizeidienste unstreitig öffentliche Gewalt im Sinne des Art. 19 IV S. 1 GG ausüben[1130]. Da aber nach der hier vertretenen Auffassung die richterliche Anordnung einer heimlichen strafprozessualen Zwangsmaßnahme nicht den Anforderungen eines Rechtsprechungsaktes im Sinne des Art. 19 IV S. 1 GG genügt[1131], gilt die Begründung andererseits auch für die Notwendigkeit einer Benachrichtigung hinsichtlich richterlich angeordneter heimlicher strafprozessualer Zwangsmaßnahmen[1132].

Zusammenfassend ist also festzuhalten, daß die Notwendigkeit der Statuierung von Benachrichtigungsregelungen hinsichtlich heimlicher strafprozessualer Zwangsmaßnahmen unmittelbar aus Art. 103 I GG und Art. 19 IV S. 1 GG folgt. Dabei ist abschließend noch auf einen bisher nicht bedachten Aspekt hinzuweisen. Da die Heimlichkeit unabdingbare Wirksamkeitsvoraussetzung der notwendig heimlichen strafprozessualen Zwangsmaßnahmen ist, sind diese gezielt auf ein heimliches Vorgehen der Ermittlungsorgane und der von ihnen zur Mithilfe verpflichteten Privaten, z. B. der Telekommunikationsunternehmen ausgerichtet. Demnach wird dem Bürger hier zielgerichtet die Möglichkeit genommen, seine Rechte aus Art. 19 IV S. 1 GG und Art. 103 I GG wahrzuneh-

---

1127 Vgl. näher dazu unter Einleitung B. und Teil 1 B.

1128 Grünwald, in: Informationsgesellschaft oder Überwachungsstaat, Protokollband, S. 233 f., 289 f.

1129 Evers, ZRP 1980, S. 110, 113; Lammer, S. 145. Vgl. auch: Schneider, NJW 1978, S. 1601, 1604 f.

1130 Vgl. zur Exekutive als „Öffentliche Gewalt“ im Sinne des Art. 19 IV S. 1 GG: Dreier-Schulze-Fielitz, Art. 19 IV Rdnr. 37 ff.; Maunz/Dürig/Herzog/Scholz-Schmidt-Aßmann, Art. 19 IV Rdnr. 52 ff.; Sachs-Krüger, Art. 19 Rdnr. 120 ff.; von Münch-Krebs, Art. 19 Rdnr. 55.

1131 Vgl. dazu näher unter Teil 1 C. III. 1.) a) cc) (1) (e).

1132 Es ist zweifelhaft, ob die Notwendigkeit einer Benachrichtigung hinsichtlich richterlich angeordneter heimlicher Zwangsmaßnahmen auch mit der Rechtsschutzgarantie nach Art. 19 IV S. 1 GG begründet werden könnte, wenn man die Anordnung dieser Maßnahmen mit der überwiegenden Meinung (Vgl. dazu näher unter Teil 1 C. III. 1.) a) cc) (1) (e)) als Rechtsprechungsakte ansieht. Denn Art. 19 IV S. 1 GG gewährleistet keinen Rechtsschutz gegen Maßnahmen der Judikative. Diese Frage kann aber angesichts der hier vertretenen Auffassung offen bleiben.

men. Bis zur Offenlegung der Maßnahmen sind diese also von ihrem Eingriffstypus her dem Gewährleistungsbereich dieser verfassungsrechtlichen Garantien entzogen. Demgegenüber ist im Fall der nicht notwendig heimlichen Zwangsmaßnahmen die Heimlichkeit nicht Voraussetzung für die Wirksamkeit dieser Maßnahmen, auch wenn sie in der Praxis ebenso wie die notwendig heimlichen Zwangsmaßnahmen ohne Kenntnis der Betroffenen durchgeführt werden. Sie sind von ihrem Eingriffstypus her aber nicht notwendig auf eine Beeinträchtigung der Rechte aus Art. 103 I GG und Art. 19 IV S. 1 GG ausgerichtet. Dies führt zu einer unterschiedlichen Eingriffsqualität. Dieser Aspekt ist auch innerhalb der weiteren Untersuchung zu beachten.

Der dargelegten Herleitung der Erforderlichkeit einer Benachrichtigung entspricht das allgemeine Verständnis vom Schutzzweck der gesetzlich geregelten Benachrichtigungspflichten. Dieser besteht nämlich darin, dem Bürger, dessen vorherige Anhörung den Zweck der Maßnahme in aller Regel gefährden, wenn nicht gar vereiteln würde, nachträglich rechtliches Gehör zu verschaffen, um ihm die Möglichkeit zu eröffnen, sich gegen den Eingriff zur Wehr zu setzen[1133].

III. Die Auswirkungen der verfassungsrechtlichen Herleitung des Benachrichtigungserfordernisses auf die weitere Untersuchung

Im Rahmen der nachfolgenden Untersuchung der Benachrichtigungserfordernisse hinsichtlich der gesetzlich geregelten heimlichen strafprozessualen Zwangsmaßnahmen ist in besonderer Weise die sich aus Art. 103 I GG und Art. 19 IV S. 1 GG ergebende Notwendigkeit der Statuierung von Benachrichtigungsregelungen zu berücksichtigen. Vor allem im Hinblick auf die Frage nach dem Inhalt, dem Umfang, dem zu benachrichtigenden Personenkreis und dem Zeitpunkt der Benachrichtigung ist demnach zu bedenken, daß die Benachrichtigung hinsichtlich heimlicher Maßnahmen erst die Möglichkeit zur Wahrnehmung der Rechte aus Art. 103 I GG - bei richterlicher Anordnung der heimlichen Zwangsmaßnahmen - und Art. 19 IV S. 1 GG eröffnet. Das bedeutet aber nicht, daß eine Einschränkung des Benachrichtigungserfordernisses in Anbetracht dieses verfassungsrechtlichen Hintergrundes unmöglich ist. Die Rechte aus Art. 103 I GG und 19 IV S. 1 GG sind zwar vorbehaltlos gewährleistet[1134], Einschränkungen dieser Rechte sind dennoch nicht schlechthin unzulässig[1135]. Die Schranken eines an sich unbeschränkt gewährleisteten Grundrechtes können sich daraus ergeben, daß dessen Ausübung mit den aus anderen Verfas-

---

1133 Binder, S. 101 f.; KK-Nack, § 101 Rdnr. 1; Pfeiffer, § 101 Rdnr. 1; Siebrecht, S. 106; BGHSt 36, S. 305, 311. Vgl. auch: BT-Drs. V/1880, S. 13.

1134 Dreier-Schulze-Fielitz, Art. 19 IV Rdnr. 105; Pieroth/Schlink, Rdnr. 1025, 1082; Velten, S. 94.

1135 Lorenz, S. 264.

sungsgehalten abzuleitenden Forderungen unvereinbar ist[1136]. Es gilt dabei, die sich gegenüberstehenden verfassungsrechtlichen Rechte und Rechtsgüter zu einem schonenden Ausgleich zu bringen, einen Zustand praktischer Konkordanz herzustellen[1137].

[1136] Dreier-Schulze-Fielitz, Art. 19 IV Rdnr. 105; Jarass/Pieroth-Jarass, Art. 19 Rdnr. 45; Pieroth/Schlink, Rdnr. 1025, 1082; Lorenz, S. 264.

[1137] Lerche, S. 153; .Lorenz, S. 265.

B. Die gesetzlich geregelten Benachrichtigungspflichten

Die Strafprozeßordnung sieht Bestimmungen vor, die die Transparenz hinsichtlich heimlicher strafprozessualer Zwangsmaßnahmen gegenüber dem Betroffenen herstellen sollen. § 101 I StPO regelt die Benachrichtigung bezüglich der Postbeschlagnahme, der Überwachung der Telekommunikation, der Überwachungsmaßnahme nach § 100 c I Nr. 1 b StPO und der akustischen Überwachung des nichtöffentlich gesprochenen Wortes. In § 110 d I StPO findet sich eine entsprechende Benachrichtigungsbestimmung für den Fall des Einsatzes eines Verdeckten Ermittlers in nicht allgemein zugänglichen Wohnungen. § 163 d V StPO regelt die Benachrichtigung hinsichtlich der Schleppnetzfahndung. Diese Regelung gilt gemäß § 98 b IV S. 1 StPO entsprechend in bezug auf die Rasterfahndung.

I. Die Zuständigkeit zur Benachrichtigung

Es soll nun zunächst der Frage nachgegangen werden, in welchen Kompetenzbereich die Benachrichtigung nach den gesetzlichen Bestimmungen der §§ 101 I; 110 d I; 163 d V; 98 b IV S. 1 i. V. m. § 163 d V StPO fällt.

1.) Die verschiedenen möglichen Lösungsansätze

Eine *ausdrückliche* gesetzliche Regelung der Benachrichtigungszuständigkeit besteht nicht. Es sind unterschiedliche Zuständigkeitslösungen denkbar. In Betracht kommt eine ausschließliche staatsanwaltschaftliche oder richterliche Zuständigkeit oder die Ausrichtung der Benachrichtigungskompetenz nach dem anordnenden Organ im Einzelfall.

Die Vertreter einer ausschließlichen staatsanwaltschaftlichen Benachrichtigungszuständigkeit haben bislang geltend gemacht, daß die Benachrichtigung die Durchführung der Zwangsmaßnahme betreffe und diese nach § 36 II StPO der Staatsanwaltschaft zustehe[1138]. Auch könne regelmäßig - jedenfalls im Ermittlungsverfahren - nur die Staatsanwaltschaft beurteilen, wann eine Benachrichtigung ohne Gefährdung des Untersuchungserfolges möglich sei[1139]. Unter dieser Prämisse steht jede gesetzliche Benachrichtigungsbestimmung. Die Annahme einer ausschließlichen staatsanwaltschaftlichen Benachrichtigungszuständigkeit würde darüber hinaus - so ließe sich argumentieren - zumindest im Ermittlungsverfahren der alleinigen Verfahrensherrschaft der Staatsanwaltschaft innerhalb dieses Verfahrensabschnittes entsprechen.

Im Hinblick auf eine ausschließliche Benachrichtigungskompetenz des (Ermittlungs-)Richters ließe sich demgegenüber anführen, daß ein richterliches Tätigwerden eher die Gewähr für eine möglichst frühzeitige Benachrichtigung bieten könnte. Denn der (Ermittlungs-)Richter ist im Gegensatz zur Staatsanwaltschaft nicht einseitig am Erfolg der Ermittlungen interessiert, sondern wird

[1138] LR-Schäfer, § 101 Rdnr. 9.
[1139] Göhring, S. 64; LR-Schäfer, § 101 Rdnr. 9.

als neutrales Organ tätig[1140]. Diese Argumentation kann aber nur auf den ersten Blick überzeugen. Der (Ermittlungs-)Richter ist bereits bei der Anordnung der heimlichen strafprozessualen Zwangsmaßnahme zumindest rein tatsächlich auf die einseitige Sachverhaltsdarstellung der Staatsanwaltschaft angewiesen und entscheidet aus diesem Grunde nicht in sachlicher Unabhängigkeit im Sinne des Art. 97 I GG[1141]. Bei der Entscheidung über die Benachrichtigung des Betroffenen hinsichtlich einer heimlichen strafprozessualen Zwangsmaßnahme wäre der Richter aber auch zumindest faktisch ausschließlich auf die Sachverhaltsdarstellungen der Staatsanwaltschaft angewiesen, weil eine Anhörung des Betroffenen noch nicht erfolgt ist und er - unabhängig von einer entsprechenden Kompetenz - rein tatsächlich keine eigenen Ermittlungen durchführen kann[1142]. Somit wäre der Richter wiederum dem Einfluß der Staatsanwaltschaft ausgesetzt und könnte nicht in sachlicher Unabhängigkeit entscheiden. Aus diesem Grunde kann auch eine ausschließliche richterliche Benachrichtigungszuständigkeit keine Gewähr für eine zügige Benachrichtigung des Betroffenen bieten.
In der bisherigen Literatur[1143] wurde auch immer wieder versucht, die Benachrichtigungszuständigkeit anhand der Anordnungszuständigkeit zu bestimmen, d. h. die Benachrichtigungszuständigkeit wurde dem jeweiligen Anordnungsorgan der heimlichen Zwangsmaßnahme zugewiesen. Hierfür läßt sich anführen, daß die Anordnung gerade die Grundlage bildet für den mit der Zwangsmaßnahme verbundenen Eingriff in die Rechte des Bürgers, für das heimliche Vorgehen also, welches die Benachrichtigung erst nötig werden läßt. Demnach - so ließe sich argumentieren - muß die Benachrichtigung auch von dem Organ erfolgen, welches dieses heimliche Vorgehen zu verantworten hat. Dem Anordnungsorgan stände dann sozusagen als Folgezuständigkeit zur Minimierung der sich aus der Heimlichkeit der Zwangsmaßnahme ergebenden Beeinträchtigungen die Kompetenz zur Benachrichtigung zu.

2.) Resümee

Nachdem die verschiedenen möglichen Alternativen einer Benachrichtigungszuständigkeit dargelegt wurden, fragt sich, welcher Lösungsmöglichkeit zu folgen ist.
Wie bereits festgestellt, enthalten die gesetzlichen Benachrichtigungsbestimmungen der §§ 101 I; 110 d I; 163 d V; 98 b IV S. 1 i. V. m. § 163 d V StPO keine *ausdrückliche* Zuständigkeitsregelung. Im Zuge der Einführung der akustischen Wohnraumüberwachung nach §§ 100 c I Nr. 3, 100 d II StPO wurde der Anwendungsbereich der gesetzlichen Benachrichtigungsbestimmung des § 101 I StPO um diese heimlichen Maßnahmen erweitert. Gleichzeitig wurden

---

1140 Ähnlich: Binder, S. 107.
1141 Vgl. dazu näher unter Teil 1 C. III. 1.) a) cc) (1) (e) (bb) (bbb).
1142 Vgl. dazu näher unter Teil 1 C. III. 1.) a) cc) (1) (e) (bb) (bbb).
1143 KMR-Müller, § 101 Rdnr. 7; Neugebauer, S. 259; Niggl, S. 135; Schumacher, S. 334.

zwei weitere Sätze in § 101 I StPO eingefügt, die sich auf die Benachrichtigung bezüglich dieser Maßnahmen beziehen. Wenn die Betroffenen einer akustischen Wohnraumüberwachung nicht innerhalb von sechs Monaten nach der Beendigung der Maßnahme benachrichtigt werden, so bedarf gemäß § 101 I S. 2 StPO die weitere Zurückstellung der Benachrichtigung der richterlichen Zustimmung. Zuständig ist dabei gemäß § 101 I S. 3 StPO vor Erhebung der öffentlichen Klage das nach § 100 d II S. 1 StPO für die Anordnung zuständige Gericht und nach Erhebung der öffentlichen Klage das mit der Sache befaßte Gericht. Wenn das Gesetz hier aber von einer richterlichen *Zustimmung* zur weiteren Hinauszögerung der Benachrichtigung spricht, geht es davon aus, daß die eigentliche Entscheidung über die Benachrichtigung nicht dem Richter zusteht. Vielmehr kommt dann nur in Betracht, daß das Gesetz in § 101 I StPO von einer ausschließlichen staatsanwaltschaftlichen Benachrichtigungszuständigkeit ausgeht. Denn auch eine Ausrichtung der Benachrichtigungszuständigkeit nach dem konkret tätig gewordenen Anordnungsorgan kommt nach dieser Bestimmung nicht in Betracht, weil die akustische Wohnraumüberwachung nach §§ 100 c I Nr. 3, 100 d II StPO gerade der ausschließlichen richterlichen Zuständigkeit unterliegt und somit bei Zugrundelegung dieser Zuständigkeitslösung nur eine richterliche Benachrichtigungskompetenz möglich gewesen wäre. Demnach legt die Strafprozeßordnung nunmehr im Fall der Benachrichtigungsentscheidung nach § 101 I StPO eine ausschließliche staatsanwaltschaftliche Benachrichtigungskompetenz zugrunde.

Die Benachrichtigungsbestimmungen der §§ 110 d I; 163 d V; 98 b IV S. 1 i. V. m. § 163 d V StPO, vor allem § 110 d I StPO sind in Anlehnung an die Benachrichtigungsregelung des § 101 I StPO entwickelt worden[1144]. Die Auslegung der §§ 110 d I; 163 d V; 98 b IV S. 1 i. V. m. § 163 d V StPO erfolgt demnach auch stets unter Bezugnahme auf § 101 I StPO[1145]. Auch wenn die Regelung des § 101 I S. 2, 3 StPO, die einen neuen Anstoß hinsichtlich der Bestimmung der Benachrichtigungskompetenz gibt, bei Schaffung der §§ 110 d I; 163 d V; 98 b IV S. 1 i. V. m. § 163 d V StPO noch nicht im § 101 I StPO aufgenommen war, sollte das Ergebnis bezüglich der Benachrichtigungszuständigkeit nach § 101 I StPO auch auf diese Bestimmungen übertragen werden. Es ist nämlich nicht ersichtlich, daß dem Gesetz hier unterschiedliche Zuständigkeitskonzeptionen zugrunde liegen könnten.

Zusammenfassend ist also festzustellen, daß die Benachrichtigungsentscheidung nach §§ 101 I; 110 d I; 163 d V; 98 b IV S. 1 i. V. § 163 d V StPO in den Kompetenzbereich der Staatsanwaltschaft fällt.

[1144] Heidelberger Kommentar-Lemke, § 110 d Rdnr. 2; Hilger, NStZ 1992, S. 523, 525; Kleinknecht/Meyer-Goßner, § 110 d Rdnr. 1; 163 d Rdnr. 25; Möhrenschläger, wistra 1992, S. 326, 331.

[1145] Heidelberger Kommentar-Lemke, § 110 d Rdnr. 2; Kleinknecht/Meyer-Goßner, § 110 d Rdnr. 1; 163 d Rdnr. 25.

II. Die Form der Benachrichtigung

Im Gesetz finden sich keine Vorgaben zur Form der Benachrichtigung. Aufgrund der Notwendigkeit der Benachrichtigung im Hinblick auf die Möglichkeit der Wahrnehmung der Rechte aus Art. 19 IV S. 1, 103 I GG ist aber die Schriftform zu fordern[1146].

III. Die Pflicht zur Benachrichtigung

Die §§ 101 I; 110 d I; 163 d V; 98 b IV S. 1 i. V. m. § 163 d V StPO bestimmen ausdrücklich, daß im Fall des Vorliegens der gesetzlichen Voraussetzungen, die jeweils von diesen Bestimmungen erfaßten Personen „zu benachrichtigen sind"[1147]. Aus dieser gesetzlichen Formulierung ergibt sich, daß die Staatsanwaltschaft bei Vorliegen der gesetzlichen Voraussetzungen zur Benachrichtigung verpflichtet ist. Es besteht also insoweit nicht lediglich eine Obliegenheit, die nicht selbständig durchsetzbar ist. Dies entspricht auch der verfassungsrechtlichen Herleitung der Erforderlichkeit einer Benachrichtigung im Fall der heimlichen strafprozessualen Zwangsmaßnahmen. Denn nur bei einer Mitteilungspflicht können die entsprechenden Bestimmungen den Erfordernissen des Art. 103 I GG und des Art. 19 IV S. 1 GG gerecht werden.

IV. Der zu benachrichtigende Personenkreis

Der Kreis der von einer heimlichen strafprozessualen Zwangsmaßnahme potentiell betroffenen Personen ist - abhängig von der jeweiligen Maßnahme - unterschiedlich. Bei der Postbeschlagnahme als der ersten in der Strafprozeßordnung vorgesehenen heimlichen Zwangsmaßnahme beschränkt sich die Wirkung der Maßnahme eindeutig auf bestimmte Personen, nämlich den Absender und Empfänger der der Postbeschlagnahme unterfallenden Sendungen. Demgegenüber ist der betroffene Personenkreis z. B. bei der Telefonüberwachung - wie gesehen[1148] - oder bei der jüngst eingeführten akustischen Wohnraumüberwachung deutlich größer[1149]. Alle Personen, die in der überwachten Wohnung Gespräche führen, werden überwacht. Noch mehr Menschen können von den EDV unterstützten Fahndungsmethoden der Raster- und Schleppnetzfahndung betroffen sein. Denn die Streubreite dieser Maßnahmen ist sehr hoch. Dementsprechend ergeben sich bereits aus der unterschiedlichen Streubreite der heimlichen strafprozessualen Zwangsmaßnahmen Differenzen in bezug auf den zu benachrichtigenden Personenkreis. Die gesetzlichen Benachrichtigungsregelungen, die vor

---

[1146] So im Ergebnis auch: Schumacher, S. 335. Nach LR-Rieß, § 163 d Rdnr. 81 ist die Schriftform lediglich empfehlenswert.

[1147] § 101 I StPO wörtlich: „Von den getroffenen Maßnahmen ... *sind* ... *zu benachrichtigen*, ...". § 110 d I StPO wörtlich: „Personen, ..., *sind* ... *zu benachrichtigen*, ...". § 163 d V StPO wörtlich: „Von den in Absatz 1 bezeichneten Maßnahmen *sind* die Personen, ..., *zu benachrichtigen*, ...".

[1148] Vgl. dazu näher unter Einleitung B.

[1149] Vgl. dazu: Leutheusser-Schnarrenberger, ZRP 1998, S. 87, 91.

diesem Hintergrund den zu benachrichtigenden Personenkreis festlegen, und die Auslegung dieser Vorschriften haben dabei jeweils sicherzustellen, daß im Hinblick auf die Gewährleistung des Art. 103 I GG und Art. 19 IV S. 1 GG die Transparenz hinsichtlich der heimlichen Maßnahmen gegenüber dem Bürger hergestellt wird[1150]. Nur derjenige, der von einer Benachrichtigungsverpflichtung erfaßt wird, kann nämlich auch seine Rechte aus Art. 103 I GG und Art. 19 IV S. 1 GG in bezug auf einen Eingriff in seinen Rechtskreis geltend machen[1151]. Andererseits ist aber auch die Situation des Beschuldigten zu bedenken. Die Benachrichtigung einer Vielzahl ihm bekannter oder unbekannter Personen, die der Wirkung der heimlichen Maßnahme unterfallen, hat schließlich den für ihn unangenehmen Nebeneffekt, daß diese dadurch von dem gegen ihn laufenden Verfahren erfahren[1152]. Dieses Unbehagen wird noch größer, wenn sich der erhobene Verdacht als unbegründet herausstellt[1153]. Denn in diesem Fall ist er völlig zu Unrecht mit dem gesellschaftlichen Makel eines Strafverfahrens belastet worden. Ähnliche Bedenken bestehen zumindest im Einzelfall auch, wenn gegen einen Dritten wegen seiner angeblichen Verbindung zum Beschuldigten eines Strafverfahrens eine heimliche Zwangsmaßnahme erlassen wird, wie z. B. im Fall der Anordnung der Telefonüberwachung gegenüber einen Nachrichtenmittler im Sinne des § 100 a S. 2 StPO. Es ist zwar für den Dritten damit kein Vorwurf einer Straftat verbunden, er ist damit aber in die unmittelbare Nähe zu einem Straftäter gerückt und kann dadurch bei Offenlegung der Maßnahme gesellschaftlich stigmatisiert werden. Auch diese Aspekte sind also bei der Auslegung der gesetzlichen Benachrichtigungsbestimmungen im Hinblick auf den zu benachrichtigenden Personenkreis zu berücksichtigen.

1.) Die zu benachrichtigenden Personen nach § 101 I StPO

a) Die Beteiligteneigenschaft im Sinne des § 101 I S. 1 StPO

Nach § 101 I S. 1 StPO sind im Fall der Postbeschlagnahme, der Überwachung der Telekommunikation, der technischen Observationsmaßnahmen nach § 100 c I Nr. 1 b und der akustischen Überwachungsmaßnahmen nach §§ 100 c I Nr. 2, 3, 100 d StPO die „Beteiligten" zu benachrichtigen. Der Kreis der jeweils an diesen heimlichen Zwangsmaßnahmen beteiligten Personen ist natürlich bei jeder dieser Maßnahmen ein anderer. Dies hängt auch damit zusammen, daß von diesen Maßnahmen jeweils unterschiedliche Personengruppen betroffen sein können. Der Bestimmung der Beteiligteneigenschaft bezüglich der jeweiligen Einzelmaßnahme muß aber ein einheitlicher, sich aus § 101 I S. 1 StPO ergebender Maßstab zugrunde gelegt werden. Es gilt zunächst diese Richtlinie zu

---

1150 Vgl. dazu näher unter Teil 2 A.

1151 Vgl. dazu näher unter Teil 2 A.

1152 Schumacher, S. 342. Vgl. dazu auch: Schwob, SJZ 1987, S. 166, 167.

1153 Schumacher, S. 342.

ermitteln, um auf dieser Grundlage dann den Kreis der zu benachrichtigenden Beteiligten hinsichtlich der einzelnen von § 101 I StPO erfaßten Maßnahmen bestimmen zu können.

aa) Der allgemeine Maßstab zur Bestimmung der Beteiligteneigenschaft im Sinne des § 101 I S. 1 StPO

(1) Der Meinungsstand in der Literatur und der Rechtsprechung

Die Frage, nach welchem Maßstab die Beteiligteneigenschaft im Sinne des § 101 I S. 1 StPO zu bestimmen ist, wird unterschiedlich beantwortet.

Eine Ansicht in der Literatur sieht nur diejenigen als zu benachrichtigende Beteiligte im Sinne des § 101 I S. 1 StPO an, gegen die die Anordnung der heimlichen Zwangsmaßnahme, also der Postbeschlagnahme, der Überwachung der Telekommunikation, der technischen Überwachungsmaßnahmen nach § 100 c I Nr. 1 b StPO oder der akustischen Überwachungsmaßnahmen nach §§ 100 c I Nr. 2, 3, 100 d StPO ergangen ist[1154]. Selbst der Beschuldigte ist hiernach nur insoweit zu benachrichtigen, als ihm gegenüber die Anordnung erlassen wurde[1155]. Eine einzelne Maßnahme im Rahmen einer Zwangsmaßnahme, wie z. B. das einzelne abgehörte Gespräch bei einer Telefonüberwachung, sei nämlich nicht der Gegenstand der Anordnung, sondern es werde generell ein bestimmter Bereich, wie z. B. der Telefonverkehr, überwacht[1156].

Zum Teil wird zur Begründung der Beteiligteneigenschaft im Sinne des § 101 I S. 1 StPO vorrangig darauf abgestellt, ob die betroffenen Personen gezielt oder ungezielt von den heimlichen Zwangsmaßnahmen nach §§ 99; 100 a, b; 100 c I Nr. 1 b, 2, 3, 100 d StPO erfaßt werden. Nur wenn eine Person gezielt der Wirkung dieser Maßnahmen ausgesetzt werde oder wenn er als Gesprächspartner oder Begleitperson des Beschuldigten überwacht werde, könne diese Person als „Beteiligter" im Sinne des § 101 I S. 1 StPO angesehen werden[1157]. Ungezielt erfaßte Dritte, die nicht als Gesprächspartner oder Begleitperson des Beschuldigten überwacht würden, wie z. B. die Dritten, die „zufällig" den überwachten Telefonanschluß benutzten oder die unvermeidbar Betroffenen im Sinne des § 100 c III StPO, seien hingegen nicht an den heimlichen Zwangsmaßnahmen beteiligt und somit auch nicht zu benachrichtigen[1158].

Eine weitere Auffassung in der Literatur wählt wiederum einen ganz anderen Ansatz zur Bestimmung der zu benachrichtigenden „Beteiligten" im Sinne des § 101 I S. 1 StPO. Hiernach werden alle diejenigen als „Beteiligte" im Sinne des § 101 I S. 1 StPO angesehen, in deren materielle Rechte durch die heimli-

---

[1154] Vgl. dazu: KMR-Müller, § 101 Rdnr. 4.

[1155] Vgl. dazu: KMR-Müller, § 101 Rdnr. 4.

[1156] Vgl. dazu: KMR-Müller, § 101 Rdnr. 1.

[1157] Vgl. dazu: KK-Nack, § 101 Rdnr. 3; Kleinknecht/Meyer-Goßner, § 101 Rdnr. 2; LR-Schäfer, § 101 Rdnr. 3; Malek, Neue Justiz 1992, S. 242, 244; Pfeiffer, § 101 Rdnr. 1.

[1158] Vgl. dazu: Kleinknecht/Meyer-Goßner, § 101 Rdnr. 2; Pfeiffer, § 101 Rdnr. 1.

chen Zwangsmaßnahmen nach §§ 99; 100 a, b; 100 c I Nr. 1 b, 2, 3, 100 d StPO eingegriffen wird[1159]. Der Bezugspunkt der Benachrichtigungspflicht sei nämlich das Innehaben der materiellen Rechte, die durch die fraglichen Maßnahmen beeinträchtigt seien[1160].

(2) Stellungnahme

Es stellt sich nun also die Frage, welcher dieser Ansätze der Auslegung der Beteiligteneigenschaft im Sinne des § 101 I S. 1 StPO zugrunde zulegen ist.
Durch die heimlichen Zwangsmaßnahmen nach §§ 99; 100 a, b; 100 c I Nr. 1 b, 2, 3, 100 d StPO kann in den Rechtskreis, vor allem in die Grundrechte derjenigen Personen eingegriffen werden, die der Wirkung dieser Maßnahmen ausgesetzt sind. Soweit ein Eingriff in den Rechtskreis, insbesondere in die Grundrechte der Betroffenen dieser Maßnahmen vorliegt, verlangt die Rechtsschutzgarantie nach Art. 19 IV S. 1 GG, daß die in ihren Rechten verletzte Person die Gelegenheit erhält, sich gegen diese Maßnahmen innerhalb eines Rechtsschutzverfahrens zur Wehr zu setzen. Art. 103 I GG erfordert die Sicherstellung einer Anhörung des Bürgers. Die Möglichkeit der Wahrnehmung dieser Rechte besteht nur, wenn der jeweils in seinen Rechten Verletzte auch Kenntnis von der Maßnahme hat. Die Zwangsmaßnahmen nach §§ 99; 100 a, b; 100 c I Nr. 1 b, 2, 3, 100 d StPO erfolgen heimlich. Diese Heimlichkeit wirkt gegenüber allen Betroffenen der Zwangsmaßnahmen. Eine Kenntniserlangung ist im übrigen in der Regel[1161] nur im Zuge der Benachrichtigung möglich. Folglich müssen diejenigen Personen über die heimlichen Zwangsmaßnahmen nach §§ 99; 100 a, b; 100 c I Nr. 1 b, 2, 3, 100 d StPO benachrichtigt werden, in deren Rechtskreis durch diese Maßnahmen eingegriffen wird und denen somit der Rechtsweg gegen diese Maßnahmen und ein Anhörungsverfahren offen stehen muß. Entscheidender Ansatzpunkt für die Bestimmung der Beteiligteneigenschaft im Sinne des § 101 I StPO ist somit die Frage, in wessen Rechte durch die Maßnahmen nach §§ 99; 100 a, b; 100 c I Nr. 1 b, 2, 3, 100 d StPO eingegriffen wird.
Fraglich ist, ob es auf dieser Grundlage noch möglich ist, hinsichtlich der Beteiligteneigenschaft zwischen gezielt und ungezielt betroffenen Personen zu unterscheiden. Kommt es bei der Bestimmung der Beteiligteneigenschaft entscheidend auf das Vorliegen eines Rechtseingriffes an, so kann diese Differenzierung nur gerechtfertigt sein, wenn das Vorliegen eines Rechtseingriffes von der Zielgerichtetheit des beeinträchtigenden Handelns abhängig ist. Selbst die Frage eines Eingriffes in die Grundrechte ist aber unabhängig davon, ob die

---

1159 Vgl. dazu: AK-StPO-Maiwald, § 101 Rdnr. 2; Kaiser, NJW 1969, S. 18, 19; Lehmann, S. 195; Lehmann, ArchPF 1979, S. 1, 23; Schmid, SJZ 1986, S. 37, 40; Schumacher, S. 337; SK-StPO-Rudolphi, § 101 Rdnr. 2; Welp, Überwachung, S. 113.
1160 Vgl. dazu: Welp, Überwachung, S. 113.
1161 Vgl. dazu näher unter Einleitung B. und Teil 1 B.

Maßnahme zielgerichtet oder ungezielt die Grundrechte der betroffenen Personen beeinträchtigt. Denn nach dem heute vertretenen erweiterten Eingriffsbegriff muß der Eingriff in ein Grundrecht nicht die finale Folge des Staatshandelns sein[1162]. Dann kann aber auch das Vorliegen eines Eingriffes in einfachgesetzliche Rechte nicht von der Zielgerichtheit des Handelns abhängen. Daher ist die in Rede stehende Differenzierung abzulehnen. Es sind infolgedessen *alle* als zu benachrichtigende Beteiligte im Sinne des § 101 I S. 1 StPO anzusehen, deren Rechtskreis durch die heimlichen Zwangsmaßnahmen nach §§ 99; 100 a, b; 100 c I Nr. 1 b, 2, 3, 100 d StPO berührt wird.

Auf der Grundlage der dargelegten verfassungsrechtlichen Erforderlichkeit der Statuierung von Benachrichtigungsregelungen ergibt sich zwingend, daß es nicht genügt, nur einen der Beteiligten zu benachrichtigen[1163]. Vielmehr müssen alle benachrichtigt werden, die aufgrund des dargelegten Maßstabes als „Beteiligte" einer heimlichen Zwangsmaßnahme nach §§ 99; 100 a, b; 100 c I Nr. 1 b, 2, 3, 100 d StPO anzusehen sind[1164]. Dies entspricht auch dem Wortlaut des § 101 I StPO[1165], der gerade bestimmt, daß „die Beteiligten" und eben nicht „ein Beteiligter" dieser Maßnahmen zu benachrichtigen ist. Demnach kann durch die Benachrichtigung unter Umständen eine Vielzahl betroffener Personen von einem gegen den Beschuldigten laufenden Ermittlungsverfahren erfahren. Um diesen für den Beschuldigten unerwünschten Nebeneffekt möglichst gering zu halten[1166], aber gleichzeitig den Rechten aller Betroffener nach Anhörung und Rechtsschutz gerecht zu werden, ist jeder Beteiligte nur insofern zu informieren, als die Maßnahme ihn betrifft bzw. treffen könnte[1167]. Darin ist schon deshalb keine Einschränkung des Anspruches auf rechtliches Gehör zu sehen, weil die Benachrichtigung lediglich den Anstoß zur Anhörung gibt, nicht aber selbst die Anhörung darstellt[1168]. Innerhalb des Anhörungsverfahrens besteht für den Betroffenen dann auch die Möglichkeit, sich näher zu informieren[1169], um so ein Rechtsschutzbegehren effektiv durchsetzen zu können.

1162 Bleckmann/Eckhoff, DVBl 1988, S. 373, 373 ff; Pieroth/Schlink, Rdnr. 240. Vgl. auch: Lübbe-Wolff, S. 69 ff.; Stern, III/2, S. 139 ff.

1163 So im Ergebnis auch: KK-Nack, § 101 Rdnr. 4; Lehmann, S. 195; LR-Schäfer, § 101 Rdnr. 4; SK-StPO-Rudolphi, § 101 Rdnr. 3; Welp, Überwachung, S. 113.

1164 Vgl. dazu: Lehmann, ArchPF 1979, S 1, 23.

1165 So auch: SK-StPO-Rudolphi, § 101 Rdnr. 3.

1166 Vgl. näher zu diesem Aspekt unter Teil 2 B. IV.

1167 So auch: Schumacher, S. 342. Vgl. auch: AK-StPO-Maiwald, § 101 Rdnr. 2.

1168 Vgl. dazu näher unter Teil 2 A. I.

1169 Vgl. näher zu den Informationsrechten des Betroffenen nach Art. 103 I GG unter Teil 2 A. I. 1.).

bb) Der Kreis der Beteiligten bei den einzelnen von § 101 I S. 1 StPO erfaßten heimlichen strafprozessualen Zwangsmaßnahmen

Anhand des entwickelten Maßstabes, an dem sich die Bestimmung der „Beteiligteneigenschaft" im Sinne des § 101 I S. 1 StPO zu orientieren hat, kann nun der Kreis der möglichen „Beteiligten" hinsichtlich der von § 101 I S. 1 StPO erfaßten Maßnahmen ermittelt werden.

(1) Die beteiligten Personen im Sinne des § 101 I S. 1 StPO bei der Postbeschlagnahme

Die zu benachrichtigenden Beteiligten im Fall der Postbeschlagnahme sind die Absender und Empfänger der angehaltenen Sendungen[1170]. Denn nur der Absender und der Empfänger sind Subjekte des durch die Postbeschlagnahme beeinträchtigten Postgeheimnisses aus Art. 10 GG[1171]. Dritte Personen sind folglich selbst dann nicht zu benachrichtigen, wenn der Nachrichteninhalt für sie bestimmt war[1172]. Der Beschuldigte hingegen ist auch dann zu benachrichtigen, wenn er nicht Absender oder Empfänger der angehaltenen Sendungen ist. Seine Verfahrensrechte sind nämlich durch diese strafprozessuale Zwangsmaßnahme in jedem Fall betroffen. Sein Rechtskreis ist also durch die Maßnahme berührt. Die Postunternehmen sind keine Beteiligten der Postbeschlagnahme[1173].

(2) Die beteiligten Personen im Sinne des § 101 I S. 1 StPO bei der Überwachung der Telekommunikation

Hinsichtlich einer Überwachung der Telekommunikation kommen als Beteiligte im Sinne des § 101 I S. 1 StPO alle diejenigen in Betracht, die über den überwachten Anschluß kommunizieren und somit durch die Überwachungsmaßnahme in ihrem Grundrecht nach Art. 10 GG beeinträchtigt werden[1174]. Auch der vom Beschuldigten verschiedene Anschlußinhaber ist nur insoweit in seinen Rechten aus Art. 10 GG verletzt und folglich zu benachrichtigen, als er tatsächlich zum Zeitpunkt der Überwachung über den überwachten Anschluß kommuniziert hat. Der Beschuldigte ist wegen des Eingriffes in seine Verfahrensrechte stets zu benachrichtigen, also unabhängig davon, ob er Gespräche über den überwachten Anschluß geführt hat.

[1170] AK-StPO-Maiwald, § 101 Rdnr. 2; LR-Schäfer, § 101 Rdnr. 3; KMR-Müller, § 101 Rdnr. 3; SK-StPO-Rudolphi, § 101 Rdnr. 2; Welp, Überwachung, S. 113.

[1171] SK-StPO-Rudolphi, § 101 Rdnr. 2; Welp, Überwachung, S. 113.

[1172] Welp, Überwachung, S. 113.

[1173] Kleinknecht/Meyer-Goßner, § 101 Rdnr. 2; LR-Schäfer, § 101 Rdnr. 3; Schumacher, S. 344.

[1174] AK-StPO-Maiwald, § 101 Rdnr. 2; Joecks, JA 1983, S.59, 60 f.; Kaiser, NJW 1969, S. 18, 19; Lehmann, S. 195; Schmid, SJZ 1986, S. 37, 40; Schumacher, S. 337; SK-StPO-Rudolphi, § 101 Rdnr. 2.

(3) Die beteiligten Personen im Sinne des § 101 I S. 1 StPO bei der Maßnahme nach § 100 c I Nr. 1 b StPO

Wird ein technisches Mittel zur Observation im Sinne des § 100 c I Nr. 1 b StPO eingesetzt, so ist der Beschuldigte schon im Hinblick auf den Eingriff in seine Verfahrensrechte zu informieren. Als zu benachrichtigende Beteiligte sind aber auch die unverdächtigen Personen anzusehen, die wegen einer Verbindung zum Beschuldigten im Sinne des § 100 c II S. 3 StPO Observationsmaßnahmen ausgesetzt werden, sowie die unvermeidbar von diesen Maßnahmen betroffenen Dritten, vgl. § 100 c III StPO[1175]. Durch die technischen Observationsmittel wird nämlich in das Recht auf informationelle Selbstbestimmung dieser Personen eingegriffen[1176]. Dabei ist es irrelevant für die Benachrichtigungspflicht der letzten beiden Personengruppen, daß § 101 I S. 1 StPO nur auf den Absatz 1 und nicht auf die Absätze 2 und 3 des § 100 c StPO verweist, in denen diese Personengruppen angesprochen werden[1177]. Denn bedenkt man die dargelegte Grundrechtsbeeinträchtigung und die Ausführungen zum verfassungsrechtlichen Erfordernis einer weiten Auslegung des Beteiligtenbegriffes, so kann der Verweis in § 101 I S. 1 StPO nur so verstanden werden, daß *alle* von der Maßnahme nach § 100 c I Nr. 1 b StPO Betroffenen von der Benachrichtigungspflicht umfaßt sind. Damit sind also auch die in § 100 c II S. 3 StPO aufgeführten unverdächtigen Personen und die in § 100 c III StPO genannten unvermeidbar betroffenen Dritten zu informieren.

(4) Die beteiligten Personen im Sinne des § 101 I S. 1 StPO bei der Maßnahme nach §§ 100 c I Nr. 2, 100 d I StPO

Als zu benachrichtigende Beteiligte im Hinblick auf die akustischen Überwachungsmaßnahmen außerhalb von Wohnungen kommen der Beschuldigte sowie alle, deren Gespräche wegen ihrer Verbindung zum Beschuldigten abgehört werden sollen, vgl. § 100 c II S. 3 StPO, und die unvermeidbar betroffenen Dritten im Sinne des § 100 c III StPO in Betracht[1178]. Denn diese Personen werden durch die Maßnahme nach §§ 100 c I Nr. 2, 100 d I StPO in ihrem Recht am eigenen gesprochenen Wort, d. h. in ihrem allgemeinen Persönlichkeitsrecht verletzt[1179].

[1175] Binder, S. 102 ff.; SK-StPO-Rudolphi, § 101 Rdnr. 2.
[1176] Vgl. dazu statt aller: Binder, S. 172 ff.
[1177] Vgl. dazu: Binder, S. 103 f.
[1178] Binder, S. 102 ff.; SK-StPO-Rudolphi, § 101 Rdnr. 2. Auch hier ist aus den bereits unter Teil 2 B. IV. 1.) a) bb) (3) dargelegten Gründen irrelevant, daß § 101 I StPO nur auf Absatz 1 des § 100 c StPO und nicht auch auf die Absätze 2 und 3 verweist, in denen die Verbindungspersonen des Beschuldigten und die unvermeidbar betroffenen Dritten aufgeführt werden.
[1179] Binder, S. 158 ff.; SK-StPO-Rudolphi, § 101 Rdnr. 2.

Darüber hinaus sind nach einer neueren Auffassung in der Literatur auch Außenstehende, d. h. nicht im Sinne der §§ 100 c II S. 3, 100 c III StPO von der Maßnahme betroffene Dritte zu benachrichtigen, soweit sich bei der Auswertung der Maßnahme Erkenntnisse ergeben hätten, die den Verdacht der Begehung einer Katalogtat gegen sie begründeten oder verstärkten[1180]. Dies ergebe sich daraus, daß der § 101 I S. 1 StPO nicht nur auf § 100 c I Nr. 2 StPO, sondern auch auf § 100 d StPO[1181], genauer auf § 100 d V S. 1 StPO[1182] verweise. Der § 100 d V S. 1 StPO regele gerade den Fall, daß durch die akustische Überwachungsmaßnahme außerhalb von Wohnungen personenbezogene Informationen erlangt worden seien und diese in anderen Strafverfahren, insbesondere auch gegen andere Personen als den bisherigen Beschuldigten, Verwendung fänden[1183]. Demnach sei wegen dieses Verweises der Kreis der zu benachrichtigenden Beteiligten zwangsläufig auf die dargelegten Personen zu erweitern[1184].
Die dargelegte Erweiterung des zu benachrichtigenden Personenkreises erscheint zweifelhaft. Die Gespräche der in Rede stehenden Personen werden nicht überwacht, somit werden sie durch die akustischen Überwachungsmaßnahmen auch nicht in ihrem allgemeinen Persönlichkeitsrecht, genauer in ihrem Recht am eigenen Wort verletzt. Die Nichtbenachrichtigung versperrt ihnen damit auch nicht die Möglichkeit, hinsichtlich eines Eingriffes in ihren Rechtskreis angehört zu werden und Rechtsschutz zu erlangen[1185]. Somit ist die Benachrichtigung dieser Personengruppe verfassungsrechtlich nicht geboten.
Eine Einbeziehung dieser Dritten in den Kreis der zu benachrichtigenden Beteiligten wäre aber trotzdem zwingend erforderlich, wenn der Verweis des § 101 I S. 1 StPO auf § 100 d StPO, genauer § 100 d V S. 1 StPO tatsächlich in dem dargelegten Sinn zu verstehen wäre. Der § 101 I StPO verweist - unter anderem - auf die nach §§ 100 c I Nr. 2, 100 d I getroffenen Maßnahmen. Die Beteiligten dieser Maßnahmen sind zu benachrichtigen. § 100 d V S. 2 StPO stellt aber keine zusätzliche strafprozessuale Zwangsmaßnahme dar, sondern er enthält eine Verwendungsregelung für Zufallsfunde, d. h. er bestimmt die Zulässigkeit der Verwertung von Zufallserkenntnissen in anderen Strafverfahren als demjenigen, innerhalb dessen die akustische Abhörmaßnahme erlassen wurde. Die Maßnahme, an der ein Dritter beteiligt sein muß, d.h. die in seine Rechte eingreifen muß, bleibt somit die akustische Überwachungsmaßnahme außerhalb von Wohnungen. Mit dieser kommen die hier in Rede stehenden Personen aber nicht in

1180 Binder, S. 103.
1181 Binder, S. 103.
1182 Der § 100 d V S. 1 StPO stellt eine Verwendungsregelung für Zufallsfunde bei der Überwachung des nicht öffentlich gesprochenen Wortes außerhalb von Wohnungen dar. Vgl. zur Problematik der Zufallsfunde: Joecks, JA 1983, S. 59, 62 f.; Labe, S. 1 ff, 59 ff.; Welp, Jura 1981, S. 472, 472 ff.
1183 Vgl. dazu: Binder, S. 103.
1184 Binder, S. 103.
1185 Vgl. dazu näher unter Teil 2 A. und Teil 2 B. IV 1.) a) aa) (2).

Berührung, soweit sie an den überwachten Gesprächen nicht teilnehmen. Demnach ist die dargelegte Meinung abzulehnen. Der zu benachrichtigende Personenkreis ist also nicht auf diejenigen zu erstrecken, gegen die sich der Verdacht der Begehung einer Straftat aufgrund der Auswertung der Erkenntnisse aus der Maßnahme nach §§ 100 c I Nr. 2, 100 d I StPO begründet oder verstärkt hat, soweit sie nicht auch im Sinne des § 100 c I Nr. 2 StPO überwacht werden.

(5) Die beteiligten Personen im Sinne des § 101 I StPO bei der Maßnahme nach §§ 100 c I Nr. 3, 100 d II StPO

Wenn eine akustische Überwachungsmaßnahme in einer Wohnung vorgenommen wird, so sind die Inhaber der Wohnungen, in denen Abhörmaßnahmen durchgeführt werden, vgl. § 100 c II S. 5 StPO, zu benachrichtigen. Ferner sind alle zu informieren, die in der überwachten Wohnung kommunizieren und somit vom Wohnungsschutz nach 13 GG miteinbezogen werden[1186] und deren allgemeines Persönlichkeitsrecht, genauer deren Recht am eigenen gesprochenen Wort durch die Maßnahme beeinträchtigt wird[1187].

b) Die unbekannten Beteiligten

Die Benachrichtigungspflicht gegenüber den Beteiligten kann dann auf Schwierigkeiten stoßen, wenn Beteiligte unbekannt sind, d. h. deren Identität nicht bereits ohne weiteres bei der Anordnung oder der Durchführung der heimlichen Zwangsmaßnahmen nach §§ 99; 100 a, b; 100 c I Nr. 1 b, 2, 3, 100 d StPO oder der Auswertung der Erkenntnisse zu erkennen ist. Es stellt sich dann die Frage, ob die Staatsanwaltschaft, der die Benachrichtigung obliegt, in diesen Fällen Nachforschungen zur Ermittlung unbekannter Beteiligter anstellen muß.

Nach einer Meinung in der Literatur ist die Staatsanwaltschaft nicht verpflichtet, die Identität unbekannt gebliebener Beteiligter der heimlichen Zwangsmaßnahmen nach §§ 99; 100 a, b; 100 c I Nr. 1 b, 2, 3, 100 d StPO zu ermitteln, um diese benachrichtigen zu können[1188]. Es könne den Strafverfolgungsbehörden nicht zugemutet werden, in jedem Fall umfangreiche Ermittlungen nach unbekannten Beteiligten anzustellen[1189].

Eine zweite Auffassung geht davon aus, daß die Staatsanwaltschaft zwar nicht schlechthin verpflichtet sei, unbekannt gebliebene Personen zu ermitteln[1190]. Bei Vorliegen konkreter Anhaltspunkte für die Feststellung der Identität der betreffenden Personen sei sie jedoch gehalten, im Rahmen der Zumutbarkeit weitere Erkundigungen anzustellen[1191]. Die Anforderungen an diese Ermitt-

---

[1186] Vgl. statt aller: Sachs-Kühne, Art. 13 Rdnr. 17.

[1187] Vgl. dazu: Binder, S. 158 ff.; SK-StPO-Rudolphi, § 101 Rdnr. 2.

[1188] Aubert, Band I, S. 68; Kaiser, NJW 1969, S. 18, 19; KK-Nack, § 101 Rdnr. 4; LR-Schäfer, § 101 Rdnr. 4; Pfeiffer, § 101 Rdnr. 1.

[1189] BT-Drs. V/1880, S. 13.

[1190] Schumacher, S. 343.

[1191] Schmidt, NB II, § 101 Rdnr. 3; Schumacher, S. 343.

lungstätigkeit dürften aber nicht zu hoch angesetzt werden, um eine Schwächung der übrigen Ermittlungstätigkeit zu vermeiden[1192].
Nach einer dritten Ansicht ist die Staatsanwaltschaft grundsätzlich verpflichtet, unbekannte Beteiligte im Sinne des § 101 I StPO zum Zweck der Benachrichtigung zu ermitteln[1193]. Die Grenze dieser Nachforschungspflicht ergebe sich lediglich aus der tatsächlichen Unmöglichkeit der Ermittlung dieser Personen[1194].
Es gilt nun also zu klären, welcher dieser Auffassungen zu folgen ist. Die heimlichen Zwangsmaßnahmen bewirken bei den Beteiligten einen schweren Eingriff in ihren Rechtskreis, insbesondere in ihre Grundrechte[1195]. Dies gilt unabhängig davon, ob sie zielgerichtet betroffen und den Strafverfolgungsorganen bekannt sind oder ob sie rein zufällig betroffen und unbekannt geblieben sind. Diese Beeinträchtigung ihrer Rechte wird nicht dadurch gemildert, daß der Beteiligte von dem Eingriff nichts weiß[1196]. Einen derartigen Grundrechtseingriff aus reinen Zumutbarkeits- oder Zweckmäßigkeitserwägungen heraus der Kenntnis bestimmter Beteiligter faktisch zu entziehen, widerspricht den verfassungsrechtlichen Erfordernissen der Art. 103 I, 19 IV S. 1 GG. Denn diese erfordern für jeden Beteiligten die Möglichkeit, Kenntnis von der Maßnahme zu erhalten, um so ihr Anhörungsrecht geltend machen zu können und Rechtsschutz gegen diese Maßnahmen zu erlangen[1197]. Diese verfassungsrechtlichen Grundsätze rechtfertigen keine Ausnahme aus reinen Zweckmäßigkeitsüberlegungen. Es besteht somit eine Nachforschungspflicht. Eine solche umfassende Nachforschungspflicht könnte im übrigen - als positiver Nebeneffekt sozusagen - für die Strafverfolgungsorgane eine psychologische Hemmnis gegen eine allzu weite Ausdehnung heimlicher Zwangsmaßnahmen bewirken[1198]. Ihre „natürliche" Grenze findet diese Pflicht aber an der tatsächlichen Möglichkeit, die Identität eines Beteiligten zu bestimmen. So kann z. B. bei einer akustischen Überwachungsmaßnahme in einem öffentlich zugänglichen Geschäftsraum die Identität überwachter Dritter, die „zufällig" in dem Raum ein Gespräch führen, in der Regel tatsächlich nicht ermittelt werden.

2.) Die zu benachrichtigenden Personen nach § 110 d I StPO

Nach § 110 d I StPO ist hinsichtlich des Einsatzes eines Verdeckten Ermittlers in einer nicht allgemein zugänglichen Wohnung nach §§ 110 a, b II S. 1 Nr. 2 StPO der Wohnungsinhaber zu benachrichtigen[1199].

1192 Schumacher, S. 343.
1193 Lehmann, S. 197; SK-StPO-Rudolphi, § 101 Rdnr. 3; Welp, Überwachung, S. 113.
1194 Lehmann, S. 197; SK-StPO-Rudolphi, § 101 Rdnr. 3.
1195 Vgl. dazu näher unter Teil 2 B. IV. 1.) a) aa) (2) und bb).
1196 Lehmann, ArchPF 1979, S. 1, 23.
1197 Vgl. dazu näher unter Teil 2 A. und Teil 2 B. IV. 1.) a) aa) (2).
1198 Vgl. dazu: Joecks, JA 1983, S. 59, 61; Welp, S. 114.
1199 Inwiefern im Falle des Einsatzes eines Verdeckten Ermittlers darüber hinaus eine Benachrichtigungspflicht aufgrund einer Rechtsfortbildung besteht, soll unter Teil 2 A. III. 3.) geklärt werden.

3.) Die zu benachrichtigenden Personen nach § 163 d V StPO

Nach § 163 d V StPO sind in bezug auf die Schleppnetzfahndung nicht die „Beteiligten“ dieser Zwangsmaßnahme, sondern diejenigen Personen zu benachrichtigen, „gegen die nach Auswertung der Daten weitere Ermittlungen geführt worden sind“.

a) Der von § 163 d V StPO erfaßte Personenkreis

Um den Kreis der nach § 163 d V StPO zu benachrichtigenden Personen bestimmen zu können, sollte man sich zunächst kurz vergegenwärtigen, was unter einer Schleppnetzfahndung im Sinne des § 163 d StPO zu verstehen ist und welche Personen überhaupt der Wirkung dieser Maßnahme ausgesetzt sind. § 163 d StPO gestattet eine computergestützte Fahndungsmethode[1200]. Die Vorschrift ermöglicht die Errichtung von Kurzzeitdateien für die automatische Speicherung und Verwertung von Daten, die bei bestimmten Massenkontrollen, Personenkontrollen an der Grenze oder an Kontrollstellen nach § 111 StPO anfallen, deren erschöpfende Auswertung an Ort und Stelle aber nicht möglich ist[1201]. Die Erhebung der Daten ist von § 163 d StPO also nicht erfaßt, § 163 d StPO regelt nur die Verarbeitung[1202] und die Nutzung der bereits nach § 111 StPO oder den einschlägigen Bestimmungen des BGSG erhobenen Daten. Die Datenverarbeitung im Sinne des § 163 d StPO umfaßt die Speicherung und Übermittlung der relevanten Daten[1203]. Die Datennutzung beinhaltet in diesem Fall die Auswertung der Daten mittels eines automatischen Informationssystemes oder auch mit herkömmlichen Mitteln. Durch diese Maßnahmen werden diejenigen, deren Daten verarbeitet oder genutzt werden, in ihrem Recht auf informationelle Selbstbestimmung beeinträchtigt[1204].

Es gilt nun also zu ermitteln, welche dieser Personen nach § 163 d V StPO zu benachrichtigen sind.

Nach § 163 d V StPO wird die Benachrichtigungspflicht nicht bereits durch die Verwendung und/oder Auswertung der personenbezogenen Daten ausgelöst, sondern vielmehr erst durch die sich an die Auswertung dieser Daten anschließenden weiteren Ermittlungen gegen diese Personen[1205]. Somit ergibt sich schon auf den ersten Blick, daß nur ein bestimmter Kreis der Personen, deren Daten innerhalb der Schleppnetzfahndung verwendet werden, von der Benachrichti-

---

1200 Bermig, S. 9; Brodag, S. 183; Kleinknecht/Meyer-Goßner, § 163 d Rdnr. 1; Kühl, NJW 1987, S. 737, 739.

1201 AK-StPO-Achenbach, § 163 d Rdnr. 3; Bermig, S. 9 f.; Heidelberger Kommentar-Krehl, § 163 d Rdnr. 1; LR-Rieß, § 163 d Rdnr. 5; Wittig, JuS 1997, S. 961, 962.

1202 Die Datenverarbeitung umfaßt allgemein das Speichern, Verändern, Übermitteln, Sperren und das Löschen von Daten, vgl. § 3 V BDSG. Vgl. dazu: Wittig, JuS 1997, S. 961, 963.

1203 Vgl. dazu: LR-Rieß, § 163 d Rdnr. 32 ff.; Wittig, JuS 1997, S. 962, 963 ff.

1204 Brodag, S. 183; Heidelberger Kommentar-Krehl, § 163 d Rdnr. 1; Wittig, JuS 1997, S. 961, 961.

1205 KMR-Müller, § 163 d Rdnr. 36; LR-Rieß, § 163 d Rdnr. 78.

gungsbestimmung erfaßt wird. Dabei wird bereits bei einer ersten Annäherung an die Bestimmung deutlich, daß hiernach solche Personen nicht benachrichtigt werden, die zur Strafverfolgung bzw. zur Strafvollstreckung ausgeschrieben sind und im Rahmen der Auswertung der Daten zufällig entdeckt werden[1206]. Denn gegen diese werden keine weiteren Ermittlungen, gleich welcher Art, geführt, sie *sind* nach der Auswertung ermittelt[1207].
Die weitere Erschließung des nach § 163 d V StPO zu benachrichtigenden Personenkreises erweist sich als schwieriger. Die „weiteren Ermittlungen" im Sinne des § 163 d V StPO sind Ermittlungshandlungen herkömmlicher und im Rahmen des Strafverfahrens zulässiger Art, wie z. B. die Vernehmung, die Anordnung und Durchführung von Zwangsmaßnahmen, Nachforschungen im Umfeld einer Person oder die Einholung von Auskünften aus dem Bundeszentralregister oder dem Verkehrszentralregister[1208]. Unklar ist, unter welchen Voraussetzungen die weiteren Ermittlungen *gegen eine Person* geführt werden. Man könnte diese Prämisse einerseits restriktiv in dem Sinne auslegen, daß die Ermittlungen das Ziel haben müssen, einen zumindest möglichen Tatverdacht aufzuklären[1209]. Damit würde sich die Benachrichtigungspflicht nur auf Tatverdächtige und den Beschuldigten beziehen. Andererseits könnte auch eine weite Auslegung des Inhalts in Betracht kommen, daß jede Ermittlungstätigkeit bezüglich einer Person im Anschluß an die Auswertung ihrer Daten ausreicht[1210]. Bei Zugrundelegung einer solchen Auslegung müßten z. B. auch diejenigen Personen benachrichtigt werden, hinsichtlich der Ermittlungen mit dem Ziel angestellt werden, festzustellen, ob über sie Bezüge zu einem Tatverdächtigen hergestellt werden können oder ob sie als Beweispersonen in Betracht kommen. Es muß also im Zuge einer Auslegung des § 163 d V StPO ermittelt werden, welcher Sichtweise zu folgen ist.

aa) Der Wortlaut des Gesetzes[1211]

Im Zentrum der Wortlautauslegung steht die Frage, wann nach dem Wortsinn Ermittlungen *gegen* eine Person geführt werden. Betrachtet man den Wortlaut unvoreingenommen, so könnte man argumentieren, daß Ermittlungen *gegen* eine Person vorgenommen werden, wenn sie *im Hinblick auf* eine Person vorgenommen werden, wobei das Ziel dieser Ermittlungen unerheblich ist. Der überwiegende Teil der Literatur legt dem Wort „gegen" aber einen ganz engen Be-

---

1206 So auch: Göhring, S. 63, Fn. 334; LR-Rieß, § 163 d Rdnr. 78.
1207 So auch: Göhring, S. 63, Fn. 334; LR-Rieß, § 163 d Rdnr. 78;
1208 LR-Rieß, § 163 d Rdnr. 79.
1209 Vgl. dazu: Göhring, S. 63; Heidelberger Kommentar-Krehl, § 163 d Rdnr. 15; LR-Rieß, § 163 d Rdnr. 79; Pfeiffer, § 163 d Rdnr. 7; Riegel, CR 1986, S. 138, 145; Rogall, NStZ 1986, S. 385, 392; Schulz/Händel, § 163 d Rdnr. 10.
1210 Vgl. dazu: Kühl, NJW 1987, S. 737, 743; LR-Rieß, § 163 d Rdnr. 79.
1211 Zur Auslegung nach dem Wortlaut des Gesetzes vgl.: Bydlinski, S. 437 ff; Fikentscher, S. 670 ff.; Larenz/Canaris, S. 137 ff.; Sch-Sch-Eser, § 163 d Rdnr. 37 f.

deutungsrahmen zugrunde. Die Wendung „...gegen die..." sei eindeutig in dem Sinne zu verstehen, daß Ermittlungen *gegen* eine Person nur geführt würden, wenn sie das Ziel der Aufklärung oder Bestätigung eines Tatverdachtes verfolgten[1212]. Es ist zweifelhaft, ob eine so enge Wortlautdeutung überzeugen kann. Die Ermittlungsmaßnahmen, wie z. B. die Zwangsmaßnahmen, die hier angesprochen werden, können sowohl gegenüber einem Tatverdächtigen als auch gegenüber einem Unverdächtigen, der z. B. als Beweisperson in Betracht kommt, angeordnet und durchgeführt werden. Es ist dann aber nicht verständlich, warum die Ermittlungsmaßnahmen nur im ersteren Fall *gegen* bestimmte Personen geführt werden sollen. Die Maßnahmen erfolgen in beiden Fällen bezüglich bestimmter Personen, richten sich somit *gegen* diese. Die dargelegte Differenzierung erweist sich vor allem dann als widersinnig, wenn die Ermittlungen zunächst mit dem Ziel der Ermittlung einer bestimmten Person, z. B. als Beweisperson, geführt werden, sich aber im Laufe der Ermittlungen der Verdacht der Mittäterschaft oder der Teilnahme gegen diese Person ergibt. Werden auf der Grundlage der dargelegten Erwägungen die Ermittlungen hier schon oder noch nicht *gegen* diese Person geführt? Diese Ausführungen machen deutlich, daß die Wendung „...gegen die..." nicht einseitig in dem Sinne verstanden werden kann, daß hier Ermittlungen mit dem Ziel der Tatverdachtsaufklärung geführt werden müssen. Nach dem Wortlaut reicht es vielmehr aus, daß Ermittlungen *im Hinblick auf* eine Person, *gegen* eine Person nach der Auswertung ihrer Daten geführt werden. Das Ziel dieser Ermittlungen ist irrelevant.

bb) Die Gesetzessystematik

Zu untersuchen ist als nächstes, ob dem systematischen Zusammenhang, in den § 163 d V StPO eingebettet ist, Gesichtspunkte zum Verständnis der Vorschrift zu entnehmen sind[1213]. Es muß also an die Stellung des § 163 d V StPO im Gesamtgefüge des Gesetzes angeknüpft und ihr Zusammenhang mit anderen Bestimmungen der Strafprozeßordnung aufgezeigt werden[1214]. Der § 163 d V StPO regelt die Benachrichtigung für den Fall der Schleppnetzfahndung, die eine heimliche strafprozessuale Zwangsmaßnahme darstellt. Man könnte nun an andere Benachrichtigungsregelungen hinsichtlich heimlicher strafprozessualer Zwangsmaßnahmen anknüpfen und überprüfen, ob sich daraus Auslegungsgesichtspunkte ergeben könnten. Zu denken ist dabei an § 101 I StPO als die erste in der Strafprozeßordnung geregelte Benachrichtigungsbestimmung, anhand derer auch § 163 d V StPO entwickelt wurde[1215]. Nach § 101 I S. 1 StPO sind

---

[1212] Göhring, S. 63; Schulz/Händel, § 163 d Rdnr. 10. Vgl. auch: Kleinknecht/Meyer-Goßner, § 163 d Rdnr. 25; Pfeiffer, § 163 d Rdnr. 7; Riegel, CR 1986, S. 138, 145; Rogall, NStZ 1986, S. 385, 392.

[1213] Zur Auslegung nach der Gesetzessystematik vgl.: Bydlinski, S. 442 ff.; Fikentscher, S. 672; Larenz/Canaris, S. 164.

[1214] Middelberg, S. 45.

[1215] Vgl. dazu: Riegel, CR 1986, S. 138, 145.

die „Beteiligten" der Zwangsmaßnahmen nach §§ 99; 100 a, b; 100 c I Nr. 1 b, 2, 3, 100 d StPO zu benachrichtigen. Beteiligt sind alle Personen, in deren materielle Rechte durch diese Zwangsmaßnahmen eingegriffen wird[1216]. Dem § 101 I StPO liegt demnach ein weites Verständnis hinsichtlich des zu benachrichtigenden Personenkreises zugrunde. Bedenkt man nun, daß § 163 d V StPO im Zusammenhang mit § 101 I StPO und insbesondere in Anlehnung an § 101 I StPO entstanden ist[1217], so spricht dies für eine weite Auslegung des im Fall einer Schleppnetzfahndung zu benachrichtigenden Personenkreises.

cc) Der historische Hintergrund des Gesetzes

Berücksichtigt werden muß des weiteren die Entstehungsgeschichte des § 163 d V StPO[1218].

Heranziehen kann man insofern das Gesetzesmaterial zu § 163 d StPO, insbesondere die Protokolle der Sitzungen im Rechtsausschuß und im Innenausschuß des Deutschen Bundestages. Anhaltspunkte können sich in diesem Zusammenhang aus Äußerungen des Regierungsdirektors im Bundesjustizministeriums Rogall in der Sitzung des Rechtsausschusses zu § 163 d StPO ergeben. Rogall bildete in der Beratung ein Beispiel[1219] zum Verständnis der Wirkungsweise der Schleppnetzfahndung. Danach vermuteten die Ermittlungsbehörden, daß eine kriminelle Bande Rauschgift in die Bundesrepublik Deutschland einschmuggele. Sie setze zu diesem Zweck Kuriere ein, die viermal pro Woche aus einem bestimmten Land in die Bundesrepublik Deutschland einreisten. Zur Ermittlung dieser Kuriere werde eine Schleppnetzfahndung dergestalt angeordnet, daß im Rahmen der Kontrolle der Reisenden aus diesem bestimmten Land am Flughafen Köln/Bonn für eine Woche die Daten von männlichen Reisenden einer bestimmten Altersgruppe in einer Datei zu speichern seien. Bei der Auswertung der Daten stellten die Behörden nun fest, daß unter den insgesamt 100 ermittelten Reisenden 10 Mehrfachreisende sind. Diese 10 Mehrfachreisenden würden dann mit herkömmlichen Mitteln weiter ausermittelt, so daß im Ergebnis von diesen 10 Personen noch 2 als Täter in Betracht kämen. Rogall führt dann im Anschluß hinsichtlich § 163 d V StPO aus: „In Absatz 5 geht es um die Benachrichtigung der Personen, gegen die weitere Ermittlungen geführt worden sind. Die Maßnahme belaste Unverdächtige ja nur insofern, als ihre Daten vorübergehend gespeichert würden. Danach würden sie gelöscht."[1220] Somit seien in

---

[1216] Vgl. dazu näher unter Teil 2 B. IV. 1.) a) aa) (2).
[1217] Riegel, CR 1986, S. 138, 145.
[1218] Zur Auslegung unter historischen Gesichtspunkten vgl.: Bydlinski, S. 449 ff.; Engisch, S. 106 ff.; Fikentscher, S. 674 f.; Larenz/Canaris, S. 149, 164 f.
[1219] Rogall, Äußerung im Rechtsausschuß zu § 163 d StPO, Protokoll Nr. 73 des Rechtsausschusses der 10. Wahlperiode, S. 25 f.
[1220] Rogall, a. a. O., S. 27.

dem gewählten Fallbeispiel „die zehn Personen, die als Mehrfachreisende und damit potentiell als Kuriere in Betracht kamen," zu benachrichtigen[1221]
Aus diesen Darlegungen ergibt sich zunächst einmal, daß die Personen, bezüglich derer weitere Ermittlungen zur Aufklärung eines Tatverdachtes geführt werden, nach § 163 d V StPO zu benachrichtigen sind. In dem von Rogall angeführten Beispiel wird nun aber gar nicht hinsichtlich unverdächtiger Personen ermittelt, die beispielsweise als Zeugen oder Beweispersonen in Betracht kommen. Daraus könnte man schließen, daß somit keine Rückschlüsse möglich seien in bezug auf die Frage, ob auch diese Personen zu benachrichtigen seien, soweit Ermittlungen im Hinblick auf sie geführt würden. Dagegen könnte man nun aber einwenden, daß Rogall ausführt, Unverdächtige seien nur durch eine vorübergehende Speicherung belastet. Hieraus könnte man schlußfolgern, daß nach der gesetzgeberischen Intention Unverdächtige wegen der geringen Belastung ihrer Rechtssphäre nicht benachrichtigt werden müßten. Rogall spricht aber ganz allgemein von Unverdächtigen, ohne diese näher zu konkretisieren. Damit sind also alle diejenigen umfaßt, die nicht sogleich nach der Auswertung als Verdächtige in Betracht kommen, unabhängig davon, ob noch Ermittlungen bezüglich dieser Personen geführt werden. Somit können aus dieser allgemeinen Aussage innerhalb der Beratungen zum § 163 d StPO keine Argumentationsgesichtspunkte herangezogen werden gegen eine Benachrichtigung Unverdächtiger, im Hinblick auf die nach Auswertung ihrer Daten weitere Ermittlungen geführt werden.
Andere „gesetzeshistorische" Gesichtspunkte können sich nur aus dem Gesetzeszweck ergeben und sollen deshalb im Zusammenhang mit der nachfolgenden objektiv-teleologischen Analyse dargelegt werde. Im Ergebnis ergeben sich also nach dem bisherigen Kenntnisstand weder „gesetzeshistorische" Anhaltspunkte gegen noch für eine weite Auslegung des § 163 d V StPO in bezug auf den zu benachrichtigenden Personenkreis.

dd) Die objektiv-teleologischen Gesichtspunkte[1222]

Es gilt nun den Zweck, die Funktion des Gesetzes zu ermitteln und § 163 d V StPO anhand dessen auszulegen[1223]. Bei der Bestimmung des Gesetzeszweckes hat man sich nicht an den Inhaltsvorstellungen des historischen Gesetzgebers zu orientieren, sondern den der Vorschrift heute zukommenden Sinn und Zweck herauszuarbeiten[1224]. Der Sinn und Zweck, der einem Gesetz heute zukommt, kann sich aber natürlich mit dem historischen Gesetzeszweck decken. Nach der Intention des Gesetzgebers soll durch die Benachrichtigung nach § 163 d V

1221 Rogall, a. a. O., S. 27.
1222 AK-StBG-Hassemer, § 1 Rdnr. 109, 114; Fikentscher, S. 676 ff.; SK-StGB-Rudolphi, § 1 Rdnr. 32.
1223 Vgl. dazu: Bydlinski, S. 453 ff.; Middelberg, S. 46; Larenz/Canaris, S. 153 ff; Schmalz, Rdnr. 251 ff.
1224 SK-StGB-Rudolphi, § 1 Rdnr. 32.

StPO denjenigen Personen das rechtliche Gehör gewährleistet werden, die gegenüber denjenigen Personen, deren Daten relativ kurzfristig gespeichert werden, unverhältnismäßig stark belastet werden[1225]. Im Wege der Benachrichtigung würden die Betroffenen im übrigen in die Lage versetzt, sich gegen die getroffenen Maßnahmen rechtlich zur Wehr zu setzen bzw. deren Rechtmäßigkeit nachprüfen zu lassen[1226]. Dieses dargelegte Funktionsverständnis entspricht der allgemeinen Sichtweise zum Schutzzweck der gesetzlichen Benachrichtigungspflichten[1227]. Demnach stimmt der „gesetzeshistorische" Zweck mit der heutigen Sichtweise der Funktion des § 163 d V StPO überein.

Fraglich ist, welche Konsequenzen sich aus dieser Intention des Gesetzes ergeben. Nach der gesetzgeberischen Vorstellung muß durch die Benachrichtigungspflicht das rechtliche Gehör und die Rechtsschutzgarantie nur den Betroffenen der Schleppnetzfahndung gewährleistet werden, die gegenüber denjenigen, deren Daten nur relativ kurzfristig gespeichert werden, *unverhältnismäßig belastet sind.* Zunächst einmal erscheint zweifelhaft, ob dieses Kriterium einer unverhältnismäßigen Beeinträchtigung angesichts des Art. 19 IV S. 1 GG zulässig ist. Abgesehen davon stellt sich aber die Frage, ob auf der Grundlage dieses Kriteriums eine Benachrichtigung der unverdächtigen Personen, im Hinblick auf die nach der Datenauswertung weitere Ermittlungen geführt werden, ausgeschlossen ist. Das wäre der Fall, wenn diese Personen weniger stark durch die Schleppnetzfahndung belastet wären als die Tatverdächtigen, gegen die weitere Ermittlungen geführt werden. Die Schleppnetzfahndung greift in unterschiedlicher Weise in den Rechtskreis, insbesondere in das Recht auf informationelle Selbstbestimmung derjenigen ein, die der Wirkung dieser Maßnahme ausgesetzt sind. Ein Eingriff in diesen Rechtskreis liegt bereits mit der Speicherung der Daten vor. Diejenigen, bezüglich derer aufgrund der Auswertung der Daten weitere Ermittlungen geführt werden, werden durch diese Ermittlungsmaßnahmen zusätzliche in ihren Rechten verletzt. Die in Betracht kommenden Ermittlungsmaßnahmen sind jeweils identisch. Folglich ist die Belastung der Tatverdächtigen und der Unverdächtigen durch diese Ermittlungen gleich. Selbst auf der Grundlage des angeführten Kriteriums der besonderen Belastung kann eine Differenzierung zwischen den Verdächtigen und den Unverdächtigen, hinsichtlich der nach Auswertung ihrer Daten weitere Ermittlungen geführt werden, nicht gerechtfertigt sein. Somit spricht im Ergebnis der objektiv-teleologische Zusammenhang nicht gegen eine weite Auslegung des § 163 d V StPO in dem hier in Rede stehenden Zusammenhang.

1225 Vgl. dazu: Rogall, Äußerung im Rechtsausschuß zu § 163 d StPO, Protokoll Nr. 73 des Rechtsausschusses der 10. Wahlperiode, S. 78.

1226 Vgl. dazu: Rogall, Äußerung im Rechtsausschuß zu § 163 d StPO, Protokoll Nr. 73 des Rechtsausschusses der 10. Wahlperiode, S. 79.

1227 Vgl. dazu näher unter Teil 2 A. II. am Ende.

ee) Verfassungskonforme Auslegung

Schließlich können auch verfassungsrechtliche Vorgaben die Auslegung des § 163 d V StPO beeinflussen[1228]. Wie bereits bei der objektiv-teleologischen Betrachtung gesehen, erlangen hier das rechtliche Gehör nach Art. 103 I GG und die Rechtsschutzgarantie nach Art. 19 IV S. 1 GG Bedeutung. Man kann insoweit an die allgemeinen Erwägungen zur Bestimmung der Beteiligteneigenschaft im Sinne des § 101 I S. 1 StPO anknüpfen[1229]. Aus diesen Darlegungen ergibt sich, daß diejenigen Personen über eine heimliche strafprozessuale Zwangsmaßnahme, also auch über die Schleppnetzfahndung, informiert werden müssen, in deren Rechtskreis durch diese Maßnahmen eingegriffen wird und denen somit der Rechtsweg und im Fall der richterlichen Anordnung ein Anhörungsverfahren hinsichtlich dieser Maßnahmen offen stehen muß. Denn zum einen erfordert Art. 103 I GG bei richterlicher Anordnung die Sicherstellung eines Anhörungsverfahrens und zum anderen verlangt die Rechtsschutzgarantie, daß jeder, der in seinen Rechten verletzt wird, Gelegenheit erhält, sich gegen diese Maßnahmen zur Wehr zu setzen. Die Geltendmachung des Anhörungsrechtes und das Beschreiten des Rechtsweges setzt aber wiederum die Kenntnis von diesen Maßnahmen und damit die Benachrichtigung voraus[1230]. Bei der Schleppnetzfahndung, die aus verschiedenen Elementen, nämlich der Datenverarbeitung und -nutzung besteht, wird bereits durch die Speicherung der personenbezogenen Daten in den Rechtskreis dieser Personen eingegriffen. In Anbetracht dessen müßten also alle Personen benachrichtigt werden, deren Daten im Rahmen der Schleppnetzfahndung verarbeitet oder genutzt werden. Dies ist aber bereits mit dem Wortlaut des § 163 d V StPO nicht zu vereinbaren. Um aber der Gewährleistung des rechtlichen Gehörs nach Art. 103 I GG und der Rechtsschutzgarantie nach Art. 19 IV S. 1 GG weitestmöglich gerecht werden zu können, muß § 163 d V StPO so weit wie nach dem Wortlaut möglich ausgelegt werden. Eine weite Auslegung des § 163 d V StPO, die die Benachrichtigung einer Vielzahl von Betroffenen der Schleppnetzfahndung sicherstellt, entspricht demnach den verfassungsrechtlichen Anforderungen des Art. 19 IV S. 1 GG und des Art. 103 I GG.

ff) Die Schlußfolgerungen aus der Auslegung des § 163 d V StPO

Die dargelegten Ausführungen führen zu dem Ergebnis, daß der § 163 d V StPO in bezug auf die Frage des zu benachrichtigenden Personenkreises einer weiten Auslegung zugänglich ist. Demnach sind gemäß § 163 d V StPO diejenigen Betroffenen der Schleppnetzfahndung zu benachrichtigen, im Hinblick auf die nach der Auswertung ihrer Daten weitere Ermittlungen geführt worden sind.

[1228] Zur verfassungskonformen Auslegung vgl.: Bydlinski, S. 456; Engisch, S. 101 f.; Larenz/Canaris, S. 159 ff.

[1229] Vgl. dazu näher unter Teil 2 B. IV. 1.) a) aa) (2).

[1230] Vgl. dazu näher unter Teil 2 B. IV. 1.) a) aa) (2).

Dies gilt unabhängig davon, mit welchem Ziel diese Ermittlungen vorgenommen worden sind. Dabei ist - wie sich aus den Erwägungen zum „Beteiligtenbegriff" im Sinne des § 101 I StPO ergibt[1231] - jede von der Benachrichtigungspflicht des § 163 d V StPO erfaßte Person nur insoweit zu benachrichtigen, als die Schleppnetzfahndung sie betrifft.

b) Der von § 163 d V StPO nicht erfaßte Personenkreis

aa) Die Erfüllung der verfassungsrechtlichen Anforderungen

Nach § 163 d V StPO ist die Benachrichtigung der von einer Schleppnetzfahndung betroffenen Personen davon abhängig, ob nach Auswertung der personenbezogenen Daten weitere Ermittlungen gegen diese Personen geführt worden sind. Alle diejenigen, im Hinblick auf die nach der Datenauswertung keine weitere Ermittlungen durchgeführt werden, sind nach der gesetzlichen Regelung somit nicht zu benachrichtigen. Wie bereits erwähnt, greift die Schleppnetzfahndung in den Rechtskreis, insbesondere in das Grundrecht auf informationelle Selbstbestimmung derjenigen ein, deren Daten im Rahmen der Schleppnetzfahndung verarbeitet und/*oder* verwertet werden. Die Rechtsschutzgarantie erfordert nun aber, daß für die in ihren Rechten beeinträchtigten Personen gegenüber diesen Maßnahmen der Rechtsweg offenstehen muß. Diese Rechtswegbeschreitung ist den aus der Benachrichtigungspflicht nach § 163 d V StPO herausfallenden Personen verwehrt, weil sie keine Kenntnis von der heimlichen Zwangmaßnahme nach § 163 d V StPO besitzen[1232]. Entsprechendes gilt für das Anhörungsverfahren nach Art. 103 I GG im Fall der richterlichen Anordnung der Schleppnetzfahndung[1233]. Daraus könnte die Schlußfolgerung gezogen werden, daß 163 d V StPO den verfassungsrechtlichen Anforderungen nicht gerecht wird.

Gegen diese Schlußfolgerung werden nun verschiedene Gesichtspunkte vorgebracht.
Ein Teil der Literatur macht geltend, daß die Belastung derjenigen von der Schleppnetzfahndung erfaßten Personen, gegen die keine weiteren Ermittlungen geführt worden seien, nicht so erheblich sei, daß eine Benachrichtigung zwingend geboten sei[1234]. Bedenklich erscheint bereits, daß diese Auffassung die mit der Datenverarbeitung und/oder -nutzung verbundenen Rechtseingriffe gegen bestimmte Personen a priori als nicht so erheblich bezeichnet. Sie berücksichtigt bei dieser Wertung weder den jeweiligen Einzelfall, noch bedenkt sie, daß

1231 Vgl. dazu näher unter Teil 2 B. IV. 1.) a) aa) (2).
1232 Vgl. dazu näher unter Teil 2 B. IV. 1.) a) aa) (2).
1233 Vgl. dazu näher unter Teil 2 B. IV. 1.) a) aa) (2).
1234 Rogall, Äußerung im Rechtsausschuß zu § 163 d StPO, Protokoll Nr. 73 des Rechtsausschusses der 10. Wahlperiode, S. 105; Rogall, NStZ 1986, S. 385, 392. Vgl. dazu auch: Bermig, S. 176.

mit den Maßnahmen innerhalb der Schleppnetzfahndung Eingriffe in das Recht auf informationelle Selbstbestimmung verbunden sind[1235]. Entscheidend ist aber, daß diese Argumentation am Kern der Problematik vorbeigeht. Sie berücksichtigt nicht Art. 19 IV S. 1 GG. Die Rechtsschutzgarantie greift bei jedem Eingriff in subjektive Rechte des Einzelnen, insbesondere Grundrechte, durch die öffentliche Gewalt im Sinne des Art. 19 IV S. 1 GG[1236] ein und erfordert Rechtsschutz[1237]. Art. 19 IV S. 1 GG differenziert folglich nicht zwischen unerheblichen, erheblichen oder besonders erheblichen Rechtsverletzungen. Art. 103 I GG läßt ebenfalls keine solche Differenzierung zu. Der Bürger muß vor jeder richterlichen Entscheidung, die seinen Rechtskreis berührt, angehört werden[1238]. Infolgedessen kann diese Argumentation nicht durchgreifen.
Eine zweite Meinung stellt scheinbar die Funktionsfähigkeit der Strafverfolgungsbehörden in den Mittelpunkt ihrer Erwägungen und räumt diesen Vorrang vor der Benachrichtigung des Einzelnen ein. Sie geht nämlich davon aus, daß von der Schleppnetzfahndung stets eine Vielzahl von Personen betroffen und eine Benachrichtigung jedes Einzelnen daher unpraktikabel sei[1239]. Sieht man einmal von der Frage ab, ob und inwieweit die Einschränkung der verfassungsrechtlich gebotenen Benachrichtigung aus solchen Praktikabilitätsüberlegungen möglich ist, so erscheint die sachliche Einschätzung bereits verfehlt. Denn es ist äußerst zweifelhaft, ob der Aufwand, den die Benachrichtigung aller Betroffener erfordern würde, tatsächlich so immens wäre, wie unausgesprochen behauptet. Von jeder der betroffenen Personen sind aus den mitgeführten Dokumenten regelmäßig Namen und Anschrift gespeichert[1240]. Denn eine Datenspeicherung wäre schlechthin sinnlos und wohl auch kaum denkbar, ohne diese Angaben mit zu notieren[1241]. Folglich besitzt die Staatsanwaltschaft, als Ausführungsorgan der Schleppnetzfahndung und als zuständige Benachrichtigungsbehörde, sämtliche für eine Benachrichtigung notwendigen Informationen. Demnach müßte die Benachrichtigung jedes Betroffenen bereits ohne großen zusätzlichen Aufwand formularmäßig oder per Computerausdruck möglich

---

1235 Brodag, S. 183; Heidelberger Kommentar-Krehl, § 163 d Rdnr. 1; Wittig, JuS 1997, S. 961, 961.

1236 Vgl. zu dem hier zugrundeliegenden Begriff der öffentlichen Gewalt näher unter Teil 1 C. III. 1.) a) cc) (1) (e).

1237 Vgl. dazu: BK-Schenke, Art. 19 Abs. 4 Rdnr. 283 ff.; Dreier-Schulze-Fielitz, Art. 19 IV Rdnr. 43 ff.; Maunz/Dürig/Herzog/Scholz-Schmidt-Aßmann, Art. 19 Abs. IV Rdnr. 116 ff.; Sachs-Krüger, Art. 19 Rdnr. 126 ff.

1238 Vgl. dazu: Maunz/Dürig/Herzog/Scholz-Schmidt-Aßmann, Art. 103 Abs. I Rdnr. 1 ff.; Sachs-Degenhart, Art. 103 Rdnr. 2 ff.

1239 Heidelberger Kommentar-Krehl, § 163 d Rdnr. 15; KK-Schoreit, § 163 d Rdnr. 44; Kühl, NJW 1987, S. 737, 743; Pfeiffer, § 163 d Rdnr. 7; Rogall, Äußerung im Rechtsausschuß zu § 163 d StPO, Protokoll Nr. 73 des Rechtsausschusses der 10. Wahlperiode, S. 105; Rogall, NStZ 1986, S. 385, 392.

1240 Bermig, S. 178.

1241 Bermig, S. 178.

sein[1242]. Im Ergebnis ist die Benachrichtigung aller Betroffenen der Schleppnetzfahndung daher ohne großen, die Funktionsfähigkeit der Strafverfolgungsbehörden beeinträchtigenden Aufwand möglich. Aus diesem Grunde erübrigt sich auch die Auseinandersetzung mit der Frage, ob Praktikabilitätsgründe die Benachrichtigungspflicht einzuschränken vermögen. Auch die zweite Meinung, die die gesetzliche Wertung des § 163 d V StPO angesichts der verfassungsrechtlichen Erfordernisse zu rechtfertigen versucht, kann somit nicht überzeugen.

Es ist also im Ergebnis festzuhalten, daß der § 163 d V StPO die verfassungsrechtlichen Anforderungen des Art. 19 IV S. 1 GG und im Fall der richterlichen Anordnung der Schleppnetzfahndung auch die Erfordernisse des Art. 103 I GG nicht in vollem Umfang erfüllt. Die Bestimmung wird diesen Erfordernissen nämlich insofern nicht gerecht, als die Personen, deren Daten nach § 163 d StPO verarbeitet und/oder genutzt werden, von der Benachrichtigung ausschlossen werden, wenn gegen sie nach der Auswertung ihrer Daten nicht weiter ermittelt wird. Eine Benachrichtigung dieses Personenkreises aufgrund einer verfassungskonformen Auslegung des § 163 d V StPO scheitert bereits - wie gesehen[1243] - am eindeutigen Wortlaut der Bestimmung.

bb) Die Konsequenz, die aus der mangelnden Erfüllung der verfassungsrechtlichen Anforderungen durch § 163 d V StPO zu ziehen ist

Aus dem gerade dargelegten Ergebnis ergibt sich des weiteren, daß die gesamte Regelung des § 163 d StPO insoweit verfassungswidrig ist, als keine Benachrichtigung derjenigen Personen gewährleistet ist, deren Daten nach § 163 d StPO verarbeitet und/oder genutzt werden, gegen die aber nach der Auswertung ihrer Daten nicht weiter ermittelt wird. Aufgrund der verfassungsrechtlich unzulänglichen Ausgestaltung der Benachrichtigungsregelung als Verfahrensbestimmung hinsichtlich des mit der Schleppnetzfahndung verbundenen Grundrechtseingriffes ist die Durchsetzung der Rechte aus Art. 19 IV S. 1 GG und Art. 103 I GG bei dieser heimlichen Zwangsmaßnahme für den in Rede stehenden Personenkreis nämlich nicht sichergestellt.

Fraglich ist, welche Konsequenz hinsichtlich der Regelung des § 163 d StPO sich aus diesem Verfassungsverstoß ergibt.
Der Verfassungsverstoß bezieht sich, wie gesehen, „nur“ auf eine Verfahrensregelung zur Schleppnetzfahndung. Dabei könnte durch eine Änderung der Benachrichtigungsbestimmung eine mit dem Grundgesetz vereinbare Fassung des § 163 d V StPO und damit auch des § 163 d StPO insgesamt erreicht werden.

[1242] So auch: Bermig, S. 178 f.
[1243] Vgl. dazu näher unter Teil 2 B. IV. 3.) a) aa) und ff).

Grundsätzlich führt die Verfassungswidrigkeit eines nicht verfassungskonform auslegbaren Gesetzes zu dessen Nichtigkeit[1244].
In der Entscheidung zum G 10 in der Fassung des Verbrechensbekämpfungsgesetzes vom 28.10.1994 hat das Bundesverfassungsgericht jüngst den Ausspruch der Nichtigkeit eines verfassungswidrigen, nicht verfassungskonform auslegbaren Gesetzes vermieden[1245]. Da die im Rahmen der Entscheidung zu untersuchende Norm lediglich ergänzungsbedürftig sei, führten die verfassungsrechtlichen Mängel nicht zu ihrer Nichtigkeit, sondern nur zu ihrer Unvereinbarkeit mit dem Grundgesetz[1246]. Der Gesetzgeber sei aber verpflichtet, innerhalb einer bestimmten Frist einen verfassungsmäßigen Zustand herzustellen[1247]. Dabei bezieht sich eine der gesetzlichen Regelungen des G 10, hinsichtlich der das Bundesverfassungsgericht in dieser Weise verfahren ist, gerade auch auf den Fall einer verfassungsrechtlich unzureichenden Benachrichtigungsregelung, nämlich auf § 3 VIII S. 2 G 10[1248]. Das Bundesverfassungsgericht hat somit seine vor allem hinsichtlich des Verstoßes eines Gesetzes gegen den Gleichheitsgrundsatz nach Art. 3 GG entwickelte und insoweit allgemein anerkannte Rechtsprechung[1249] in der dargelegten Weise erweitert. Dieser Rechtsprechung liegt einerseits der Gedanke zugrunde, daß eine Nichtigkeitserklärung eines Gesetzes unterbleiben muß, soweit der Verfassungsverstoß in unterschiedlicher Form auf verfassungsrechtlich zulässige Weise behoben werden kann[1250]. Denn welche Möglichkeit im jeweiligen Fall zu wählen sei, bliebe im Grundsatz der Gestaltung des Gesetzgebers überlassen[1251]. Andererseits taucht in diesem Zusammenhang auch immer wieder die Überlegung auf, daß eine Nichtigkeitserklärung auch unterbleiben könne, um das Entstehen einer Lücke im Normgefüge zu verhindern[1252]. Dem liegt die Erwägung zugrunde, daß es in gewissen Situationen ein geringerer Verfassungsverstoß sein kann, eine verfassungswidrige Norm vorläufig weiter anzuwenden, als - wenn auch nur übergangsweise - einen regelungslosen Zustand zu akzeptieren[1253]. Auch die neuerliche Entscheidung des Bundesverfassungsgerichtes muß auf der Grundlage dieser Rechtsprechung gesehen werden.
Vor dem Hintergrund dieser Entscheidung ist auch im hier zu untersuchendem Fall nicht von einer Nichtigkeit des § 163 d StPO auszugehen. Vielmehr ist die

---

1244 Vgl. statt aller: Degenhart, Rdnr. 522 ff.
1245 Entscheidung des Bundesverfassungsgerichte vom 14.07.1999, AZ 1 BvR 2226/94, 1 BvR 2420/95, 1 BvR 2437/95, S. 100, 102, 104, 119.
1246 Entscheidung des Bundesverfassungsgerichtes, a. a. O., S. 100, 102, 104, 119.
1247 Entscheidung des Bundesverfassungsgerichtes, a. a. O., S. 100, 102, 104, 119, 123.
1248 Entscheidung des Bundesverfassungsgerichtes, a. a. O., S. 117 ff.
1249 Vgl. insoweit: Degenhart, Rdnr. 525 ff.; Schlaich, Rdnr. 359 ff.
1250 Vgl. dazu: BVerfGE 33, S. 303, 329 ff; BVerfGE 72, S. 330, 333 ff.; BVerfGE 73, S. 40, 100 ff.
1251 BVerfGE 73, S. 40, 100 ff. Vgl. dazu auch: Schlaich, Rdnr. 366.
1252 BVerfGE 33, S. 303, 347 f.; BVerfGE 73, 40, S. 101 f.
1253 Schlaich, Rdnr. 370.

Unvereinbarkeit des § 163 d StPO mit der Verfassung insoweit festzustellen, als keine Benachrichtigung derjenigen Personen gewährleistet ist, deren Daten nach § 163 d StPO verarbeitet und/oder genutzt werden, gegen die aber nach der Auswertung ihrer Daten nicht weiter ermittelt wird. Der Gesetzgeber ist demnach aufgefordert, durch eine entsprechende Änderung des § 163 d V StPO einen verfassungsmäßigen Zustand herzustellen. Nach einer entsprechenden Gesetzesänderung könnte § 163 d V lauten: "Von den in Absatz 1 bezeichneten Maßnahmen sind die Personen, *deren Daten verarbeitet oder genutzt werden*, zu benachrichtigen, ...". Eine solche Gesetzesverfassung erfaßt die bereits bislang zu benachrichtigenden Personen im Fall einer Schleppnetzfahndung sowie den bislang unzulässigerweise nicht zu benachrichtigenden Personenkreis.

4.) Die zu benachrichtigenden Personen nach § 98 b IV S. 1 i. V. m. § 163 d V StPO

In bezug auf die Rasterfahndung nach §§ 98 a, b StPO hat der Gesetzgeber keine eigenständige Benachrichtigungsregelung geschaffen, sondern verweist auf die Benachrichtigungsregelung zur Schleppnetzfahndung.

a) Der von § 98 b IV StPO i. V. m. § 163 d V S. 1 StPO erfaßte Personenkreis

Es gilt nun also zu untersuchen, welche von der Rasterfahndung nach §§ 98 a, b StPO betroffenen Personen von der Benachrichtigungspflicht nach § 98 b IV S. 1 i. V. m. § 163 d V StPO erfaßt werden.

Bevor der Kreis der hiernach zu benachrichtigenden Personen bestimmt wird, sollte man sich zunächst kurz vergegenwärtigen, was unter einer Rasterfahndung zu verstehen ist und welche Personen überhaupt der Wirkung dieser Maßnahme ausgesetzt sind. Die Rasterfahndung stellt eine maschinell-automatisierte Überprüfung personenbezogener Daten dar, die mit Hilfe fallspezifischer kriminalistischer (tätertypischer) Prüfkriterien („Raster") ausgewertet werden[1254]. Es werden dabei persönliche Daten herangezogen, die für andere Zwecke als die Strafverfolgung erhoben wurden und in Dateien anderer Stellen als Strafverfolgungsbehörden gespeichert sind[1255]. Die §§ 98 a, b StPO bieten also die Grundlage für den Zugriff auf die privaten Dateien und die Verwendung der in den Dateien gespeicherten Daten[1256]. Durch diese Maßnahmen wird in das Recht auf informationelle Selbstbestimmung der Personen eingegriffen, deren

[1254] Fezer, Fall 8 Rdnr. 23; Heidelberger Kommentar-Lemke, § 98 a Rdnr. 1; Hilger, NStZ 1992, S. 457, 460; Möhrenschläger, wistra 1992, S. 326, 326; Siebrecht, CR 1996, S. 545, 545.

[1255] Hilger, NStZ 1992, S. 457, 460; Kleinknecht/Meyer-Goßner, § 98 a Rdnr. 2, 9; Siebrecht, S. 20 f.; Wittig, JuS 1997, S. 961, 968.

[1256] Heidelberger Kommentar-Lemke, § 98 a Rdnr. 19 ff.; Welp, in: Recht der Persönlichkeit, S. 389, 392; Wittig, JuS 1997, S. 961, 968

Daten den Informationsverarbeitungsvorgängen im Zuge der Maßnahmen nach §§ 98 a, b StPO unterworfen werden[1257].
Auf der Grundlage der weiten Auslegung des § 163 d V StPO hinsichtlich des zu benachrichtigenden Personenkreises sind nach § 98 b IV S. 1 i. V. m. § 163 d V StPO alle diejenigen zu benachrichtigen, die als Merkmalsträger nach den informationstechnischen Suchläufen herausgerastert worden sind und gegenüber denen weitere Ermittlungen geführt wurden.

b) Der von § 98 b IV S. 1 i. V. m. § 163 d V StPO nicht erfaßte Personenkreis

Nach § 98 b IV S. 1 i. V. m. § 163 d V StPO sind diejenigen Personen nicht zu benachrichtigen, die im Rahmen der Rasterfahndungsmaßnahme nicht herausgerastert worden sind oder gegen die nach der Herausrasterung keine weiteren Ermittlungen geführt worden sind. Der letztere Fall kommt z. B. in Betracht, wenn zur Strafverfolgung bzw. zur Strafvollstreckung ausgeschriebene Personen im Rahmen einer Rasterfahndung zufällig entdeckt werden und damit ermittelt sind.
Es gilt wiederum zu untersuchen, ob diese personelle Beschränkung des zu benachrichtigenden Personenkreises den verfassungsrechtlichen Anforderungen des Art. 19 IV S. 1 GG und bei richterlicher Anordnung der Rasterfahndung auch den Erfordernissen des Art. 103 I GG gerecht wird.
Die von der Rasterfahndung betroffenen Personen werden durch diese Maßnahme ganz unterschiedlich beeinträchtigt. Die Übermittlung der privaten Datei an die Strafverfolgungsbehörden und der maschinelle Datenabgleich greifen dabei zwar bereits in den Rechtskreis, insbesondere in das Recht auf informationelle Selbstbestimmung, der Personen ein, deren Daten sich in der Datei befinden[1258]. Nur diejenigen aber, die als Merkmalsträger herausgerastert werden, werden durch die Strafverfolgungsbehörden überhaupt zur Kenntnis genommen[1259]. Diejenigen, die nicht herausgerastert werden, werden von den Strafverfolgungsorganen gar nicht zur Kenntnis genommen, ihre Identität bleibt für sie unbekannt[1260]. Denn die Rasterfahndung vollzieht sich maschinell-automatisch. Somit besteht für diejenigen, die nicht aus den Datenträgern herausgerastert werden, nur die mittelbare Gefahr, überhaupt zur Kenntnis genommen zu werden[1261].
Diese mittelbare Gefahr, überhaupt zur Kenntnis genommen zu werden, würde sich aber realisieren, wenn auch diejenigen, die nicht als Merk-malsträger her-

---

1257 Heidelberger Kommentar-Lemke, § 98 a Rdnr. 3; Kleinknecht/Meyer-Goßner, § 98 a Rdnr. 1; Möhrenschläger, wistra 1992, S. 326, 326; Siebrecht, CR 1996, S. 545, 546. Vgl. auch: Welp, in: Recht der Persönlichkeit, S. 389, 390.
1258 Vgl. dazu statt aller: Siebrecht, CR 1996, S. 545, 554.
1259 So auch: Siebrecht, S. 140; Siebrecht, CR 1996, S. 545, 554.
1260 So auch: Siebrecht, a. a. O.
1261 So auch: Siebrecht, a. a. O.

ausgerastert worden sind, benachrichtigt werden müßten[1262]. In diesem Fall müßten nämlich allein zu Benachrichtigungszwecken Name und Adresse ausgedruckt werden, was ansonsten unnötig wäre[1263]. Ohne die Benachrichtigung bleibt die Maßnahme zwar für die nicht herausgerasterten Betroffenen unbekannt, der Rechtsschutz und ein Anhörungsverfahren sind ausgeschlossen. Aber gleichzeitig bleiben diese Personen den Strafverfolgungsbehörden auch unbekannt. Eine Ausdehnung der Benachrichtigungspflicht auf Nichtmerkmalsträger wäre für diese im Hinblick auf das Recht auf informationelle Selbstbestimmung eher von Schaden als von Nutzen[1264]. Dies verdeutlicht, daß eine unterschiedliche Qualität der Beeinträchtigung des Rechtes auf informationelle Selbstbestimmung durch die Rasterfahndung in bezug auf die jeweils von dieser Maßnahme betroffene Person besteht. Art. 19 IV S. 1 GG erfordert aber Rechtsschutz gegen jede Rechtsbeeinträchtigung und Art. 103 I GG verlangt ein richterliches Anhörungsverfahren bei jeder richterlichen Entscheidung. Die sich aus Art. 19 IV S. 1 GG und Art. 103 I GG ergebende Notwendigkeit der Benachrichtigung der von einer heimlichen Zwangsmaßnahme betroffenen Personen besteht folglich im Grundsatz unabhängig von der Qualität des mit der heimlichen Zwangsmaßnahme verbundenen Rechtseingriffes. Andererseits muß aber bedacht werden, daß die Gewährleistungen nach Art. 19 IV S. 1 GG und Art. 103 I GG gerade dem Individualschutz, d. h. dem Schutz der Rechte des Einzelnen dienen sollen. Demnach kann nach diesen verfassungsrechtlichen Bestimmungen keine Benachrichtigung gefordert werden, die zu einer Intensivierung eines Rechtseingriffes führen würde. Im Fall der Rasterfahndung würde die Benachrichtigung derjenigen Personen, die nicht aus den Datenträgern herausgerastert werden, eine Intensivierung des Eingriffes in ihr Recht auf informationelle Selbstbestimmung bewirken, weil sie den Strafverfolgungsorganen erst infolge der Benachrichtigung bekannt würden. Die Benachrichtigung würde hier also mehr Schaden anrichten, als Vorteile durch die Rechtswegeröffnung und die Anhörungsmöglichkeit entstehen würden[1265]. Folglich kann vor dem Hintergrund dieser Folgen auch im Hinblick auf Art. 19 IV S. 1 GG und Art. 103 I GG keine Benachrichtigung derjenigen Personen gefordert werden, die nicht aus den Datenträgern herausgerastert werden. Diese persönliche Beschränkung des zu benachrichtigenden Personenkreises ist also verfassungsrechtlich zulässig.

Hingegen wird § 98 IV S. 1 i. V. m. § 163 d V StPO vor dem Hintergrund der Erwägungen zur Benachrichtigung bei der Schleppnetzfandung den verfassungsrechtlichen Anforderungen insofern nicht gerecht, als er auch eine Be-

[1262] So auch: Siebrecht, a. a. O.
[1263] Vgl. dazu: Siebrecht, a. a. O.
[1264] So auch: Siebrecht, a. a. O.
[1265] Vgl. dazu: Siebrecht, a. a. O.

nachrichtigung der Personen ausschließt, die zwar herausgerastert sind, gegen die aber keine weiteren Ermittlungen geführt werden[1266]. Entsprechend der Überlegungen zu § 163 d V StPO[1267] ergibt sich daraus, daß die §§ 98 a, b StPO insoweit verfassungswidrig sind, als im Fall der Rasterfahndung eine Benachrichtigung dieser Personen nicht gewährleistet ist. Da das Gesetz durch eine entsprechende Benachrichtigungsregelung eine dem Grundgesetz gemäße Fassung erhalten kann, ist nicht von der Nichtigkeit, sondern der Unvereinbarkeit der Bestimmungen mit dem Grundgesetz ausgehen. Der Gesetzgeber ist verpflichtet einen verfassungsmäßigen Zustand herzustellen.

V. Der Zeitpunkt der Benachrichtigung

1.) Die bei der Bestimmung des Benachrichtigungszeitpunktes zu berücksichtigenden Aspekte

Die hier in Rede stehenden Zwangsmaßnahmen sind dadurch gekennzeichnet, daß sich ihre Vornahme der Kenntnis der Betroffenen entzieht[1268]. Demnach stimmt der Zeitpunkt der Vornahme der heimlichen Zwangsmaßnahme in der Regel nicht mit dem Zeitpunkt der Kenntnisnahme der Betroffenen hinsichtlich dieser Zwangsmaßnahmen überein.
Bei der Bestimmung des Zeitpunktes der Benachrichtigung sind unterschiedliche, zum Teil konträre Gesichtspunkte zu bedenken.

a) Die Interessen an einer frühzeitigen Benachrichtigung

Einerseits ist wiederum zu bedenken, daß nur die Benachrichtigung die Transparenz der heimlichen Zwangsmaßnahmen herstellen kann, die es dem Betroffenen ermöglicht, seine Rechte aus Art. 19 IV S. 1 GG und Art. 103 I GG geltend zu machen[1269]. Diese Aspekte erfordern also eine möglichst frühzeitige Benachrichtigung der Betroffenen.

b) Die Interessen an einem späten Benachrichtigungszeitpunkt

Aber auch die grundrechtliche Positionen nach Art. 19 IV S. 1 GG und Art. 103 I GG sind - wie bereits dargelegt[1270] - nicht schrankenlos gewährleistet. Einschränkungen können sich vor allem aufgrund kollidierenden Verfassungsrechtes, also insbesondere der Grundrechte Dritter oder anderer Verfassungsgüter ergeben[1271]. So ist bei der Bestimmung des Benachrichtigungszeitpunktes zu berücksichtigen, daß durch eine Benachrichtigung Rechte einzelner Bürger

---

1266 Vgl. dazu näher unter Teil 2 B. IV. 3.) b).
1267 Vgl. dazu näher unter Teil 2 B. IV. 3.) b).
1268 Vgl. dazu näher unter Einleitung A. II.
1269 Vgl. dazu näher unter Einleitung B. und Teil 2 A.
1270 Vgl. dazu näher unter Teil 2 A. III.
1271 Dreier-Schulze-Fielitz, Art. 19 IV Rdnr. 105; Jarass/Pieroth-Jarass, Art. 19 Rdnr. 45; Pieroth/Schlink, Rdnr. 1025, 1082; Lorenz, S. 264.

oder der Allgemeinheit beeinträchtigt werden können. Es kann z. B. das Leben oder die körperliche Unversehrtheit eines Verdeckten Ermittlers infolge der Benachrichtigung und der damit verbundenen Aufdeckung seiner Tätigkeit beeinträchtigt werden. Von diesem Blickwinkel aus betrachtet kann eine möglichst weite Hinauszögerung des Benachrichtigungszeitpunktes notwendig erscheinen. Das Allgemeininteresse, das bei strafprozessualen Zwangsmaßnahmen in ein Spannungsverhältnis zu den Rechten der Betroffenen tritt, ist das Strafverfolgungsinteresse, genauer das Interesse an einer wirksamen Strafverfolgung[1272]. Nach der Rechtsprechung des Bundesverfassungsgerichtes ist der Staat verfassungsrechtlich verpflichtet, eine funktionstüchtige Strafrechtspflege im Interesse der Allgemeinheit sicherzustellen[1273]. Die wirksame Aufklärung strafbarer Handlungen sei Aufgabe eines rechtsstaatlichen Gemeinwesens, „ohne die der Gerechtigkeit nicht zum Durchbruch verholfen werden" könne[1274]. Mit der Einrichtung eines rechtsstaatlichen Strafverfahrens liegt - auf der Grundlage dieser Sichtweise - dessen Funktionsmöglichkeit folglich auch im rechtsstaatlichen Interesse[1275]. Demnach wird das Allgemeininteresse an einer funktionstüchtigen Strafrechtspflege dem Rechtsstaatsprinzip zugeordnet und erlangt damit Verfassungsrang[1276].

Der Argumentationstopos der „Funktionstüchtigkeit der Strafrechtspflege" kann bei unkritischer Übernahme zu einseitigen Abwägungsergebnissen führen[1277]. Dieser Terminus wird nämlich stets im Zusammenhang gebracht mit Fundamentalbegriffen wie Gerechtigkeit, Rechtsstaatlichkeit, Wahrheit und Richtigkeit[1278]. Er entfaltet dadurch eine argumentative Kraft, die überwiegende Geeninteressen kaum noch vorstellbar erscheinen läßt. Alle Abwehrpositionen des Bürgers im Strafverfahren werden damit beseitigt[1279]. Somit bedarf es einer Relativierung dieser Begrifflichkeit. Man muß dazu berücksichtigen, daß es bei den jeweils zur Disposition stehenden Freiheitsrechten letztlich nicht nur um die des Einzelnen geht. Die rechtliche Situation des Einzelnen spiegelt nämlich gerade ein dahinterstehendes Prinzip wieder, und zwar die Subjektstellung der vom Strafverfahren betroffenen Bürger[1280]. Die Wahrung der Subjektstellung des Bürgers im Strafverfahren ist dabei ebenfalls von der Gewährleistung des

---

[1272] Lammer, S. 45.
[1273] BVerfGE 34, S. 238, 248 f.; BVerfGE 38, S. 312, 321; BVerfGE 74, S. 257, 261 ff.; BVerfGE 77, S. 65, 76 f.; BVerfGE 80, S. 367, 371.
[1274] BVerfGE 33, S. 367, 383.
[1275] Vgl. dazu: Siebrecht, S. 60.
[1276] Vgl. dazu: Grünwald, JZ 1976, S. 767, 773; Hassemer, StV 1982, S. 275, 275 ff.; Lammer, S. 45 ff.
[1277] Vgl. dazu: Hassemer, StV 1982, S. 275, 277; Lammer, S. 46 f.; Riehle, KritJ 1980, S. 316, 321 ff.; Siebrecht, S. 60 f.
[1278] Vgl. dazu: BVerfGE 33, S. 367, 383; BVerfGE 38, S. 312, 321; BVerfGE 74, S. 257, 261 ff.; BVerfGE 77, S. 65, 76 f.
[1279] Vgl. dazu: Hassemer, StV 1982, S. 275, 277; Lammer, S. 46 f.; Riehle, KritJ 1980, S. 316, 321 ff.; Siebrecht, S. 61.
[1280] So auch: Siebrecht, S. 61.

Rechtsstaatsprinzipes umfaßt. Denn die Schutzrechte des Betroffenen sind elementare Bestandteile der Justizförmigkeit[1281]. Der Anspruch auf ein justizförmiges Verfahren und die Achtung der grundrechtlich verbürgten Freiheitsrechte der Betroffenen wird aus dem Rechtsstaatsprinzip hergeleitet[1282]. Ein rechtsstaatliches Strafverfahren muß demnach die Funktionstüchtigkeit und die Justizförmigkeit miteinander in Einklang bringen[1283]. Im Fall des Widerspruches zwischen dem Bedürfnis einer effektiven Strafrechtspflege und dem Schutz der Rechte der von strafprozessualen Maßnahmen betroffenen Bürger können deshalb die Effizienzgesichtspunkt nicht von vornherein und uneingeschränkt Vorrang erlangen. Bei Zugrundelegung dieser Sichtweise kann der Begriff der „Funktionstüchtigkeit der Strafrechtspflege" nicht zu einem „gegenreformatorischen Argumentationstopos"[1284] mutieren, der die Rechte der von strafprozessualen Maßnahmen Betroffenen vollständig auszuhebeln vermag[1285].
Werden die Interessen an einer funktionstüchtigen Strafverfolgung nun hier im Hinblick auf die Benachrichtigungsproblematik zum Ansatz gebracht, so werden diese zumeist für eine möglichst große Zeitspanne zwischen der Vornahme der heimlichen Zwangsmaßnahme und der Kenntniserlangung des Betroffenen durch die Benachrichtigung sprechen. Soweit es sich um notwendig heimliche strafprozessuale Zwangsmaßnahmen handelt, vgl. §§ 99; 100 a, b; 100 c I Nr. 1 b, 2, 3, 100 d; 110 a, b II Nr. 2 StPO, beruht der Erfolg und die Effektivität dieser Maßnahmen als Mittel der Strafverfolgung nämlich gerade darauf, daß sich ihre Vornahme der Kenntnis der Betroffenen entzieht[1286]. Würde z. B. eine Telefonüberwachung offen, d. h. bei Kenntnis der Gesprächspartner, durchgeführt, so würden die Strafverfolgungsorgane nichts erfahren, was nicht gleichermaßen bei der Vernehmung bekanntgeworden wäre[1287]. Wenn die Heimlichkeit entscheidende Voraussetzung für den Erfolg der Strafverfolgung durch diese notwendig heimlichen Maßnahmen ist, sprechen die Strafverfolgungsinteressen somit für einen möglichst späten Benachrichtigungszeitpunkt. Auch wenn im Fall der heimlichen strafprozessualen Zwangsmaßnahmen nach §§ 98 a, b; 163 d StPO die Heimlichkeit keine notwendige Voraussetzung für die Wirksamkeit dieser Maßnahmen ist[1288], können jedoch auch hier bestimmte Strafverfolgungsinteressen gegen eine frühzeitige Aufhebung der Heimlichkeit dieser Maßnahmen sprechen. So kann z. B. eine Person, die sich durch diese Zwangsmaßnahmen als verdächtig erwiesen hat, eine Straftat begangen zu haben, durch

---

1281 Siebrecht, S. 61. Vgl. dazu auch: Hassemer, StV 1982, S. 275, 277; Riehle, KritJ 1980, S. 316, 319 f.
1282 Grünwald, JZ 1976, S. 767, 772 f.; Hassemer, StV 1982, S. 275, 277.
1283 So auch: Siebrecht, S. 61.
1284 Siebrecht, S. 62.
1285 So auch: Siebrecht, S. 61 f.
1286 Welp, Überwachung, S. 56; BT-Drs. 7/2507, S. 5. Zur Frage der Notwendigkeit des heimlichen Vorgehens siehe näher unter Einleitung A. II.
1287 Welp, Überwachung, S. 56.
1288 Vgl. dazu näher unter Einleitung A. II.

eine frühzeitige Benachrichtigung gewarnt werden und Vertuschungs- oder Fluchtmaßnahmen ergreifen.
Im Ergebnis ergibt sich also, daß bei der Bestimmung des Benachrichtigungszeitpunktes unterschiedliche grundrechtliche Positionen zu berücksichtigen sind, die in einem Spannungsverhältnis zueinander stehen. Es stehen sich einerseits die Rechte des Betroffenen aus Art. 19 IV S. 1 und Art. 103 I GG sowie die damit verbundenen Interessen an einer frühzeitigen Benachrichtigung und andererseits die Rechte des Einzelnen sowie die Interessen der Allgemeinheit an einem späten Benachrichtigungszeitpunkt gegenüber. Es kann dabei keine einseitigen Lösungen geben, sondern die konkurrierenden Grundrechtspositionen sind zu einem angemessenen Ausgleich zu bringen[1289]. Die gesetzlichen Regelungen müssen bei der Bestimmung des Zeitpunktes der Benachrichtigung dieser Problematik gerecht werden. Auch die Auslegung dieser Regelungen hat unter Berücksichtigung dieses Spannungsverhältnisses zu erfolgen.

2.) Der Zeitpunkt der Benachrichtigung nach den verschiedenen Benachrichtigungsbestimmungen

a) Der Zeitpunkt der Benachrichtigung nach § 101 I StPO

Der Zeitpunkt der Benachrichtigung richtet sich bei den von § 101 I StPO erfaßten heimlichen Zwangsmaßnahmen nach den einschränkenden Voraussetzungen des 2. Halbsatzes des § 101 I S. 1 StPO. Bei der Postbeschlagnahme sind zusätzlich die Absätze 2 und 3 des § 101 StPO zu berücksichtigen.

aa) Der Benachrichtigungszeitpunkt bezüglich der Überwachung der Telekommunikation, des Einsatzes technischer Observationsmittel und der akustischen Überwachungsmaßnahmen

Die Beteiligten der heimlichen Zwangsmaßnahmen nach §§ 100 a, b; 100 c I Nr. 1 b, 2, 3, 100 d StPO sind gemäß § 101 I S. 1 StPO im Hinblick auf die Vornahme dieser Maßnahmen zu benachrichtigen, sobald dies ohne Gefährdung des Untersuchungszweckes, der öffentlichen Sicherheit, von Leib und Leben einer Person sowie der Möglichkeit der weiteren Verwendung eines eingesetzten nicht offen ermittelnden Beamten geschehen kann. Die einzelnen Voraussetzungen des § 101 I S. 1, 2. Halbsatz StPO sind dabei alternativ zu verstehen[1290]. § 101 I S. 2 StPO enthält eine Sonderregelung für den Fall der Benachrichtigung hinsichtlich der akustischen Wohnraumüberwachung nach §§ 100 c I Nr. 3, 100 d II StPO. Hiernach bedarf die weitere Zurückstellung der Benachrichtigung der richterlichen Zustimmung, wenn diese nicht binnen sechs Monaten nach der Beendigung der Maßnahme erfolgt. Damit will der Gesetzgeber offenbar der besonderen Eingriffsintensität der akustischen Wohnraumüberwa-

[1289] Lerche, S. 153; Lorenz, S. 265.
[1290] KK-Nack, § 101 Rdnr. 5; BT-Drs. 12/989, S. 41.

chung Rechnung tragen[1291]. Um den Interessen des einzelnen Beteiligten an der Geltendmachung seiner Grundrechte aus Art. 19 IV S. 1 GG und Art. 103 I GG in ausreichendem Maße gerecht zu werden, muß die Möglichkeit der Benachrichtigung jeweils gesondert für jeden einzelnen Beteiligten untersucht werden. So kann z. B. die Benachrichtigung des Anschlußinhabers bei einer Telefonüberwachung bereits gerechtfertigt sein, obwohl die Benachrichtigung des personenverschiedenen Beschuldigten wegen einer damit verbundenen Gefährdung des Untersuchungszweckes noch nicht möglich erscheint.
Im folgenden gilt es zu untersuchen, was unter den einzelnen einschränkenden Voraussetzungen des § 101 I S. 1, 2. Halbsatz StPO zu verstehen ist.

(1) Das Merkmal der Gefährdung des Untersuchungszweckes

Das Merkmal der Gefährdung des Untersuchungszweckes ist der Strafprozeßordnung - auch abgesehen von den Benachrichtigungsbestimmungen - nicht fremd. So kann z. B. dem Verteidiger das Akteneinsichtsrecht in bestimmten Fallkonstellationen unter dem Gesichtspunkt der Gefährdung des Untersuchungszweckes versagt werden, vgl. § 147 II StPO.

Eine Gefährdung des Untersuchungszweckes durch die Benachrichtigung liegt vor, solange damit gerechnet werden kann, daß die jeweilige heimliche Zwangsmaßnahme noch Beweismittel oder sonstige beweiserhebliche Erkenntnisse zutage fördert[1292]. Aus der Tatsache der Durchführung der Maßnahme ist also auf eine wahrscheinliche Beweisgewinnung zu schließen[1293]. Fraglich ist, worauf sich diese mögliche Beweisgewinnung beziehen muß. Denkbar wären zwei Möglichkeiten. Einerseits könnte die mögliche Beweisgewinnung in bezug auf die konkrete Tat, die seinerzeit die jeweilige heimliche Zwangsmaßnahme nach §§ 100 a, b; 100 c I Nr. 1 b, 2, 3, 100 d StPO ausgelöst hat, angesprochen sein (enge Deutung), andererseits könnte aber auch die Beweisgewinnung in bezug auf jede beliebige Tat erfaßt sein, also z. B. auch einer Tat, die erst aufgrund von Zufallserkenntnissen den Strafverfolgungsorganen bekannt wird (weite Deutung).
§ 101 I S. 1 StPO spricht von einer „Gefährdung *des Untersuchungszwecks*“, also nicht von der Gefährdung *„eines Untersuchungszwecks“*. Es geht also um einen konkreten Untersuchungszweck, der nicht beeinträchtigt werden darf. Dieser Gesichtspunkt kann somit als Argument für ein enges Verständnis des hier fraglichen Terminus herangezogen werden.
Weiterhelfen kann in diesem Zusammenhang auch ein Blick auf die Beratungen zum § 163 d StPO, insbesondere § 163 d V StPO im Rechtsausschuß des Deut-

---

1291 BT-Drs. 13/9661, S. 7 f.
1292 KK-Nack, § 101 Rdnr. 5; Kleinknecht/Meyer-Goßner, § 101 Rdnr. 4; LR-Schäfer, § 101 Rdnr. 2; Schumacher; S. 335; SK-StPO-Rudolphi, § 101 Rdnr. 4;
1293 Schumacher; S. 336.

schen Bundestages. § 163 d V StPO sieht vor, daß der von der Bestimmung erfaßte Personenkreis zu benachrichtigen ist, „es sei denn, daß eine Gefährdung des Untersuchungszwecks oder der öffentlichen Sicherheit zu besorgen ist". Rogall führte dazu im Rechtsausschuß aus, daß es um die Gefährdung des Untersuchungszweckes für das ganz konkrete Verfahren, das hier gestört würde, also für die Katalogtat, die in § 100 a StPO aufgeführt sei, gehe, wenn von der Gefährdung des Untersuchungszweckes die Rede sei[1294]. Es sei, so Rogall, natürlich auch denkbar, daß durch die Benachrichtigung einer Person, zwar nicht dieses konkrete Verfahren, aber mögliche ermittlungsbehördliche Untersuchungen in anderer Sache - außerhalb des konkreten Untersuchungszweckes - gestört würden[1295]. In einem solchen Fall sei ein Absehen von der Benachrichtigung unter dem Gesichtspunkt der Gefährdung der öffentlichen Sicherheit, aber eben nicht der Gefährdung des Untersuchungszweckes gerechtfertigt[1296]. Dem Begriff der „Gefährdung des Untersuchungszwecks" in § 163 d V StPO und § 101 I S. 1 StPO liegt ein einheitliches Verständnis zugrunde. § 163 d V StPO ist schließlich in Anlehnung an § 101 I S. 1 StPO entstanden[1297]. Im übrigen regeln die §§ 101 I, 163 d V StPO beide die Benachrichtigungspflicht hinsichtlich heimlicher strafprozessualer Zwangsmaßnahmen. Demnach sprechen auch diese Gesichtspunkte für eine enge Auslegung des fraglichen Terminus.
Bei Zugrundelegung eines weiten Deutungsansatzes im hier in Rede stehenden Zusammenhang könnte die Benachrichtigung nach § 101 I StPO auch dann zurückgestellt werden, wenn durch die Benachrichtigung die Beweismittelgewinnung in bezug auf die Tat beeinträchtigt wäre, die erst aufgrund von Zufallserkenntnissen den Strafverfolgungsbehörden bekannt wird. Im Hinblick darauf kommt im Rahmen der Lösung der Auslegungsproblematik der Frage Bedeutung zu, welche Aussagen der Strafprozeßordnung ansonsten zur Beweismittelgewinnung durch sog. „Zufallsfunde" im Fall heimlicher Zwangsmaßnahmen zu entnehmen sind. Die §§ 100 b V, 100 d V StPO begrenzen die Beweisverwertungsmöglichkeiten von Zufallsfunden. Die bei Gelegenheit der Auswertung der Ergebnisse der Telekommunikationsüberwachung bzw. der Überwachung nach § 100 c StPO erlangten Erkenntnisse, die eine andere Tat, als die die Zwangsmaßnahme erforderlich machende Tat betreffen, dürfen in anderen Strafverfahren nur verwertet werden, wenn auch insoweit eine Katalogstraftat nach § 100 a bzw. § 100 c StPO gegeben ist. Die Verwertungsmöglichkeiten von Zufallsfunden ist also nicht unbegrenzt gegeben. Ein unbeschränkter Umgang mit Zufallserkenntnissen entspricht somit nicht dem System der Strafprozeßordnung. Demnach wäre es systemwidrig, wenn man eine Benachrichtigung

---

[1294] Rogall, Äußerung im Rechtsausschuß zu § 163 d StPO, Protokoll Nr. 73 des Rechtsausschusses der 10. Wahlperiode, S. 50.
[1295] Rogall, a. a. O.
[1296] Rogall, a. a. O.
[1297] Riegel, CR 1986, S. 138, 145.

prinzipiell im Hinblick auf eine mögliche Beweisverwertung hinsichtlich einer Tat, die erst aufgrund von Zufallserkenntnissen bekannt wurde, hinauszögern könnte. Diese Gesichtspunkte sprechen somit auch für eine enge Auslegung des in Rede stehenden Begriffes.
Bedenkt man darüber hinaus, daß bei einer engen Deutung dieses Begriffes den Beteiligten zu einem früheren Zeitpunkt die Möglichkeit der Geltendmachung der Rechte aus Art. 19 IV S. 1 GG und Art. 103 I GG gewährt wird, so ist im Ergebnis einer engen Deutung des Terminus der „Gefährdung des Untersuchungszwecks" zu folgen. Folglich ist eine Gefährdung des Untersuchungszweckes im Sinne des § 101 I S. 1 StPO zu bejahen, solange zu erwarten ist, daß die jeweilige heimliche Zwangsmaßnahme noch Beweismittel oder beweiserhebliche Erkenntnisse bezüglich der konkreten Tat, die die jeweilige heimliche Zwangsmaßnahme ausgelöst hat, zutage fördert[1298].

Unter Zugrundelegung dieser Definition kann in der Regel eine Gefährdung des Untersuchungszweckes durch die Benachrichtigung erst mit dem Zeitpunkt der Beendigung der jeweiligen heimlichen Zwangsmaßnahme verneint werden[1299]. Dies ergibt sich schon daraus, daß eine Ermittlungsmaßnahme zu beenden ist, wenn die Möglichkeit der Auffindung beweiserheblicher Tatsachen nicht mehr besteht[1300]. Somit kann in diesem Fall durch die Benachrichtigung die Erlangung beweiserheblicher Erkenntnisse nicht mehr beeinträchtigt sein. Das bedeutet aber nicht, daß der Zeitpunkt der Beendigung der heimlichen Zwangsmaßnahme und der Zeitpunkt der Benachrichtigung prinzipiell zusammenfallen. Vielmehr besteht auf der Grundlage des dargelegten Definitionsansatzes in der Regel erst mit dem Beendigungszeitpunkt der Maßnahme die Möglichkeit, eine Benachrichtigung nicht mehr im Hinblick auf eine Gefährdung des Untersuchungszweckes zurückzustellen. Trotz der Beendigung der Maßnahme kann also eine Hinauszögerung der Benachrichtigung unter dem Gesichtspunkt der Gefährdung des Untersuchungszweckes gerechtfertigt sein. Dies ist z. B. der Fall, wenn die Auswertung der Ergebnisse geraume Zeit in Anspruch nimmt[1301]. Gleiches gilt, wenn die heimliche Maßnahme gegen den betroffenen Mitbeschuldigten A beendet wird, gegen die betroffenen Mitbeschuldigten B und C aber aufrecht erhalten bleibt. Würde man in diesem Fall A benachrichtigen, so könnte dieser, der vermutlich um die tatsächlichen Zusammenhänge weiß, B und C warnen, so daß der Erfolg der Maßnahme ebenfalls gefährdet oder gar vereitelt wäre[1302].

1298 Im Ergebnis ähnlich: Krauss, Eichenberger-FS, S. 757, 770 f.; Schumacher, S. 335.
1299 Lehmann, S. 194; Schumacher, S. 336; Welp, Überwachung, S. 114.
1300 Vgl. dazu: Schumacher, S. 336.
1301 Schumacher, S. 336.
1302 Schumacher, S. 336 f.

Im Hinblick auf die Ermöglichung des Rechtsschutzes durch die Benachrichtigung ergibt sich aus diesen Ausführungen, daß der Bürger auf den nachträglichen Rechtsschutz, also den Rechtsschutz im Erledigungsfall, verwiesen ist. Nach der hier entwickelten Lösung ist aber der nachträgliche Rechtsschutz gegen die heimlichen Zwangsmaßnahmen nach §§ 100 a, b; 100 c I Nr. 1 b, 2, 3, 100 d StPO im selben Umfang gewährleistet wie der Rechtsschutz gegen eine noch nicht erledigte Zwangsmaßnahme[1303]. Der nachträgliche Rechtsschutz wird hier somit auch den Anforderungen des Art. 19 IV S. 1 GG gerecht. Im übrigen erlangt hinsichtlich der Frage der angemessenen Berücksichtigung der Rechtsschutz- und Anhörungsrechte des Betroffenen im Fall der Zurückstellung der Benachrichtigung wegen einer Gefährdung des Untersuchungszweckes ein anderer Aspekt Bedeutung. Es handelt sich nämlich bei diesem Einschränkungskriterium um einen verfahrensimmanenten Gesichtspunkt, der den Interessen an einer effektiven Strafverfolgung Rechnung trägt. Gerade in bezug auf die notwendig heimlichen strafprozessualen Zwangsmaßnahmen, wie z. B. die Maßnahmen nach §§ 100 a, b; 100 c, 100 d StPO, ist die Berücksichtigung dieser Belange von besonderer Relevanz. Denn die Tauglichkeit dieser Maßnahmen als Mittel zur Förderung der geführten Untersuchung beruht gerade auf ihrer heimlichen Vornahme[1304]. Die jeweilige Gefährdung des Untersuchungszweckes muß aber stets so gravierend sein, daß die Hinauszögerung der Benachrichtigung und damit der Rechte aus Art. 19 IV S. 1 GG und Art. 103 I GG noch angemessen erscheint[1305]. Im Hinblick auf die den Strafverfolgungsinteressen gegenüberstehenden Interessen der Betroffenen ist darüber hinaus der konkrete Nachweis der Gefährdung des Untersuchungszweckes im Einzelfall erforderlich. Auch kann eine Benachrichtigung unter Hinweis auf diesen Aspekt nur solange unterbleiben, wie die Strafverfolgungsinteressen dies erfordern. Deshalb bestimmt § 101 I S. 1 StPO, daß die Benachrichtigung vorzunehmen ist, „sobald" die Gefährdung des Untersuchungszweckes nicht mehr besteht. Die Staatsanwaltschaft als zuständiges Benachrichtigungsorgan ist demnach verpflichtet, das Abklingen dieser Gefährdungslage, wie auch der übrigen in § 101 S. 1 I StPO angesprochenen Gefährdungslagen, fortlaufend zu berücksichtigen, um somit nach dem Abklingen der jeweiligen Gefahr die Benachrichtigung sofort vorzunehmen.

(2) Das Merkmal der Gefährdung der weiteren Verwendung eines eingesetzten nicht offen ermittelnden Beamten

Nach § 101 I S. 1, 2. Halbsatz StPO ist die Benachrichtigung auch solange ausgeschlossen, wie durch diese die Möglichkeit der weiteren Verwendung eines eingesetzten nicht offen ermittelnden Beamten gefährdet ist. Dieses sachliche

[1303] Vgl. dazu näher unter Teil 1 B. und C.
[1304] Vgl. dazu näher unter Einleitung A. II. und Teil 2 B. V. 1.).
[1305] Vgl. dazu auch: SK-StPO-Rudolphi, § 110 d Rdnr. 4.

Einschränkungskriterium wurde erst durch das OrgKG von 1992 in § 101 I S. 1 StPO eingefügt.
Im Unterschied zu § 110 d I StPO ist die Benachrichtigungspflicht im Fall des § 101 I S. 1 StPO nicht nur bei der Gefährdung der Möglichkeit der weiteren Verwendung eines *Verdeckten Ermittlers* eingeschränkt, sondern *jedes* eingesetzten nicht offen ermittelnden Beamten. Damit ist also nicht nur die Tätigkeit des Verdeckten Ermittlers nach §§ 110 a ff. StPO umfaßt, sondern auch das Handeln anderer nicht erkennbar als Polizei, z. B. durch Zivilkleider getarnt, repressiv ermittelnder Beamter[1306]. Die Verwendungsgefährdung anderer verdeckt handelnder, aber nicht in der Stellung eines Beamten stehender Auskunftspersonen, wie insbesondere der V-Männer, ist nicht erfaßt. Dies ergibt sich bereits aus dem Wortlaut des § 101 I S. 1, 2. Halbsatz StPO („Beamten").
Die Wendung der „Gefährdung der Möglichkeit der weiteren Verwendung" ist sehr weit. So kann die Benachrichtigung einerseits hinausgezögert werden, wenn durch die Benachrichtigung die Möglichkeit gefährdet ist, den verdeckt ermittelnden Beamten innerhalb der Ermittlungen wegen der Tat, die die jeweilige heimliche Maßnahme ausgelöst hat, weiter zu verwenden. Dieser Fall wird sich im Ergebnis mit dem der Gefährdung des Untersuchungszweckes decken. Andererseits kann die Benachrichtigung unter dem in Rede stehenden Aspekt auch zurückgestellt werden, wenn infolge der Benachrichtigung der Einsatz eines verdeckt ermittelnden Beamten im Hinblick auf Ermittlungen wegen jeder anderen Tat beeinträchtigt wird. Es kommt dabei also auch nicht darauf an, ob die Ermittlungsorgane im Zuge der Durchführung der jeweiligen heimlichen Zwangsmaßnahme Kenntnis von dieser Tat erlangt haben, sog. „Zufallsfunde"[1307], oder ob die Tat zur Zeit der Durchführung der Zwangsmaßnahme noch gar nicht begangen worden ist. Es reicht demnach die Gefährdung der Möglichkeit *jeder* weiteren Verwendung des eingesetzten verdeckt ermittelnden Beamten aus. Die einzige Einschränkung besteht darin, daß der Beamte bereits verdeckt *eingesetzt worden sein muß*. Ein zukünftiger Einsatz eines bislang noch nicht in verdeckter Form ermittelnden Beamten reicht also nicht aus.

Die Einschränkung der Benachrichtigung beruht hier zwar wiederum auf der Berücksichtigung von Strafverfolgungsinteressen, welche auch die Rechtsschutz- und Anhörungsinteressen der Beteiligten einer heimlichen Zwangsmaßnahme im Wege des kollidierenden Verfassungsrechtes zurückdrängen können[1308]. Dadurch daß die Benachrichtigung hier aber wegen der Gefährdung *jeder* weiteren Verwendung eines eingesetzten verdeckt ermittelnden Beamten zurückgestellt werden kann, löst sich dieses Kriterium völlig von dem jeweili-

---

1306 Pfeiffer, § 101 Rdnr. 2.
1307 Vgl. zur Problematik der Zufallsfunde bei der Fernmeldeüberwachung: Joecks, JA 1983, S. 59, 62 f.; Labe, S. 1 ff.; 59 ff.; Welp, Jura 1981, S. 472, 472 ff.
1308 Vgl. dazu näher unter Teil 2 B. V. 1.).

gen Verfahren, innerhalb dessen die heimliche Zwangsmaßnahme durchgeführt wurde. Eine verfahrensimmanente Einschränkung der Benachrichtigung liegt also nicht mehr vor. Die Berücksichtigung verfahrensexterner Gesichtspunkte zur Einschränkung strafprozessualer Informationsrechte der Bürger entspricht nicht der ursprünglichen Regelungspraxis in der Strafprozeßordnung. Dies ergibt sich schon daraus, daß eine Benachrichtigung hinsichtlich heimlicher strafprozessualer Zwangsmaßnahmen ursprünglich nur wegen der Gefährdung des Untersuchungszweckes[1309], also eines verfahrensimmanenten Aspektes, eingeschränkt werden konnte. Auch das Akteneinsichtsrecht kann gemäß § 147 II StPO nur unter diesem verfahrensimmanenten Gesichtspunkt beschränkt werden.

Die Berücksichtigung des in Rede stehenden verfahrensexternen Kriteriums innerhalb der Bestimmung des Benachrichtigungszeitpunkte ist vor allem auch deshalb problematisch, weil es zu einer bedenklich weiten Hinauszögerung der Benachrichtigung führen kann. Denn der Einsatz eines Verdeckten Ermittlers kann viele Jahre dauern[1310], so daß die Benachrichtigung jahrelang zurückgestellt wird. Die Effektivität der Durchsetzung der Rechte der Beteiligten schwindet aber gerade mit zunehmenden zeitlichen Abstand zwischen der Durchführung der Maßnahme und der Benachrichtigung[1311]. Deshalb muß mit zunehmenden zeitlichen Abstand zur Durchführung der Zwangsmaßnahme das Interesse der Beteiligten an der Möglichkeit der Durchsetzung ihrer Rechte aus Art. 19 IV S. 1 GG und Art. 103 I GG gegenüber den Interessen der Strafverfolgungsorgane an einer Verwendung eines verdeckt agierenden Beamten Vorrang erlangen. Das kann z. B. im Einzelfall dazu führen, daß trotz der Gefährdung der Verwendungsmöglichkeit eines eingesetzten verdeckt ermittelnden Beamten eine Benachrichtigung zu erfolgen hat, wenn die Durchführung der Maßnahme schon einen erheblichen Zeitraum zurückliegt und die Effektivität der Geltendmachung des Anhörungsrechtes und vor allem des Rechtsschutzes sonst nicht mehr gewährleistet werden kann. Es kommt dabei immer auf den Einzelfall an. Des weiteren erfordern die mit der Benachrichtigung durchzusetzenden Anhörungs- und Rechtsschutzinteressen der Beteiligten den Nachweis einer *konkreten* Gefährdung der weiteren Verwendungsmöglichkeit des eingesetzten nicht offen ermittlenden Beamten. Diese muß dabei so erheblich sein, daß eine Zurückstellung der Benachrichtigung noch angemessen erscheint.

1309 Vgl. dazu auch Teil 2 B. V. 2.) a) aa) (3).
1310 Vgl. statt aller: Strate, ZRP 1990, S. 143, 145.
1311 Vgl. dazu: Krüger, ZRP 1993, S. 124, 125.

(3) Das Merkmal der Gefährdung der öffentlichen Sicherheit

(a) Die unter den Begriff der Gefährdung der öffentlichen Sicherheit zu fassenden Aspekte

Das Merkmal der „Gefährdung der öffentlichen Sicherheit" ist aus dem Polizei- und Ordnungsrecht entnommen. Eine Gefahr für die öffentliche Sicherheit im Sinne des Polizei- und Ordnungsrechtes liegt vor, wenn eine Sachlage oder ein Verhalten bei ungehindertem Ablauf des objektiv zu erwartenden Geschehens innerhalb eines überschaubaren Zeitablaufes mit Wahrscheinlichkeit die öffentliche Sicherheit schädigen wird[1312]. Die öffentliche Sicherheit im Sinne des Polizeirechtes umfaßt die Unverletztlichkeit der objektiven Rechtsordnung, der subjektiven Rechte und Rechtsgüter des Einzelnen sowie der Einrichtungen und Veranstaltungen des Staates und der sonstigen Träger der Hoheitsgewalt[1313]. Präventivpolizeiliche Aspekte haben bereits an anderer Stelle Eingang in die Strafprozeßordnung gefunden. So verfolgen z. B. die Zwangsmaßnahmen nach §§ 111 a; 112 a; 126 a; 132 a StPO präventive Zwecke[1314]. In § 126 a StPO, der die Anordnung der einstweiligen Unterbringung regelt, verwendet der Gesetzgeber dabei auch bereits das Kriterium der „Gefährdung der öffentlichen Sicherheit". Eine einstweilige Unterbringung steht unter anderem unter der Prämisse, daß die „öffentliche Sicherheit" die Unterbringung erfordert. Diese Voraussetzung wird allgemein als vorliegend betrachtet, wenn die Wahrscheinlichkeit dafür spricht, der Beschuldigte werde weitere rechtswidrige Taten von solcher Schwere begehen, daß der Schutz der Allgemeinheit die einstweilige Unterbringung gebietet[1315].

Der Terminus der „Gefährdung der öffentlichen Sicherheit" im Sinne des § 101 I S. 1 StPO ist hingegen noch nicht ausreichend geklärt. Es wird insofern allgemein verlangt, daß präventive sicherheitsbehördliche Belange durch eine Benachrichtigung gestört sein müßten, wenn eine Benachrichtigung unter diesem Aspekt hinausgezögert werden solle[1316].

1312 Friauf, in: Schmidt-Aßmann, BT, 2. Abschnitt Rdnr. 45; Möller/Wilhelm, S. 44; Schenke, in: Steiner, BT, II C Rdnr. 46; Würtenberger, in: Achterberg/Püttner, Band II, 7/1 Rdnr. 149

1313 Drews/Wacke/Vogel/Martens, S. 232 f.; Götz, S. 42; Knemeyer, S. 57; Friauf, in: Schmidt-Aßmann, BT, 2. Abschnitt Rdnr. 33; Möller/Wilhelm, S. 40; Schenke, in: Steiner, BT, II C Rdnr. 30.

1314 Kleinknecht/Meyer-Goßner, § 111 a Rdnr. 1; Kühne, § 24 Rdnr. 193; SK-StPO-Krause, § 126 a Rdnr. 1.

1315 AK-StPO-Krause, § 126 a Rdnr. 2; LR-Wendisch, § 126 a Rdnr. 6; Pfeiffer, § 126 a Rdnr. 3.

1316 KMR-Müller, § 163 d Rdnr. 38; LR-Rieß, § 163 d Rdnr. 80; Rogall, NStZ 1986, S. 385, 392; Siebrecht, CR 1996, S. 545, 555.

Über den Fall der Störung präventiver sicherheitsbehördlicher Belange hinaus wird in der Literatur zum Teil eine Gefährdung der öffentlichen Sicherheit auch angenommen, wenn durch die Benachrichtigung die Ermittlungen in anderer Sache beeinträchtigt würden[1317].

Es erscheint zweifelhaft, ob diesem Definitionsansatz gefolgt werden kann. Der Gesichtspunkt der „Störung der Ermittlungen in anderer Sache" trägt zwar den Strafverfolgungsinteressen Rechnung. Im Unterschied zum Kriterium der „Gefährdung des Untersuchungszweckes" wird hier aber nicht auf die Störung der Ermittlungen bezüglich der Tat, die die jeweilige heimliche Zwangsmaßnahme ausgelöst hat, abgestellt. Vielmehr kann die Benachrichtigung hier nach im Hinblick auf die Ermittlungen wegen einer anderen, unter Umständen mit der die heimliche Zwangsmaßnahme auslösenden Tat noch nicht einmal in unmittelbaren Zusammenhang stehenden Tat eingeschränkt werden. Es wird also wiederum entgegen der ursprünglichen Regelungspraxis der Strafprozeßordnung auf einen nicht verfahrensimmanenten Gesichtspunkt abgestellt[1318]. Bereits aus diesem Grunde ist dieser Definitionsansatz bedenklich.

Des weiteren scheint der Aspekt der „Störung der Ermittlungen in anderer Sache" auch nur schwerlich vom Wortlaut der „Gefährdung der öffentlichen Sicherheit" gedeckt. Denn mit dieser Wendung werden präventive Gesichtspunkte angesprochen. Die „Störung der Ermittlungen in anderer Sache" ist hingegen repressiver Natur, setzt also eine bereits begangene Tat voraus.

Andererseits muß aber auch bedacht werden, daß in den Beratungen des Rechtsausschusses zu § 163 d StPO angenommen wurde, im Fall der „Störung der Ermittlungen in anderer Sache" durch die Benachrichtigung könne unter dem Gesichtspunkt der „Gefährdung der öffentlichen Sicherheit" von einer Mitteilung gegenüber dem Bürger abgesehen werden[1319]. Dieses gesetzeshistorische Argument spricht also für den in Rede stehenden Definitionsansatz.

Gegen diesen Ansatz kann aber wiederum ein bereits im Zusammenhang mit der Annäherung an den Begriff der „Gefährdung des Untersuchungszweckes" dargelegter Aspekt angeführt werden. Bei Zugrundelegung der in Rede stehenden Definition könnte die Benachrichtigung nach § 101 I StPO nämlich auch dann zurückgestellt werden, wenn durch die Benachrichtigung die Beweismittelgewinnung in bezug auf eine Tat beeinträchtigt wäre, die erst aufgrund von Zufallserkenntnissen den Strafverfolgungsbehörden bekannt geworden ist. Die Systemwidrigkeit einer solchen Vorgehensweise wurde aber bereits dargelegt[1320].

1317 KMR-Müller, § 163 d Rdnr. 38; Rogall, NStZ 1986, S. 385, 392.

1318 Vgl. dazu näher unter Teil 2 B. V. 2.) a) aa) (2).

1319 Rogall, Äußerung im Rechtsausschuß zu § 163 d StPO, Protokoll Nr. 73 des Rechtsausschusses der 10. Wahlperode, S. 50.

1320 Vgl. dazu näher unter Teil 2 B. V. 2.) aa) (1).

Schließlich wird die Hinauszögerung der Benachrichtigung im Hinblick auf die „Störung der Ermittlungen in anderer Sache" auch nicht den Rechtsschutz- und Anhörungsinteressen der Beteiligten in ausreichendem Maße gerecht. Denn dieser Gesichtspunkt führt zu einer im Ergebnis unbegrenzten Zurückstellung der Benachrichtigung. Es wird nämlich häufig die Möglichkeit gegeben sein, daß irgendein Ermittlungsverfahren durch eine Benachrichtigung beeinträchtigt sein könnte.

Im Ergebnis ist aufgrund der überzeugenden, gegen den in Rede stehenden Definitionsansatz sprechenden Argumente davon auszugehen, daß eine „Gefährdung der öffentlichen Sicherheit" im Fall der „Störung der Ermittlungen in anderer Sache" nicht zu bejahen ist. Somit ist eine „Gefährdung der öffentlichen Sicherheit" nur anzunehmen, wenn präventive sicherheitsbehördliche Belange gestört werden.

(b) Die Störung präventiver sicherheitsbehördlicher Belange

Die Wendung „Störung präventiver sicherheitsbehördlicher Belange" ist sehr vage und bedarf demnach noch einer weiteren Konkretisierung. Die Definitionen hinsichtlich der öffentlichen Sicherheit im Polizei- und Ordnungsrecht und nach § 126 a StPO können dabei zum Verständnis beitragen. Unter Berücksichtigung dieser Begriffsbestimmungen kann eine „Störung präventiver sicherheitsbehördlicher Belange" angenommen werden, wenn infolge der Benachrichtigung mit hinreichender Wahrscheinlichkeit eine rechtswidrige Tat, d. h. rechtswidrige Beeinträchtigungen der Rechtsgüter des Einzelnen oder der Allgemeinheit drohen, die ein solches Gewicht erreicht, daß der Schutz des einzelnen Bürgers oder der Allgemeinheit eine Zurückstellung der Benachrichtigung erfordert.

Die Benachrichtigungspflicht wird hier nicht wegen einer bereits begangenen Rechtsverletzung und damit in Hinblick auf die Strafverfolgung wegen einer begangenen Straftat eingeschränkt, vielmehr wird hier lediglich auf eine Gefahr einer noch bevorstehenden Rechtsverletzung abgestellt und die Benachrichtigung somit zur Verhütung von Straftaten zurückgestellt. Die Einschränkung der Benachrichtigungspflicht nach § 101 I S. 1 StPO unter diesem - wiederum verfahrensexternen - Gesichtspunkt erscheint problematisch. Zwar kann auch in Anbetracht gravierender und konkret begründeter Gefahrenlagen für verfassungsrechtlich abgesicherte Rechte oder besondere staatliche Einrichtungen ein Zurücktreten der grundgesetzlich motivierten Anhörungs- und Rechtsschutzinteressen der Bürger geboten sein. Auch insoweit sind den grundrechtlichen Freiheiten aus Art. 19 IV S. 1 GG und Art. 103 I GG aufgrund kollidierenden Verfassungsrechtes Grenzen gesetzt. Die Abwehr der Gefahr einer Rechtsgutverletzung ist aber nicht von der Zwecksetzung des Strafverfahrensrechtes umfaßt. Das Strafverfahrensrecht dient nämlich der Aufklärung und Verfolgung

begangener Straftaten[1321]. Die Verhütung von Straftaten ist hingegen Aufgabe des Polizeirechtes[1322]. Somit hat der Gesetzgeber durch das Kriterium der „Gefährdung der öffentlichen Sicherheit" ein sachfremdes polizeirechtliches Element in die Strafprozeßordnung eingebracht[1323].
Die Aufnahme dieses Elementes in den § 101 I S. 1 StPO beruht ebenfalls auf dem OrgKG von 1992. Die Grundlage dieser systemwidrigen Einschränkung der Benachrichtigungspflicht wurde bereits mit der Einführung des § 163 d V StPO im Jahre 1986 gelegt. Denn § 163 d V StPO, der die Benachrichtigungspflicht bezüglich der Schleppnetzfahndung regelt, stand von vornherein unter der Prämisse des Ausschlusses der Benachrichtigung im Fall der Gefährdung der öffentlichen Sicherheit. Im Zuge der Erweiterung des § 101 I S. 1 StPO um die durch das OrgKG von 1992 eingeführten heimlichen Zwangsmaßnahmen nach §§ 100 c I Nr. 1 b, 2 , 100 d I StPO wurde dieses Kriterium dann auch in § 101 I S. 1 StPO aufgenommen und im folgenden auch allen weiteren Benachrichtigungsbestimmungen zugrunde gelegt[1324]. Andere Informationsrechte wie z. B. das Akteneinsichtsrecht nach § 147 StPO wurden - bislang - nicht dieser Prämisse unterworfen.
Wie bereits eingangs angedeutet, ist die Berücksichtigung präventiver Aspekte im Strafprozeßrecht nicht neu. § 101 I S. 1 StPO unterscheidet sich aber diesbezüglich in gewisser Weise von den §§ 111 a; 112 a; 126 a; 132 a StPO. Die §§ 111 a; 112 a; 126 a; 132 a StPO regeln die Zulässigkeit von Zwangsmaßnahmen, die präventiven Zwecken dienen[1325]. Der § 101 I S. 1 StPO stellt hingegen eine Verfahrensregelung für die Zwangsmaßnahmen nach §§ 99; 100 a, b; 100 c I Nr. 1 b, 2, 3, 100 d StPO dar, die rein repressiven Zwecken dienen. Dies macht die unterschiedliche Qualität der Einführung präventiver Gesichtspunkte in die Strafprozeßordnung in den beiden Fällen deutlich. Hinsichtlich der §§ 111 a; 112 a; 126 a; 132 a StPO ist schon allein die Gesetzgebungskompetenz des Bundesgesetzgebers fragwürdig, weil den Ländern die Gesetzgebungskompetenzen im Polizeirecht zustehen[1326]. Diese Problematik ergibt sich im vorliegenden Zusammenhang nicht. Die Möglichkeit zur Berücksichtigung einzelner präventiver Aspekte in einer Verfahrensnorm wird dem Bundesgesetzgeber nämlich zumindest als Annexkompetenz zur Bundesgesetzgebungskompetenz nach Art. 72, 74 I Nr. 1 GG bezüglich des Strafverfahrensrechtes

---

1321 Vgl. dazu: Fezer, Fall 1 Rdnr. 1 f.; Jescheck/Weigend, S. 17; Krey, Strafverfahrensrecht, Band I, Rdnr. 1; Peters, § 2 und 5; Roxin, § 1 Rdnr. 1, Seebode, ZRP 1969, S. 25, 25.
1322 Das ergibt sich ausdrücklich aus § 1 I S. 1, 2 PolG NW. Vgl. auch: Möller/Wilhem, S. 16, 18; Schenke, in: Steiner, BT, II B Rdnr. 13 ff.; Würtenberger, in: Achterberg/Püttner, Band II, 7/1 Rdnr. 57.
1323 So auch: SK-StPO-Wolter, § 163 d Rdnr. 90; Wolter, ZStW 107 (1995), S. 793, 829.
1324 Vgl. § 110 d I StPO.
1325 AK-StPO-Krause, § 126 a Rdnr. 2; LR-Wendisch, § 126 a Rdnr. 6; Pfeiffer, § 126 a Rdnr. 1, Seebode, ZRP 1969, S. 25, 25 f.
1326 Friauf, in: Schmidt-Aßmann, BT, 2. Abschnitt Rdnr. 14; Götz, S. 28; Möller/Wilhelm, S. 11; Schenke, in: Steiner, BT, II B Rdnr. 16.

zustehen[1327]. Dies ändert aber nichts daran, daß die Aufnahme dieser Gesichtspunkte in § 101 I StPO die Grenzen zwischen Polizeirecht und Strafverfahrensrecht verwischt und systemwidrig ist. Der Gesetzgeber sollte sobald als möglich sich wieder der Ursprünge des Strafverfahrensrechtes erinnern und somit das Strafverfahrensrecht ausschließlich auf die Klärung eines Tatverdachtes zum Zwecke des gerechten Ausgleiches einer Straftat beschränken[1328].
Bedenklich ist die Berücksichtigung dieser präventiven Gesichtspunkte schließlich auch deshalb, weil sie zu einer erheblich weiten Hinauszögerung der Benachrichtigung führen kann. Um den Anhörungs- und Rechtsschutzinteressen der Beteiligten zumindest ansatzweise gerecht werden zu können, muß der Nachweis einer konkreten und gravierenden Gefahrenlage im Einzelfall verlangt werden. Im übrigen gilt im Hinblick auf die Effektivität der Durchsetzung der Rechte aus Art. 19 IV S. 1 GG und Art. 103 I GG auch hier, daß die präventiven, sicherheitsbehördlichen Belange mit zunehmenden zeitlichen Abstand zur Durchführung der jeweiligen heimlichen Zwangsmaßnahme den Interessen der Beteiligten an einer Benachrichtigung weichen müssen[1329].

(4) Das Merkmal der Gefährdung von Leib oder Leben einer Person

Das Merkmal der Gefährdung von Leib oder Leben einer Person ist ebenfalls durch das OrgKG von 1992 in den § 101 I S. 1 StPO eingefügt worden. Erfaßt werden soll damit insbesondere eine mögliche Gefährdung von Leib oder Leben des eingesetzten Beamten und seiner Angehörigen durch die Benachrichtigung[1330]. Auch hier wird die Benachrichtigung und damit die Möglichkeit zur Geltendmachung der Rechte des Betroffenen aus Art. 19 IV S. 1 GG und Art. 103 I GG aus rein präventiven Gesichtspunkten zurückgestellt. Erforderlich ist hier nämlich nur die *Gefahr* für den Leib oder das Leben einer Person, nicht die Realisierung dieser Gefahr. Im Unterschied zum Kriterium der Gefährdung der öffentlichen Sicherheit geht es aber in diesem Fall nur um ganz begrenzte Gefahren für grundrechtlich geschützte Rechte von besonderem Gewicht. Die Vermeidung einer Verletzung des Leibes oder des Lebens stellt ein begrenzendes Element jedes staatlichen Handelns dar[1331]. Der Gesetzgeber ist nämlich

---

1327 Die Annexkompetenz begründet die Gesetzgebungszuständigkeit für Fragen, die bei der Vorbereitung und Durchführung einer zugewiesenen Gesetzgebungsmaterie entstehen. Vgl. dazu: Degenhart, Rdnr. 101 ff; Hesse, Grundzüge des Verfassungsrechts der Bundesrepublik Deutschland, Rdnr. 236; Stein, § 14 III 5.

1328 So auch: Wolter, ZStW 107 (1995), S. 793, 829.

1329 Vgl. dazu näher unter Teil 2 B. V. 2.) a) aa) (2).

1330 KK-Nack, § 101 Rdnr. 5; Pfeiffer, § 101 Rdnr. 2.

1331 Sachs-Murswiek, Art. 2 Rdnr. 187. Vgl. auch: BVerfGE 51, S. 324; BVerfGE 52, S. 214, 220 f. Auch die Pflichten des Bürgers gegenüber dem Gemeinwesen, wie z. B. die strafprozessualen Zeugnispflichten, enden dort, wo durch ihr pflichtgemäßes Handeln ihr Leben oder ihre körperliche Unversehrtheit akut und gravierend beeinträchtigt würde. Der Alternativentwurf zur Neuregelung der Zeugnisverweigerungsrechte (AE-ZVR) von 1996 hat erstmals eine gesetzliche Regelung eines Zeugnisverweigerungsrechtes wegen drinaufgrund seiner Schutzpflicht gehalten, die Verursachung von Gefahren für Leib und Leben zu verbieten und hinreichende Vorkehrungen dafür zu treffen, daß das verfassungsrechtlich gebotene Maß an Sicherheit auch effektiv erreicht wird[1332]. In Anbetracht dieser Aspekte ist die Berücksichtigung präventiver Gesichtspunkte hier erklärbar und hinnehmbar. Erforderlich ist dabei aber wiederum der Nachweis einer konkreten und gravierenden Gefahr für die körperliche Unversehrtheit im Einzelfall[1333]. Diese engen Grenzen verlangen die Rechtsschutzinteressen und das Anhörungsrecht der von den heimlichen Zwangsmaßnahme nach §§ 100 a, b; 100 c I Nr. 1 b, 2, 3, 100 d StPO betroffenen Personen.

(5) Resümee

Bei einem abschließendem Blick auf die verschiedenen sachlichen Einschränkungskriterien des § 101 I S. 1 StPO fällt auf, daß gerade die durch das OrgKG von 1992 eingeführten Merkmale zu einer starken Beschneidung der Benachrichtigungspflicht führen. Es ist damit die Grenze dessen erreicht, was in Anbetracht der Grundrechte aus Art. 19 IV S. 1 GG und Art. 103 I GG noch als tragbar und angemessen erscheint.

bb) Der Zeitpunkt der Benachrichtigung bezüglich der Postbeschlagnahme

Der Benachrichtigungszeitpunkt im Fall der Postbeschlagnahme richtet sich auch nach § 101 I S. 1, 2. Halbsatz StPO[1334]. Es können sich hier aber Modifikationen im Hinblick auf die Absätze 2 und 3 des § 101 StPO ergeben.

(1) Die Regelung des § 101 II, III StPO

Die Postbeschlagnahme bewirkt nicht nur eine Überwachung eines Kommunikationsvorganges wie die Maßnahmen nach § 100 a, b StPO, sondern sie führt - durch das Aussondern und Zurückhalten der Postsendungen und Telegramme - zu einer Unterbrechung des mit der Absendung der postalen Sendung in Gang gesetzten Kommunikationsvorganges. Diesem Umstand tragen die Absätze 2 und 3 des § 101 StPO Rechnung, indem sie die Aushändigung der Sendungen an die Beteiligten sichern. Innerhalb dieser Bestimmung wird eine Unterscheidung danach vorgenommen, ob die Öffnung der Sendungen angeordnet wurde und ob im Fall der Öffnung die Zurückbehaltung der Sendung oder eines Teiles von dieser erforderlich bleibt.

Eine ungeöffnete Sendung ist nach § 101 II S. 1 StPO den Beteiligten sofort auszuhändigen. Soweit im Fall der Öffnung der Sendung dessen Zurückbehal-

---

gender Lebens- oder Leibesgefahr vorgesehen, vgl. § 55 I Nr. 1, II Nr. 1 AE-ZVR, in: Baumann, u. a., AE-ZVR, S. 57.

1332 Vgl. statt aller: Sachs-Murswiek, Art. 2 Rdnr. 180.

1333 Vgl. dazu: SK-StPO-Rudolphi, § 110 d Rdnr. 4.

1334 Vgl. dazu näher unter Teil 2 B. V. 2.) a) aa).

tung nicht mehr erforderlich ist, ist diese den Beteiligten gemäß § 101 II S. 2 i. V. m. § 101 II S. 1 StPO sofort auszuhändigen. Dabei ist die geöffnete Sendung entweder mit einem Vermerk über die Öffnung zu versehen und der Post zur weiteren Beförderung zu übergeben oder sie ist in einer neuen Verpackung als Sendung der Strafverfolgungsbehörden zuzustellen[1335].
Wird ein Brief zurückbehalten, ist aber die Zurückbehaltung eines Teiles dieses Briefes mit Rücksicht auf die Untersuchung nicht geboten, so ist dieser Briefteil nach § 101 III StPO abschriftlich dem Empfangsberechtigten mitzuteilen. Vorausgesetzt wird dabei aber, daß dieser Briefteil eine für sich ohne den zurückbehaltenen Teil verständliche Information eigenen Inhaltes enthält, also nicht nur in der Anschrift und der Schlußformel - Grüße und dergleichen - besteht[1336]. Die üblichen Angaben und Anfragen über Familie und Gesundheitszustand, mit denen die eigentliche Mitteilung aus Gründen der Höflichkeit eingerahmt wird, stellen nur ausnahmsweise einen selbständigen Briefteil dar[1337]. Die abschriftlich mitzuteilenden Teile der postalen Sendungen sind in einer neuen Verpackung mit einem amtlichen Vermerk dem Adressaten zuzusenden[1338]. Eine Verdeckung des Eingriffes in das Postgeheimnis durch täuschende Manipulationen ist unzulässig[1339].
Die nach § 101 II und III StPO durchzuführenden Maßnahmen hat der Richter anzuordnen[1340]. Gemäß § 33 II StPO muß die Staatsanwaltschaft aber vorher gehört werden. Die Ausführung obliegt im Ermittlungsverfahren der Staatsanwaltschaft, der Richter kann sie aber auch durch die Geschäftsstelle erledigen lassen[1341].

(2) Die Wechselwirkung zwischen § 101 I S. 1 StPO und § 101 II, III StPO

Nachdem ein Überblick über die Regelung des § 101 II, III StPO gewonnen wurde, soll nun der Frage nachgegangen werden, ob und inwiefern sich die sachlichen Einschränkungskriterien der Benachrichtigungspflicht nach § 101 I S. 1 StPO auf diese Bestimmung auswirken. Die Lösung dieser Problematik kann sich auch auf die Bestimmung des Benachrichtigungszeitpunktes im Fall der Postbeschlagnahme auswirken. Es geht also um die Wechselwirkung zwischen § 101 I und § 101 II, III StPO. Dieser Problemkreis ist streitig.
Nach einer Meinung in der Literatur ist das sachliche Einschränkungskriterium der „Gefährdung des Untersuchungszwecks" nach § 101 I S. 1 StPO auch hin-

---

1335 Heidelberger Kommentar-Lemke, § 101 Rdnr. 6; KK-Nack, § 101 Rdnr. 8; Pfeiffer, § 101 Rdnr. 3; Schmidt, NB II, § 101 Rdnr. 4;
1336 Kleinknecht/Meyer-Goßner, § 101 Rdnr. 6; LR-Schäfer, § 101 Rdnr. 7.
1337 LR-Schäfer, § 101 Rdnr. 7.
1338 Schmidt, NB II, § 101 Rdnr. 5.
1339 Welp, Überwachung, 114.
1340 Schmidt, NB II, § 101 Rdnr. 6.
1341 Schmidt, NB II, § 101 Rdnr. 6.

sichtlich der Frage des Zeitpunktes der Rückgabe der postalen Sendungen gemäß § 101 II und der abschriftlichen Mitteilung von Briefteilen gemäß § 101 III StPO zu berücksichtigen[1342]. Der § 101 II StPO bestimme zwar, daß die nicht geöffneten Sendungen sowie die geöffneten Sendungen, deren Zurückbehaltung nicht mehr erforderlich sei, *sofort* den Beteiligten auszuhändigen seien[1343]. „Sofort" bedeute aber nicht, daß die Rückgabe ohne Rücksicht darauf erfolgen müsse, ob dadurch die weitere Untersuchung gefährdet sei[1344]. Die Rückgabe dürfe vielmehr bis zu dem Benachrichtigungszeitpunkt nach § 101 I S. 1 StPO aufgeschoben werden[1345]. Auch mit der Übersendung von Briefteilen nach § 101 III StPO könne zugewartet werden, bis der Untersuchungszweck nicht mehr gefährdet sei[1346].

Eine zweite Meinung differenziert zwischen § 101 II S. 1 StPO, § 101 II S. 2 StPO und § 101 III StPO im Hinblick auf die Frage der Geltung der sachlichen Einschränkungskriterien des § 101 I S. 1 StPO. Die ungeöffneten Sendungen seien entsprechend dem Wortlaut des § 101 II S. 1 StPO sofort - also unabhängig von der Frage der Gefährdung des Untersuchungszweckes - in den Postweg zurückzugeben, um gerade die Postüberwachung nicht offenkundig werden zu lassen[1347]. In bezug auf den Zeitpunkt der Aushändigung der befugt geöffneten Postsendungen verweise der Gesetzgeber zwar auch auf § 101 II S. 1 StPO und fordere somit eine *sofortige* Aushändigung[1348]. Andererseits schränke der § 101 II S. 2 StPO diese sofortige Aushändigung nach befugter Öffnung der Postsendungen auch dahingehend ein, daß eine Zurückbehaltung nicht mehr erforderlich sei[1349]. Eine solche Zurückbehaltung sei aber immer dann erforderlich, wenn der Untersuchungszweck gefährdet sei[1350]. Dies folge aus der Aufgabe des Staates, Straftaten zu verfolgen und zu ahnden[1351]. Für den Fall der abschriftlichen Mitteilung von Teilen eines zurückbehaltenen Briefes nach § 101 III StPO, deren Vorenthaltung nicht durch die Rücksicht auf die Untersuchung geboten erscheine, verweise der Gesetzgeber erst gar nicht auf § 101 II S. 1 StPO, er knüpfe vielmehr an § 101 I S. 1 StPO an[1352]. Deshalb könne auch die abschriftliche Mitteilung zurückgestellt werden, wenn durch sie der Untersuchungszweck gefährdet werde[1353].

[1342] LR-Schäfer, § 101 Rdnr. 5, 8.
[1343] LR-Schäfer, § 101 Rdnr. 5.
[1344] LR-Schäfer, § 101 Rdnr. 5.
[1345] LR-Schäfer, § 101 Rdnr. 5.
[1346] LR-Schäfer, § 101 Rdnr. 8.
[1347] Schoene, NStZ 1993, S. 125, 126.
[1348] Schoene, a. a. O.
[1349] Schoene, a. a. O
[1350] Schoene, a. a. O.
[1351] Schoene, a. a. O.
[1352] KK-Nack, § 101 Rdnr. 9; Schoene, NStZ 1993, S. 125, 126.
[1353] KK-Nack, § 101 Rdnr. 9; Schoene, NStZ 1993, S. 125, 126.

Nach einer in der Literatur stark vertretenen Meinung findet das sachliche Einschränkungskriterium der „Gefährdung des Untersuchungszwecks" des § 101 I S. 1 StPO hinsichtlich der Aushändigung der Postsendungen oder Teilen dieser Sendungen nach § 101 II, III StPO keine Anwendung[1354]. Vielmehr werde umgekehrt der Benachrichtigungszeitpunkt durch die Absätze 2 und 3 des § 101 StPO modifiziert[1355]. Nach § 101 II S. 1 StPO seien die nicht geöffneten Sendungen und nach § 101 II S. 2 i. V. m. § 101 II S. 1 StPO die geöffneten Sendungen, deren Zurückbehaltung nicht erforderlich sei, *sofort* den Beteiligten auszuhändigen, also ohne Rücksicht auf eine Gefährdung des Untersuchungszweckes[1356]. Auch die abschriftliche Aushändigung von Briefteilen nach § 101 III StPO könne nicht wegen einer Gefährdung des Untersuchungszweckes hinausgeschoben werden[1357]. Diese Regelung führe dazu, daß die Benachrichtigung mit dem Aushändigungszeitpunkt zu verbinden sei[1358]. Denn die Benachrichtigung gefährde den Untersuchungszweck nur solange, wie noch die Erwartung gerechtfertigt sei, daß die Postbeschlagnahme Beweismittel zutage fördert[1359]. Diese Erwartung entfalle in aller Regel, wenn dem Beteiligten nach § 101 II S. 2 StPO die geöffneten, aber nicht zurückbehaltenen Sendungen auszuhändigen seien oder nach § 101 III StPO Teile eines zurückbehaltenen Briefes dem Empfangsberechtigten schriftlich mitzuteilen seien[1360]. Aus diesem Grunde habe die Benachrichtigung gleichzeitig mit den nach den § 101 II und II StPO vorgeschriebenen Maßnahmen zu erfolgen[1361].
Fraglich ist, welcher Sichtweise hier zu folgen ist. Zunächst einmal fällt auf, daß innerhalb der dargelegten Diskussion nur versucht wird, die Aushändigung der postalen Sendungen oder Teilen von diesen insoweit von den sachlichen Einschränkungskriterien des § 101 I S. 1 StPO abhängig zu machen, als es um die „Gefährdung des Untersuchungszwecks" geht. Es ist aber nicht plausibel, warum die übrigen sachlichen Einschränkungskriterien des § 101 I S. 1 StPO im Rahmen des § 101 II, III StPO nicht gelten sollen, obwohl doch angeblich - nach den beiden zuerst dargelegten Sichtweisen - der Absatz 2 und 3 des § 101 StPO im Zusammenhang mit dem § 101 I S. 1 StPO zu sehen ist. Verständlich ist diese eingeschränkte Sichtweise nur bei den Autoren, die vor der Einführung

---

1354 AK-StPO-Maiwald, § 101 Rdnr. 3; KMR-Müller § 101 Rdnr. 6; Kleinknecht/Meyer-Goßner, § 101 Rdnr. 5 f.; Schulz/Händel, § 101 Rdnr. 6; SK-StPO-Rudolphi, § 101 Rdnr. 5 f.; Welp, Überwachung, S. 114.

1355 AK-StPO-Maiwald, § 101 Rdnr. 3; KMR-Müller § 101 Rdnr. 6; SK-StPO-Rudolphi, § 101 Rdnr. 4; Welp, Überwachung, S. 114.

1356 Kleinknecht/Meyer-Goßner, § 101 Rdnr. 5; SK-StPO-Rudolphi, § 101 Rdnr. 5; Welp, Überwachung, S. 114.

1357 Kleinknecht/Meyer-Goßner, § 101 Rdnr. 6; SK-StPO-Rudolphi, § 101 Rdnr. 6.

1358 AK-StPO-Maiwald, § 101 Rdnr. 3; SK-StPO-Rudolphi, § 101 Rdnr. 4; Welp, Überwachung, S. 114.

1359 SK-StPO-Rudolphi, a. a. O.

1360 SK-StPO-Rudolphi, a. a. O.

1361 SK-StPO-Rudolphi, a. a. O.

der übrigen sachlichen Einschränkungskriterien in § 101 I StPO durch das OrgKG 1992 ihre Auffassung entwickelt und seitdem sich nicht mehr diesbezüglich geäußert haben[1362].
Zur Lösung der dargelegten Problematik sollte man am Gesetzeswortlaut ansetzen. Nach § 101 II StPO sind die ungeöffneten und geöffneten Sendungen, deren Inhalt für die Untersuchung irrelevant ist, *„sofort"* den Beteiligten auszuhändigen. Der Wortlaut ist klar und eindeutig[1363]. Eine Bezugnahme auf § 101 I S. 1 StPO ist gerade nicht ersichtlich. Offenbar will der Gesetzgeber mit dieser Bestimmung das Interesse des Empfängers am Erhalt seiner postalen Sendungen sichern[1364]. Es wird also gerade dem bereits dargelegten Umstand Rechnung getragen, daß eine Postbeschlagnahme die Kommunikation nicht nur überwacht, sondern diese nur durch eine *Unterbrechung* der Kommunikation überwachen kann[1365]. Das Interesse der Beteiligten am Erhalt ihrer Post ist nach der Wertung des Gesetzgebers gegenüber dem Risiko einer vorzeitigen Warnung vorrangig. Wenn aber das Gesetz bei ganzen nicht beschlagnahmefähigen oder nicht mehr zu beschlagnahmenden Sendungen die *sofortige* Weiterleitung verlangt, kann für einen nicht beschlagnahmefähigen oder nicht mehr zu beschlagnahmenden Teil einer Sendung nichts anderes gelten. Demnach können auch bezüglich des Aushändigungszeitpunktes nach § 101 III StPO die sachlichen Einschränkungskriterien des § 101 I S. 1 StPO keine Rolle spielen. Es ist im Ergebnis folglich festzuhalten, daß die Aushändigung von postalen Sendungen oder Teilen von diesen nach § 101 II, III StPO unabhängig von der Frage einer damit verbundenen Gefährdung des Untersuchungszweckes, der öffentlichen Sicherheit, von Leib und Leben einer Person sowie der Möglichkeit der weiteren Verwendung eines eingesetzten nicht offen ermittelnden Beamten zu erfolgen hat. Da eine Verdeckung des Eingriffes durch täuschende Manipulationen an der Sendung ausgeschlossen ist, hat dies praktisch zur Folge, daß die Benachrichtigung mit der Aushändigung zu verbinden ist[1366].

b) Der Zeitpunkt der Benachrichtigung nach § 110 d I StPO

Der Wohnungsinhaber, dessen nicht allgemein zugängliche Wohnung der Verdeckte Ermittler während seines Einsatzes nach §§ 110 a, b II S. 1 Nr. 2 StPO betreten hat, ist nach § 110 d I StPO zu benachrichtigen, sobald dies ohne Gefährdung des Untersuchungszweckes, der öffentlichen Sicherheit, von Leib oder Leben einer Person sowie der Möglichkeit der weiteren Verwendung des Verdeckten Ermittlers geschehen kann. Diese Kriterien stimmen mit denen des § 101 I S. 1, 2. Halbsatz StPO mit Ausnahme des letzteren überein. Im Unter-

---

1362 Vgl. insofern: LR-Schäfer, § 101 Rdnr. 5, 8.
1363 Vgl. dazu: KK-Nack, § 101 Rdnr. 8.
1364 Welp, Überwachung, S. 114.
1365 Vgl. dazu näher unter Teil 2 B. V. 2.) a) bb) (1).
1366 So auch: Welp, Überwachung, S. 114.

schied zu § 101 I S. 1, 2. Halbsatz StPO kann man die Benachrichtigung des Wohnungsinhabers nach § 110 d I StPO nur wegen der Verwendungsgefährdung des Verdeckten Ermittlers und nicht jedes verdeckt ermittelnden Beamten hinauszögern. Wegen der Übereinstimmung der Kriterien können die zu § 101 I S. 1 StPO entwickelten Ergebnisse auf die Frage des Benachrichtigungszeitpunktes nach § 110 d I StPO entsprechend übertragen werden.

c) Der Zeitpunkt der Benachrichtigung nach § 163 d V StPO

Nach § 163 d V StPO sind die Personen, gegen die weitere Ermittlungen geführt worden sind, zu benachrichtigen, es sei denn, daß eine Gefährdung des Untersuchungszweckes oder der öffentlichen Sicherheit dadurch zu besorgen ist. Hinsichtlich der inhaltlichen Ausgestaltung des Begriffes der „Gefährdung des Untersuchungszwecks oder der öffentlichen Sicherheit" kann auf die Ausführungen zum Benachrichtigungszeitpunkt nach § 101 I S. 1 StPO verwiesen werden[1367]. Diese Gefährdungslage führt hier aber nicht nur zu einer zeitlichen Hinauszögerung der Benachrichtigung, sondern zu deren Ausschluß. Der § 163 d V StPO regelt also nicht, ob eine Benachrichtigung nachzuholen ist, sobald die Gefährdung des Untersuchungszweckes oder der öffentlichen Sicherheit nicht mehr besteht. Ein Teil der Literatur geht deshalb davon aus, daß analog § 101 I S. 1 StPO die Benachrichtigung bezüglich der Schleppnetzfahndung nachzuholen sei, sobald der Untersuchungszweck oder die öffentlichen Sicherheit durch die Benachrichtigung nicht mehr gefährdet sei[1368]. Die Analogie wird indes nicht begründet. Andere Autoren diskutieren indessen nicht einmal die analoge Anwendung des § 101 I S. 1 StPO in diesem Zusammenhang[1369]. Auf der Grundlage des Wortlautes des § 163 d V StPO gehen sie von einem endgültigen Ausschluß der Benachrichtigung bei Gefährdung des Untersuchungszweckes oder der öffentlichen Sicherheit durch die Benachrichtigung aus[1370]. Es gilt nun also zu untersuchen, ob die Voraussetzungen einer analogen Heranziehung des § 101 I S. 1 StPO hier gegeben sind.

aa) Das Vorliegen einer Regelungslücke[1371]

§ 163 d V StPO im speziellen und die Strafprozeßordnung im allgemeinen regeln nicht, ob eine Benachrichtigung der nach § 163 d V StPO zu informierenden Personen nachzuholen ist, wenn eine Gefährdung des Untersuchungszwekkes oder der öffentlichen Sicherheit durch die Benachrichtigung nicht mehr be-

---

1367 Vgl. dazu näher unter Teil 2 B. V. 2.) a) aa) (1) und (3).

1368 KK-Schoreit, § 163 d Rdnr. 44; Kleinknecht/Meyer-Goßner, § 163 d Rdnr. 25; KMR-Müller, § 163 d Rdnr. 38; SK-StPO-Rudolphi, § 163 d Rdnr. 89.

1369 LR-Rieß, § 163 d Rdnr. 80; Pfeiffer, § 163 d Rdnr. 7; Schulz/Händel, § 163 d Rdnr. 10.

1370 LR-Rieß, § 163 d Rdnr. 80; Pfeiffer, § 163 d Rdnr. 7; Schulz/Händel, § 163 d Rdnr. 10.

1371 Zum Erfordernis der Regelungslücke bei der Analogie vgl.: Bydlinski, S. 473 f.; Larenz/Canaris, S. 202; Schmalz, Rdnr. 321 f.

steht. Demnach ist die Strafprozeßordnung im vorliegenden Zusammenhang als unvollständig zu bezeichnen. Es liegt folglich eine Regelungslücke vor.

bb) Die Planwidrigkeit der Regelungslücke

Die Regelungslücke in der Strafprozeßordnung muß planwidrig[1372] sein. Wenn sich annehmen läßt, daß dem Gesetzgeber bei Schaffung des Gesetzes dessen Unvollständigkeit in einer Frage nicht bewußt gewesen ist, so spricht dies für die Planwidrigkeit der Lücke[1373]. In den Beratungen zu § 163 d StPO wird § 163 d V StPO als Transparenzvorschrift bezeichnet[1374]. Die Benachrichtigungspflicht bestehe dabei aber nicht, „soweit und solange eine Gefährdung des Untersuchungszwecks oder der öffentlichen Sicherheit zu besorgen sei"[1375]. Daraus ergibt sich, daß nach dem Willen des Gesetzgebers eine Benachrichtigung nur solange nicht erfolgen soll, wie eine Gefährdung des Untersuchungszweckes oder der öffentlichen Sicherheit durch die Benachrichtigung gegeben ist. Einen gänzlichen Ausschluß der Benachrichtigung unter diesen Aspekten hat der Gesetzgeber indessen nicht bezweckt. Offenbar ist sich der Gesetzgeber bei Schaffung des § 163 d V StPO nicht bewußt gewesen, daß er durch die gewählte Formulierung einen gänzlichen Ausschluß der Benachrichtigung im Fall der Gefährdung des Untersuchungszweckes oder der öffentlichen Sicherheit bewirkt und gerade nicht eine Nachholung der Benachrichtigung nach Abklingen der Gefährdungslage ermöglicht hätte. Folglich ist davon auszugehen, daß insoweit eine planwidrige Regelungslücke zu bejahen ist.

cc) Der Zweck des § 101 I S. 1 StPO und die Vergleichbarkeit der Interessenlage[1376]

(1) Der Zweck des § 101 I S. 1 StPO

Wie bereits ausführlich dargelegt, besteht der Schutzzweck des § 101 I S. 1 StPO darin, den Beteiligten, deren vorherige Anhörung den Zweck der Maßnahme in der Regel gefährden, wenn nicht gar vereiteln würde, nachträglich rechtliches Gehör zu verschaffen, um ihnen die Möglichkeit zu eröffnen, sich gegen den Eingriff zur Wehr zu setzen[1377].

[1372] Zur Analogievoraussetzung der Planwidrigkeit der Regelungslücke vgl.: Bydlinski, S. 473 ff.; Hamann, Rdnr. 105; Schmalz, Rdnr. 325.

[1373] Schmalz, Rdnr. 325.

[1374] BT-Drs. 10/5128, S. 8.

[1375] BT-Drs. 10/5128, S. 8.

[1376] Zur Analogievoraussetzung der Normzweckübertragung wegen Vergleichbarkeit der Interessenlage vgl.: Bydlinski, S. 475 f.; Hamann, Rdnr. 105; Larenz/Canaris, S. 22 f.; Sch-Sch-Eser, § 1 Rdnr. 24; Schmalz, Rdnr. 327 f.

[1377] Vgl. dazu näher unter Teil 2 A.

(2) Die Vergleichbarkeit der Interessenlage

Die Interessenlage im Fall des § 101 I S. 1 StPO und des § 163 d V StPO sind insofern vergleichbar, als es sich jeweils um Benachrichtigungsbestimmungen bezüglich heimlicher Zwangsmaßnahmen handelt. § 163 d V StPO soll dabei auch den zu informierenden Personen, deren vorherige Anhörung und Rechtsschutzgewährung wegen des Charakters der Schleppnetzfahndung in der Regel ausgeschlossen ist, die nachträgliche Anhörung und Geltendmachung ihrer Rechte im Rechtsweg ermöglichen. Der Zweck des § 163 d V StPO stimmt also mit dem des § 101 I S. 1 StPO überein. Wegen der engen Wortlautfassung des § 163 d V StPO kann diese Zwecksetzung aber nicht zu einer Nachholung der Benachrichtigung nach einem Abklingen der Gefährdung des Untersuchungszweckes oder der öffentlichen Sicherheit führen. Somit muß die Regelung des § 101 I S. 1 StPO insoweit auf den § 163 d V StPO im Wege der Analogie übertragen werden.

Infolgedessen ist die Benachrichtigung der Personen, gegen die weitere Ermittlungen geführt wurden, analog § 101 I S. 1 StPO nachzuholen, sobald dies ohne Gefährdung des Untersuchungszweckes oder der öffentlichen Sicherheit geschehen kann.

d) Der Zeitpunkt der Benachrichtigung nach § 98 b IV S. 1 i. V. m. § 163 d V StPO

Die Benachrichtigung im Fall der Rasterfahndung richtet sich aufgrund des Verweises in § 98 b IV S. 1 StPO nach § 163 d V StPO. Infolgedessen kann hinsichtlich der Frage des Benachrichtigungszeitpunktes bei der Rasterfahndung auf die Ausführungen zum Benachrichtigungszeitpunkt bei der Schleppnetzfahndung verwiesen werden.

VI. Der Gegenstand und der Umfang der Benachrichtigung

In den bisherigen Erwägungen zur Problematik der Benachrichtigung hinsichtlich heimlicher strafprozessualer Zwangsmaßnahmen nach den gesetzlichen Benachrichtigungsbestimmungen blieb der Inhalt der Benachrichtigung unberücksichtigt. Es gilt nun also zu untersuchen, worauf sich die Benachrichtigungspflicht bezieht - Gegenstand der Benachrichtigung - und wie sie insofern ausgestaltet sein muß - Umfang der Benachrichtigung.

Der Gegenstand und der Umfang der Benachrichtigung sind gesetzlich nicht geregelt. Die Staatsanwaltschaft als zuständiges Benachrichtigungsorgan kann darüber nun aber nicht völlig frei entscheiden. Die Bestimmung des Benachrichtigungsgegenstandes und -umfanges muß in Abhängigkeit zu verschiedenen hier zu beachtenden Gesichtspunkten vorgenommen werden. Zunächst einmal gilt es zu bedenken, daß sich der Gegenstand und der Umfang der Benachrichtigung aus dem Zweck der gesetzlichen Benachrichtigungsbestimmungen ergeben muß[1378]. Es ist also bei der Ermittlung des Gegenstandes und des Umfanges der Benachrichtigung zu berücksichtigen, daß die Benachrichtigung den Beteiligten, deren vorherige Anhörung den Zweck der Maßnahme in aller Regel gefährden, wenn nicht gar vereiteln würde, nachträglich rechtliches Gehör verschaffen soll, um ihnen die Möglichkeit zu eröffnen, sich gegen den Eingriff zur Wehr zu setzen[1379]. Andererseits darf aber auch nicht vergessen werden, daß die Benachrichtigung für den Beschuldigten auch einen unangenehmen Nebeneffekt haben kann. Diese führt nämlich dazu, daß - gerade bei den heimlichen Zwangsmaßnahmen mit großer Streubreite wie z. B. der Raster- oder Schleppnetzfahndung - eine Vielzahl von Personen von dem gegen den Beschuldigten laufenden Verfahren erfährt[1380]. Besonders unbehaglich erscheint diese Wirkung, wenn sich der Verdacht als unbegründet herausstellt[1381]. Dieser Gesichtspunkt muß auch im Fall des unverdächtigen Dritten bedacht werden, gegen den eine heimliche Zwangsmaßnahme wegen angeblicher Verbindung zum Beschuldigten erlassen wird. Dies muß dazu führen, daß jede der Benachrichtigungspflicht unterfallende Person nur soweit zu informieren ist, wie es in Anbetracht ihrer Rechtsschutz- und Anhörungsinteressen nötig erscheint, also nur soweit, als die Maßnahme diese Person betrifft[1382]. Der Umfang der Benachrichtigung bezüglich einer heimlichen strafprozessualen Zwangsmaßnahme kann folglich personell sehr wohl unterschiedlich sein. In Anbetracht dieser unterschiedlichen Interessen muß nun also versucht werden den Gegenstand und den Umfang der Benachrichtigung zu ermitteln.

1.) Der Gegenstand der Benachrichtigung

Im Hinblick auf die strafprozessualen Zwangsmaßnahmen läßt sich unterscheiden zwischen der Anordnung und der Durchführung der Zwangsmaßnahmen. Fraglich ist, ob die Benachrichtigung hinsichtlich heimlicher strafprozessualer Zwangsmaßnahmen sowohl die Anordnung als auch die Vollziehungsmaßnahmen umfaßt.

Vereinzelt findet sich in der älteren Literatur der Ansatz, daß die Benachrichtigung sich nicht auf die Anordnung der heimlichen Maßnahme beziehe, sondern der Betroffene lediglich über die Vollziehungsmaßnahmen zu benachrichtigen sei[1383]. Eine Begründung hierfür wird nicht angeführt.

1378 Vgl. dazu: KK-Nack, § 110 d Rdnr. 4; Siebrecht, CR 1996, S. 545, 554. Welp, Peters-FS, S. 309, 310, führt bzgl. des Umfanges des Akteneinsichtsrechtes ebenfalls aus, daß sich dieser aus der Funktion dieses Rechtes ergeben müsse.

1379 Binder, S. 101 f.; KK-Nack, § 101 Rdnr. 1; Pfeiffer, § 101 Rdnr. 1; Siebrecht, S. 106; BGHSt 36, S. 305, 311. Vgl. auch: BT-Drs. V/1880, S. 13.

1380 Schumacher, S. 344. Vgl. dazu auch: Schwob, SJZ 1987, S. 166, 167. Insgesamt zu dieser Problematik vgl. näher unter Teil 2 B. IV.

1381 Schumacher, S. 342.

1382 KK-Nack, § 101 Rdnr. 4; Schumacher, S. 342; BT-Drs. 12/989, S. 41; BRat-Drs. 74/90, S. 101.Vgl. näher dazu unter Teil 2 B. IV. 1.) a) aa) (2).

1383 Schmidt, NB II, § 101 Rdnr. 2.

Nach heute allgemein vertretenen Meinung sind die nach den gesetzlichen Benachrichtigungsbestimmungen zu informierenden Personen sowohl über die Anordnung als auch über die Durchführung dieser Anordnung, also die Vollziehungsmaßnahmen, zu informieren[1384]. Dieses Ergebnis wird als so selbstverständlich angesehen, daß es ebenfalls nicht begründet wird.
Gegen die Einbeziehung der Anordnung der Zwangsmaßnahme in die Benachrichtigungspflicht ließe sich im Fall der Postbeschlagnahme und der Schleppnetzfahndung anführen, daß die Benachrichtigungsbestimmungen nach § 101 I StPO und § 163 d V StPO bei der Regelung der Benachrichtigung nicht auf die Anordnungsbestimmungen nach §§ 100; 163 d II, III StPO verweisen, obgleich sich z. B. in § 101 I StPO ein Verweis auf die Anordnungsregelungen hinsichtlich der übrigen, von dieser Bestimmung umfaßten heimlichen Zwangsmaßnahmen, vgl. §§ 100 b; 100 d StPO, findet. Während der § 101 I StPO vor der Erweiterung des § 101 I StPO durch das OrgKG 1992 auch auf den § 100 StPO verwiesen hat[1385], hat § 163 d II, III StPO[1386] von vornherein keinen Eingang in die Benachrichtigungsbestimmungen gefunden. Eine Überbewertung der dargelegten Umstände erscheint aber nicht angebracht. Die Zwangsmaßnahmen setzen sich nämlich aus der Anordnung und der Durchführung der Maßnahme zusammen. Wenn § 101 I S. 1 StPO also auf die Maßnahmen nach § 99 StPO bzw. § 163 d V StPO auf die Maßnahmen nach § 163 d I StPO verweist, so umfaßt dies beide Elemente dieser Zwangsmittel. Dann kann es für den Gegenstand der Benachrichtigung aber keine Rolle spielen, ob die Benachrichtigungsregelungen auch die Anordnungsregelungen anführen, zumal diese im wesentlichen auch nur die Anordnungskompetenz regeln. Entscheidend für eine Benachrichtigung sowohl hinsichtlich der Anordnung als auch der Durchführungsmaßnahmen speziell im Fall der Postbeschlagnahme und der Schleppnetzfahndung und allgemein in allen anderen Fällen heimlicher Zwangsmaßnahmen sprechen aber die zu beachtenden verfassungsrechtlichen Vorgaben. Die Anordnung und die Durchführung der heimlichen strafprozessualen Zwangsmaßnahmen greifen jeweils unterschiedlich in die grundrechtlich geschützte Sphäre des Einzelnen ein. Dies macht unter anderem die vorzunehmende Unterscheidung zwischen dem Rechtsschutz gegen die Anordnung der heimlichen

---

[1384] Kleinknecht/Meyer-Goßner, § 101 Rdnr. 3; LR-Schäfer, § 101 Rdnr. 1; Schumacher, S. 344.

[1385] Der § 100 StPO ist im Zuge der Erweiterung des § 101 I StPO um die §§ 100 c I Nr. 1 b, 2, 100 d StPO durch das OrgKG von 1992 aus dem § 101 I StPO gestrichen worden. Eine Begründung dafür wurde nicht angeführt. Unter Umständen handelt es sich hier nur um ein Redaktionsversehen. Zum Teil ist diese Änderung in der Literatur auch erst spät wahrgenommen worden. So wurde sie in dem Kommentar zur Strafprozeßordnung von Kleinknecht/Meyer-Goßner bis zur 43. Auflage (1997) gar nicht berücksichtigt. Erst in der 44. Auflage des Kommentares im Jahre 1999 ist die Streichung des § 100 StPO im § 101 I StPO aufgenommen worden.

[1386] In den Gesetzesmaterialien zum § 163 d StPO finden sich keine Angaben darüber, warum § 163 d V StPO nicht auch auf die Absätze 2 und 3 des § 163 d StPO verweist.

Zwangsmaßnahme einerseits und die Art und Weise der Vollziehung der heimlichen Zwangsmaßnahme andererseits deutlich[1387]. Um sich gegen diese Eingriffe zur Wehr setzen zu können, muß der Betroffenen Kenntnis von der Maßnahme erlangen. Somit erfordert die Rechtsschutzgarantie die Benachrichtigung der von den jeweiligen Benachrichtigungsregelungen erfaßten Personen sowohl über die Anordnung der heimlichen strafprozessualen Zwangsmaßnahmen als auch über deren Durchführung.

2.) Der Umfang der Benachrichtigung

Die Benachrichtigung hat angesichts der verfassungsrechtlichen Erfordernisse aus Art. 19 IV S. 1 GG und Art. 103 I GG umfassend zu erfolgen[1388]. Das bedeutet z. B., daß bei einer Telefonüberwachung der jeweilige Betroffene über jedes überwachte Gespräch, an dem er beteiligt ist, zu informieren ist[1389]. Denn jede Einzelmaßnahme bedeutet einen Eingriff in Art. 10 GG, gegen den der Betroffene der Rechtsweg und das Anhörungsverfahren eröffnet sein muß. Darüber hinaus muß die Benachrichtigung möglichst konkret gefaßt sein[1390]. Je konkreter die Benachrichtigung nämlich ausgestaltet ist, desto effektiver kann sich der Betroffene dagegen zur Wehr setzen. Bei der Ausgestaltung des Umfanges der Benachrichtigung muß neben den verfassungsrechtlichen Gesichtspunkten aber auch bedacht werden, daß eine Benachrichtigung nur darauf gerichtet sein kann, die Transparenz herzustellen, die hinsichtlich offen durchgeführter Ermittlungsmaßnahmen, wie z. B. der Durchsuchung, stets gegeben ist[1391]. Dies schließt aber nicht aus, daß die Benachrichtigung auch die wesentlichen Gründe, die zur Anordnung der heimlichen Zwangsmaßnahme geführt haben, umfassen muß. Denn z. B. auch im Fall der Durchsuchung soll gemäß § 107 S. 1 StPO dem Betroffenen nach der Beendigung der Maßnahme auf sein Verlangen der Grund der Durchsuchung - zumindest abstrakt - mitgeteilt werden[1392]. Im übrigen kann der Betroffene ohne die Kenntnis der wesentlichen Begründungsansätze hinsichtlich der Anordnung der heimlichen Zwangsmaßnahme nur schwerlich Aspekte anführen, die die Anordnung als rechtwidrig erscheinen lassen. Die Geltendmachung eines berechtigten Feststellungsinteresses im Rahmen eines Antrages auf Feststellung der Rechtswidrigkeit der erledigten heimlichen strafprozessualen Zwangsmaßnahmenanordnung setzt aber gerade die Darlegung konkreter Tatsachen voraus, die ein solch besonderes Interesse begründen können[1393]. Auch sollte die Benachrichtigung Einzelfragen der Durchführung, wie den Zeitpunkt, die Dauer, also die den Eingriff in die

[1387] Vgl. dazu näher unter Teil 1.
[1388] So im Ergebnis auch: Schumacher, S. 344.
[1389] Vgl. dazu: Welp, Überwachung, S. 114.
[1390] So auch: Schumacher, S. 344 f. Vgl. auch: Schmid, SJZ 1986, S. 37, 40.
[1391] Vgl. dazu näher unter Teil 2 B.
[1392] Vgl. dazu: Kleinknecht/Meyer-Goßner, § 107 Rdnr. 2.
[1393] Vgl. dazu näher unter Teil 1 C. IV.

Rechtssphäre kennzeichnende Momente, beinhalten[1394]. Die Staatsanwaltschaft hat die Betroffenen ebenfalls über die Erstellung von Unterlagen über die heimlichen strafprozessualen Zwangsmaßnahme zu informieren[1395].
Die Benachrichtigung umfaßt dabei auch Eingriffe in die Rechtssphäre des Bürgers, die im weiteren Verfahren nicht verwertet worden sind[1396]. In die Rechtssphäre der Betroffenen heimlicher Zwangsmaßnahmen wird nämlich bereits mit der Anordnung eingegriffen, und nicht erst dann, wenn die aus ihrer Durchführung erlangten Erkenntnisse prozessual verwertet werden[1397]. Der Erfolg der Eingriffe in die Rechtssphäre des Bürgers durch die heimlichen Zwangsmaßnahmen hat ebenfalls keine Auswirkungen auf den Umfang der Benachrichtigung[1398]. Auch wenn z. B. die Telefonüberwachung erfolglos geblieben ist, weil keine Gespräche über den überwachten Anschluß geführt wurden, muß z. B. der Anschlußinhaber hierüber trotzdem informiert werden. Denn auch die Negativtestate sind Auskünfte über den geschützten Bereich und unterliegen damit dem Geheimnisschutz[1399]. Die Rechtsschutz- und Anhörungsrechte der Betroffenen müssen demnach auch hier gewahrt werden. Etwas anderes gilt aber bei der Rasterfahndung und der Schleppnetzfahndung. Eine Benachrichtigung besteht hier nämlich nach § 163 d V StPO nur, soweit weitere Ermittlungen gegen die Betroffenen geführt wurden[1400]. Ist die Raster- oder Schleppnetzfahndung aber erfolglos geblieben, so werden auch keine weiteren Ermittlungen gegen diese Personen geführt. Hier wird aber nicht der Umfang der Benachrichtigung wegen der Erfolglosigkeit der Zwangsmaßnahme eingeschränkt, vielmehr scheidet eine Benachrichtigung nach der gesetzlichen Regelung bereits von vornherein aus.

VII. Die Kontrolle der Einhaltung der strafprozessualen Benachrichtigungsbestimmungen

Im Hinblick auf die Bedeutung der Benachrichtigung für die Gewährleistung der Rechte aus Art. 19 IV S. 1 GG und Art. 103 I GG gegenüber den von den heimlichen strafprozessualen Zwangsmaßnahmen betroffenen Bürgern[1401] stellt sich die Frage, inwieweit der Gesetzgeber Verfahren zur Überprüfung der Einhaltung der strafprozessualen Benachrichtigungspflichten vorgesehen hat. In

---

1394 KK-Nack, § 110 d Rdnr. 4; Schmid, SJZ 1986, S. 37, 41; Schumacher, S. 344; SK-StPO-Rudolphi, § 101 Rdnr. 1; § 110 d Rdnr. 2.

1395 Kleinknecht/Meyer-Goßner, § 101 Rdnr. 3; LR-Schäfer, § 101 Rdnr. 3.
Der Verdeckte Ermittler muß daher über das Betreten fremder Wohnungen unter seiner Legende genaue Aufzeichnungen machen, damit die Staatsanwaltschaft ihrer Benachrichtigungspflicht in ausreichendem Maße genügen kann

1396 Lehmann, ArchPF 1979, S. 1, 23; KK-Nack, § 101 Rdnr. 3; Schmid, SJZ 1986, S. 37, 40; Schumacher, S. 338.

1397 Vgl. dazu: Lehmann, S. 196; Schumacher, S. 338.

1398 Schmid, SJZ 1986, S. 37, 40; Lehmann, ArchPF 1979, S. 1, 23; Welp, Überwachung, S. 114. Vgl. dazu auch: Hauser, S. 207 f.

1399 Lehmann, S. 194; Welp, Überwachung, S. 114.

1400 Vgl. dazu näher unter Teil 2 B. IV. 3. bzw. 4.).

1401 Vgl. dazu näher unter Teil 2 A.

der Strafprozeßordnung sind nur im Fall der akustischen Wohnraumüberwachung Regelungen vorgesehen, welche die Überprüfung der Benachrichtigungspraxis gewährleisten sollen.

1.) Das sich aus dem Zusammenspiel der §§ 100 e I, 101 I S. 2, 3 StPO ergebende Verfahren

Die Berichtspflicht nach § 100 e II StPO sollte ursprünglich nur den Anlaß, den Umfang, das Ergebnis und die Kosten der akustischen Wohnraumüberwachung umfassen[1402]. Auf Initiative des Rechtsausschusses im Zuge der Beratungen zur Einführung des sog. „Großen Lauschangriffes" wurde aber auch die Benachrichtigungspflicht in die Berichtspflicht einbezogen und darüber hinaus wurde in die Bestimmung des § 101 I StPO eine weitere Verfahrensvoraussetzung für die Benachrichtigung bezüglich der akustischen Wohnraumüberwachung eingefügt[1403]. Nach dem Willen des Gesetzgebers sollen diese Ergänzungen im Hinblick auf die Eingriffstiefe der akustischen Wohnraumüberwachung eine Möglichkeit zur Überprüfung der Benachrichtigungspraxis gewährleisten[1404].
Nach § 100 e I S. 1 StPO hat nun also die Staatsanwaltschaft als zur Benachrichtigung befugtes Organ der jeweils zuständigen obersten Justizbehörde spätestens drei Monate nach der Beendigung der Maßnahme nicht nur über den Anlaß, den Umfang, die Dauer, die Ergebnisse und die Kosten der Maßnahmen nach § 100 c I Nr. 3 StPO, sondern auch über eine bereits erfolgte Benachrichtigung der Beteiligten zu berichten. Die oberste Justizbehörde ist der Justizminister des Bundeslandes, in der die anordnende Staatsanwaltschaft ihren Sitz hat[1405]. Führt der Generalbundesanwalt die Ermittlungen, so ist der Bundesminister der Justiz die zuständige oberste Justizbehörde[1406]. Ist eine Benachrichtigung bislang ausgeblieben, hat die Staatsanwaltschaft nach § 100 e I S. 1 a. E. StPO die Gründe hierfür und den Zeitpunkt, in dem die Benachrichtigung voraussichtlich erfolgen soll, anzugeben. Die Berichtspflicht spätestens drei Monate nach Abschluß der Maßnahme schließt dabei die Erstellung von Zwischenberichten während der Durchführung der Maßnahme nicht aus[1407]. Auch ist eine ergänzende Berichterstattung erforderlich, wenn sich nach der Berichterstattung ergibt, daß wesentliche Inhalte unrichtig oder unvollständig sind[1408]. Nur so kann nämlich die Richtigkeit und Vollständigkeit der auf der Grundlage der Be-

---

[1402] Vgl. dazu: BT-Drs. 13/9661, S. 7 f.
[1403] BT-Drs. 13/9661, S. 7 f.
[1404] BT-Drs. 13/9661, S. 7.
[1405] Vgl. dazu: Gesetzesentwurf der Fraktion der SPD, „Entwurf eines Zweiten Gesetzes zur Bekämpfung des illegalen Rauschgifthandels und anderer Erscheinungsformen der Organisierten Kriminalität (2. OrgKG), S. 39.
[1406] Vgl. dazu: Gesetzesentwurf der Fraktion der SPD, „Entwurf eines Zweiten Gesetzes zur Bekämpfung des illegalen Rauschgifthandels und anderer Erscheinungsformen der Organisierten Kriminalität (2. OrgKG), S. 39.
[1407] BT-Drs. 13/8651, S. 15.
[1408] BT-Drs. 13/8651, S. 15.

richterstattung zu erzielenden Erkenntnisse gewährleistet werden[1409]. Nach Abschluß des Verfahrens ist die Staatsanwaltschaft darüber hinaus gemäß § 100 e I S. 2 StPO aufgefordert, den Bericht entsprechend zu ergänzen. Erfolgt die Benachrichtigung nicht binnen sechs Monaten nach der Beendigung der akustischen Wohnraumüberwachung, so bedarf nach § 101 I S. 2 StPO die weitere Zurückstellung der Benachrichtigung der richterlichen Zustimmung. Wenn die Benachrichtigung nicht innerhalb von vier Jahren nach der Beendigung der Maßnahme erfolgt, so ist die Staatsanwaltschaft gemäß § 100 e I S. 3 StPO jährlich zur erneuten Vorlage eines Berichtes nach § 100 e I S. 1 StPO verpflichtet.

Es erscheint zweifelhaft, ob dieses sich aus dem Zusammenspiel von § 100 e I StPO und § 101 I S. 2 StPO ergebende Verfahren in ausreichendem Maße die Erfüllung der Benachrichtigungspflicht nach § 101 I S. 1 StPO im Fall der akustischen Wohnraumüberwachung zu sichern vermag. Dies ist schon allein deshalb fragwürdig, weil eine konkrete Ausgestaltung der Kontrolle und der jeweiligen Kontrollbefugnisse nicht gesetzlich vorgesehen wurde. So ist z. B. nicht bestimmt, was infolge der Berichte der Staatsanwaltschaften gegenüber den obersten Justizbehörden weiter geschieht, ob und wenn ja, welche Kontrollmechanismen in Gang gesetzt werden. Auch wäre die Überprüfung der Beachtung dieser Pflicht durch eine unabhängige Stelle nötig, um eine Mißachtung der Benachrichtigungspflicht zu verhindern[1410]. Die in das Verfahren eingeschaltete Staatsanwaltschaft und die Justizbehörden sind am Erfolg der Ermittlungen interessiert und schon deshalb insoweit nicht als unabhängige Stelle zu bezeichnen[1411].

Es könnte aber insofern die Beteiligung eines unabhängigen Organes in dieses Überprüfungsverfahren angenommen werden, als nach § 101 I S. 2 StPO im Fall der Nichtbenachrichtigung innerhalb von sechs Monaten nach Beendigung der Maßnahme ein Gericht über die weitere Zurückstellung der Benachrichtigung entscheidet. Zuständig ist dabei vor Erhebung der öffentlichen Klage das nach § 100 d II S. 1 StPO zur Anordnung der Maßnahme nach § 100 c I Nr. 3 StPO befugte Gericht, also die durch § 74 a GVG bestimmte Strafkammer des Landgerichtes, danach das mit der Sache befaßte Gericht, vgl. § 101 I S. 3 StPO[1412]. Zumindest soweit vor Erhebung der Klage die Staatsschutzkammer

[1409] BT-Drs. 13/8651, S. 15.

[1410] Weßlau, S. 206. Vgl. auch: Velten, S. 91 f., 108.

[1411] Vgl. dazu: Grünwald, Vorgänge 1975, S. 36, 37.

[1412] Hingewiesen sei in diesem Zusammenhang noch auf ein ganz anderes Problem. Infolge der Entscheidungszuständigkeit des Prozeßgerichtes über die weitere Zurückstellung der Benachrichtigung kann nämlich ein Wissensvorsprung der Staatsanwaltschaft und des Prozeßgerichtes gegenüber dem Beschuldigten und dem Verteidiger entstehen. Dieser Fall tritt ein, wenn das Prozeßgericht nach § 101 I S. 2, 3 StPO zur Entscheidung über die weitere Zurückstellung der Benachrichtigung berufen ist, somit also die Umstände der Maßnahme nach §§ 100 c I Nr. 3, 100 d II StPO und das Lauschprotokoll kennt, und we-

des Landgerichtes entscheidet, muß an einer in sachlicher Unabhängigkeit getroffenen Entscheidung der Richter gezweifelt werden. Bei der Entscheidung über die weitere Zurückstellung der Benachrichtigung ist dieses Gericht nämlich ebenso wie bei der Anordnung der Maßnahme faktisch ausschließlich auf die Sachverhaltsdarstellung der Staatsanwaltschaft angewiesen, weil die Kammer, die in der Stellung eines Ermittlungsrichter tätig wird, zumindest rein tatsächlich an einer eigenen Sachverhaltsermittlung gehindert ist und eine Anhörung der Betroffenen im Hinblick auf § 33 IV StPO noch nicht erfolgt sein dürfte[1413]. Somit ist eine unabhängige Entscheidung auch hier nicht gegeben.
Im übrigen sollte ein Verfahren, welches der Überprüfung der Benachrichtigungspraxis dienen soll[1414], auch möglichst frühzeitig eine kontinuierliche Kontrolle sicherstellen. Denn die Benachrichtigung erlangt ihre besondere Bedeutung gerade auch im Hinblick auf die Rechtsschutzgarantie[1415]. Art. 19 IV S. 1 GG verlangt die Gewährleistung eines effektiven Rechtsschutzes[1416]. Die Effektivität des Rechtsschutzes hängt indessen auch davon ab, wann die Durchführung eines Rechtsschutzverfahrens gegen ein Handeln eines Hoheitsträgers möglich ist[1417]. Wird hingegen erst vier Jahre nach Beendigung der akustischen Wohnraumüberwachung eine regelmäßige Berichtspflicht nach § 100 e StPO verlangt, und diese auch nur jährlich, so ergeben sich erhebliche Zweifel, ob diese Überprüfung der Benachrichtigungspraxis durch § 100 e I StPO zur Effektivität des Rechtsschutzes gegen die Maßnahmen nach § 100 c I Nr. 3 StPO beitragen kann.

2.) Das sich aus § 100 e II StPO ergebende Verfahren

Nach § 100 e II StPO hat die Bundesregierung den Bundestag jährlich über die durchgeführten Maßnahmen nach § 100 c I Nr. 3 StPO zu unterrichten. Gegenstand der Unterrichtung des Bundestages sind gemäß § 100 e II StPO die Angaben über die durchgeführten Maßnahmen aus den Mitteilungen des Generalbundesanwaltes und der Landesjustizverwaltungen, die der Bundesregierung die

gen einer Gefährdungslage nach § 101 I S. 1 StPO die Benachrichtigung des Beschuldigten nicht veranlaßt. Solange aber eine entsprechende Gefährdungslage nach § 101 I S. 1 StPO angenommen wird, werden die Entscheidungen und Unterlagen zu den Maßnahmen nach §§ 100 c I Nr. 3, 100 d II StPO nicht zu den Akten genommen, so daß der Verteidiger auch nicht über das Akteneinsichtsrecht Kenntnis von den Maßnahmen erlangen kann. Das Prozeßgericht kennt dann - ebenso wie die Staatsanwaltschaft, aber anders als der Angeklagte und sein Strafverteidiger - potentiell bedeutsames Beweismaterial. Vgl. zu dieser Problematik: KK-Nack, § 101 Rdnr. 7; Protokoll der Bundestagssitzung vom 16.01.1998, Prot. 13/214, S. 19522, 19538.

1413 Vgl. dazu näher unter Teil 1 C. III. 1.) a) cc) (1) (e) (bb) (bbb).

1414 BT-Drs. 13/9661, S. 7.

1415 Vgl. näher unter Teil 2 A. II.

1416 Vgl. zur Gewährleistung eines effektiven Rechtsschutzes durch Art. 19 IV S. 1 GG: Dreier-Schulze-Fielitz, Art. 19 IV Rdnr. 61; Hill, in: HdSta, Band VI, § 156 Rdnr. 29; Leibholz/Rinck/Hesselberger, Art. 19 Rdnr. 446 ff; BK-Schenke, Art. 19 Abs. 4 Rdnr. 383.

1417 Vgl. dazu: Hill, in: HdSta, Band VI, § 156 Rdnr. 30.

zur Erfüllung ihrer Unterrichtungspflicht benötigten Informationen zur Verfügung stellen sollen[1418]. Die Grundlage dieser Mitteilungen bilden wiederum die nach § 100 e I StPO zu erstellenden Berichte der Staatsanwaltschaften[1419]. Da die Berichtspflicht nach § 100 e I StPO auch die Einhaltung der Benachrichtigungspflicht umfaßt, bezieht sich die Unterrichtungspflicht der Bundesregierung gegenüber dem Bundestag nach § 100 e II StPO auch auf die Einhaltung des Benachrichtigungserfordernisses.
Mit der Unterrichtungsregelung nach § 100 e II StPO hat der Gesetzgeber ein grundgesetzliches Erfordernis direkt in das einfache Gesetz übernommen. Art. 13 VI S. 1 GG bestimmt nämlich, daß die Bundesregierung den Bundestag jährlich über den zu Strafverfolgungszwecken erfolgten Einsatz technischer Mittel zur akustischen Wohnraumüberwachung zu unterrichten hat. Demnach ist § 100 e II StPO in unmittelbarem Zusammenhang mit der Regelung des Art. 13 VI GG zu sehen und diese Regelung auch in die Ermittlung des nach § 100 e II StPO einzuhaltenden Verfahrens einzubeziehen. Aus Art. 13 VI S. 2 GG ergibt sich, daß ein vom Bundestag gewähltes Gremium auf der Grundlage der Unterrichtung durch die Bundesregierung die parlamentarische Kontrolle hinsichtlich der Durchführung der akustischen Wohnraumüberwachung und damit auch hinsichtlich der Einhaltung der Benachrichtigungspflicht nach § 101 I S. 1 StPO ausübt. Die Bildung dieses parlamentarischen Gremiums, dessen Zusammensetzung und Verfahren der Regelung durch die Geschäftsordnung überlassen bleibt, läßt die Befugnis des Bundestagsplenums aber unberührt[1420]. Die parlamentarische Kontrolle soll nach den Vorstellungen des Gesetzgebers dabei einerseits der gesetzgeberischen Beobachtung der Normeffizienz dienen und ist nach dessen Auffassung andererseits Ausdruck der allgemeinen politischen Kontrollfunktion des Parlamentes[1421]. Diese Überprüfung soll nach der gesetzgeberischen Intention aber nicht die Aufgabe einer nachgehenden parlamentarischen Rechtmäßigkeitskontrolle übernehmen[1422]. Denn dies wäre angesichts des Gewaltenteilungsgrundsatzes nur dort möglich, wo der Rechtsschutz durch die Gerichte von Verfassungs wegen ausgeschlossen ist[1423]. Dies trifft aber nur im Sonderfall des Art. 10 II GG zu. Wie das Verfahren zur parlamentischen Kontrolle der Maßnahmen zur akustischen Wohnraumüberwachung aber konkret gestaltet werden soll, läßt der Gesetzgeber offen. So ist z. B. nicht geregelt, welche Rechte, wie z. B. Informationszugangsrechte, Anhörungs- und Vernehmungsrechte, dem dargelegten parlamentarischen Gremium zur Erfüllung seiner

[1418] Heidelberger Kommentar-Lemke, § 100 e Rdnr. 5; BT-DRs. 13/8651, S. 15.
[1419] Vgl. dazu: BT-Drs. 13/9661, S. 7.
[1420] BT-Drs. 13/ 8650, S. 5.
[1421] BT-Drs. 13/ 8650, S. 5 f.
[1422] BT-Drs. 13/ 8650, S. 5 f.
[1423] BT-Drs. 13/ 8650, S. 5.

Aufgabe zustehen sollen[1424]. Der Gesetzgeber sollte diese Unzulänglichkeiten baldmöglichst beheben, um so eine effektive parlamentarische Kontrolle sicherzustellen.
Durch die Unterrichtung des Bundestages wird mittelbar, z. B. über die Veröffentlichung der Bundestagsdrucksachen und über Presseberichte über die entsprechenden Bundestagssitzungen, eine Informierung der Öffentlichkeit erreicht[1425]. Die durch § 100 e II StPO bewirkte Herstellung parlamentarischer und öffentlicher Transparenz hinsichtlich der Einhaltung der Benachrichtigungspflicht im Fall der akustischen Wohnraumüberwachung kann auch einen Druck gegenüber den zur Entscheidung über die Benachrichtigung berufenen Organen hervorrufen, der einen sorgsamen Umgang mit der Benachrichtigungsbestimmung, insbesondere mit den sachlichen Einschränkungskriterien des § 101 I S. 1 StPO, bewirken könnte. Denn durch die dargelegte Transparenz könnte ein stärkerer Rechtfertigungszwang bei der Hinauszögerung der Benachrichtigung entstehen.

VIII. Resümee

Bei einer abschließenden Betrachtung der gesetzlichen Ausgestaltung der Benachrichtigungspflicht bezüglich heimlicher strafprozessualer Zwangsmaßnahmen erweist sich diese im Ergebnis als verfassungsrechtlich unzulänglich. So ist z. B. nicht in jedem Fall die Benachrichtigung aller von der heimlichen Zwangsmaßnahme betroffenen und benachrichtigungsbedürftigen Personen sichergestellt. Dies ergibt sich z. B. aus den Ausführungen zum benachrichtigenden Personenkreis nach § 163 d V StPO[1426]. Auch kann der Zeitpunkt der Benachrichtigung vor allem infolge der durch das OrgKG 1992 eingeführten sachlichen Einschränkungskriterien der jeweiligen Benachrichtigungspflichten sehr weit hinausgezögert werden[1427]. Gerade der letztere Gesichtspunkt kann in der Praxis dazu führen, daß die Benachrichtigung der nach den gesetzlichen Benachrichtigungsbestimmungen zu informierenden Personen gänzlich ausfällt. Damit laufen die Rechtsschutzgarantie und die Anhörungsrechte der Betroffenen faktisch leer. So ist z. B. auch bei Kontrollen einzelner Telefonüberwachungen mehrfach festgestellt worden, daß selbst bei der Einstellung des Verfahrens nach § 170 II StPO oft noch nicht einmal der Beschuldigte nachträglich von der Anordnung und Durchführung der Telefonüberwachung unterrichtet worden ist[1428]. Dieser gesetzes- und verfassungswidrigen Praxis müßte durch

---

[1424] Vgl. dazu: Gössner, schriftliche Stellungnahme zur öffentlichen Anhörung im Rechtsausschuß zum „Großen Lauschangriff", Protokoll Nr. 101 des Rechtsausschusses der 13. Wahlperiode, S. 146.

[1425] Vgl. dazu: KK-Nack, § 100 e Rdnr. 2.

[1426] Vgl. dazu näher unter Teil 2 B. IV. 3.) b).

[1427] Vgl. dazu näher unter Teil 2 B. V.

[1428] Thommes, in: Schriftenreihe der Strafverteidigervereinigungen, 21. Strafverteidigertag 1997, S. 85, 93; Thommes, StV 1997, S. 657, 660.

eine Kontrolle der Erfüllung der Benachrichtigungspflicht[1429] und eine gewisse „Sanktionierung" ihrer Nichterfüllung effektiv begegnet werden. In der Strafprozeßordnung sind aber nur hinsichtlich der akustischen Wohnraumüberwachung - zumindest im Ansatz - entsprechende Kontrollmechanismen vorgesehen. Der Gesetzgeber muß demnach alsbald tätig werden und dafür Sorge tragen, daß die Einhaltung der gesetzlichen Benachrichtigungsbestimmungen mit Hilfe entsprechender Verfahren sichergestellt wird und daß das bereits für den Fall der akustischen Wohnraumüberwachung bestehende Kontrollverfahren in Anbetracht der dargelegten Kritikpunkte optimiert wird. Dadurch könnte eine bessere Durchsetzung der Benachrichtigungsbestimmungen in der Praxis erreicht und damit ein Leerlaufen der Rechte aus Art. 19 IV S. 1 GG und Art. 103 I GG verhindert werden.

[1429] Weßlau, S. 206. Vgl. dazu auch: Velten, S. 89 ff., 108.

C. Das Fehlen gesetzlich geregelter Benachrichtigungspflichten in bezug auf heimliche strafprozessuale Zwangsmaßnahmen

In der Strafprozeßordnung ist nicht für alle gesetzlich vorgesehenen heimlichen Zwangsmaßnahmen eine Benachrichtigungspflicht statuiert. Eine Benachrichtigungsregelung fehlt so im Fall der Herstellung von Lichtbildern und Bildaufzeichnungen nach § 100 c I Nr. 1 a StPO, des Einsatzes eines Verdeckten Ermittlers außerhalb von Wohnungen nach §§ 110 a, b StPO, des Datenabgleiches nach § 98 c StPO und der Ausschreibung zur polizeilichen Beobachtung nach § 163 e StPO. Die Herstellung von Lichtbildern und Bildaufzeichnungen nach § 100 c I Nr. 1 a StPO und der Einsatz eines Verdeckten Ermittlers außerhalb von Wohnungen nach §§ 110 a, b StPO stellen dabei notwendig heimliche Zwangsmaßnahmen dar, während es sich bei dem Datenabgleich nach § 98 c StPO sowie der Ausschreibung zur polizeilichen Beobachtung nach § 163 e StPO um nicht notwendig heimliche Zwangsmaßnahmen handelt[1430]. Die fraglichen strafprozessualen Zwangsmaßnahmen sind durch das OrgKG von 1992 in die Strafprozeßordnung eingeführt worden. Der Gesetzgeber hat damit erstmals heimliche Zwangsmaßnahmen in die Strafprozeßordnung aufgenommen, ohne wie bisher eine Benachrichtigung vorzusehen.

I. Die Herstellung von Lichtbildern und Bildaufzeichnungen nach § 100 c I Nr. 1 a StPO

1.) Die verfassungsrechtliche Erforderlichkeit einer Benachrichtigungsregelung

In Anbetracht der bisherigen Untersuchungsergebnisse, insbesondere auch zur Beteiligteneigenschaft im Sinne des § 101 I S. 1 StPO ist davon auszugehen, daß diejenigen Personen über die von Seiten der Ermittlungsbehörden angeordnete[1431] Herstellung von Lichtbildern oder Bildaufzeichnungen zu informieren sind, in deren Rechtskreis durch diese Maßnahmen eingegriffen wird und denen somit der Rechtsweg hinsichtlich dieser Maßnahmen offen stehen muß. Denn die Rechtsschutzgarantie verlangt, daß jeder, der in seinen Rechten verletzt wird, Gelegenheit erhält, sich gegen diese Maßnahmen zur Wehr zu setzen. Das Beschreiten des Rechtsweges setzt aber wiederum die Kenntnis von diesen Maßnahmen und damit die Benachrichtigung voraus[1432].

Eine Benachrichtigung der Personen, von denen Lichtbilder oder Bildaufzeichnungen hergestellt werden, ist somit verfassungsrechtlich insoweit erforderlich, als durch diese Maßnahmen in ihren Rechtskreis eingegriffen wird.

1430 Vgl. zu dieser Unterscheidung näher unter Einleitung A. II.

1431 Eine richterliche Anordnungskompetenz ist hinsichtlich der Maßnahmen nach § 100 c I Nr. 1 a StPO nicht vorgesehen.

1432 Vgl. dazu näher unter Teil 2 B. IV. 1.) a) aa) (2).

Die Maßnahmen nach § 100 c I Nr. 1 a StPO stellen einen Eingriff in das aus dem allgemeinen Persönlichkeitsrecht abgeleitete Recht am eigenen Bild dieser Personen dar[1433]. Denn dieses soll dem Einzelnen das Recht darüber einräumen, inwieweit sein Erscheinungsbild durch die Ablichtung „verewigt" und darüber hinaus genutzt wird[1434]. Die Maßnahme nach § 100 I Nr. 1 a StPO bewirkt gerade, daß das Abbild einer Person fixiert wird und in der Folge der Herrschaftsmacht dieser Person entzogen ist. Die Strafverfolgungsbehörden können diese Aufnahmen jederzeit nutzen, z. B. reproduzieren und abrufen, sie erlangen damit die Herrschaftsmacht über das fremde Persönlichkeitsgut.
Daneben könnte durch diese Maßnahme auch in das Recht auf informationelle Selbstbestimmung nach Art. 2 I i. V. m. Art. 1 I GG eingegriffen werden. Durch die Anfertigung von Lichtbildern und Bildaufzeichnungen werden eine Reihe privater Daten erhoben und zugleich durch die bildliche Fixierung, z. B. die elektromagnetische Aufzeichnung der Bilder, gespeichert. Es wird z. B. die Kleidung einer Person festgehalten, oder auch der Zeitpunkt, an dem jemand an einem bestimmten Ort an- bzw. abwesend war. Es kann dabei keine Unterscheidung nach erheblichen und unerheblichen Informationen vorgenommen werden. Geschützt sind alle diejenigen Daten, welche von den Strafverfolgungsbehörden erfaßt werden[1435]. Eine Beschränkung des Schutzes auf solche Daten, die über „die Mitteilung bloßer Indizien hinaus zumindest einen weiteren Sach- und Funktionszusammenhang beinhalten bzw. biographische Merkmale aufweisen"[1436], unterschätzt die Möglichkeiten automatischer Datenverarbeitung. So hat bereits das Bundesverfassungsgericht erkannt, daß es aufgrund der fortschreitenden Verknüpfungs- und Verarbeitungstechnologie keine belanglosen Daten mehr gibt[1437]. Insofern ist davon auszugehen, daß die Ermittlungsmaßnahme nach § 100 c I Nr. 1 a StPO zu einer Erhebung und Speicherung persönlicher Daten führt, die als Eingriff in das Recht auf informationelle Selbstbestimmung zu bezeichnen ist[1438].
Im Ergebnis ist also festzustellen, daß eine Benachrichtigung der Personen, von denen nach § 100 c I Nr. 1 a StPO Lichtbilder oder Bildaufzeichnungen hergestellt werden, verfassungsrechtlich geboten ist. Dieser sich aus Art. 19 IV S. 1 GG ergebenden Erforderlichkeit kommt die strafprozessuale Bestimmung zur

---

1433 So im Ergebnis auch: Binder, S. 167 f.; Hubmann, S. 298 f.; Schwerdtner, S. 208 ff.; SK-Rudolphi, § 101 Rdnr. 1. Einen Eingriff in das Recht am eigenen Bild durch die Herstellung von Lichtbildern oder Bildaufzeichnungen lehnen hingegen ab: von Hippel/Weiß, JR 1992, S. 316, 322 f.; Kleinknecht/Meyer-Goßner, § 100 c Rdnr. 1. Eine Auseinandersetzung mit dieser Sichtweise würde aber den Rahmen der Arbeit sprengen. Demnach wird insoweit auf die entsprechenden Nachweise verwiesen.
1434 Binder, S. 163; BVerfGE 35, S. 202, 219 f.
1435 Vgl. dazu: Binder, S. 169; BVerfGE 65, S. 1, 45.
1436 Dies vertritt: von Hippel/Weiß, JR 1992, S. 316, 321.
1437 BVerfGE 65, S. 1, 45.
1438 So im Ergebnis auch: Dietel/Gintzel/Kniesel, § 12 a Rdnr. 2, 8; Jarass/Pieroth-Jarass, Art. 2 Rdnr. 28 a; Malek, StV 1992, S. 342, 343; OVG Bremen, NVwZ 1990, S. 1188, 1189.

Herstellung von Lichtbildern oder Bildaufzeichnungen nicht nach. Fraglich ist, welche Konsequenz daraus zu ziehen ist.

2.) Die fehlende Benachrichtigungsregelung im Fall einer Zwangsmaßnahme nach § 100 c I Nr. 1 a StPO

§ 100 c I Nr. 1 a StPO wurde zusammen mit der Regelung des § 100 c I Nr. 1 b StPO und der Regelung des § 100 c I Nr. 2 StPO im Rahmen des OrgKG von 1992 in die Strafprozeßordnung eingeführt. Dabei war von Anfang an vorgesehen die Benachrichtigungspflicht nach § 101 I StPO auf die heimliche Zwangsmaßnahme nach § 100 c I Nr. 2 StPO zu erstrecken[1439]. In den Materialien zum OrgKG wurde die Ergänzung des § 101 I StPO um die Maßnahme nach § 100 c I Nr. 2 StPO damit begründet, daß angesichts der Vergleichbarkeit der Eingriffsschwere dieser Ermittlungsmaßnahme mit derjenigen der Fernmeldeüberwachung eine Benachrichtigung der Beteiligten der Maßnahme erforderlich sei[1440]. Im Zuge der Beratungen zum OrgKG wurde dann aber auch die Informierung der Beteiligten im Fall der heimlichen Ermittlungsmaßnahme nach § 100 c I Nr. 1 b StPO für notwendig erachtet[1441], § 101 I StPO entsprechend ergänzt und in dieser Form verabschiedet. Diese Aspekte weisen im Umkehrschluß daraufhin, daß man in den Gesetzesberatungen die ebenfalls im OrgKG enthaltenen Ermittlungsmaßnahmen nach § 100 I Nr. 1 a StPO - gemessen an ihrer Eingriffsintensität - als nicht vergleichbar mit der Fernmeldeüberwachung betrachtet hat und somit eine Benachrichtigung nicht für erforderlich hielt. Somit hat der Gesetzgeber die Benachrichtigungsbestimmung des § 101 I StPO bewußt nicht auf die Maßnahmen nach § 100 c I Nr. 1 a StPO bezogen und damit bewußt keine Benachrichtigungsregelung vorgesehen.

Diese gesetzgeberische Entscheidung macht deutlich, daß eine Statuierung einer Benachrichtigungspflicht hinsichtlich der Herstellung von Lichtbildern oder Bildaufzeichnungen mittels einer analogen Anwendung einer bestehenden strafprozessualen Benachrichtigungsbestimmung, wie z. B. § 101 I S. 1 StPO, ausgeschlossen ist. Denn das Fehlen der Mitteilungsregelung ist angesichts des dargelegten Hintergrundes nicht planwidrig.

3.) Die Konsequenz, die aus der mangelnden Erfüllung der verfassungsrechtlichen Anforderungen durch § 100 c I Nr. 1 a StPO zu ziehen ist

Die Herleitung einer Benachrichtigungspflicht im Fall der Herstellung von Lichtbildern oder Bildaufzeichnungen über eine verfassungskonforme Auslegung des § 100 c I Nr. 1 a i. V. m. § 101 I S. 1 StPO ist nicht möglich. § 101 I

[1439] BRat-Drs. 74/90, S. 36, 135; BT-Drs. 11/7663, S. 12, 64; BRat-Drs. 219/91, S. 38, 137; BT-Drs. 12/989, S. 12, 41.

[1440] BRat-Drs. 74/90, S. 135; BRat-Drs. 219/91, S. 137; BT-Drs. 12/989, S. 41.

[1441] Anlage 2 zu BT-Drs. 12/989, S. 58 f.; BT-Drs. 12/2720, S. 23, 46.

S. 1 StPO, als eine Verfahrensregelung zu den Ermittlungsmaßnahmen nach §§ 99 ff. StPO, zählt nämlich die heimlichen Zwangsmaßnahmen, bei denen eine Benachrichtigung erfolgen soll, ausdrücklich auf. § 100 c I Nr. 1 a StPO ist nicht angeführt. Aufgrund des eindeutigen Wortlautes läßt § 101 I S. 1 StPO demnach keinen Raum für eine Auslegung. Da im Fall der Herstellung von Lichtbildern und Bildaufzeichnungen somit keine Benachrichtigung und damit die Durchsetzung des Grundrechtes aus Art. 19 IV S. 1 GG gewährleistet ist, verstößt § 100 c I Nr. 1 a StPO gegen die Verfassung. Das Gesetz kann aber durch die Schaffung einer Benachrichtigungsregelung hinsichtlich der Maßnahmen nach § 100 c I Nr. 1 a StPO, z. B. durch eine Aufnahme der Regelung in den § 101 I S. 1 StPO, eine dem Grundgesetz gemäße Fassung erhalten. Demnach ist entsprechend der Rechtsprechung des Bundesverfassungsgerichtes[1442] nicht von der Nichtigkeit, sondern der Unvereinbarkeit der Bestimmung mit dem Grundgesetz auszugehen. Der Gesetzgeber ist verpflichtet, einen verfassungsmäßigen Zustand herzustellen.

II. Der Einsatz eines Verdeckten Ermittlers nach §§ 110 a, b StPO

1.) Die verfassungsrechtliche Erforderlichkeit einer Benachrichtigungsregelung

Es ist verfassungsrechtlich geboten, diejenigen Personen über den Einsatz eines Verdeckten Ermittlers nach §§ 110 a, b StPO zu informieren, in deren Rechtskreis durch diese Maßnahmen eingegriffen wird. Denn diesen Bürgern muß Rechtsschutz gegen diese Maßnahme gewährt werden, und Art. 103 I GG erfordert im Fall einer richterlichen Anordnung nach § 110 b II S. 1 Nr. 1 StPO die Sicherstellung des rechtlichen Gehörs[1443].

Fraglich ist, inwieweit durch den Einsatz eines Verdeckten Ermittlers außerhalb von Wohnungen in den Rechtskreis der Bürger eingegriffen wird und somit eine Benachrichtigung erforderlich ist. Ein Verdeckter Ermittler kann in unterschiedlicher Weise tätig werden. Sein Handeln kann sich auf schlichte Nachforschungen und Observationen beschränken[1444]. In diesem Fall kommt ein Eingriff in den Rechtskreis der von diesem Einsatz betroffenen Personen nicht in Betracht[1445]. Ein Eingriff in das Recht auf informationelle Selbstbestimmung läßt sich hier nicht begründen. In diesem Fall erfahren die Strafverfolgungsbehörden durch den Einsatz des Verdeckten Ermittlers nämlich nur solche Umstände, die der Betroffene selbst gegenüber seiner Umwelt preisgibt[1446]. Jeder soziale Kontakt beinhaltet aber das Risiko der Weitergabe von Erkenntnissen an

[1442] Vgl. dazu näher unter Teil 2 B. IV. 3.) b) bb).
[1443] Vgl. insoweit näher unter Teil 2 C. I. 1.).
[1444] Körner, § 31 Rdnr. 168; Rebmann, NJW 1985, S. 1, 2 ff, insbesondere S. 3; Rogall, JZ 1987, S. 847, 849 ff, insbesondere S. 851.
[1445] Körner, § 31 Rdnr. 168; Krüger, NJW 1982, S. 855, 857; Rogall, JZ 1987, S. 847, 851.
[1446] Krüger, NJW 1982, S. 855, 857.

andere. Dies ist ein allgemeines Risiko, was sich als notwendige Folge der sozialen Kontakte des Menschen ergibt[1447]. Von dieser Tätigkeit muß ein Handeln des Verdeckten Ermittlers unterschieden werden, das in den Rechtskreis der betroffenen Bürger eingreift. Wenn der Verdeckte Ermittler z. B. den Bürger zur Abgabe von Erkenntnissen veranlaßt, gewinnt sein Handeln Eingriffscharakter[1448]. Es wird in das Recht auf informationelle Selbstbestimmung eingegriffen[1449], weil der Bürger hier nämlich zur Abgabe personenbezogener Daten veranlaßt wird, die er bei Kenntnis der Identität des Verdeckten Ermittlers nicht abgegeben hätte. Es wird also die Befugnis des Bürgers beeinträchtigt, selbst unbeeinflußt über die Preisgabe und Verwendung von persönlichen Daten gegenüber dem Staat zu bestimmen.
Soweit also der Einsatz in dem letztgenannten Sinn den Rechtskreis des Bürgers berührt, ist im Hinblick auf die Rechtsschutzgarantie nach Art. 19 IV S. 1 GG und das Anhörungsrecht nach Art. 103 I GG eine Benachrichtigungsregelung verfassungsrechtlich geboten. Dieser verfassungsrechtlichen Verpflichtung werden die hier in Rede stehenden Regelungen zum Einsatz eines Verdeckten Ermittlers außerhalb von Wohnungen nicht gerecht.

2.) Die fehlende Benachrichtigungsregelung im Fall einer Zwangsmaßnahme nach §§ 110 a, b StPO

In der Begründung des Gesetzesantrages zum OrgKG von 1992 heißt es in bezug auf § 110 d I StPO: "Aus den in § 101 genannten Gründen beschränkt Absatz 1 die Benachrichtigungspflicht auf die Fälle, in denen der Verdeckte Ermittler eine Wohnung betreten hat, die nicht allgemein zugänglich ist."[1450]. Wenn dort von einer *Beschränkung* der Benachrichtigungspflicht auf den Einsatz eines Verdeckten Ermittlers nach §§ 110 a, b II S. 1 Nr. 2 StPO die Rede ist, so spricht dies dafür, daß die Verfasser des Gesetzesantrages bewußt nur eine Benachrichtigungspflicht bezüglich eines speziellen Einsatzes eines Verdeckten Ermittlers entwickelt haben. Da die im Gesetzesentwurf vorgesehene Fassung des § 110 d I StPO später vom Gesetzgeber auch verabschiedet wurde, ist davon auszugehen, daß der Gesetzgeber im Hinblick auf diese Begründung des Gesetzesantrages eine Benachrichtigungsbestimmung hinsichtlich des Einsatzes eines Verdeckten Ermittlers außerhalb von Wohnungen bewußt nicht vorgesehen hat.

[1447] Krüger, NJW 1982, S. 855, 857.

[1448] Fischer/Maul, NStZ 1992, S. 7, 8; Körner, § 31 Rdnr. 168; Krüger, NJW 1982, S. 855, 857; Rogall, JZ 1987, S. 847, 851. Andere Ansicht: Krey/Haubrich, JR 1992, S. 309, 315. Sie bestreiten - ohne sachliche Auseinandersetzung mit dieser Problematik - grundsätzlich das Vorliegen eines Eingriffes in den Rechtskreis, insbesondere in das Grundrecht auf informationelle Selbstbestimmung, des Bürgers durch den Einsatz eines Verdeckten Ermittlers.

[1449] Vgl. dazu auch: Fischer/Maul, NStZ 1992, S. 7, 8; Malek, StV 1992, S. 342, 343; Rogall, JZ 1987, S. 847, 851.

[1450] BT-Drs. 11/7663, S. 42; BT-Drs. 12/989, S. 43.

Angesichts dieser Aspekte ist eine Statuierung einer Benachrichtigungspflicht im hier in Rede stehenden Fall über eine analoge Anwendung des § 110 d I StPO unmöglich[1451].

3.) Die Konsequenz, die aus der mangelnden Erfüllung der verfassungsrechtlichen Anforderungen durch §§ 110 a, b StPO zu ziehen ist

Es besteht nicht die Möglichkeit die §§ 110 a, b i. V. m. § 110 d I StPO dahingehend verfassungskonform auszulegen, daß im Fall des Einsatzes eines Verdeckten Ermittlers außerhalb von Wohnungen eine Benachrichtigung derjenigen Personen, deren Rechtskreis durch diesen Einsatz berührt wird, über § 110 d I StPO zu erfolgen hat. Denn § 110 d I StPO als Verfahrensregelung bezüglich des Einsatzes Verdeckter Ermittler ordnet ausdrücklich nur die Benachrichtigung der Personen an, deren Wohnung der Verdeckte Ermittler betreten hat. Der eindeutige Wortlaut des Gesetzes läßt keinen Raum für eine entsprechende Auslegung des Gesetzes.
Die §§ 110 a, b StPO verstoßen also insoweit gegen die Verfassung, als im Fall des Einsatzes eines Verdeckten Ermittlers außerhalb von Wohnungen eine Benachrichtigung derjenigen Personen, deren Rechtskreis durch diese Maßnahme berührt ist, nicht sichergestellt ist. Denn dadurch ist die Durchsetzung der Grundrechte aus Art. 19 IV S. 1 GG sowie aus Art. 103 I GG nicht gewährleistet. Da das Gesetz aber durch die Schaffung einer Benachrichtigungsregelung eine dem Grundgesetz gemäße Fassung erhalten kann, ist entsprechend der Rechtsprechung des Bundesverfassungsgerichtes[1452] nicht von der Nichtigkeit, sondern der Unvereinbarkeit der Bestimmungen mit dem Grundgesetz auszugehen. Der Gesetzgeber ist aufgefordert, einen verfassungsmäßigen Zustand herzustellen.
In Anbetracht dieser Darlegungen ergibt sich, daß die personale Beschränkung der Benachrichtigungsregelung des § 110 d I StPO den verfassungsrechtlichen Erfordernissen nicht gerecht wird. Soweit durch § 110 d I StPO im Fall des Einsatz eines Verdeckten Ermittlers in der Wohnung lediglich eine Informierung des Wohnungsinhabers, aber nicht der weiteren Personen, deren Rechtskreis durch den Einsatz berührt wird, vorgesehen ist, liegt ein Verfassungsverstoß vor. Dieser führt zur Unvereinbarkeit der §§ 110 a, b II S. 1 Nr. 2, 110 d I StPO mit dem Grundgesetz und verpflichtet den Gesetzgeber zur Herstellung eines verfassungsgemäßen Zustandes.

1451 Die Möglichkeit einer analogen Anwendung des § 110 d I StPO für den Fall des Einsatzes eines Verdeckten Ermittlers außerhalb von Wohnungen wird hingegen angenommen von Nack, KK-Nack, § 110 a Rdnr. 11 f., § 110 d Rdnr. 3, und Rudolphi, SK-StPO-Rudolphi, § 110 d Rdnr. 1. Diese Autoren diskutieren die Analogievoraussetzungen und somit die Frage des Vorliegens einer planwidrigen Regelungslücke aber gar nicht. Deshalb wird auch nicht erkannt, daß diese Voraussetzungen hier nicht gegeben sind.

1452 Vgl. dazu näher unter Teil 2 B. IV. 3.) b) bb).

III. Der Datenabgleich nach § 98 c StPO

1.) Die verfassungsrechtliche Erforderlichkeit einer Benachrichtigungsregelung

Der Datenabgleich nach § 98 c StPO umfaßt den maschinellen Abgleich personenbezogener Daten, die in einem Strafverfahren durch die in der Strafprozeßordnung geregelten Maßnahmen erhoben worden sind, mit Daten, die zur Strafverfolgung, zur Strafvollstreckung oder zur Gefahrenabwehr gespeichert sind[1453].

Die Verwendung der bereits bei den Behörden angefallenen Daten im Rahmen des Datenabgleiches bewirkt einen Eingriff in das Recht auf informationelle Selbstbestimmung nach Art. 2 I i. V. m. Art. 1 I GG. Denn das Recht auf informationelle Selbstbestimmung schützt angesichts der modernen Bedingungen der EDV den Einzelnen gegen eine unbegrenzte Erhebung, Speicherung, Verwendung und Weitergabe seiner persönlichen Daten[1454]. Das Grundgesetz garantiert also nicht nur die Befugnis des Einzelnen, selbst über die Preisgabe, sondern auch über die Verwendung seiner persönlichen Daten zu bestimmen[1455]. Damit stellt aber eben auch die Verwendung bereits bei den Strafverfolgungsbehörden angefallener Daten einen Eingriff in das Recht auf informationelle Selbstbestimmung dar.

Angesichts dieser Gesichtspunkte müssen alle diejenigen Personen benachrichtigt werden, deren Daten verwendet werden und in deren Recht auf informationelle Selbstbestimmung folglich eingegriffen wird. Die Rechtsschutzgarantie erfordert nämlich, daß diese Bürger die Möglichkeit erhalten, sich gegen diese Datenverwendung zur Wehr zu setzen[1456]. Diesem verfassungsrechtlichen Erfordernis trägt § 98 c StPO nicht Rechnung, weil eine Benachrichtigungsregelung insoweit nicht vorgesehen ist.

2.) Die fehlende Benachrichtigungsregelung im Fall einer Zwangsmaßnahme nach § 98 c StPO

Betrachtet man die Gesetzesmaterialien zu § 98 c StPO, so fällt auf, daß darin die Tatsache der Heimlichkeit dieser Ermittlungsmaßnahme und die sich daraus ergebende Benachrichtigungsproblematik nicht thematisiert wurde. Denn bei der gesetzlichen Ausarbeitung des § 98 c StPO und der Beratungen stand vor allem die Frage im Vordergrund, welche Daten im Rahmen dieser Datenab-

---

[1453] KK-Nack, § 98 c Rdnr. 1 f.; Siebrecht, StV 1996, S. 566, 566; SK-StPO-Rudolphi, § 98 c Rdnr. 1 f.; Wittig, JuS 1997, S. 961, 970. BRat-Drs. 74/90, S. 125.

[1454] Hilgendorf-Schmidt, wistra 1989, S. 208, 208; Rogall, GA 1985, S. 1, 9; Sachs-Murswiek, Art. 2 Rdnr. 72; BVerfGE 65, S. 1, 43.

[1455] Leibholz/Rinck/Hesselberger, Art. 2 Rdnr. 105; Rogall, GA 1985, S. 1, 10; Riegel, RiA 1984, S. 121, 121; Sachs-Murswiek, Art. 2 Rdnr. 72; BVerfGE 65, S. 1, 43; BVerfGE 78, S. 77, 84.

[1456] Vgl. dazu näher unter Teil 1 C. I. 1.).

gleichsmaßnahme zur Verfügung stehen sollten, nämlich die Strafverfolgungs- und vollstreckungsdaten und auch die zur Gefahrenabwehr gespeicherten Daten[1457]. Im Ergebnis ist somit festzuhalten, daß nicht ersichtlich ist, ob der Gesetzgeber bewußt oder unbewußt eine Benachrichtigungsbestimmung bezüglich des Datenabgleiches nicht vorgesehen hat. Angesichts dessen ist auch kein Raum für die Statuierung einer Benachrichtigungspflicht über eine analoge Anwendung bestehender Benachrichtigungsregelungen wie z. B. § 163 d V StPO.

3.) Die Konsequenz, die aus der mangelnden Erfüllung der verfassungsrechtlichen Anforderungen durch § 98 c StPO zu ziehen ist

Eine verfassungskonforme Auslegung des § 98 c StPO ist im Hinblick auf den eindeutigen, eine Benachrichtigung nicht einmal im Ansatz ansprechenden Wortlaut der Bestimmung ausgeschlossen.

§ 98 c StPO ist also insoweit verfassungswidrig, als er eine Benachrichtigung der betroffenen Bürger und damit die Durchsetzung der Rechtsschutzgarantie nicht sicherstellt. Im Hinblick auf die Möglichkeit der Herstellung einer verfassungskonformen Gesetzesfassung durch die Einführung einer entsprechenden Benachrichtigungsregelung hat dieser Verfassungsverstoß nicht die Nichtigkeit, sondern die Unvereinbarkeit des § 98 c StPO mit dem Grundgesetz zur Folge. Der Gesetzgeber ist verpflichtet, einen verfassungsmäßigen Zustand herzustellen[1458].

IV. Die polizeiliche Beobachtung nach § 163 e StPO

1.) Die verfassungsrechtliche Erforderlichkeit einer Benachrichtigungsregelung

Die Zwangsmaßnahme nach § 163 e StPO stellt keine schlichte Beobachtungsmaßnahme dar. Vielmehr umfaßt sie die unauffällige Ermittlung und Sammlung von Erkenntnissen zur Herstellung eines - punktuellen - Bewegungsbildes einer Person oder eines Objektes[1459]. Aufgrund der Ausschreibung einer Person wird ihr Antreffen anläßlich polizeilicher Kontrollen einschließlich der dabei festgestellten Umstände, die für die Aufklärung erheblich sein können, z. B. Begleitpersonen, Reisewege, erfaßt und zur Auswertung an die ausschreibende Strafverfolgungsbehörde gemeldet[1460]. Die Ausschreibung zur polizeilichen Beob-

---

1457 Vgl. dazu: BRat-Drs. 74/90, S. 125; BRat-Drs. 219/91, S. 127.

1458 Vgl. dazu näher unter Teil 2 B. IV. 3.) b) bb).

1459 Hilgendorf-Schmidt, wistra 1989, S. 208, 210; Kruse, in: Besondere Ermittlungsmaßnahmen zur Bekämpfung der Organisierten Kriminalität, S. 105, 175; Möhrenschläger, wistra 1992, S. 326, 328; Rieß, Neue Justiz 1992, S. 491, 497; Wanner, S. 26.

1460 Fezer, Fall 8 Rdnr. 25; KK-Schoreit, § 163 e Rdnr. 5; Kruse, in: Besondere Ermittlungsmaßnahmen zur Bekämpfung der Organisierten Kriminalität, S. 105, 175; Möhrenschläger, wistra 1992, S. 326, 328.

achtung kann sich gemäß § 163 e II StPO auch auf ein Kfz-Kennzeichen beziehen, wenn das Fahrzeug für eine nach § 163 e I StPO ausgeschriebene Person zugelassen ist oder von ihr oder einer bisher namentlich nicht bekannten Person benutzt wird, die einer Straftat von erheblicher Bedeutung verdächtig ist[1461]. Im Hinblick auf diese ohne Einverständnis der Betroffenen erfolgte Erhebung personenbezogener Daten der ausgeschriebenen Person bzw. ihrer erfaßten Begleitperson liegt hier ein Eingriff in den Rechtskreis, genauer in das Recht auf informationelle Selbstbestimmung der Betroffenen vor[1462].
Angesichts der Gewährleistung des Art. 19 IV S. 1 GG und des Art. 103 I GG wäre somit eine Benachrichtigungsregelung hinsichtlich der von der heimlichen Maßnahme nach § 163 e StPO betroffenen Bürger erforderlich. Diesem verfassungsrechtlichem Erfordernis kommt der § 163 e StPO nicht nach, denn er sieht keine Informierungspflicht dieser Personen vor.

2.) Die fehlende Benachrichtigungsregelung im Fall einer Zwangsmaßnahme nach § 163 e StPO

In den parlamentarischen Beratungen zum OrgKG von 1992, als dessen Teil der § 163 e StPO im Jahre 1992 in die Strafprozeßordnung eingeführt wurde, ist die Problematik der Heimlichkeit dieser Ermittlungsmaßnahme und somit auch die damit verbundene Benachrichtigungsfrage nicht näher angesprochen wurden. Lediglich in der Begründung des Gesetzesantrages zu § 163 e StPO wurde innerhalb der Definition der polizeilichen Beobachtung darauf hingewiesen, daß „der Betroffene hiervon nichts erfährt“[1463]. Dies ist aber nicht mehr als eine allgemeine Beschreibung der Wirkungsweise der Zwangsmaßnahme. Die Maßnahme wird damit als eine heimliche charakterisiert. Eine Aussage hinsichtlich einer Benachrichtigungsregelung ist hiermit aber nicht gegeben. Auf der Grundlage dieser Umstände kann somit nicht ermittelt werden, ob der Gesetzgeber bewußt oder unbewußt eine Benachrichtigungspflicht bezüglich der polizeilichen Beobachtung nicht geregelt hat. Demnach ist die Statuierung einer Benachrichtigungspflicht über eine analoge Anwendung bestehender Benachrichtigungsregelungen wie z. B. § 101 I StPO ausgeschlossen.

3.) Die Konsequenz, die aus der mangelnden Erfüllung der verfassungsrechtlichen Anforderungen durch § 163 e StPO zu ziehen ist

Die Herleitung einer Benachrichtigungspflicht im Fall der polizeilichen Beobachtung über eine verfassungskonforme Auslegung des § 163 e StPO ist im

---

[1461] Hilger, NStZ 1992, S. 523, 525; Kleinknecht/Meyer-Goßner, § 163 e Rdnr. 9; Rieß, Neue Justiz 1992, S. 491, 497; SK-StPO-Wolter, § 163 e Rdnr. 20.

[1462] So im Ergebnis auch: Dietel, in: Sicherheit durch Gesetze? S. 57, 64, 81; Vgl. auch: Wanner, S. 200 f. Vgl. zum Recht auf informationelle Selbstbestimmung näher unter Teil 2 A. III. 2.) b) bb).

[1463] BT-Drs. 11/7663, S. 43; BT-Drs. 12/989, S. 44: "Der Betroffene erfährt hiervon nichts."

Hinblick auf den eindeutigen, eine Benachrichtigung nicht einmal im Ansatz ansprechenden Wortlaut der Bestimmung unmöglich.
§ 163 e StPO verstößt somit insoweit gegen die Verfassung, als er eine Benachrichtigung der betroffenen Bürger und damit die Durchsetzung der Rechtsschutzgarantie und des Anhörungsrechtes nicht gewährleistet. Das Gesetz kann aber durch die Schaffung einer Benachrichtigungsregelung verfassungskonform ergänzt werden. Demnach ist als Konsequenz dieses Verfassungsverstoßes entsprechend der Rechtsprechung des Bundesverfassungsgerichtes[1464] nicht die Nichtigkeit des § 163 e StPO, sondern nur dessen Unvereinbarkeit mit dem Grundgesetz festzustellen. Der Gesetzgeber ist aufgefordert, einen verfassungsmäßigen Zustand herzustellen.

[1464] Vgl. dazu näher unter Teil 2 B. IV. 3.) b) bb).

D. Zusammenfassung der Ergebnisse zu den Benachrichtigungspflichten in bezug auf heimliche strafprozessuale Zwangsmaßnahmen

I. Heimliches strafprozessuales Vorgehen ist verfassungsrechtlich nur dann vertretbar, wenn die Heimlichkeit gegenüber den Betroffenen alsbald wieder aufgehoben wird. So erhalten nämlich die Betroffenen heimlicher strafprozessualer Zwangsmaßnahmen erst durch die Aufhebung der Heimlichkeit Kenntnis von diesen Maßnahmen und werden somit erst dadurch in die Lage versetzt, ihre Anhörungsrechte aus Art. 103 I GG (bei richterlicher Entscheidung) und ihr Recht auf Rechtsschutz aus Art. 19 IV S. 1 GG im Hinblick auf diese Maßnahmen geltend zu machen. Dabei kann die Heimlichkeit grundsätzlich nur durch eine Benachrichtigung der Betroffenen über die Durchführung der heimlichen strafprozessualen Zwangsmaßnahmen aufgehoben werden. Die Notwendigkeit der Statuierung von Benachrichtigungspflichten hinsichtlich heimlicher strafprozessualer Zwangsmaßnahmen folgt demnach unmittelbar aus der Verfassung, nämlich aus Art. 19 IV S. 1 GG und aus Art. 103 I GG.

II. Die Strafprozeßordnung sieht verschiedene Benachrichtigungsregelungen vor. So ordnet der § 101 StPO eine Benachrichtigung der Beteiligten einer Postbeschlagnahme, einer Überwachung der Telekommunikation, einer Überwachungsmaßnahme nach § 100 c I Nr. 1 b StPO und einer akustischen Überwachung des nichtöffentlich gesprochenen Wortes an. In § 110 d I StPO findet sich eine entsprechende Benachrichtigungsbestimmung für den Fall des Einsatzes eines Verdeckten Ermittlers in nicht allgemein zugänglichen Wohnungen. § 163 V StPO regelt die Benachrichtigung bezüglich der Schleppnetzfahndung. Diese Bestimmung findet gemäß § 98 b IV S. 1 StPO entsprechende Anwendung im Fall der Rasterfahndung.

1.) Die Staatsanwaltschaft ist zuständig, über die Benachrichtigung nach §§ 101 I S. 1; 110 d I; 163 d V; 98 IV S. 1 i. V. m. § 163 d V StPO zu entscheiden. Die Staatsanwaltschaft ist dabei im Fall des Vorliegens der gesetzlichen Benachrichtigungsvoraussetzungen zur Benachrichtigung verpflichtet. Nach den gesetzlichen Regelungen ist eine besondere Form der Benachrichtigung nicht vorgeschrieben. Wegen der Notwendigkeit der Benachrichtigung im Hinblick auf die Möglichkeit der Wahrnehmung der Rechte aus Art. 19 IV S. 1, 103 I GG ist aber eine schriftliche Benachrichtigung zu fordern.

2.)
a) Zu benachrichtigen sind nach § 101 I S. 1 StPO die „Beteiligten" der Postbeschlagnahme, der Überwachung der Telekommunikation, der technischen Observationsmaßnahmen nach § 100 c I Nr. 1 b StPO und der akustischen Überwachungsmaßnahmen nach §§ 100 c I Nr. 2, 3, 100 d StPO. Als „Beteiligte" im

Sinne des § 101 I S. 1 StPO sind - in Anbetracht der verfassungsrechtlichen Gewährleistungen nach Art. 19 IV S. 1 GG und Art. 103 I GG - alle diejenigen anzusehen, deren Rechtskreis durch die heimlichen Zwangsmaßnahmen nach §§ 99; 100 a, b; 100 I Nr. 1 b, 2, 3, 100 d StPO berührt wird.
b) Nach § 110 d StPO ist bezüglich des Einsatzes eines Verdeckten Ermittlers in einer nicht allgemein zugänglichen Wohnung nach §§ 110 a, b II S. 1 Nr. 2 StPO der Wohnungsinhaber zu benachrichtigen.
c) Nach § 163 d V StPO sind im Fall der Schleppnetzfahndung diejenigen Personen zu benachrichtigen, „gegen die nach der Auswertung der Daten weitere Ermittlungen geführt worden sind". „Weitere Ermittlungen" im Sinne des § 163 d V StPO sind dabei Ermittlungshandlungen herkömmlicher und im Rahmen des Strafverfahrens zulässiger Art. Das Ziel dieser weiteren Ermittlungen ist dabei für die Frage des zu benachrichtigenden Personenkreises irrelevant, jede Ermittlungstätigkeit in bezug auf eine von der Rasterfahndung betroffene Person muß zu deren Benachrichtigung führen. § 163 d StPO ist insofern mit der Verfassung nicht vereinbar, als keine Benachrichtigung derjenigen Personen gewährleistet ist, deren Daten nach § 163 d StPO verarbeitet und/oder genutzt werden, gegen die aber nach Auswertung ihrer Daten nicht weiter ermittelt wird. Der Gesetzgeber ist insoweit aufgefordert, durch eine entsprechende Änderung des § 163 d V StPO einen verfassungsmäßigen Zustand herzustellen.
d) In bezug auf die Rasterfahndung sind gemäß § 98 b IV S. 1 i. V. m. § 163 d V StPO alle diejenigen zu benachrichtigen, die als Merkmalsträger herausgerastert werden und gegenüber denen weitere Ermittlungen durchgeführt werden. Der mit dieser Regelung verbundene Ausschluß der Informierung derjenigen Personen, die nicht aus den Datenträgern herausgerastert werden, ist mit der Verfassung vereinbar. Denn eine Benachrichtigung würde in diesem Fall diese Personen gegenüber den Strafverfolgungsorganen erst kenntlich machen und so zu einer Intensivierung des Eingriffes in ihren Rechtskreis führen. §§ 98 a, b StPO sind aber insofern mit der Verfassung unvereinbar, als die Benachrichtigung der Personen ausgeschlossen ist, die zwar herausgerastert werden, gegen die aber keine weiteren Ermittlungen geführt werden. Der Gesetzgeber ist wiederum zum Handeln aufgefordert.

3.) Bei der Bestimmung des Zeitpunktes der Benachrichtigung ist einerseits den sich Art. 19 IV S. 1 GG und Art. 103 I GG ergebenden Interessen des Betroffenen an einer möglichst frühzeitigen Benachrichtigung Rechnung zu tragen, andererseits ist zu bedenken, daß kollidierende Interessen Dritter oder der Allgemeinheit, die sich aus den Grundrechten oder anderen Verfassungsgütern ergeben, eine möglichst weite Hinauszögerung des Benachrichtigungszeitpunktes erfordern können.
a) Nach § 101 I S. 1 StPO sind die Beteiligten der Zwangsmaßnahmen nach §§ 99; 100 a, b; 100 c I Nr. 1 b, 2, 3, 100 d StPO zu benachrichtigen, sobald

dies ohne Gefährdung des Untersuchungszweckes, der öffentlichen Sicherheit, von Leib und Leben einer Person sowie der Möglichkeit der weiteren Verwendung eines eingesetzten nicht offen ermittelnden Beamten möglich ist. Es ist jeweils der Nachweis einer konkreten Gefahr im Einzelfall erforderlich. Die Staatsanwaltschaft als zuständiges Benachrichtigungsorgan ist verpflichtet, das Abklingen der Gefährdungslage fortlaufend zu berücksichtigen, um somit nach dem Abklingen der Gefährdungslage die Benachrichtigung sofort vornehmen zu können. Während der Gesichtspunkt der Gefährdung des Untersuchungszwekkes einem verfahrensimmanenten Gesichtspunkt Rechnung trägt, werden durch die Kriterien der Gefährdung der weiteren Verwendung eines eingesetzten nicht offen ermittelnden Beamten, der Gefährdung der öffentlichen Sicherheit und der Gefährdung von Leib und Leben einer Person systemwidrig verfahrensexterne, und in den beiden letzteren Fällen sogar präventivpolizeiliche Aspekte zur Einschränkung der Benachrichtigungspflicht herangezogen. In ihrer Gesamtheit betrachtet ist mit den sachlichen Einschränkungskriterien des § 101 I S. 1 StPO die Grenze dessen erreicht, was in Anbetracht der Grundrechte aus Art. 103 I GG und Art. 19 IV S. 1 GG noch als tragbar und angemessen erscheint.
Da die Aushändigung von postalen Sendungen oder Teilen von diesen nach § 101 II, III StPO unabhängig von einer damit verbundenen Gefährdungslage im Sinne des § 101 I S. 1 StPO zu erfolgen hat und da eine Verdeckung des Eingriffes durch täuschende Manipulationen an der Sendung ausgeschlossen ist, hat dies praktisch zur Folge, daß die Benachrichtigung hier mit der Aushändigung zu verbinden ist.
b) Die Benachrichtigung nach § 110 d I StPO hat erst zu erfolgen, sobald dies ohne Gefährdung des Untersuchungszweckes, der öffentlichen Sicherheit und der Gefährdung von Leib und Leben einer Person geschehen kann. Im Unterschied zu § 101 I S. 1 StPO ist die Benachrichtigung nicht bei der Verwendungsgefährdung jedes nicht offen ermittelnden Beamten hinauszuzögern, sondern nur im Fall der Verwendungsgefährdung eines Verdeckten Ermittlers durch die Benachrichtigung.
c) Nach § 163 d V bzw. § 98 IV S. 1 i. V. m. § 163 d V StPO sind die Personen, gegen die weitere Ermittlungen geführt worden sind, zu benachrichtigen, es sei denn, daß dadurch eine Gefährdung des Untersuchungszweckes oder der öffentlichen Sicherheit zu besorgen ist. Dabei ist analog § 101 I S. 1 StPO die Benachrichtigung nachzuholen, sobald diese Gefährdungslage im Fall der Benachrichtigung nicht mehr besteht.

4.) Jede der Benachrichtigungspflicht unterfallende Person ist nur soweit zu informieren, als die Maßnahme diese Person betrifft. Innerhalb dieses Rahmens hat sie aber umfassend und konkret zu erfolgen. Sie bezieht sich dabei sowohl auf die Anordnung und die Durchführung der heimlichen Maßnahme. Die Benachrichtigung umfaßt dabei auch erfolglose Eingriffe sowie Maßnahmen, deren Erkenntnisse im weiteren Verfahren nicht verwertet werden.

5.) Der Gesetzgeber hat nur für die akustische Wohnraumüberwachung mit den §§ 100 e I, II, 101 I S. 2, 3 StPO Regelungen vorgesehen, die eine Möglichkeit zur Überprüfung der Benachrichtigungspraxis gewährleisten sollen. Um eine bessere Durchsetzung der Benachrichtigungsbestimmungen in der Praxis zu erreichen und damit ein Leerlaufen der Rechte aus Art. 19 IV S. 1 GG und Art. 103 I GG zu verhindern, ist der Gesetzgeber aufgefordert, entsprechende Verfahren auch bezüglich der übrigen heimlichen Zwangsmaßnahmen in die Strafprozeßordnung einzufügen und die bestehenden Bestimmungen zu verbessern.

III. Die strafprozessualen Regelungen zum Datenabgleich, § 98 c StPO, zur Herstellung von Lichtbildern und Bildaufzeichnungen, § 100 c I Nr. 1 a StPO, zum Einsatz eines Verdeckten Ermittlers außerhalb von Wohnungen, §§ 110 a, b StPO, und zur Ausschreibung zur polizeilichen Beobachtung, § 163 e StPO, sind insofern mit der Verfassung unvereinbar, als sie keine Benachrichtigung der durch diese Maßnahmen in ihren Rechten beeinträchtigten Bürger vorsehen und damit die Durchsetzung der Grundrechte aus Art. 19 IV S. 1 GG und aus Art. 103 I GG nicht gewährleisten. Der Gesetzgeber ist verpflichtet, durch eine entsprechende Ergänzung der Strafprozeßordnung einen verfassungsmäßigen Zustand herzustellen

Annex: Unterrichtungs- und Berichtspflichten in bezug auf heimliche strafprozessuale Zwangsmaßnahmen

Nach der Strafprozeßordnung müssen die heimlichen strafprozessualen Zwangsmaßnahmen zum Teil nicht nur den betroffenen Bürgern mitgeteilt werden. Vielmehr ist im Fall der Rasterfahndung gemäß § 98 IV S. 2 StPO auch die Datenschutzbehörde und im Fall der akustischen Wohnraumüberwachung nach § 100 e I StPO die oberste Justizbehörde über die Maßnahmen zu informieren. Neben diesen Mitteilungspflichten gegenüber bestimmten Behörden ist im Fall der akustischen Wohnraumüberwachung gemäß § 100 e II StPO auch der Bundestag über die Maßnahmen zu unterrichten. Diese Regelungen dienen - im Unterschied zu den strafprozessualen Benachrichtigungspflichten - nicht der Aufhebung der Heimlichkeit der in Rede stehenden Zwangsmaßnahmen gegenüber dem Bürger[1465].

A. Die Unterrichtung der Datenschutzbehörde über die Rasterfahndung

Nach § 98 IV S. 2 StPO ist nach Beendigung der Rasterfahndung, die als strafprozessuale Zwangsmaßnahme in das Grundrecht auf informationelle Selbstbestimmung nach Art. 2 I i. V. m. Art. 1 I GG eingreift[1466], die Stelle zu unterrichten, die für die Kontrolle der Einhaltung der Vorschriften über den Datenschutz bei öffentlichen Stellen zuständig ist, also der zuständige Datenschutzbeauftragte[1467]. Die Vorschrift ist zwar erst am Ende der Beratungen zum OrgKG von 1992 auf Vorschlag der Bundesregierung[1468] in die Regelungen zur Rasterfahndung aufgenommen worden. Angesichts der für den Bürger bestehenden Undurchsichtigkeit der Speicherung und Verwendung von Daten unter den Bedingungen der automatischen Datenverarbeitung ist die unabhängige Kontrolltätigkeit von Datenschutzbeauftragten als Mittel zur verfahrensrechtlichen Absicherung des Grundrechtes auf informationelle Selbstbestimmung spätestens seit dem „Volkszählungsurteil" des Bundesverfassungsgerichtes[1469] aber allgemein anerkannt[1470]. Durch die Unterrichtung des Datenschutzbeauftragten kann die mangelnde Möglichkeit des Einzelnen ausgeglichen werden, die komplexen administrativen Zusammenhänge sowie die hochtechnischen

1465 Vgl. dazu näher auch unter Einleitung B.
1466 Heidelberger Kommentar-Lemke, § 98 a Rdnr. 3; Kleinknecht/Meyer-Goßner, § 98 a Rdnr. 1; Möhrenschläger, wistra 1992, S. 326, 326; Siebrecht, CR 1996, S. 545, 546.
1467 Hilger, NStZ 1992, S. 457, 461; KK-Nack, § 98 b Rdnr. 14; Kleinknecht/Meyer-Goßner, § 98 b Rdnr. 8; Siebrecht, CR 1996, S. 545, 555; BT-Drs. 12/989, S. 57.
1468 BT-Drs. 12/989, S. 57.
1469 BVerfG, NJW 1984, S. 419, 422.
1470 Vgl. dazu: Baumann, DVBl 1984, S. 612, 619; Dästner, RuP 1988, S. 31, 36; Denninger, in: Informationsgesellschaft oder Überwachungsstaat, Gutachtenband, S. 285, 310; Wanner, S. 224 f.; Weichert, S. 210.

Verarbeitungsprozesse innerhalb der Rasterfahndung zu durchschauen[1471]. Diese fehlende Transparenz besteht vor allem auch für die von der Rasterfahndung betroffenen Bürger, die nicht nach § 98 b IV S. 1 i. V. m. § 163 d V StPO benachrichtigt werden[1472]. Insoweit können die Datenschutzbeauftragten eine adäquate öffentliche Kontrolle ausüben[1473].
Die Effektivität des Einsatzes eines Datenschutzbeauftragten als Mittel zur Sicherung des Rechtes auf informationelle Selbstbestimmung wird dabei entscheidend durch die Ausgestaltung seiner Aufgaben und Befugnisse bestimmt[1474]. Die Grundrechtssicherung ist dabei um so effektiver, je früher die Datenschutzbeauftragten beteiligt werden und je umfangreicher ihre Kontrollbefugnisse sind. Bezogen auf den Zeitpunkt der Einschaltung der Datenschutzbeauftragten bedeutet dies also konkret, daß diese regelmäßig vor der Durchführung der Maßnahmen zu informieren sind, damit sie noch rechtzeitig auf die Einhaltung gesetzlicher Vorschriften hinweisen und die Maßnahme auch begleitend kontrollieren können[1475]. Insofern greift die in § 98 b IV S. 2 StPO vorgesehene Unterrichtung des Datenschutzbeauftragten erst nach Beendigung der Maßnahme zu kurz[1476]. Eine begleitende Kontrolle ist hier ausgeschlossen, es kann nur eine nachträgliche Überprüfung stattfinden. Fraglich ist, ob die Kontrolle sich dabei auf die Einhaltung datenschutzrechtlicher Vorschriften beschränkt, oder ob zusätzlich auch die Überprüfung der strafprozessualen Rechtmäßigkeit der Rasterfahndung umfaßt ist. Hier kommt der Gewaltenteilungsgrundsatz zum Tragen. Auch bei der Anwendung des § 98 b IV S. 2 StPO müssen nämlich Doppelzuständigkeiten verhindert werden, die die Kompetenzen zwischen den Organen der Justiz und den allgemeinen Verwaltungsbehörden verwischen und die Datenschutzbeauftragten zur Überprüfungsinstanz für justizielle Entscheidungen bestellen[1477]. Daher haben die Datenschutzbeauftragten nicht die strafprozessuale Rechtmäßigkeit der Rasterfahndung im Einzelfall zu untersuchen[1478], denn dies ist bereits die Aufgabe des Richters. Die Kontrolle der Datenschutzbeauftragten bezieht sich demnach nur auf die Einhaltung datenschutzrechtlicher Vorschriften, allerdings auch soweit diese in der Strafprozeßordnung geregelt sind[1479].

[1471] So auch: Siebrecht, S. 143; Wanner, S. 225.
[1472] So auch: Siebrecht, S. 143; Siebrecht, CR 1996, S. 545, 555.
[1473] So auch: Siebrecht, S. 143; Siebrecht, CR 1996, S. 545, 555.
[1474] So auch: Baumann, DVBl 1984, S. 612, 619.
[1475] Vgl. dazu: Siebrecht, S. 143; Siebrecht, CR 1996, S. 545, 555.
[1476] So auch: Siebrecht, S. 143; Siebrecht, CR 1996, S. 545, 555.
[1477] Siebrecht, S. 108.
[1478] Hilger, NStZ 1992, S. 457, 461 Fußnote 74; KK-Nack, § 98 b Rdnr. 14; Kleinknecht/Meyer-Goßner, § 98 b Rdnr. 8; Wittig, JuS 1997, S. 961, 970.
[1479] KK-Nack, § 98 b Rdnr. 14; Kleinknecht/Meyer-Goßner, § 98 b Rdnr. 8; SK-StPO-Rudolphi, § 98 b Rdnr. 13.

B. Der Bericht an die oberste Justizbehörde und die Unterrichtung des Bundestages über die akustische Wohnraumüberwachung

Die Staatsanwaltschaft hat die jeweils zuständigen obersten Justizbehörden spätestens drei Monate nach Beendigung der akustischen Wohnraumüberwachung gemäß § 100 e I StPO nicht nur über die Erfüllung der Benachrichtigungspflicht nach § 101 I S. 1 StPO zu informieren, sondern sie hat dieser Behörde auch über Anlaß, Dauer, Ergebnis und Kosten der Maßnahme zu berichten. Dieser Bericht muß im einzelnen Angaben beinhalten über die die Maßnahme veranlassende Katalogtat, die betroffenen Wohnungen, die Dauer der Durchführung der Maßnahme, wozu neben der Angabe der Gesamtdauer die Auskunft über etwaige vorauslaufende Eilanordnungen des Vorsitzenden und deren Bestätigung bzw. Ausbleiben einer solchen gehören[1480]. Auch muß mitgeteilt werden, ob und welche verfahrensrelevanten Erkenntnisse durch die Maßnahme gewonnen wurden[1481]. Die Regelung des § 100 e I StPO gibt den obersten Justizbehörden die Möglichkeit, den Anlaß, den Umfang, die Dauer, das Ergebnis und die Kosten zu überblicken und versetzt sie zugleich in die Lage, die Bundesregierung hierüber mit dem Ziel der Unterrichtung des Bundestages nach § 100 e II StPO zu informieren[1482]. Der Bundestag wird somit gemäß § 100 e II StPO nicht nur hinsichtlich der Einhaltung der Benachrichtigungspflicht unterrichtet, sondern auch über den Anlaß, den Umfang, die Dauer, das Ergebnis und die Kosten. Auf der Grundlage des sich aus § 100 e II StPO i. V. m. Art. 13 VI GG ergebenden Verfahrens kann der Bundestag dann die parlamentarische Kontrolle im Hinblick auf die Durchführung der akustischen Wohnraumüberwachung ausüben[1483]. Durch die Unterrichtung des Bundestages wird dabei eine öffentliche Transparenz bezüglich der Maßnahmen nach § 100 c I Nr. 3 StPO hergestellt[1484].

Mit der Regelung des § 100 e StPO hat der Gesetzgeber eine ganz neuartige Verfahrensnorm in die Strafprozeßordnung eingefügt[1485]. Eine entsprechende

---

[1480] KK-Nack, § 100 e Rdnr. 3; BT-Drs. 13/8651, S. 14 f.

[1481] KK-Nack, § 100 e Rdnr. 3; BT-Drs. 13/8651, S. 14 f.

[1482] Heidelberger Kommentar-Lemke, § 100 e Rdnr. 1. Vgl. auch: BT-DRs. 13/8651, S. 15; BT-Drs. 13/9661, S. 7.

[1483] Vgl. dazu näher unter Teil 2 B. VII. 2.).

[1484] Vgl. dazu näher unter Teil 2 B. VII. 2.).

[1485] In den USA ist eine entsprechende Berichts- und Unterrichtungsregelung bezüglich der Telefonüberwachung und der akustischen Wohnraumüberwachung seit langen anerkannt. Im Gegensatz zur Bundesrepublik Deutschland ist hier der anordnende Richter selbst zur Erstellung eines Berichtes über die von ihm angeordneten Überwachungsmaßnahmen verpflichtet. Dieser Bericht muß detaillierte Informationen zu jedem Abhörfall beinhalten, wie z. B. den Anlaß, das Ausmaß, die Dauer, den Erfolg jeder einzelnen Maßnahme, sowie den Namen der anordnenden Richters und den des beantragenden Staatsanwaltes. Gerade die letzen beiden Angaben können zur Steigerung des Verantwortungsbewußtseins der in das Überwachungsverfahren involvierten Organe beitragen. Auf der Grundlage dieser jeweiligen Einzelberichte wird ein Gesamtbericht erstellt, der dann als sog. „wire-tap-reports" dem Kongreß vorgelegt wird. Vgl. dazu: Böttger/Pfeiffer, ZRP 1994, S. 7, 8; Raum/Palm, JZ 1994, S. 447, 448 f.

Berichts- und Unterrichtungsregelung ist in der Strafprozeßordnung bislang nicht vorgesehen. Der Gesetzgeber wollte mit der Normierung des Berichts- und Unterrichtungserfordernisses der besonderen Intensität des mit der akustischen Wohnraumüberwachung durch technische Mittel verbundenen Grundrechtseingriffes Rechnung tragen[1486].
Unabhängig von der jährlichen Unterrichtungspflicht nach Art. 13 VI GG i. V. m. § 100 e II StPO ist die Bundesregierung nach der Entschließung des Deutschen Bundestages vom 19.01.1998 aufgefordert, spätestens zum 21.01.2002 einen detaillierten Erfahrungsbericht zu den Wirkungen der Wohnraumüberwachung durch Einsatz technischer Mittel vorzulegen[1487]. Dieser Bericht soll eine Bewertung der Gesetzesfolgen einschließen, sowie die verfassungsrechtliche und kriminalpolitische Würdigung der bis dahin durchgeführten Maßnahmen der Überwachung[1488].

C. Zusammenfassung der Ergebnisse zu den Unterrichtungs- und Berichtspflichten in bezug auf heimliche strafprozessuale Zwangsmaßnahmen

I. Nach § 98 IV S. 2 StPO ist nach Beendigung der Rasterfahndung der zuständige Datenschutzbeauftragte zu unterrichten. Die Kontrolle des nach § 98 IV S. 2 StPO tätigen Datenschutzbeauftragten ist dabei auf die Frage der Einhaltung datenschutzrechtlicher Vorschriften beschränkt.

II. Nach Maßgabe des § 100 e I StPO hat die Staatsanwaltschaft die jeweils zuständige oberste Justizbehörde über den Anlaß, die Dauer, das Ergebnis und die Kosten der Maßnahme nach § 100 c I Nr. 3 StPO sowie über die erfolgte Benachrichtigung oder die Gründe für das bisherige Ausbleiben der Benachrichtigung zu unterrichten. Die Regelung gibt den obersten Justizbehörden die Möglichkeit, die heimliche Zwangsmaßnahme nach § 100 c I Nr. 3 StPO zu überblicken und versetzt sie in die Lage, die Bundesregierung hierüber mit dem Ziel der Unterrichtung des Bundestages nach § 100 e II StPO zu informieren. Auf der Grundlage des sich aus § 100 e II i. V. m. Art. 13 VI GG ergebenden Verfahrens übt der Bundestag die parlamentarische Kontrolle über die Maßnahmen nach § 100 c I Nr. 3 StPO aus. Der Gesetzgeber wollte mit der Regelung des § 100 e StPO der besonderen Eingriffstiefe der akustischen Wohnraumüberwachung Rechnung tragen.

1486 Vgl. dazu: BT-Drs. 13/8650, S. 5; BT-Drs. 13/9661, S. 7.
1487 Schmidt-Bleibtreu/Klein-Schmidt-Bleibtreu, Art. 13 Rdnr. 11.
1488 Schmidt-Bleibtreu/Klein-Schmidt-Bleibtreu, Art. 13 Rdnr. 11.

Fazit

Greift man am Ende noch einmal den Schlußsatz der Einleitung auf und fragt sich, wie ernst es dem Gesetzgeber angesichts der dargelegten Erkenntnisse mit der Wahrung der Subjektstellung des Bürgers im Fall heimlicher Ermittlungstätigkeit ist, so zeigt sich doch ein eher düsteres Bild. Die Rechtsschutzbestimmungen, die die Strafprozeßordnung vorsieht, sind lückenhaft und unzulänglich. Man muß sich somit der Rechtsfortbildung bedienen, um den Rechtsschutzinteressen der Bürger und den verfassungsrechtlichen Vorgaben gerecht zu werden. Aber selbst im Wege der Rechtsfortbildung kann, z. B. bei staatsanwaltschaftlich bzw. polizeilich angeordneten heimlichen strafprozessualen Zwangsmaßnahmen, keine einheitliche Rechtswegzuweisung erreicht werden. Auch die Benachrichtigung der Betroffenen ist nicht in ausreichendem Maße geregelt. Die gesetzlichen Benachrichtigungsbestimmungen gewährleisten, wie gesehen, insbesondere im Hinblick auf die sachlichen und personellen Einschränkungen, nicht in genügendem Maße die Informierung der betroffenen Bürger. Im übrigen sind gerade bei vielen im Zuge des OrgKG von 1992 eingeführten heimlichen Zwangsmaßnahmen überhaupt keine Benachrichtigungsbestimmungen vorgesehen.

Im Ergebnis ist folglich festzuhalten, daß der Gesetzgeber aufgefordert ist, eine befriedigende Lösung der Rechtsschutzproblematik hinsichtlich - heimlicher - strafprozessualer Zwangsmaßnahmen zu schaffen und die Benachrichtigung unter Berücksichtigung der dargelegten Schwachstellen nachzubessern, um so der Subjektstellung der Bürger im Fall heimlicher strafprozessualer Zwangsmaßnahmen gerecht zu werden.

Literaturverzeichnis

Achenbach, Hans: Vorläufige Festnahme, Identifizierung und Kontrollstelle im Strafprozeß, JA 1981, S. 660.

Achenbach, Hans: Anmerkung zu BGH, NStZ 1989, S. 81, NStZ 1989, S. 82.

Achterberg, Norbert: Die richterliche Unabhängigkeit im Spiegel der Dienstgerichtsbarkeit, NJW 1985, S. 3041.

Achterberg, Norbert; Püttner, Günther (Hrsg.): Besonderes Verwaltungsrecht, Band II, Kommunal-, Haushalts-, Abgaben-, Ordnungs-, Sozialrecht, Heidelberg 1992. Zitiert: Bearbeiter, in: Achterberg/Püttner, Band II, Abschnitt, Randnummer.

Altenhain, Gutstav Adolf: Die Rechtsprechung der Strafsenate zum Rechtsschutz gegen Justizverwaltungsakte auf dem Gebiet des Strafrechts, DRiZ 1970, S. 105.

Amelung, Knut; Schall, Hero: Zum Einsatz von Polizeispitzeln: Hausfriedensbruch und Notstandsrechtfertigung, Wohnungsgrundrecht und Durchsuchungsbefugnis - OLG München, DVBl 1973, 221, JuS 1975, S. 565.

Amelung, Knut: Anmerkung zu BVerwG, JZ 1975, S. 523, JZ 1975, S. 526.

Amelung, Knut: Rechtsschutz gegen strafprozessuale Grundrechtseingriffe, Berlin 1976. Zitiert: Amelung, Rechtsschutz, Seite.

Amelung, Knut: Probleme des Rechtsschutzes gegen strafprozessuale Grundrechtseingriffe, NJW 1979, S. 1686.

Amelung, Knut: Zur dogmatischen Einordnung strafprozessualer Grundrechtseingriffe, JZ 1987, S. 737.

Amelung, Knut: Informationsbeherrschungsrechte im Strafprozeß, Dogmatische Grundlagen individualrechtlicher Beweisverbote, Berlin 1990. Zitiert: Amelung, Informationsbeherrschungsrechte, Seite.

Amelung, Knut: Anmerkungen zu BVerfG, JR 1997, S. 382, JR 1997, S. 384.

Aubert, Joachim: Fernmelderecht, Systematische Darstellung I. Teil, 3. Auflage, Hamburg 1974. Zitiert: Aubert, Seite.

Aulehner, Josef: Rechtsschutz gegen strafprozessuale Grundrechtseingriffe, BayVBl 1988, S. 709.

Bachmann, Gregor: Probleme des Rechtsschutzes gegen Grundrechtseingriffe im strafrechtlichen Ermittlungsverfahren, Dissertation Passau 1993, Berlin 1994. Zitiert: Bachmann, Seite.

Baumann, Jürgen; Höpfel, Frank; Huber, Barbara; Jung, Andrea; Jung, Heike; Luther, Horst; Meier, Bernd-Dieter; Rengier, Rudolf; Riklin, Frank; Rolinski, Klaus; Roxin, Claus; Schöch, Heinz; Schüler-Springorum; Weigend, Thomas; Wolter, Jürgen: Alternativ-Entwurf Zeugnisverweigerungsrechte und Beschlagnahmefreiheit (AE-ZVR), Entwurf eines Arbeitskreises deutscher, österreichischer und schweizerischer Strafrechtslehrer, München 1996. Zitiert: Baumann, u. a., AE-ZVR, Seite.

Baumann, Reinhold: Die Entwicklung des öffentlichen Rechts, Stellungnahme zu den Auswirkungen des Urteils des Bundesverfassungsgerichts vom 15.12.1983 zum Volkszählungsgesetz 1983, DVBl 1984, S. 612.

Baumbach, Adolf; Lauterbach, Wolfgang: Zivilprozeßordnung mit Gerichtsverfassungsgesetz und anderen Nebengesetzen, begründet von Baumbach, Adolf, fortgeführt von Lauterbach, Wolfgang, nunmehr verfaßt von Albers, Jan, Hartmann, Peter, 57. Auflage, München 1999. Zitiert: Baumbach/Lauterbach-Beabeiter, §, Randnummer.

Benda, Ernst; Klein, Eckart: Lehrbuch des Verfassungsprozeßrechts, Heidelberg 1991. Zitiert: Benda/Klein, Randnummer.

Benda, Ernst; Maihofer, Werner; Vogel, Hans-Jochen; Hesse, Konrad; Heyde, Wolfgang: Handbuch des Verfassungsrechts der Bundesrepublik Deutschland, 2. Auflage, Berlin-New York 1994. Zitiert: Beabeiter, in: HdVerf, §, Randnummer.

Benfer, Jost: Anordnung von Grundrechtseingriffen durch Richter und Staatsanwalt und die Verpflichtung zum Vollzug, NJW 1981, S. 1245.

Benfer, Jost: Grundrechtseingriffe im Ermittlungsverfahren, 2. Auflage, Köln-Berlin-Bonn-München 1990. Zitiert: Benfer, Seite.

Bermig, Klaus: Rechtsprobleme des Schleppnetzfahndung - § 163 d StPO, Dissertation Bonn 1991, Bonn 1991. Zitiert: Bermig, Seite.

Bethge, Herbert: Die verfassungsrechtliche Problematik einer Zulassungsberufung im Zivilprozeß, Einige kritische Anmerkungen zum Entwurf eines Rechtspflege-Entlastungsgesetzes, NJW 1991, S. 2391.

Bettermann, Karl August; Nipperdey, Hans Carl; Scheuner, Ulrich (Hrsg.): Die Grundrechte, Handbuch der Theorie und Praxis der Grundrechte, Dritter Band, 2. Halbband, Rechtspflege und Grundrechtsschutz, Berlin 1959. Zitiert: Bettermann, III/2, Seite.

Beulke, Werner: Strafprozeßrecht, 3. Auflage, Heidelberg 1998. Zitiert: Beulke, Seite.

Binder, Detlev: Rechtsprobleme des Einsatzes technischer Mittel gem. §§ 100 c, d StPO und des Lauschangriffes, Dissertation Bonn 1996, Bielefeld 1996. Zitiert: Binder, Seite.

Birkmeyer, Karl: Deutsches Strafprozeßrecht mit eingehender Bezugnahme auf die preußischen und bayerischen Ausführungsbestimmungen und unter Berücksichtigung des österreichischen Strafprozeßrechtes, Berlin 1898. Zitiert: Birkmeyer, Seite.

Blei, Hermann: Neue Entscheidungen - Strafverfahrensrecht, JA 1973, S. 679.

Bleckmann, Albert; Eckhoff, Rolf: Der „mittelbare" Grundrechtseingriff, DVBl 1988, S. 373.

Bodanowitz, Jan: Der praktische Fall - Öffentliches Recht: Anscheinend falsch geparkt, JuS 1996, S. 911.

Böttger, Andreas; Pfeiffer, Christian: Der Lauschangriff in den USA und in Deutschland, ZRP 1994, S. 7.

Bohlander, Michael: Grundrechtswidrige Durchsuchungs- und Beschlagnahmebeschlüsse - Probleme bei der prozessualen Erledigung, AnwBl 1996, S. 177.

Bohnert, Joachim: Zum Problem des Anhörungsrechts Dritter im Strafverfahren, JZ 1978, S. 710.

Bonner Kommentar zum Grundgesetz, Rudolf Dolzer (Gesamtherausgeber), Klaus Vogel (Mitherausgeber), Loseblattsammlung, Heidelberg, 92. Lieferung, November 1999. Zitiert: BK-Bearbeiter, Art., Randnummer.

Bottke, Wilfried: Rechtsbehelfe der Verteidigung im Ermittlungsverfahren - eine Systematisierung, StV 1986, S. 120.

Brodag, Wolf-Dietrich: Strafverfahrensrecht für Schulung und Praxis, 9. Auflage, Stuttgart-München-Hannover-Berlin-Weimar-Dresden 1998. Zitiert: Brodag, Seite.

Büchner, Wolfgang; Ehmer, Jörg; Geppert, Martin; Kerkhoff, Bärbel; Piepenbrock, Hermann-Josef; Schütz, Raimund; Schuster, Fabian (Hrsg.): Beck`scher TKG-Kommentar, München 1997. Zitiert: Beck`scher TKG-Kommentar-Bearbeiter, §, Randnummer.

Budach, Gisela: Die prozessuale Überholung ein Rechtsbegriff im Straf- und Zivilprozeß, Dissertation Kiel 1975, Kiel 1975. Zitiert: Budach, Seite.

Buermeyer, Volker: Rechtsschutzgarantie und Gerichtsverfahrensrecht, Zur Vereinbarkeit rechtlicher und faktischer Erschwernisse in den verwaltungsgerichtlichen Verfahrensordnungen mit Art. 19 Abs. 4 Satz 1 GG, Dissertation Münster 1974, Köln-Berlin-Bonn-München 1975. Zitiert: Buermeyer, Seite.

Bull, Hans Peter (Hrsg.): Sicherheit durch Gesetze?, Baden-Baden 1987.

Burgi, Martin: Die Erledigung des Rechtsstreits in der Hauptsache als Problem der verwaltungsprozessualen Dogmatik, DVBl 1991, S. 193.

Bydlinski, Franz: Juristische Methodenlehre und Rechtsbegriff, 2. Auflage, Wien, New York 1991. Zitiert: Bydlinski, Seite.

Dähn, Gerd: Zwangsmittel und Rechtsbehelfe im Ermittlungsverfahren, JA 1981, S. 7.

Dästner, Christian: Das Trojanische Pferd, Zum bereichsspezifischen Datenschutz im strafrechtlichen Ermittlungsverfahren, RuP 1988, S. 31.

Dahs, Hans (jun.): Das rechtliche Gehör im Strafprozeß, München und Berlin 1965. Zitiert: Dahs, Seite.

Degenhart, Christoph: Staatsrecht I, Staatszielbestimmungen, Staatsorgane, Staatsfunktionen, 15. Auflage, Heidelberg 1999. Zitiert: Degenhart, Randnummer.

Degener, Wilhelm: Grundsatz der Verhältnismäßigkeit und strafprozessuale Zwangsmaßnahmen, Dissertation Münster 1985, Berlin 1985. Zitiert: Degener, Seite.

Denninger, Erhard: Lauschangriff- Anmerkungen eines Verfassungsrechtlers, StV 1998, S. 401.

Denninger, Erhard: Selbstbestimmung und innere Sicherheit, Folgerungen aus dem Volkszählungsurteil des Bundesverfassungsgerichtes, in: Informationsgesellschaft und Überwachungssstaat, Strategien zur Wahrung der Freiheitsrechte im Computerzeitalter, Symposium der Hessischen Landesregierung, Gutachtenband, herausgegeben vom Hessendienst der Staatskanzlei, Wiesbaden, Kassel 1984, S. 285. Zitiert: Denninger, in: Selbstbestimmung und innere Sicherheit, Gutachtenband, S. 285, Seite.

Dietel, Alfred; Gintzel, Kurt; Kniesel, Michael: Demonstrations- und Versammlungsfreiheit, 11. Auflage, Köln-Berlin-Bonn-München 1994. Zitiert: Dietel/Gintzel/Kniesel, §, Randnummer.

Dietel, Alfred: „Innere Sicherheit" - Verheißung und reale Möglichkeit, in: Sicherheit durch Gesetze? Hans Peter Bull (Herausgeber), Baden-Baden 1987, S. 57. Zitiert: Dietel, in: Sicherheit durch Gesetz, S. 57, Seite.

Döhring, Silke: Ist das Strafverfahren vom Legalitätsprinzip beherrscht?, Dissertation Passau 1999, Frankfurt am Main 1999. Zitiert: Döhring, Seite.

Dörr, Dieter: Rechtsschutz gegen vollzogene Durchsuchungen und Beschlagnahmen im Strafermittlungsverfahren, NJW 1984, S. 2258.

Dreier, Horst: Grundgesetz, Kommentar, Band I, Artikel 1-19, Tübingen 1996. Zitiert: Dreier-Bearbeiter, §, Randnummer.

Drews, Bill; Wacke, Gerhard; Vogel, Klaus; Martens, Wolfgang: Gefahrenabwehr, Allgemeines Polizeirecht (Ordnungsrecht) des Bundes und der Länder, 9. Auflage, Köln-Berlin-Bonn-München 1986. Zitiert: Drews/Wacke/Vogel/Martens, Seite.

Dürig, Günter: Verfassungswidrigkeit des Art. 10 Abs. II Satz 2 GG n. F. und der darauf gestützten Vorschriften des Ausführungsgesetzes zu Art. 10 GG, in: Zur verfassungsändernden Beschränkung des Post-, Telefon- und Fernmeldegeheimnisses, 2 Rechtsgutachten erstattet von Günter Dürig und Hans-Ulrich Evers, Bad Homburg-Berlin-Zürich 1969, S. 7. Zitiert: Dürig, Rechtsgutachten, S. 7, Seite.

Dütz, Wilhelm: Rechtsstaatlicher Gerichtsschutz im Privatrecht, Zum sachlichen Umfang der Zivilgerichtsbarkeit, Habilitationsschrift Münster 1969, Bad Homburg v. d. H.-Berlin-Zürich 1970. Zitiert: Dütz, Seite.

Eisenberg, Ulrich: Straf(verfahrens-)rechtliche Maßnahmen gegenüber „Organisiertem Verbrechen", NJW 1993, S. 1033.

Ehlers, Dirk: Öffentliches Recht: Die polizeiliche Wegnahme eines Filmes, JuS 1983, S. 869.

Ellersiek, Dirk: Die Beschwerde im Strafprozeß, Berlin 1981. Zitiert: Ellersiek, Seite.

Emmerig, Ernst: Die Doppelfunktion der Polizei, DVBl 1958, S. 338.

Engisch, Karl: Einführung in das juristische Denken, 9. Auflage, Stuttgart, Berlin, Köln 1997. Zitiert: Engisch, Seite.

Enzian, Rudolf: Das richterliche und das staatsanwaltliche Vorführungsrecht, JR 1975, S. 277.

Eppinger, Hans-Ulrich: Die gerichtliche Überprüfbarkeit strafprozessualer Zwangsmaßnahmen, Dissertation Tübingen 1982, Münsingen 1982. Zitiert: Eppinger, Seite.

Erichsen, Hans-Uwe: Die Fortsetzungsfeststellungsklage, Jura 1989, S. 49.

Eser, Albin: Einführung in das Strafprozeßrecht in dreizehn Studieneinheiten mit 22 Schaubildern, München 1983. Zitiert: Eser, Seite.

Evers, Hans-Ulrich: Rechtsschutz und Verfassungsschutz, ZRP 1980, S. 110.

Eyermann, Erich; Fröhler, Ludwig; Verwaltungsgerichtsordnung, 8. Auflage, München 1980. Zitiert: Eyermann/Fröhler, 8. Auflage, §, Randnummer.

Eyermann, Erich: Verwaltungsgerichtsordnung, Kommentar, begründet von Erich Eyermann, und Ludwig Fröhler, 10. Auflage völlig neu bearbeitet von Harald Geiger, Michael Happ, Klaus Rennert, Jörg Schmidt, Peter Schmidt, 10. Auflage, München 1998. Zitiert: Eyermann-Bearbeiter, §, Randnummer.

Feiter, Gregor: Die Bedeutung des Rechtsschutzes nach §§ 23 ff. EGGVG für den Bereich der Strafrechtspflege, Dissertation Köln 1992, Pfaffenweiler 1992. Zitiert: Feiter, Seite.

Fezer, Gerhard: Rechtsschutz gegen erledigte strafprozessuale Zwangsmaßnahmen, Jura 1982, S. 18; S. 126.

Fezer, Gerhard: Anmerkung zu BVerfG, JZ 1997, S. 1060, JZ 1997, S. 1062.

Fezer, Gerhard: Straßprozeßrecht, 2. Auflage München 1995. Zitiert: Feiter, Seite.

Fikentscher, Wolfgang: Methoden des Rechts in vergleichender Darstellung, Band III, Mitteleuropäischer Rechtskreis, Tübingen 1976. Zitiert: Fikentscher, Seite.

Fischer, Thomas; Maul Heinrich: Tatprovozierendes Verhalten als polizeiliche Ermittlungsmaßnahme, NStZ 1992, S. 7.

Flieger, Hans: Nachträglicher Rechtsschutz gegen Maßnahmen der öffentlichen Gewalt, MDR 1981, S. 17.

Geiger, Willi: Gesetz über das Bundesverfassungsgericht vom 12. März 1951, Berlin und Frankfurt a. M. 1952. Zitiert: Geiger, §, Randnummer.

Genzel, Herbert: Zulässigkeit des Rechtswegs gegen Maßnahmen der Staatsanwaltschaft nach § 81 a StPO, NJW 1969, S. 1562.

Geppert, Klaus: Kontroll- und Förderungspflicht des Ermittlungsrichters, DRiZ 1992, S. 406.

Gesetzesentwurf der Fraktion der SPD, Entwurf eines Zweiten Gesetzes zur Bekämpfung des illegalen Rauschgifthandels und anderer Erscheiungsformen der Organisierten Kriminnalität, (2. OrgKG), Bonn 1993.

Giesler, Detlev: Der Ausschluß der Beschwerde gegen richterliche Entscheidungen im Strafverfahren, Dissertation Bayreuth 1980/81, Bad Honnef 1981. Zitiert: Giesler, Seite.

Göhring, Stefan: Polizeiliche Kontrollstellen und Datenverarbeitung. § 163 d StPO und novellierte Polizeigesetze der Länder zwischen Strafverfolgung, Gefahrenabwehr und vorbeugender Straftatenbekämpfung, Dissertation Darmstadt 1991, Frankfurt am Main-Berlin-Bern-New York-Paris-Wien 1992. Zitiert: Göhring, Seite.

Gössel, Karl Heinz: Strafverfahrensrecht, Stuttgart-Berlin-Köln-Mainz 1977. Zitiert: Gössel, Seite.

Gössel, Karl Heinz: Rezension zu Ingo Köster, Der Rechtsschutz gegen die vom Ermittlungsrichter angeordneten und erledigten strafprozessualen Grundrechtseingriffe. (Schriften zum Prozeßrecht, Bd. 106). Verlag Duncker & Humblot, Berlin 1992, GA 1995, S. 238.

Götz, Volkmar: Rechtsschutz gegen Maßnahmen der Polizei, JuS 1985, S. 869.

Götz, Volkmar: Allgemeines Polizei- und Ordnungsrecht, 3. Auflage, Göttingen 1975. Zitiert: Götz, 3. Auflage, Seite.

Götz, Volkmar: Allgemeines Polizei- und Ordnungsrecht, 12. Auflage, Göttingen 1995. Zitiert: Götz, Seite.

Gornig, Gilbert; Jahn, Ralf: Fälle zum Sicherheits- und Polizeirecht, München 1994. Zitiert: Gornig/Jahn, Seite.

Grunsky, Wolfgang: Grundlagen des Verfahrensrechts, Eine vergleichende Darstellung von ZPO, FGG, VwGO, FGO, SGG, 2. Auflage, Bielefeld 1974. Zitiert: Grunsky, Seite.

Grünwald, Gerald: Die Strafprozeßreform - Sicherung oder Aufbau des Rechtsstaats, Vorgänge 1975, S. 36.

Grünwald, Gerald: Anmerkung zu BGH, JZ 1976, S. 763, JZ 1976, S. 767.

Guttenberg, Ulrich: Die heimliche Überwachung von Wohnungen, Zur verfassungsrechtlichen Problematik des § 9 II, III BVerfSchG und verwandter Vorschriften, NJW 1993, S. 567.

Haffke, Bernhard: Zum Rechtsschutz bei bevorstehender richterlicher Durchsicht beschlagnahmefreier Papiere, NJW 1974, S. 1983.

Hahn, C.; Stegemann, Eduard: Die gesammten Materialien zur Strafprozeßordnung und dem Einführungsgesetz zu derselben vom 1. Februar 1877, Dritter Band, Material zur Strafprozeßordnung, Erste Abtheilung, 2. Auflage, Berlin 1885. Zitiert: Hahn, Seite.

Hall, Karl-Heinrich: Notstandsverfassung und Grundrechtseinschränkung, JZ 1968, S. 159.

Hamann, Andreas; Lenz, Helmut: Das Grundgesetz für die Bundesrepublik Deutschland vom 23. Mai 1949, Ein Kommentar für Wissenschaft und Praxis, begründet von Andreas Hamann, fortgeführt von Andreas Haman jr. und Helmut Lenz, 3. Auflage, Neuwied und Berlin 1970. Zitiert: Hamann/Lenz-Bearbeiter, Art., Randnummer.

Hamann, Wolfram: Juristische Methodik, 7. Auflage, Essen 1991. Zitiert: Hamann, Randnummer.

Hantel, Peter: Der Begriff der Freiheitsentziehung in Art. 104 Abs. 2 GG, Dissertation Berlin 1987/88, Berlin 1988. Zitiert: Hantel, Seite.

Hassemer, Winfried: Die „Funktionstüchtigkeit der Strafrechtspflege" - ein neuer Rechtsbegriff?, StV 1982, S. 275.

Hauser, Robert: Kurzlehrbuch des schweizerischen Strafprozessrechts, 2. Auflage, Basel und Frankfurt am Main 1984. Zitiert: Hauser, Seite.

Heidelberger Kommentar zur Strafprozeßordnung, von Michael Lemke, Karl-Peter Julius, Christof Krehl, Hans-Joachim Kurth, Erardo Chrstoforo Rautenberg, Dieter Temming, 2. Auflage, Heidelberg 1999. Zitiert: Heidelberger Kommentar-Bearbeiter, §, Randnummer.

Heneka, Regine Elisabeth: Rechtsschutz gegen polizeiliche Ermittlungstätigkeit zur Erforschung von Straftaten und Ordnungswidrigkeiten, Dissertation Mannheim 1993, Wiesloch 1993. Zitiert: Heneka, Seite.

Henkel, Heinrich: Strafverfahrensrecht, Ein Lehrbuch, 2. Auflage, Stuttgart, Berlin, Köln, Mainz 1968. Zitiert: Henkel, Seite.

Hess, Henner: Rauschgiftbekämpfung und desorganisiertes Verbrechen, Über die Chancen verschiedener Maßnahmen gegen die Drogenkriminalität, KritJ 1992, S. 315.

Hesse, Konrad: Der Rechtsschutz durch staatliche Gerichte im kirchlichen Bereich, Zugleich ein Beitrag zur Frage des rechtlichen Verhältnisses von Staat und Kirche in der Gegenwart, Habilitation, Göttingen 1956. Zitiert: Hesse, Rechtsschutz, Seite.

Hesse, Konrad: Grundzüge des Verfassungsrechts der Bundesrepublik Deutschland, 20. Auflage, Heidelberg 1995. Zitiert: Hesse, Grundzüge des Verfassungsrechts, Randnummer.

Hessendienst der Staatskanzlei: Informationsgesellschaft oder Überwachungsstaat, Strategien zur Wahrung der Freiheitsrechte im Computerzeitalter, Symposium der hessischen Landesregierung, 3. bis 5. September 1984, Protokollband, Wiesbaden 1984. Zitiert: Wortbeitraggeber, in: Informationsgesellschaft oder Überwachungsstaat, Protokollband, Seite.

Hilgendorf-Schmidt, Sabine: Über den Referentenentwurf eines Gesetzes zur Änderung und Ergänzung des Strafverfahrensrechts - StVÄG 1988 - , wistra 1988, S. 208.

Hilger, Hans: Über den „Richtervorbehalt" im Ermittlungsverfahren, in: Gedächtnisschrift für Karlheinz Meyer, Berlin-New York 1990, S. 209. Zitiert: Hilger, Meyer-GS, S. 209, Seite.

Hilger, Hans: Über den „Richtervorbehalt" im Ermittlungsverfahren, JR 1990, S. 485.

Hilger, Hans: Neues Strafverfahrensrecht durch das OrgKG - 1. Teil, NStZ 1992, S. 457.

Hilger, Hans: Neues Strafverfahrensrecht durch das OrgKG - 2. Teil, NStZ 1992, S. 523.

Holland, Ralf: Verwaltungsrechtsschutz gegenüber erkennungsdienstlichen Maßnahmen der Kriminalpolizei - BVerwGE 26, 169, JuS 1968, S. 559.

Hubmann, Heinrich: Das Persönlichkeitsrecht, 2. Auflage, Köln, Graz 1967. Zitiert: Hubmann, Seite.

Hufen, Friedhelm: Verwaltungsprozeßrecht, 3. Auflage, München 1998. Zitiert: Hufen, Seite.

Hund, Horst: Überwachungsstaat auf dem Vormarsch - Rechtsstaat auf dem Rückzug?, NJW 1992, S. 2118.

Hund, Horst: Verdeckte Ermittlungen - ein gelöstes Problem?, StV 1993, S. 379.

Isensee, Josef; Kirchhof, Paul (Hrsg.): Handbuch des Staatsrechts der Bundesrepublik Deutschland, Band VI, Freiheitsrechte, Heidelberg 1989. Zitiert: Bearbeiter, in: HdSta, Band VI, §, Randnummer.

Jarass, Hans D.; Pieroth, Bodo: Grundgesetz für die Bundesrepublik Deutschland, 4. Auflage, München 1997. Zitiert: Jarass/Pieroth-Bearbeiter, §, Randnummer.

Jescheck, Hans-Heinrich; Weigend, Thomas: Lehrbuch des Strafrechts, Allgemeiner Teil, 5. Auflage, Berlin 1996. Zitiert: Jescheck/Weigend, Seite.

Joecks, Wolfgang: Die strafprozessuale Telefonüberwachung, JA 1983, S. 59.

Jorzik, Manuela; Kunze, Wolfgang: Rechtsschutz gegen Maßnahmen der Ermittlungsbehörden, Jura 1990, S. 294.

Kaiser, Eberhard: Das Postgeheimnis und seine erlaubte Durchbrechung, NJW 1969, S. 18.

Kalsbach, Till: Die gerichtliche Nachprüfung von Maßnahmen der Staatsanwaltschaft im Strafverfahren, Berlin 1967. Zitiert: Kalsbach, Seite.

Karlsruher Kommentar zur Strafprozeßordnung und zum Gerichtsverfassungsgesetz mit Einführungsgesetz, Hrsg. Prof. Dr. Gerd Pfeiffer, 3. Auflage, München 1993. Zitiert: KK-Bearbeiter, 3. Auflage, §, Randnummer.

Karlsruher Kommentar zur Strafprozeßordnung und zum Gerichtsverfassungsgesetz mit Einführungsgesetz, Hrsg. Prof. Dr. Gerd Pfeiffer, 4. Auflage, München 1999. Zitiert: KK-Bearbeiter, §, Randnummer.

Katholnigg, Oskar: Anmerkung zu OLG Oldenburg, NStZ 1990, S. 504, NStZ 1990, S. 504.

Katholnigg, Oskar: Strafverfassungsrecht, Kommentar zu den allgemeinen und den die Strafrechtspflege regelnden Vorschriften des Gerichtsverfassungsgesetzes, des Einführungsgesetzes zum Gerichtsverfassungsgesetz und des Gesetzes zur Wahrung der Einheitlichkeit der Rechtsprechung der obersten Gerichtshöfe des Bundes, 2. Auflage, Köln-Berlin-Bonn-München 1995. Zitiert: Katholnigg, §, Randnummer.

Kaufmann, Erich: Der polizeiliche Eingriff in Freiheiten und Rechte, bearbeitet von Horst Blomeyer-Bartenstein, Heribald Närger, Günter Olzog, Ingeborg Ruprecht, unter der Leitung von Erich Kaufmann, Frankfurt am Main 1951. Zitiert: Kaufmann, Seite.

Kausch, Erhard: Der Staatsanwalt, Ein Richter vor dem Richter? Untersuchungen zu § 153 a StPO, Dissertation Bielefeld 1978, Berlin 1980. Zitiert: Kausch, Seite.

Kissel, Otto Rudolf: Neues zur Gerichtsverfassung, NJW 1991, S. 945.

Kissel, Otto Rudolf: Gerichtsverfassungsgesetz, 2. Auflage, München 1994. Zitiert: Kissel, §, Randnummer.

Kleinknecht, Theodor; Meyer-Goßner, Lutz: Strafprozeßordnung, Gerichtsverfassungsgesetz, Nebengesetze und ergänzende Bestimmungen, 43. Auflage, München 1997. Zitiert: Kleinknecht/Meyer-Goßner, 43. Auflage, §, Randnummer.

Kleinknecht, Theodor; Meyer-Goßner, Lutz: Strafprozeßordnung, Gerichtsverfassungsgesetz, Nebengesetze und ergänzende Bestimmungen, 44. Auflage, München 1999. Zitiert: Kleinknecht/Meyer-Goßner, §, Randnummer.

KMR, Kommentar zur Strafprozeßordnung und zum Gerichtsverfassungs- und Ordnungswidrigkeitengesetz, begründet von TH. Kleinknecht, H. Müller, L. Reitberger, herausgegeben von Hermann Müller, Walter Sax, 6. Auflage, Darmstadt 1966. Zitiert: KMR-Bearbeiter, 1966, §, Randnummer.

KMR, Kommentar zur Strafprozeßordung, begründet von TH. Kleinknecht, H. Müller, L. Reitberger, fortgeführt von Hermann Müller, Walter Sax, Rainer Paulus, neubearbeitet ab der 6. Lieferung von Gerhard Fezer, Rainer Paulus, ab der 14. Lieferung herausgegeben von Bernd von Heintschel-Heinigg und Heinz Stöckel, Loseblattsammlung, Neuwied, Kriftel, Berlin, 20. Lieferung, Juli 1999. Zitiert: KMR-Bearbeiter, §, Randnummer.

Knauth, Alfons: Beweisrechtliche Probleme bei der Verwertung von Abhörmaterial im Strafverfahren, NJW 1978, S. 741.

Knauth, Alfons: Beweisverwertungsverbot als Folge einer verfassungswidrigen Beschlagnahmeanordnung - BVerfGE 44, 353, JuS 1979, S. 339.

Knemeyer, Franz-Ludwig: Polizei- und Ordnungrecht, Lehr- und Arbeitsbuch mit Anleitungen für die Klausur, Systematik des Polizeirechts, 7. Auflage, München 1998. Zitiert: Knemeyer, Seite.

Kniesel, Michael: Verdeckte Ermittlungen zur Gefahrenabwehr?, Kriminalistik 1987, S. 315; S. 369; S. 443.

Knöpfle, Franz: Feststellungsinteresse und Klagebefugnis bei verwaltungsprozessualen Feststellungsklagen, in: Festschrift für Peter Lerche zum 65. Geburtstag, Wege und Verfahren des Verfassungslebens, München 1993, S. 773. Zitiert: Knöpfle, Lerche-FS, S. 773, Seite.

König, Olaf: Die Entwicklung der strafprozessualen Zwangsmaßnahmen im Ermittlungsverfahren seit 1877, Tendenzen zur Verpolizeilichung des Ermittlungsverfahrens durch präventiv ausgerichtete Zwangsbefugniss, Dissertation Frankfurt am Main 1992, Frankfurt am Main-Berlin-Bern-New York-Paris-Wien 1993. Zitiert: König, Seite.

Körner, Harald Hans: Betäubungsmittelgesetz, Arzneimittelgesetz, 4. Auflage München 1994. Zitiert: Körner, §, Randnummer.

Kornblum, Udo; Bemerkungen zur Anfechtbarkeit gerichtlicher Geschäftsverteilungspläne, in: Festschrift für Gerhard Schiedermaier zum 70. Geburtstag, München 1976, S. 331. Zitiert: Kornblum, Schiedermaier-FS, S. 331, Seite.

Köster, Ingo: Der Rechtsschutz gegen die vom Ermittlungsrichter angeordneten und erledigten strafprozessualen Grundrechtseingriffe, Zum verfassungsrechtlichen Erfordernis der Zulässigkeit eines Fortsetzungefeststellungsbegehrens gegen ermittlungsrichterliche Grundrechtseingriffe, Dissertation Tübingen 1991, Berlin 1992. Zitiert: Köster, Seite.

Kopp, Ferdinand O.; Schenke, Wolf-Rüdiger: Verwaltungsgerichtsordnung, begründet von Ferdinand O. Kopp, fortgeführt von Wolf-Rüdiger Schenke, 11. Auflage, München 1998. Zitiert: Kopp/Schenke, §, Randnummer.

Kramer, Bernhard: Grundbegriffe des Strafverfahrensrechts, 3. Auflage, Stuttgart, Berlin, Köln 1997. Zitiert: Kramer, Randnummer.

Krauss, Detlef: Zur Reform der baselstädtischen Strafprozeßordnung, in: Festschrift für Kurt Eichenberger zum 60. Geburtstag, Staatsorganisation und Staatsfunktion im Wandel, herausgegeben von Georg Müller, René A. Rhinow, Gerhard Schmid und Luzius Wildhaber, Basel/Frankfurt am Main 1982, S. 757. Zitiert: Krauss, Eichenberger-FS, S. 757, Seite.

Krekeler, Wilhelm: Beeinträchtigungen der Rechte des Mandanten durch Strafverfolgungsmaßnahmen gegen den Rechtsanwalt, NJW 1977, S. 1417.

Krekeler, Wilhelm: Probleme der Verteidigung in Wirtschaftsstrafsachen, wistra 1983, S. 45.

Krey, Volker: Strafverfahrensrecht, Studienbuch, Band I, Stuttgart, Berlin, Köln, Mainz 1988. Zitiert: Krey, Strafverfahrensrecht, Band I, Randnummer.

Krey, Volker: Strafverfahrensrecht, Studienbuch, Band II, Stuttgart, Berlin, Köln 1990. Zitiert: Krey, Strafverfahrensrecht, Band II, Randnummer.

Krey, Volker: Rechtsprobleme des strafprozessualen Einsatzes Verdeckter Ermittler einschließlich des „Lauschangriffs" zu seiner Sicherung und als Instrument der Verbrechensaufklärung, Sonderband der BKA-Forschungsreihe, Bundeskriminalamt Wiesbaden 1993. Zitiert: Krey, Rechtsprobleme des strafprozessualen Einsatzes Verdeckter Ermittler, Randnummer.

Krey, Volker; Haubrich, Edgar: Zeugenschutz, Rasterfahndung, Lauschangriff, Verdeckter Ermittler - Kritische Stellungnahme zu den strafprozessualen Reformvorschlägen im Gesetzesentwurf des Bundesrates zur Bekämpfung des illegalen Rauschgifthandels und anderer Erscheinungsformen der Organisierten Kriminnalität, JR 1992, S. 309.

Krey, Volker; Pföhler, Jürgen: Zur Weisungsgebundenheit des Staatsanwalts - Schranken des internen und externen Weisungsrechts -, NStZ 1985, S. 145.

Kroschel, Theodor; Doerner, Karl; Meyer-Gossner, Lutz: Die Urteile in Strafsachen sowie Beschlüsse. Protokoll der Hauptverhandlung. Anklage- und Privatklageschrift, 25. Auflage, München 1988. Zitiert: Kroschel/Doerner/Meyer-Goßner, Seite.

Krüger, Ralf: Verfassungsrechtliche Grundlagen polizeilicher V-Mann-Arbeit, NJW 1982, S. 855.

Krüger, Ralf: Verdeckte Ermittlungen im Strafverfahren und die Unverletzlichkeit der Wohnung, ZRP 1993, S. 124.

Kruse, Gesine: Bundesrepublik Deutschland, in: Besondere Ermittlungsmaßnahmen zur Bekämpfung der Organisierten Kriminalität, Ein rechtsvergleichendes Gutachten im Auftrag des Bundesministeriums der Justiz und des Bayerischen Staatsministeriums der Justiz, herausgegeben von Walter Gropp, Freiburg im Breisgau 1993, S. 105. Zitiert: Kruse, in: Besondere Ermittlungsmaßnahmen zur Bekämpfung der Organisierten Kriminalität, S. 105, Seite.

Kühl, Kristian: Neue Gesetze gegen terroristische Straftaten, NJW 1987, S. 737.

Kühne, Hans-Heiner: Strafprozeßlehre, Eine systematische Darstellung für Prüfung und Praxis, 4. Auflage, Heidelberg 1993. Zitiert: Kühne, §, Randnummer.

Kunig, Philip: Das Rechtsstaatsprinzip, Überlegungen zu seiner Bedeutung für das Verfassungsrecht der Bundesrepublik Deutschland, Habilitation Hamburg 1985, Tübingen 1986. Zitiert: Kunig, Seite.

Labe, Michael: Zufallsfund und Restitutionsprinzip im Strafverfahren, Dissertation Hamburg 1989, Berlin 1990. Zitiert: Labe, Seite.

Lammer, Dirk: Verdeckte Ermittlungen im Strafprozeß, Zugleich eine Studie zum Menschenwürdegehalt der Grundrechte, Dissertation Regensburg 1991/92, Berlin 1992. Zitiert: Lammer, Seite.

Larenz, Karl; Canaris, Claus-Wilhelm: Methodenlehre der Rechtswissenschaft, 3. Auflage, Berlin, Heidelberg, New York, Barcelona, Budapest, Hongkong, London, Mailand, Paris, Santa Clara, Singapur, Tokio 1995. Zitiert: Larenz/Canaris, Seite.

Lechner, Hans; Zuck, Rüdiger: Bundesverfassungsgerichtsgesetz, 4. Auflage, München 1996. Zitiert: Lechner/Zuck, §, Randnummer.

Lehmann, Peter: Die Grenzen der Überwachung des Fernmeldeverkehrs als strafprozessuale Maßnahme nach §§ 100 a ff. StPO, Dissertation Regensburg 1978. Zitiert: Lehmann, Seite.

Lehmann, Peter: Die Grenzen der strafprozessualen Fernmeldeüberwachung, 1. Teil, Die Fernmeldeüberwachung zur strafprozessualen Beweiserhebung, ArchPF 1979, S. 1.

Leibholz, Gerhard; Rupprecht, Reinhard: Bundesverfassungsgerichtsgesetz, Köln-Marienburg 1968. Zitiert: Leibholz/Rupprecht, §, Randnummer.

Leibholz, Gerhard; Rupprecht, Reinhard: Bundesverfassungsgerichtsgesetz, Nachtrag, Köln-Marienburg 1971. Zitiert: Leibholz/Rupprecht, §, Randnummer.

Leibholz, Gerhard; Rinck, Hans-Justus; Hesselberger, Dieter: Grundgesetz für die Bundesrepublik Deutschland, Kommentar an Hand der Rechtsprechung des Bundesverfassungsgerichts, Loseblattsammlung, Band I, 7. Auflage, Stand August 1999, Köln 1993. Zitiert: Leibholz/Rinck/Hesselberger, Art., Randnummer.

Leibholz, Gerhard; Rinck, Hans-Justus; Hesselberger, Dieter: Grundgesetz für die Bundesrepublik Deutschland, Kommentar an Hand der Rechtsprechung des Bundesverfassungsgerichts, Loseblattsammlung, Band II, 7. Auflage, Stand August 1999, Köln 1993. Zitiert: Leibholz/Rinck/Hesselberger, Art., Randnummer.

Lerche, Peter: Übermass und Verfassungsrecht, Zur Bindung des Gesetzgebers an die Grundsätze der Verhältnismäßigkeit und der Erforderlichkeit, Köln-Berlin-München-Bonn 1961. Zitiert: Lerche, Seite.

Lerche, Peter: Zum „Anspruch auf rechtliches Gehör“, ZZP (78) 1965, S. 1.

Leutheusser-Schnarrenberger, Sabine: Der „große Lauschangriff“ - Sicherheit statt Freiheit, ZRP 1998, S. 87.

Lisken, Hans: Zum Richtervorbehalt im Grundgesetz, DRiZ 1979, S. 277.

Lisken, Hans: Anmerkung zu BGH, NJW 1979, S. 882, NJW 1979, S. 1992.

Lisken, Hans: Nochmals: Neuordnung des Rechtsschutzes gegen strafprozessuale Zwangsmaßnahmen, ZRP 1981, S. 235.

Lisken, Hans: Über Aufgaben und Befugnisse der Polizei im Staat des Grundgesetzes, ZRP 1990, S. 15.

Lisken, Hans; Denninger, Erhard (Hrsg.): Handbuch des Polizeirechts, 2. Auflage, München 1996. Zitiert: Bearbeiter, in: Lisken/Denninger, Kapitel, Randnummer.

Löwe, E.: Die Strafprozeßordnung für das Deutsche Reich nebst dem Gerichtsverfassungsgesetz und den das Strafverfahren betreffenden Bestimmungen der übrigen Nebengesetze, Kommentar, bearbeitet von A. Hellweg, 8. Auflage, Berlin 1894. Zitiert: Löwe, §, Anmerkung.

Löwe-Rosenberg: Die Strafprozeßordnung und das Gerichtsverfassungsgesetz, Großkommentar, Hrsg. Peter Rieß, Band 1, Einleitung, §§ 1 bis 111 n, 24. Auflage, Berlin-New York 1988. Zitiert: LR-Bearbeiter, §, Randnummer.

Löwe-Rosenberg: Die Strafprozeßordnung und das Gerichtsverfassungsgesetz, Großkommentar, Hrsg. Peter Rieß, Band 2, §§ 112-197, 24. Auflage, Berlin-New York 1989. Zitiert: LR-Bearbeiter, §, Randnummer.

Löwe-Rosenberg: Die Strafprozeßordnung und das Gerichtsverfassungsgesetz, Großkommentar, Hrsg. Peter Rieß, Band 4, §§ 296-373 a, 24. Auflage, Berlin, New York 1988. Zitiert: LR-Bearbeiter, §, Randnummer.

Löwe-Rosenberg: Die Strafprozeßordnung und das Gerichtsverfassungsgesetz, Band 5, GVG, EGGVG, Anhang, 23. Auflage, Berlin-New York 1979. Zitiert: LR-Bearbeiter, §, Randnummer.

Löwe-Rosenberg: Die Strafprozeßordnung und das Gerichtsverfassungsgesetz, Großkommentar, Hrsg. Peter Rieß, Band 1, Einleitung, §§ 1 - 71, 25. Auflage, Berlin- New York 1999. Zitiert: LR-Bearbeiter, 25. Auflage, §, Randnummer.

Lorenz, Dieter: Der Rechtsschutz des Bürgers und die Rechtsweggarantie, Habilitation München 1971/72, München 1973. Lorenz, Seite.

Lübbe-Wolff, Gertrude: Die Grundrechte als Eingriffsabwehrrechre: Struktur und Reichweite der Eingriffsdogmatik im Bereich staatlicher Leistungen, Habilitation 1988, Baden-Baden 1988. Lübbe-Wolff, Seite.

Lüttger, Hans: Das Recht des Verteidigers auf Akteneinsicht, NJW 1951, S. 744.

Malek, Klaus; Rüping, Uta: Zwangsmaßnahmen im Ermittlungsverfahren - Verteidigungsstrategien, Heidelberg 1991. Zitiert: Malek/Rüping, Seite.

Malek, Klaus: Die Überwachung des Fernmeldeverkehrs im Strafverfahren, Neue Justiz 1992, S. 242.

Markworth, Volker: Rechtsschutz gegen eigenverantwortliche Strafverfolgungsmaßnahmen der Polizei, Zugleich eine Stellungnahme zu dem Urteil des BVerwG vom 03.12.1974, DVBl 1975, S. 575.

Maunz, Theodor; Dürig, Günter; Herzog, Roman; Scholz, Rupert: Grundgesetz, Band I, Art. 1 - 10, Loseblattsammlung, Lieferung 1 - 35, München 1999. Zitiert: Maunz/Dürig/Herzog/ Scholz-Beabeiter, Art., Randnummer.

Maunz, Theodor; Dürig, Günter; Herzog, Roman; Scholz, Rupert: Grundgesetz, Band II, Art. 11 - 19, Loseblattsammlung, Lieferung 1 - 35, München 1999. Zitiert: Maunz/Dürig/Herzog/ Scholz-Beabeiter, Art., Randnummer.

Maunz, Theodor; Dürig, Günter; Herzog, Roman; Scholz, Rupert: Grundgesetz, Band V, Art. 91 a - 146, Loseblattsammlung, Lieferung 1 - 35, München 1999. Zitiert: Maunz/Dürig/Herzog/Scholz-Beabeiter, Art., Randnummer.

Maurach, Reinhart; Zipf, Heinz: Strafrecht, Allgemeiner Teil, Teilband 1, Grundlehren des Strafrechts und Aufbau der Straftat, 8. Auflage, Heidelberg 1992. Zitiert: Maurach/Zipf, Strafrecht-AT-TB 1, §, Randnummer.

Maurer, Hartmut: Allgemeines Verwaltungsrecht, 11. Auflage, München 1997. Zitiert: Maurer, §, Randnummer.

Menger, Christian-Friedrich: System des verwaltungsgerichtlichen Rechtsschutzes, Eine verwaltungsrechtliche und prozeßvergleichende Studie, Habilitationsschrift Münster 1952, Tübingen 1954. Zitiert: Menger, Seite.

Merten, Karlheinz; Merten, Heike: Vorbeugende Verbrechensbekämpfung, Rechtsweg- und Standortfragen, ZRP 1991, S. 213.

Meyer, Dieter: Rechtsschutz gegen Maßnahmen der Polizei im Strafermittlungsverfahren - Bay VGH, VerwRspr 18, 368, JuS 1971, S. 294.

Meyer, Karlheinz: Zur Anfechtung der durch Vollzug erledigten Maßnahmen der Staatsanwaltschaft im Ermittlungsverfahren, in: Festschrift für Karl Schäfer zum 80. Geburtstag am 11. Dezember 1979, Berlin, New York 1980, S. 119. Zitiert: Meyer, Schäfer-FS S. 119, Seite.

Meurer, Dieter: Strafprozeßrecht, 3. Auflage, Marburg 1991. Zitiert: Meurer, Seite.

Middelberg, Gerd: Rechtsschutz gegen erledigte strafprozessuale Untersuchungshandlungen, Dissertation Münster 1978, Schüttorf 1979. Zitiert: Middelberg, Seite.

Model, Otto; Müller, Klaus: Grundgesetz für die Bundesrepublik Deutschland, Taschenkommentar für Studium und Praxis, 11. Auflage, Köln-Berlin-Bonn-München 1996. Zitiert: Model/Müller, Art., Randnummer.

Möhrenschlager, Manfred: Das OrgKG - eine Übersicht nach amtlichen Materialien, Teil 2, wistra 1992, S. 326.

Möller, Manfred; Wilhelm, Jürgen: Allgemeines Polizei- und Ordnungsrecht, mit Verwaltungszwang und Rechtsschutz, 4. Auflage, Köln 1995. Zitiert: Möller/Wilhelm, Seite.

Müller, Klaus: Die sekundäre Feststellungsklage nach der Verwaltungsgerichtsordnung (§ 113 Abs. 1 Satz 4), DÖV 1965, S. 38.

Nelles, Ursula: Kompetenzen und Ausnahmekompetenzen in der Strafprozeßordnung, Zur organisationsrechtlichen Funktion des Begriffs „Gefahr im Verzug" im Strafverfahrensrecht, Dissertation Münster 1979, Berlin 1980. Zitiert: Nelles, Seite.

Nelles, Ursula: Strafprozeßrecht: Spuren aus der Datensammlung, JuS 1987, S. 51.

Neugebauer, Eberhard: Fernmelderecht mit Rundfunkrecht, 3. Auflage des „Funkrechts", Berlin 1929. Zitiert: Neugebauer, Seite.

Niethammer, Rüdiger: Anmerkung zu OLG Nürnberg, BayVBl 1987, S. 412, BayVBl 1987, S. 412.

Niggl, A.: Deutsches Postrecht, 2. Auflage, Berlin W9 1931. Zitiert: Niggl, Seite.

Peters, Karl.: Anmerkung zu KG, JR 1972, S. 297, JR 1972, S. 300.

Peters, Karl: Anmerkung zu OLG Celle, JR 1973, S. 339, JR 1973, S. 341.

Peters, Karl: Strafprozeß, Ein Lehrbuch, 4. Auflage, Heidelberg 1985. Zitiert: Peters, §, Abschnitt.

Pfeiffer, Gerd: Grundzüge des Strafverfahrensrechts unter besonderer Berücksichtigung der Rechtsprechung des Bundesverfassungsgerichts und des Bundesgerichtshofes, 2. Auflage, München 1993. Zitiert: Pfeiffer, Grundzüge des Strafverfahrensrechts, Seite.

Pfeiffer, Gerd: Strafprozeßordnung, 2. Auflage, Müchen 1999. Zitiert: Pfeiffer, §, Randnummer.

Pieroth, Bodo; Schlink, Bernhard: Grundrechte, Staatsrecht II, 14. Auflage, Heidelberg 1998. Zitiert: Pieroth/Schlink, Randnummer.

Pietzner, Rainer; Ronellenfitsch, Michael: Das Assessorexamen im Öffentlichen Recht, Widerspruchsverfahren und Verwaltungsprozeß, 9. Auflage, Düsseldorf 1996. Zitiert: Pietzner/Ronellenfitsch, §, Abschnitt.

Pipkorn, Jörn: Auskunftsansprüche gegenüber Verwaltungsbehörden, DÖV 1970, S. 171.

Radtke KG: Wirtschaftsspionage und Lauschangriff, Sind Sie sicher, daß Sie sicher sein können, daß Ihre Daten sicher sind ?, Lizenzausgabe 1997 für Radtke KG, Löhne. Zitiert: Radtke, Seite.

Ranft, Otfried: Strafprozeßrecht, Systematische Lehrdarstellung für Studium und Praxis, 2. Auflage, Stuttgart-München-Hannover-Berlin-Weimar-Dresden 1995. Zitiert: Ranft, Randnummer.

Raum, Bertram; Palm, Franz: Zur verfassungsrechtlichen Problematik des „Großen Lauschangriffs", JZ 1994, S. 447.

Rebmann, Kurt: Der Einsatz verdeckt ermittelnder Polizeibeamter im Bereich der Strafverfolgung, NJW 1985, S. 1.

Redeker, Konrad; von Oertzen, Hans-Joachim; Redeker, Martin: Verwaltungsgerichtsordnung, Kommentar, 12. Auflage, Stuttgart, Berlin, Köln, 1997. Zitiert: Redeker/von Oertzen, §, Randnummer.

Reihe Alternativkommentare: Gesamtherausgeber Rudolf Wassermann, Kommentar zum Grundgesetz für die Bundesrepublik Deutschland, Band 1, Art. 1-37, Neuwied-Darmstadt 1989. Zitiert: AK-GG-Bearbeiter, Art., Randnummer.

Reihe Alternativkommentare: Gesamtherausgber Rudolf Wassermann, Kommentar zum Grundgesetz für die Bundesrepublik Deutschland, Band 2, Art. 38-146, Neuwied-Darmstadt 1989. Zitiert: AK-GG-Bearbeiter, Art., Randnummer.

Reihe Alternativkommentare: Gesamtherausgeber Rudolf Wasssermann, Kommentar zur Strafprozeßordnung, Band 1, §§ 1-93, Neuwied 1988. Zitiert: AK-StPO-Bearbeiter, §, Randnummer.

Reihe Alternativkommentare: Gesamtherausgeber Rudolf Wassermann, Kommentar zur Strafprozeßordnung, Band 2, Teilband 1, §§ 94-212 b, Neuwied, Kriftel, Berlin 1992. AK-StPO-Bearbeiter, §, Randnummer.

Reihe Alternativkommentare: Gesamtherausgeber Rudolf Wassermann, Kommentar zum Strafgesetzbuch, Band 1, §§ 1-21, Neuwied 1990. AK-StGB-Bearbeiter, §, Randnummer.

Riegel, Reinhard: Auswirkungen des Volkszählungsgesetz-Urteils des Bundesverfassungsgerichts auf die informationelle Tätigkeit der Sicherheitsbehörden und rechtliche Konsequenzen insbesondere für die Novellierung von BDSG und Personalausweisgesetz, RiA 1984, S. 121.

Riegel, Reinhard: Einführung der Schleppnetzfahnung - behutsame Fortentwicklung des Rechts?, Zugleich ein Beitrag zu Grundfragen des Rechts der Polizeilichen Personenkontrolle und Datenverarbeitung, CR 1986, S. 138.

Riegel, Reinhard: Befugnisse zur Informationsverarbeitung für Zwecke der Strafverfolgung, in: Gedächtnisschrift für Karlheinz Meyer, Berlin-New York 1990, S. 345. Zitiert: Riegel, Meyer-GS, S. 345, Seite.

Riehle, Eckart: Funktionstüchtige Strafrechtspflege contra strafprozessuale Garantien, KritJ 1980, S. 316.

Rieß, Peter: Anmerkung zu BGH, JR 1979, S. 164, JR 1979, S. 167.

Rieß, Peter: Neuordnung des Rechtsschutzes gegen strafprozessuale Zwangsmaßnahmen, ZRP 1981, S. 101.

Rieß, Peter; Thym, Jörg: Rechtsschutz gegen strafprozessuale Zwangsmaßnahmen, GA 1981, S. 189.

Rieß, Peter: Anmerkung zu Landgericht Stuttgart, NStZ 1983, S. 520, NStZ 1983, S. 521.

Rieß, Peter: Neue Gesetze zur Bekämpfung der organisierten Kriminalität, Neue Justiz 1992, S. 491.

Rogall, Klaus: Gegenwärtiger Stand und Entwicklungstendenzen der Lehre von den strafprozessualen Beweisverboten, ZStW 107 (1979), S. 1.

Rogall, Klaus: Moderne Fahndungsmethoden im Lichte gewandelten Grundrechtsverständnisses, GA 1985, S. 1.

Rogall, Klaus: Frontalangriff auf die Bürgerrechte oder notwendige Strafverfolgungsmaßnahme?, NStZ 1986, S. 385.

Rogall, Klaus: Strafprozessuale Grundlagen und legislative Probleme des Einsatzes Verdeckter Ermittler im Strafverfahren, JZ 1987, S. 847.

Roxin, Claus: Zur richterlichen Kontrolle von Durchsuchungen und Beschlagnahmen, zugleich Anm. zu BVerfG StV 1997, 393/94; LG Neuruppin StV 1997, 506, StV 1997, S. 654.

Roxin, Claus: Strafverfahrensrecht, 25. Auflage, München 1998. Zitiert: Roxin, §, Randnummer.

Rüping, Hinrich: Das Strafverfahren, 3. Auflage, München 1997. Zitiert: Rüping, Seite.

Sachs, Michael (Hrsg.): Grundgesetz, Kommentar, 2. Auflage, München 1999. Zitiert: Sachs-Bearbeiter, Art., Randnummer.

Schenke, Rüdiger: Rechtsschutz gegen Strafverfolgungsmaßnahmen der Polizei, VerwArch (60) 1969, S. 332.

Schenke, Wolf-Rüdiger: Rechtsschutz bei strafprozessualen Eingriffen von Staatsanwaltschaft und Polizei, NJW 1976, S. 1816.

Schenke, Wolf-Rüdiger: Anmerkung zu BGH, DÖV 1978, S. 730, DÖV 1978, S. 731.

Schenke, Wolf-Rüdiger: Rechtsschutz gegen erledigtes Verwaltungshandeln, Jura 1980, S. 133.

Schenke, Wolf-Rüdiger: Probleme der Fortsetzungsfeststellungsklage, in: Festschrift für Christian-Friedrich Menger zum 70. Geburtstag, System des verwaltungsgerichtlichen Rechtsschutzes, Köln-Berlin-Bonn-München 1985, S. 462. Zitiert: Schenke, Menger-FS, S. 462, Seite.

Schenke, Wolf-Rüdiger: Die Bedeutung der verfassungsrechtlichen Rechtsschutzgarantie des Art. 19 Abs. 4 GG, JZ 1988, S. 317.

Schenke, Wolf-Rüdiger: Rechtsprechungsübersicht zum Verwaltungsprozeß - Teil 3, JZ 1996, S. 1103.

Scherer, Joachim: Die Entwicklung des Telekommunikationsrechts in den Jahren 1996 und 1997, NJW 1998, S. 1607.

Schiedermair, Rudolf: Einführung in das bayerische Polizeirecht, München und Berlin 1961. Zitiert: Schiedermair, Seite.

Schlaich, Klaus: Das Bundesverfassungsgericht, 4. Auflage, München 1997. Zitiert: Schlaich, Randnummer.

Schloer, B.: Verwaltungsprozeßrecht, Strafprozeßrecht, Polizeirecht: Rechtsweg zur Überprüfung polizeilicher Maßnahmen, Feststellungsinteresse; OLG Nürnberg, StV 1988, S. 49, JA 1988, S. 49.

Schlothauer, Reinhold: Zeitschriftenübersicht, StV 1984, S. 136.

Schlüchter, Ellen: Das Strafverfahren, 2. Auflage, Köln-Berlin-Bonn-München 1983. Zitiert: Schlüchter, Randnummer.

Schmalz, Dieter: Methodenlehre für das juristische Studium, 3. Auflage, Baden-Baden 1992. Zitiert: Schmalz, Randnummer.

Schmid, Nikolaus: Die nachträgliche Mitteilung von technischen Überwachungsmaßnahmen im Strafprozeß, insbesondere bei der Überwachung des Telefonverkehrs, SJZ 1986, S. 37.

Schmidt, Eberhard: Lehrkommentar zur Strafprozeßordnung und zum Gerichtsverfassungsgesetz, Nachträge und Ergänzungen zu Teil II (Strafprozeßordnung), Nachtragsband II (StPO), Göttingen 1970. Zitiert: Schmidt, NB II, §, Randnummer.

Schmidt, Eberhard: Der Vorführungsbefehl des Ermittlungsrichters - Androhung und Vollzug, JZ 1968, S. 354.

Schmidt-Aßmann, Eberhard (Hrsg.): Besonderes Verwaltungsrecht, 10. Auflage, Berlin-New York 1995. Zitiert: Bearbeiter, in: Schmidt-Aßmann, BT, Abschnitt, Randnummer.

Schmidt-Bleibtreu, Bruno; Klein, Franz: Kommentar zum Grundgesetz, 9. Auflage, Neuwied, Kriftel 1999. Zitiert: Schmidt-Bleibtreu/Klein-Bearbeiter, Art., Randnummer.

Schmidt-Räntsch, Günther; Schmidt-Räntsch, Jürgen: Deutsches Richtergesetz, Richterwahlgesetz, Kommentar, 5. Auflage, München 1995. Zitiert: Schmidt-Räntsch, §, Randnummer.

Schnarr, Karl Heinz: Über die Pflicht zur Vernichtung von Unterlange nach § 100 b Abs. 5 Satz 1 StPO, MDR 1987, S. 1.

Schnarr, Karl Heinz: Zur Verknüpfung von Richtervorbehalt, staatsanwaltlicher Eilanordnung und richterlicher Bestätigung, NStZ, 1991, S. 209.

Schneider, Hans-Peter: Rechtsschutz und Verfassungsschutz, Zur Kontrolle nachrichtendienstlicher Tätigkeit durch Verwaltungsgerichte, NJW 1978, S. 1601.

Schoch, Friedrich: Rechtsschutz gegen polizeiliche Maßnahmen, Eine Problemskizze zum Grenzbereich von Gefahrenabwehr und Strafverfolgung, in: Festschrift für Walter Stree und Johannes Wessels zum 70. Geburtstag, Beiträge zur Rechtswissenschaft, Heidelberg 1993, S.1095. Zitiert: Schoch, Stree/Wessels-FS, S. 1095, Seite.

Schoch, Friedrich; Schmidt-Aßmann, Eberhard; Pietzner, Rainer (Hrsg.): Verwaltungsgerichtsordnung, Kommentar, Stand September 1998, München 1998. Zitiert: Schoch/Schmidt-Aßmann/Pietzner-Bearbeiter, §, Randnummer.

Schoene, Heiko: Bedarf die Postbeschlagnahme hinsichtlich § 101 StPO einer zusätzlichen gesetzlichen Regelung, um eine wirksame Strafverfolgung zu gewährleisten?, NStZ 1993, S. 125.

Schönke, Adolf; Schröder, Horst: Strafgesetzbuch, Kommentar, begründet von Adolf Schönke, fortgeführt von Horst Schröder, 25. neubearbeitete Auflage von Theodor Lenckner, Peter Cramer, Albin Eser, Walter Stree, 25. Auflage, München 1997. Zitiert: Sch-Sch-Bearbeiter, §, Randnummer.

Schroeder, Friedrich-Christian: Eine funktionelle Analyse der strafprozessualen Zwangsmittel, JZ 1985, S. 1028.

Schroeder, Friedrich-Christian: Strafprozeßrecht, 2. Auflage, München 1997. Zitiert: Schroeder, Randnummer.

Schröder, Svenja: Beweisverwertungsverbote und die Hypothese rechtmäßiger Beweiserlangung im Strafprozeß, Dissertation Passau 1991, Berlin 1992. Zitiert: Schröder, Beweisverwertungsverbote, Seite.

Schubert, Werner: Protokolle der Reichstagsverhandlungen, Bericht der 7. Kommission des Reichstags (1910-1911) zur Beratung der Entwürfe einer Strafprozeßordnung und eines Gesetzes, betreffend Änderungen des Gerichtsverfassungsgesetzes, Frankfurt am Main 1991. Zitiert: Schubert/Regge, Seite.

Schulz, Georg; Händel, Konrad: Strafprozeßordnung, Mit Erläuterungen für Polizeibeamte im Ermittlungsdienst, Loseblattsammlung, 60. Lieferung zur 7. Auflage, Heidelberg 1999. Zitiert: Schulz/Händel, §, Randnummer.

Schütz, Wolfgang: Rechtsschutz gegenüber der Justizverwaltung, Verwaltungsrundschau 1981, S. 187.

Schumacher, Karlheinz: Die Überwachung des Fernmeldeverkehrs um Strafverfahren, Dissertation Hamburg 1976. Zitiert: Schumacher, Seite.

Schwan, Eggert: Die Abgrenzung des Anwendungsbereiches der Regeln des Straf- und Ordnungswidrigkeitenrechtes von dem des Rechtes der Gefahrenabwehr, VerwArch (70) 1979, S. 109.

Schwan, Eggert: Amtsgeheimnis oder Aktenöffentlichkeit?, Der Auskunftsanspruch des Betroffenen, das Grundrecht auf Aktenschutz und das Prinzip der Aktenöffentlichkeit, München 1984. Zitiert: Schwan, Seite.

Schwerdtner, Peter: Das Persönlichkeitsrecht in der deutschen Zivilrechtsordnung, Offene Probleme einer juristischen Entdeckung, Berlin 1977. Zitiert: Schwerdtner, Seite.

Schwob, Renate: Die nachträgliche Mitteilung von technischen Überwachungsmaßnahmen im Strafprozeß, inbesondere bei der Überwachung des Telefonverkehrs, SJZ 1987, S. 166.

Seebode, Manfred: Keine Gesetzgebungskompetenz des Bundes für Vorbeugehaft, ZRP 1969, S. 25.

Seibert, Helga: Anmerkung zu BVerfG, EuGRZ 1979, S. 53, EuGRZ 1979, S. 56.

Siebrecht, Michael: Rechtsprobleme der Rasterfahnung, CR 1996, S 545.

Siebrecht, Michael: Ist der Datenabgleich zur Aufklärung einer Straftat rechtmäßig?, StV 1996, S. 566.

Siebrecht, Michael: Rasterfahnung, Eine EDV-gestützte Massenfahnungsmethode im Spannungsfeld zwischen einer effektiven Strafverfolgung und dem Recht auf informationelle Selbstbestimmung, Dissertation Hannover 1995, Berlin 1997. Zitiert: Siebrecht, Seite.

Sielaff, Wolfgang: Verdeckte Ermittlungen in der Sex- und Glücksspielindustrie, Professionelle Abschottung der Szene/Hamburg: Richtlinien für verdeckte Ermittler, Kriminalistik 1985, S. 577.

Sommermeyer, Jörg: Neuralgische Aspekte der Betroffenenrechte und ihres Rechtsschutzes bei strafprozessualen Hausdurchsuchungen, NStZ 1991, S. 257.

Sommermeyer, Jörg: Anmerkung zu BGH, JR 1991, S. 515, JR 1991, S. 517.

Sommermeyer, Jörg: Anmerkung zu OLG Düsseldorf, StV 1992, S. 264, StV 1992. S. 265.

Stein, Ekkehart: Staatsrecht, 16. Auflage, Tübingen 1998. Zitiert: Stein, §, Abschnitt.

Steiner, Udo (Hrsg.): Besonderes Verwaltungsrecht, Ein Lehrbuch, 5. Auflage, Heidelberg, 1995. Zitiert: Bearbeiter, in: Steiner, BT, Abschnitt, Randnummer.

Stephan, Bodo: Das Rechtsschutzbedürfnis, Eine Gesamtdarstellung unter Berücksichtigung des Verfassungsprozesses, Berlin 1957. Zitiert: Stephan, Seite.

Stephan, Bodo: Rechtsschutzbedürfnis auch im Strafprozeß?, Zum Begriff der strafprozessualen Überholung, NJW 1966, S. 239.

Stern, Klaus: Das Staatsrecht der Bundesrepublik Deutschland, Band II, Staatsorgane, Staatsfunktionen, Finanz,- und Haushaltsverfassung, Notstandsverfassung, München 1980. Zitiert: Stern, II, Seite.

Stern, Klaus: Das Staatsrecht der Bundesrepublik Deutschland, Band III/2, Allgemeine Lehren der Grundrechte, Grundrechtstatbestand, Grundrechtsbeeinträchtigungen und Grundrechtsbegrenzungen, Grundrechtsverluste und Grundpflichten, Schutz der Grundrechte, Grundrechtskonkurrenzen, Grundrechtssystem, unter Mitwirkung von Michael Sachs, München 1994. Zitiert: Stern, III/2, Seite.

Strate, Gerhard: Annexion des Strafverfahrens durch die Polizei, ZRP 1990, S. 143.

Strubel, Bernd-Jochen; Sprenger, Wolfgang: Die gerichtliche Nachprüfbarkeit staatsanwaltschaftlicher Verfügungen, NJW 1972, S. 1734.

Systematischer Kommentar zur Strafprozeßordnung und zum Gerichtsverfassungsgesetz, von Hans-Joachim Rudolphi, Wolfgang Frisch, Hans-Ullrich Paeffgen, Klaus Rogalle, Ellen Schlüchter, Jürgen Wolter, Gesamtredaktion Hans-Jochaim Rudolphi, Loseblattsammlung, Neuwied/Kriftel/Berlin, 20. Aufbau-Lieferung, Oktober 1999. Zitiert: SK-StPO-Bearbeiter, §, Randnummer.

Systematischer Kommentar zum Strafgesetzbuch, von Hans-Joachim Rudolphi, Erich Schramm, Eckhard Horn, Hans-Ludwig Günther, Loseblattsammlung, Neuwied, 29. Lieferung, Oktober 1998. Zitiert: SK-StGB-Bearbeiter, §, Randnummer.

Thürk, Walter: Rechtsschutzgarantie und Präsidialverfassung (Nochmals: Zur Anfechtbarkeit von Präsidialbeschlüssen), DRiZ 1963, S. 45.

Tilch, Horst (Hrsg.): Deutsches Rechts-Lexikon, Band 3, R-Z, 2. Auflage, München 1992. Zitiert: Tilch, Seite.

Thomas, Heinz; Putzo, Hans: Zivilprozeßordnung mit Gerichtsverfassungsgesetz und dem Einführungsgesetz, dem Brüsseler EWG-Übereinkommen und dem Luganer Übereinkommen über die gerichtliche Zuständigkeit und die Vollstreckung gerichtlicher Entscheidungen in Zivil- und Handelssachen sowie dem Anerkennungs- und Vollstreckungsausführungsgesetz, erläutert von Heinz Thomas, Hans Putzo, Klaus Reichold, Rainer Hüßtege, 22. Auflage, München 1999. Zitiert: Thomas/Putzo, §, Randnummer.

Thommes, Klaus: Heimliche Ermittlungsmethoden und ihre Kontrollmöglichkeiten im Ermittlungsverfahren und in der Hauptverhandlung, Bemerkungen aus der Sicht des Datenschutzes, in: Reform oder Roll-Back? Weichenstellung für das Straf- und Strafprozeßrecht, 21. Strafverteidigertag vom 11. bis 13. April 1997 in Kassel, Schriftenreihe der Strafverteidigervereinigungen, Köln 1997, S. 85. Zitiert: Thommes, in: Schriftenreihe der Strafverteidigervereinigungen, 21. Strafverteidigertag 1997, S. 85, Seite.

Thommes, Klaus: Verdeckte Ermittlungen im Strafpprozeß aus der Sicht des Datenschutzes, StV 1997, S. 657.

Tröndle, Herbert; Fischer, Thomas: Strafgesetzbuch und Nebengesetze, 49. Auflage, München 1999. Zitiert: Tröndle/Fischer, §, Randnummer.

Ungnade, Dieter; Kruck, Günter: Auskunftspflichten der Kreditinstitute gegenüber Finanzbehörden, WM 1980, S. 258.

Vahle, Jürgen: Rechtsschutz gegen polizeiliches Eingriffshandeln, Verwaltungsrundschau 1992, S. 53.

Velten, Petra: Befugnisse der Ermittlungsbehörden zu Information und Geheimhaltung. Über Umfang und Kontrolle daraus resultierender Macht, Dissertation Bonn 1993, Berlin 1994. Zitiert: Velten, Seite.

von Feldmann, Peter: Nochmals: Rechtsschutz gegen Strafverfolgungsmaßnahmen der Polizei, VerwArch (62) 1971, S. 169.

von Hippel, Reinhard; Weiß Axel: Eingriffsqualität polizeilicher Observierungen, JR 1992, S. 316.

von Jagemann: Erläuterung zum Begriff „Brief", in: Rechtslexikon für Juristen aller deutschen Staaten enthaltend die gesamte Rechtswissenschaft, redigirt von Julius Weiske, zweiter Band, Bericht-Confiscation, Leipzig 1840. Zitiert: von Jagemann, in: Weiske, Rechtslexikon, Seite.

von Löbbecke, Bernfried: Begriff und Wesen der Beschwer, Dissertation 1972, Nürnberg 1972. Zitiert: von Löbbecke, Seite.

von Münch, Ingo (Begrd.): Grundgesetz-Kommentar, Band 1 (Präambel bis Art. 20), Philip Kunig (Hrsg.), 4. Auflage, München 1992. Zitiert: von Münch-Bearbeiter, Art., Randnummer.

von Münch, Ingo (Begrd.): Grundgesetz-Kommentar, Band 3 (Artikel 70 bis Artikel 146 und Gesamtregister), Philip Kunig (Hrsg.), 3. Auflage, München 1996. Zitiert: von Münch-Bearbeiter, Art., Randnummer.

Voßkuhle, Andreas: Rechtsschutz gegen den Richter, Zur Integration der Dritten Gewalt in das verfassungsrechtliche Kontrollsystem vor dem Hintergrund des Art. 19 Abs. 4 GG, Dissertation München 1991/92, München 1993. Zitiert: Voßkuhle, Seite.

Wacke, Gerhard; Drews, Bill: Allgemeines Polizeirecht - Ordnungsrecht - Der Länder und des Bundes, Dargestellt für Verwaltungsbeamte und wissenschaftliches Studium, 7. Auflage, Berlin-Köln-München-Bonn 1961. Zitiert: Wacke/Drews, 7. Auflage, Seite.

Wanner, Stephan: Die negative Rasterfahnung, Eine moderne und umstrittene Methode der repressiven Verbrechensbekämpfung, München 1985. Zitiert: Wanner, Seite.

Weichert, Thilo: Informationelle Selbstbestimmung und strafrechtliche Ermittlung, zum verfassungskonformen Technikeinsatz im Strafverfahren, Dissertation Freiburg (Breisgau) 1990, Pfaffenweiler 1990. Zitiert: Weichert, Seite.

Weihrauch, Matthias: Verteidigung im Ermittlungsverfahren, 5. Auflage, Heidelberg 1997. Zitiert: Weihrauch, Randnummer.

Welp, Jürgen: Die strafprozessuale Überwachung des Post- und Fernmeldeverkehrs, Heidelberg 1974. Zitiert: Welp, Überwachung, Seite.

Welp, Jürgen: Zwangsbefugnisse für die Staatsanwaltschaft, Tübingen 1976. Zitiert: Welp, Zwangsbefugnisse, Seite.

Welp, Jürgen: Rezension zu Knut Amelung, Rechtsschutz gegen strafprozessuale Grundrechtseingriffe (Strafrechtliche Abhandlungen, N. F. Bd. 28). Verlag Duncker & Humblot, Berlin 1976, GA 1977, S. 124.

Welp, Jürgen: Zufallsfunde bei der Telefonüberwachung, Jura 1981, S. 472.

Welp, Jürgen: Probleme des Akteneinsichtsrechts, in: Festgabe für Karl Peters aus Anlaß seines 80. Geburtstages, Wahrheit und Gerechtigkeit im Strafverfahren, Heidelberg 1984, S. 309. Zitiert: Welp, Peters-FS, S. 309, Seite.

Welp, Jürgen: Zur Legalisierung der Rasterfahndung, in: Recht der Persönlichkeit, herausgegeben von Hans-Uwe Erichsen, Helmut Kollhosser und Jürgen Welp, Berlin 1996, S. 389. Zitiert: Welp, in: Recht der Persönlichkeit, S. 389, Seite.

Welp, Jürgen: Die Entwicklung der Fernmeldeüberwachung in der Bundesrepublik Deutschland, in: Festschrift für Georgios Alexandros Mangakis, Athen 1999, S. 315. Zitiert: Welp, Mangakis-FS, S. 315, Seite.

Weßlau, Edda: Vorfeldermittlungen, Probleme der Legalisierung „vorbeugender Verbrechensbekämpfung“ aus strafprozeßrechtlicher Sicht, Dissertation Hamburg 1988, Berlin 1989. Zitiert: Weßlau, Seite.

Wendisch, Günter: Zustellung von Entscheidungen die der Vollstreckung bedürfen, zugleich eine Stellungnahme zu OLG Zweibrücken JR 1977, 292 und OLG Hamm NJW 1978, 175, JR 1978, S. 445.

Wieczorek, Bernhard; Schütze, Rolf A.: Zivilprozeßordnung und Nebengesetze, Fünfter Band §§ 916 - 1048 ZPO; §§ 1 - 24 EGZPO; §§ 1 - 202 GVG; §§ 1 - 30 EGGVG, 3. Auflage, Berlin-New York 1995. Zitiert: Wieczorek/Schütze, §, Randnummer.

Wieland, Joachim: Das Bundesverfassungsgericht am Scheideweg, KritJ 1998, S. 171.

Wittig, Petra: Schleppnetzfahndung, Rasterfahndung und Datenabgleich, JuS 1997, S. 961.

Wohlers, Wolfgang: Das berechtigte Interessse an der Feststellung der Rechtswidrigkeit eines erledigten strafprozessualen Zwangsmitteleinsatzes, GA 1992, S. 214.

Wolter, Jürgen: Heimliche und automatisierte Informationseingriffe wider Datengrundrechtsschutz, Gesamtanpassung vor Gesamtreform von Strafprozeß- und Polizeirecht, Teil 1, GA 1988, S. 49.

Wolter, Jürgen: Datenschutz und Strafprozeß. Zum Verhältnis von Polizeirecht und Strafprozeßrecht, ZStW 107 (1995), S. 793.

Würtenberger Jun., Thomas: Öffentliches Recht: Die Giftmüllfässer, JuS 1974, S. 320.

Zysk, Lothar: Die Anfechtbarkeit freistellender Entscheidungen durch den Beschuldigten, Dissertation München 1962. Zitiert: Zysk, Seite.

Criminalia

Herausgegeben von Klaus Volk

Band 1 Ulrich Schroth: Vorsatz als Aneignung der unrechtskonstituierenden Merkmale. 1994.

Band 2 Torsten Poeck: Wartepflicht und Wartedauer des § 142 Abs. 1 Nr. 2 StGB. Ein Vorschlag zur Bestimmung der Wartelänge anhand rechtsprechungsanalytischer und empirischer Überlegungen. 1994.

Band 3 Tobias Schmid: Die Vergabe von Wirtschaftssubventionen und strafrechtliche Verantwortlichkeit gem. § 264 StGB (Subventionsbetrug). 1994.

Band 4 Erwin Lohner: Der Tatverdacht im Ermittlungsverfahren. Begriff, rechtliche Ausgestaltung, praktische Handhabung und Kontrolle am Beispiel der polizeilichen Verdachtsfeststellung. 1994.

Band 5 Gunther Lehleiter: Der rechtswidrige verbindliche Befehl. Strafrechtsdogmatische Untersuchung, demonstriert am Beispiel des militärischen Befehls. 1995.

Band 6 Dirk Steiner: Das Fairneßprinzip im Strafprozeß. 1995.

Band 7 Isabell Schwegler: Der Subsumtionsirrtum. 1995.

Band 8 Klaus Andreas Fischer: Die strafrechtliche Beurteilung von Werken der Kunst. 1995.

Band 9 Johannes Fredrikus Nijboer: Beweisprobleme und Strafrechtssysteme / Proof and Criminal Justice Systems. Rechtsvergleichende Aufsätze / Comparative Essays. 1995. 2. Auflage 1997.

Band 10 Winfried Hassemer / Karin Matussek: Das Opfer als Verfolger. Ermittlungen des Verletzten im Strafverfahren. 1996.

Band 11 Bettina Grunst: Steuerhinterziehung durch Unterlassen. 1996.

Band 12 Hans-Jörg Schwab: Täterschaft und Teilnahme bei Unterlassungen. 1996.

Band 13 Christos Mylonopoulos: Komparative und Dispositionsbegriffe im Strafrecht. 1998.

Band 14 Christina Erfurth: Verdeckte Ermittlungen. Problemlösung durch das OrgKG? 1997.

Band 15 Stephan Weber: Überstellung in den Heimatstaat. Ein internationales Konzept wider den Strafvollzug in der Fremde. Zugleich ein Beitrag zum Recht der internationalen Vollstreckungshilfe in Strafsachen. 1997.

Band 16 Bert Götting: Gesetzliche Strafrahmen und Strafzumessungspraxis. Eine empirische Untersuchung anhand der Strafverfolgungsstatistik für die Jahre 1987 bis 1991. 1997.

Band 17 Lars Otte: Der durch Menschen ausgelöste Defensivnotstand. 1998.

Band 18 Gregor Rieger: Die mutmaßliche Einwilligung in den Behandlungsabbruch. 1998.

Band 19 Yu-hsiung Lin: Richtervorbehalt und Rechtsschutz gegen strafprozessuale Grundrechtseingriffe. 1998.

Band 20 Sandra Pellkofer: Sockelverteidigung und Strafvereitelung. 1999.

Band 21 Christine Ferschl: Das Problem des unmittelbaren Zusammenhangs beim erfolgsqualifizierten Delikt. 1999.

Band 22 Peter König: Strafbarer Organhandel. 1999.

Band 23 Stefan Stauder: Die allgemeinen defenses des New York Penal Law. Eine rechtsvergleichende Untersuchung. 1999.

Band 24 Malte Merz: „Bewußte Selbstschädigung" und die Betrugsstrafbarkeit nach § 263 StGB. Zugleich ein Beitrag zur Zweckverfehlungslehre. 1999.

Band 25 Marc Tully: Poena sine Culpa? *Strict-Liability*-Sanktionen und Europäisches Gemeinschaftsrecht. 2000.

Band 26 Susanne Götting: Beweisverwertungsverbote in Fällen gesetzlich nicht geregelter Ermittlungstätigkeit. Durch V-Leute, Scheinaufkäufer und Privatleute. 2001.

Band 27 Christiane Hölscher: Der Rechtsschutz und die Mitteilungspflichten bei heimlichen strafprozessualen Zwangsmaßnahmen. 2001.

MIX
Papier | Fördert gute Waldnutzung
FSC® C083411

Kolibri 360 GmbH
Ferdinand-Jühlke-Straße 7
99095 Erfurt, Deutschland
produktsicherheit@kolibri360.de

Druck:
CPI Druckdienstleistungen GmbH
im Auftrag der
Kolibri 360 GmbH
Ferdinand-Jühlke-Str. 7
99095 Erfurt